揭西年鉴

2018

中共揭西县委员会 主办
揭西县人民政府
《揭西年鉴》编纂委员会 编

方志出版社
Publishing House of Local Records

图书在版编目（CIP）数据

揭西年鉴.2018 / 《揭西年鉴》编纂委员会编. --
北京 : 方志出版社, 2018.12
ISBN 978-7-5144-3522-1

Ⅰ. ①揭… Ⅱ. ①揭… Ⅲ. ①揭西县—2018—年鉴
Ⅳ. ①Z526.54

中国版本图书馆CIP数据核字(2019)第013497号

揭西年鉴（2018）

编　　者：《揭西年鉴》编纂委员会
责任编辑：顾　洁
出 版 人：冀祥德
出 版 者：方志出版社
地址　北京市朝阳区潘家园东里9号（国家方志馆4层）
邮编　100021
网址　http://www.fzph.org
发　　行：方志出版社图书经销中心
电话（010）67110500
经　　销：各地新华书店
印　　刷：揭阳市新华印刷厂有限公司
开　　本：889×1194　1/16
印　　张：27.75
字　　数：714千字
版　　次：2018年12月第1版　2018年12月第1次印刷
印　　数：001～600册
ISBN 978-7-5144-3522-1　定价：200.00元

《揭西年鉴》编纂委员会

名誉主任：陈群峰

主　　任：周　伟

常务副主任：王群青

副 主 任：巫树林　庄添明（任至2018年4月）　庄淑英

委　　员（以姓氏笔画为序）：

贝平波　杨伟强　杨和快　吴国栋　张永欢

张宇锋　张美胜　张赐荣　陈纪华　陈统将

李文涛　李庆裕　巫丽琼　汪浩源　林冬花

林运标　林俊伟　林俊槐　高锐华　黄志生

黄俊琳　黄俊瑜　彭双蛟　廖文伟　蔡喜生

《揭西年鉴》编辑部

主　编：庄淑英

副主编：林少红

编　辑：杨春莉　林丹琪　邓　智

校　对：陈健平　李燕兰　黄志涛　庄彩霞

编辑说明

一、《揭西年鉴》以马克思列宁主义、毛泽东思想、邓小平理论、“三个代表”重要思想、科学发展观、习近平新时代中国特色社会主义思想为指导，坚持辩证唯物主义和历史唯物主义的立场、观点和方法，系统、翔实地反映全县社会经济文化的基本面貌及发展概况，为读者了解和研究揭西提供资料。

二、《揭西年鉴》采用分类编辑法。主要内容设篇目、类目、分目、条目四个结构层次，以条目为表现内容的基本形式。不同层次的标题，在字体、字号和版式设计上都有明显的区别，书中的“条目”一般标题最多，统一用黑体字加【】号表示，个别“条目”内容较多，则分段表述。

三、《揭西年鉴（2018）》所刊内容为2017年1月1日至12月31日全县社会经济文化发展情况。全书设置特辑、大事记、揭西概况、党政机关、民主党派、社会团体、法治、军事、经济管理、财政·税务、农业、工业、交通运输·邮政业、信息业、城乡建设·环境保护、商品流通·对外贸易、金融业、旅游业、教育·科技、文化、卫生·体育、社会生活、乡镇（街道）建设、人物·荣誉、统计资料、文献、附录27篇，共197个类目、1076个条目，照片180张，图表110幅，65.5万字。

四、《揭西年鉴（2018）》稿件由县直各有关单位、各乡镇（街道）提供，经年鉴编辑部进行编辑和初审，后由年鉴编委会领导终审定稿。文内所用数据为各单位提供，因统计口径不一，有的数据可能不一致，使用时以县统计局公布的数据为准。数字、标点运用等，一律按国家的有关规定执行。计量单位使用法定计量单位，文中提到的计量单位“亩”，非法定计量单位，1公顷等于15亩。

五、《揭西年鉴（2018）》配备双重检索系统：书前刊有目录，书后配有索引。索引采用主题分析法，款目按汉语拼音字母顺序排列。

六、《揭西年鉴（2018）》的编辑出版工作得到全县各级领导机关及有关单位的通力合作，谨此致谢。本刊疏漏之处，敬请批评指正。

数字揭西·2017

- 土地总面积1365平方千米
- 年末户籍总人口99.32万人
- 年末常住总人口85.79万人
- 人口自然增长率8.9‰
- 地区生产总值236.1亿元
- 第一产业增加值33.04亿元
- 第二产业增加值125.85亿元
- 第三产业增加值77.21亿元
- 第一、第二、第三产业构成1：3.8：2.3
- 人均地区生产总值27511元
- 农村居民人均可支配收入10382.4元
- 固定资产投资总额127.49亿元
- 社会消费品零售总额138.53亿元
- 外贸出口总额1.94亿美元
- 地方公共财政预算收入4.6亿元
- 地方公共财政预算支出40.37亿元
- 国家税收收入6.87亿元
- 地方税收收入3.16亿元
- 林地面积7.81万公顷
- 森林覆盖率64.8%
- 耕地面积1.8万公顷
- 粮食播种面积3万公顷
- 粮食总产量17.84万吨
- 发放种粮补贴资金2639.48万元
- 金融机构各项存款余额246.99亿元
- 城乡居民储蓄存款余额177亿元
- 各项贷款余额105.66亿元
- 全年接待游客1068万人次
- 旅游收入60.15亿元
- 全县用电量12.38亿千瓦时
- 工业用电量7.93亿千瓦时
- 客运量122万人次
- 客运周转量17400万/人千米
- 省级非物质文化遗产代表性项目6个
- 医院、卫生院拥有床位1691张

棉湖镇云湖公园（李维熙　摄）

揭 西

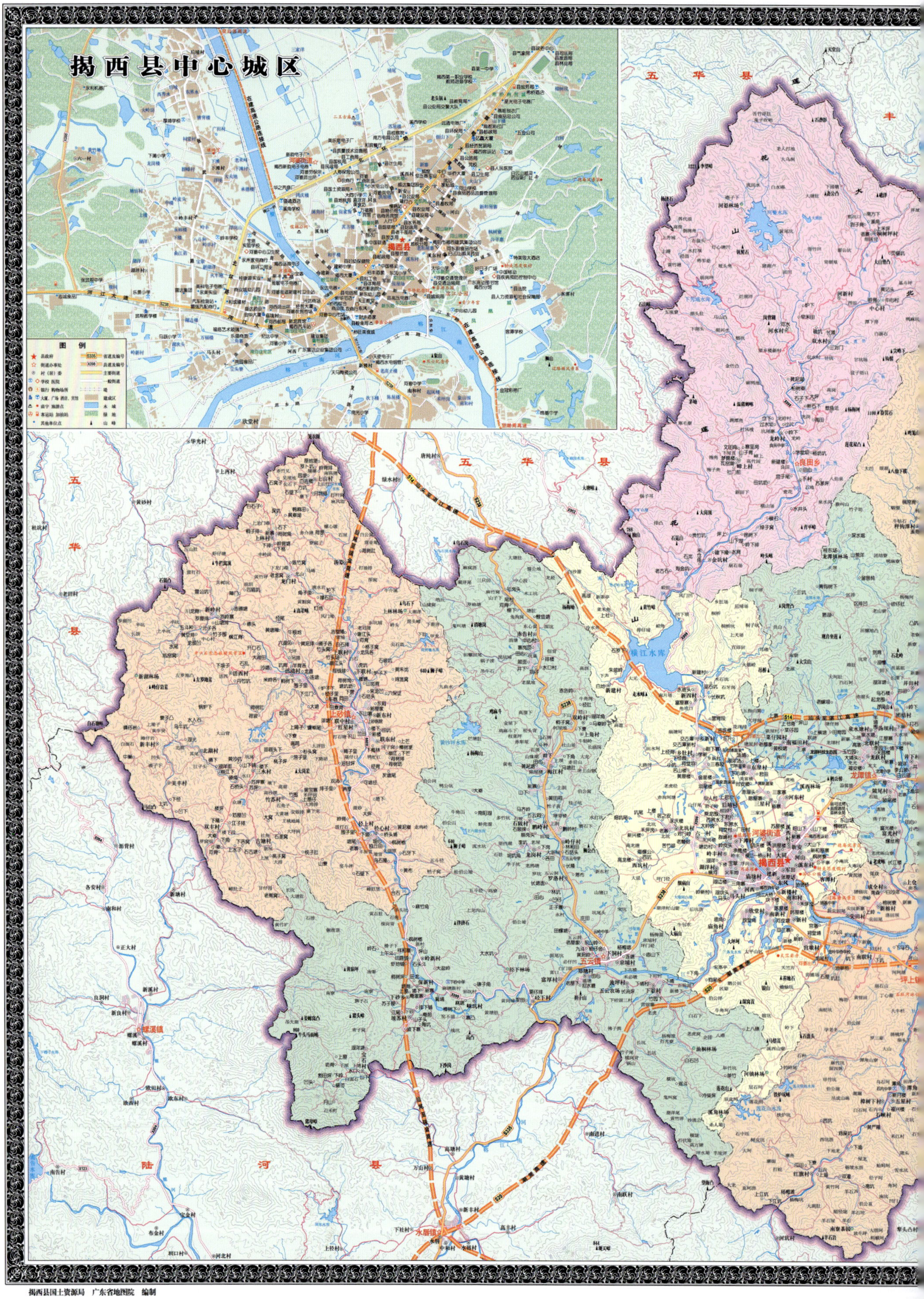

揭西县国土资源局　广东省地图院　编制

地 图

审图号：粤S(2014)103号 2014年10月

2017年11月8日，揭西县被广东省精神文明建设委员会评为“广东省县级文明城市”

（县委宣传部　供稿）

2017年11月8日，揭西县被广东省爱国卫生运动委员会授予“广东省卫生县城”称号

（县卫生和计划生育局　供稿）

2017年12月，揭西大北山旅游度假区被广东省旅游资源开发质量评定委员会认定为省级旅游度假区

（大北山产业园区管委会　供稿）

县城一角（李维照　摄）

2017年7月25日，揭阳市委书记李水华（前左二）到金和镇山湖村实地察看新农村建设

（郑楚藩　摄）

2017年12月24日，揭阳市市长叶牛平（中）到揭西调研县城改造工程

（李维照　摄）

2017年1月13日，中国共产党揭西县第十一届委员会第二次全体会议在揭西县委党校人民会堂召开

2017年2月15日，中国共产党揭西县第十一届纪律检查委员会第二次全体（扩大）会议在县机关大院附楼四楼会议室召开

（本版相片李维照　摄）

2017年3月8～10日，揭西县第十届人民代表大会第二次会议在县委党校人民会堂召开

2017年3月7～9日，中国人民政治协商会议揭西县第十届委员会第二次会议在县城召开

（本版相片李维照　摄）

2017年3月17日，揭西县在县机关大院附楼四楼会议室召开文明创建暨人居环境综合整治工作现场会

2017年4月29日，揭西县人民医院与中山大学孙逸仙纪念医院在县人民医院举行签约揭牌仪式

2017年5月18日，揭西县在县机关大院附楼四楼会议室召开环境保护工作会议

（本版相片李维照　摄）

2017年7月13日，中共揭西县委理论学习中心组学习会在县机关大院附楼四楼会议室召开

2017年7月19日，南方人民银行建行68周年纪念会在揭西县良田乡下村举行

2017年7月28日，旅深揭西乡亲经济促进会回乡恳亲暨招商引资座谈会在京明度假村召开

（本版相片李维照　摄）

2017年8月4日，揭西县在县委党校召开“摆问题、促规范、提水平”主题教育活动动员大会

（县委组织部　供稿）

2017年9月9日，兴宁至汕尾高速公路揭西段举行开工仪式

（李维照　摄）

2017年9月27日，揭西县地税局在全市率先启动环境保护税纸质档案移交工作

（县地税局　供稿）

2017年11月23日，揭西县在县委党校举行正科级干部学习中共十九大精神专题研讨班开班仪式

（县委组织部　供稿）

2017年12月1日，深港揭西商会青年创业交流团到揭西考察。图为座谈会现场

（李维照　摄）

2017年12月23日，深港揭西商会周年庆典

2017年12月18日，东莞市揭西商会成立

（本版相片李维照　摄）

2017年12月28日，广东揭西首届深港杯擂茶擂台赛启动仪式

2017年12月29日，揭西县人民政府和广东金翺集团有限公司签订战略合作框架协议

（本版相片李维照　摄）

2017年11月15日，揭西县召开重点项目建设工作现场会。参会人员实地察看揭西县人民医院住院综合楼、坪上镇新农村建设“四拆”整治工程、揭西污水处理厂及配套污水管网（一期）工程、县道X096新大线砼路面改造工程、金和镇创业园一楼展示厅、路边工程等项目建设现场（见图①②③④⑤⑥）

①

揭西县人民医院住院综合楼

②

坪上镇新农村建设“四拆”整治工作

（本版相片李维照　摄）

大洋乡

③揭西污水处理厂及配套污水管网（一期）工程

④县道X096新大线砼路面改造工程

⑤金和镇创业园一楼展示厅

⑥路边工程

（本版相片李维照　摄）

2017年3月11日，县妇联在上砂镇活动村举办“保护母亲河环保揭西行”游行活动

（县妇联　供稿）

青年志愿者在行动

（邓自兰　摄）

县水务局“关爱山川河流·文明之行”创文骑行宣传活动

（县水务局　供稿）

2017年8月1日，河婆街道开展“创文为我，我为创文”主题日活动

（河婆街道办　供稿）

县交警大队交通执法

（揭西县交警大队　供稿）

清理金和镇公路两旁环境

（李维照　摄）

园林环卫工人整理河婆街道北环一路绿化带

（李维照　摄）

棉湖镇污水处理管道工程建设

（李维照　摄）

棉湖镇拆除违建

（王蓉芳　摄）

碧水蓝天——河婆街道滨江公园协贤桥

道路重建——新堤路

揭西县城建设布局充满“绿”意

县城夜景

（本版相片风林　摄）

和谐人居环境——凤凰城

县城街道变得更加干净整洁——霖都大道

（本版相片风林　摄）

2017年6月30日，揭西县在县委机关办公大楼举行2017年广东扶贫济困日活动捐赠仪式

（李维照　摄）

2017年12月17日，东莞市揭西商会捐赠壹拾万元揭西扶贫助学金，县委常委陈少文（右）接受捐赠

（李维照　摄）

2017年4月13日，揭西县举行“创文”环卫车辆发车仪式

2017年2月，揭西县邀请部分旅深乡贤回乡恳亲，恳亲座谈会上，乡贤们为揭西医疗、教育、交通、新农村建设、文明创建、公益慈善事业等进行捐赠（见图①②③④⑤⑥⑦）

（本版相片李维照　摄）

2017年12月28日，揭西在京明度假村举办山地车骑行活动

（李维照　摄）

校园足球剪影

（县教育局　供稿）

群众文体活动剪影

（南山镇党政办　供稿）

2017年3月5日，揭西县委宣传部、县文化广电新闻出版局在黄满寨瀑布景区举办“乡村大舞台有你更精彩”文艺演出

2017年12月28日，揭西首届深港杯擂茶赛现场

2017年7月19日，南方人民银行纪念馆开馆，群众入馆参观

（本版相片李维照　摄）

2017年1月28日晚，由揭西县文广新局、县总工会主办，县文化馆承办的2017年揭西县庆新春群众文艺晚会在河婆街道县城文化广场举办

（县文化广新局　供稿）

2017年6月29日，揭西县在京明度假村举办2016年度“最美揭西人颁奖晚会”

（李维照　摄）

2017年12月28日，揭西县在京明度假村举办广东揭西首届深港杯擂茶赛潮客情文艺会演

（李维照　摄）

钱坑镇全景图（李颖　摄）

棉湖镇云湖公园（李颖　摄）

大洋风光（李颖　摄）

大北山生态林（李维照　摄）

大洋高尔球场

（李维照　摄）

棉湖榕江

（李维照　摄）

京明度假村（李维照　摄）

白鹭戏水

（李维照　摄）

大北山茶园

（李维照　摄）

龙潭龙源农业生态示范区无公害蔬菜

塔头镇黑皮冬瓜

良田乡金坑村李子

大溪镇淮山

坪上镇蔬菜基地（本版相片李维照　摄）

陂尾村墙绘

（郑沛东　摄）

高田村黄花风铃木

（张丹霞　摄）

永 顺 是 我 家

凤江镇阳南村下丕埕全貌（李颖 摄）

五经富镇石印村岐凤围民居
（黄烁志　摄）

山湖村航拍图
（李维照　摄）

井新村村貌
（李运生　摄）

乡韵
（李维照　摄）

目录

特辑

大事记

揭西概况

党政机关

民主党派

社会团体

法　治

军　事

经济管理

财政 税务

农　业

工　业

交通运输　邮政业

信息业

城乡建设　环境保护

商品流通　对外贸易

金融业

旅游业

教育　科技

文 化

卫生 体育

社会生活

乡镇（街道）建设

人物 荣誉

统计资料

文 献

附 录

特　辑

揭西县开展学习贯彻中共十九大精神活动

2017年10月27日，揭西县召开学习贯彻中共十九大精神大会。揭西县中共十九大代表李锦秀传达十九大精神并介绍大会盛况，县委书记陈群峰参加会议并讲话，提出要以习近平新时代中国特色社会主义思想为指导，做好新时代揭西改革发展稳定各项工作，开创新时代揭西全面加快发展新局面。要牢牢把握新发展理念的内容，以供给侧结构性改革作为经济工作主线，推动创新发展，实施“发展工程”，发展富民强县产业，狠抓项目建设，加快推进重点项目建设和重点工作开展，夯实发展基础；牢牢把握以人民为中心的发展思想，保障和改善民生，坚决打赢脱贫攻坚战，以67个省定相对贫困村创建社会主义示范村为突破点，全面推进社会主义新农村建设，加快推进农村土地确权工作；牢牢把握生态文明体制改革的新布局，加快建设美丽揭西，实施“美丽工程”，持续深化文明县城、卫生乡镇、美丽乡村等工作，全面实施推进“路边行动”，狠抓环保综合整治，特别是要抓好农村生活污水连片整治工作，强化环保执法监管；牢牢把握新时代党的建设总要求，推动全面从严治党向纵深发展，推动全县“摆问题、促规范、提水平”主题教育活动扎实开展、抓出成效。

11月23日上午，揭西县正科级主要领导干部学习贯彻中共十九大精神专题研讨班开班。县四套领导班子成员，县人民法院院长、县人民检察院检察长，其他副处级以上干部，县纪委副书记；上级垂直管理的部门和县各民主党派主要负责人；各乡镇（街道）、县直单位领导班子成员及其他正、副科级干部（含非领导职务），共700多人参加开班动员。研讨班开班仪式由县委组织部负责人主持，县委书记陈群峰作动员辅导。陈书记指出，学习宣传贯彻中共十九大精神，是当前和今后一个时期全县的首要政治任务，全县要迅速兴起学习贯彻十九大精神热潮。开班仪式上，省委党校党史党建教研部副教授王培洲作“奋力夺取新时代中国特色社会主义伟大胜利”的专题报告。研讨班采取统一集膳集宿方式，集中培训2天。

10月27日上午，十九大代表李锦秀参加揭西县传达学习贯彻中共十九大精神大会，与广大干部一起学习、宣传、贯彻、落实好十九大精神。李锦秀介绍中共十九大的概况，谈感受，表示作为基层党代表，一定要以钉钉子的精神做好各项工作，将中共十九大精神带到基层，使人民群众更加了解党的好政策。10月31日，李锦秀参加揭西县宣传思想文化系统学习宣传贯彻中共十九大精神会议。11月1日，李锦秀受邀参加揭西农村商业银行学习贯彻中共十九大精神会议。11月7日，李锦秀参加揭西县总工会学习贯彻中共十九大精神座谈会。11月8日，李锦秀参加揭西县妇联学习贯彻中共十九大精神会议。

（曾　锴　李旭林）

揭阳市委书记、市人大常委会主任李水华到揭西县调研

2017年，揭阳市委书记、市人大常委会主任李水华到揭西县调研3次，强调要加强基层服务能力建设和新农村建设，提升人民群众的获得感、党员干部的成就感、基层组织的存在感；强调要点面结合，明确标准，凝心聚力，推动162个省定贫困村从“后队”变“前队”、从后进变先进；强调要紧紧围绕“绿色崛起示范县、潮客文化融合发展传承区”的定位，紧扣“一个龙头、两翼齐飞”思路，推动揭西全面加快发展。

6月9～11日，李水华到良田乡金坑村、下村和五云镇京埔村、富厚村考察基层服务能力建设、新农村建设等情况，到县城污水处理厂、潮惠高速揭西河婆互通至县城主干道、京明养老服务中心、棉湖镇贡山电排、棉湖华侨医院、县城道路升级改造项目、河婆汽车客运站、政务服务中心、滨江公园、纪达中学、河山市场、志诚食品有限公司、美声电子电器厂、白云山威灵药业有限公司、德煌电力设备有限公司、威潜电缆实业有限公司等实地调研。肯定揭西县农村生活垃圾收集转运处理和农村人居环境综合整治工作成效，强调要完善机制，提高标准，推进农村危旧房、旧厕所、旧猪栏等清理拆除，改善农村人居环境。要提高农村劳动力转移组织化程度，做好留守老人和儿童管理服务工作，探索适合揭西实际的产业扶贫模式，提升群众生活水平。要加强基层组织建设，抓好后备队伍培养，强化农村党组织对其他各种组织的领导，发挥党组织在农村的领导核心作用。要高度重视乡镇工作，加强乡镇基础建设，让基层干部扎根基层、安心工作。要发挥生态优势，发掘特色民俗文化，完善基础设施建设和公共服务配套，加大宣传推介力度，提高揭西旅游的吸引力。要抓好全域环境保护，总体规划，分步实施，统筹推进生活污水处理设施建设，保护榕江南河水质，守住揭西绿水青山。要深入推进文明创建，抓好县城绿化美化亮化，提高规划建设管理水平，用好的环境教育人、影响人。要树立当“教育书记、教育县长”的理念，关心教育事业发展，培养引进优秀人才，支持社会力量办学，营造尊师重教、尊师重学的社会氛围。要大力扶持企业发展，优化服务，加强引导，推动企业增资扩产、转型升级。要围绕主导产业，发挥行业协会作用，促进企业沟通合作、抱团发展。要抓好产业园区规划建设，完善配套设施，解决遇到问题，推动产业集聚发展，形成辐射带动效应。

7月25日下午，李水华到金和镇山湖村环村大道和埕头巷尾，实地察看新农村建设情况，并提出具体指导意见。强调要正确处理好点与面的关系，就全市而言，162个省定贫困村是点，其他村居是面；就省定贫困村而言，山湖村是点，其他贫困村是面。面上村居要按照文明创建“四级联创”要求，突出抓好环境卫生和雨污分流两项基础工作，于2017年年底前实现卫生保洁全覆盖并形成长效机制。山湖村要以打造全省新农村

建设先进村、示范村为目标，与对口帮扶单位省交通集团齐心协力，完善规划，发动乡贤，发挥帮扶资金的撬动作用，抓好雨污分流、村道升级、村庄绿化、水岸整治等工作，清理拆除危旧房屋、旧猪牛栏、旧柴房、旧厕所和违章建筑，引导居住集中、耕地集中、创业就业，营造干净、整洁、有序、安全的生活环境。要围绕“后队”变“前队”、后进变先进的目标，按照组织坚强、管理民主、村容整洁、乡风文明、生产发展的“五好”标准，明确具体要求，制订内容翔实、流程清晰、可操作性强的实施方案，推进全市162个省定贫困村新农村建设；要把村容整洁作为核心、重点和抓手，统筹帮扶资金，做好总体规划，分清轻重缓急，按照顺序分步实施，抓好垃圾日清、污水处理、村道硬化、水岸同治、绿满家园、人畜分离、旧屋修缮、新屋戴帽等8方面工作，带动其他方面工作同步推进。要突出主体、主管、主力、主题，建设具有揭阳特色的社会主义新农村。县镇党委和村党支部要发挥主体作用，县级党委要成立领导小组，做好统筹、指挥、协调等工作；村党支部要负起决策、组织、管理的责任。村要设立具有广泛代表性的新农村建设咨询委员会，负责具体项目的动议、选定、规划、建设、验收、监督、管理，起到主管的作用。要调动村民的积极性，发动村民参与村容整治和做好“五拆”，发挥村民在新农村建设中的主力作用。要围绕特色，确定主题，因地制宜谋划推进新农村建设，打造一村一主题、一村一特色、一村一品牌。

10月10日，李水华到揭西京明茶叶综合发展有限公司，详细了解茶叶种植、生产制作、品牌建设和销售等情况，要求企业发挥龙头带动作用，开展以“茶”为主题的活动，提升揭西茶叶的知名度、市场竞争力和附加值。随后，李水华调研京溪园三农优化实验区项目展示中心，了解揭西全域旅游发展情况，强调要发挥良好自然禀赋，理清发展思路，激活产业潜能，使产业规划布局从理念变成现实；到揭西南山镇关西村、龙潭镇井田村调研指导社会主义新农村示范村建设，强调要循序渐进抓好垃圾日清、雨污分流等基础性工作，以村规民约凝聚村民共识，带领群众共建共享干净、整洁、美丽家园。

李水华指出，揭西县不断发生可喜的变化，干事创业氛围、基层组织建设、维稳安全工作、市容市貌、交通基础设施越来越好，呈现出良好态势，焕发出新的气象。强调，揭西县正迎来“打开山门”关键时期，面临着重大发展机遇，要提纲挈领、抓住重点，发挥绿水青山的生态优势和潮客文化的独特优势，打造绿色崛起示范县和潮客文化融合发展传承区。要紧扣“一个龙头、两翼齐飞”的思路，推动揭西县发展取得突破。要以学习贯彻中共十九大精神为龙头，全力迎接十九大胜利召开，全心学习领会十九大精神，全意贯彻落实十九大确定的目标任务，以党风带政风、以政风带社风、以社风带民风，形成干事创业的良好氛围。要实施美丽工程，创建文明美丽揭西，继续深化文明县城、卫生乡镇、美丽乡村建设。要全力创建国家级食品安全示范县，打响揭西高品质农副产品的品牌。要实施“路边行动”，以“拆、铺、挡、亮、绿、净”“门前三包”为抓手，全面整治县城、镇区、村庄路边，清拆乱搭乱建和乱堆乱放，沿路铺设人行道，对宅基地等进行围挡，推进沿路亮化、绿化，保持路边干净整洁；通过土地确权、铺设路沿石、绿化路肩等措施，推进县、镇、村之间国道、省道、县道、乡道路边整治，固化边界，美化环境。实施发展工程，狠抓富民强县产业。要聚焦旅游产业，抓好骨干景区打造，强化包装宣传推介，搞好旅游节会活动，规划建设旅游综合服务区，提高揭西旅游的知名度和美誉度。要深耕电线电缆产业，做好“专业平台、专业协会、专业论坛、专业基金”4篇文章，争取设立国家级电线电缆检测中心，把电线电缆产业打造成为揭西的独特品牌。

（曾　锴　李旭林）

揭西县开展“摆问题、促规范、提水平”主题教育活动

2017年，为深化“两学一做”学习教育、贯彻落实习近平总书记对广东工作重要批示精神和省第十二次党代会精神，揭西县委自8月开始，集中3个多月的时间，在全县开展“摆问题、促规范、提水平”主题教育活动。该活动以全县各乡镇（街道）、县直机关事业单位与正股级以上领导干部的存在问题为抓手，以促进各项工作规范化运作、提升整体工作能力水平为目标，通过主题教育，达到“干部受教育、问题得解决、作风大转变、形象再提升、群众更满意”目的，分为宣传发动、查摆问题、落实整改、规范提升4个阶段。

揭西县各单位把强化学习作为重点任务，组织党员干部系统深入学习党章党规、习近平总书记系列重要讲话精神，特别是习近平总书记对广东工作重要批示精神、省第十二次党代会精神，熟读牢记单位“三定方案”，明确单位的职能和职责。对照“三定方案、依法行政、求实务实、制度建设”4个方面深入查摆单位是否存在工作职责不清、监管履职不到位，办事不依法、不规范，制度不健全等问题。党员干部对照“信念坚定、为民服务、勤政务实、敢于担当、清正廉洁”5个方面深入查摆个人是否存在理想信念不坚定，工作推诿扯皮、敷衍塞责，遇事不敢担当、推卸责任，工作徇私情、吃拿卡要等问题，对作风之弊、行为之垢进行一次大查摆。全县17个乡镇（街道）、67个机关事业单位坚持集中学习与个人自学相结合，组织集中学习2600多场次，党员干部个人自学笔记6.58万篇；通过召开座谈会、发放调查问卷、征求意见表、面向社会公布投诉电话、信箱、下基层走访等形式，听取“两代表一委员”、离退休老干部、服务对象、基层干部群众和本单位干部职工的意见建议，找准找实单位存在的问题；各单位班子成员、正股（组）长通过领导点、同事帮、自己查、群众提等形式查准自身存在的问题，列出问题清单。全县84个参学单位共查摆问题780多条，股级以上干部共查摆问题1.68万条。

各单位和个人找准问题，撰写单位对照检查材料及个人剖析材料，对存在问题原因进行深刻剖析，逐条列出具体整改措施，并制订单位整改方案和个人整改清单，做到每一个问题都有对应的整改措施，有明确的整改时限和责任人。各单位通过召开剖析会议的形式，在会上对材料进行宣读，并请单位全体干部职工对单位和股级以上干部进行民主测评，把测评结果作为检验问题是否整改落实的重要依据。各单位在落实整改的同时，把各股（组、室）的工作职责全部上墙，并主动亮出工作清单，特别是涉及到行政执法和监督管理的部门，亮出权力清单、责任清单，严格做到依法行政、按章办事。活动开展以来，各单位建立健全工作制度1400多项。

县委从活动一开展就从严进行督查，县委书记陈群峰到乡镇（街道）及县直单位进行调研，对各阶段工作进行点评指导。县各套领导班子成员分别到挂钩乡镇（街道）及分管线条部门督导，督促活动不走过场。县委还专门派出暗访组，对各单位开展主题教育活动进行暗访，及时发现存在问题。是年，县委派出6个督查组，分阶段对84个单位进行全面督查和验收，对学习宣传不深入、查摆问题不精准、落实整改不到位的单位和个人，全部责令推倒重来。6轮全面督查中，18个单位被延期转段。

（李焕然　庄园园）

揭西县318个村（社区）圆满完成换届选举工作

2017年，揭西县全面启动推进村级换届选举工作。抓早分析研判，从2016年11月开始，县委组织部对全县280个行政村和38个社区开展调查摸底和分析研判工作，全面了解掌握村（社区）“两委”班子运作的整体情况，将考评情况作为选拔任用新一届村（社区）“两委”干部的重要依据；对全县318个村（居）委干部3年来的财务收支按程序进行审计，审计率100%，审计对象1540人。提前介入问题村，难点村，从2月底开始，县委成立由县委书记任组长的专项整治领导小组，抽调县纪委、组织部、法院、检察院、公安、民政等人员组成3个整治工作组，对全县摸底排查的10个重难点村开展专项整治行动；县委书记亲自挂钩重难点村，落实第一责任人责任，带头到各乡镇（街道）进行调研，对换届工作进行全面指导。县各套班子成员具体挂钩到各乡镇（街道），帮助协调解决存在的问题。全县查出村干部存在违法违纪突出问题村8个，查出涉嫌违纪违法人员18人，其中被法院判处刑罚13人；县纪委、检察部门立案侦查5人；网上追逃4人。

各乡镇（街道）党（工）委成立换届指导小组，加强对换届工作的指导力度，统筹协调推进换届工作开展。县委组织部和县民政局加强对业务工作的指导，印制《村（社区）党组织换届选举工作指导手册》和《村（居）民委员会换届选举规程指引》，对村级换届业务骨干进行培训。在换届过程中，县委高度关注各地换届程序环节、时间节点等方面的执行情况，从严督促各村（社区）按照有关法律法规要求进行换届选举，对违反法律法规程序的，坚决推倒重来。

揭西县营造风清气正的换届环境，开展巡查督查，强化换届纪律到位。县委派出3个换届风气巡查组，分上、中、下3片，对17个乡镇（街道）进行4轮以上的巡查，督促各乡镇（街道）依法依规做好村级换届选举各项程序和各个环节工作。各乡镇（街道）依法依规把好每个环节，做好辖区村（社区）会议记录、选票管理、资料汇总等工作；印发《换届工作“九严禁、九个一律”纪律规定》《致村（居）民的一封信》，把严明换届工作纪律要求，宣传到每个村（社区），宣传到每个村（居）民，让广大村民自觉遵守换届选举纪律，维护选举的正常秩序。县镇分别开通19个群众举报电话，畅通信访举报渠道，对反映问题做到件件有回音，件件有落实。县电视台开设村级换届专栏，加大对村级换届工作的宣传。各乡镇（街道）村（社区）利用远程教育平台，播放《2017年惠州村级组织换届警示片》，组织广大党员群众收看，明确换届纪律的底线和红线，营造风清气正的换届环境。

至6月14日，圆满完成全县318个村（社区）换届选举工作任务。依法选出村（社区）书记、主任“一肩挑”252人，“一肩挑”比例79.3%；“两委”交叉任职906人，交叉任职比例81.8%；妇女干部442人，其中女性村（社区）书记15人、主任12人；年轻干部220人。

（李焕然　庄园园）

揭西县开展“迎盛会·百日百项大行动”

2017年5月31日下午，揭阳市委书记李水华主持召开市委常委扩大会议，谋划“迎盛会·百日百项大行动”，强调要把该项工作作为2017年揭阳市一项重要工作来展开推动，形成经济发展新亮点，储备未来发展新项目，以优异成绩迎接中共十九大胜利召开。市委常委会议研究决定，从7月1日开始，在全市开展“迎盛会·百日百项大行动”，用一个月的时间做好各项筹备工作，系统谋划、部署实施一批事关长远、事关大局的重大项目。

2017年7月以来，揭西县委县政府坚持把落实市委“百日百项大行动”工作，与贯彻落实市委李水华书记调研指示精神和全县重点工作一起部署，将“百日百项大行动”重点工作任务作为推动全县经济社会发展的重要抓手，加强领导，精心组织，按照“重点工作项目化、重点项目责任化”思路，落实“一个项目一个责任领导、一个责任单位、一个工作专班、一个工作期限”要求，全力推进“百日百项大行动”。至2017年年底，全县147项重点工作任务中，完成（年度）工作任务101项。其中，全县负责实施的4个市重点项目（潮惠高速揭西河婆互通至县城主干道工程、农村“四拆”整治工作、揭西县人民医院住院综合楼项目、揭阳金和互联网+扶贫特色小镇项目）完成（年度）工作任务，其他重点项目、重点工作有序推进。

（曾　锴　李旭林）

揭西县全面启动“五城同创”工作

2017年12月6日，揭西县委、县政府按照市委、市政府工作要求，召开创文创卫工作总结暨“五城同创”（全国县级文明城市、国家卫生县城、国家森林城市、国家生态文明建设示范县、全国平安建设先进县）动员大会，全面开展“五城同创”，推动揭西县创文创卫工作。

县委成立县“五城同创”工作领导小组，由县委书记任组长、县长任第一副组长。下设办公室、督查问责组和创建全国县级文明城市、创建国家卫生县城、创建全国平安建设先进县、创建国家森林城市、创建国家生态文明建设示范县、创建国家全域旅游示范区、创建国家农产品质量安全县、创建广东省食品安全示范县8个单项创建办公室。出台《揭西县开展“五城同创”活动总体方案》和《关于印发〈揭西县创建国家卫生县城实施方案〉等五个文件的通知》，开展市政规划建设提升行动、环境卫生提质行动、农村人居环境洁净行动、交通综合整治行动、水资源综合利用行动、环境保护行动、绿满家园全民行动、社会治安综合治理行动、社会文明提升行动、全域旅游创建行动等十大行动。

县五创办印发《揭西县“五城同创”近期五项重点工作实施方案》后，各地各单位迅速启动“五个起来”、镇街拆违、铺设人行道、雨污分流等重点工作，通过倒排工期，列出任务清单，分类施策，专项整治。县公安交警大队争早夺晚组织出动警力对县城、棉湖镇、五经富镇等重点区域和河棉公路、五灰公路等主干公路开展整治行动。在周末和逢每月5日、15日、25日交通违法集中整治统一行动日，组织警力在全县范围专门开展交通违法夜查行动。12月，共出动警力4000多人次，查处各类交通违法2326宗，其中，酒驾10宗（含醉驾1宗），驾乘摩托车不戴安全头盔834宗，摩托车超员60宗，违停836宗，货车超载15宗，飘洒66宗，闯红灯138宗，其他交通违法367宗；暂扣摩托车及电动车65辆；电视宣传2场次，发送宣传短信5000多条，发送宣传资料5000多份，微信公众号发布宣传16篇，警告教育轻微交通违法者2500多人次。

对全县范围内“露土”进行全面综合整治。包括：主次干道、公园、广场、人行道树穴、沿河两岸、居住区、临街地面、及闲置地等出现的“露土”，进行“地毯式”清理登记。重点是县城东入口、14条主次干道、3个广场和1个公园，其中4条道路规划重建绿化，分别为特美思大道、霖都大道、金凤路和大庙路；另外7条道路、3个广场和滨江公园、东入口的绿化进行完善提升。完成县城东入口花苗种植1万多株。

由县城规局、公安交警大队规划对县城各重点路段和交通复杂路段人行道外侧、主干道绿化带等重点部位设置隔离护栏，规范行人行走路线。县城各主次干道两侧，机关、企事业单位等公共设施和沿街重要建筑物、各乡镇镇区，每晚至少亮灯3个小时，主次干道路灯下午5：30开始至次日早上6：00结束（根据季节变化相应调整）。由县城规局组织实施中心城区夜景照明优化提升工程，项目完成立项批复，项目估算总投资2017.12万元，所需资金来源由揭西县财政拨款投资。该亮灯工程主要是用“中国结、树挂串灯、实景造型”等主题元素对县城重点地段、主要道路、桥梁、下穿涵、建筑物大胆创新，进行多角度设计装点。包括：对协贤桥（彩虹桥）、榕江南河东段两岸、潮惠高速入口桥、省道S238与县道X098交汇处等23个节点景观照明优化提升及照明控制系统建设，配套各类灯具5.2万套。

县公安交警大队加强日常执法巡查工作。对在设置禁止停车标志、禁止长间停车标志或者施划禁止停车标线的道路上违法停车，对违法人处罚并记分；对在未设置禁止停车标志的道路上违法停车，进行口头警告，要求其立即驾离，拒绝立即驶离，妨碍其他车辆、行人通行，依法进行处罚。在“五城同创”行动中，共查处车辆违停836宗。

至年底，全县镇街在42条主次干道实施拆违工作，共1323宗，拆除面积8.29万平方米。35条主要公路分批分段完成铺设人行道工程，总长度55千米，铺设人行道26.44万平方米。垃圾日清自然村1140个（含低于20户的自然村），保洁员1562人，县城区垃圾收集转运外包给第三方公司，保洁员不计在内。完成或基本完成雨污分流自然村244个，铺设管网长度180.43千米；在106个自然村，建成后管网长度186.7千米；未建自然村609个。

（杨一帆　刘育权）

揭西县完成县城道路升级改造工程

2017年，揭西县完成县城12条道路升级改造工程，项目设计单位为深圳华粤城市建设工程设计有限公司，施工单位广东冠粤路桥有限公司，监理单位广东省建筑工程监理有限公司。工程于2016年10月12日开始动工，全长12.4千米，投资1.2亿元。改造后的道路全部铺上沥青路面，重划地面交通标志线，规范道路交通，美化县城环境。

县城12条道路升级改造工程分别为大庙路改造工程、特美思大道改造工程、金凤路改造工程、河江大道改造工程、温泉大道改造工程、河山横路改造工程（有铺设供水管网）、新安路改造工程（有铺设供水管网）、河堤路改造工程（有铺设供水管网）、新东路改造工程（有铺设供水管网）、农化路改造工程（有铺设供水管网）、河山路改造工程（有铺设供水管网）、霖都大道改造工程（有铺设供水管网）。

大庙路改造工程 大庙路规划为城市次干路，道路为南北走向，设计车速30千米/小时，起点位于河婆街道庙角村三山国王祖庙，终点至河江大道，全长1247米，宽26～28米，投资1929万元。

2017年，河堤路道路升级改造工程　（县城规局　供稿）

特美思大道改造工程 特美思大道规划为城市次干路，设计车速40千米/小时，道路为东西走向，起于揭西县规划局前环岛交叉口，终点与环城东路相接，沿线分别与农化路、河山横路、河山一横路等道路相交，道路全长772.74米，宽20～28米。道路投资1050万元。

金凤路改造工程 金凤路规划为城市支路，设计车速40千米/小时，设计分为A、B两段，其中A段道路为东西走向，起于规划局前环岛交叉口，终点至凤凰城南侧消防通道，全长367米，宽39.5米。B段道路为南北走向，起点与A段相交，终点至特美思大道，全长519米，宽28米。道路投资945万元。

河江大道改造工程 河江大道规划为城市主干道，道路为东西走向，起点与县道X098相交，终点至大庙路，道路全长1.7千米，宽34～36米。道路投资2079万元，现况为双向六车道，设计车速50千米/小时。

2017年，新东路道路升级改造工程　（县城规局　供稿）

温泉大道改造工程 温泉大道规划为城市主干道，设计车速50千米/小时，道路为南北走向，起点与北环一路相交，终点与霖都大道相交，沿线分别与温泉横一路、温泉横二路相交，道路全长859米，宽23～33.5米。道路投资958万元。

河山横路改造工程 河山横路规划为城市支路，设计车速20千米/小时，道路为南北走向，设计分为A、B两段，其中A段起于霖都大道，终点至河山路，全长223米，宽10.5～14.5米。B段起于河山路，终点至特美思大道，全长482.7米，宽14.5～25米。道路投资398万元。

新安路改造工程 新安路规划为城市次干道，设计车速40千米/小时，道路为南北走向，起点与北环一路相交，终点与霖都大道相接，道路全长614米，宽21.5～30.35米。道路投资517万元。

河堤路改造工程 河堤路规划为城市支路，设计车速30千米/小时，道路为南北走向，设计共分为A、B、C三段，其中A段起点与北环一路相交，终点至霖都大道，全长1048.19米，宽10～33.5米，B段道路起于霖都大道，终点至现状济镶桥，全长207.66米，宽7米，C段道路起于济镶桥，终点至城规局前环岛交叉口，全长784.43米，宽15.5～29.5米。道路投资1548万元。

新东路改造工程 新东路规划为城市支路，设计车速20千米/小时，道路为东西走向，起点与霖都大道相交，终点至规划局前环形交叉口，中途与河山路相交，道路全长659.38米，宽15.2～20.5米。道路投资405万元。

农化路改造工程 农化路规划为城市支路，设计车速20千米/小时，道路为南北走向，设计分为A、B两段，其中A段起点与霖都大道相交，终点至河山路，全长222.11米，宽14～16.5米。B段起于河山路，终点至特美思大道，全长372.78米，宽15～18米。道路投资262万元。

河山路改造工程 河山路规划为城市支路，设计车速30千米/小时，道路为东西走向，设计分为A、B两段，A段起点与新东路相交，终点与农化路相接，道路长260.62米，宽9～15.5米，B段起点与农化路相交，终点与党校路相接，道路长1069.68米，宽11～26米。道路沿线分别与农化路、河山横路、河山一横路和河山三横路等道路相交，道路全长1.33千米。道路投资1017万元。

霖都大道改造工程 霖都大道（大庙路至河堤路段）规划为城市主干路，设计车速50千米/小时，设计共分A、B两段，其中A段道路为东西走向，起点与大庙路相交，终点与现状河江大道相接，全长578.07米，B段道路为南北走向，起点与A段相交，终点至河堤路，全长283.64米，宽22.5～29.5米。道路投资797万元。

（温瑞全　王玉柳）

揭西县严厉打击环境违法行为

2017年，揭西县紧扣“一条主线、四个补上、四个深入”的指示，围绕绿色崛起示范县、潮客文化融合发展传承区的定位，按照“一个龙头，两翼齐飞”的思路，全面加强严查严管，严厉打击环境违法行为。

揭西县加强环境监管、消除隐患、坚决防范，以“五个一律”（对存在环境安全隐患的企业需要限期治理的一律停产治理；对不执行建设项目影响环境评价和“三同时”制度的企业一律依法处理；对不符合国家产业政策的小化工、电镀、漂染、造纸、酸洗、印花等企业一律依法关停取缔；对违法超标排放、弄虚作假和屡查屡犯的企业一律依法予以重罚，并依法追究企业责任人责任；对饮用水源保护区等敏感区域违法建设的企业或个人一律关停拆除）为工作原则，对存在环境安全隐患的企业需要限期治理的一律停产治理；对不执行建设项目影响环境评价和“三同时”（防治污染和其他公害的设施和其他环境保护设施，必须与主体工程同时设计、同时施工、同时投产）制度的企业一律依法处理；对不符合国家产业政策的小化工、电镀、漂染、造纸、酸洗、印花等企业一律依法关停取缔；对违法超标排放、弄虚作假和屡查屡犯的企业一律依法予以重罚，并依法追究企业责任人责任；对饮用水源保护区等敏感区域违法建设的企业或个人一律关停拆除。推动揭西县环境保护深入化，全民化。

是年，全县出动环保执法人员4070人次，检查企业2428次；处罚环境违法行为125宗，罚款金额320.8万元；移交公安部门涉嫌环境犯罪10宗；开展凉果行业、电线电缆行业、畜禽养殖业等专项整治行动；受理环境信访186宗，办结186宗，办结率100%。

（县环保局）

揭西县荣获“广东省文明县城”荣誉称号

2017年11月8日，揭西县被广东省精神文明建设委员会评为“广东省县级文明城市”。自2016年8月起，揭西县全面铺开文明县城、文明镇街、文明村居创建工作，以县城（河婆街道）为中心，以城乡环境和交通秩序两大整治为抓手，加强城乡联动，开展文明创建活动，培育和践行社会主义核心价值观，构建以绿文化为核心的生态文明揭西。

党政一把手负总责，全面压实工作责任，层层动员，县四套班子成员、县直各单位全部挂钩到河婆街道各社区（村）及各乡镇，指导、督促镇（街道）、村（社区）文明创建工作；各乡镇街道、各部门把责任分解落实具体领导和部门；通过划分环境卫生管理责任区，明确各责任单位职责；与各商住户签订“门前三包”责任书，引导群众自觉参与环境卫生管理。建立工作管理机制，县“四级联创”督查组每月开展1至2轮全覆盖的督查行动。

把“创文”经费列入各级财政预算，按每个人口30元/年标准拨付卫生保洁费，发动外出乡贤、热心人士为揭西县文明创建捐资捐款，共接受乡贤捐赠扫路车、洒水车9部。

围绕省县级文明城市测评标准，以城乡环境和交通秩序两项整治为抓手，全面开展大清理、大整治行动。集中整治城乡环境，在推进县城扩容提质基础上，结合“创文”工作，以省、县道沿线、公园、市场等场所为工作重点，县城规、环卫、公安等相关职能单位定期或不定期开展联合整治行动，“清拆管建”多管齐下，整治城乡环境卫生，出动各类人员8万多人次，拆除违规搭建物20.4万平方米，清理存积垃圾20.2万吨；各村（居）发动群众清理村道及村内大街小巷，疏通沟渠，清除卫生死角、“牛皮癣”，从严治理乱倒生活垃圾、道路绿化缺损等现象。县公安交警大队开展交通乱象整治行动，在县城区、棉湖镇等交通事故、拥堵高发区域增加交通执勤频率，采取严厉打击管理模式，严管交通秩序；对重点区域路段泥头车飘洒、酒后驾驶、货车超载、客车超员、飙车、驾乘人员不戴头盔等各种交通违法违规行为进行整治；推行重点路段停车标识与停车位施划工作，缓解停车难、乱停车等问题；科学规划设置一批红绿灯，教育引导群众自觉遵守交通规则，查处酒驾、醉驾、泥头车飘洒、超载、违停、不戴安全头盔等各类交通违法违规行为9388宗，纠正行人非机动车轻微违法行为2750宗，新增施划停车位3364个。

升级改造县城道路，县城内12条主干道全面进行升级改造，铺筑沥青路面、地下排水管，安装指示标志、LED路灯，人行道绿化等；扩建改造县城2个农贸市场，县城大同市场和河山市场主要从硬件设施、地下管网、水电、水产交易、禽类交易等进行全面重建，为周边流动摊贩提供80个固定摊位；配套建设各乡镇（街道）市政设施，各乡镇（街道）中心市场、农贸市场改造扩建全面铺开，部分镇区进行人行道、绿化带、排水排污设施建设；完善公园文体设施，县城滨江公园、棉湖云湖公园进行升级改造，各地新建一批文化小公园、小广场、绿道、文体活动中心。

发动志愿服务，各地各部门组织、发动志愿者投身“创文”工作。县直各单位定期或不定期到挂钩乡镇（街道）开展环境卫生志愿服务活动；团县委从各单位招募志愿者，以交警、协警员、志愿者“三位一体”文明交通管理方式，开展文明交通志愿服务活动；县创文办、各乡镇（街道）印发50多万份《致全县人民的一封信》，号召广大干部群众，自觉参与城市管理，争做文明市民；县文明办、县妇联联合开展“争创文明家庭，共建文明县城”巾帼主题活动，号召广大妇女加入到“创文”队伍中；县教育局发动各中小学师生开展“小手拉大手”创文活动，以学生带动家长，进而带动全社会；县水务局、县体育局联合县自行车运动协会开展“创文”骑行宣传活动，发动社会力量参与文明创建和民生建设。创文启动后，全县外出乡贤和企业家支持家乡建设捐款近亿元，在2017年年初举办的乡贤座谈会上接受捐款1600多万元；全县共组织志愿者3.54万人次，开展各类志愿服务活动823次。

县创文办编发《文明简报》《揭西创文特刊》，对各地开展文明创建工作的经验、亮点进行及时通报；开通《文明揭西》微信公众号，每日推送文明创建相关文章；开展“讲文明、树新风”随手拍活动，号召广大群众拍出文明、曝光陋习；县广播电视台开设“争创文明县城，共建美好家园”“创建文明县城大家谈”“不文明现象”“文明掠影”等专栏；抓好示范带动，打造滨江公园、霖都大道、河婆街道大同市场、河山市场、龙潭镇陂尾村、南山镇上寮公园、棉湖镇湖墘西路步行街、贡山村、东园镇月湄村、玉湖村、塔头镇中心街等一批有亮点、有特色文明示范点；树立先进典范，通过开展“广东好人”“身边好人”“玉德人物”“学雷锋标兵”“最美揭西人”等系列活动，树立社会主义核心价值观践行者、示范者、引领者先进人物典型。

（杨一帆　刘育权）

揭西县成功创建广东省卫生县城

2017年10月，揭西县创建省级卫生县城工作顺利通过省级考核验收。11月8日，经省考核鉴定，揭西县各项“创卫”指标均达标，获广东省爱卫会授予的“广东省卫生县城”荣誉称号，成为揭阳市第一个省级卫生县城。

揭西县自2014年准备创建省级卫生县城相关工作。2014年以来，全县各级党政、各有关单位上下一心，全面动员，全力投入，狠抓落实，敢于创新，改善揭西县市容环境卫生和综合管理状况，全面提升环境保护、重点行业卫生、食品和饮用水安全、公共卫生和医疗服务、病媒生物防制等各方面工作水平，营造清洁美丽有序的生活环境。

县委、县政府成立揭西县创建广东省卫生县城工作指挥部，由县委书记担任总指挥，县长任第一副总指挥，有关县委常委、副县长为副总指挥，统筹协调解决巩固发展创卫工作的重大问题，并多次召开专项协调会议以及专项工作会议布置落实创卫工作，制定下发全县创卫工作方案等一系列指导性文件，推动全县创卫工作紧张有序全面推进。

多方筹措资金投入创卫工作，道路交通方面，投入资金2.6亿元，新建、改造城乡公路102千米；环卫设施方面，新建垃圾中转站17个、行政村垃圾集中点317个，购置垃圾压缩运输车23辆，交付各乡镇（街道）投入使用；投入资金约1200万元，完成县垃圾填埋场的渗滤液处理系统和垃圾填埋系统技术升级改造，实现商业化运营；每年投入1650多万元，对县城的保洁工作实行公司化经营管理等。

县政府与各责任单位层层签订创卫责任书，对创卫具体工作明确分工，强化追究问责，落实网格化管理。组织爱国卫生运动，加强病媒生物防制工作；推进城市管理市场化改革，提高病媒生物防制和环卫保洁工作效率。自2017年起，在病媒生物防制和环卫保洁工作方面推行网格化、市场化改革，落实分片包干的网格化管理，将除四害效果和环卫保洁成效与经费支付挂钩。

利用各大主流媒体，开辟宣传阵地，动员全民参与创建工作，营造宣传氛围。将健康教育宣传栏覆盖县城各村（居），加强对健康知识的宣传普及，提高城乡居民的健康素养水平。

（刘平华）

大洋国际生态旅游度假区成功申报AAA景区

大洋国际生态旅游度假区坐落于揭西县五经富镇大洋，距离揭阳市区35千米，距揭阳潮汕机场48千米，距离甬莞高速口19千米。占地面积8平方千米，平均海拔800米，最高峰乌崇峰海拔1000米，年平均气温19℃，是集旅游、度假、休闲、会议、教育为一体的综合型旅游度假区。2013年被广东省体育局、广东省旅游局评为"广东省体育旅游示范基地"，2017年被南方都市报、南都旅游评为"广东人最喜爱的休闲营地"。

旅游度假区由知名爱国华侨邹顺达于1994年投资兴建。2012年，在广东省体育局、广东省旅游局支持引导下，由广东宏和集团融入发展动力，以"避暑胜地"和"养生天堂"为主要发展目标，把健身运动与休闲观光结合起来，将度假区打造成高端商务休闲与大众旅游于一体的综合性文化旅游度假区。

主营项目有云景湖度假区、高尔夫球场、高尔夫练习场、露营基地、卡丁车场、火焰山、情人湖、万寿山风景区、钟塔茶园、乌崇峰等旅游景点。2017年，不断完善景区软、硬件设施，景区内增添道路标示牌，完善标识系统，在景区游客服务中心，安装视听等多媒体设备，播放景区的宣传片，游客来到服务中心或者在出入口都可以随时取得旅游区的导游图或其他宣传材料，并在游客服务中心安放邮政信箱，为旅客提供邮寄服务；游客服务中心配有专职的导游、讲解员，服务台设咨询电话、投诉电话、报警电话、医务电话，有专职的服务人员，全天候值班，随时可以为有需要的旅客服务；由电信公司在景区内安装多个移动信号加强塔，保证景区内全域覆盖移动信号；景区设置警务室，由当地派出所民警负责值班，在危险的景点设置

2017年，大洋国际生态旅游度假区 （李运生 摄）

保护栏，安全警示牌，重点景点设置保安岗，由公司保安人员值勤，张贴急救电话，全方位保障游客的安全。

2017年12月28日，根据中华人民共和国国家标准《旅游景区质量等级的划分与评定》，经揭阳市旅游景区质量等级评定机构评定，全国旅游景区质量等级评定委员会公告，大洋国际生态旅游度假区为国家AAA级旅游景区。

（陈 燕 陈冰冰）

揭西举办首届深港杯擂台赛活动

2017年12月13日，广东揭西首届深港杯擂茶大赛初赛在国家AAAA级旅游景区京明温泉度假村举办。来自揭西各乡镇的22组选手互相切磋擂艺，最终10组选手脱颖而出，参与网络"擂主"票选角逐，即在举办决赛前，进行为期10天的网络投票，票选出"擂主"奖项得主，其余9组选手参与决赛角逐。经过网络投票，龙潭镇代表队张丹霞、张润霞选手获得该奖项。

以"潮风客韵 缘梦揭西"为主题的广东揭西首届深港杯擂茶擂台赛活动于27—28日在国家AAAA级旅游景区京明温泉度假村举行。擂茶擂台赛决赛是此次活动的重头戏，决赛由来自揭西各乡镇（街道）的22组参赛选手通过初赛和网络投票，选出的9组晋级优秀参赛选手，与来自揭西周边及附近的梅州市、陆河县等市县及马来西亚等国外的6组特邀参赛选手同台竞技，切磋擂艺，全过程、横向展示揭西独具地方特色的传统客家擂茶制作工艺和美食文化。河婆代表队黄俊洁、张淑华选手获一等奖；灰寨代表队蔡彩虹、庄杏花选手和马来西亚代表队蔡菊兰、林秀鸾、张移花选手获二等奖；灰寨代表队李桂、贝燕美选手、上砂代表队庄惠娜、庄小会选手和来自马来西亚代表队彭葩、曾蕙娇、张玉娇选手获三等奖。

活动通过包含15个潮剧客家山歌剧节目潮客情文艺汇演、来自全县各地的80多种潮客特色美食小吃展示、来自省内外各地600多名山地车车友参与的60千米大北山骑游体验、擂茶文化系列摄影采风等一系列活动，展示揭西自然生态风光与潮客民俗风情、美食文化。

此次活动邀请10多家中央、广东省、揭阳市及周边市新闻媒体、旅游相关专业媒体、揭阳周边地区及县内新媒体进行报道，宣传推介揭西旅游资源，打响揭西旅游品牌。

（县旅游局）

南方人民银行纪念馆正式开馆

2017年7月19日，南方人民银行纪念馆在揭西县良田乡落成、开馆。

南方人民银行纪念馆位于南方人民银行印钞厂旧址（今揭西县良田中心小学），占地面积4666平方米，建筑面积3333平方米，陈列面积1333平方米，展线长度20米，展品数量35件，其中原件3件，陈列主题为"继承先烈遗志 建设和谐良田"。至年底，馆内陈列有3张印制台（2张印币台和1张印币床）、《南方人民银行大事记》、华南革命根据地发行的流通券、公债券主要分布图、南方人民银行券、南方人民银行史料和解放前潮汕地区金融状况及当前揭阳金融发展

2017年，南方人民银行纪念馆 （良田乡 供稿）

状况档案资料和图片资料，印制发行南方券的重要贡献的碑记等珍贵的实物和档案资料。

南方人民银行是第三次国内革命战争时期中国共产党在华南解放区设立的银行，开启新中国华南金融事业，开创华南金融史新篇章。为统一华南金融市场，1949年初，党中央同意中共华南分局请示，决定创建南方人民银行。1949年7月8日，南方人民银行正式成立，总管理处设在揭阳河婆。随后发行南方人民银行券（简称“南方券”），并将潮汕地区裕民银行和新陆银行并入各分行，其业务覆盖粤、闽、赣边区和香港地区。1949年年末，南方人民银行改组为中国人民银行华南区分行。

（刘会林 陈 曼）

广河高速“7·6”重大交通事故

2017年7月6日，揭阳市汽车运输总公司揭西分公司客运车辆粤VV1351号大型客车从广州市汽车客运站出发开往揭阳普宁市占陇镇，13时03分，行驶至惠州市境内广河高速公路龙门段73千米440米处时，车辆失控向左偏离行驶方向与公路中央分隔带护栏发生刮撞后旋转并掉头仰翻于中央分隔带上，造成客车上19人当场死亡、31人受伤，中央分隔带护栏及车辆损毁。接报后，揭西县委书记陈群峰第一时间作出批示，成立由县长杜光亮任组长的县委、县政府“7·6”广河高速重大交通事故揭西工作领导小组，并由杜光亮带队前往惠州协助当地进行善后处置。14时20分，县汽运总公司成立“7·6”事故善后处理抢救工作组，派出人员到“7·6”事故现场抢救、慰问；组织公司人员筹集资金，并督促保险公司保险理赔费及时到位，至7月16日，筹集资金498万元。

事故发生后，揭西县全面开展交通运输系统道路运输风险隐患排查整治和道路交通安全综合治理工作，责令揭西汽运分公司停业整顿，落实企业安全生产主体责任；对长途大客车100%安装可视监控设备，开展安全警示教育工作；加大与公安交警部门的联合查处力度，在县城横河路口、县城盛通路口、京明路口和棉湖双岐山路口设立执勤执法卡点，对县城霖都大道、过境公路、县城各出入口和高速公路出入口等客流较多的路段、客运站周边地段进行流动巡逻，重点检查营运客车不按核定线路、班次经营，不按规定上下客等各类违章经营行为。

（廖文伟 陈耿晋 周 桐 林桂和 蔡明珠）

大事记

1月

6日，武警广东省总队教育基地揭牌仪式在大北山革命历史纪念馆举行。

11日，揭西县组织收听收看全国、全省安全生产工作暨省政府第一季度防范重大特大生产安全事故工作电视电话会议。县长杜光亮，县委常委、常务副县长方伟斌参加活动。

12日，揭阳市委常委、统战部长庄建儿率市慰问组到揭西县钱坑镇，开展“送温暖”慰问活动。重点慰问钱坑镇敬老院百岁老人、优抚对象、低保户、五保户等。县委副书记周伟参加活动。

是日，棉湖镇岭南社区举行“广东省科普示范区”揭牌仪式，副县长刘小电和棉湖镇有关负责人参加活动。

13日，中国共产党揭西县第十一届委员会第二次全体会议在县委党校人民会堂召开。

是日，马来西亚河婆同乡会联合总会回乡举办马来西亚华裔青少年“‘中国寻根之旅’冬令营——揭西营”活动。

17日，广东省副省长何忠友一行到揭西县棉湖镇厚埔金田工业区广东省福利永兴彩印有限公司开展慰问活动，代表省委、省政府向企业和外来务工人员表示节日问候。揭阳市领导严植婵、陈东和县领导陈群峰、杜光亮陪同活动。

18日，揭西县召开2017年迎春座谈会。县领导陈群峰、杜光亮及县直有关部门负责人与驻揭阳部队首长欢聚一堂，共叙军民鱼水之情。

19日，揭西县委书记陈群峰被揭阳军区党委任命为揭西县武装部党委第一书记。

21日，揭西县委书记陈群峰、县长杜光亮率慰问组深入基层开展春节慰问活动，重点慰问敬老院、百岁老人、特困户等。

22日，珠海揭西商会到揭西县举行精准扶贫捐赠活动，向龙潭中学、河婆街道下滩村、金和镇金坑福利慈善会、塔头镇塔头村、京溪园镇大岭下村、龙潭镇育英小学、良田乡等捐赠帮扶资金合计46万元。

是月，揭西县文广新局选送的山歌表演《问妹擂茶样般擂》在广东省委宣传部、省文化厅主办的首届广东民歌民乐大赛决赛获得铜奖。

是月，广东省人防考核组到揭西县开展2016年度全省人防目标管理考核工作。

是月，揭西县入选国家旅游局公布第二批国家全域旅游示范共创建单位名单，成为广东省第二批入选的4个创建单位之一，也是揭阳市唯一一个入选的创建单位。

2月

14日，揭阳市“互联网+农业扶贫”现场办公会在揭西县召开。市长陈东、副市长刘端雄一行到金和镇陈益武电商淘宝3.0体验馆和金和镇电商创业一条街参观。县委书记陈群峰、县长杜光亮陪同活动。

15日，揭阳市政法委专职副书记、市委防范办主任陈良明率市综治委第四考评组对揭西县2016年度综治（平安建设）工作进行考评并给予充分肯定。下午市考评组召开反馈会，县委书记陈群峰参加会议。

是日，中国共产党揭西县第十一届纪律检查委员会第二次会议在县委附楼四楼召开，县委书记陈群峰出席并作讲话。县各套领导班子成员，县人民法院院长，县人民检察院检察长，县纪律委员、不是纪律委员的县监察局局长、副局长，各乡镇（街道）党（工）委书记，乡镇（办事处主任）、纪（工）委书记，县直副科级以上单位主要负责人，县纪委监察局机关各室主任、派驻各纪检监察组组长参加会议。

是日，灰寨籍旅马侨领、大慈善家、拿督李志明逝世，享年107岁。

16日，广东省邮政管理局党组书记、局长江明发到揭西县金和镇考察金和农村淘宝3.0体验馆、金和镇“互联网+农业扶贫”小镇建设项目和陈益武村淘服务站。县委、县政府，县直有关部门和金和镇委镇政府等单位负责人陪同考察。

21日，广东省老龄办主任潘正钦、省老科联常务副会长张孝祺、省老龄办副调研员温梅辉等一行11人到揭西县开展“银龄行动”帮扶调研活动。

22日，揭西县召开县域新水厂建设论证会。县长杜光亮参加会议。会议决定，新水厂迁址到横江水库下游。

23日，广东省台办副主任侯振富一行到揭西县举行广东省“三山国王”赴台会香工作协调会，揭阳市委常委、统战部长庄建儿，县委副书记周伟和汕头市、潮州市、梅州市、汕尾市相关负责人参加会议。侯振富在会上肯定“三山国王”文化在促进两岸关系和平发展的积极作用，并就广东“三山国王”赴台会香具体工作进行部署。

24日，揭西县十届人大常委会召开第四次会议。会议听取、审议《关于代表出缺情况和补选代表的代表资格审查报告》。通过县十届人大常委会代表资格审查委员会组成人员。讨论决定关于召开县十届人大二次会议有关事项。县人大常委会主任陈河、副主任蔡育明等和常委会组成人员出席会议，副县长刘丽彬、县法制局负责人和人大机关副科级以上干部列席会议。

28日，揭阳市农村人居环境综合整治环境保护工作现场会在揭西县召开。会议由市长陈东主持，市委书记严植婵出席会议并作讲话。

是日，中国共产主义青年团揭西县委员会在钱坑镇举行“希望家园”揭牌仪式暨创文宣教活动。

是月，揭西县禁毒办联合县教育局到棉湖镇湖西中学举办“无毒青春，健康成长”青少年毒品预防教育活动，增强学生防毒拒毒意识，倡导文明健康生活方式。

是月，由揭西县文联组织开展、编辑辑录的《印象西坑·诗意梅花》出版发行。该诗集录入咏梅诗词300多首。

是月，揭西县召开创建省卫生县城工作推进会，对创建省卫生县城工作进行再动员再部署。

3月

5日，中央电视台第7频道《美丽中国乡村行》栏目组走进揭西京溪园镇粗坑村拍摄被誉为“岭南第一瀑”国家AAAA级旅游景区黄满寨瀑布群旅游区，以及揭西自然风光、特色农家小吃美食人文风情。

7日，揭西县召开第三次全国农业普查工作会议，副县长黄书香出席会议并作讲话。

是日，揭西县召开自然村落历史人文普查工作会议，全面推进自然村落历史人文普查工作。副县长刘小电出席会议并作讲话。

7～9日，政协揭西县第十届委员会第二次会议在县城召开。会议审议通过政协揭西县第十届委员会常务委员会工作报告和提案工作报告。

8～10日，揭西县第十届人民代表大会第二次会议在揭西县委党校召开。县长杜光亮代表揭西县人民政府作《政府工作报告》，会议审议并通过县人大常委会和“一府两院”工作报告及决议。

11日，揭阳市妇联、揭西县妇联、揭阳市文明办等单位组织巾帼志愿者服务队约200人在上砂镇活动村榕江源头举行“保护母亲河环保揭西行”创文宣传活动。市妇联主席庄少琼、副县长刘丽彬参加活动。

14日，广东省委宣传部巡视员、省文明办主任顾作义到揭西县开展创文调研活动。察看大庙路升级改造、纪达中学文明创建工作、县政务服务中心文明窗口建设、凤凰城文明小区建设、滨江公园、一河两岸文明创建工作等。揭阳市委常委、宣传部长方赛妹，县委书记陈群峰陪同活动。

17日，揭西县召开全域旅游发展规划专家评审会。以广东省社科院旅游研究所所长、广东省政府决策咨询顾问和论证专家庄伟光为组长的评审专家组听取北京江山多娇规划院关于《揭西县全域旅游发展规划》基本内容的汇报。《规划》共13章。会议由副县长刘丽彬主持，市旅游局副局长谢静鸿和县相关领导参加。

是日，揭西县召开文明创建暨人居环境综合整治工作现场会，总结前阶段文明创建和人居环境综合整治工作，部署下阶段工作。县长杜光亮主持会议，县委书记陈群峰出席会议并作讲话。

21日，揭西县组织收听收看国务院第五次廉政工作电视电话会议。县长杜光亮参加收听收看活动。

是日，揭阳市环境保护责任考核组组长杨小勇一行到揭西县开展2016年度环境保护责任考核工作。考核组实地考察棉湖污水处理厂、凤江阳夏片区环境连片整治，坪上垃圾填埋场等地。县政协主席陈俊强，县委常委、统战部长林金晓参加活动。

是日，广东省老龄办主任潘正钦、省老科联常务副会长张孝祺一行11人到揭西县开展“银龄行动”帮扶调研活动。

23日，揭西县气象局举办“观云识天”2017年世界气象日开放活动。

是日，揭西县委理论学习中心组举办PPP项目实施操作实务学习会。县委书记陈群峰、县长杜光亮参加活动。

28日，揭西县召开全县推进广东省教育现代化先进县动员会。动员部署下阶段揭西县教育创先工作。会议由县委常委、常务副县长方伟斌主持，县长杜光亮出席并作讲话。

30日，揭西县召开重点项目暨环保设施建设工作现场会。县委书记陈群峰主持会议并作讲话。参会人员实地察看棉湖华侨医院住院综合楼、棉湖贡山电排、京明养老服务中心、农村环境连片整治龙潭示范区、县人民医院住院综合楼、县城道路升级改造工程、县城污水处理厂（二期）扩建项目、潮惠高速揭西河婆互通主干道工程等8个项目建设现场，了解重点项目建设和环保工作进展情况。

31日，揭西县召开县城道路升级改造工作推进会。县委书记陈群峰主持会议。

是月，马来西亚中国客家商会会长蓝金海、名誉会长林柏辉率访问团到揭西开展文化经贸交流访问活动。

4月

1日，揭西县召开森林防火工作会议，部署清明节期间森林防火、消防、安全生产工作。

2～3日，揭西县县长杜光亮率队到各乡镇（街道）及森林防火重点区域，检查护林员上岗、到位情况以及森林防火专业队设备、物资等准备和人员值班情况。

6日，揭西县召开村（社区）“两委”换届选举工作会议。县委书记陈群峰出席会议并作讲话。

是日，揭西县良田乡召开《揭阳市揭西县良田旅游小镇总体规划》专家评审会。以广东省社科院旅游研究所所长、省政府决策咨询顾问和论证专家庄伟光为组长的评审专家组一致同意《规划》通过评审。

10日，揭阳市卫生创强项目建设现场会在揭西县召开。市委书记严植婵强调要抓住重点，突破难点，加快卫生创强项目的建设。

是日，中央电视台七套《美丽中国乡村行》栏目播出《一带一路上的美丽乡村——揭西》。

11日，揭西县召开县委常委扩大会议，传达学习习近平总书记对广东工作的重要批示精神。县委书记陈群峰主持会议并强调：以习近平总书记重要批示精神统领全局，增强“四个意识”，推动揭西改革发展各项事业再上新水平。全县处级以上领导干部参加会议。

12日，揭西县首家爱心慈善超市在县城希桥商贸城开业并投入使用。

13日，揭西县组织收听收看中央第四环境保护督查组督查广东省情况反馈电视电话会议。县领导陈群峰、杜光亮参加收听收看活动。

是日，揭阳市市长陈东到揭西县检查、指导防汛和电商创业园建设。市政协副主席黄伟忠，县长杜光亮和市水务、国土等部门负责人参加活动。

是日，揭西县中医院“名医远程会诊中心”揭牌成立启用。该中心依托互联网+医疗平台（即揭西中医院医疗资源与寰宇医道完善的远程互联网医疗服务平台）为基层群众提供国家级、省级医疗专家诊疗服务。

是日，揭西县在县机关大院举行乡贤捐赠创文环卫车辆发车仪式。其中，广东金翱集团实业有限公司捐赠洒水车2辆、扫地车2辆，揭西县骏乐投资有限公司捐赠抑尘车1辆，揭阳市凯瑞投资有限公司捐赠洗扫车1辆，揭西县盛发房地产开发有限公司捐赠扫地车1辆，揭西县安华电力工程有限公司捐赠扫地车1辆，张再裕捐赠扫地车1辆。县委常委、宣传部长王群青主持仪式。副县长刘景新与县环卫局、公路局、河婆街道办、龙潭镇政府负责人签字移交环卫车辆。

14日，揭西县政府党组召开学习会，学习贯彻习近平总书记重要批示精神。县长杜光亮出席会议并作讲话。

16～18日，马来西亚柔佛州居銮河河婆同乡会会长黄子万率访问团到揭西县开展文化交流和寻根活动。

17日，广东狮子会服务队到揭西县捐赠残疾人辅具。捐赠轮椅120部、坐便椅（沐浴椅）120部，价值人民币9.12万元。

18日，揭西县举行学雷锋活动命名表彰会。表彰县学雷锋活动示范点10个、县岗位学雷锋标兵10人、县学雷锋活动先进集体24个、县岗位学雷锋优秀个人33人。

是日，揭阳市委常委、组织部长陈俊林到揭西县检查、指导村级换届选举工作。县委组织部负责人和市、县民政部门负责人参加活动。

是日，揭西县召开扶贫开发建设项目工作推进会。副县长黄书香出席会议并作讲话。

19日，揭阳市副市长姚丽璇一行到揭西县调研村级换届选举工作和公共文化服务体系建设。县领导杜光亮、王群青陪同活动。

是日，揭西县大溪镇举行广东省非物质文化遗产“大溪宗祠祭典”仪式演示活动。

20日，揭西县金和镇举行互联网+农业扶贫创业园入驻企业揭牌仪式。县委常委、统战部长林金晓出席仪式并作讲话。

是日，揭西县召开军政座谈会。县领导陈群峰、尹桂德、巫树林、刘丽彬与驻地部队首长出席座谈会。

是日，揭西县第十届人大常委会召开第五次会议。会议听取、审议县政府关于环境保护目标完成情况的报告，并依法进行人事任免。县人大常委会主任陈河主持会议。

21日，国家邮政局副局长赵晓光一行到揭西县金和镇调研扶贫特色小镇建设情况。揭阳市副市长吴毅青、县长杜光亮陪同活动。

22日，揭西县河婆街道宝塔实验学校启动“小手拉大手，共建文明城”活动。

24日，揭西县文化广电新闻出版局在县城文化广场举办“世界图书和版权日”暨创建文明县城主题系列图片展览活动。

27日，揭西县委举办全县副科级以上干部学习贯彻习近平总书记重要批示精神专题研讨班。县委书记陈群峰出席开班仪式，县长杜光亮主持开班仪式并提出要求。

28日，揭阳市副市长曾瑞如到揭西县督导榕江河流域污染整治工作。强调要采取有力措施，狠抓源头治理，加强水质监测，确保人民群众饮用水安全。

是日，揭阳市副市长曾瑞如到揭西县调研卫生创强工作。县政协主席陈俊强陪同活动。

29日，揭西县人民医院与中山大学孙逸仙纪念医院在县人民医院举行签约揭牌仪式。揭阳市副市长曾瑞如，市政协副主席、县委书记陈群峰出席活动。

是月，揭西县金和镇“互联网+农业”特色小镇建设规划通过评审。

5月

2日，广东省老促会会长陈开枝率调研组到揭西县开展调研活动，了解中央和省对海陆丰革命老区扶持政策对接落实情况和编制《海陆丰革命老区振兴发展规划》进展情况。县委书记陈群峰参加活动。

4日，揭西县举行省委宣讲团学习贯彻习近平总书记对广东工作重要批示精神专题报告会。广东省委宣讲团成员、省委党史研究室主任杨建伟作题为《深入学习领会习近平总书记重要批示精神》的专题辅导报告。县委常委、宣传部长王群青主持宣讲报告会。

10日，揭西县召开钢铁行业去产能工作推进会，研究部署钢铁行业去产能工作，推动全县钢铁行业去产能工作深入开展。县长杜光亮出席会议并作讲话。县委常委、统战部长林金晓布置淘汰钢铁落后产能工作。

13日，国家督查组到揭西县督查钢铁行业去产能工作。国家督查组到钱坑镇、金和镇、五经富镇实地考察，察看并听取相关企业和单位负责人关于揭西县淘汰钢铁落后产能工作的有关情况汇报。揭阳市副市长吴毅青、县长杜光亮参加活动。

17日，揭西县在樱山花谷举行2017年“中国旅游日”暨文明旅游宣传活动启动仪式。樱山花谷和山湖村分别被揭阳画院和县旅游局评为“诗意潮汕——美丽乡村创作写生基地”和“揭西县乡村旅游示范点创建单位”。

18日，揭西县在县机关大院附楼四楼会议室召开环境保护工作会议。

是日，揭西县召开全县推进“两学一做”学习教育常态化、制度化工作会议。县委常委、宣传部长王群青主持会议。

19日，中共中央直属机关党校春季学期初级干部进修班一行13人到揭西县开展“创新绿色发展模式，推动经济发展转型升级”学习实践活动。

23日，揭西县召开惩治河道非法采砂暨落实“河长制”工作会议。副县长黄书香出席会议并作讲话。

是日，华南理工大学旅游与酒店管理学院副院长、教授江金波一行到揭西县检查指导揭阳大北山生态旅游产业园创建国家生态旅游示范区评审工作。

25日，揭西县召开畜禽养殖污染整治工作会议，县长杜光亮主持会议并作讲话。

是日，由亚洲旅游交流中心主任李建平、广东省旅游局国际交流合作处处长张国辉率香港旅行商踩线团一行31人对揭西县生态旅游资源及旅游路线产品进行考察和交流。

26日，揭西县召开村卫生站公建规范化建设工作推进会。会议部署2017年度村卫生站公建规范化建设项目的建设与管理工作。县政协主席陈俊强出席会议并作讲话。

是月，揭西旅穗书法家庄祖业在广州市越秀区文化艺术中心举办个人书法作品展，展出书法作品83件、105幅，包括临摹、传承、原创3个部分。

是月，揭西县中医医院与普宁市人民医院合作医院举行揭牌仪式。

6月

1日，揭西县委召开扩大会议，传达学习贯彻广东省第十二次党代会和省委十二届一次全会精神。县委书记陈群峰主持会议并作讲话，强调：高扬发展主旋律，努力在新起点上开创揭西工作新局面。

9～11日，揭阳市委书记李水华到揭西县调研，强调要加强基层服务能力建设和新农村建设，提升人民群众获得感、党员干部成就感、基层组织存在感。

10日，揭阳市庆祝2017年国家“文化和自然遗产日”文化志愿者创文宣传暨文化精准扶贫惠民文艺晚会在揭西县钱坑镇埔龙尾村举行。活动由市文化志愿者支队、市群众艺术馆，钱坑镇委、镇政府主办，广东省文化志愿者总队、市文广新局、市文明办、市扶贫办指导。文艺晚会主题是“燃放激情·唱响文明”。副市长姚丽璇、市文广新局局长郑海忠，县委常委、宣传部长王群青参加活动。

是日，揭阳钱坑木雕博物馆揭牌对外开放。

12日，揭西县在坪上中学举行2017年广东“科普大篷车”进校园暨助力创建文明城市系列活动启动仪式。此次活动由广东科学馆，揭阳市科协、市科技局、市科技馆，县科协等单位联合举办。

19日，揭西县召开创建国家全域旅游示范区工作推进大会。会议由县人大常委会主任陈河主持，县委书记陈群峰出席会议并作讲话。

是日，广东省创卫专家组组长陈思湖率专家组到揭西县检查指导创建卫生强县工作，专家组一行实地考察揭西县人民医院、汽车客运站、河山小学、综合市场等公共场所。县政协主席陈俊强参加活动。

22日，清远市揭西商会副会长温耀彬一行回乡送温暖。向揭西慈善总会捐赠善款20万元，助力揭西发展。副县长刘丽彬主持捐赠活动。

是日，回望原点——《汕头日报》主题党日暨创刊70周年系列活动启动仪式在揭西县京溪园镇粗坑村举行。

24日，马来西亚河婆文化基金会执行委员会主席拿督斯里张吉平率访问团到揭西开展文化交流和寻根活动。县委常委、统战部长林金晓，副县长刘丽彬参加活动。

28日，广东省质监局局长任小铁一行到揭西县检查指导电线电缆产业工作。揭阳市政府党组成员杨香品、县长杜光亮参加活动。

28～29日，揭西县举办2017年全国残疾人基本服务状况和需求信息数据动态更新工作培训班。约400人参加培训。

29日，揭西县召开全县推进危险化学品综合治理工作会议，部署推进危险化学品综合治理工作。县委常委、统战部部长林金晓出席会议并作讲话。

是日，揭阳市委常委、纪委书记陈直河一行到钱坑镇钱南村开展庆祝建党96周年主题党日教育活动。县委书记陈群峰参加活动。

是日，揭西县举行“6·27”青少年毒品预防工程禁毒教育活动。

30日，揭西县举行县委巡察机构揭牌仪式。县委书记陈群峰、县巡察工作领导小组组长林春霖共同为县委巡察工作领导小组办公室揭牌。

7月

1日，揭西县举办“中国梦·文明揭西”——纪念建党96周年书画摄影展。

是日，揭西县委宣传部、县文联、县地税局、大北山革命历史纪念馆、县人民医院以及驻地部队联合在大北山革命历史纪念馆举行党日活动。

3日，揭阳市政协副主席陈奇春率调研组到揭西县开展非物质文化遗产情况专题调研。县委常委、宣传部长王群青，县政协副主席林新宏参加调研活动。

是日，揭西县召开推进“迎盛会·百日百项大行动”动员大会。县委书记陈群峰出席会议并强调要进一步统一思想，迅速开展行动，狠抓落实，确保完成目标任务。县长杜光亮主持会议。

5日，揭西县委书记陈群峰、县长杜光亮到龙潭镇、金和镇、钱坑镇检查指导农村“四拆”整治工作。县领导周伟、王群青、尹桂德、林金晓、巫树林、张优产、黄书香等参加活动。

是日，揭阳市委书记李水华到揭西县调研新农村建设。

6日12时55分，揭阳市汽车运输总公司揭西分公司客运车辆在广河高速公路龙门路段广州往河源方向碰撞中央分隔带护栏仰翻，事故造成19人死亡，31人受伤，直接经济损失3152.17万元。

7日，揭西县召开交通安全工作紧急会议，部署交通安全工作。县长杜光亮参加会议。

8日，揭西县召开道路运输市场整治工作会议。县长杜光亮参加会议。

是日，揭西县开展安全生产大检查。县长杜光亮率队到富宇客运有限公司、河婆客运总站、道路运输车辆综合性能检测站开展安全生产大检查。

10日，揭西县召开安全生产工作会议，分析总结2017年上半年安全生产情况，研究部署第三季度安全生产工作。县长杜光亮参加会议。

12日，揭西县召开安全生产工作会议。县长杜光亮出席会议并作讲话，强调要强化责任，建立长效机制，健全安全生产责任体系。县委常委、统战部长林金晓，副县长、公安局局长杨建宇，副县长刘景新分别对全县安全工作、道路交通安全预防工作、建筑领域安全生产工作和道路交通综合治理工作作部署。

12～13日，广东省人大常委会委员、省人大农业与农村委员会副主任委员林进雄率省人大执法检查组到揭西县开展《广东省气象灾害防御条例》和《广东省突发事件应对条例》贯彻实施情况执法检查。揭阳市人大常委会副主任林旭群，市政府副秘书长陈晓青，县人大常委会主任陈河，县委常委、统战部长林金晓，县人民检察院检察长林剑如，县人大常委会副主任李清闲等参加活动。

13日，揭阳市市长陈东率市安监、住建、交通等职能部门到揭西县督导检查安全生产工作。实地考察揭西县宝塔实验学校、河婆新城建设工作和揭阳市汽车运输公司揭西分公司。县长杜光亮参加活动。

是日，揭西县委理论学习中心组举行学习“全域旅游背景下的生态旅游发展路径”讲座。邀请广东省财经大学旅游管理与规划设计研究院院长、县旅游发展顾问张伟强作专题讲座。会议由副县长刘丽彬主持，县四套领导班子成员，各部门、各乡镇（街道）主要领导，旅游企业代表参加学习会。

14日，李汉枢、杨雪花奖助学促进会在灰寨镇成立。由李汉枢、杨雪花后代李锦生、李小瑶夫妇捐资500万元。奖助学资金为期10年，每年50万元。

2017年7月14日，灰寨镇李汉枢、杨雪花奖助学促进会在灰寨镇成立 （灰寨镇　供稿）

是日，揭西县组织收听收看广东省公共安全形势分析暨全省应急管理工作电视电话会议。县长杜光亮参加收听收看活动。

15日，海外社团中青年负责人研习（揭阳）班一行20人到揭西县开展参观访问活动。副县长刘丽彬参加活动。

是日，揭西县召开全县整改交通运输安全问题紧急会议。县长杜光亮主持会议，并强调要落实责任，全面彻底整改交通运输安全隐患。县委常委、统战部长林金晓，副县长刘景新分别对全县交通安全问题整改工作进行部署。

16日，揭阳市出席广东省第十二次党代会基层一线代表到揭西县开展基层行系列活动。市委组织部副部长陈永正、县委组织部负责人参加活动。

是日，揭西县委书记陈群峰到县城检查指导安全生产工作，并主持召开县委驻县交通运输局工作组安全生产专题会。县领导张永庆、林金晓、杨建宇、巫树林、刘景新参加活动。

17日，揭西县召开全县维护稳定和公共安全工作会议。县委书记陈群峰主持会议并作讲话。

是日，揭阳市人大常委会副主任唐莉率队到揭西县开展上半年经济运行情况专题调研。县人大常委会副主任徐战略、副县长刘丽彬陪同活动。

18日，揭西县卫生和计划生育局在河婆街道新楼村启动“全县国家基本公共卫生服务项目”宣传月活动，活动主题是“基本公卫，项目免费，家医签约，健康你我”。

19日，南方人民银行建行68周年纪念会在揭西县良田乡下村举行。中国人民银行总行巡视员马林，揭阳市副市长刘端雄，县委常委、统战部长林金晓和人民银行广东省各地市中支行有关领导参加活动。

是日，揭西县召开第十届人大常委会第六次会议。会议听取并审议县政府关于2016年度社保基金收支及管理情况的汇报和县政府关于揭西县普法宣传教育情况的报告。会议审议通过《揭西县人民代表大会常务委员会关于开展第七个五年法治宣传教育的决议（草案）》、有关人事任免议案。

20日，揭西县县长杜光亮率队到省道S238线五云赤窖路段检查县公安局市际交通治超卡口，调研赤窖路段治超工作。

是日，香港九龙揭阳同乡总会会长王锡廷率团一行47人到揭西县进行访问交流，并参观揭西三山国王祖庙。副县长刘丽彬参加活动。

是日，揭西县召开安全生产、三防及维稳工作会议。县长杜光亮主持会议并作讲话，县领导王群青、林金晓、杨建宇、刘景新、黄书香等参加会议。

23日，揭西县组织开展整治道路交通违法违规问题统一行动。县长杜光亮参加活动。

25日，揭阳市委书记李水华到金和镇山湖村实地察看新农村建设情况。

是日，揭阳市供销合作联社工作会议在揭西县召开。会议通报总结2017年上半年全市各县（市、区）供销社工作，研究部署下半年工作计划。市供销社理事会主任吴海林、县委常委陈少文、副县长黄书香、全市各县（市、区）供销社以及市供销社机关科室负责人参加会议。

26日，揭西县举办村（社区）党组织书记、村（居）委会主任培训班。县委书记陈群峰作专题授课。

是日，揭西县召开2017年度夏秋季征兵工作会议。副县长刘丽彬出席会议并作讲话。

27日，南方医科大学副书记昌家杰一行到揭西县凤江镇赤新村开展扶贫慰问活动。县政协主席陈俊强参加活动。

是日，揭西县县长杜光亮率县“八一”拥军慰问团到揭阳军分区、揭阳市消防支队、市武警支队等驻揭部队看望、慰问官兵。

28日，揭西县召开畜禽养殖污染综合整治工作推进会。副县长黄书香出席会议。

是日，旅深揭西乡亲经济促进会回乡恳亲暨招商引资座谈会在京明度假村召开。

8月

1日，揭阳市文明办、团市委、市文联指导，市青年书法家协会、揭西县创文办、县文联、团县委主办的“中国梦·纪念建军90周年”暨“创文为我　我为创文”青年书法作品展在揭西县举办。县委常委、宣传部长王群青参加活动。

是日，揭西县委书记陈群峰、县长杜光亮率队到坪上镇、大溪镇、凤江镇、龙潭镇检查指导农村“四拆”整治工作。

3日，揭西县委召开全县精准扶贫和农村土地确权登记工作推进会。县委书记陈群峰主持会议并作讲话。

4日，揭西县委召开“摆问题、促规范、提水平”主题教育活动动员大会。县长杜光亮主持会议，县委书记陈群峰参加会议。

7日，揭西县委书记陈群峰到金和镇检查指导新农村建设工作。

是日，2017年全民健身日暨广东省第十八届体育节（揭西县）启动仪式在棉湖镇举行。副县长刘小电参加活动。

8日，揭西县委书记陈群峰到金和镇山湖村、棉湖镇浦溪村检查指导农村“四拆”整治工作。

是日，揭阳军分区政委曹士阳率检查组到揭西县检查征兵工作。县长杜光亮，县委常委、人民武装部部长尹桂德参加活动。

9日，揭西县召开广东省省定贫困村新农村建设工作会议。县委常委陈少文、副县长黄书香和华南师范大学规划设计院院长欧捷参加活动。

是日，揭西县召开创建广东省县级文明城市迎检工作会议。县委书记陈群峰参加会议。

10日，揭西县工商业联合会（总商会）召开第七次会员代表大会。会议听取、审议县工商联（总商会）第六届执委会工作报告，选举产生县工商联（总商会）第七届执委会主席、常务副主席、副主席、秘书长、常委、会长、副会长。通过县工商联（总商会）第七次会员代表大会关于工作报告的决议。县委书记陈群峰，市委统战部副部长、市工商联党组书记林少光参加会议。

11日，揭阳市政协副主席秦雯率市政协调研组到揭西县开展无障碍设施建设专题调研活动。副县长刘丽彬、县政协副主席张剑辉陪同活动。

14日，国务院侨办原副主任张伟超率北京潮联会揭阳商务代表团到揭西县访问。揭阳市市政府秘书长袁文键，县长杜光亮、副县长刘丽彬参加活动。

是日，广东省立中山图书馆副馆长李毅萍率第六次全国公共图书馆评估定级专家组到揭西县图书馆进行评估定级。

是日，揭西县委常委、统战部长林金晓率县政府办、环保局、住建局、财政局、工商局等相关职能部门到龙潭镇、五经富镇、棉湖镇开展环保整治现场督办工作。

15日，揭西县召开环境保护暨社会保险工作会议。县长杜光亮主持会议并作讲话。

是日，揭西县委书记陈群峰到灰寨镇、金和镇、塔头镇检查指导农村“四拆”整治工作。

16日，揭西县组织收听收看揭阳市义务教育阶段控辍保学电视电话会议。县长杜光亮参加收听收看活动。

是日，揭阳市副市长吴毅青到揭西县指导兴汕高速（揭西段）征地拆迁工作。县委书记陈群峰参加活动。

是日，揭西县召开兴汕高速公路征地拆迁动员会。县长杜光亮参加活动。

17日，中共广东省纪律检查委员会驻省国资委副厅级纪检员、监察专员彭锦河，省交通集团党委书记、董事长邓小华到揭西县金和镇山湖村调研精准扶贫工作。揭阳市副市长吴毅青、县委书记陈群峰参加活动。

18日，揭西县召开全县经济工作会议。分析研判上半年经济形势，部署下半年经济工作。县委书记陈群峰主持会议并作讲话，县人大常委会主任陈河、县政协主席陈俊强等参加会议。

21日，揭西县组织收听收看国家防总防御第13号台风“天鸽”异地视频紧急会商会议。副县长黄书香参加活动。

是日，揭西县县长杜光亮率队到上砂镇、五云镇检查指导兴汕高速公路建设揭西段拆迁工作。

是日，揭西县召开“全民禁毒工程”动员部署大会。县领导陈群峰、杜光亮参加会议。

是日，揭西县委召开第一轮巡察工作动员部署会议。县委书记陈群峰参加会议。

23日，揭阳市人大常委会副主任、市总工会主席张继钦一行到揭西县调研工会工作。县人大常委会副主任、总工会主席张优产，副县长刘丽彬参加活动。

是日，揭西县召开村级换届总结暨部署建立乡贤咨询委员会工作会议。

24日，揭西县召开“迎盛会·百日百项大行动”经济户口清理和土地管理工作会议。县长杜光亮参加会议。

26日，揭西县五经富污水处理厂举行进水启用仪式。该污水处理厂正式投入使用。县委常委、统战部长林金晓，县政协副主席张剑辉参加活动。

28日，揭西县召开全县义务教育阶段控辍保学工作会议。县长杜光亮参加会议。

29日，揭西县人民法院院长陈少华任审判长，县人民检察院检察长林剑如出庭支持公诉，共同开庭审理一起抢劫案。这是揭阳市司法改革以来，第一次院长、检察长同堂办案。

是日，揭阳市人大常委会副主任柯群坚率调研组到揭西县凤江镇、南山镇、龙潭镇调研水污染整治工作。县委常委、统战部长林金晓，县人大常委会副主任李清闲参加活动。

是日，广东省人民政府参事、省丝绸集团原党组书记、董事长蔡高声一行到揭西县进行专题调研。揭阳市政府党组成员杨品香、县长杜光亮参加活动。

是日，揭阳市人大常委会副主任巫奕琦率市人大食品安全责任落实情况检查组到揭西县检查《中华人民共和国食品安全法》落实情况。县人大常委会副主任张优产、副县长刘小电陪同检查。

30日，广东省卫生和计划生育委员会副主任刘冠贤到揭西县督导基层医疗卫生服务能力建设工作。揭阳市副市长曾瑞如、市卫生和计划生育局局长叶明文、县长杜光亮和市各县（市）、区有关领导领导参加活动。

是日，揭阳市副市长曾瑞如率调研组到揭西县调研社保工作。县长杜光亮参加活动。

是日，揭阳市旅游局局长李丽曼率队到揭西县调研全域旅游工作情况。副县长刘丽彬参加活动。

31日，揭西县县长杜光亮率队到潮惠高速河婆出入口延长线和县人民医院住院综合楼建设工地，对重点项目建设中亟待解决的难题进行现场办公。

是日，揭西县举行纪律教育学习月活动动员大会暨领导干部党纪政纪法纪教育培训班。县长杜光亮、县政协主席陈俊强参加活动。

是月，揭西县棉湖华侨医院与揭阳市人民医院举行技术协作签约揭牌仪式。

是月，揭阳交警高速四大队在部队驻地揭西县召开危化品运输、客运车辆道路交通安全会议。18家危化品运输企业和39家客运企业约100名负责人、安全员参加会议。

是月，揭西县举行环卫专用车辆启用仪式，为全县各乡镇（街道）配备18台环卫作业车辆。

9月

1日，揭西县组织收听收看全市防御第16号台风“玛娃”视频会议。县长杜光亮参加收听收看会议。

5日，揭西县召开道路绿化工作会议。副县长刘景新出席会议并作讲话。

是日，广东省发展和改革委员会副主任吴道闻率调研组到揭西县调研揭阳副中心和革命老区工作。揭阳市政协副主席、市发改局局长黄伟忠，县长杜光亮参加活动。

是日，揭西县凤江镇阳夏片区环境污染整治项目举行进水仪式，并正式投入使用。

6日，马来西亚河婆同乡会联合总会、美里河婆同乡会名誉会长、砂拉越美里温氏宗亲联谊会会长温素华率访问团到揭西县开展文化交流和寻根活动。副县长刘丽彬参加活动。

7日，揭西县召开取缔“地条钢”专题工作会议。县委常委、宣传部长王群青出席会议。

是日，揭西县召开全县消防安全工作督导检查活动动员部署会暨消防安全工作约谈会。副县长、公安局局长杨建宇出席会议并作讲话。

9日，兴宁至汕尾高速公路揭西段举行开工仪式。

11日，揭西县组织收听收看全省计划生育工作电视电话会议。县长杜光亮、县政协主席陈俊强参加收听收看会议。

12日，广东省普惠金融“村村通”督查组组长吴辉文一行到揭西县开展督查调研活动。县委常委、统战部长林金晓参加活动。

是日，揭西县组织收听收看全省节能减排工

作电视电话会议。县长杜光亮，县委常委、宣传部长王群青参加收听收看会议。

13日，揭阳市人大常委会副主任吴平河到揭西县凤江镇检查指导莪萃大桥工程建设，县委书记陈群峰陪同活动。

14日，揭西县召开全县财税联席会议。县长杜光亮出席会议。

16日，揭西县召开野生动物保护管理专题会议。副县长黄书香出席会议并作讲话。

20日，揭西县在棉湖镇岭南社区举行2017年全国科普日暨助力文明卫生创建活动。副县长刘小电参加活动。

是日，揭西县召开创建广东省卫生县城推进会，研究部署创卫工作。县领导周伟、陈俊强、王群青参加会议。

23日，揭西县组织收听收看省、市第四季度防范重特大生产安全事故工作电视电话会议。县委常委、统战部长林金晓参加收听收看会议。

25日，揭阳市政府副秘书长陈家鹏率检查组到揭西县督导经济工作。县委常委、统战部长林金晓，县政府党组成员、办公室主任庄添明参加活动。

是日，揭西县召开电线电缆专项整治工作推进会。副县长黄书香出席会议。

26日，揭西县在县委党校举办反腐倡廉警示教育活动。县领导陈群峰、陈河、周伟、陈俊强参加活动。

是日，揭西县委召开创卫工作专题会议。县委书记陈群峰参加会议。

27日，揭西县召开创建国家农产品质量安全县工作会议。副县长黄书香出席会议。

是日，揭西县地税局在全市率先启动环境保护税纸质档案移交工作。

28日，揭阳市政协副主席蔡榜藩一行到揭西县调研县域经济发展工作。副县长刘小电、县政协副主席蔡育群参加活动。

是日，中国共产主义青年团揭西县委员会在南山镇西友小学开展“幸福厨房”揭牌仪式暨关爱农村留守儿童活动。

29日，揭西县召开水资源综合利用暨推行河长制工作会议。县委副书记周伟主持会议，县委书记陈群峰参加会议。

是日，揭西县召开创建广东省级卫生县城工作汇报会，向省创卫专家组汇报揭西县创卫工作情况。县领导周伟、陈俊强、王群青参加汇报会。

是日，揭西县召开县政府全体会议。县委副书记周伟主持会议，会议传达市政府常务会议精神，对创文创卫、财税、农村土地确权、扶贫、新农村建设、安全生产工作分别提出要求。

30日，揭西县召开第十届人大常委会第七次会议。会议听取、审议县政府关于2016年县本级预算执行和其他财政收支的审计工作报告；听取、审议县政府关于职业教育发展报告。会议任命周伟、林春雄为揭西县人民政府副县长。会议决定周伟为揭西县人民政府代理县长。

是日，揭西县在河婆象山革命烈士纪念亭举行公祭烈士活动。县委书记陈群峰，县委副书记、代县长周伟参加活动。

是月，广东大洋茶业有限公司、西田蜂蜜生产有限公司董事长陈文艺获得广东省2017年度大众创业创富“双创之星”评选活动冠军。

10月

3日，由揭西县委宣传部、县文广新局主办的“贺中秋　迎盛会”群众文艺晚会在揭西县河婆街道后埔村举行。

10日，揭阳市委书记李水华到揭西县调研，强调：要紧紧围绕绿色崛起示范县、潮客文化融合发展传承区的定位，紧扣“一个龙头，两翼齐飞”的思路，推进揭西全面加快发展。

11日，由广东省旅游局与广东电视台合作拍摄，《全域旅游广东造，智慧出行旅游+》系列电视节目摄影组到揭西县拍摄。

12日，揭西县召开第十一届第34次常委（扩大）会议。县委书记陈群峰强调：要全面贯彻市委书记李水华到揭西县调研的指示精神，紧扣

“一个龙头，两翼齐飞”的思路，推进揭西全面加快发展。打造绿色崛起示范县和潮客文化融合发展传承区，推进揭西全面加快发展。

18日，揭西县组织县四套领导班子成员收听收看中国共产党第十九次全国代表大会开幕大会直播盛况。

18～19日，广东省卫生计生委副巡视员温伟群率省创卫考核检查专家组到揭西县检查验收创建省卫生县城工作，专家组认为揭西创卫工作符合创建省级卫生县城考核标准，一致同意揭西创卫工作通过考评验收。省创卫考核专家组成员、揭阳市爱卫办负责人和县领导陈俊强等有关负责人参加活动。

19日，以广东省旅游发展研究中心主任李国平为组长的调研组就全域旅游暨旅游扶贫工作到揭西县开展调研活动。揭阳市、县旅游部门负责人陪同调研。

23～25日，广东省旅游度假区评估考核组组长张河清一行到广东大北山旅游度假区考核检查申报省级旅游度假工作，通过考核组验收。

24日，揭阳市政协副主席、县委书记陈群峰率市政协调研组到东园镇月湄村农村污水处理站、凤江镇阳厦片区农村连片治理、棉湖镇污水处理厂，现场察看农村城镇污水处理，生态环境保护，项目设施建设等情况。

是日，揭西县召开2017年十件民生实事工作推进会，分析存在问题，督促加快推进工作。县委副书记、代县长周伟参加会议。

26日，揭西县举办创建广东省食品安全示范县研讨会。县委常委、宣传部长王群青参加会议，并提出要求。

27日，揭西县举行欢迎十九大代表、南山镇关西村党支部书记李锦秀圆满完成参会任务载誉归来仪式。县委书记陈群峰，县委副书记、代县长周伟出席欢迎仪式。

是日，马来西亚河婆同乡会联合会联合会长蔡文洲率访问团一行50人到揭西县开展经贸文化交流和参观考察活动。

28日，揭西县组织收听收看广东省传达贯彻党的十九大精神大会电视电话会议。县委书记陈群峰，县委副书记、代县长周伟参加活动。

是月，揭阳市委常委、宣传部长方赛妹到揭西县检查指导推动旅游发展实施工作。县委书记陈群峰主持座谈会，县委副书记、代县长周伟等作有关情况汇报，市旅游局局长李丽曼对揭西县旅游工作提出要求。

是月，共青团揭西县委员会到钱坑中学举行以“成才·感恩·担当”为主题的“揭西县第十二届成人节”成人宣誓活动。

是月，揭西县主持召开《广东揭西樱山花谷景区旅游总体规划（2018—2030）》（以下简称《规划》）专家评审会，省社科院、广东科学中心、省情调查研究中心、省旅游职业技术学校等单位的专家组成的专家组一致同意《规划》通过评审。

11月

1日，广东省人大常委、省人大农委副主任委员阮日生率调研组到揭西县开展脱贫攻坚工作调研活动。

是日，广东省残疾人联合会督查组组长、省残疾人联合会副理事长柯沫夫一行到揭西县督查社区康复中心项目建设工作。督查组实地考察钱坑镇木雕博物馆、钱坑镇残疾人社区康园中心、县残疾人社区康复中心。副县长刘丽彬及有关负责人参加活动。

是日，揭西县举办村（社区）“两委”干部培训班。主要学习十九大精神、习近平总书记重要批示精神和省第十二次党代会精神、村务管理、农村基层干部职务犯罪预防等知识，全县1153名村（社区）“两委”干部参加培训。

是日，广东省农业厅副厅长江毅率队到揭西县督查农村食品安全工作，实地考察县城大同市场、坪上湖光鸿锦蔬菜基地、凤江亿康小作坊、棉湖农贸市场等。揭阳市政府副秘书长林兴国，县委常委、宣传部长王群青参加活动。

6～7日，揭阳市关心下一代工作委员会、中国共产主义青年团揭阳市委员会和揭阳市农业局联合举办的2017年揭阳市“领头雁”农村青年创业致富带头人培训班在揭西县举办，参加培训53人。揭阳市关心下一代工作委员会副主任许佩君参加活动。

8日，揭西县被广东省爱国卫生运动委员会授予“广东省卫生县城”称号并颁发奖牌。

是日，住房和城乡建设部检查组到揭西县考核城镇供水规范化管理暨二次供水专项检查。县委副书记、代县长周伟，副县长黄书香出席汇报会。

是日，揭西县被广东省精神文明建设委员会评为“广东省县级文明城市”，良田乡下村被评为“广东省文明村镇”。

10日，揭西县召开第十届人大常委会第八次会议。会议听取和审议县政府关于提请的《揭西县生活污水处理设施整县打包PPP项目实施方案》《揭西县城市总体规划（2014—2030年）》议案，决定同意通过议案。

15日，揭西县召开重点项目建设工作现场会。参会人员实地察看揭西县人民医院住院综合楼、坪上镇新农村建设“四拆”整治工程、揭西污水处理厂及配套污水管网（一期）工程、县道X096新大线砼路面改造工程、金和镇创业园一楼展示厅、路边工程等项目建设现场，了解重点项目建设进展情况。

16日，揭西县召开贫困村创建社会主义新农村示范村工作现场会。县委书记陈群峰出席会议并作讲话。

17～23日，由广东省文化厅主办，揭西县文化广电新闻出版局、县文化馆协办，在龙潭中学和钱坑镇综合文化站举办《党的十九大宣传解读图片展》和《广东非物质文化遗产图片展》展览活动。

23日，揭西县在县委党楼举行揭西县正科级主要领导干部学习贯彻中共十九大精神专题研讨班开班仪式。

23～24日，揭阳市政务服务体系建设经验交流会在揭西县召开。市政务服务管理办公室主任吕凡、副县长刘小电出席会议并作讲话。

是月，揭西举办省定贫困村新农村建设规划编制培训会。

是月，揭西县举办正科级干部学习贯彻党的十九大精神专题研讨班。

12月

1日，揭西县召开深港揭西商会青年创业交流团赴揭西考察座谈会。

4日，深港揭西商会副会长林海源率代表团到揭西县开展参观交流访问活动。县委常委、常务副县长林春雄参加活动。

5日，揭西县召开第十届人大常委会第九次会议。县人大常会主任陈河、副主任蔡育明等和委员共25人出席会议，副县长刘小电和相关部门负责人以及人大机关副科级以上干部列席会议。会议依法选举李新耀为揭阳市第六届人民代大会代表。

6日，揭西县委、县政府召开全县创文创卫工作总结暨“五城同创”动员大会。会议印发《揭西县开展“五城同创”活动总体方案》。县委书记陈群峰，县委副书记、代县长周伟参加会议。

11日，《保护生态环境　造福子孙后代——揭阳市环境污染犯罪案例选编》宣传册在揭西县凤江镇举行发放启动仪式。市环保局局长陈师贤、市人民检察院反渎局局长钟进藩，县委常委、统战部长林金晓出席活动。

15日，揭阳市“百名法学家百场报告会”法治宣讲活动在揭西县举行。

17日，东莞市揭西商会成立大会在东莞市举行。

20日，揭西县召开“摆问题、促规范、提水平”主题教育活动总结大会。县委书记陈群峰，县委副书记、代县长周伟参加会议。

是日，广东开放大学党委书记罗海欧率相关部门负责人到揭西县大溪镇开展新时期农村精准扶贫调研活动，举行光伏发电产业扶贫项目签约仪式。县委常委陈少文参加活动。

22日，广东省人民政府债务风险管理、重大民生工程建设、农民工工资支付专项检查第四督查组组长谢树兴率督查组到揭西县开展督查。县委副书记、代县长周伟等参加活动。

23～24日，揭西县委书记陈群峰率队到深圳市开展招商引资活动。中央人民政府驻港联络办处长刘克新致辞。县委书记陈群峰为新晋常务副会长、会董等授牌。

24日，揭阳市市长叶牛平到揭西县调研白云制药总厂和县城改造工程。县委副书记、代县长周伟陪同活动。

是日，上砂镇举行法祖家庙重光十周年庆典暨上砂法祖家庙慈善会成立大会。副县长刘丽彬出席活动。

25日，揭西县召开第十届人大常委会第十次会议。会议由县人大常委会主任陈河主持。会议听取和审议县政府关于县十届人大二次会议代表建议办理情况的报告；听取和审议县政府2017年预算调整方案的报告；讨论决定关于召开县十届人大三次会议的有关事项；讨论县人大常委会工作报告（稿）；传达贯彻揭阳市人大常委会主任座谈会精神；并依法进行人事任免，决定任命钟汉宏为揭西县人民政府副县长，任命张美仁为揭西县人大常委会河婆街道工作委员会主任。

26日，揭西县委书记陈群峰到坪上镇湖光村检查指导精准扶贫精准脱贫工作。

是日，广东散文诗学会会长、中外散文诗学会副主席陈惠琼率50多位作家到揭西县开展采风活动。

27～28日，广东揭西首届深港杯擂茶擂台赛活动在揭西县京明温泉度假村举行。28日，广东揭西首届深港杯擂茶擂台赛开幕，揭阳市委常委、宣传部长方赛妹，县委书记陈群峰，深港揭西商会会长林少华等参加开幕式。

28日，广东省旅游局局长曾颖如一行到揭西县黄满寨瀑布群景区和金和镇山湖村检查指导旅游公共设施建设工作。市旅游局局长李丽曼，县委书记陈群峰，县委副书记、代县长周伟参加活动。

是日，揭西县组织收听收看省、市安全生产工作电视电话会议。县委常委、常务副县长林春雄参加收听收看活动。

31日，揭阳市副市长曾瑞如到揭西县龙潭镇陂尾村和菜仔园村调研精准扶贫精准脱贫和社会主义新农村建设工作。县委副书记、代县长周伟，副县长黄书香陪同活动。

是日，《全粤村情·揭阳市揭西县卷（一）》终审会在揭西县召开。揭阳市地方志办主任姚佑雄率专家组对河婆街道、五经富镇、棉湖镇、南山镇、良田乡、钱坑镇6个乡镇（街道）385个自然村落历史人文普查资料进行评审，市终审小组成员一致同意该卷书稿通过终审。

2017年12月31日，《全粤村情·揭阳市揭西县卷（一）》终审会在揭西县机关大楼513会议室召开（县史志办　供稿）

是月，揭西大北山旅游度假区被广东省旅游资源开发质量评定委员会认定为2017年省级旅游度假区，为省首批省级旅游度假区。

是月，由广东省文化厅主办，揭西县文广新局、县文化馆协办的“中国共产党第十九次全国代表大会宣传解读图片展”在揭西县城文化广场展出。

是月，广东青年科学家赴揭阳市学习考察团走进揭西县，开展人才对接与科技服务系列活动。

是月，由广东省文化厅主办的2017年“三百工程”文化惠民进基层百场群文精品演出《丝路新语》巡演走进龙潭镇陂尾村。

（县史志办）

揭西概况

基本概况

【建置沿革】 揭西县主要地域原属揭阳。秦汉三国时期属南海郡。晋咸和六年（331年）属东官郡。东晋义熙九年（413年）属义安郡之海阳县。南朝宋、齐、梁、陈建制不变。隋开皇十一年（591年）属潮州。唐代因袭之。北宋宣和三年（1121年），揭西地域隶属潮州辖之揭阳县。南宋绍兴二年（1132年）并入海阳，绍兴八年（1138年）复建揭阳县，均仍隶属潮州。元至元十六年（1279年），属潮州路。明洪武二年（1369年），属潮州府。清沿明制，仍属潮州府。民国3年（1914年），揭西主要地域隶属广东潮循道辖之揭阳县。民国14年（1925年），隶属于东江行政委员会。民国17年（1928年），隶属于东江善后委员公署。民国21年（1932年），隶属东区绥晋委员公署。民国25年（1936年），隶属于广东省第五区行政督察专员公署。民国36年（1947年），隶属于广东省第六区行政督察专员公署。民国38年（1949年）年初，隶属于广东省第八区行政督察专员公署。

1949年10月，中华人民共和国成立，揭西主要地域随揭阳县隶属潮汕专员公署。1952年，隶属粤东行政公署。1956年，隶属汕头专员公署。1965年7月19日，国务院第157次会议决定，划出揭阳的良田、河婆、坪上、龙潭、灰寨、五经富、京溪园、钱坑、金和、塔头、东园、凤江12个公社和棉湖镇，陆丰县的上砂、五云2个公社，共14个公社和1个镇，153个行政村，建置揭西县，成立揭西县人民政府，隶属汕头专员公署。

1966年2月，灰寨人民公社划出前锋、北溪、上寮、火炬、大新、南山、西友、分水、称钩潭、杨海坪10个生产大队，增设南山人民公社。全县辖15个公社和2个镇。

1975年2月，经上级决定，划普宁县贡山、湖西、四乡3个生产大队归揭西县棉湖镇管辖。1976年9月，钱坑人民公社划出大园、大东、大岭埔、渔梁、井新、溪新、井美7个生产大队，增设大溪人民公社；是年10月，五经富人民公社划出大洋大队，增设大洋人民公社；良田人民公社划出岸洋、桐树坪、中心、河新、双水、河水6个生产大队，增设西田人民公社。至此，全县辖18个人民公社和2个镇。

1983年10月，撤销人民公社，将原公社改为区公所。隶属不变。全县辖18个区公所和2个镇，283个行政村。是年10月，实行市领导体制，揭西县人民政府从此隶属汕头市人民政府。

1986年12月，改区体制为乡、镇制。由原五云区分设五云镇和下砂乡，原河婆区与河婆镇合并，称河婆镇。全县有16个镇，4个乡。

1991年12月，揭西县隶属揭阳市管辖。

2003年6月，良田乡、西田乡合并为良田乡。是年12月，五云镇、下砂乡合并为五云镇。五经富镇、大洋乡合并为五经富镇。至此，全县辖16个镇和1个乡。

2006年5月31日，撤销河婆镇设河婆街道。

至2017年末，全县辖1个乡、15个镇、1个街道。

（县史志办）

【自然地理】 位置　揭西县位于广东省东部，揭阳市西部，潮汕平原西北部，榕江南河的中上游。北回归线横贯县境。东连揭东区，南邻普宁市，西南接汕尾市陆河县，西北与梅州市五华县为邻，北与梅州市丰顺县接壤。

土地面积　2017年，揭西县县域面积1365平方千米，东西长51千米，南北宽36.6千米。根据2016年土地变更调查数据，全县农用地占土地总面积83.5%（其中17.3%为耕地，7.4%为园地，68.7%为林地，6.6%为其他农用地和少量牧草地）；建设用地占土地总面积8.5%；未利用地占8.0%。

地貌　揭西县地处莲花山支脉大北山南麓，地势自西北向东南逐渐倾斜。地貌主要有山地、丘陵、平原三大类型，其中山地占62%，丘陵24%，平原占14%。西北群山绵延60多千米，有海拔1000米以上的山峰6座，最高峰李望嶂海拔1222米。中部丘陵起伏，多为矮山。东南部平原坦展，海拔在20米以下，最低海拔3米。从土地利用现状分布看，农用地分布垂直地带性特征明显，耕地连片分布于东南部潮汕平原区、沿交通干线布局在狭长的山间河谷地区中；园地主要分布于丘陵山区；林地主要集中于大北山区及南阳山区。根据《全国第二次土壤普查技术规程》制定的分类系统，揭西县有水稻土、黄壤、赤红壤、潮砂泥土4个土类，8个亚类、29个土属、51个土种。

（彭志怀　黄谊文）

【气候特点】 揭西县属南亚热带季风气候，气候湿润，温暖多雨，光热充足。夏季日照时间长、高温多雨，冬季少雨；春季常有低温阴雨，夏季雷电多发，冬季霜期短。2017年全年平均气温22.1℃，较历年平均偏高0.3℃；极端最高气温38.0℃，极端最低气温4.4℃。全年降雨总量2035.4毫米，比历年偏少28.7毫米。全年日照总时数1906.5小时，比历年偏多157.8小时。

（甘桂华　李晓桃）

【资源物产】 矿产资源　揭西县矿产资源种类繁多，主要分布在县境的北部、西部及中部，多呈断续零星分布。2017年，全县金属矿产有钨、锡、铜、铋、钼、铅、锌、钴；贵重金属矿产有金、银；稀有金属矿产有铍、铌、钽及稀土矿；其他金属矿产有水晶、黄铁矿、钾长石、瓷土。

地下热水资源　揭西县境内地下热水资源（温泉）丰富，主要分布于河婆东星村、乡肚村，五经富建二村、龙潭汤坝村等地。东星村温泉水温最低55℃、最高88℃以上，乡肚村温泉水温50℃左右，五经富温泉水温55℃以上。地下热水资源开发对旅游业、沐浴、养殖等有经济价值。

（彭志怀　黄谊文）

水资源　2017年，揭西县境内水资源丰富，主要河流有榕江南河，一级支流有上砂水、横江水、龙潭水、石肚水、五经富水，二级支流灰寨水，主流、支流总长387千米，集雨控制面积2984平方千米。全县多年平均降雨量2235毫米，多年平均河川径流量29.63亿立方米，多年平均净地下水资源量0.41亿立方米，水资源总量30.04亿立方米。是年，全县人均水资源量3504立方米。

（县水务局）

土地资源　2017年，揭西县土地总面积1365平方千米，山地（含丘陵在内）占全县总面积84.9%，西北部高山，中部丘陵，东南平原。根据2015年土地变更调查数据，全县农用地面积占土地总面积83.5%，其中耕地面积占17.3%，园地面积占7.4%，林地面积占68.7%，其他农用地和少量的牧草地占6.6%；建设用地面积占土地总面积的8.5%；未利用地面积占8%。从土地利用现状分布看，农用地分布垂直地带性特征明显，耕地连片分布于东南部潮汕平原区，及沿交通干线布局在狭长的山间河谷地区中；园地主要分布于丘陵山区；林地主要集中于大北山区及南阳山区。

（县国土资源局）

【环境质量】 2017年，揭西县环境空气质量全年达标天数365天，县二氧化硫年均值0.028毫克/立方米、二氧化碳年均值0.041毫克/立方米，达到《环境空气质量标准》GB3095-1996中的一级标准，总悬浮颗粒物年均值为0.16毫克/立方米，达到二级标准。全县主要江河水质达到功能区水质要求，水质达标率100%，其中龟山塔断面达到Ⅱ类水质、东园断面达到Ⅲ类水质；跨县级河流（榕江南河揭西—普宁交接断面）水质达标率100%。区域噪声、道路交通噪声保持稳定，声环境质量达标。

（县环保局）

【人口】 2017年，揭西县总户数25.56万户，户籍总人口99.32万人，比2016年增加1312人。其中非农业人口29.25万人，占总人口的29.4%。全县10万人以上的乡镇（街道）有河婆街道、棉湖镇。是年，全县迁入665人，迁出1024人；全县出生人数17011人，死亡人数7450人，相抵增加9561人。

（县公安局）

【方言】 揭西县有潮汕方言和客家方言两种不同的语言。潮汕方言也称“潮州话”“潮汕话”“福老话”，潮汕话18个声母，61个韵母，8个声调，保留着许多现代汉语所没有的古语音、古字音、古词汇和古声调；客家方言与古汉语同出一源，有许多共同之处，21个声母，75个韵母，6个声调，保留着许多古汉语词汇、丰富多彩的熟语和特殊的语法特点、特殊词汇和单音节词。境内方言有客家话、潮汕话。其中说客家话的有上砂镇、五云镇、良田乡、坪上镇、河婆街道、龙潭镇、南山镇、灰寨镇、京溪园镇、五经富镇等10个乡镇（街道）的居民，占全县人口57%。说潮汕话的有棉湖镇、钱坑镇、金和镇、凤江镇、大溪镇、塔头镇、东园镇等7个乡镇的居民，占全县人口43%。揭西县说客家话与说潮汕话相连接壤的村庄，人们长期以来毗邻而居，在长期的交往中，居民两种方言皆会讲，这些村庄有京溪园镇曾大寮村、大鹿村，灰寨镇东联乔上村、金星乌犁村，东园镇黎宅埔村，塔头镇鹅毛溪村、大园村等。

（县史志办）

【民族】 揭西县人口主要以汉族为主，有极少数的少数民族人口。2017年，有壮族、苗族、土家族、瑶族、黎族、侗族、彝族、满族、仡佬族、哈尼族、傈僳族、藏族、维吾尔族、畲族、俄罗斯族、白族、回族、独龙族、水族、傣族、朝鲜族、佤族、拉祜族、土族、蒙古族、仫佬族26个少数民族，少数民族人口1651人，主要来源于婚嫁。

（县民宗局）

【宗教】 揭西县宗教有天主教、基督教、佛教。2017年，揭西县宗教团体4个，分别是揭西县天主教爱国会、揭西县佛教协会、揭西县基督教三自爱国会、揭西县基督教协会；登记在册宗教活动场所57处，筹备设立宗教活动场所1处；全县宗教教职人员37人，宗教信众4.23万人。

（县民宗局）

【历史文化】 揭西县是广东省革命老区之一。大革命时期，周恩来带领东征军在棉湖打响中外闻名的“棉湖战役”；土地革命战争时期，红十一军在揭西地域建立了革命据点，组织赤卫队打土豪劣绅，成立苏维埃政权；抗日战争时期，中共潮汕地下组织在大北山周围建立广泛的秘密活动据点，是广东人民抗日游击队韩江纵队活动基地；解放战争时期，潮汕地委把大北山作为潮汕军事斗争的中心战略据点。

揭西县有着悠久的历史文明，河婆街道象山、北坑岗、玉峰顶，五云镇鸡麻斗，坪上镇赤岭埔，五经富镇虎尾崇，金和镇石牛埔和棉湖镇贡山等地，都曾出土夏、商、周先秦石器。赤岭埔还出土过秦代五岭戍卒的墓葬及兵器。

揭西县是一个文物大县，有着丰富的文物资源。在全国第三次文物普查中，揭西县登记447处不可移动文物点。至2017年年底，揭西县有文物保护单位55处（其中省级5处、市级11处、县级39处）。诸如棉湖镇郭氏大楼、大溪镇井新古寨、灰寨镇乐善处民居、良田乡允庄楼等，都是潮汕民居的精品。

揭西县还保存着大量非物质文化遗产，省级项目有三山国王祭典、大溪宗祠祭典、锣鼓标旗、木偶戏、灯谜等6个。市级项目有擂茶、炒茶制作技艺等16个。

（县史志办）

【揭西名片】 揭西县环境优美、资源丰富，先后获得“国家绿化先进县”“广东省旅游特色县”“广东省国民旅游示范县”“广东省旅游综合改革示范县”“广东省商务生态示范区”“广东最具南国特色旅游县”“广东绿色名县”“国家级生态保护与建设示范区”等称号。2017年，揭西县大洋国际生态旅游度假区被全国旅游景区质量等级评定委员会评为国家AAA级旅游景区；大北山旅游度假区被广东省旅游局评为首批“广东省旅游度假区”。

2017年揭西生态旅游名片

表1

授予时间	被授予单位	称号	授予单位
2006年	粗坑村	广东省最美乡村	广东省旅游局
2008年	揭西县	广东省旅游特色县	广东省旅游局
2009年	京明温泉度假村	国家AAAA级旅游景区	全国旅游景区质量等级评定委员会
2011年	揭西县	广东省旅游综合改革示范县	广东省人民政府
2012年	揭西县	广东商务生态旅游示范区	揭阳市政府、广东省旅游局
2014年	黄满寨瀑布旅游区	国家AAAA级旅游景区	广东省旅游景区质量等级评定委员会
2014年	京溪园镇	广东省旅游名镇	广东省旅游协会
2015年	揭西县	广东省旅游创新发展十强县	“广东旅游竞争力评价研究中心”“广东智慧旅游发展中心”、广州大学（中法）旅游学院
2015年	粗坑村	中国乡村旅游模范村	国家旅游局
2015年	广东大北山旅游度假区	全国十佳红色旅游景区	中国红色文化研究会、中国红色旅游专业委员会
2015年	京明温泉度假村	广东省首批养生旅游示范区	广东省旅游局
2015年	京明温泉度假村	广东省中医药养生旅游示范基地	省旅游协会、省养生文化协会
2016年	京明温泉度假村	广东游学旅游示范基地	广东省旅游协会
2016年	揭西县	第二批“国家全域旅游示范区”创建单位	国家旅游局
2016年	揭西县	首批“省级全域旅游示范区”创建单位	广东省旅游局
2017年	大洋国际生态旅游度假区	国家AAA级旅游景区	全国旅游景区质量等级评定委员会
2017年	大北山旅游度假区	首批“广东省旅游度假区”	广东省旅游局

（陈　燕　陈冰冰）

【特色美食】 揭西县是一个潮客交融的地方，经过几百年发展，保留和融合客家人和潮汕人饮食习惯，形成客家菜和潮州菜两大菜系。客家菜，广东三大菜系之一，用料以肉类为主，突出主料，原汁原味，用料粗犷，粗中有细，讲实惠重保健，以炖、烤、煲、酿见长，代表菜有梅菜扣肉、酿苦瓜。潮州菜，中国八大菜系之一，用料丰富，以精美烹调为主，制作讲究巧、雅，烹调讲究清、淡，色、形、香、味俱全，代表菜有潮汕砂锅粥、潮州打冷。

揭西民间风味小吃品种40多种，其中代表菜肴有咸菜焖猪肉、大洋苦笋和客家擂茶。揭西特色风味小吃主要有：细粄、酿豆腐、南山包粄、大洋苦笋、薯粉豆干、煎堆、圆印粄、栀粽，棉湖的瓜丁、春卷、软饼、薯粉粿、反沙芋头、芋泥、无米粿等。

（陈　燕　陈冰冰）

【行政区划】 2017年，揭西县辖上砂镇、五云镇、良田乡、坪上镇、河婆街道、龙潭镇、南山镇、灰寨镇、京溪园镇、五经富镇、大溪镇、钱坑镇、金和镇、棉湖镇、东园镇、塔头镇，共辖1个街道、15个镇，1个乡。辖村民委员会280个，社区居民委员会38个。

2017年揭西县行政区划表

表2

乡镇	村居委数（个）	村委会、居委会名称
上砂镇	22	上山、汤輋、龙门、上联、下联、新东、联东、联中、红星、径心、径上、活动、活西、新岭、三水、北湖、双丰、竹苏、古塘、新丰、美丰、上林；
	1	居委：社前
五云镇	20	保新、坡苏、宝石、岭新、崁坑、赤告、双岭、梅江、鹏岭、石陂、岭仔、龙江、罗洛、下洞、京埔、富厚、硁下、郑塘、流坪、下硿；
	1	居委：新圩
良田乡	10	金坑、下村、龙岭、嶂上、岸洋、桐树坪、中心、河新、双水、河水；
	1	居委：良田
河婆街道	26	新建、新四、乡肚、乡新、北坑、西坑、六一、后埔、下滩、岭丰、湖洋、庙垅、马头、庙角、欣堂、南新、新楼、南和、宫墩、溪角、河东、三星、东星、溪西、溪东、客潭；
	9	居委：建新、东风、河山、新村、大同、河西、军田、宝塔、新安
坪上镇	19	红旗、石峡、樟树下、潭角、坪上、东南村、连城、员东、四新、四和、湖光、五联、员西、上仓、五星、成全、新榕、南联、尖田；
	1	居委：坪新
龙潭镇	15	菜仔园、南福田、龙跃、泉水塘、北联、团结、井田、关山、汤坝、龙东、井下、双龙、陂尾、富光、高田；
	1	居委：新圩
南山镇	18	西友、分水、前锋、榕光、北河、北溪、南山、南河、新联、大新、火炬、上寮、关西、归善、称沟潭、石结到、洋梅坪、罗京水；
	1	居委：道南
灰寨镇	16	河五、向阳、上角、后联、新图、新宫林、溪背圩、老宫林、灰龙、三坝、东联、后洋、南洋、柑坑、金星、马路；
	1	居委：灰寨圩
京溪园镇	13	粗坑、九礤、甲溪、新洪、长滩、大岭下、岭溪、上陇、员墩、新联、美德、大鹿、曾大寮；
	1	居委：京溪园

续表2

乡镇	村居委数（个）	村委会、居委会名称
五经富镇	26	龙山、文联、陈江、建二、建一、第八、第七、第六、第五、第四、第三、第二、第一、营盘、中和、朝阳、恒星、联和、联南、泮坑、新和、五新、新安、中联、新仓、新其；
	2	居委：长潭、陂头
塔头镇	14	阔园、阔西、塔头、新园、龙光、潭新、潭溪、旧住、锦龙、大丰、新溪、山寮、保西、顶埔；
	1	居委：塔头
东园镇	10	桃围、玉湖、东桥园、联丰、赤岩、古福、月湄、炉清、后寮、三犁；
	1	居委：东联
凤江镇	15	东光、东丰、东新、阳南、阳西、凤西、凤南、凤北、鸿西、花寨、赤新、洪湖、鸿新、莪萃、鸿江；
	1	居委：桥头
棉湖镇	14	四乡、湖西、新湖、厚埔、上浦、甲埔、境潭、下浦、考溪、贡山、鲤鱼沟、贡东、新厝陂、玉石；
	13	居委：竹园内、解放路、米街、方围、桥头、南门、道江、花园、湖滨、云湖、东新、兴中、岭南
金和镇	13	金光、金园、金新、金溪、仙坡、南山头、南山尾、和南、和西、和东、杜塘、山湖、河内；
	1	居委：金埔
钱坑镇	13	月翁、大茶石、钱东、钱西、红光、钱北、、顶联、长三水、白石、南光、钱南、埔龙尾、竹园内；
	1	居委：老圩
大溪镇	16	金星、庆光、赤寨、大光、后洋、大岭埔、星光、井美、大东、新园、杨林、金光、井新、大园、坎头、新楼；
	1	居委：大溪圩

（县民政局）

经济建设

【概况】 2017年，揭西县实现国内生产总值250.57亿元，比2016（下同）增长4.7%。地方一般公共预算收入4.6亿元，其中税收收入3.16亿元。城乡居民年人均可支配收入1.33万元。

【经济保持平稳增长】 2017年，揭西县加快经济转型升级，加强扶持民营企业，推进生态旅游发展，经济保持平稳增长。揭西电线电缆生态产业园总体规划设计方案批准实施，完成首期124公顷控制性详细规划；广药白云山威灵药业有限公司组建市级工程技术研究中心，广东蓝天果蔬农业科技开发有限公司被评为省现代农业科技创新中心，全县有省级技术创新专业镇3个、市级专业镇9个；经济户口清理工作扎实推进，采集经济户口信息2.05万户，引导个转企52户；制订出台《揭西县进一步促进民营经济发展的若干意见》等扶持企业发展优惠措施和乡贤回归奖励政策，实施“乡贤回归”和产业共建，全年引进项目41个，计划总投资38.6亿元；推进农业“一镇一品”工程，被农业部认定为全国农产品质量安全县试点；农村土地确权登记颁证基本完成；全县有农业龙头企业12家，广东省名牌产品27个；推进国家全域旅游示范区创建工作，大北山旅游度假区被评为广东首批三个省级旅游度假区之一。大洋国际生态旅游度假区成功创建国家AAA级旅游景区。推进金和镇山湖村、坪上镇石内特色小镇、京溪园镇樱山花谷、良田乡旅游小镇等一批乡村旅游项目。举办广东揭西首届深港杯擂茶擂台赛；首个“互联网+农业扶贫”创业园开始运营，首批26家企业正式入园。是年，规模以上工业增加值60.61亿元；工业用电量7.93亿千瓦时；农林牧渔业总产值59.93亿元。全年全县旅游接待1068万人次；旅游收入60.15亿元。社会消费品零售总额138.53亿元；固定资产投资127.49亿元；外贸出口总额1.94亿美元。

【重点项目建设】 2017年，揭西县重点建设项目67个，其中交通基础设施项目14个，产业园区及产业发展项目4个，城镇建设项目10个，社会事业项目12个，水利、供电及通讯设施项目8个，旅游产业项目10个，生态环保项目9个。计划总投资314.71亿元，年度计划投资30.58亿元，年度完成投资32.43亿元。

（县政府办）

政治文明建设

依法治县

【概况】 2017年，揭西县贯彻落实依法治国基本方略，全面推进依法行政，着力构建法治政府。开展专项依法治理，推进基层民主法制建设，强化司法职能，促进司法公正；强化社会治安综合治理，维护社会稳定，齐抓共管，形成合力优化经济社会发展软环境，推动全县经济社会持续稳定发展。

【依法决策机制】 2017年，揭西县各级党委履行领导全面依法治县职责，坚持总揽全局、协调各方，深化行政审批制度改革，健全政府依法决策机制。7月4日，县委召开全面依法治县工作领导小组会议，讨论并审议通过《法治揭西建设第二个五年规划（2016—2020年）》《揭西县2016年依法治县工作总结》《揭西县2017年全面依法治县工作要点》，全面部署推进依法治县工作。

【法治宣传教育】 2017年，揭西县依法治县办公室调动多方积极性，形成工作合力，扩大“大普法”工作成效。抓好各级领导干部带头学法用法及青少年学生、外来工法制教育。4月，县依法治县办公室牵头组织县教育局、司法局、普法办等部门开展“法治进校园”“法治进村居”“法治进企业”等基层法治宣传月活动，提高全民法律意识；6月8日，邀请法学专家在县委党校举办“揭阳市平安法治文明共建”主题辅导报告会宣讲活动；12月，县依法治县办公室组织开展“12・4”国家宪法日法治宣传活动，增强社会公众法治意识。

【公正司法】 2017年，揭西县审判机关和检察机关贯彻落实县委“决定”和人大“决议”，始终把依法治县工作作为审判机关和检察机关重点工作来抓，把落实依法治县工作列入岗位责任进行量化考核，深化司法体制改革，坚持严格执法，依法惩处犯罪，维护社会和谐稳定。县法院加大审判公开力度和范围，在量刑和裁判上加强规范化、程序化建设，拓展和规范民意沟通工作机制，解决“执行难”问题，提高审判质量效率；县检察院完善执法办案机制和监督制约机制，全面加强批捕、起诉和控告申诉检察工作，加大反贪污贿赂、反渎职侵权工作力度，建立健全执法管理、绩效考核、选人用人、监督管理制度，提高检察工作公信力和群众满意度；抓好县公安、检察、法院、司法相关法律法规执法检查，推进司法机关司法公正。9月，县依法治县办公室协调成立县基本解决执行难工作领导小组，印发《转发关于支持法院切实解决执行难的意见的通知》至各乡镇（街道）、县直有关单位，推动解决执行难工作。

【基层民主】 2017年，揭西县制定《揭西县2017年法治建设“三级同创”活动工作方案》，成立揭西县2017年县、镇（街）、村（社区）法治建设“三级同创”专项工作小组。至年底，全县70%以上乡镇（街道）达到省级法治创建标准；50%以上村（社区）基本达到省级创建标准。是年，揭西县参加广东省法治乡镇（街道）评估验收并达标乡镇6个（龙潭镇、良田乡、上砂镇、东园镇、大溪镇、塔头镇）；参加广东省“民主法治村（社区）”评估验收并达标的村（社区）159个。

（陈纪华　张优韶）

依法行政

【概况】 2017年，揭西县加快建设法治政府步伐，依法履行政府职能，健全政府法律顾问制度，推进各项依法行政制度建设。组织全县执法人员参加广东省行政执法人员综合法律知识网上考试，规范执法单位执法工作，提高执法质量，推进全面依法行政。

【政府法制机构建设】 2017年，揭西县对年度推进依法行政工作作出具体安排和部署，探索运用法治思维和法治方式组织推进各项工作，深化行政审批制度改革，提高依法、科学、民主决策水平，加强政府法制机构自身建设，行政执法监督机制。组织全县213名执法人员参加广东省行政执法人员综合法律知识网上考试，加强行政执法队伍，强化行政执法机关法治意识并规范行政执法行为，提升政府涉法事务服务保障水平，全力推进依法行政和法治政府建设。

【依法行政能力建设】 2017年，揭西县人民政府将依法行政列入年度《政府工作报告》工作内容，落实领导干部年度学法计划，组织领导干部参加两次政府常务会议专题学法，学习《广东省环境保护条例》与《中华人民共和国宪法》；组织县府直属部门与乡镇（街道）参加县级年度专题学法讲座，邀请揭阳市法制局领导进行授课。对全县执法单位执法情况开展年度依法行政督查考评，及时纠正执法工作中存在的问题，做好重大行政处罚案件备案工作，规范报备流程，提高报备率和及时率，完善报备机制，全面履行法制机构执法督察职能。

【依法行政保障】 2017年，揭西县人民政府健全政府法律顾问工作机制，完善法律顾问室工作规则，聘请3名法律顾问多次为政府决策提供法律意见。引导法律顾问积极参与重大行政决策的研究、咨询和论证，提供建设性的法律意见和建议，听取法律顾问的意见和建议，提高依法决策的水平和质量。全面落实做好“放管服”工作，多次对全县规范性文件进行清理，努力提高行政效能。

（陈述万　蔡镇洲）

政务公开

【概况】 2017年，揭西县加强政府网站建设，拓宽信息公开领域，完善政务公开制度，推进政府行政权力公开。制定出台《揭西县2017年政府信息公开工作要点分工方案》。全年主动公开各类政府信息6253条。其中，通过揭西县人民政府门户网站主动公开信息1173条；通过揭西县政府信息公开目录系统主动公开政府信息3219条；通过揭西县重点领域信息公开专栏主动公开信息489条；通过揭阳日报、揭西电视台、政务微信等媒体主动公开各类信息1372条（期）。

【政府信息公开】 2017年，揭西县完善政府信息公开工作机制，完善揭西县重点领域信息公开专栏，规范全县依申请公开系统运行，推进政府信息公开年度重点工作落实；发挥网站载体作用，及时主动公开各类政府信息。是年，制定出台《揭西县2017年政府信息公开工作要点分工方案》《关于做好迎接揭阳市2017年度政府网站考评工作的通知》《关于做好2016年度依法行政考评政务公开有关事项的通知》等文件；全年开展依申请公开工作业务培训和工作指导18次，收到依申请公开17宗；着重公开群众关心热点信息21项；全年主动公开各类政府信息6253条，重点领域信息公开专栏21个；公开各类权责事项5302项。

【社会关切回应】 2017年，揭西县建立县长信箱，完善县政府门户网站政策解读栏目，做好社会关切回应。全年回应公众关注热点或重大舆情11次；发布政策解读稿件8件；收到县长信箱17件，回复15件。

【信息公开平台建设】 2017年，揭西县完善政府门户网站、信息公开目录系统、重点领域信息公开专栏等平台建设，健全揭西县政府门户网站，拓宽政府信息公开领域，规范全县依申请公开系统运行，推行“互联网+政务”，构建网上网下一体化公共服务体系，强化资源整合和平台集约。是年，永久关停县直部门网站6个。

（县政府办）

精神文明建设

【概况】 2017年，揭西县精神文明建设工作全面贯彻党的十九大精神，以习近平新时代中国特色社会主义思想为指导，以文明创建“四级联创”活动为抓手，以培育和践行社会主义核心价值观为主线，开展公民思想道德建设和精神文明创建活动。深化文明县城、文明乡镇、文明村、文明社区、文明单位创建活动，推进区域共建、城乡共建、党群共建；挖掘好人好事，发挥模范示范带头作用；加强未成年人思想道德建设，推进核心价值观教育；开展志愿服务活动，推动志愿服务工作制度化、常态化，全县注册志愿者总人数4.2万人，全年开展大型志愿活动5次。是年，揭西县获评“广东省文明县城”“广东省卫生县城”，成为揭阳市首个广东省级文明县城和省级卫生县城。

【社会主义核心价值观宣传】 2017年，揭西县推动广播电视舆论宣传深入开展，编制每月《视听宣传》，在广播、电视平台开设《喜迎十九大》《贯彻落实党的十九大精神》《学习习近平总书记重要批示精神访谈》等专栏72个，向中央台和省、市台上送新闻、专题节目624条，加强对外宣传。《揭阳日报》报道揭西县新闻600余条，其中一、二版约120条，专版48期。《南方日报》见报约25条（其中1个专版）；运用新媒体，开展网络宣传。通过政务微信、政府门户网站等平台推送揭西县文明创建各项宣传工作。推出“创文路上看变化”和“创文为我·我为创文”采风活动、“讲文明、树新风”随手拍等活动。

【群众性精神文明创建】 农村精神文明创建 2017年，揭西县打造特色名村，强化文艺创作。围绕特色文化主题组织专家小组对18个首批特色文化名村进行深入专题调研，制作一批特色文化宣传栏安装到18个特色文化名村，宣传和凸显特色文化；聘请专业人士主讲揭西本土民俗故事，全年播出《民间故事》124期次。

各类群众文艺创建 2017年，揭西县加强群众文艺创作指导，开展各类群众文艺演出。全年举办“庆新春群众文化晚会”2场、创文主题文艺巡演17场次、优秀群众文艺作品巡演16场次、举办“最美揭西人”颁奖晚会、举办2场文艺晚会。是年，指导创作和报送剧本《天佑良善》获第三届广东省戏剧文学奖和剧本入围奖，选送由张伟耀和彭玉娥演唱的原生态客家山歌《问妹擂茶样般擂》获首届广东省民歌民乐大赛获民歌类铜奖，报送《山村风波》获揭阳市群众文艺作品评选戏剧类银奖，组织创作三句半作品《大家都来反邪教》，参加市举办的反邪教文艺晚会；县文广新局与县纪委联合选送选手参加廉洁读书月主题演讲大赛，获得揭阳赛区银奖2个、粤东四市潮州赛区银奖2个；出版《揭西民间文艺》《北山文艺》、创作歌曲《西坑梅花开》《光荣大北山》、编辑出版《揭西创文》画册。

诚信建设教育 2017年，揭西县完善全市公共信用信息平台，及时做好信息记录更新维护，根据《广东省人民政府关于印发广东省建立完善守信联合激励和失信联合惩戒制度的实施方案的通知》，各重点领域加快推动自身信用信息系统建设，开展从业人员信用记录征集；发布诚信“红黑榜”，建立本级诚信“红黑榜”发布制度；健全守信联合激励和失信联合惩戒机制；开展系列诚信主题实践活动，强化联合协作，有效发挥县市监、公安、烟草、农业、食药监等部门打假职能，严打严查，形成合力；开展商品和服务社会监督，维护消费者权益。是年，出动执法人数2985人次，车辆752车次，检查各类场所3210户次，查处各类案件93宗，罚款金额34.66万元。其中：假商标仿名牌案件1宗，罚没金额0.3万元；假冒伪劣案件10宗，罚没金额6万元；无照经营案件70宗，罚没金额24.82万元；其他案件12宗，罚没金额3.54万元。全年共受理消费者投诉举报74宗，其中举报18宗，办结17宗；投诉56宗，办结56宗，调解成功34宗，调解成功率61%，接受消费者来电来人来函咨询300多人次，为消费者挽回经济损失2.8万元。

示范创建 2017年，揭西县以发挥道德模范传播社会正能量，坚持把总结、宣传先进典型作为加强公民道德建设和精神文明建设的重要途径和有效载体，引导广大群众向先进典型学习。先后开展“广东好人”“身边好人”“玉德人物”“学雷锋标兵”“最美揭西人”等活动，树立社会主义核心价值观践行者、示范者、引领者的先进人物典型，以榜样的力量传递正能量，引导广大群众参与文明创建。全年评选出“最美揭西人”12人；金和镇村淘合伙人陈益武荣获“第三届揭阳市玉德人物”荣誉称号。

【公民思想道德教育】 2017年，揭西县在各级文明单位、文明村镇、文明社区中持续推进机关、企业、学校、社区、村镇5类道德讲堂建设；围绕社会公德、职业道德、家庭美德、个人品德建设，每季度开展一次活动，逐步把道德讲堂建到各个乡镇（街道）、社区和村，建到所有机关、企事业单位、学校、工地。倡导文明办网、文明上网，实施网德建设工程，依法惩治网络欺诈、网络谣言、网上淫秽色情信息，及时查处违法违规网站；壮大网络文明传播志愿者队伍，加强网络评论业务培训，推动线上线下互动；围绕“网络安全·共建共享”主题实践活动，重点针对“黑网吧”与网吧接纳未成年人等问题开展网吧专项整治行动，坚决查处违规网吧；在“6·26”国际禁毒日期间，与县公安局联合举办“揭西县文化市场禁毒宣传活动”，与全县网吧、歌舞娱乐、电影场所经营业主在活动现场签订禁毒承诺书，夯实责任，提高业主守法经营意识。

【未成年人思想道德建设】 2017年，揭西县在全县中小学开展培育和践行社会主义核心价值观、“小手拉大手，共建文明城”、中华经典诵读、节俭养德、“爱学习、爱劳动、爱祖国”、“文明礼仪”等德育活动；推进“反校园欺凌巡讲”“禁毒宣传教育”等进校园活动，在凤江中学、东园中学和北山中学等学校开展“青春无毒，健康生活”教育活动，在第一职业技术学校、灰寨中学和良田中学等学校举行禁毒示范学校现场观摩活动，组织全县中小学生开展青少年禁毒手抄报比赛活动，遴选80多份作品参加市级比赛；推进安全教育进课堂，把安全教育课纳入常规教学计划，定期组织师生参加预防地震、预防火灾等安全演练活动，举办全县中小学（幼儿园）安全管理培训，利用校园安全教育信息化平台实现学校安全教育课网络化教学，有针对性地对学生进行防溺水、防交通事故等方面教育；开展创建“平安校园”“绿色校园”等活动，组织河婆中学和上砂第一中学申报广东省第六批“安全文明校园”；举办以“感恩成长奉献”为主题的第十二届“成人节”活动，通过成人宣誓、演讲、签名、迈过“成人门”等形式，引导青年学习贯彻党的十九大精神，学习贯彻习近平新时代中国特色社会主义思想；开展“喜迎党的十九大 我是光荣的少先队员”主题活动，发动各级少先队组织广泛开展入队仪式和“喜迎十九大——我向习爷爷说句心里话”为主题的手抄报。至年底，全县省级安全文明校园5所、揭阳市平安校园38所、揭阳市禁毒示范学校8所、揭阳市“绿色学校”5所；全县评选出广东省优秀学生3人，揭阳市“三好学生”131人、“优秀学生干部”66人、“先进班集体”23个，县先进班集体95个。

【志愿服务】 2017年，揭西县全面开展文明志愿服务活动，推动志愿服务工作制度化、常态化。发动企事业单位干部职工、社会人士，广泛开展环境卫生清理、文明交通劝导、卫生巡查、入户宣传等志愿服务活动，周一至周五开展“一局一路口”文明交通志愿服务活动；开展“创文为我 我为创文”“百局齐行动助创文明城”主题活动；1月开始，组建由300名志愿者组成的揭西县文明交通志愿服务队，配套交通指挥旗、指挥牌，按照规定时间定期开展以文明劝导等为主要内容的文明交通志愿服务活动；3月，在汕湛高速河婆出口周边开展团员青年义务植树活动，100多名团员青年志愿者参加活动，发放创文宣传资料800余份，种植树苗500余株；5月，在县城文化广场举办揭西县青年志愿者文明创建骑行宣传活动。150多名志愿者通过骑行宣传形式，宣传文明创建活动，骑行活动结束后，志愿者在县城文化广场开展环境卫生清扫和“牛皮癣”清除活动并向过往群众发放创文宣传资料；5月，在揭西高速出口举办“文明出行平安到家”青年文明岗志愿服务活动，在收费站出入口处设立便民服务亭，放置车辆维修工具箱，便民药箱、矿泉水、地图、文明出行宣传资料等，为过往有需要的司机、乘客提供服务；12月27～28日，开展广东揭西首届深港杯擂茶搭台赛志愿服务活动，230多名志愿者协助完成文艺会演和开幕式服务、山地车骑行服务、擂茶擂台赛决赛服务、美食展示现场服务等各项工作任务；开展“健康直通车”义诊、“安全自护”青少年暑假安全宣教、“青春情暖”关爱贫困学生、关爱农村孤寡老人等主题志愿服务活动。至年底，全县注册志愿者总人数4.2万人。是年，在2017年全国宣传推选学雷锋志愿服务“四个100”先进典型活动中，揭西县河婆街道河山社区被推选为“最美志愿服务社区”，并受到中央及省文明办表彰。

（林冬花 蔡佑顺）

社会建设

【概况】 2017年，揭西县加强民生保障工作，推进社会体制改革，开展社会工作调研，规范社会组织秩序，发展教育、文化、卫生、社会保障、精准扶贫等社会事业，人民群众获得感和幸福感不断提高。是年，3个镇街通过教育强镇复评验收；完成6个公共文化服务示范点和2个文体广场示范点建设；实施产业帮扶项目230个，受益贫困人口4.70万人次；城镇新增就业4280人，城镇登记失业率控制在2.39%以内；清理规范县政府部门行政审批中介服务事项28项。

【民生保障】 2017年，揭西县强化民生保障工作，打好精准脱贫攻坚战。实施食品深加工、太阳能光伏发电等产业帮扶项目230个，预算总投入3.12亿元，受益贫困人口4.70万人次。全面启动创建省教育现代化先进县工作，3个镇街通过强镇复评验收，推进“三通两平台”（宽带网络校校通、优质资源班班通、网络学习空间人人通，建设教育资源公共服务平台和教育管理公共服务平台）建设。推进棉湖华侨医院住院综合楼、县妇幼保健计划生育服务中心、基层医院省级改造工程建设。开展文化惠民服务和群众文艺活动，完成6个公共文化服务示范点和2个文体广场示范点建设。为全县居民购买政府综合民生责任保险，共1.03万户2.96万人享受最低生活保障，城镇低保标准提高到613元，农村低保标准提高到446元。全年参加企业养老保险5.28万人，参加城乡居民基本养老保险33.3万人，参加城乡居民医疗保险80.49万人；企业离退休人员和城乡居民养老金按时足额发放；为全县65周岁以上老人投保意外伤害险；城镇新增就业4280人，城镇下岗失业人员再就业1668人，就业困难人员再就业350人，劳动力技能晋升培训2527人，促进创业人数266人，全面技能提升储备培训人数1.8万人，城镇登记失业率控制在2.39%以内。

【社会体制改革】 2017年，揭西县深化“放管服”改革，出台优化办事流程、提高办事效率规范性文件，推进社会体制改革。抓好市场监督管理局机构改革，调整农业、住建、环保、城规、水务等部门职能职责，规范相关管理。提前完成政务中心“一门式一网式”政府服务改革，实现国地税进驻服务大厅联合办税。完成全县村（社区）换届选举工作。全年清理规范县政府部门行政审批中介服务事项28项；67个省定贫困村成立新农村建设咨询委员会、乡贤咨询委员会、自然村村民理事会。

【社会工作调研】 2017年7月4日，县长杜光亮率领县政府办公室、县经信局、金融办等有关单位主要负责人共8人，前往潮州市潮安区参观学习产业集聚开发区建设管理、招商引资等发展模式经验。9月，县政府办牵头县国土资源局、住房城乡建设局、城乡规划局等部门，对全县不动产登记工作进行综合调研，推进全县不动产登记工作，促进房地产市场平稳健康发展。11月，县政府研究室组织对全县旅游业发展情况进行专题调研，调查研究揭西县旅游发展现状，并提出推动旅游加快发展对策建议，推动全县旅游资源综合开发，加快创建国家全域旅游示范区。

（县政府办）

生态文明建设

【概况】 2017年，揭西县坚持以习近平新时代中国特色社会主义思想为指导，牢固树立生态文明和绿色发展理念，推进生态工业、生态农业、生态旅游等生态产业发展，开展造林绿化，加强森林资源管护，全力推进生态建设和环境保护工作。

【城乡生态环境建设】 2017年，揭西县完善生态环境管理体制，加强污染环境综合整治，落实绿化造林工作，推进城乡生态环境建设。全面推行河长制，压实环保责任，加强全县河湖管理；全面推进畜禽养殖污染整治，重拳打击环境违法行为；五经富污水处理厂正式投入运营，完成农村环境综合整治示范县（龙潭示范区）一期工程、凤江阳夏片区环境综合整治和东园镇月湄村、金和镇山湖村、坪上镇湖光村微型污水处理站建设，县垃圾填埋场通过无害化处理达标验收，推进农村生活污水处理设施整县打包PPP项目、县城污水处理厂及配套管网二期工程等环保项目。开展农村人居环境综合整治，完善城乡生活垃圾处理机制。出台《关于进一步加强和规范土地管理的若干意见》《揭西县不动产登记工作存在问题的处理意见》等措施，严厉打击违法占地和圈地现象，依法整顿房地产市场，促进土地管理走上法制化和规范化轨道。完成重点防护林工程2016年中央预算内投资项目面积2000公顷、广东省2017年森林碳汇重点生态工程揭西县造林项目面积618.67公顷、社会投资造林项目面积4290.87公顷，完成森林抚育项目建设任务1.08万公顷，完成甬莞高速公路生态景观林带造林项目13.3千米53.53公顷，新增建设镇级森林公园3个，建设绿化美化乡村23个，森林覆盖率64.8%。

（县政府办）

组织机构及负责人

【中国共产党揭西县委员会】

书　记：陈群峰

副书记：杜光亮（任至2017年9月）

　　　　周　伟

常　委：林春霖（任至2017年7月）

　　　　方伟斌（任至2017年3月）

　　　　王群青

　　　　邱海宏

　　　　尹桂德

　　　　张永庆

　　　　陈少文

　　　　林金晓

　　　　巫树林

　　　　方松青（2017年9月任职）

　　　　林春雄（2017年9月任职）

纪委书记：林春霖（任至2017年7月）

　　　　　方松青（2017年9月任职）

组织部部长：邱海宏

宣传部部长：王群青
统战部部长：林金晓
政法委员会书记：张永庆
县社会工作委员会主任：周　伟（任至2017年4月，4月机构并入政法委）
县委办公室主任：巫树林
县直属机关工作委员会书记：林伟哲
县信访局局长、党组书记：
　　黄艳芬（任至2017年4月）
　　高壮辉（2017年4月任职）
县机构编制委员会办公室主任：杨谦谋
县委农村工作办公室主任：
　　李旭晖（2017年7月任职）

【揭西县人民代表大会常务委员会】

主　任：陈　河
副主任：蔡育明
　　张远辉
　　徐战略
　　张优产
　　李清闲
　　李文虹

【揭西县人民政府】

县　长：杜光亮（任至2017年9月）
　　周　伟（2017年9月任副县长、代县长）
副县长：方伟斌（任至2017年3月）
　　林春雄（2017年9月任职）
　　刘小电
　　刘丽彬
　　杨建宇
　　刘景新
　　黄书香
　　钟汉宏（2017年12月挂职）
县政府党组成员、办公室主任、党组书记：
　　庄添明
县发展和改革局局长、党组书记：林俊伟
县经济和信息化局局长、党组书记：林俊槐
县教育局局长、党组书记：张美胜
县公安局局长、党组书记：杨建宇
县民政局局长、党组书记：贝平波
县司法局局长、党组书记：黄锡龙
县财政局局长、党组书记：
　　邱旭辉（任至2017年7月）
　　高锐华（2017年7月任职）
县人力资源和社会保障局局长、党组书记：
　　彭双蛟
县国土资源局局长、党组书记：
　　黄书香（任至2017年12月）
　　李潮新（2017年12月任职）
县环保局局长、党组书记：陈舜明
县住房和城乡建设局局长、党组书记：
　　张剑辉（任至2017年4月）
　　汪浩源（2017年4月任职）
县交通运输局局长、党组书记：
　　李清闲（任至2017年4月）
　　廖文伟（2017年4月任职）
县农业局局长、党组书记：林运标
县文化广电新闻出版局局长、党组书记：巫丽琼
县卫生和计划生育局局长、党组副书记：
　　陈俊强（任至2017年4月）
县卫生和计划生育局党组书记：
　　张壮权（任至2017年4月）
县卫生和计划生育局局长、党组书记：
　　李文涛（2017年4月任职）
县审计局局长、党组书记：温贵明
县统计局局长、党组书记：陈统将
县水务局局长、党组书记：
　　李建航（任至2017年5月）
　　李庆裕（2017年5月任职）
县安全生产监督管理局局长、党组书记：刘桂山
县食品药品监督管理局局长、党组书记：蔡远辉
县市场监督管理局局长、党组副书记：
　　陈新伟（2017年4月任职）
县市场监督管理局党组书记：
　　蔡建新（2017年4月任职）
大北山生态旅游产业园区管理委员会主任：
　　庄添明

县人民政府综合政务服务管理办公室主任、党组书记：张子发
县法制局局长：陈述万
县民族宗教事务局局长：许越成

【中国人民政治协商会议揭西县委员会】

主　席：陈俊强
副主席：蔡明专
　　　　黄志宝
　　　　张剑辉
　　　　林新宏
　　　　蔡育群

【中国共产党揭西县纪律检查委员会】

书　记：林春霖（任至2017年7月）
　　　　方松青（2017年9月任职）
副书记：杨文银
　　　　李锦山
常　委：邓淑清
　　　　林浩波（任至2017年7月）
　　　　刘锦铭
　　　　刘广林
县监察局局长：蔡建新（任至2017年4月）
　　　　　　　杨文银（2017年4月任职）
县巡察办主任：汪伟富（2017年7月任职）

【揭西县人民法院】

院长、党组书记：陈少华

【揭西县人民检察院】

检察长、党组书记：林剑如

【群团组织】

县总工会主席、党组书记：张优产
中国共产主义青年团揭西县委员会书记、党组书记：林绪杰
县妇女联合会主席、党组书记：李秀琼
县工商业联合会主席：
　　　　张燕雄（任至2017年8月）
　　　　蔡传健（2017年8月任职）
县文化艺术界联合会主席、党组书记：邓演杰
县归国华侨联合会主席、党组书记：黄锦泉
县残疾人联合会理事长、党组书记：张永亳
县科学技术协会主席、党组书记：
　　　　蔡喜生（任至2017年7月）
　　　　王喜发（2017年7月任职）

【县直事业单位】

县委党校校长：邱海宏
县外事侨务局局长、党组书记：张文生
县科学技术局局长、党组书记：黄俊琳
县林业局局长、党组书记：杨和快
县体育局局长、党组书记：
　　　　李文涛（任至2017年4月）
　　　　李建航（2017年5月任职）
县史志办主任、党组书记：庄淑英
县档案局局长、党组书记：邓进仕
县公路局局长、党组书记：
　　　　高锐华（任至2017年7月）
　　　　陈国富（2017年7月任职）
县旅游局局长、党组书记：
　　　　刘燕璇（任至2017年7月）
　　　　蔡喜生（2017年7月任职）
县物业局局长、党组书记：陈会堂
县城乡规划局局长、党组书记：吴锦山
县水产局局长、党组书记：蔡明力
县广播电视台台长、党组书记：邹亿水
县畜牧局局长、党组书记：
　　　　蔡琼珍（任至2017年4月）
县畜牧局副局长、党组成员：
　　　　杨贤广（2017年8月起负责全面工作）
县人民政府招商引资办公室主任、党组书记：
　　　　张子发
县供销合作联社理事会主任、党组书记：张巧欧
县环卫局局长：蔡明醒（任至2017年7月）
　　　　　　　张壮厅（2017年7月任职）
县果蔬局局长：刘惠强
广播电视大学副校长：张优武（负责全面工作）

教师进修学校校长：黄惠时
河婆中学校长：张新喜
职业技术学校校长：曾文雄
第一职业技术学校校长：曾奇志

【行政性公司】
县商业企业（集团）公司经理：李志明
县物资总公司总经理：贝小雄
县二轻集体企业联社主任：黄惠金

【乡镇、街道】
上砂镇：
党委书记：杨　华
镇长：张优欣（任至2017年4月）
　　　杨伟华（2017年4月任职）
良田乡：
党委书记：刘永业（任至2017年12月）
乡长：蔡志军
五云镇：
党委书记：张琼华（任至2017年4月）
　　　　　彭绍兴（2017年4月任职）
镇长：彭绍兴（任至2017年4月）
　　　庄少柱（2017年4月任职）
河婆街道：
党工委书记：张永庆
办事处主任：黄万如
坪上镇：
党委书记：汪浩源（任至2017年4月）
　　　　　温庆文（2017年4月任职）
镇长：张保才（任至2017年12月）
　　　蔡高端（2017年12月任职）
龙潭镇：
党委书记：曾瑞平
镇长：温美娜
南山镇：
党委书记：彭细展
镇长：邹锦城（任至2017年12月）
　　　张保才（2017年12月任职）
灰寨镇：
党委书记：邹锐豪
镇长：李振光（任至2017年4月）
　　　温惠祥（2017年4月任职）
京溪园镇：
党委书记：李庆裕（任至2017年12月）
　　　　　邹锦城（2017年12月任职）
镇长：曾伟彬（任至2017年4月）
　　　邱育辉（2017年4月任职）
五经富镇：
党委书记：陈　峰
镇长：李旭军（任至2017年12月）
　　　林武忠（2017年12月任职）
塔头镇：
党委书记：李志丰
镇长：王朝辉
东园镇：
党委书记：林新宏（任至2017年4月）
　　　　　林卓城（2017年4月任职）
镇长：林卓城（任至2017年4月）
　　　吴少纯（2017年4月任职）
棉湖镇：
党委书记：林育群
镇长：林世雄
凤江镇：
党委书记：廖文伟（任至2017年4月）
　　　　　林培福（2017年4月任职）
镇长：林培福（任至2017年4月）
　　　杨少波（2017年4月任职）
金和镇：
党委书记：杨杰生
镇长：王群雄
钱坑镇：
党委书记：林东卫
镇长：林国胜
大溪镇：
党委书记：杨保强
镇长：林　平

（县委组织部）

党政机关

中国共产党揭西县委员会

综 述

【重要会议】 中国共产党揭西县第十一届委员会第二次全体会议　2017年1月13日，中国共产党揭西县第十一届委员会第二次全体会议在县委党校人民会堂召开，会议全面贯彻落实党的十八届六中全会、省委十一届八次全会、市第六次党代会精神，总结2016年工作，部署2017年工作，动员全县党员干部和人民群众振奋精神，坚定信心，凝聚合力，真抓实干，开创全面建成小康社会新局面。陈群峰代表县委常委会作工作报告。十一届县委委员、候补委员出席会议；不是十一届县委委员、候补委员的县四套领导班子其他成员，县纪委常委，县委巡察办主任、巡察组组长，县直（含上级垂直管理）局以上单位主要负责人，各乡镇（街道）党（工）委书记、乡镇长（办事处主任）、副书记，各村（社区）书记，县直单位班子成员（不含上级垂直管理局以上单位）列席会议。

县委经济工作会议　2017年2月16日，县委经济工作会议在县机关大院附楼四楼会议室召开，会议全面贯彻落实党的十八大和十八届三中、四中、五中、六中全会精神以及中央、省委、市委经济工作会议精神，分析当前全县经济形势，总结2016年全县经济工作，部署2017年经济工作。参会人员有县四套领导班子成员，县人民法院院长、县人民检察院检察长，县纪委副书记，各乡镇（街道）党（工）委书记、乡镇长（办事处主任），县直（含上级垂直管理）局以上单位主要负责人，县委办、县政府办副主任。

揭西县创建国家全域旅游示范区工作推进大会　2017年6月19日，揭西县创建国家全域旅游示范区工作推进大会在县委党校人民会堂召开，会议深入贯彻落实习近平总书记关于发展旅游产业的重要讲话精神，动员全县上下统一思想，凝聚共识，以抓铁有痕、踏石留印的决心和态度，加快创建“国家全域旅游示范区”，全力打造“生态旅游示范区”，争当区域生态文明建设排头兵。会议邀请广东省旅游局、揭阳市政府、市旅游局有关领导参加。参会的还有县四套领导班子成员，县人民法院院长、县人民检察院检察长，各乡镇（街道）党（工）委书记、乡镇长（街道办主任）、分管旅游工作领导，各村（社区）书记、主任，县直（含上级垂直管理）副科级以上单位主要负责人，揭西县创建“国家全域旅游示范区”领导小组全体成员，大北山管委会、县旅游局股级以上干部，县旅游协会会长、秘书长，庙角村、樱山花谷景区代表，京明洋旅游集团公司、大洋国际生态旅游度假区代表。

全县推进“迎盛会·百日百项大行动”动员大会　2017年7月3日，全县推进“迎盛会·百日百项大行动”动员大会在县机关大院附楼四楼会议室召开，会议传达贯彻全市“迎盛会·百日百项大行动”动员大会精神，动员全县上下迅速行动，加快推进各项重要工作和重点项目的落实。参会人员有县四套领导班子成员，县人民法院院长、县人民检察院检察长，县纪委副书记，各乡镇（街道）党（工）委书记、乡镇长（办事处主任）、副书记，县直（含上级垂直管理）副科级以上单位主要负责人，县委办公室、县政府办公室副主任，县“迎盛会·百日百项大行动”工作领导小组下设办公室正副主任和项目审批组、效能督导组、城乡规划建设联合执法组、违法违规专业打击组正、副组长。

全县精准扶贫和农村土地确权登记工作推进会　2017年8月3日，全县精准扶贫和农村土地确权登记工作推进会在县机关大院附楼三楼会议室召开，会议传达贯彻上级有关会议和市委李水华书记调研指示精神，布置精准扶贫、相对贫困村新农村建设和农村土地确权登记工作。参会人员有县四套领导班子成员，县直有关单位主要负责人，各乡镇（街道）党（工）委书记、乡镇长（办事处主任），县委办、县政府办相关人员。

全县推进水资源综合利用暨推行河长制工作会议　2017年9月29日，全县推进水资源综合利用暨推行河长制工作会议在县委党校人民会堂召开，会议深入贯彻落实市有关会议和文件精神，部署2017年揭西县水资源综合利用及推行“河长制”工作。参会人员有县有关党政领导班子成员，县水资源综合利用工作指挥部成员及办公室成员、县推行河长制工作领导小组成员及办公室成员及县级河长，各乡镇（街道）党（工）委书记、乡镇长（办事处主任）、担任镇级、村级河长人员。

揭西县学习贯彻中共十九大精神大会　2017年10月27日，揭西县学习贯彻中共十九大精神大会在县机关大院附楼四楼会议室召开，会议传达学习中共十九大精神，动员全县上下认真学习贯彻习近平新时代中国特色社会主义思想，不忘初心，牢记使命，锐意进取，推动揭西全面加快发展，为决胜全面建成小康社会、夺取新时代中国特色社会主义伟大胜利、实现中华民族伟大复兴的中国梦而不懈奋斗。参会人员有县四套领导班子成员，县人民法院院长、县人民检察院检察长，县纪委副书记，各乡镇（街道）党（工）委书记、乡镇长（办事处主任）、宣传委员，县直（含上级垂直管理）副科级以上单位主要负责人，党的十九大代表李锦秀，县委办、县政府办副主任，县委组织部、县委宣传部副部长，县委党校副校长。

全县重点项目建设工作现场会　2017年11月15日，揭西县重点项目建设工作现场会在县机关大院附楼四楼会议室召开，会议学习贯彻十九大精神和传达贯彻揭阳市“百日百项大行动”工作现场会精神，分析当前项目建设存在的困难和问题，动员全县上下解放思想，加温鼓劲，持续用力，久久为功，以钉钉子的精神加快推进重点项目建设。参会人员有县党政领导班子成员，县人大常委会主任、县政协主席、县人民法院院长、县人民检察院检察长，县纪委副书记，各乡镇（街道）党（工）委书记、乡镇长（办事处主任），县委办、县政府办、县委农办、县发改局、县经信局、县财政局、县国土资源局、县环保局、县住建局、县公路局、县交通运输局、县城规局、县水务局、县农业局、县卫计局、县林业局、县旅游局、县招商办、揭西供电局主要负责人，县委办、县政府办正副主任。

揭西县加强土地管理工作会议　2017年11月28日，揭西县加强土地管理工作会议在县委党校人民会堂召开，会议学习贯彻党的十九大精神，强化工作措施，严格土地管理，利用好、规划好、经营好全县土地，推动揭西经济社会可持续发展。参会人员有县四套领导班子成员，县法院院长、县检察院检察长，县纪委副书记，各乡镇（街道）党（工）委书记、乡镇长（办事处主任），分管国土、村镇办的负责人，国土所所长、村镇办主任，各行政村（社区）书记、主任，县直（含上级垂直管理）副科级以上单位主要负责人，县纪委巡察办主任、巡察组组长，县国土资源局、县城规局副股级以上干部。

揭西县委传达贯彻省委十二届二次全会和全市领导干部大会精神会议　2017年12月6日，揭西县委传达贯彻省委十二届二次全会和全市领导干部大会精神会议在县机关大院附楼四楼会议室召开，会议传达贯彻省委十二届二次全会和全市领导干部大会精神，以习近平新时代中国特色社会主义思想为统领，推动党的十九大精神学习宣传贯彻往深里走、往实里抓，推动习近平新时代中国特色社会主义思想在揭西落地生根、结出丰硕成果。参会人员有县四套领导班子成员，县人民法院院长、县人民检察院检察长，县纪委副书记，县直（含上级垂直管理）局以上单位主要负责人，各乡镇（街道）党（工）委书记、乡镇长（办事处主任）。

揭西县创文创卫工作总结暨“五城同创”动员大会　2017年12月6日，揭西县创文创卫工作总结暨“五城同创”动员大会在县机关大院附楼四楼会议室召开，会议深入贯彻落实党的十九大精神和全市创文工作总结暨“五城同创”动员会精神，动员全县上下全力推进“五城同创”工作。参会人员有县四套领导班子成员，县人民法院院长、县人民检察院检察长，县纪委副书记，县直（含上级垂直管理）局以上单位主要负责人，各乡镇（街道）党（工）委书记、乡镇长（办事处主任），县创文创卫先进集体主要负责人和先进个人。

【重大决策】　环境污染整治　2017年5月25日，中共揭西县委、县政府办公室印发《揭西县环境污染整治三年行动计划（2016—2018）2017年度环境保护工作计划》。推进水污染防治设施建设，实现水环境质量持续改善；推进锅炉淘汰、VOCs（挥发性有机物）治理进程，实现大气环境质量全面达标；完成辖区内土壤污染调查，掌握土壤环境质量状况；推进农村环境综合整治，实现农村生态环境面貌显著改善。重点开展污染行业整治、流域综合治理全覆盖、城乡生活污水处理、饮用水源地保护、固体废物处理设施建设、调整优化产业结构、实施土壤保护和综合治理、畜禽养殖污染治理、挥发性有机物综合治理、推动锅炉污染整治、机动车尾气污染治理等。

省级新农村示范片建设　2017年4月12日，中共揭西县委办公室、县政府办公室印发《揭西县省级新农村示范片建设实施方案》。全面贯彻党的十八届历次全会和中央、省、市农村工作会议以及县委十届六次全会精神，采取连点、连线、成片方法，建设一批有产业支撑、有民生保障、有文化载体、有特色风貌、有宜居环境、有民主管理的美丽乡村、幸福村居，整合统筹名镇名村、美丽乡村、幸福村居、宜居村庄、生态文明村等资源，打造以金和镇山湖村、杜塘村、河内村、河东村和钱坑镇大茶石村为主体建设村，辐射带动周边若干示范村，打造省级新农村示范片。

“国家全域旅游示范区”创建　2017年6月15日，中共揭西县委、县政府印发《揭西县创建“国家全域旅游示范区”工作实施方案》。全面贯彻落实党的十八大、十八届历次全会和习近平总书记对广东工作重要批示精神，按照“五位一体”总体布局和“四个全面”战略布局，全面落实省委、市委战略部署，牢固树立五大发展理念，加快旅游供给侧改革和旅游强县建设，探索“全域共建、全域共融、全域共享”的全域旅游发展新模式。

法治政府建设　2017年6月29日，中共揭西县委、县政府印发《揭西县法治政府建设工作方案（2017—2020年）》。贯彻习近平总书记系列重要讲话精神，根据全面建成小康社会、全面深化改革、全面依法治国、全面从严治党的战略布局，坚持依法治县、依法执政、依法行政共同推进，坚持法治揭西、法治政府、法治社会一体建设，培育和实践社会主义核心价值观，为揭西县全面建成小康社会、推动振兴发展提供有力的法治保障。

民营经济发展扶持　2017年12月6日，中共揭西县委、县政府印发《揭西县进一步促进民营经济发展的若干意见（修订）》。重点扶持培育民营骨干企业，扶持民营企业上市，支持“个转企”、“小升规”、企业进园投资。民营企业壮大规模、民营企业“走出去”、民营企业技术改造、民营企业自主创新、民营企业品牌标准质量建设、民营企业自主品牌培育、打造“双创”平台；奖励民营企业纳税大户，鼓励支持民营企业建立研发机构、节约集约用地，加大财政金融支持力度，完善发展环境：优化民营企业融资环境，完善公共服务平台建设，加强企业人才队伍建设，健全民营经济工作机制。

“五城同创”活动　2017年12月6日，中共揭西县委、县政府印发《揭西县开展“五城同创”活动总体方案》。贯彻落实党的十九大精神，以习近平新时代中国特色社会主义思想为指导，以“三个定位、两个率先”和“四个坚持、三个支撑、两个走在前列”，省委书记李希莅揭调研时的重要讲话精神，以及市委书记李水华对揭西“一个龙头，两翼齐飞”的调研指示精神总揽揭西工作全局，坚持“创建为人民，创建依靠人民，创建成果由人民共享”的宗旨，把人民对美好生活的向往作为奋斗目标，发挥创建全国县级文明城市的牵引作用，全面开展“五城同创”活动，使路通起来、地洁起来、水清起来、天蓝起来、灯亮起来、城绿起来、民安起来，增强城市总体功能，提升城市品位，提高城乡文明程度和人民群众综合素质，增强人民群众的获得感、党员干部的成就感、基层组织的存在感，全力打造绿色崛起示范县和潮客文化融合发展传承区。

【重要活动】　公祭烈士活动　2017年9月30日，揭西县在河婆中学象山革命烈士纪念亭前举行公祭烈士活动，纪念为解放河婆而牺牲的和1948年“七二四”上砂殉难的烈士，表达对革命先烈的无限敬仰和深切缅怀之情。参加活动的有县各套领导班子成员、县人民法院、县人民检察院以及县直（含上级垂直管理）局以上单位主要负责人。

广东揭西首届深港杯擂茶擂台赛活动　2017年12月27～28日，揭西县在京明温泉度假村举办以“潮风客韵　缘梦揭西”为主题的广东揭西首届深港杯擂茶擂台赛，共举行擂茶擂台赛决赛、潮剧客家山歌剧会演、潮客美食展示、山地车骑游4大主要活动。参加活动的有省、市相关领导，县四套领导班子成员，县人民法院院长、县人民检察院检察长，县纪委副书记等。活动邀请在外乡贤、海内外华人华侨、各界嘉宾以及中央、省、市等相关媒体。

（曾　锴　李旭林）

【县委理论学习中心组】　2017年，揭西县委理论学习中心组以学习习近平新时代中国特色社会主义思想和系列重要讲话精神为主线，制定《2017年全县局级以上党委（党组）中心组理论学习安排的意见》，确定产业转型升级、党的作风建设、生态文明建设、城市规范建设等10个学习专题。征订发放《时事报告》《全面从严治党面对面》《党的十九大报告辅导读本》《习近平谈治国理政（第二卷）》等学习读物1200余册；邀请广东省委宣讲团成员、省委党史研究室主任杨建伟，广东财经大学旅游管理与规划设计研究院院长张伟强，广东省建筑设计研究院市政工程设计院副院长陈伟雄等8位专家教授为中心组成员上课。全年开展学习13场次。

（杨一帆　刘育权）

【综合调研】　2017年，揭西县委政研部门立足全县发展实际，围绕全县发展大局，开展综合性课题调研，做好“加快中心城镇发展”“2017年全面深化改革工作计划研究”“市政管理体制机制改革”3项综合性调研，为县委、县政府制定工作方案提供参考。

【督查工作】 2017年，揭西县委督查部门围绕县委重大决策和重要工作部署，特别是"百日百项大行动"、农村"四拆"整治、重点项目建设等方面，采取有效措施，全面开展督查督办，及时有效地推动全县各项工作任务落实。是年，督查部门督查督办事项98件（其中，市委主要领导批示指示件45件），办结率100%；印发督查通报《揭西督查》10期、专项督查通报30期，形成汇报材料及表格162份。

【党务公开】 2017年，揭西县委新闻信息部门按照揭西县党务公开工作部署和要求，推动办公室党务公开工作。全年发布《揭西县举办全县正科级主要领导干部学习贯彻十九大精神专题研讨班》《揭西县委在大北山革命烈士纪念馆召开常委会》《揭西县五措并举创新监督方式》等党务信息36条。

【全面深化改革】 2017年，揭西县委向全县印发《揭西县全面深化改革2017年工作要点》，文件提出全面深化改革年度工作总体要求，从深化经济体制改革、深化生态文明体制改革、深化政治体制改革、深化文化体制改革、深化社会体制改革、深化党的建设制度改革、深化党的纪律检查体制改革7个大方面对该年度全县深化改革工作作出全方位安排部署；阶段性总结全县改革机构设置及运转情况，向揭阳市委提供有关税收管理、教育教学管理、创新经济发展、推动去产能改革等专题改革信息。

【信息保密】 2017年，揭西县保密工作部门深入学习贯彻总书记习近平关于依法治密的重要指示精神，做好保密法治宣传教育工作，制订《揭西县"七五"保密法治宣传教育规划》；深入开展保密法治宣传教育，提高运用法治思维和法治方式管理国家秘密的能力和水平；贯彻落实《广东省党政领导干部工作责任制实施细则》，加强各单位领导干部保密工作责任制监督管理，组织实施领导干部签订《广东省党政领导干部保密工作责任告知书》；组织开展2017年度全县机关单位互联网检查，做好2017年度高（中）考和公安、卫生、教育等县有关部门招聘活动试卷保密工作。

（曾　锴　李旭林）

组织工作

【概况】 2017年，揭西县委组织部（简称县委组织部）抓好"两学一做"学习教育，创新开展"摆问题、促规范、提水平"主题教育活动，完成村级换届选举工作，推进选人用人检查和专项整治、党的基层组织建设、直接联系群众制度、帮扶整顿软弱涣散村、党建创新"书记项目"工程、扬帆计划等工作，坚持以质为先发展党员，改善党员队伍结构，深化干部人事制度改革，强化领导班子建设，重大人才工程等各项事业持续有效推进。至年底，揭西县党员总数3.37万人；全县党组织1473个，其中基层党委24个，总支部122个，支部1327个。是年，新发展党员436人。

【基层治理】 2017年，揭西县委解决五经富镇基层治理存在的突出问题，成立县信访维稳工作组，从县纪委、县组织部等11个单位抽调工作人员25人，坚持"稳、控、化、治、建"五字方针，依法解决群众反映的合理诉求。工作组进驻期间共解决群众合理诉求18宗，重点解决高新区征地社保、恒星村移民村民扶持款、新其村移民新村民危房修缮款、四村违规建房建厂等问题。针对有组织有预谋缠访、闹访行为，工作组多渠道收集挑头分子犯罪事实，期间刑事拘留2人，逮捕5人，并查处涉嫌违纪违规行为党员干部17人。

【选人用人检查和专项整治】 2017年，县委组织部制订出台《关于进一步加强干部选拔任用工作指导监督的通知》，加强对各单位选人用人工作审核把关，执行市委提出的"三不用三重视"

选人用人要求，从严贯彻落实省委《关于防止干部“带病提拔”的实施意见》精神，压实各单位党委（党组）选人用人主体责任，从源头上营造风清气正的选人用人环境。加强对干部选拔任用工作监督检查，3月中旬，县委组织部派出3个专项检查组，在全县68个县直单位开展2016年度“一报告两评议”工作及对各单位近三年选人用人情况进行全面检查，及时发现并纠正干部选拔任用工作存在问题。

【直接联系群众制度】 2017年，县委组织部推进驻点直接联系群众工作，完善“一手册三台账”（驻点联系群众入户手册，县镇村三级台账）载体，加强入户走访，分级建立问题台账；制订《驻点联系工作县级层面解决问题办理工作规程》，使办理工作程序化、制度化、规范化。是年，全县驻点团队到村（社区）接访群众26139人次，入户走访群众14.71万户。收集群众反映问题和意见建议1743个，解决1724个。

【问题村帮扶整顿】 2017年，县委组织部着力整顿软弱涣散党组织。通过上点下排办法，排查出软弱涣散村18个，由县镇党委书记带头挂点，从县直单位选派72人组成工作组，并派出“第一书记”18人，通过定点帮扶整顿，深入开展摸查，综合研判难点，建立“一村一策”民情台账，实行分类施策、有的放矢。至年底，帮助18个软弱涣散村解决突出问题43宗，办好事实事38件，投入资金93.6万元，建立健全各项制度165项。

【党员队伍建设】 2017年，县委组织部对各乡镇（街道）、县直机关企事业单位党组织开展组织工作业务培训，制订下发《发展党员工作须知》和发展党员工作流程图，严格党员发展程序，严把党员入口关、质量关，督促指导各基层党委做到成熟一个、发展一个。是年，全县新吸收预备党员436人。至年底，全县党员3.37万人。其中，35岁以下党员7061人，占党员总数的21.0%；女党员7989人，占党员总数23.7%；农牧渔民党员1.57万人，占党员总数46.5%；学生党员8人。

【领导班子建设】 2017年，县委组织部分析研判领导班子，对20个县政府工作部门正职进行重新任命。做好县委政法委、县市场监督管理局等涉及机构改革单位领导干部调整、任免。及时配齐配强新设立县委巡察办及3个巡察组正副职。注重乡镇（街道）和县直部门正职选拔配备，在保持乡镇（街道）正职任期内相对稳定前提下，按照能力搭配和优势互补原则，对部分乡镇党政、县直部门正职进行调整；注重树立重视基层用人导向，及时选好配齐河婆街道人大工委主任和各乡镇人大专职副主席。至年底，提交县委常委会讨论任免干部6批、173人次，其中提拔42人次，交流调整131人次。

【干部培训】 2017年，县委组织部以学习贯彻中共十九大精神为主线，分类分层对全县干部教育培训作出科学安排，坚持把党性教育和理论教育作为各类培训班必修课，加强专业化能力培训，加强统筹、精心规划全年度培训任务。举办4期全县科级干部、2期村（社区）党组织书记、2期乡贤咨询委员会骨干学习贯彻党的十九大精神专题研讨（培训）班，培训干部1350多人次；举办学习贯彻习近平总书记重要批示精神专题研讨班，参加培训科级干部690多人；村级换届结束后，分期分批对全县1500多名村（社区）党组织书记、村（居）委会主任及其他村（社区）“两委”干部进行培训；举办股级干部、入党积极分子、电子商务、妇女干部等培训班共12期，培训学员1200多人次；做好上级选派调训工作，选派33名市管干部、16名党员民营企业家参加市委党校学习贯彻党的十九大精神专题培训班；选送到省以上一级培训处级干部3期、3人，乡镇长2人；选送到市一级培训处级干部4期、4人，科级干部9期、58人，村（社区）党组织书记4期、72人。

【人才工作】 2017年，县委组织部加强党管人才工作，贯彻落实《揭西县优秀专家和拔尖人才选拔管理办法》，不定期走访慰问县管人才；制定出台《揭西县2017年创新驱动发展人才引育工作计划》，引进硕士2人，新增高级职称专业技术人才40人，助力实施创新驱动发展战略；实施“扬帆计划”，落实《揭西县生态养生旅游特色人才工程工作计划》，引进各类高层次人才191人，培养优秀人才420多人。

【“三会一课”创新】 2017年，县委组织部结合“两学一做”学习教育，抓好“三会一课”制度落实，指导全县1343个党支部结合实际，创新学习方式、搭建交流平台、丰富活动载体、发挥党建成效，在方法上、内容上、形式上进行创新，变“被动参学”为“主动领学”，变“理论灌输”为“启发引导”，变“意识层面”为“实践行动”，推进“两学一做”学习教育深入开展。鼓励机关党支部和农村党支部、“两新组织”党支部进行联合共建，发挥机关系统优势，强化基层党员能力素质。

（李焕然　庄园园）

老干部工作

【概况】 2017年，中共揭西县委组织部老干部局（简称县老干部局）落实离休干部生活待遇，走访慰问老干部，提高老干部大学办学质量，丰富老干部精神生活，做好老干部服务管理工作。至年底，揭西县离休干部184人，建国初期参加革命工作退休干部8人。

【老干部待遇落实】 2017年，县老干部局关心离休干部生活，不定期登门走访，与老干部交流感情，沟通思想，听取老干部意见与建议。春节和重阳节期间，走访慰问老干部299人次。落实党内关怀制度，按规定足额发放离休干部离休费。2017年1月1日起，全县离休干部门诊医疗费标准从每人每月400元提高到每人每月600元。是年，为32名离休干部办理“因长期瘫痪卧床生活不能自理”特殊护理费。

【揭西县老干部大学】 2017年，揭西县老干部大学从学员实际出发，利用各种条件，增长老年人知识，丰富老年人生活。6月20日，第三届办学结业，学员210人，完成全部课程结业148人，完成部分课程修业34人，优秀学员35人。9月20日，第四届办学开课，开设歌咏、舞蹈、书法、绘画等4个专业、7个班次，学员人数237人。揭西县老干部大学自2014年12月成立到2017年底，招收学员640余人次，结业学员394人。

【关心下一代】 2017年11月，揭西县关心下一代工作委员会（简称县关工委）动员和组织各个领域的学者、专家、劳模，联合有关部门到基层开展培训，对青少年进行科学技术教育。11月9日，县关工委、团县委和县农业局等单位在县邮政储蓄银行三楼联合举办揭西县2017年“领头雁”农村青年创业致富带头人培训班，邀请农村青年创业致富带头人、银行负责人、农业专家分别就农产品生产销售经验、青年创业融资服务、现代绿色农业发展趋势等方面内容对青少年进行授课。参加人数60人次。

（张优生　陈雄敏）

宣传工作

【概况】 2017年，揭西县宣传思想文化工作围绕中共十九大精神和习近平新时代中国特色社会主义思想开展宣讲活动；加强舆情监管和舆论引导，制订《揭西县突发事件网络舆情应急预案》；开展群众文艺活动，组织文艺创作；推进基层公共文化服务设施建设，完善公共文化服务体系建设；全面开展文明创建活动。是年，县广播电视台播出广播电视新闻3022条、专题120条，公益标语和广告1.83万条次，向中央台和省、市台上送新闻、专题节目624条；通过政务微信“揭西发布”推送信息411条，“文明揭西”推送信息476条；11月8日，揭西县荣获“广东省县级文明城市”称号。

【理论学习】 2017年，揭西县以学习宣传贯彻落实习近平新时代中国特色社会主义思想为重点，以中共十九大精神为统领，加强理论学习，强化督促指导。成立县委宣讲团，开展习近平总书记对广东工作批示精神和省第十二次党代会精神、党的十九大精神宣讲活动34场次；11月20日，召开学习贯彻党的十九大精神宣讲动员会暨集体备课会，县委宣讲团在全县17个乡镇（街道）和县直机关单位及学校、社区开展宣讲活动74场次，其中宣讲团成员十九大代表李锦秀到农村基层宣讲党的十九大精神27场次；在全县范围内组织开展“学习贯彻党的十九大精神”理论征文活动，选送优秀论文23篇送市参加评选，受到市表彰文章6篇。

【舆论引导】 2017年，揭西县开展网络生态综合治理，加强舆情监管和舆论引导，强化舆情源头管理，提升舆情反应和处理能力。围绕十九大特别防护期网络安保维稳工作，联手公安网监，在十九大召开前，对县辖区网站、论坛开展地毯式排查清理，提前消除网站安全隐患；制订《揭西县突发事件网络舆情应急预案》；发挥揭西政府网、揭西发布、文明揭西微信公众号等网络平台作用，加强网上舆情监控和疏导；成立新闻发言队伍、网评员队伍，其中新闻发言人7人，网评员97人；加强信息互通，及时引导网上舆情，全年监测、处置舆情隐患38起，对比较重要敏感的舆情信息，及时报送县主要领导；召开意识形态工作联席会议3次，分析研判意识形态领域情况。

【对外宣传】 2017年，揭西县加强对外宣传工作，主动适时传播揭西好声音，做到重点宣传与常规宣传兼顾；每月编制《视听宣传》，做好策划，开展广播电视宣传。通过政务微信、政府门户网站等平台推送文明创建各项宣传工作。是年，向中央和省、市电视台选送新闻、专题节目624条；在《揭阳日报》报道揭西县新闻600条，其中一、二版120条，专版48期；《南方日报》见报25条（其中1个专版）；开展“创文路上看变化”和“创文为我·我为创文”采风活动、“讲文明、树新风”随手拍等活动；首届“深港杯擂茶擂台赛”邀请省市主流媒体14家，网络、新媒体20余家；“最美揭西人评选”活动互动30万人次；“我是家乡代言人·带你走进美丽揭西”系列网络直播互动32万人次。在县广播、电视共开设《喜迎十九大》《贯彻落实党的十九大精神》《学习习近平总书记重要批示精神访谈》《贯彻市委李水华书记到揭西调研重要指示精神访谈》等专栏72个，播出广播电视新闻3022条、专题120条、公益标语和广告1.83万条次。

【媒体建设】 2017年，揭西县加大资金投入，加快网络建设，完善发射中心配套设施建设，推动媒体建设。通过政府采购设备，对广播播出系统进行全面升级改造，新购置部分广播、电视采编设备；集中力量建设县城新建小区有线电视网络，做好温馨二苑、溪角路西商品房、细山下雅苑、幸福花园H栋、凤凰新城二期32栋—51栋、御龙湾花园等小区规划、布线、装机等工作；配合省关于无线覆盖工程要求，做好规划，实施发射中心宿舍至发射塔地面的水泥硬度化建设，新建设发射塔防护栏；推出“文明揭西”政务微信，全年在“文明揭西”推送信息476条。

【基层文化】 2017年，揭西县完成2017年首批6个公共文化服务示范点和2个示范文体广场器材购置安装和阅报栏等配套设施的购置安装工作，并启动第二批6个公共文化服务示范点建设工作；推进公共文化服务设施免费开放，将免费开放专项补助资金及时足额下拨给县级“三馆”（文化馆、博物馆、图书馆）和各乡镇（街道）；做好2017年省级文化消费补贴工作，向贫困户赠送文化书籍、文化产品及创文、文化用品一批；

围绕特色文化主题，组织专家小组对18个首批特色文化名村进行专题调研，制作一批特色文化宣传栏安装到18个特色文化名村。是年，成功申报市级非物质文化遗产保护项目6个和市级项目传承人8人，增补县级项目传承人4人。

【文艺创作】 2017年，揭西县加强文艺创作指导，做好优秀作品评选和报送工作。创作歌曲《西坑梅花开》《光荣大北山》；指导创作和报送的剧本《天佑良善》获第三届广东省戏剧文学奖和剧本入围奖；选送由张伟耀和彭玉娥演唱的原生态客家山歌《问妹擂茶样般擂》，获首届广东省民歌民乐大赛获民歌类铜奖；报送《山村风波》获得揭阳市群众文艺作品评选戏剧类银奖；组织创作三句半作品《大家都来反邪教》，参加揭阳市举办的反邪教文艺晚会。

【群众文化】 2017年，揭西县举办“庆新春群众文化晚会”2场、创文主题文艺巡演17场次、优秀群众文艺作品巡演16场次、书画展3场，协助县总工会举办文艺晚会2场；开展农村电影公益放映，放映3080场次；县文化馆和县博物馆开展“流动文化馆”“流动博物馆”进校园活动20场次；县图书馆和县武警中队在宝塔实验学校、河婆街道下滩村开展送图书活动，为南山镇关西村送去书架和阅览桌椅一批及图书1000多册。

（杨一帆　刘育权）

统一战线

【概况】 2017年，中国共产党揭西县委员会统一战线工作部（简称县委统战部）加强政治引领，引导各民主党派、无党派人士学习中共十九大精神、习近平总书记系列重要讲话精神，加强多党合作和政治协商制度建设，发挥民主党派及无党派人士参政议政、民主监督作用；做好非公有制经济代表人士的思想统战工作，动员引导非公人士投身于社会主义事业建设；开展海外统战工作，加强对台交流联系，依法开展党的民族宗教工作。是年，成立东莞市揭西商会。至年底，县域内宗教有天主教、基督教和佛教，宗教活动堂点57处，教徒4.2万人。全县有商协会12个，异地商会有珠海揭西商会、清远揭西商会、广东省揭西商会、深港揭西商会、旅深揭西乡亲经济促进会等。

【多党合作和政治协商】 2017年，县委统战部推进政治协商，支持民主党派加强自我建设，抓好党外代表人士队伍建设。按照程序，做好揭西县第十届政协委员9名增补人选推荐及考察工作；提名推荐省人大代表参考人选2人。

【党外干部实践锻炼】 2017年，县委统战部加强与县委组织部沟通协调，加强对党外干部进行理论培训，组织党外干部参与考察调研、社会服务等实践活动，选派3名党外干部参加市委统战部组织的非党干部培训班学习。做好党外人士政治安排，推荐1名新的社会阶层人士为广东省第一届新的社会阶层联谊会会员候选人。至年底，揭西县党外领导干部任职情况：县人大常委会副主任1人，副县长1人，政协副主席2人，人大常委1人，副镇长2人，其他岗位4人。

【光彩事业】 2017年，县委统战部协同县工商联组织广大非公经济人士及企业发展光彩事业，扶弱济困、助学帮残，支持社会公益，全年募集资金810万元。其中县工商联主席、总商会会长蔡传健为县环境卫生工作捐赠洒水车（价值50万元）1辆，为河婆东星村慈善公益事业捐款300万元；深港揭西商会为广东揭西首届“深港杯”擂茶大赛捐款100万元；鼓励宗教界参与社会公益事业，全县宗教界人士为社会慈善公益事业捐赠150万元；其他捐款210万元。

【社会主义协商民主】 2017年，县委统战部加强与民主党派联络协商，每月召开一次民主党派主委会议，组织民主党派、无党派人士学习党的十九大报告、习近平新时代中国特色社会主义思想，通报《揭西县人民政府工作报告》和县委县政府的重大决策，就近期工作进行总结交流，鼓励引导民主党派、无党派人士对揭西经济社会发展、生态保护、民生热点话题等建言献策。是年，全县政协委员提案16件，其中立案12件，意见建议4件。

【统战宣传】 2017年，县委统战部采取会议交流、新闻媒体报道、发表刊物等渠道，宣传统一战线理论方针政策。突出三山国王特色品牌，挖掘文化根源，加强对台交流宣传；开展非公经济人士理想信念教育活动，引导非公经济人士参与社会主义新农村建设；在全县非公有制经济人士中开展以"守法诚信、坚定信心"为重点理想信念教育实践活动，重点加强对年轻一代非公有制经济人士教育培养。全年台办及祖庙管委会接待台湾谒祖进香团38个、1970人次，民间团体2个、38人次；3月、11月，分别组织人员参加省台办、市委统战部组织广东三山国王霖田祖庙赴台会香交流和三山国王文化"庙对庙"对口交流合作等活动。

2017年12月2日，中共揭西县委统战部、民革广州市天河区基层委员会在揭西县机关办公大楼513会议室联合开展传统文化调研工作暨交流座谈会

（县委统战部 供稿）

（王填德 曾 立 谢琮曼 曾玉娜）

机构编制

【概况】 2017年，揭西县机构编制部门推进行政审批制度改革，做好政府部门职责优化，推进重点领域专项改革；依法推进事业单位登记管理，加强日常机构编制管理工作，开展控编、减编等工作专项督查。是年，编制形成揭西县行政许可保留事项目录清单，保留行政许可事项286项；编制形成揭西县人民政府部门权责清单，包含行政职权5797项。

【行政管理体制改革】 2017年，揭西县推进"一门式、一网式"政务服务模式改革，实施行政审批事项清理和行政审批标准化，提高行政审批事项网上全流程办理率和网上办结率；对网上办事大厅行政审批事项及时更新、动态显示审批情况。经确认和审核，保留行政许可事项286项（子项351项），印发《揭西县人民政府关于印发〈揭西县行政许可保留事项目录（2017年版）〉的通知》，在县政府主要网站公开。

【重点领域专项改革】 2017年，揭西县机构编制部门印发《关于设立中共揭西县委巡察机构等事项的通知》，设立中共揭西县委巡察工作领导小组办公室和3个巡察组；印发《关于调整县农业局、县委农办机构编制事项的通知》，整合县农业局、县委农办有关农村工作综合协调、农村综合改革、新农村建设指导等职责和县扶贫开发领导小组办公室（加挂县老区建设办公室牌子）职责，由县委农办统一承担；印发《关于设立乡镇人大办公室和增配乡镇（街道）人大工作人员的通知》，健全乡镇人大机构设置，在全县16个乡镇设立人大办公室，配备1名人大专职副主席（副科级），兼任人大办公室主任；设立揭西县人民代表大会常务委员会河婆街道工作委员会，配备1名人大工委主任（正科级）；印发《关于调整污水处理管理职责的通知》《关于调整县城乡规划管理职能的通知》，加强污水处理管理和城乡规划职能管理。

【机构编制管理】 2017年，揭西县机构编制部门以机构编制实名制系统为平台，加强日常机构编制管理工作，开展控编、减编等工作专项督查，坚持机构编制集中统一管理，以2012年年底统计事业编制数为基数，各类行政编制数不突破中央和省核定数。凡涉及职能调整和机构、编制、领导职数增减的，统一由机构编制部门审核，按程序报批。

【事业单位登记监管】 2017年，揭西县机构编制部门依法推进事业单位登记管理，做好机关、事业单位法人社会信用代码证书新领、换发等工作，对所属事业单位年度报告网上提交进行监管，全县登记事业单位法人516个，提交年度报告数476个。推进事业单位法人统一社会信用代码工作，要求各申办设立登记、变更登记、证书补（换）领的事业单位，申请经核准后到县事业单位登记管理局办理法人证书，其他事业单位由县事业单位登记管理局按时间安排在规定时限内分批换领新法人证书。是年，县事业单位登记管理局办理事业单位设立登记10个、变更登记42个、注销登记2个；办理机关群团更换统一信用代码证书10个、变更登记10个。

【权责清单标准化事项】 2017年，揭西县推进“放管服”改革，优化完善县政府部门权责清单，实行权责清单动态调整，提升政府部门权责清单公信度和权威性，印发《关于开展清理2017年政府部门权责清单工作的通知》，要求县政府有关部门优化完善政府部门权责清单，厘清部门间职责边界，规范政府权力运行，实现权责清单规范化、精细化、标准化管理。编制形成《揭西县人民政府部门权责清单（2017年版）》，包含行政职权5797项，其中行政许可277项、行政处罚3998项、行政强制239项、行政征收25项、行政给付33项、行政检查293项、行政确认51项、行政奖励32项、行政裁决6项、其他事项843项。

（杨谦谋　邱剑彪）

信　访

【概况】 2017年，揭西县信访局（简称县信访局）受理来信来访总量330件，其中群众来访93批次270人次，比2016年（下同）增加55批次68人次；群众来信148件，减少21件；网上信访89件，增加8件；县长邮箱来信17件，减少15件；县级党政领导共接访93批次；书记、县长批阅信访件90件。至年底，1人被评为全市十九大特别防护期安保维稳工作先进个人，1人受到揭阳市驻京办书面表扬，2人被评为全县十九大特别防护期安保维稳工作先进个人。

【镇（街）领导周末接访工作制度】 2017年，揭西县推进镇（街）领导周末接访工作，加大宣传力度，在镇（街）接访地点显眼位置悬挂接访日牌子，发放宣传卡到各社区村委，通过微信公众号公布周末接访安排，登记信访人信息，建立来访登记本、受理事项详表等工作台账。是年，全县受理群众周末来访事项148批次。

2017年9月23日，代县长周伟（右二）到南山镇人民政府综治信访维稳中心督查周末接访制度落实情况
（高壮辉　摄）

【矛盾纠纷排查调处】 2017年，揭西县信访部门重视信访工作源头治理，采取全面排查与专项排查相结合方法，开展矛盾纠纷排查调处工作。启动县、乡镇、村（居）委三级工作联动机制，整合基层信访、综治、维稳等资源，及时获取预警信息；实行情报信息每日汇集、每周分析、每月研判和重要敏感期“一日一分析研判”制度；做好重大节日和重点敏感时段信访工作，与各乡

镇各单位密切配合，加强沟通协调，提高预警信息的搜集、研判报送工作力度，严格坚持领导带班、办公室24小时值班和每天“零报告”工作机制，狠抓信息搜集和报送责任落实，要求各乡镇各单位对发现的情报，第一时间报告县信访维稳专班和县信访局。

【积案专项治理】 2017年，县信访局将上级交办和县排查信访积案分类梳理、建立台账，严格按“九个一”（一个信访积案、一个包案领导、一个化解工作小组、一次协调会交办、一套化解方案、一套稳控措施、一个解决期限、一份协调会议纪要、与信访人见面一次）与“九个要”（党政领导要高度重视、责任落实要非常明确、组织协调要顺畅有力、化解工作要转变观念、解决问题要综合施策、化解积案要依法依规、工作要求要严谨细致、资料收集要及时准确、督促检查要防走过场）要求，逐案确定化解责任单位，落实领导包案并限期化解。以“事要解决”为目标，落实领导包案，依法依规开展信访积案化解工作，是年，排查出信访积案45宗，结案45宗。积案主要涉农村农业、国土资源、村干部违纪等问题。

【信访工作督查督导】 2017年，县信访部门加大信访工作督查力度，注重信访信息收集和研判。总结历年信访苗头隐患及信访案件处理情况，针对重点时期、重点地域、重点人员中易出现突发性、苗头性、倾向性问题，联合多方力量集体协商，及时化解。重视信访案件协调工作，多次联合县国土局、县民政局、县经信局、县住建局、县财政局、县人社局等县直单位召开专题协调会，对两参退伍人员反映的诉求进行收集汇总，研究处理方案。

【信访信息化建设】 2017年，县信访局强化信访信息化建设，通过信息化手段规范信访工作流程，建立健全网上信访事项办理机制和网上督查制度，提高信访事项办理效率。是年，全县实现信访微信公众号及手机APP上线运行，形成省和各地级以上市信访微信公众号及手机APP矩阵。至年底，网上信访94件，化解80件，化解率85%，满意率100%。

【十九大期间信访维稳】 2017年，县信访局把十九大信访维稳工作作为核心任务，实现省委提出确保不发生重大群体性事件，不发生群众规模性到省进京上访，不发生进京上访人员以任何借口在京滋事扰序和个人极端事件，不发生因信访问题处置不当引发群体性事件和负面炒作的工作要求。全面压实属地和属事单位的责任及其一把手责任，实施领导干部接访下访和包案化解信访事项制度，全面开展信访重点地区、突出问题、重点人物摸底，建立台账，分类施策，综合治理，把问题消灭在萌芽状态。各乡镇（街道）成立到省进京上访应急劝返工作组，分别由乡镇（街道）一位领导任组长，成员由信访局、综治办、公安局、村镇办等有关部门负责人组成。十九大期间，全县排查出涉访重点对象266人，全部落实“一人一策一专班”（一个重点稳控对象、一套措施、一个工作专班）；全县实现零到省进京稳控目标。

2017年10月19日，县委书记陈群峰（中）到县信访维稳突出问题处置化解工作专班考察专班运行情况
（高壮辉　摄）

（高壮辉　刘惠龙）

党校工作

【概况】 2017年，中国共产党揭西县委员会党校（简称县委党校）办好主体班次，加大党员领导干部培训力度，加强教育教学管理和干部队伍建设。全年举办各类培训班19期，参加人数5080人次；举办宣讲活动3场，参加人数5165人次。加强理论研究，县委党校教师在各级各类刊物上发表理论文章3篇。

【干部培训】 2017年，县委党校制订培训计划，精选培训课题，整合师资资源，严抓教育管理，开展党员领导干部培训教育工作。4月，举办县直机关入党积极分子培训班和河婆中学学生班2期共145人次；7月，举办揭西县村（社区）党组织书记、村（社区）委员会主任培训班2期共484人次；11月，举办揭西县村（社区）“两委”干部培训班3期共1153人次、全县正股级干部培训班1期85人次；11—12月，举办学习贯彻党的十九大精神专题培训班8期，共1304人次。（正科级主要领导专题班1期、85人次；县管干部专题班3期，583人次；村（社区）乡贤咨询委员会骨干专题班2期、318人次；村（社区）党组织书记专题班2期、318人次）；12月，举办揭西县2017年度新录用公务员初任培训班1期、103人次；揭西县公务员全员培训班2期、1806人次。

2017年7月26日，揭西县村（社区）党组织书记、村（居）委会主任培训班在县委党校举办

（县委党校 供稿）

【专题宣讲和辅导】 2017年，县委党校根据县委工作部署，深入各行局、乡镇（街道）、企事业单位开展宣讲活动。5月，结合学习宣传贯彻习近平总书记对广东工作重要批示精神，先后到县人民检察院、县人民法院、县供电局、县国税局、县教育局等11个行局单位，河婆街道、棉湖镇等17个乡镇（街道）开展宣传活动，参加听讲3023人次；7—8月，结合学习宣传贯彻广东省第十二次党代会精神，先后到河婆街道、棉湖镇、县林业局等5个单位开展宣讲活动，参加听讲825人次；11—12月，结合学习宣传贯彻党的十九大精神，先后到灰寨镇、东园镇等4个乡镇以及县检察院、县民政局、县工商银行等12个单位和部门开展宣传活动，参加听讲1317人次。

【教学创新】 2017年，县委党校教学理论联系实际，灵活多样开展。突出主题，针对中共十九大精神专题培训教育，开设《奋力夺取新时代中国特色社会主义伟大胜利》《不忘初心跟党走 认真学习十九大精神》《十九大报告精神解读——以新思想引领新时代开启新征程》《加快生态文明体制改革 建设美丽中国》《推进全面依法治国 开启社会主义法治国家新时代》《做新时代合格党员》《新时代坚定不移推进全面从严治党向纵深发展》《学习新党章》《贯彻十九大精神 建设一支新时代“三农”干部队伍》等专题内容，邀请十九大代表李锦秀，省委党校、市委党校教授，县委组织部、县司法局、县扶贫办、村书记等为学员们作专题辅导；学员分组讨论，现场参观学习，晚上观看专题教育片，实行全封闭式管理，编定座位，签到点名；扩大覆盖面，全县正科级主要领导、县管干部、村（社区）乡贤咨询委员会骨干、村（社区）党组书记全员覆盖培训。

【理论科研】 2017年，县委党校创造条件，开拓教师视野和实践能力，组织教师参加省、市党校培训学习15人次，到其他县、市党校参观学习12人次，到基层开展社会调研26人次。开展理论科研活动，全年教师在各级各类刊物上发表理论文章3篇。

（张燕豪　张五星）

县直属机关党委

【概况】　2017年，中国共产党揭西县直属机关工作委员会（简称县直属机关）强化党组织建设，加强党员队伍管理，发展新党员，把好党员质量关，抓好县直机关政风行风评议，推动机关作风上新水平。至年底，县直属机关系统有基层党组织322个，其中基层党委4个，党总支33个、党支部285个；党员6255人。

【党组织管理】　2017年，县直属机关规范党员迁移手续和入党程序、组织机关党员干部学习党的理论知识。检查指导各单位党务工作，规范党务工作程序，抓好县直机关各党总（支）部的换届。是年，县直党总（支）部换届52个。

【党员培训与发展】　2017年，县直属机关做好发展新党员工作，全面了解入党人员情况，严格把关，防止把不具备党员条件人员吸收到党的队伍中来；加强入党积极分子培训，全年举办入党积极分子培训班2期，参加培训入党积极分子350多人，全部合格。经过考察培养，把思想觉悟好、条件成熟的积极分子发展为党员，是年，发展新党员50人，预备党员转正31人。

【政风行风评议】　2017年，县直属机关抓好机关作风建设，对县教育、水务、环保、科技各线条机关和下属单位进行“回头查”评议，受评各单位都能巩固机关作风建设成果。全年查处违纪党员9人，其中开除党籍2人、严重警告处分5人、警告处分1人、留党察看1人。

（林子彤　陈　森）

政策研究

【概况】　2017年，揭西县委政研室就经济社会发展、产业发展、社会管理等事关全县大局的重点问题，深入开展调查研究，形成有情况、有问题、有分析、有建议调查报告，为县委科学决策提供参谋服务；开展理论学习和调查研究，深入学习和领会中共十九大精神实质，撰写理论文章。是年，完成调研课题8项，形成《揭西县路灯管理机制改革专题调研情况报告》《关于加快中心镇发展的调研报告》《揭西县学习贯彻习近平总书记重要批示精神开展重大课题研究工作方案》《揭西县重点项目建设情况》《揭西县住房空置情况调研报告》《揭西县改革机构及运转情况》《揭西县宅基地管理情况调研报告》《揭西县工业经济发展情况调研报告》等调研材料10篇；揭阳市委宣传部、组织部开展的“学习贯彻党的十九大精神”理论征文中，政研室报送理论文章《打造共建共治共享农村基层社会治理新格局》获三等奖，《新时代背景下揭阳市加强农村基层社会治理的思考》获优秀奖。

【专题调研】　2017年，揭西县委政策研究室围绕县委、县政府重点调研课题，组织协调各有关部门共同开展调查研究。主要开展重点项目建设情况、住房空置情况、宅基地管理情况、工业经济发展情况等5项专题调研，形成《揭西县重点项目建设情况》《揭西县住房空置情况》《揭西县农村宅基地管理情况调研报告》《揭西县工业经济发展情况调研报告》等调研报告，为上级部门和县委、县政府科学决策提供针对性参考依据。

（曾　锴　李旭林）

党史研究

【概况】　2017年，揭西县党史研究工作落实中央“一突出、两跟进”要求，学习中共十九大精神和习近平新时代中国特色社会主义思想，加强中国特色社会主义时期揭西县党史研究。推进《中国共产党广东省揭西县历史（1949～1978）》第二卷编纂工作；编纂出版《棉湖战役综述》，整理、编写《揭西解放实录》《试论解放战争时期华南人民武装对战略战术的运用》；开展省定贫困村庄革命史料收集整理工作；摸查省定贫困村革命史迹资源；加强党史旧址保护利用工作。

【地方党史编纂】 2017年，揭西县党史研究部门推进《中国共产党广东省揭西县历史（1949～1978）》第二卷编纂工作。由于这29年党史十分复杂，需要对收集到的史料进行反复考证，党史研究部门坚持以史实为基础，对形成的初稿进行重新梳理、修改校核，组织人员到汕头市档案馆、揭阳市档案馆、揭西县档案馆和陆丰市委党史研究室、普宁市委党史研究室搜集资料，完善稿件。至年底，完成征求意见稿，并送编纂领导小组成员、部分离退休老领导、老干部和各乡镇（街道）党（工）委以及陆丰市委党史研究室、普宁市委党史研究室征求意见。

【党史资料征集】 2017年，揭西县党史研究部门加强党史资料整理，征集、编写、出版党史资料，推动党史工作可持续性发展。编纂出版《棉湖战役综述》，该书以1924年1月召开国民党“一大”为标志，以反帝反封建军阀为主要内容，叙述为肃清陈炯明军阀势力，实现广东革命根据地统一，苏联军事顾问加伦提出东征建议，完成“以胜利支持孙中山北上的政治使命”；编写上报《揭西解放实录》《试论解放战争时期华南人民武装对战略战术的运用》。根据省委党史研究室部署，以《中国共产党揭西地方史》（第一卷）为基础，结合丘志坚回忆录《难忘的烽火岁月》，整理、编写《揭西解放实录》《试论解放战争时期华南人民武装对战略战术的运用》，力求系统、完整、准确地编写1949年揭西地域解放历程，记录揭西地域解放历史中重大事件、巨大贡献、宝贵经验，为省委党史研究室公开出版《广东解放实录》提供素材。

【省定贫困村庄革命史料收集】 2017年，揭西县党史研究部门开展省定贫困村庄革命史料收集整理工作。组织人员到五云镇京埔村、郑塘村、龙江村，龙潭镇井田村、井下村，南山镇火炬村、关西村、榕光村，灰寨镇后联村，京溪园镇大鹿村，塔头镇塔头村，东园镇桃围村、东桥园村，棉湖镇贡山村等村庄踩点收集信息资料，指导村庄做好革命遗址保护利用工作，并以《中国共产党揭西地方史（第一卷）》为依据，搜集整理有关村庄革命历史资料，上报省、市有关部门。

【党史旧址保护利用】 2017年，揭西县党史研究部门开展红色村庄革命史料收集整理工作，加强党史旧址保护利用，发挥党史工作作用，扩大党史工作影响力。8月，对省定贫困村南山镇火炬村革命史迹资源进行全面摸查，收集资料，提供编纂红色村庄申报材料，指导该村做好党史旧址保护利用工作。

（庄淑英　陈健平）

县委巡察工作

【概况】 2017年6月30日，揭西县委巡察机构正式挂牌；成立中共揭西县委巡察工作领导小组办公室和3个县委巡察组，领导小组组长由县纪委书记担任，副组长由县组织部长担任。巡察办主要是反腐倡廉，良化各级机关和领导干部工作作风的重要措施，其主要目的是发现问题、解决问题、督察督办、形成震慑，巡察工作是党内监督的重要方式。

【巡察工作】 2017年，县委巡察机构开展首轮巡察。8月21日至9月25日，县委3个巡察组对县住建局、钱坑镇和灰寨镇党组（党委）开展为期35天巡察。巡察期间，巡察组共听取被巡察单位党组织工作汇报3次，与被巡察单位领导干部谈话59人次，受理来信来访52件（次），发放调查问卷127份。发现问题线索56条，反馈巡察单位整改问题41条，向县纪委移交问题线索11条。

（县委巡察办）

揭西县人民代表大会

【概况】 2017年，揭西县县人大常委会履行地方国家权力机关职能，加强对民生工作监督，组成各级人大代表围绕民生问题、重点项目建设进行视察。全县各级代表1452人，其中全国人大代表2人，省人大代表3人，市级人大代表49人，县级人大代表268人，乡镇人大代表1130人。是年，县人大代表提出建议14件，各承办单位办结14件，办结率100%。

【重要会议】 县十届人大第二次会议 2017年3月8～10日，县第十届人民代表大会第二次会议在县委党校人民会堂召开。应到会代表268人，实际出席会议代表267人。大会听取和审议县政府工作报告、县人大常委会工作报告、县人民法院工作报告、县人民检察院工作报告，审查并批准《揭西县2016年国民经济和社会发展计划执行情况与2017年计划草案的报告》《揭西县2016年预算执行情况与2017年预算草案的报告》。

县十届人大常委会第三次会议 2017年1月17日，县十届人大常委会第三次会议在县人大常委委员会会议室召开。出席会议31人。大会听取和审议县政府《揭西县人民政府关于揭西县2016年地方政府债务限额报告的议案》，审查县政府提出2016年地方政府债务限额报告。同意并批准《关于揭西县2016年地方政府债务限额报告的议案的审查报告》。

县十届人大常委会第四次会议 2017年2月24日，县十届人大常委会第四次会议在县人大常委会会议室召开，出席会议30人。会议听取和审议县政府关于县十届人大一次会议代表建议办理情况报告，讨论决定关于召开县十届人大二次会议有关事项；听取关于代表变动情况、补选代表的代表资格审查报告，对补选代表陈群峰进行资格审查，会议认为该代表的当选，符合有关法律规定，确认其代表资格有效。

县十届人大常委会第五次会议 2017年4月20日，县十届人大常委会第五次会议在县人大常委会会议室召开，出席会议30人。会议听取和审议县政府关于环境保护目标完成情况的报告；任命林庭广等7人为县十届人大常委会各工作委员会主任，决定任命庄添明等22人为县政府各组成局局长；决定接受方伟斌辞去揭西县人民政府副县长职务。

县十届人大常委会第六次会议 2017年7月19日，县十届人大常委会第六次会议在县人大常委会会议室召开，出席会议28人。会议听取和审议县政府关于2016年度社保基金收支及管理情况、县政府关于县普法宣传教育情况的汇报，通过《揭西县人民代表大会常务委员会关于开展第七个五年法治宣传教育的决议》。

县十届人大常委会第七次会议 2017年9月30日，县十届人大常委会第七次会议在县人大常委会会议室召开，出席会议28人。会议听取和审议县政府关于2016年县本级预算执行和其他财政收支的审计工作、关于职业教育发展情况的汇报；决定接受杜光亮辞去揭西县县长职务；决定任命周伟为揭西县副县长、代县长，林春雄为揭西县副县长。

县十届人大常委会第八次会议 2017年11月10日，县十届人大常委会第八次会议在县人大常委会会议室召开，出席会议27人。会议听取和审议县政府关于提请的《揭西县生活污水处理设施整县打包PPP项目实施方案》和县政府关于提请的《揭西县城市总体规划（2014—2030年）》的议案，决定同意通过议案。

县十届人大常委会第九次会议　2017年12月5日，县十届人大常委会第九次会议在县人大常委会会议室召开，出席会议25人。会议听取县政府《关于2016年全县财政预算决算情况的报告》，并对揭西县2016年财政预算决算情况报告进行审查。同意《关于2016年全县财政预算决算情况的报告》，决定批准揭西县2016年财政决算。

县十届人大常委会第十次会议　2017年12月25日，揭西县第十届人大常委会第十次会议在县机关大院附楼三楼会议室召开，出席会议29人。会议听取和审议县政府关于县十届人大二次会议代表建议办理情况的报告和县政府2017年预算调整方案的报告；讨论决定关于召开县十届人大三次会议有关事项；决定任命钟汉宏为揭西县副县长，任命张美仁为揭西县人大常委会河婆街道工作委员会主任。

【民生工作监督】　2017年，县人大常委会加强对民生工作监督，着力推动民生改善。听取和审议县政府职业教育发展和社会治安综合治理的工作汇报，开展精准扶贫工作专题调研，配合市人大对县食品安全责任落实情况进行检查，加强“舌尖上的安全”工作监督。听取和审议县政府2016年度环境保护工作报告，把中央环保督察反馈意见整改落实情况纳入常委会该年度监督工作重点，开展调研、检查，督促整改问题得到落实。

【视察活动】　2017年，县人大常委会组织代表开展视察活动。7月25日，联合县政协组织部分全国、省、市、县人大代表和政协委员共68人对县创建文明县城、文明镇街、文明村（居）、卫生县城工作情况进行专题考察。人大代表、政协委员们实地视察县城交通秩序、县城道路升级改造工程、大同市场升级改造工程及河婆街道庙角村、龙潭镇陂尾村、棉湖镇湖西村文明村居创建情况，听取县政府相关部门情况汇报，围绕文明创建工作提出意见建议。

2017年8月3日，揭西县人大、政协组织各级人大代表和政协委员视察揭西县“双创”工作

（蔡常伟　摄）

【议案建议与督办】　2017年，县人大常委会把办理代表意见建议作为保障代表权利、督促“一府两院”（县政府、法院、检察院）改进工作的重要途径。将县十届人大二次会议上代表提出的14件建议交县政府有关单位进行办理，并做好代表建议督办工作。至年底，县十届人大二次会议代表提出14件建议办理完毕，并将结果逐一答复代表。

2017年揭西县十届人大二次会议代表建议办理情况表

表3

建议标题	提建议领衔代表	承办单位	督办领导
关于加快修复横龙线河婆段缺口的建议	刘锦勇	县水务局 河婆街道	黄书香
关于塔头镇狗骨头溪中小河流域治理工程的建议	陈汉波	县水务局 塔头镇	
关于龙潭联围塔头镇塔头村至顶埔村段治理工程的建议	赵河艺	县水务局 塔头镇	

续表3

建议标题	提建议领衔代表	承办单位	督办领导
关于在龙潭中学等重点路段增设减速带的建议	庄伟平	龙潭镇 县公路局	刘景新
关于要求建设坪上镇南新乡道改建工程的建议	黄少明	坪上镇 县交通运输局	刘景新
关于修建塔东公路（塔头大桥至京棉公路）路段的建议	吴端城	塔头镇 县交通运输局	
关于要求对金和大桥进行扩宽改建的建议	吴纯裕	金和镇 县交通运输局	
关于县道X096线金鲤大桥改建工程的建议	林允汉	金和镇 县交通运输局	
关于要求对县城区横江西堤路等路段进行改造升级的建议	张春喜	县城规局 河婆街道	
关于要求对县城区原法院至原县交警大队露天排污沟铺设水泥板面的建议	刘汉阳		
关于要求对县城环城东路大圆盘通往老虎岽电视塔道路铺设水泥路面的建议	张爱新		
关于京溪园长滩村要求县电视台转播揭西台的建议	陈新锐	县广电台	王群青
关于棉湖兴道中学使用权归属管理和使用功能变更的建议	林世雄	县教育局	巫树林
关于要求对凤江镇排渠沟渠污染进行清理整治的建议	林佳逢	凤江镇 县环保局	林金晓

【人事任免】 2017年，县人大常委会坚持党管干部与地方国家权力机关依法任免干部相统一原则，按照地方组织法和人事任免办法的规定，依法做好人事任免工作。全年决定任命代理县长1人；决定任命县政府副县长3人、县政府组成人员24人；任命县人大常委会各工作委员会主任8人；任命县人民法院干部4人，人民陪审员5人。

【执法检查与监督】 2017年，县人大常委会配合省、市人大常委会对《县政府贯彻实施省气象灾害防御条例》《突发事件应对条例》《未成年人保护法》等法律法规实施情况开展执法检查。督促县政府及相关部门强化责任意识，提升服务质量，加大监管力度，严格依法行政，让改革发展成果更多惠及全县人民。

【重大事项讨论决定】 2017年，县人大常委会先后听取和审议县政府提请《揭西县人民政府关于揭西县2016年地方政府债务限额报告的议案》《揭西县生活污水处理设施整县打包PPP项目实施方案》《揭西县城市总体规划（2014—2030年）》和《揭西县棉湖污水处理项目二期工程实施PPP工作》等议案，作出相应决议决定；听取和审议县政府关于普法宣传教育情况汇报，作出关于开展第七个五年法治宣传教育决议。

（黄志生　蔡志龙）

揭西县人民政府

综　述

【县政府常务会议】　县政府十届第三次常务会议　2017年1月16日，县长杜光亮在县政府612会议室主持召开十届县政府第三次常务会议，讨论研究关于建设县道X094五黄线（K0+000～K16+000）路段改造工程项目、建设揭西县高京经济网络公路工程项目、开通揭阳机场至揭西客运快线、要求重新审核潮惠高速揭西河婆互通至县城主干道工程JK1+000～JK1+800设计修编工程造价、落实县级财政扶贫配套资金、2017年创文工作经费、延长授权委托置换资产托管、县城部分道路命名、校车安全管理有关情况等相关问题。会议审议《中共揭西县委、揭西县人民政府关于建设卫生强县的意见》《揭西县医疗卫生强基创优行动计划（2016—2018年）》《揭西县临时救助实施细则》《揭西县第一批清理规范县政府部门行政审批中介服务事项目录》《揭西县公共服务事项目录》《揭西县政务服务中心推行一门式一网式改革工作方案》《揭西县全域永久基本农田划定方案》《揭西县乡村教师支持计划实施办法（2015-2020年）》《关于调整揭西县县城区、建制镇污水处理费征收标准方案》《揭西县城区环境卫生综合服务方案》《揭西县巡山护林扑火专业队建设方案》《揭西县榕江南河及横江河水浮莲及漂浮物打捞资金和方案》。

县政府十届第四次常务会议　2017年2月27日，县长杜光亮在县政府612会议室主持召开十届县政府第四次常务会议，讨论研究关于调整揭西县公办幼儿园保教费标准、揭西县京棉公路2016年度整修工程、京棉公路和南大公路路面常规养护管理、公开招聘县旅游数据中心工作人员、公开招聘县环境监测站工作人员等有关问题，研究部署精准扶贫、卫生创强、环境保护、安全生产等工作。会议审议《县政府工作报告》《汕湛高速公路汕头至揭西段项目揭西县境内征地拆迁协议》及其补充协议。

县政府十届第五次常务会议　2017年3月1日，县长杜光亮在县政府612会议室主持召开县政府十届第五次常务会议，传达揭阳市农村人居环境综合整治暨环境保护工作现场会精神、市重点项目建设工作会议精神。会议审议《揭西县2016年国民经济和社会发展计划执行情况与2017年计划草案的报告》《揭西县2016年预算执行情况和2017年预算草案的报告》。

县政府十届第六次常务会议　2017年3月7日，县长杜光亮在县政府612会议室主持召开县政府十届第六次常务会议，传达全省农村工作暨扶贫开发工作电视电话会议精神以及省、市旅游工作会议精神，讨论研究关于调整揭西县申报世行贷款广东省欠发达地区义务教育均衡优质标准化发展示范项目问题。会议审议《揭西县不动产登记工作存在问题的处理意见》。

县政府十届第七次常务会议　2017年3月24日，县长杜光亮在县政府612会议室主持召开县政府十届第七次常务会议，传达贯彻国务院、省、市有关会议精神，讨论研究关于改建通往天宝堂林场道路（章宝路）、公开招聘卫生计生事业单位工作人员、公开招聘县儿童福利院会计人员、揭西县生活污水处理设施整县打包PPP项目咨询经费、揭西县东部商贸城客潭洋综合开发项目征地等有关问题。会议审议《揭西县创建广东省推进教育现代化先进县实施方案》《揭西县殡葬事业发展“十三五”规划》《揭西县森林防火工作责任制实施办法》。

县政府十届第八次常务会议　2017年4月14日，县长杜光亮在县政府612会议室主持召开县政府十届第八次常务会议，传达贯彻中央环保督察初步反馈意见以及贯彻省审计厅关于汕头等14个市2016年精准扶贫精准脱贫跟踪审计情况报告，讨论研究关于调整揭西县山区和农村边远地区学校教师生活补助标准、县城乡规划管理职能调整、揭西县省级地质公园规划设计和揭碑开园等有关问题。会议审议《揭西县捐赠兴办公益事业褒奖意见》《揭西县进一步促进民营经济发展的若干意见》《揭西县乡镇（街道）创文创卫及农村环境整治专项资金使用管理办法》《关于健全公共卫生与基层医疗卫生事业单位激励措施的方案》《关于我县2017年村卫生站公建规范化建设项目方案》《揭西县东部商贸城客潭洋综合开发项目修建性详细规划》。

县政府十届第九次常务会议　2017年5月16日，县长杜光亮在县政府612会议室主持召开县政府十届第九次常务会议，传达上级有关文件会议精神，讨论研究关于兴汕高速公路揭西段征地拆迁、揭西县河婆街道“御龙湾”项目用地、建设县城至汕湛高速龙潭出入口道路路灯工程、揭西县高京经济网络公路工程勘察设计费用等有关问题。会议审议《中共揭西县委、揭西县人民政府关于落实发展新理念加快农业现代化率先实现全面小康目标的贯彻意见》《揭西县优化政府投资项目建设办事流程工作方案》《广东省揭西县全域旅游发展规划（2016—2030年）》《揭西县高新技术企业培育发展实施方案（2017—2020年）》《揭西县实施创新驱动发展战略2017年重点工作任务》。

县政府十届第十次常务会议　2017年6月8日，县长杜光亮在县政府612会议室主持召开县政府十届第十次常务会议，讨论研究关于划拨良田卫生院建设用地、建设棉湖污水处理厂二期工程、京棉公路部分路段路灯修缮建设工程、部分商住用地项目调整容积率补缴地价款、揭西县精准扶贫开发部分项目计划等有关问题。会议审议《揭西县创建“国家全域旅游示范区”工作实施方案》《揭西县森林消防专业队建设方案》《揭西县组建专职护林员队伍实施方案》《揭西县贯彻落实中央第四环境保护督察组督察反馈意见整改方案》《揭西县个人国有划拨住宅用地协议补办出让程序》《揭西县畜禽养殖禁养区划定方案》《金凤联围金和堤段应急处置方案和应急度汛方案》《全县医疗单位医疗废水处理工程建设方案》。

县政府十届第十一次常务会议　2017年8月2日，县长杜光亮在县政府612会议室主持召开县政府十届第十一次常务会议，传达全市“迎盛会·百日百项大行动”工作推进会精神，传达全国、省、市安全生产电视电话会议精神，传达《中央第四环境保护督察组反馈意见广东省畜禽养殖污染防治整改方案》精神。讨论研究关于首期卫生强县建设项目补助资金、揭西县2017年农村公路安全生命防护工程、建设揭西县各建制镇集中式生活饮用水源保护区标准化设置工程、精准扶贫和土地确权工作、三防工作、信访维稳工作等有关问题。会议审议《揭西县城乡污水处理专项规划（2016—2030）》《揭西县县城东部商贸城地区控制性详细规划（修改）》《揭西县县城东部商贸城溪西片区控制性详细规划》《揭阳市揭西县土地利用总体规划（2010—2020年）调整完善方案》《揭西县财政性基本建设资金管理办法》《揭西县精准扶贫开发资金项目计划（第二批）》。

县政府十届第十二次常务会议　2017年9月13日，县长杜光亮在县政府612会议室主持召开县政府十届第十二次常务会议，学习《广东省党政主要负责人履行推进法治建设第一责任人职责实施细则》，传达学习省长马兴瑞在全省公共安全形势分析会议暨应急管理工作电视电话会议上讲话精神。讨论研究关于审计署2016年度中央预算执行和其他财政收支审计查出问题整改分工方案、揭西县县道X096新大线金鲤大桥工程、禁毒工作、2017年农村危房改造工作等有关问题。

会议审议《揭西县人民政府提交县委常委会讨论“三重一大”事项实施意见》《揭西县财政资金管理办法（暂行）》《揭西县全民科学素质行动计划纲要实施方案（2016—2020年）》《揭西县全域推进农村人居生态环境综合整治建设社会主义新农村示范村实施方案》《数字揭西地理空间框架建设和使用管理办法》《揭西县全面推行河长制工作方案》《揭西县榕江流域推行河长制工作方案（暂行）》。

县政府十届第十三次常务会议　2017年10月23日，县委副书记、代县长周伟在县政府612会议室主持召开县政府十届第十三次常务会议，明确县政府常务会议议事规则。传达学习省第四季度防范重特大生产安全事故会议精神。讨论研究关于县城过境公路及霖都大道沿街商铺统一安装广告底牌、榕江南河两岸整治工程前期费用、建设北环一路改造工程项目、揭西县老虎坷垃圾填埋场进一步加强建设、改造省道S335线和省道S238线往五云镇政府路口道路、棉湖镇基础设施建设资金、收购原面粉厂国有建设用地使用权资金、农村地籍调查工作项目经费、2017年村级公益事业建设一事一议财政奖补项目地方财政配套资金、2017年金融服务专项资金、国家基本公共卫生服务项目本级配套资金、河婆中学等单位购置设备、2017年农村中小学校舍维修改造长效机制省级补助资金和县配套资金安排、招聘县法院合同制司法辅助人员、招聘警务辅助人员、招聘揭西县财政投资评审中心人员、有关财政资金安排等有关问题。会议听取《探索“婺源之路”，发展揭西全域旅游——赴江西省学习考察报告》。会议审议《揭西县行政许可保留事项目录（2017年版）》《揭西县河婆街道城东路口（原面粉厂）国有建设用地使用权出让方案》《揭西县2017年度省财政补齐人均公共文化财政支出短板奖补资金分配方案》《揭西县2017年度文化消费补贴资金实施方案》《揭西县精准扶贫开发资金项目计划（第三批）》《广东省揭西县2017年村级公益事业建设一事一议财政奖补项目资金计划》。

县政府十届第十四次常务会议　2017年11月5日，县委副书记、代县长周伟在县政府612会议室主持召开县政府十届第十四次常务会议，讨论研究关于县储备粮简易仓库配套设备及办公设备问题。会议审议《揭西县生活污水处理设施整县打包PPP项目实施方案》《揭西县城市总体规划（2014—2030年）》。

县政府十届第十五次常务会议　2017年11月17日，县委副书记、代县长周伟在县政府612会议室主持召开县政府十届第十五次常务会议，讨论研究关于揭西县棉湖污水处理项目二期工程实施项目PPP工作、改建揭西县河婆街道乡新村吉庆大桥、揭西县中心城区夜景照明优化提升工程、县城河山南路老县委宿舍排污维修工程、潮惠高速公路河婆连接线尖田搅拌站生产线拆迁和安装等资金、国道G238线揭西路段灾毁恢复重建工程（修编）项目建设地方配套资金、行政诉讼和测量工作经费、坪上镇南联村委下坑村老人文化活动中心大楼工程资金、揭西县凤江镇莪萃桥新建工程项目建设资金、向农村集体经济组织（经联社）颁发组织证明书等有关问题。会议审议《揭西县环境保护与生态建设“十三五”规划》《揭西县现代农业发展“十三五”规划》《关于2016年全县财政预算决算情况的报告》《第二批省定贫困村创建新农村示范村建设资金分配计划》《揭西县精准扶贫开发资金项目计划（第四批）》。

县政府十届第十六次常务会议　2017年11月22日，县委副书记、代县长周伟在县政府612会议室主持召开县政府十届第十六次常务会议，讨论研究关于2018年地方政府债券需求问题。会议审议《关于进一步加强和规范土地管理的若干意见》。

县政府十届第十七次常务会议　2017年12月22日，县委副书记、代县长周伟在县政府612会议室主持召开县政府十届第十七次常务会议，讨论研究关于坪上镇高速公路出入口旅游综合服务区规划用地、增加县级储备粮贷款规模、县乡公路改造项目前期费用、揭西县河长制“一河一策”实施方案编制经费、落实新时期精准扶贫精准脱贫县级配套资金、增加揭西县扶贫小额信贷经办金融机构、安排揭西县土地开发资金、提高揭西县行政村（社区）干部生活补贴标准等有关问题。会议审议《揭西县精准扶贫开发资金项目计划（第五批）》《揭西县精准扶贫开发资金项目计划（第六批）》《揭西县新时期精准扶贫精准脱贫以奖代补资金计划方案》《关于2017年度财政预算调整情况的报告》。

县政府十届第十八次常务会议　2017年12月28日，县委副书记、代县长周伟在县政府612会议室主持召开县政府十届第十八次常务会议，讨论《县政府工作报告》，讨论研究关于变更产业扶持和以奖代补资金统筹方案问题，部署牛羊屠宰管理工作和扶贫有关工作。会议审议《揭西县精准扶贫开发资金项目计划（第七批）》。

【县长办公会议】　2017年，揭西县召开县长办公会议38次。会议主要研究精准扶贫、新农村建设、教育、揭西县扶持金和镇建设“互联网+农业扶贫”创业园优惠措施、卫生强县建设项目补助资金、揭西县河婆街道城东路口（原面粉厂）国有建设用地使用权出让相关事宜、揭西县东部商贸城客潭洋综合开发项目征地、全县生猪养殖完善治污设施奖励补助经费方案、全县畜禽养殖污染专项整治、理顺揭西县金塔工业园管理体制机制、解决揭西县京溪园镇第一工业区两家不锈钢制品企业处置、解决交通安全隐患、推进揭西县汽车运输总公司和揭阳市汽车运输总公司揭西分公司产权以及体制问题落实整改、卫生计生事业发展、资金拨付、凤棉过境公路归属管理、立项重建凤江镇赤料桥、改建棉湖兴中桥工程项目、要求解决社区矫正中心建设资金、预拨县金叶发展公司年度经营费用、2017年美丽乡村建设项目试点村、县十届人大二次会议建议和县政协十届二次会议提案交办工作、揭西首届擂茶大赛活动筹备工作等有关问题；研究、部署审计验收发现问题整改落实、五云镇农村生活垃圾清理整改落实、凤江凉果污染整治、安全生产、钢铁行业落后产能和违法违规项目全面清查、推进凤江凉果污染整治、推进揭西县不动产登记、推进全县交通安全存在问题落实整改、揭西县灰大线道路改造项目征地拆迁、农村危房改造等工作；专题审查《揭阳市揭西县土地利用总体规划（2010-2020年）调整完善方案》；专题听取农村危房改造跟踪审计、农村生活垃圾收运处理试点示范县验收和垃圾填埋场验收发现问题情况汇报；专题研究贯彻落实省安全委员会道路交通安全督查组指示精神。

【县政府工作会议】　2017年，揭西县政府召开工作会议25次。会议主要研究揭西县榕江南河河道管理范围内停泊船只转运集中停泊管理工作，解决揭西县不动产登记工作存在问题、退役士兵安置遗留问题、揭西县榕江南河涉案船舶管理存在问题；理顺揭阳市汽车运输总公司揭西分公司产权、体制等问题，河婆新城规划核实尚未出让用地补征地的问题，揭西县产业扶贫项目推进工作；解决扶贫工作开展过程中存在的问题及困难，生产安全事故、环保建设工作；协调揭西县污水处理管理职责交接、县城自来水供水管道改造项目建设、兴汕高速公路和县道X099五云段供电线杆架设问题、河江桥头饮用水源保护区保护设施因供电线路改造施工受拆损工作、揭西县路灯管理职责交接、落实政府建档立卡贫困户参加城乡居民基本医疗保险政策工作；部署税收、安全生产、社保、统计、经济户口清理、重点项目推进、榕江南河下段落实河长制等有关工作；共同审批会审兴宁至汕尾高速公路五华至陆河段项目（揭西段）建设用地、揭西县2017年度第三批次城镇（集镇）建设用地。

（叶俊宏　王学群）

【支前工作】　2017年，揭西县加强支前工作，提升支前综合保障能力。协调部队做好军事测绘、野营训练、执行军事演习等后勤保障工作；支持部队建设，解决部队营房改造、购置装备器材及各项工作经费；“八一”建军节，组织走访慰问驻地及周边部队，春节前夕召开军政座谈会。

【政务督查】 2017年，揭西县督查督办重点项目建设、创文创卫、城乡生活垃圾收运处理、环境保护、农村人居环境等工作，推进督查督办工作常态化、规范化。是年，督办省、市交办件12件，全部办结；县委县政府重点工作督查63次，全部办结；编发督查专报32份，督查通报10期，印发县政府决定事项通知及督查通知书52份。

【人民防空】 2017年，揭西县人民防空办加强防空警报设备维护管理，完善防空警报系统建设，强化人防宣传教育，做好易地建设费征收，推进“结建”工作。对少报、漏报面积的建筑项目补办报批手续，补征易地建设费。是年，县人民医院综合大楼人防工程完成报建；希桥商贸城人防工程在建；8月28日，举行防空警报试鸣。

（县政府办）

政务服务

【概况】 2017年，揭西县政务服务中心（简称中心）规范管理，完善基础设施建设，推进“互联网+政务服务”，推动县镇村三级政务服务平台建设，做好中心窗口服务各项工作，加强“12345”市民服务热线平台建设。是年，中心受理各类行政审批事项6.84万项，其中承诺期内办结6.83万项，办结率99.8%；网上办事大厅受理1.45万件，办结率100%。

【业务办理】 2017年，全县进驻中心办事大厅县直（含上级垂直管理）窗口单位39个，行政审批和服务事项674项（其中，行政审批事项561项，社会服务事项113项），中心政务大厅受理办事事项6.84万件，承诺期内办结6.83万项；5个分中心（县社保分中心、交警大队分中心（含公路局）、司法分中心、残联分中心、广播电视台分中心）受理办事事项174.15万件，承诺期内办结174.12万件。

【规范管理】 2017年，中心完善制度建设，加强规范化管理，用制度管人，以管理服人。全县进驻中心办事大厅县直（含上级垂直管理）窗口单位39个，办理事项涉及全县民生民计674项；加强窗口服务，坚持“早到迟退”工作时间对外服务；将政务办事大厅工作情况纳入岗位职责考核。全年评出“文明窗口”9个、“服务明星”18人。

【便民服务】 2017年，中心落实便民服务措施，加强政务大厅硬件设施建设。在政务大厅为群众提供移动充电口；每个窗口放置办事指南；大厅厕所加建残疾人无障碍设施等。协调公安、税务在自助服务区添置自助服务终端，设立24小时自助服务窗口，以办理行政审批事项、便民服务事项为主要内容，提供信息与办事指南查询功能，群众可自助查询和办理相关业务。是年，网上全流程办理率65.3%，办结率55.8%；网上申办事项中，实现零次跑动办结事项8.7%，到现场一次办结事项66.3%。

【政务服务系统建设】 2017年，中心加强县、镇、村三级政务服务体系建设，推进“一门式一网式”政府服务模式改革，设立大一门综合服务窗口5个，小一门服务区12个，配置服务窗口36个，简化优化公共服务流程；牵头县直各有关单位，按照“同一事项、同一标准、同一编码”原则，编制公共服务事项目录和办事指南，推动全县114项公共服务事项完成标准化工作；推动乡镇（街道）公共服务中心和村居公共服务站建设，按照统一名称、标识、窗口设置、设备配置、网络布线等要求高标准装备17个乡镇（街道）公共服务中心，318个村居公共服务站，招聘村（居）公共服务站专职代理办事员318人，为所在村（居）群众代办行政审批和公共服务事项；加强“12345”市民服务热线平台建设，全年处理市“12345”市民服务热线派发电子工单1323件。

（张子发　陈文彬）

人　事

【概况】 2017年，揭西县人力资源和社会保障局（简称县人社局）深化人事制度改革，加强公务员招录与培训教育工作，开展事业单位工作人员和政府购买服务人员公开招聘工作，加大人才培养引进力度，强化专业技术人才队伍建设，落实军转干部解困与安置工作，推进工资与福利制度改革。是年，全县招录政府机关新公务员87人，招聘事业单位工作人员331人，招聘政府购买服务人员227人。

【人事考试】 2017年，县人社局做好公务员招聘录用工作，经过网上报名、笔试、资格审查、面试、体检、考察等程序，招录新公务员87人，涉及县直部门、乡镇人民政府（街道办事处）、公安等单位；严格按照公开招考、聘用的工作程序，公开招聘事业单位工作人员331人，其中卫生系统164人、教育系统156人、旅游局数据中心3人、环保局监测站4人、供销社3人、儿童福利院1人；开展政府购买服务人员公开招聘工作，招聘县政务服务中心政府购买服务人员10人，招聘各乡镇（街道）专职护林员217人。

【公务员培训与继续教育】 2017年，县人社局全面开展公务员初任培训和全员培训。帮助新录用公务员获得和提高履行职责所需的知识和能力，组织新录用公务员进行初任培训，参加培训103人次；加强公务员思想政治理论水平，分两期组织开展全县行政机关公务员学习贯彻党的十九大精神和职业道德建设全员培训班，参加培训1890人次。

【人才服务与引进】 2017年，县人社局组织用人单位到高校招聘应届毕业生，全年接收非师类专科以上毕业生2600人；人才交流服务中心为未就业或暂缓就业人员与用人单位牵线搭桥，并提供档案管理等便利服务；实施人才优先发展战略，引进高层次人才和紧缺人才，简化人才引进手续，在就业核准报到、档案转移、入户和社保等方面提供简化手续和服务，网上报到系统报到人数2497人。

【军转干部解困】 2017年，县人社局着力解决企业退休、在职、下岗军转干部的工资待遇问题。全县现有困难企业退休军转干部220人，根据《揭阳市人民政府关于困难企业军转干部职务标准问题的批复》文件精神，对全县困难企业军转干部职务补贴标准进行调整，每人每月增加职务补贴300元，从2017年1月起执行。是年，首次组织全县困难企业军转干部健康检查，114名军转干部参加体检。

【专业技术人才】 2017年，县人社局组织全县9600名在职专业技术人员参加继续教育公需课培训；组织网商运营技能鉴定人数833人，通过鉴定获取职业资格证书492人。至年底，全县申报职称1100人，其中高级职称95人、中级职称194人、初级职称811人；全县机关事业单位共有专业技术人员1.03万人，具有高级技术资格541人。

【工资与福利】 2017年，县人社局办理正常晋升工资调整手续1.28万人次，学历变动184人，审批新进人员工资518人，审批审核职务晋升及其他工资变动1259人次，审核审批退休人员301人（其中机关干部76人，事业干部104人，机关事业单位工人121人）；审核审批抚恤金发放213宗，遗属供养81人。做好机关事业单位在职人员调整工资标准，对应津补贴标准核减工作，共计工资标准调整1.51万人次；做好离休人员增加离退休费工作，增加离退休费139人次，从2016年7月起执行，于2017年1月开始发放；做好教师乡镇补贴调整工作，调整乡镇教师补贴7000多人次，人均调整100元，从2017年1月起执行。对全县2017年1月至12月期间符合职级晋升的公务员进行摸底测算，会同县委组织部对全县各单位报送拟晋升职级的人员进行档案审核，初步确认符合晋升条件人员71人。

（蔡迎春　蔡秋娜）

外事侨务

【概况】　2017年，揭西县外事侨务局（简称县外侨局）严格执行出访证照管理与办理制度；落实归难侨扶贫、救济工作，依法维护归侨、侨眷和海外侨胞合法权益；做好华人华侨的接待联络工作；受理、管理及监督华侨华人捐赠款物。至年底，全县归侨1300多人，旅居海外乡亲约65万人，主要分布在东南亚、北美、西欧等30多个国家。

【审批签证】　2017年，县外侨局严格因公出访管理，做好因公出国团组年度计划报批工作，编制《2017年揭西县因公出国（境）团组计划》，保证揭西县对外招商任务和揭西县对外交往工作正常进行。严格执行因公证照集中管理制度，全年办理因公出国（境）团组护照（通行证）9批23人次，护照（通行证）收缴率100%。

【为侨服务】　2017年，县外侨局做好归侨侨眷和海外侨胞来信、来电、来访工作，依法维护归侨、侨眷和海外侨胞合法权益，帮助困难归侨解决基本生活、维修危房、子女就读高等学校、看病就医等问题。是年，受理海外侨胞、归侨侨眷来信来访4批、12人次；发放扶持贫困归侨专项资金28.9万元，帮扶贫困归侨93人次。

【友好往来】　2017年，揭西县接待来自马来西亚等国家的华人华侨到揭西观光考察营商环境以及交流合作。主要接待来访社团：3月6～7日，马来西亚中国客家商会名誉会长林柏辉、会长蓝金海率领访问团一行10人；3月27～29日，吉隆坡和平俱乐部会长蔡维率领文化交流和经贸考察访问团一行10人；4月16～18日，马来西亚柔佛州居銮河婆同乡会会长黄子万率领访问团一行32人；6月24日，马来西亚河婆文化基金会执行委员会主席、拿督斯里张吉平率领文化交流和寻根访问团一行5人；7月15日，海外社团中青年负责人研习（揭阳）班一行42人；9月6～8日，马来西亚河婆同乡会联合总会、美里河婆同乡会名誉会长、砂拉越美里温氏宗亲联谊会会长温素华率领访问团一行19人；10月26～28日，马来西亚河婆同乡会联合总会总会长蔡文洲率领代表团一行50人。

主要出访团组有：8月18～25日，县外侨局局长张文生随揭阳市组团访问加拿大、美国；10月14～20日，副县长刘丽彬一行3人访问老挝、泰国。

（张文生　陈漫纯）

对台事务

【概况】　2017年，中共揭西县委台湾工作办公室（简称县委台办），以三山国王祖庙为依托，加强台湾民间团体、三山国王宫庙、旅台乡贤联络交流，推进独山文化旅游组团（三王爷庙）建设，做好各项对台工作。是年，接待台湾三山国王宫庙谒祖进香团38个、1970人次，民间团体2个、38人次。

【联络交流】　2017年，县委台办加强与台湾三山国王宫庙、民间团体联络。3月，组织参加省台办、市委统战部组织的“广东三山国王霖田祖庙赴台会香交流活动”，参访台湾巾（金）明独三山国王协会、三山国王宫庙联合会，苗栗大化宫、彰化霖肇宫镇安宫、鹿港三山国王庙、云林大埤乡三山国王庙、赐安宫等宫庙，拜访台北、高雄潮汕同乡会。6月27～28日，接待台湾中南部媒体广东参访团一行20人，组织访问团参观揭西河婆客家擂茶、三山国王祖庙。11月，配合市台办组织县内5个庙、1个村共8人赴台开展三山国王文化“村对村”“庙对庙”对口交流合作活动，深化对台交流合作。

【项目建设】　2017年，县委台办推进独山文化

2017年3月，参加广东省台办组织赴台三山国王文化交流活动（县委台办 供稿）

旅游组团（三王爷庙）建设。利用三山国王祖庙的资源优势，加强与独山三王爷庙理事会、良田乡政府的协调，加大三山国王文化的宣传。是年，累计投资600万元，完成景区道路、三王爷大殿、停车场、登山石道、休息亭等项目建设，至年底，独山三王爷庙接待信众、游客16万多人次。

【提供服务】 2017年，县台办加强对台资企业的政策引导，宣传中央、省、市关于保护经济平稳较快发展一系列政策措施，指导企业正确解读政策，督促、协调处理县国樱体育用品、高樱体育用品厂环境整改及评估等工作，及时整治排污等问题，保护台企、台商合法权益。

（彭伟明 魏思婕 何志云）

港澳事务

【概况】 2017年，揭西县加强与港澳同胞联系、联谊，做好港澳同胞接待联络工作，邀请港澳同胞参加各种活动，推动与港澳在经济、文化、科技等领域的交流合作。

【港澳交流】 2017年，揭西县与港澳地区密切联系，促进与港澳同胞的交流合作。全年接待社团主要有：7月20日，香港揭阳同乡总会会长王锡廷、主席孙振光率领访问团一行47人。加强与港澳地区联谊，主要活动有：2月26～28日，县人大常委会主任陈河一行4人出席“香港九龙揭阳同乡总会第十二届就职典礼”，访问深港揭西商会和走访揭西政协香港委员；7月26～28日，县委常委、宣传部部长王群青一行3人出席“2017粤港经济技术贸易合作交流会”；9月17～23日，县委组织部副部长、老干部局局长彭志向赴港参加“粤东地区高级管理人员香港研讨班（第22期）”；11月3～5日，县委常委巫树林一行3人出席“庆祝香港回归祖国20周年暨香港揭阳侨联联谊会第四届会董就职典礼”。

（张文生 陈漫纯）

中国人民政治协商会议揭西县委员会

【概况】 2017年，中国人民政治协商会议揭西县委员会（简称县政协）履行政治协商、民主监督、参政议政职能，全年召开政协委员全体会议1次，常委会议4次，主席会议10次，专委会议8

次，专题调研6次，专题视察1次，撰写并提交视察调研、考察报告2篇。至年底，县政协收到提案13件，全部如期办理落实。是年，揭西县第十届政协委员240人，全县政协委员各项捐款1000多万元，用于县创文创卫工作和各项公益事业建设。

【重要会议】 2017年3月7～9日，县政协第十届第二次会议在县城河婆召开。会议应到委员240人，实到委员228人。会议听取和审议通过政协揭西县第十届委员会常务委员会工作报告；听取和审议通过政协揭西县第十届委员会常务委员会关于十届一次会议以来提案工作情况报告；列席揭西县第十届人民代表大会第二次会议，听取和讨论县人民政府工作报告及有关报告；审议通过政协揭西县第十届委员会第二次会议决议。

【政治协商】 2017年，县政协坚持全委会议整体协商、常委会议专题协商、专委会议对口协商、主席会议重点协商，组织政协委员开展多层次协商议政活动。县政协领导班子成员列席县委常委会议、县党政联席会议、县政府常务会议，参与县重要事项协商讨论。是年，县政协组织全委会议1次、常委会议4次、主席会议10次、专委会议8次，协商讨论重点项目、产业园区、“双创”工作、基础设施建设、保障和改善民生、招商引资等事关全县改革发展稳定重大问题。

【民主监督】 2017年，县政协采取委员提案加强监督、反映社情信息强化监督、选派特约监督员和行风评议员参与监督等多种形式，开展民主监督。全年组织委员撰写提案13件，反映社情信息28条，选派委员担任特约监督员和行风评议员20人次，参与对有关县直单位政风行风民主评议工作；针对2016年民主评议工作查摆出的问题，参与对有关单位政风行风民主评议回头查活动，推动相关单位整改落实。

【调研视察】 2017年，县政协先后就三农优化实验项目建设、非物质文化遗产、宗教工作、工业园区建设、无障碍设施建设、生态建设和环境保护进行6次专题调研。4月，与市政协和社会与法制委员就揭西县宗教工作情况进行调研；5月，与全国政协原副主席厉无畏和中国基本建设优化研究会就揭阳三农优化实验项目（由三农优化投资发展有限公司投资建设的广东“三农优化实验区”项目）进行考察；7月，与揭阳市政协

2017年8月3日，揭西县人大、政协开展“双创”工作视察活动座谈汇报会 （县政协办 供稿）

和文史专委会就非物质文化遗产情况专题调研；8月，市政协和社会与法制委员会到揭西县开展无障碍设施建设情况专题调研；10月，市政协副主席、县委书记陈群峰带领市人口资源环境委员会委员到揭西县开展生态建设、环境保护情况专题调研；11月23日至12月2日，县政协领导和部分政协委员分别到四川省成都市、重庆市、贵州省等地与部分在外政协委员和乡贤座谈调研。

【提案办理】　2017年，县政协围绕县委县政府中心工作及反映人民群众关心的重点问题，研究部署提案工作。组织政协委员、各专门委员会、各民主党派和各人民团体参与相关提案办理，加强与各承办单位联络沟通，以协商促办理；采取专项检查、带案视察、重点跟踪、提办人协商、办后评议等形式加强督办。至年底，收到提案13件。是年，提案全部得到如期办理落实，提案答复满意率100%。

2017年揭西县政协十届三次会议委员提案情况表

表4

<table>
<tr><th>提案题目</th><th>提案人</th><th>承办单位</th><th>督办领导</th></tr>
<tr><td>关于健全公共卫生与基层医疗卫生单位激励措施，提高基层医疗服务能力的建议</td><td>黄志辉等</td><td rowspan="2">县卫计局</td><td rowspan="2">王群青</td></tr>
<tr><td>关于创建卫生强镇、提高医疗服务整体能力的建议</td><td>刘展群等</td></tr>
<tr><td>关于加强县城街道两侧停车管理的建议</td><td>彭裕高
刘达理等</td><td>县交警大队</td><td>杨建宇</td></tr>
<tr><td>关于加强噪声综合治理的建议</td><td>张伟学等</td><td>县环保局
县文广新局
县公安局</td><td rowspan="3">林金晓</td></tr>
<tr><td>关于加强住宅小区物业管理的建议</td><td>邓子安
张伟学等</td><td>县住建局</td></tr>
<tr><td>关于县城河山一横路等路段铺设沥青路面的建议</td><td>张伟兴等</td><td>县城规局</td></tr>
<tr><td>关于加强加油站规划建设及安全监管的建议</td><td>刘元禄等</td><td>县经信局</td><td>林春雄</td></tr>
<tr><td>关于揭西旅游景区优惠本地人的建议</td><td>吴洁芳等</td><td rowspan="3">县旅游局</td><td rowspan="3">刘丽彬</td></tr>
<tr><td>关于编印我县旅游交通图的建议</td><td>李少辉等</td></tr>
<tr><td>关于加快农业观光旅游项目发展，增加农民收入的建议</td><td>张创业等</td></tr>
<tr><td>关于打造良好营商环境的建议</td><td>姚海英等</td><td>县国税局</td><td>林春雄</td></tr>
<tr><td>关于切实解决五云镇路段有路无交通灯的建议</td><td>姚海英等</td><td>县交警大队
五云镇</td><td>杨建宇</td></tr>
<tr><td>关于加强医院护工人员管理的建议</td><td>艾东亮</td><td>县卫计局
县发改局
县人社局</td><td>王群青</td></tr>
</table>

【联谊工作】　2017年，县政协组织揭西县有关领导参加旅深揭西乡亲经济促进会2017年新春团拜会、深港揭西商会，走访四川广东商会、湖北广东商会、云南潮汕商会和重庆、广州、深圳等旅外委员、乡亲企业，通报家乡发展情况，开展统战联谊活动，增进了解，敦睦乡谊，助推乡贤回归工程实施；县政协党组成员定期走访民主党派、工商联，慰问党外代表人士；在县政协全会期间安排民主党派团体代表接受媒体采访；邀请各民主党派、工商联和无党派代表参加政协组织专题调研、专题协商、提案督办、民主监督活动；联系和组织政协委员倾听群众呼声，反映社情民意，做好协调工作。

（杨伟强　张俊赢）

中国共产党揭西县纪律检查委员会

【概况】 2017年，揭西县纪检监察机关坚持全面从严治党、依规治党，贯彻廉洁自律准则和党纪处分条例，推动党风廉政建设和反腐败工作向纵深发展。是年，全县纪检监察机关纪检监察干部55人，派驻机构6个，全县各乡镇、街道全部设立纪（工）委，配备纪（工）委书记17人、副书记14人；全县纪检监察机关受理群众信访举报366件次，立案146件，结案146件，给予党纪政纪处分161人，其中科级干部17人。

【重要会议】 县纪委十一届二次全体（扩大）会议 2017年2月15日，中国共产党揭西县第十一届纪律检查委员会第二次全体（扩大）会议在县委大院附楼4楼召开，会议学习贯彻习近平总书记在十八届中央纪委七次全会上重要讲话和十八届中央纪委七次全会、省纪委十一届六次全会、市纪委六届二次全会和县委十一届二次全会精神，总结2016年纪律检查工作，部署2017年任务。县各套领导班子成员，县人民法院院长、县人民检察院检察长，县纪委委员，各乡镇（街道）党（工）委书记、乡镇长（办事处主任），各乡镇（街道）纪（工）委书记，县直副科级以上单位主要负责人，县纪委、监察局各室主任、各派驻纪检监察组组长200多人参加会议。

【廉政建设】 2017年，揭西县纪检监察机关严格落实党风廉政建设责任制。召开县纪委十一届二次全会部署落实，把工作任务分为6大方面38项，落实到县直41个责任单位，推动压实主体责任。5名党委（党组）书记向县纪委全会作“三述”（述纪、述廉、述作风）报告，接受评议；“咬耳扯袖、红脸出汗”成为常态，全县各级领

2017年10月30日，中共揭西县纪律检查委员会党员干部在机关会议室集体学习党的十九大精神 （县纪委 供稿）

导干部开展谈话提醒605人次；开展村级“两委”换届风气专项督查，建立专项核查和快速处置机制；开展对文明县城创建、生态环保问题、重点项目建设等专项督查，做到失责必问、问责必严，全年问责领导干部84人。

【作风建设】 效能督导 2017年，揭西县纪检监察机关持续整治“四风”问题，抓常抓细抓长，巩固拓展落实中央八项规定精神成果。县纪委暗访82次，发现问题21个、问责15人；根据县委“百日百项大行动”决策部署，牵头成立效能督导组，制订实施方案，加强督促检查，对28个进展缓慢重点项目所涉及27名责任单位主要领导进行效能约谈，对52个严重滞后重点项目涉及21名责任单位主要领导进行谈话提醒，推动各级党员干部增强“一分部署九分落实”意识。

廉政教育 2017年，揭西县纪检监察机关组织130多名领导干部到揭阳市反腐倡廉警示教育展厅参观学习，举办科级以上干部“三纪”（党纪、政纪、法纪）教育培训班和全县反腐倡廉警示教育图片展；对全县384名村（居）党组织书记、主任和1153名村“两委”干部进行廉洁履职培训；每周向全县副科级以上领导干部、各行政村书记、主任发送廉政短信，全年累计发送廉政提醒短信8万多条。

党员领导干部“八小时以外”监督管理 2017年，揭西县纪检监察机关强化内部管理和监督。出台《揭西县纪检监察机关工作人员“八小时”以外活动监督管理规定（试行）》《揭西县纪检监察机关工作人员外出执行任务有关规定（试行）》，对党员领导干部“八小时以外”违规行为提出具体纪律处分和组织处理措施，明确对疏于管理、放任自流而使下属人员发生违纪违法问题的，依照党风廉政建设责任制规定追究有关领导责任，并要求全县各乡镇（街道）纪（工）委工作人员参照执行。

【违法违纪案件查处】 2017年，揭西县纪检监察机关坚持走正道、出实绩，坚持惩治腐败力度决不减弱、零容忍态度决不改变。全年受理群众信访举报366件次，比2016年增长28.9%；初步核实线索219件；立案146件161人，结案146件161人，给予党纪政纪处分161人，其中科级干部17人；乡镇自办案件率连续13年保持100%。

【农村基层党员违纪违法线索集中排查】 2017年，揭西县各乡镇（街道）纪（工）委围绕“四风”问题、“三资”交易、强农惠农资金管理使用、政务服务窗口行业、扶贫等领域进行大起底、大排查，做到底数清、责任明，确保全覆盖，不遗漏。全年排查问题线索165件，立案111件，给予党政纪处分107人。突出整治“微腐败”，在市、县开展百日百项行动中，严肃查处发生在群众身边“微腐败”案件，尤其对扶贫领域突出问题和违反中央八项规定问题，优先于其他线索进行核查，以“零容忍”态度惩治，全年排查“微腐败”问题线索109条，其中属于重点问题线索19条；移送司法机关进一步侦查3条。

（李旭新　陈智成）

民主党派

中国民主同盟揭西县支部委员会

【概况】 2017年，中国民主同盟揭西县支部委员会（简称民盟揭西支部）加强基层组织建设，履行参政党职能，服务社会。至年底，民盟揭西支部盟员8人，其中公务员2人、事业干部1人、教师3人、医生1人、文艺界1人；大专以上文化占100%，平均年龄42岁。

【思想建设】 2017年，民盟揭西支部组织盟员学习中共十九大精神、习近平总书记系列重要讲话特别是对广东工作重要批示精神；学习习近平总书记治国理政新理念新思想新战略，学习民盟中央、民盟广东省委、揭阳市委会有关会议精神；组织盟员学习民盟章程，加强盟史教育。11月2日，民盟揭西支部组织全体盟员参加中共揭西县委召开民主党派和无党派代表人士学习贯彻党的十九大精神会议。

【组织建设】 2017年，民盟揭西支部加强组织建设，做好盟员发展工作，培养河婆中学教师邓志能和霖田高级中学教师刘春院为入盟积极分子。8月27日，民盟揭西支部全体盟员参加民盟揭阳市委会在揭阳市社会主义学院举办骨干盟员及新盟员培训班；9月25～29日，选派支部主委蔡常伟参加民盟广东省委在广州举办全省盟务骨干培训班。

【参政议政】 2017年，民盟揭西县支部履行参政党职能，采用调研、参观学习、参加座谈会等方式进行参政议政。3月，县十届人大第二次会议、县十届政协第二次会议召开，县十届人大代表、支部主委蔡常伟，县十届政协委员、支部盟员刘光辉参加所在代表团、小组活动，发挥代表、委员作用，审议相关工作报告，就新农村建设、创建“广东省县级文明城市、卫生县城”工作建言献策。12月，县人大代表、支部主委蔡常伟和县政协委员、支部盟员刘光辉对县城“亮灯”工程进行调研。

【社会服务】 2017年，民盟揭西支部全体盟员参加所在工作单位组织志愿者活动，为开展创建“广东省县级文明城市、卫生县城”做出贡献。7月14日，组织支部盟员和揭西县河婆中学创文志愿者服务队到揭西县儿童福利院进行义务劳动，为生活在揭西县儿童福利院孤儿送去奶粉、婴幼儿用品和图书、玩具等物品，价值3000多元。支部盟员刘光辉参与龙潭镇陂尾村“创文”工作，通过自己手中的画笔颂扬人间真善美，传播正能量，装扮新农村。年底，支部主委蔡常伟被县委、县政府授予创建“广东省县级文明城市、卫生县城”先进个人荣誉称号；盟员张元汉被揭西县人民医院评为“先进工作者”。

（蔡常伟　王贵清）

2017年7月14日，中国民主同盟揭西县支部委员会联合揭西县河婆中学创文志愿者到揭西县儿童福利院进行义务劳动。图为志愿者合影

（民盟揭西支部　供稿）

中国民主促进会揭西县支部委员会

【概况】 2017年，中国民主促进会揭西县支部委员会（简称民进揭西县支部）履行参政党职能，加强自身建设。至年底，支部成员7人，其中担任县政协副主席1人，县政协委员1人；支部主委蔡育群，成员有公务员2人、教师2人、医生1人、社会人士2人。

【思想建设】 2017年，民进揭西县支部组织成员学习贯彻中共十九大精神，坚持中国共产党领导的多党合作和政治协商制度，学习和践行社会主义核心价值观，深刻领会李水华书记在揭西调研时提出的战略部署，加强会员思想政治引领。是年，开展思想教育、理论学习3场次。

【组织建设】 2017年，民进揭西县支部做好人才培养工作，优化民进揭西县支部的人才结构，以中青年的中高级知识分子为会员发展对象。是年，发展成员2人，分别是揭西县人民医院主治医师、血液透析中心主任张优创，揭西县交通执法局副局长温伟东。

【参政议政】 2017年，民进揭西县支部发挥民主党派参政议政职能，深入基层、深入群众，侧重对揭西县医疗卫生、社会保障政策执行等方面进行调研，研究新时期经济发展新常态下揭西县社会保障事业发展方向、存在问题及历史机遇等，为加快揭西县社会保障事业发展建言献策。

【社会服务】 2017年，民促揭西支部关爱困难群众，为挂钩乡镇五云镇流坪村解决“双创”（创文、创卫）工作中“拆四旧”问题，共拆除旧砖房旧猪舍约480平方米；筹资1.5万元，帮扶河婆街道溪角村购置清洁工具；春节前夕，慰问五云镇流坪村农村贫困户8户。

（蔡育群　罗成伟）

中国农工民主党揭西县支部委员会

【概况】 2017年，中国农工民主党揭西支部（简称县农工党）履行参政党职能，加强自身建设，服务社会经济发展，向全县“两会”献言献策。至年底，支部成员32人，其中公务员3人、文教医疗界27人、社会人士2人；成员任职县领导1人、人大代表2人、政协委员5人；支部成员大专学历以上85%，高级职称人员5%。

【思想建设】 2017年，县农工党学习贯彻党的十九大报告、习近平新时代中国特色社会主义思想，学习上级指示精神、时事政策，在思想上、行动上同以习近平为核心的党中央保持高度一致。12月底，组织部分党员前往井岗山革命根据地重温入党誓词，重走红军长征路，学习红军的艰苦奋斗精神。是年，开展思想教育、理论学习5场次。

【组织建设】 2017年，县农工党加强组织建设。提高班子成员领导水平和参政能力；培养后备干部，按照农工党中央要求发展新党员；坚持领导班子及全体党员工作例会制度，组织支部全体党员交流学习；严格议事规则和工作程序，召开班子民主生活会，增进支部团结协作。

【参政议政】 2017年，县农工党发挥参政议政作用，鼓励支持党员参政议政。关注五城同创、住宅小区物业管理、县城夜景亮化工程等民生热点难点问题，履行民主监督职能。县农工党注重调查研究，依靠广大党员，发挥自身的人才优势，到基层开展各项公益活动，调研揭西县慈善事业情况，征集社情民意；通过人大议案、政协提案，向农工党市委提交意见建议。是年，向政协提交大会发言材料3篇，向市人大提交议案1件。

【社会服务】 2017年，县农工党开展义诊、扶贫、慰问等活动服务社会。重点关注留守老人、儿童，在经济上给予资助，在生活和精神上给予关爱，坚持电话询问和上门看望，跟踪了解资助对象的生活情况，为该对象提供力所能及的服务；推动精准扶贫、精准脱贫工作，了解帮扶对象家庭基本情况，在春节期间，为帮扶对象送去慰问金和慰问品。是年，县农工党为扶弱济困、支持社会公益投入资金5000元。

（刘小电　张尤满）

社会团体

揭西县总工会

【概况】 2017年，揭西县总工会（简称县总工会）建设阵地，帮扶职工群众，实施服务职工工程，做好劳模评选表彰工作。至年底，全县组建基层工会1882家，独立基层1827家。其中，联合工会5家，国有企业97家，集体企业61家，私营企业951家，外资企业15家。全县工会会员7.33万人，其中女会员3.40万人，农民工会员3.84万人。

【工会组织】 2017年，县总工会推行厂务公开，对职工签订劳动合同、集体合同进行指导。是年，工资集体协商涵盖单位1084家。集中推进农民工入会工作，提高农民工组织化程度。是年，新民主建会14家，民主换届15家，发展农民工会员1350人。至年底，全县农民工会员3.84万人。

【女工服务和困难帮扶】 2017年，县总工会建设维权型、服务型、创新型女职工组织，在小天使电器有限公司和移动公司建立“爱心妈妈小屋”。至年底，组建女职工委员会或女职工组织1710家，签订女职工专项保护合同1021份；建立困难职工档案1513户，开展“送温暖”“金秋助学”活动，全年帮助困难职工、农民工家庭学子110人。

【劳模管理】 2017年，县总工会做好省“五一劳动奖章”的推荐评选工作，对困难全国劳模发放专项补助资金和生活困难补助金，组织省级劳模6人参加广东劳模疗休养基地巽寮湾休养，组织部分劳模代表和工会干部40人到爱国主义基地学习和工作交流。4月，揭西县卫计局政务中心窗口彭锦放荣获“广东省五一劳动奖章”。

【职工文化建设】 2017年，县总工会开展各种文化宣传活动。4月28日，在县城文化广场举办的“中国梦·劳动美”庆“五一”文艺晚会；6月21日，在白云山威灵药业有限公司开展“社会主义核心价值观和禁毒预防宣传教育”为主题文明创建活动；9月27日，在龙潭镇双龙村举办“喜迎十九大庆国庆贺中秋慰问农民工外来工暨创文卫文艺”晚会；在“五一”、“国庆节”、元旦、春节等节日前，举办职工乒乓球赛、篮球赛，迎春晚会、象棋友谊赛和灯谜会等活动，丰富基层工会职工文体生活。是年，组织职工参加市职工文化创建诗歌、原创歌词征集活动，棉湖中学的林正醒和县总工会韩少师荣获现代诗创作二等奖，县作家协会黄洁宇和河婆中学陈旖旎荣获现代诗创作三等奖，县总工会韩少师和原文化馆退休老干部蔡高暖荣获工人原创歌词征集三等奖，县总工会荣获活动优秀组织奖；组织职工参加市总工会“中国梦·劳动美——喜迎党的十九大”职工书法美术大赛，县城规局林子钦荣获书法三等奖、美艺画苑温晓明荣获美术三等奖。

【劳资纠纷治理】 2017年，县总工会探索解决劳资纠纷维权渠道，多举措地化解劳资矛盾，维护职工合法权益和职工群体安定。设置办公咨询电话、发放宣传资料等方式加大宣传，引导劳动者依法表达利益诉求；联合相关部门，在企业中开展工资集体协商，关注省职工舆情网站，加大职工维权。

2017年揭西县获市级以上先进工作者名单

表5

获奖名单	荣誉称号	获奖时间	授予单位
彭锦放	广东省“五一”劳动奖章	2017.04.01	广东省总工会

（张优产　韩少师）

中国共产主义青年团揭西县委员会

【概况】 2017年，共青团揭西县委员会（简称团县委）加强青少年思想引领工作，组织志愿者开展各类志愿服务，提高服务青年创业就业水平推进共青团改革工作。至年底，全县共青团员（14～28周岁）1.56万人；团组织1103个，其中基层团委30个，团（总）支部1073个；少先队组织1928个，少先队员5.15万人；配备专职团干部10人，兼职团干部1018人。至年底，全县注册志愿者总人数3.4万人。是年，团县委被团揭阳市委评为“2016年揭阳共青团工作先进单位”，被县委、县政府评为“创建广东省县级文明城市、卫生县城工作先进单位”。

【基层组织建设】 2017年，团县委贯彻落实十九大精神，加强基层组织建设，提高广大基层团干部特别是乡镇（街道）团干部的思想政治素质、业务素质和新形势下做好青年工作的能力。组织14名乡镇（街道）团委书记（负责人）参加全市乡镇（街道）团（工）委书记培训班；11月3日，团县委召开揭西县共青团系统学习贯彻党的十九大精神会议，团县委机关全体人员，各乡镇（街道）、中学团委书记，县直有关单位团组织负责人，志愿者代表，农村基层一线青年代表等共50人参加会议。

【青少年工作】 公益助学　2017年，团县委联合有关单位开展公益助学活动。1月14日，团县委在棉湖镇境潭小学开展“青春情暖·春暖童心”关爱留守儿童，为学校100名留守儿童提供学习用品资助、课外学习培训和素质拓展教育。2月23日，联合钱坑镇团委在钱坑镇纯正小学开展揭西共青团“希望家园”揭牌仪式暨文明创建主题宣传教育活动；2月27日，在钱坑镇纯正小学开展文明创建关爱留守儿童暨义务植树活动，为全校46名留守儿童赠送学习用品一批，发放创文宣传资料300多份，组织50多名青年志愿者开展义务植树活动；9月28日，在南山镇西友小学举办“幸福厨房”揭牌仪式暨关爱农村留守儿童活动；开展2017年“展翅计划——广东大学生就业创业能力提升行动”，为9名大学生提供暑期社会实践实习和见习岗位；通过2017年广东大学生志愿服务山区计划（希望乡村教师计划）平台，为金和镇金光小学成功对接两名志愿者自9月开始进行支教志愿服务，为期1年。至年底，全县建立“希望家园”4个，“幸福厨房”5个。

青少年禁毒宣传教育　2017年，团县委联合有关部门先后举行各种禁毒宣传教育活动。5月11日，联合县禁毒办、县公安局、县教育局等多个部门在棉湖第二中学举办“珍爱生命 远离毒品”——2017揭西县青少年毒品预防教育“6·27”工程之禁毒教育季启动仪式；6月25日，县禁毒办等单位在县城文化广场举行以“无毒青春 健康生活”为主题揭西县“6·26”国际禁毒日百人骑行禁毒宣传活动启动仪式；6月29日，联合县禁毒委、县人民检察院、县人民法院、县司法局、县妇联和县教育局在北山中学组织开展青少年毒品预防教育活动；11月17日，联合县禁毒办、县公安局、县教育局在凤江中学举办“青春无毒 健康生活”——揭西县青少年禁毒宣传教育活动。

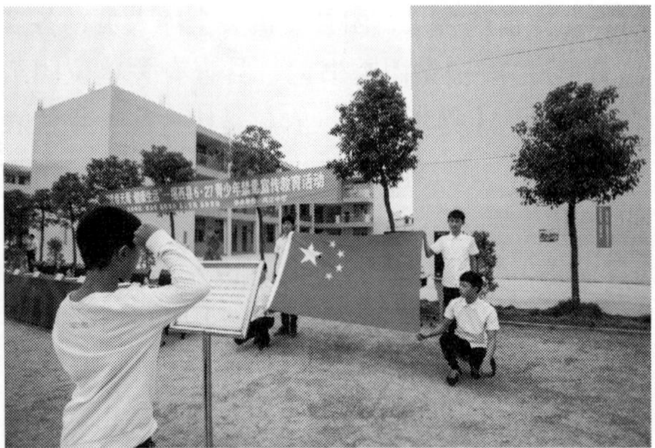

2017年11月17日，团县委联合县禁毒办、县公安局、县教育局在凤江中学开展揭西县青少年禁毒宣传教育活动 （团县委　供稿）

【青联活动】　2017年，团县委开展各项青联活动。5月，联合南方医科大学中医药学院在灰寨镇后洋村开展义诊暨“中医药健康知识进社区”宣讲活动，为100多名村民提供望闻问切、艾灸按摩、测量血压等服务，派发夏季健康知识传单，为村民解答保健相关问题，做好预防疾病宣教；5月28日，联合县公安消防大队、揭西蓝海豚公益志愿服务队、县自行车运动协会到县儿童福利院开展“文明共建　关爱儿童”揭西县青年志愿者关爱儿童福利院儿童活动；11月9日，联合县关工委、县农业局举办揭西县2017年“领头雁”农村青年创业致富带头人培训班，为全县45名农村创业青年提供培训。

【青年文明号活动】　2017年，团县委联合组织开展多项青年文明号活动。3月23日，联合广东省路桥建设发展有限公司汕湛分公司揭西中心站在坪上镇坪上小学开展“文明共建　奉献爱心”揭西县关爱农村留守儿童活动，汕湛分公司揭西中心站的工作人员为同学们讲授青少年文明交通和交通安全方面课程，为坪上小学的100名留守儿童送去学习用品100套、发放创文宣传资料100份；3月27日，联合广东省路桥建设发展有限公司汕湛分公司揭西中心站组织100多名团员青年开展团员青年义务植树活动，发放创文宣传资料800余份；5月3日，联合广东省路桥建设发展有限公司汕湛分公司揭西中心站在县城高速出入口开展“文明出行 平安到家”青年文明岗志愿服务活动；9月27日，联合揭阳高速交警四大队、汕湛分公司揭西中心站在汕湛高速揭西收费站开展“文明共建　平安出行”揭西县交通普法宣传志愿服务活动。

【少先队工作】　2017年，团县委开展“喜迎党的十九大　我是光荣的少先队员”主题活动，发动各级少先队组织开展入队仪式和“喜迎十九大——我向习爷爷说句心里话”为主题的手抄报。开展创优争先活动，是年，蔡阳锐等5名学生获评“广东省优秀少先队员”称号，杨巧娜获评“广东省优秀少先队辅导员”称号，宝塔实验学校六年三班获评“广东省少先队先进中队”；龙潭镇龙东学校大队部等4个大队获评“揭阳市少先队红旗大队”称号，林锐洋获评第十七届“揭阳市十佳少先队员”称号，张依娴等21人获评“揭阳市优秀少先队员”称号，张朔扬等4人获评“揭阳市优秀少先队辅导员”称号。

【青年志愿者服务】 2017年，团县委围绕创建文明县城开展“文明交通”“创文宣传活动”“城乡卫生脏乱差清理整治行动”等志愿服务。组建由300名志愿者组成揭西县文明交通志愿服务队，配套交通指挥旗、指挥牌，按照规定时间定期开展以文明劝导等为主要内容的文明交通志愿服务活动；5月18日，联合县中医医院在五经富镇陈江管区开展揭西县青年志愿者“健康直通车”便民义诊活动，为200多名群众提供血压、血糖测量，普通疾病诊断，发放便药等服务，并发放文明创建宣传资料300多份。4月29日，联合县体育局、县自行车协会组织150多名志愿者在县城文化广场开展“弘扬五四精神　共建文明揭西”——揭西县青年志愿者文明创建骑行宣传活动。11月24日，在京溪园镇美德华侨学校开展“守护童心　青春同行”揭西共青团关爱农村留守儿童活动；12月7日，到五经富镇四村开展关爱农村孤寡老人志愿服务活动；从11月起，共组织青年志愿者1000人次，集中统一开展2次全县范围内的巡河护河、乡村（社区）水资源治理、水资源保护宣传教育志愿服务活动。12月27～28日，组建230人志愿者队伍，完成广东揭西首届深港杯擂茶擂台赛活动领导嘉宾对接服务、文艺汇演和开幕式服务、山地车骑行服务、擂茶擂台赛决赛服务、美食展示现场服务、领导嘉宾换乘中巴服务等各项志愿服务工作。

【扶贫助学】 2017年，团县委利用省青基会“希望工程”助学金平台，发放希望工程助学金总额4.28万元，受助学生150人次；利用仁爱雏菊花助学平台，发放仁爱助学金总额6.4万元，受助学生39人；开展“全城行动 一块助学”爱心募捐活动，募捐资金4.79万元（其中乡镇募捐0.15万元，学校4.64万元），全额汇入揭阳市大学生发展基金会账户；11月24日，发放第八届南粤会亲助学金5000元，受助学生5人；全力做好揭阳市大学生发展基金会助学金申报工作，为36名贫困学生成功申请资助。

（李凌思　沈蔚珍）

揭西县工商联合会

【概况】 2017年，揭西县工商联合会（简称县工商联）完善“两个健康”（非公有制经济健康发展和非公有制经济人士健康发展）工作体系，履行职责，创新工作新方法，促进非公有制经济人士健康成长和民营经济健康发展。至年底，县工商联新增会员30家，总数466家。是年，揭西县工商联荣获“广东省‘五好’县级工商联”称号。

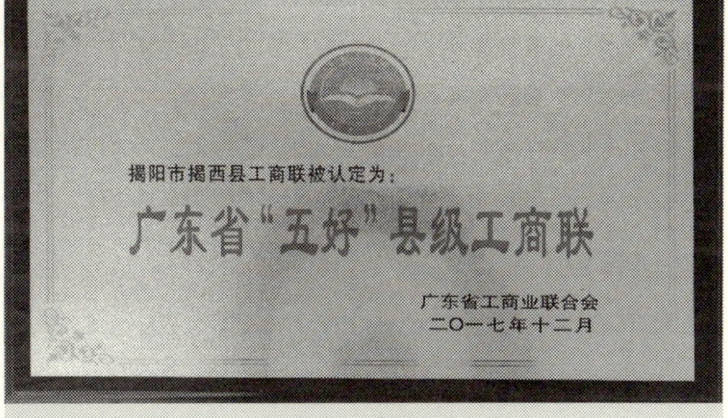

2017年12月，揭西县工商联被广东省工商业联合会认定为广东省“五好”县级工商联　（县工商联　供稿）

【“五好”工商联创建】 2017年，县工商联制订《揭西县创建2017年广东省县级“五好”工商联工作方案》，按照省工商联“五好”（领导班子好、会员发展好、商会建设好、作用发挥好、工作保障好）县级工商联建设标准要求，建立工作台账；对照标准和考评认定细则，明确工作任务、工作步骤、时间安排和工作措施，编印《揭西县工商联申报2017年广东省“五好”县级工商联资料汇编》。到惠来县、普宁市工商联参观学习改革创新工作机制。是年，揭西县工商联荣获“广东省‘五好’县级工商联”光荣称号。

【县工商联（总商会）第七次会员代表大会召开】 2017年8月10日，揭西工商联（总商会）第七次会员代表大会在揭西县政府附楼召开，应到会代表111人，出席大会代表103人，大会依法选举产生第七届工商联执委会98人。七届执委会第一次会议选举新一届工商联（总商会）领导班子，选举蔡传健为县工商联主席，黄劲松等19人为副主席；选举王少林等18人为常委；蔡传健为总商会会长，黄劲松等9人为副会长。市政协副主席、揭西县委书记陈群峰，市委统战部副部长、工商联党组书记林少光等出席会议。

【参政议政】 2017年，县工商联做好非公有制人士政治安排工作，引导非公有制人士参政议政，调查研究，建言献策。是年，县工商联会员担任各级人大代表10人，其中市人大代表4人、县人大代表6人；担任各级政协委员27人，其中市政协委员4人，县政协委员23人。非公有制经济人士中各级人大代表、政协委员提出《关于解决部分乡镇揭西电视台信号覆盖的建议》《关于棉湖兴道中学使用权归属管理和使用功能变更的建议》等意见建议6条。

【诚信建设】 2017年，县工商联在全县非公有制经济人士中开展以“守法诚信、坚定信心”为重点理想信念教育实践活动，引导非公有制经济人士爱国敬业、守法经营、创业创新。重点加强对年轻一代非公有制经济人士教育培养，引导继承发扬老一代企业家创业精神和听党话、跟党走光荣传统。5月27日，县工商联组织全县民营企业家14人到揭阳市收看收听全国年轻一代民营企业家理想信念报告会，会上，6名年轻民营企业家从不同角度作事迹报告。

【光彩、公益事业】 2017年，县工商联倡导民营企业参与社会公益事业建设，发动非公有制经济代表人士参与揭西县民心工程建设，从事光彩事业。引导民营企业参与“百企帮百村”活动；弘扬社会主义核心价值观；非公有制经济人士参与社会主义新农村建设，光彩、公益事业建设、创文和精准扶贫工作。是年，参与“百企帮百村”活动会员企业6家，捐款社会公益事业810万元。

【学术交流与培训】 2017年，县工商联继续加强民营企业家之间的学术交流与培训。3月9日，县工商联组织民营企业家一行26人到市委党校参加关于“实施创新驱动战略加快产业转型升级”专题讲座；4月7日，县工商联组织民营企业家28人参加“揭商大论坛”第一期，听取北京大学国际经济研究所所长王跃生关于“从全国‘两会’看当前经济形势与企业新机遇”的专题讲座；10月26日，深港揭西商会会长林少华等60余人到揭西县进行交流座谈，考察金塔工业园，了解揭西经济发展情况。

【非公有制经济企业党建】 2017年，县工商联深入企业调查研究、指导工作，引导党建工作走向规范化、制度化。至年底，全县有上规模非公有制企业190家，组建党组织169家，覆盖率89%，其中，单独建立党组织39家，建立联合党支部130家，党员总数335名。

（黄劲松　刘巧明　李裕明）

揭西县妇女联合会

【概况】 2017年，揭西县妇女联合会（简称县妇联）以政治性、先进性、群众性统领妇联工作，加强妇女基层组织建设；寻找“最美家庭”及创建“平安家庭”活动；以“妇女之家”“儿童友好社区”为载体开展宣传培训、扶贫助困等活动，服务妇女儿童。是年，揭西县妇幼保健院被中华全国妇女联合会授予“全国巾帼建功先进集体”称号，广东省妇联授予揭西县地方税务局灰寨税务分局办税服务厅“巾帼文明岗”称号，授予南山镇关西村党支部书记、妇联主席李锦秀“三八”红旗手称号。

【妇联重要会议】 纪念三八国际劳动妇女节107周年暨先进事迹报告会 2017年3月2日，县妇联纪念三八国际劳动妇女节107周年暨先进事迹报告会在县机关大院附楼三楼召开。会议总结2016年度工作，部署2017年度工作，并对2016年度庄俊华等17户县“文明家庭”、曾玉娟等17户“平安家庭”、王俊川等170户“绿色庭院”进行颁奖授牌。县文明家庭代表、河婆街道张凤娇，市、县平安家庭代表、五经富镇曾玉娟，市绿色家庭（县绿色庭院）代表、棉湖镇王俊川，省“巾帼文明岗”代表、揭西县人民法院妇委会、县法院政工科刘志青，获市“三八”红旗手称号的京溪园镇刘鹏珠、揭西县宝塔实验学校张艳艳6位先进代表分别做事迹报告。县妇联九届五次执委委员、各乡镇（街道）分管妇联工作领导及省先进集体代表、县直负责妇女工作负责人、县现职正科级以上干部等150多人参加会议。

【妇女组织建设】 2017年，县、乡镇（街道）、村妇联协同申报省级“妇女之家”项目，河婆街道妇联、五经富镇建二村、钱坑镇竹园内村、凤江镇东丰村、棉湖镇甲埔村5个“妇女之家”被省妇联列为第三期省级示范点项目并全面开展建设。南山镇北溪村被省妇联列为区域化“妇女之家”示范点建设项目。组织开展“会改联”（将过去行政村、社区的妇代会普遍改建成村、社区妇联）及乡镇（街道）妇联换届工作。是年，全县17个乡镇（街道）妇联换届选举及280个村、38个社区“会改联”工作全面完成。至年底，全县乡镇（街道）妇联17个，县直线条妇委会8个（党政群、宣传、经信、住建、农业、教育、卫计、政法），村（社区）妇联318个。选派县、乡镇（街道）、村（社区）妇联干部参加培训学习，提高妇联干部综合素质。

【妇联就业创业服务】 2017年，县妇联创建市级“巾帼创业示范基地”3个，做好妇女小额担保贴息贷款工作，在揭西县电视台开设“巾帼风采”专栏，宣传报道省、市“巾帼文明岗”“三八红旗手（集体）”先进典型，激励城乡妇女成长成才，推动妇女创业带动就业。

【家庭文化建设】 2017年，县妇联深化家庭文化建设，发动广大家庭参与“画说好家风”活动，以绘画的形式描绘家庭温馨场景，展示文明新风、传播优良家风，活动收集作品12幅。5月26日，联合县文广新局、县中心幼儿园在县图书馆举办庆“六一”书香飘万家家庭亲子阅读活动，家长和孩子们一起观摩动画片《蓝猫精灵》交通安全宣传教育片。配合上级妇联开展“寻找最美家庭”活动，推荐6户家庭参与市“最美家庭”评选，五云镇彭成疆、五经富镇林丽琴2户家庭获揭阳市“十大最美家庭”称号；上砂镇庄惠娥、河婆街道张石象、南山镇曾美琼、金和镇吴彦伟4户家庭获揭阳市“最美家庭”称号。开展“平安家庭”评选活动，评出揭西县“平安家庭”17户。

【妇女儿童民生实事建设】 2017年，县妇联动员农村妇女参加“两癌”普查，并做好全国及省农村患“两癌”贫困妇女申请援助工作，为4名农村困难“两癌”妇女提供帮助，每人援助金额1万元。组织相关部门到灰寨镇、南山镇、钱坑镇走访慰问百岁老人和特困母亲、困难儿童，送上慰问金和慰问品，并鼓励困难妇女要树立信心，争取早日走出生活困境。开展先天性心脏病儿童调查、摸底、申报工作。

【农村儿童友好社区创建】 2017年，县妇联推进农村儿童友好社区创建工作，创建良田乡下村、灰寨镇河五村、五经富镇建二村、东园镇桃围村4个省级“儿童之家”。至年底，全县县级以上“儿童友好社区”（儿童之家）60个，其中，省级10个。

【巾帼志愿者服务】 2017年，县妇联组织巾帼志愿者参与创文创卫、“网格化”环境整治、“交通志愿服务”活动。3月11日，联合揭阳市妇联、人保财险揭阳分公司、上砂镇委镇政府在上砂镇活动村“榕江源”标志石前举办“保护母亲河，环保揭西行”启动仪式，200多人参加活动。

【妇女儿童权益维护】 2017年，县妇联开展以“倾听妇女心声 关护妇女权益”为主题“12338”热线妇联主席接听日活动，为妇女解惑、倾听妇女的诉求和意见；4月6日，联合揭阳市妇联、县国税局在凤江镇东丰村开展“化解矛盾纠纷 创建平安家庭”宣传活动，进村入户向村民发放《中华人民共和国税务法》《妇女权益保障法》《反家暴法》《禁毒法》等资料。6月26日，在良田乡下村“妇女之家”举办妇联禁毒知识讲座暨宣传活动，邀请县禁毒大队民警宣讲禁毒知识，发放禁毒宣传资料100余份，约40人参加。全年来信来访3宗，结案3宗，结案率100%。

（李秀琼　林燕玲）

揭西县归国华侨联合会

【概况】 2017年，揭西县归国华侨联合会（简称县侨联）加强组织建设，组织开展调查研究活动、参政议政；加强与海内外华人华侨、兄弟侨联间沟通联络；维护广大归侨侨眷及海外侨胞合法权益。全年为侨办实事、做好事6宗，开展慰问活动4场次，慰问困难归侨侨眷71户，发放慰问金3.5万元。至年底，全县有侨胞110万人，归侨侨眷1434户、1533人。

【组织建设】 2017年，县侨联组织调研组开展基层侨联“五有”（有组织、有队伍、有经费、有阵地、有活动）建设调研，对全县各乡镇（街道）、村（社区）基层侨联进行实地考察，听取基层侨联汇报，重点以体制机制改革为突破口，征求基层侨联、归侨侨眷在健全“五有”建设、改革领导机构、机关设置、运行机制、工作内容和方式方法方面的意见建议。至年底，县侨联下辖17个基层组织。

【侨界参政议政】　2017年，县侨联搭建平台，组织开展调查研究活动，收集研究涉侨重点、热点问题。揭西县政协十届二次会议期间，县侨务界、香港、澳门委员针对收集到问题，建言献策。侨界代表提出《关于加强完善一村一法律顾问的建议》《关于要求五经富镇镇江学校复原完全小学的提案》《关于加大县城治安经费投入的建议》《关于大专实施“互联网+扶贫”战略的建议》等议案，被列为揭西县政协2017年提案。

【为侨服务】　2017年，县侨联主动做好信访、扶贫济困等工作。全年收到涉及房屋纠纷、困难救助等方面来信来访7宗，解决处理7宗，办结率100%；为侨办实事、做好事6宗，协助华侨寻亲2宗，开展慰问活动4场次，慰问困难归侨侨眷、贫困户、百岁归侨及50年以上党龄归侨老党员71户，累计发放慰问金3.5万元。

【联谊交流】　2017年，揭西县各级侨联组织先后接待来自马来西亚、泰国、新加坡等国家和中国香港、澳门地区社团组织19个364人次。主要联谊交流活动：10月26～28日，马来西亚河婆同乡会联合总会会长蔡文洲律师率领商贸交流团50人到揭西县召开河总第十八届第八次理事会暨经贸文化座谈，市政协副主席、县委书记陈群峰会见交流团。3月8～12日，应马来西亚吉隆坡暨雪兰莪河婆同乡会邀请，县委常委、统战部长林金晓率访问团赴马来西亚参加世界客属文化交流洽谈会等活动，受到河婆同乡会联合总会会长蔡文洲、拿督斯里张吉平、拿督蔡文玉等人热情接待，交流期间，双方就加强文化交流、生态旅游、商贸合作等问题达成合作协议。

（黄锦泉　蔡创忠）

揭西县文学艺术界联合会

【概况】　2017年，揭西县文学艺术界联合会（简称县文联）组织多场次文艺创作，开展多项艺术交流活动，完善大北山革命历史纪念馆布展工作和硬件设施。县文联有文学、美术、民间文艺、戏剧、书法、摄影、音乐、硬笔书法等协会8个，总会员526人。

2017年8月1日，“中国梦·纪念建军90周年”暨“创文为我·我为创文”青年书法作品展现场书画笔会

（县文联　供稿）

【文联与协会开展的主要活动】　2017年，县文联与协会联合开展多项活动。1月11～22日，联合省书法家协会、县委宣传部、揭阳市书协到揭西县河婆街道、棉湖镇、大溪镇、五经富镇、金和镇等5个镇（街道）举办送“万福”、送春联下乡活动，送出春联和福字1.08万副；1月28日，联合县委宣传部在县文联文学艺术中心举办2017“美丽揭西”迎春书画展，展出中国画、油画、水彩和书法作品计200余件；3月30日，联合县委宣传部、县书法家协会、县美术家协会在县文学艺术中心举办“文明揭西”书画作品展，展出作品168件；7月1日，联合县委宣传部、揭西县

2017年12月25日，广东散文诗采风活动走进大北山纪念馆　（县文联　供稿）

地税局在县文学艺术中心举办"中国梦·文明揭西——纪念建党96周年书画展"；10月10日，组织老年人参观大北山革命历史纪念馆开展缅怀先烈、唱红歌活动；11月21日，县文联全体干部职工到大北山集体瞻仰革命烈士纪念馆，开展红色教育，并举行中国共产党揭西县文联支部委员会革命传统教育基地揭牌仪式。

【艺术交流】　2017年，县文联组织开展多项艺术交流活动。7月1日，县委宣传部、市摄影家协会、县文联主办的"中国梦·文明揭西——纪念建党96周年书画展"在揭西县文学艺术中心展出，展出"红色印记·文明创建"主题作品200多幅；8月1日，揭阳市文明办、团市委、市文联联合指导，市青年书法家协会、揭西县创文办、县文联、团县委联合在揭西县城好日子广场艺术中心展厅展出"中国梦·纪念建军90周年"暨"创文为我　我为创文"青年书法作品展；12月23～25日，广东散文诗学会与县委宣传部主办、县文联承办的"文明揭西你我共建"——广东散文诗采风团走进美丽揭西采风活动，由广东散文诗学会会长、中外散文诗学会副主席陈惠琼率全省各地区的50多位作家、诗人到揭西县开展采风活动。

2017年揭西县县级以上古村落名录

表6

村落名称	所属乡镇（街道）	级别	获得时间	颁奖单位
钱西村	钱坑镇	省级	2015.02	广东省文学艺术界联合会 广东省民间文艺家协会
井美村	大溪镇	省级	2015.02	广东省文学艺术界联合会 广东省民间文艺家协会
新宫林村	灰寨镇	省级	2015.02	广东省文学艺术界联合会 广东省民间文艺家协会
粗坑村	京溪园镇	省级	2015.02	广东省文学艺术界联合会 广东省民间文艺家协会
南门里	棉湖镇	省级	2015.02	广东省文学艺术界联合会 广东省民间文艺家协会

（杨锦玲　邓演瑜）

揭西县科学技术协会

【概况】　2017年，揭西县科学技术协会（简称县科协）做好科普示范社区和科普示范基地创建工作，强化培训服务和科普宣传，利用"科技进步活动月""食品安全宣传周""全国科普日"等开展科普活动。全年组织广大科普志愿者集中开展科普志愿服务活动5场次；县科协有科普志愿者100人。

【科普工作】 2017年，县科协联合其他部门开展各种科普主题活动，向群众发放有关宣传资料1万多份、接受咨询2000人次；在农村基层发放科普小册子5000份，宣传农科知识。5月23日，联合县科技局、地震局、林业局、农业局、气象局、果蔬局、卫计局等部门在县城文化广场举办“实施创新驱动发展战略，建设国家科技产业创新中心”为主题的“科技进步活动月”科普宣传活动；6月13日，广东科普大篷车“扶贫扶智科普行”首次走进揭西县，到坪上中学、龙潭中学开展科普活动；9月20日，棉湖镇岭南社区（省级科普示范社区）举办“创新驱动发展，科学破除愚昧”为主题的2017年揭西县全国科普日暨助力文明创建、卫生创建活动。

【科普示范基地】 2017年，县科协做好科普示范社区和科普示范基地创建工作，加强指导，配套各种设施，把基地试验取得成功经验、先进技术、规范种植和科学管理方式传授给农民。2017年，被命名为市科普示范基地有：广东樱山花谷农庄有限公司、广东大洋茶叶有限公司、揭西县雾云大洋茶叶专业合作社；被命名为市科普示范社区有：揭西县棉湖镇兴中社区居民委员会；被命名为市科普教育基地有：揭西县图书馆、广东樱山花谷农庄有限公司。天堂山种植专业合作社获得中央补助地方基层科普行动计划资金10万元，用于天堂山种植专业合作社“科普中国”落地应用e站建设项目。

2017年6月13日，广东科普大篷车“扶贫扶智科普行”科普活动在龙潭中学开展 （陈美云 摄）

【培训与服务】 2017年，县科协利用短期培训、科普讲座、科普咨询、科普示范基地等多种形式，结合精准扶贫工作开展继续教育和培训工作，组织广大科普志愿者集中开展科普志愿服务活动，将创文活动、科普讲座、种养殖技术、科技创新体验、医疗卫生义诊等送到基层群众身边。是年，集中开展活动5场次；组织举办各类培训班3场次，参加培训人员200人次。主动对接广东青年科学家揭西行活动，成功对接成合作协议企事业单位3家。

（王喜发 陈美云）

揭西县残疾人联合会

【概况】 2017年，揭西县残疾人联合会（简称县残联）全面开展残疾人康复服务、就业培训、教育扶贫、社会保障等工作，推进残疾人小康进程，解决残疾人最关心、最直接、最现实的问题。是年，选聘17位残疾人专职委员充实17个乡镇（街道），建立完善残疾人干部信息库。至年底，全县办理第二代残疾人证1.23万人，其中视力残疾者875人、听力残疾者740人、言语残疾者546人、肢体残疾者6286人、智力残疾者1583人、精神残疾者1245人、多重残疾者991人。

【残疾人信息动态管理】 2017年，县残联及时掌握残疾人基本服务状况和需求信息，建立残疾人基本服务状况和需求信息数据动态更新长效机制。6月28~29日，县残联举办信息采集、录入培训班2期，参培人数379人次。至年底，全县信息采集、录入情况显示，全县持残疾人证1.16万人，需就业2903人，得到就业扶贫帮扶859人，享受医疗保险缴费补贴9211人，有无障碍改造需求8642人，得到社会救助及住房改善9476人，享受社会福利补贴9532人，享受托养服务146人，得到手术、药物、功能训练、辅助器具等服务2261人。

【残疾人“两项补贴”】 2017年，县残联落实《关于调整完善残疾人两项补贴申领程序和管理办法》工作要求，上半年分2批次，为3977名困难残疾人发放困难残疾人生活补贴353.4万元；为7413名重度残疾人发放重度残疾人护理补贴870.26万元。从2017年7月1日起，残疾人“两项补贴”（困难残疾人生活补贴和重度残疾人护理补贴）由县民政部门负责发放。

【残疾人就业保障】 2017年8月1日起，县残联与县地税局联合向全县各机关、团体、企（事）业单位征收2017年度残疾人就业保障金。是年，县残联受理年审机关、团体、企（事）业单位208家，征缴保障金330.65万元，按比例安排残疾人就业172人。

【残疾人扶残助困】 2017年，县残联在春节、助残日期间，走访慰问困难残疾人411人次，送出慰问金9.6万元；全年扶助残疾学生33人，发放助学金6.5万元；免费发放轮椅82部、坐便椅19张、沐浴椅6张、各类拐杖12个、助行器15个、助听器9个。4月17日，县残联携手广东狮子会铁山、练江、四季、围龙、榕江等5个服务队，在棉湖镇湖西村文化广场举行捐赠仪式，活动共捐赠轮椅、坐便椅（沐浴椅）各120套，价值9.12万元。2017年1月开始，丧失劳动能力的残疾人由县政府负担城乡居民基本医疗保险个人缴费部分。

2017年5月18日，副县长刘丽彬（右一）率队走访慰问困难残疾人 （县残联 供稿）

【残疾人康复服务】 2017年，县残联康复股做好残疾人康复服务工作，为58名贫困白内障患者免费施行手术；依托揭西县妇幼保健院为6名贫困重度肢体残疾人开展居家康复服务；为15名脑瘫儿童进行康复训练；8名聋儿在残联康复中心进行语言康复训练；为42户贫困重度残疾人家庭开展居家无障碍改造，投入改造资金21万元；完成良田乡、上砂镇、五云镇、坪上镇、河婆街道5个乡镇（街道）辅具适配工作，送出辅助器具总价值28.8万元。

（陈梅芬 叶秀琴）

法 治

政法委及综治

【概况】 2017年，揭西县政法机关维护社会大局稳定、促进社会公平正义、保障人民安居乐业，围绕为中共十九大胜利召开营造安全稳定的社会环境主线，推进各项社会矛盾专项治理，全面落实社会治安综合治理措施，完成政法委机构整合优化，全县社会政治稳定，治安秩序好转。

【维稳工作】 2017年，揭西县政法机关以党的十九大胜利召开营造安全稳定社会环境为主线，深入推进各项社会矛盾专项治理。

中共十九大维稳安保工作 2017年，揭西县成立县信访维稳工作专班，对重点群体、重点案事件进行分析研判，以十九大维稳安保为核心首要任务，统筹“一带一路”高峰论坛、省第十二次党代会、《财富》全球论坛等重大活动维稳安保工作，圆满完成十九大维稳安保任务，实现到省进京零上访。全县2个单位和6名个人表现突出，荣获全市综治维稳工作先进单位和先进个人称号。

信访维稳突出问题处置化解 2017年，揭西县信访部门排查信访维稳历史积案45宗，落实“责任到人原则”和“一人一策一专班”要求，对信访重点人员全部落实一人一策一专班进行稳控；成立专项工作组进驻信访问题较为突出地区——五经富镇；依法依规惩治信访违法行为，县委政法委牵头组织政法各单位联合发布《关于依法处置非正常上访行为的通告》（以下简称《通知》），《通告》在县电视台、公众微信号、网络等平台公布，并印刷发放到各乡镇街道、各村（社区）、各单位。全年排查并化解矛盾纠纷30宗（其中列入省、市、县三级台账系统重大敏感案（事）件12宗全部得到妥善化解）。

【平安揭西创建】 2017年，揭西县政法机关启动社会治安综合治理责任追究制；明确各级党政“一把手”、县综治委成员单位主要领导为各地各部门综治维稳工作第一责任人；推进“平安细胞”创建活动，全县被评选为市级平安校园5所、市级平安小区2个、市级平安医院4个、市级“平安宗教活动场所”4个、市级“平安餐饮”单位3家，全县8个乡镇街道和217个村（社区）向市综治委申报2016年度揭阳市“平安镇（街道）”“平安村（社区）”；以“众剑行动”为载体，全面启动“创建全国平安建设先进县”工作；加强严重精神障碍患者救治救助工作，至年底，全县排查登记严重精神障碍患者4871人，全部造册登记，落实监护人资金补助机制，并下达工作经费专项用于开展救治救助工作，各乡镇（街道）监护人补助资金全面足额发放；惩治各类刑事犯罪，以平安建设为主线，围绕党的十九大等重大节点安保，先后组织开展“飓风2017”“迎盛会·百日百项大行动”“众剑行动”等专项行动，重点打击盗抢、电信诈骗等多发性侵财犯罪，涉黑恶、涉村匪乡霸、涉众型金融犯罪、黄赌毒犯罪和整治交通秩序违法行为。全年县公安机关刑事破案306宗，比2016年（下同）增长39.1%；抓获犯罪嫌疑人381人（其中“两抢一盗”犯罪嫌疑人79人，涉毒犯罪嫌疑人26人），增长28.7%；查处治安案件310宗，处罚违法人员380人（其中涉“三非”外国人53人）。是年，五经富镇、大溪镇主要负责人因群众越级上访受到县综治办约谈。

（陈纪华　张优韶）

【社会治安管理】　2017年，揭西县公安机关治安部门主动出击，动态防控，重点围绕治爆缉枪、治安重点人排查管控、治安重点区块排查整治等工作，加强管理防范。全面强化各警种、派出所日常巡逻，整合派出所、镇、村治安联防队开展巡逻。是年，全县查处治安案件458起，抓获各类违法犯罪嫌疑人801人，执行行政拘留430人，查处赌博案件60起、255人，涉黄案件2起、6人，查处吸毒案件109起、121人。全年共查处涉“三非”外国人案件36宗，抓获遣送“三非”外国人153人（其中，刑拘15人，提请逮捕15人），遣送“三非”外国人138人，处罚雇佣外国人业主11人。

（吴　骥　林松鑫）

【社会管理创新】　2017年，揭西县创新政法工作，打造“中心+网格化+信息化”建设，以市级试点河婆街道、县级试点金和镇先试先行，全县共划分网格点1286个，配备网格员1517人，网格化服务管理覆盖率100%，实现网格员巡查事件线上流转处理。11月，全县开展“众剑行动”，每个星期二为主题活动日，各单位、各乡镇（街道）组织红袖章队伍，以基层清理清查为重点，以基层公安派出所、工商、食药监等部门执法人员及综治办力量为主，在网格员和村（居）干部的配合下，结合基层治理“网格化模式”，全面上街上路、走村入户、进厂进企，有针对性地对重点区域、重点对象进行精准排查和打击整治。

【法治揭西创建】　2017年，揭西县推进法治揭西建设，全面部署依法治县各方面工作，审议通过《法治揭西建设第二个五年规划（2016—2020年）》《揭西县2016年依法治县工作总结》《揭西县2017年全面依法治县工作要点》。加强平安建设宣传工作，结合“综治宣传月”“禁毒暨普法日”“12·4”国家宪法日和法律法规颁布实施日等开展普法宣传活动，在县广播电视台开辟“平安建设 人人参与”栏目，播出相关新闻214条次，公益标语2040条次；4月，县依法治县办组织县教育局、司法局、普法办等部门开展“法治进校园”“法治进村居”“法治进企业”等基层法治宣传月活动；6月8日，邀请法学专家在县委党校大礼堂举办“揭阳市平安法治文明共建”主题辅导报告会宣讲活动；全面推开法治建设“三级同创”（县、镇、村）活动，全县191个村（社区）上报市级“民主法治村（社区）”并通过市级评估验收。

【司法体制改革】　2017年，揭西县推进司法体制改革，8月29日，法院院长任审判长与检察院检察长出庭公诉开庭办案，是揭阳市启动司法体制改革以来，首例“法检两长”同时出庭同堂办案。至年底，县人民法院员额法官21人，全年员额法官人均结案82.9件，院长、庭长占全部结案数73.3%。是年，县人民检察院考核遴选员额制检察官18人、组建办案组织25个。

【无邪教示范村创建】　2017年，揭西县委防范办抓好反邪教宣传警示教育和无邪教示范村创建工作，制作“童话剧+三句半”被选送参与全市反邪教警示教育宣传评比活动。是年，河婆街道庙坑村、良田乡乡下村、龙潭镇井下村被国务院防范和处理邪教问题办公室评为全国创建无邪教示范村；灰寨镇河五村、金和镇金溪村被省政府防范和处理邪教问题办公室评为全省创建无邪教示范村。

（陈纪华　张优韶）

法治政府建设

【概况】　2017年，揭西县建设法治揭西、法治政府、法治社会，提高县人大代表建议办理质量，强化规范性文件监管力度，提高行政复议规范化建设水平。是年，印发《揭西县法治政府建设工作方案（2017—2020年）》。

【人大、政协代表建议办理】　2017年，揭西县十届人大、政协代表在二次会议期间提出建议14件，县人大常委会于2017年4月17日将14件建议移交县人民政府办理，至年底，代表所提问题解决或正在解决的6件，列入计划解决的8件。12月，县政府将建议办理结果向县人大常委会作汇报，县人大常委会对办理结果表示满意。

【规范性文件监督】　2017年，揭西县强化规范性文件备案审查工作，完善规范性文件审查机制。坚持规范性文件统一规范、统一审查、统一发布制度，加强规范性文件监管力度。严格履行规范性文件备案制度，颁发的规范性文件一律呈报揭阳市人民政府和县大常委会备案。出台的规范性文件通过政府网站、政府办公系统等多种方式向社会公布，保障公民的知情权和监督权。是年，审查部门规范性文件3件。

【行政复议办理】　2017年，揭西县法制部门依法受理行政复议案件，畅通复议渠道。针对当事人提出的问题，依法、依程序做好行政复议工作，维护行政机关依法行政权威和当事人合法权益。是年，收到申请人提起的行政复议案件24件，审结24件（19件驳回，1件维持，4件终止）。

（陈述万　蔡镇洲）

公　安

【概况】　2017年，揭西县公安机关（简称县公安机关）加强社会治安综合整治，开展“飓风2017”专项斗争，严厉惩治各类违法犯罪，全面排查化解矛盾纠纷，持续做好社会稳控工作；推进社会治安防控体系建设，提升治安管理水平。全年立刑事案件803宗，破刑事案件366宗，刑事拘留448人，提请逮捕374人，移送起诉425人。全县治安形势稳定，道路交通安全管理有效改善。是年，4位民警荣立个人“三等功”。

【刑事侦查】 2017年，县公安机关刑侦部门坚持对各类刑事犯罪进行严打严治，加强刑侦技术建设，利用图侦技术侦查破案。10月26日，钱坑派出所通过强化巡逻防控与惩治整治相结合，广辟案源线索，连续出击，抓获涉盗抢犯罪嫌疑人3人，成功侦破盗抢案件8宗。是年，全县立刑事案件803宗，破案366宗，破案率46%。其中命案3宗，破案3宗；故意伤害22宗，破16宗；涉毒10宗，破案11宗（补破1宗）；抢劫18宗，破14宗；抢夺27宗，破案5宗；盗窃409宗，破案84宗；强奸9宗，破案7宗；诈骗129宗，破案29宗；其他案件128宗，破案102宗。

【禁毒】 2017年，县公安机关禁毒部门坚持惩治和社会宣传相结合，联合多部门开展主题禁毒宣教活动和社区禁毒康复工作。全年破获涉毒案件12宗，查处吸毒人员140人，强戒85人，缴获毒品1000多克。9月1日，禁毒大队在揭阳市公安局支持下，在赤岗高速路口抓获涉嫌非法运输毒品犯罪嫌疑人1人，现场缴获疑似毒品700多克，经过深挖扩线，抓获涉毒人员7人。

【经济犯罪侦查】 2017年，县公安机关重点惩治损害群众利益的涉众型金融犯罪。6月20日，由副县长、公安局局长杨建宇带领县公安干警，在市公安局支持下，联合市、县烟草部门和棉湖镇党政部门在棉湖镇一工业区内捣毁一制造假烟窝点，现场抓获制假犯罪嫌疑人11人，查获香烟半成品、卷烟丝、普通滤嘴棒、烟丝、烫金印字水松纸等假烟成品及半成品一批，卷烟机、接嘴机等生产机械，涉案价值200多万元。是年，侦破各类经济案件17宗，抓获违法犯罪嫌疑人40人，涉案价值1400多万元。

【户政管理】 2017年，县公安局加强户政管理，提升户政管理服务能力，强化宣传，夯实户政基层工作。指导各辖区各派出所在警务公开栏内公开户政业务办理程序、时限、收费等项目，推行“阳光”户政；印制《户政办理指南》《办理户政业务明白卡》共2万份，对户政业务申办事项的办理程序、所需材料、办结时限向群众广泛宣传。全年全县通过省内一站式办理户口迁移3.81万人次；受理居民身份证省内异地申请26人；全县初步摸查无户口人员754人，办理无户口人员登记户口754人。

【公共安全管理】 2017年，县公安机关全面落实公共安全管理各项工作任务，重点开展视频监控体系建设、公共信息安全、公共安全示范单位建设等工作。

110接报警 2017年，揭西县公安局指挥中心接报警服务台接受报警求助、受理群众警务投诉、报送公安信息、参与社会公共求助等，及时妥善处置各类报警案件、突发性事件和群众求助事项，全年接报有效警情1.38万宗，其中刑事警情516宗、治安警情592宗、交通事故警情4016宗、灾害事故警情350宗、求助警情3130宗、举报警情640宗、其他警情4586宗、投诉12宗。

城乡视频监控、打、防、控一体化 2017年，揭西县新增建设社会治安视频监控点60个，建设固定市际公路治安卡点1个，县际治安卡点2个，配备专门人员20人，设检查点（备移动检查设备）、工作区、生活区，配套信息化设施，逐步形成城乡视频监控、打、防、控一体化。

公共安全 2017年，县公安机关建设“门禁+视频”12套、448间、公共场所无线Wi-Fi采集点364个，建设综合合成作战平台1个，完成“一标三实”（“一标”指标准地址；“三实”指实有人口、实有房屋及实有单位）基础信息采取6万条。全县人防、物防、技防“三位一体”立体化管理格局初步形成。

【道路交通安全管理】 道路通行秩序整治 2017年，县公安交警部门按照县委、县政府创文创卫工作部署，强化道路通行秩序整治，对辖区省道S335线、S237线和S238线等主干公路实行不间断巡逻管控，加强夜间等易发生交通事故时段监控巡逻，严查驾乘摩托车不戴安全头盔、驾驶机动车不按规定使用安全带、酒后驾驶、超速行驶、客车超载、疲劳驾驶和机动车遮挡号牌等违法行为；会同县教育行政部门开展校车及学生接送车排查整治工作，对全县71辆校车幼儿接送车（校车21辆，幼儿接送车50辆）逐辆造册登记，建立工作台账；严厉惩治接送学生、幼儿车辆超员和非法车辆运载学生等违法行为。2月下旬，县公安局交警大队在巡逻过程中，依法查处接送学生、幼儿车辆违法行为2宗。是年，全县公安机关查处各类交通违法行为2.5万宗；查扣无合法手续机动车1472辆，受理交通事故1771宗。

交通安全保障　2017年，县公安局交警大队出动警车1200多辆次，出动警力5000多人次，检查客运车辆1200多辆次；查处各类交通违法行为2.5万宗，查扣无合法手续机动车1472辆，警告教育1万多人次；通过电视、网络等媒体开展专题宣传活动120多场次，发送手机宣传短信3万多条次，发送宣传资料4万多份，应急疏导车辆3200多辆次；通过农村劝导站纠正酒驾、无证驾驶等违法行为逾450宗。实现春节期间全县道路安全畅通，旅游区、山区公路交通秩序良好。

交通环境整治　2017年，县交警部门按照县委、县政府创文创卫工作部署，实施交通管理基础工作，在县城主要街道、路段两旁施划停车位，设置限行标志、违停标志和自动抓拍设备等，开展交通乱象整治，规范县城车辆停靠秩序和行车秩序；加强车辆、驾驶人管理，办理机动车入户8943辆，培训合格驾驶人3588人，检验机动车3652辆，换发驾驶证6434本。排查道路隐患点段24处，发函告25份；检查客运企业6家22次；约谈客运企业6家12次。

【监所安全管理】　2017年，揭西县看守所和拘役戒毒所加强业务培训，完善内部管理，提高监所安全管理水平，与协管单位武警揭西县中队加强联系。完成公安警务装备指纹误放人系统、空气能热水工程以及监控设施改造工程，完善揭西县看守所和拘役戒毒所硬件设施，提升改造人员生活待遇，规范监管民警执法工作。至年底，看守所累计关押各类人员478人次；拘役戒毒所关押各类人员896人次。

【网络监管】　网络违法犯罪　2017年，县公安机关网监部门开展整治网络安全隐患和惩治网络违法犯罪活动，重点惩治整治网络谣传、网络赌博、网络诈骗等网络违法犯罪活动。县网警大队主侦案件34宗抓获嫌疑55人，刑拘21人（逮捕16人，移送起诉13人）。配合各警种和基层派出所侦破案件26宗，抓获犯罪嫌疑人93人，其中电信诈骗2宗6人，缉枪治爆案件4宗27人，淫秽色情案件2宗9人，经济犯罪案件1宗4人，涉毒犯罪1宗1人，赌博案件9宗27人，其他涉网案件7宗19人。加强电子取证工作，协助其他办案单位侦破案件23宗，电子取证设备56台；协助外地公安机关侦破案件5宗，抓获嫌疑人2人。

网络安全管理　2017年，揭西县网监部门加强对互联网上网服务营业场所的管理，严格网络和信息安全管理，加强网站备案管理，整顿网络秩序，做好网站日常备案管理工作，督促责任网站开办者落实网站备案和实名管理；全年清理整治网上违法有害信息344条，加强网上违法人员惩治力度，落地查证25人；网站备案43家，公众号备案59家，通报重点网站整改19家，关停存在高危安全隐患重点网站7家；上报重点人涉网上信息77篇。

（吴　骥　林松鑫）

【消防管理】　2017年，揭西县公安消防大队（简称县消防大队）接处警251起，出动车辆431辆次，出动警力2148人次，抢救被困人员17人，疏散被困人员6人，抢救财产价值2404多万元。

思想政治建设　2017年，县消防大队推进"两学一做"学习教育常态化、制度化、深化酒驾问题集中整治活动、条令条例学习月和纪律教育学习月活动，深化党史文化教育和经常性思想工作。全面贯彻党的十九大会议精神。党委书记每月为中队官兵上一次党课，与中队战士一同开展“维护核心，听从指挥”专题讨论，不定期为大中队全体官兵作专题讲座，政治教育落到实处。是年，揭阳市公安消防支队“四会”（会讲、会做、会教、会做思想工作）政治教员比武暨带兵法交流展示活动和“廉洁火炬杯”党规党纪知识竞赛中，大队分别荣获团体第一名和第三名。

执勤训练　2017年，县消防大队完善山岳救助专业队发展模式，组织开展水域救援、山岳救助两个专业技术课题研究和学习培训，实现人员、器材、装备、训练、实操等方面完美结合；完成冲锋舟培训、水域救援培训及地震救援培训任务，完成体能、技能和“六熟悉”3个打基础专项训练。大中队在2017年揭阳市执勤岗位练兵年终考核中取得第一名佳绩。

消防监督　2017年，县消防大队发挥揭西县消防安全委员会办公室指导、协调的作用，推动乡镇、街道落实网格化管理措施，组织部门加大综合执法力度，惩治“三合一”（住宿与生产、仓储、经营一种或一种以上使用功能违章混合设置在同一空间内的建筑）行为，建立落实村巡查、镇抽查、县督导制度，实现县、镇、村三级“块状”管理。是年，检查单位1721家，发现隐患1933处，责令“三停”（停产停业、停止使用、停止施工）28家，临时查封19家，行政拘留22人，全年未发生较大以上火灾事故。是年，在揭阳市2017年消防工作考评中，揭阳市政府挂牌凤江镇火灾隐患重点地区通过揭阳市政府验收实现摘牌。

消防宣传　2017年，县消防大队将消防宣传培训作为火灾预防一项重要工作，向群众免费派发《消防法》《消防知识手册》、家庭火灾逃生等消防宣传资料2万余份，悬挂消防宣传标语、横幅等306条。县消防大队先后组织社会单位和社区群众开展消防安全培训40场次；开放消防站26次；开展消防志愿者行动12次；对公安派出所民警及社区网格员开展业务培训32次。利用自身职业特色优势，开展消防宣传“七进”（进机关、进社区、进学校、进企业、进农村、进家庭、进网站）、119消防宣传、消防站开放等活动。

后勤保障　2017年，县消防大队更换大型跑步机2台；对荣誉室、红门影院、图书室进行升级改造；新购置举高喷射消防车1辆，并投入执勤。

拥政爱民　2017年，县消防大队组织到揭西县光荣院开展慰问活动10余次，向儿童福利院捐赠奶粉价值2874元，向贫困学生捐助助学资金1500元。组建青年志愿服务队，清洗道路路面30多千米，开展清除“牛皮癣”活动3次、交通文明志愿者活动20次。下辖中队连续三年被团省委评为“青年文明号”。

（严秋平　朱振西）

检　察

【概况】　2017年，揭西县人民检察院（简称县人民检察院）全面履行法律监督职能，有腐必反、有贪必肃，严肃查办和预防职务犯罪；宽严相济，履行批捕起诉职能，严厉惩治严重刑事犯罪，化解社会矛盾；强化诉讼监督，纠正司法不公等问题；推进司法改革，提升执法公信力。全年依法批准逮捕犯罪嫌疑人368人，提起公诉345人，查办职务犯罪案件8件14人，为国家和集体挽回经济损失40多万元。

【刑事检察】 2017年，县人民检察院依法惩治各类刑事犯罪，依法履行批捕、起诉职能，全年受理侦查机关提请批准逮捕案件270件、402人，依法批准逮捕犯罪嫌疑人368人；受理移送审查起诉278件、463人，依法提起公诉345人。严厉惩治群众反映强烈、社会反响巨大的涉黑涉恶、故意伤害、“两抢一盗”等犯罪，批捕93人，起诉78人；建立对黄赌毒常态化惩治机制，批捕66人，起诉57人；批捕破坏环境资源犯罪55人，起诉54人。坚持宽严相济，依法决定不捕33人，不诉18人。严把审查批捕、起诉案件质量关，全年召开检委会8次，讨论案件17件；推进刑事和解、检调对接机制，对轻微刑事案件促成当事人和解，刑事和解4件。

【反贪污贿赂】 2017年，县人民检察院查办职务犯罪，立案查处贪污贿赂犯罪案件3件、9人，为国家和集体挽回经济损失40多万元。开展集中惩治和预防涉农扶贫领域职务犯罪专项工作，全年立案侦查涉农领域职务犯罪9人。

【反渎职侵权】 2017年，县人民检察院反渎局提高侦查水平，收集案件线索，广辟案源渠道，克服查办渎职侵权犯罪案件调查难、取证难、处理难、阻力大等问题，严肃查处辖区内的渎职侵权犯罪，重点查办安全生产事故背后的渎职犯罪，全年立案侦查5件、5人，其中，查办生猪养殖场专项案件线索立案3件、3人，分别为李某城玩忽职守案、许某文玩忽职守案、沈某平玩忽职守案；查办金和河段非法采砂事件所涉渎职犯罪线索立案2件、2人，分别为林某海玩忽职守案、林某彬玩忽职守案。

【职务犯罪预防】 2017年，县人民检察院推进“侦防一体化”建设，开展预防介入，完善预防工作制度规范体系。全年向有关单位发出防控风险、堵塞漏洞的检察建议14份，开展警示教育和预防宣传15场次，提供预防咨询3件。提供行贿、受贿犯罪档案查询214次。

【诉讼监督】 2017年，县人民检察院全年监督侦查机关立案4件；监督纠正侦查活动中违法情形9件次；追诉漏罪1人；向县人民法院发出量刑建议116份；通过侦查活动监督平台发现问题案件19件，发出侦查活动监督通知书14份；检查社区矫正人员202人；受理民行案件8件，发出检察建议12份，与其他单位联签文件1份；开展公益诉讼工作，启动诉前程序案件4起，以检察建议的形式督促相关行政机关依法履行职责4件，是年，相关行政机关履行职责或纠正违法4件。

【控告申诉检察】 2017年，县人民检察院全面推进涉法涉诉信访工作机制改革，建立诉访分离程序导入、案件办理、司法救助等机制，开通省、市、县三级远程视频接访系统。全年受理群众控告申诉（举报）来信51件，接待来访群众21批次，受理刑事申诉案件1件，决定给予国家赔偿1件，发放国家赔偿金5万余元。

【阳光检务】 2017年，县人民检察院主动向各级人大及其常委会报告工作，建立与人大代表和政协委员的联系制度，召开座谈会、举办“检察开放日”、邀请考察等，经常性地听取人大代表、政协委员的意见和建议，主动接受人大和社会各界监督。落实人民监督员制度，邀请人民监

2017年5月26日，县人民检察院举办“检察开放日”活动，图为活动现场 （县人民检察院 供稿）

督员监督自侦案件2件。借助案件信息公开系统，公开案件程序性信息494条、生效法律文书211份，发布重要案件信息38条，为律师提供查询服务36次。加强门户网站和新媒体建设，通过“两微一端”（微博、微信、今日头条客户端）平台和党务公开平台，不定时向社会公开检务信息。

【未成年人刑事检察】 2017年，县人民检察院未成年人刑事检察工作办公室专门负责未成年人犯罪案件办理及教育预防工作，维护未成年人的合法权益。做到“捕诉监防一体化”，对未成年人犯罪坚持“教育为主、惩罚为辅”方针，落实合适成年人到场、附条件不起诉、犯罪记录封存、社会调查等制度。全面提升师生守法用法、自我保护意识，与县教育局合作开展“法治进校园”全县巡讲活动4场次。全年依法批准逮捕未成年犯罪嫌疑人14人，不批准逮捕3人，提起公诉13人。

【两法衔接】 2017年，县人民检察院推动行政执法与刑事司法的衔接，主动与上级单位、县人大、县委、县政府等多个相关县直行政执法机关沟通协调，做好及时移送工作。是年，县检察院通过平台审查各行政执法单位移送备案行政处罚案件84件。

【司法体制改革】 2017年，县人民检察院深化司法责任制改革，严格落实“检察官员额制”，遴选18名员额制检察官；严格落实“谁办案谁负责、谁决定谁负责”司法责任制核心要求，组建办案组织25个。严格落实院领导和部门负责人带头办案制度，其中县人民检察院检察长和县人民法院院长同庭办案，是贯彻落实员额制、司法责任制改革的突出体现。

（李文标　黄淇菁）

法　院

【概况】 2017年，揭西县人民法院（简称县人民法院）坚持司法为民、公正司法、依法履行审判职能，推进司法改革。严惩危害国家和公共安全犯罪，完善制度规范诉前调解工作，服务社会经济。全年县人民法院受理各类案件1953件，办结案件1790件，解决诉讼争议标的5.96亿元。

【诉前调解】 2017年，县人民法院完善制度规范诉前调解工作，对前来咨询或要求诉讼的群众，提供法律方面的咨询或解答，对不属于法院管辖解决的问题，建议其通过其他部门走正常渠道要求解决。对属于法院受案范围的纠纷，先征求群众是否同意诉前调解，然后区别不同情况分别对待；对同意诉前调解的，由办案经验丰富且富有调解经验的法官、律师、人民陪审员、人民调解员进行调解，并制作诉前调解协议书；对不同意诉前调解的，及时转入诉讼程序，由立案庭进行立案登记进入审判程序。是年，坚持“调解优先、调判结合”民事案件调解、撤诉率37.4%。

【刑事审判】 2017年，县人民法院开展专项行动，对各类刑事犯罪保持高压态势，严格依法惩治犯罪，维护社会大局稳定。全年受理刑事案件244件，审结227件，结案率93%，判处犯罪分子365人。审结惩治抢夺、抢劫、故意伤害等暴力性、多发性危害人民群众生命财产安全的犯罪案件63件；审结贪污、挪用公款、诈骗等职务犯罪和经济犯罪案件26件；审结破坏生态环境犯罪案件15件。

【民商事审判】 2017年，县人民法院结合调判化解纠纷，规范社会经济秩序。全年受理民事案件1263件，审结1191件，结案率94.3%，解决诉讼争议标的2.12亿元。发挥民事审判规范、调节和导向作用，妥善处理婚姻家庭、邻里纠纷、人身损害赔偿、合同纠纷、涉农和民生等案件。强化释法答疑工作，加强裁判文书说理，促使当事人服判息诉。坚持“调解优先、调判结合”，民事案件调解、撤诉率37.4%。

【司法执行】 2017年，县人民法院多方联动推进执行，坚决捍卫法律权威。全年受理执行案件446件，执结372件，执结标的3.84亿元，执结率83.4%。加大执行力度，加大对失信被执行人进行信用惩戒，采取冻结扣划查封等措施221次，采取司法拘留3人次；将符合规定条件被执行人全部录入失信被执行人名单，列入失信名单309人次；采取限高措施18宗次；拍卖7宗、10次，成交价8856.9万元；以拒不执行判决裁定罪移送公安机关1件；协助外地法院查询冻结扣划财产等共105宗次。全年发放执行款303.9万元，发放率76.4%。

【审判监督】 2017年，县人民法院强化内部监督机制，通过案件质量、庭审及裁判文书等评查工作，采取全面评查与专项评查、重点评查相结合办法，促进办案质量整体提升。拓宽外部监督渠道，完善与人大代表、政协委员日常联络机制，实现人大代表、政协委员监督法院工作常态化。随机抽取人民陪审员参与庭审，全年参与庭审人民陪审员675人次、调解案件488件。

【司法公开】 2017年，县人民法院多举并措，推进司法公开。健全审判流程公开平台，诉讼案件全流程、全节点司法公开，保障诉讼当事人参与诉讼各项权利和社会公众行使知情权、监督权；坚持公开审判制度，对于依法应当公开审理案件一律公开审理，主动邀请社会各界群众旁听案件庭审，吸收人民陪审员参与审理案件；公开各类生效裁判文书，做好裁判文书上网工作，抓好协调、督促、统计上报，提高裁判文书上网率。是年，在中国裁判文书网发布生效裁判文书790件，裁判文书上网率100%。

【审判制度改革】 2017年，县人民法院落实法官员额制，推进司法改革。通过考试、面试、考核等步骤，在原有19名员额法官基础上增加2名员额法官。加快“法官+法官助理+书记员”新型审判团队建设，向社会公开招聘聘任制书记员20人。加强审判责任制建设，提高办案质量和效率。按照“让审理者裁判，由裁判者负责”要求，建立健全《揭西县人民法院审判职权配置暂行规定（试行）》等8个制度，强化审委会宏观指导功能，明确院庭长审判管理监督的权力边界。8月29日，县人民法院院长与县人民检察院检察长出庭支持公诉办案，是揭阳市启动司法体

2017年8月29日，揭西县人民法院院长、县人民检察院检察长同时出庭支持公诉，公开开庭审理一起抢劫案 （县人民法院 供稿）

制改革以来首例“法检两长”同时出庭同堂办案。是年，员额法官人均结案82.9件，院长、庭长开庭办案占全院结案数73.3%。

【参与社会管理】 2017年，县人民法院发挥审判执行职能，参与社会管理工作。根据县政法委制订“众剑行动”工作方案要求，结合职能，排查涉法涉诉信访，重点惩治群众反映强烈的涉毒、涉黑恶、涉盗抢、涉交通违法、涉假、涉食药环、涉黄赌等突出犯罪。注重对审判、执行和信访案件中发现可能危及经济社会发展的法律风险、法律问题和社会管理中存在漏洞，及时向有关部门提出司法建议19件。开展普法宣传工作普及宪法法律知识，参与对青少年罪犯社区矫正工作，预防青少年犯罪。

（蔡佳贤　刘新求）

司法行政

【概况】 2017年，揭西县司法行政机关（简称县司法局）加强司法所规范化建设，抓实人民调解工作，加强社区矫正工作，开展法律服务，发挥“一村（社区）一法律顾问”作用，落实普法宣传教育。是年，全县接收社区矫正人员778人，律师所担任常年法律顾问65家，办结公证1082件，办理各类法律援助案件60宗，接受来访咨询340人次，发放法律法规宣传资料3万余份。

2017年11月30日，县司法局举办揭西县社区矫正人员集中教育大会

（县司法局　供稿）

【社区矫正】 2017年，县司法局建设社区矫正中心，成立社区矫正工作部门，履行社区矫正职能，接收、整理狱外服刑人员资料档案，掌握矫正对象动态，严格监管措施。每月开展社区矫正服刑人员集中教育活动，对社区服刑人员进行思想教育、改造，避免因矫正对象情况掌握不及时而引发重新违法犯罪情况。是年，县社区矫正中心接收社区矫正人员778人。至年底，在矫179人，解除社区矫正599人。

【律师事务】 2017年，县司法局开展法律服务，做好常年法律顾问、民事代理和刑事辩护等工作。公职律师参与政府法律事务，协助县政府解决有关法律问题，为县政府有关重大工程提出法律意见，提供决策依据。落实“一村（社区）一法律顾问”工作。是年，律师所担任常年法律顾问65家，受理行政诉讼1宗，民事诉讼25宗，刑事辩护4宗；组织全县村（社区）顾问律师开展法律讲堂1273场次，接受群众咨询3474人次，参与调解纠纷24件，提供法律援助5场次，出具各类法律意见44份。

【公证事务】 2017年，揭西县公证部门严格规范公证行为，提高公证文书质量，提升公证公信力，发挥公证防范风险、化解纠纷、减少诉讼、维护经济秩序等作用。是年，县公证部门办结公证1082件，其中国内公证871件，涉港澳台案件93件，涉外公证211件。

【法律援助】 2017年，县司法局规范法律援助机构基础设施建设，结合实际对法律援助处办公区域划分、硬件设施配置等进行改造升级；组织实施政府法律援助民生工程，采取多种措施扩大法律援助覆盖面，加强基层法律援助规范化建设指导，重点做好下岗职工、贫困农民、外来民工、老弱病残者等弱势群体法律援助工作，促进社会稳定。是年，办理各类法律援助案件60宗，其中民事案件35宗，刑事案件24宗，行政案件1宗；接受来访咨询340人次。

【普法和法治宣传】 2017年，县司法局落实“谁执法谁普法”普法责任制，开展群众性法治文化活动，全民法治宣传教育普及率超过90%。推进民主法治村（社区）创建工作，至年底，申报市级民主法治村（社区）191个，省级民主法治村（社区）160个。开展“法治进校园”“法治进村（社区）”“法治进企业”等系列法治宣传活动。是年，发放法律法规宣传资料3万多份、法律法规读本4.4万册，制作悬挂宣传横幅28幅，宣传挂图6类580张，宣传栏更新4次，出动宣传车60次。

（彭依庚　曹梦莎）

2017年11月24日，“一村一法律顾问”律师在五云镇梅江小学开展禁毒宣传专题讲座
（县司法局　供稿）

军 事

揭西县人民武装部

【概况】 2017年，揭西县人民武装部（简称县人武部）。坚持政治建军，加强思想政治建设，强化军事训练，建立和完善国防动员各项制度，做好征兵工作，推进正规化管理。是年，县人武部被广东省军区评为“先进人武部”。

【思想政治建设】 2017年，县人武部围绕“政治建军、改革强军、科技兴军、依法治军”重大战略思想，突出作风建设，强化理论学习。开展主题教育实践活动和经常性思想政治教育；加强党的创新理论武装，学习贯彻中共十九大精神和习总书记重要讲话精神，用习近平新时代中国特色社会主义思想理论武装头脑、指导实践、推动工作；利用民兵整组、民兵训练和集会时机，将教育成果向广大民兵预备役人员辐射。

【国防动员】 2017年，县人武部加强人民防空教育和建设，开展国防动员潜力调查、国防教育，建立和完善国防动员各项制度；开展专武干部队伍建设调研，摸清底数、找准问题、研究改进措施；深化细化防卫作战重难点问题研究，在兵力运用、战术手段和综合保障等方面取得突破；先后组织民兵应急分队和森林防火分队骨干集训，强化抢险救灾、维护社会稳定和应急救援知识、技能和组织指挥训练，提高遂行多样化任务能力。是年，5次组织民兵应急分队参加抗击台风和森林防火备勤，组织出动民兵5300多人次参加抢险救灾和创建文明卫生城市活动。

【征兵工作】 2017年，县人武部加大征兵宣传力度，推动征兵工作开展。辖区内符合条件适龄青年进行网上报名登记，征兵工作从宣传到体检政审、审批定兵以及新兵交接和起运都按计划安全完成。是年，被广东省军区评为“先进人武部”。

【正规化管理】 2017年，县人武部加强条令法规落实，运用法治思维和法治方式抓管理，开展“学条令”“用条令”月活动，学习三大条令和有关法规制度，组织干部职工进行队列训练汇操、战备、训练，工作、生活“四个秩序”保持良好。禁酒令颁布后，严格执行禁令要求，规范行为，没有违令喝酒现象。

【民兵工作】 2017年，县人武部编精民兵应急队伍、编强民兵支援队伍、编实民兵储备队伍，组织开展业务骨干集训，加强国防后备力量建设。4月，完成民兵整组工作，民兵应急分队在位率和退伍军人比例达到规定要求；推进实战化训练，先后3次组织人武部机关带基层专武干部进行工作性培训，4次集中组织组织民兵分队骨干集训。

【综合保障】 2017年，县人武部实行封闭式管理，按照广东省军区正规化现场会精神和揭阳军分区统一部署，加强营区正规化建设，贯彻落实省军区财务会议精神，开支公开透明，无不合理开支；解决武装工作突出问题，巩固发展军政、军民关系；加强武器装备管理，落实擦拭保养制度，提高武器装备完好率。

【安全管理】 2017年，县人武部强化安全教育，加强安全稳定工作。严格人员、车辆、武器、弹药、秘级载体管理，严防涉军敏感问题发生，以高度政治敏感性抓好安全稳定工作，在干部职工中打牢坚实安全稳定思想基础，经常组织并强化作风纪律教育整顿活动，及时解决在政治意识、法纪意识、自律意识、形象意识上存在思想松懈、作风松散、纪律松驰问题。

（何嘉　黄碧霞）

武警揭西县中队

【概况】 2017年，武警揭西中队（简称中队）主要担负看押、看守、处置突发事件、抢险救灾等任务，坚持以强军目标为统领，全面抓建设、打基础、改作风、保安全，培育官兵“能打仗、打胜仗”的战斗精神，完成以执勤处突为中心的各项任务。是年，中队被武警广东省总队表彰为“基层建设先进中队”。

【党支部班子】 2017年，中队加强支部班子建设，严格组织生活制度落实，提高党务工作能力；支委成员带头训练，提升综合素质；加强风气建设，组织“树立正确理念、明辨是非界限”大讨论活动，开展“强化法纪观念、反对拜金主义”学习教育，强化党员干部政治意识、大局意识、核心意识、看齐意识；坚持集体领导，涉及官兵切身利益问题反复征求群众意见，公平、公正、公开处理各类事务；加强党建带团建，全年团支部开展青年官兵重温入团誓词、学习雷锋助民爱民、祭扫烈士陵园等各类活动6次，向党支部推荐优秀团员、优秀团干3人，培养入党积极分子9人，选送优秀青年加入团组织3人；军人委员会全面参与中队政治工作、军事工作和后勤工作，在选人用人及经费使用等敏感问题上及时为党支部提供合理建议。是年，发展党员2人，推荐技术学兵3人、预提指挥士官5人、立功1人、优秀士官4人、优秀义务兵4人。

【思想政治建设】 强军教育　2017年，中队开展“维护核心、听从指挥”主题教育，有序推进“卫士风采”和“学强军思想、讲强军故事、干强军事业”系列配合活动。中队利用黑板报、手抄报、口袋书等载体，重点学习中共十八大历次全会和十九大精神及习近平总书记重要讲话精神，组织对重要观点、主要内容进行强化记忆。坚持落实“三个半小时”（半小时收听广播、半小时读报、半小时收看新闻联播），引导官兵了解国际国内大事，认清发展形势，坚定道路自信、理论自信、制度自信、文化自信，凝聚起推动武警部队现代化建设的强大意志力量。

经常性思想教育　2017年，中队以案例分析、谈心沟通、活动引导等方式搞好“一人一事”教育。开办“战士讲堂”，鼓励官兵讲身边人、身边事，用身边典型激发教育“正能量”；开展心理疏导，坚持主官每半月、干部每周、班长每天与部属谈心一遍，遇有特殊情况随时跟踪、不留隐患。

文化体育　2017年，中队以战斗精神系列活动为抓手，邀请地方书法大师传授书法技巧，排练吉他、合唱、电子琴演奏、小品等具有中队特色文化节目；适时组织军地篮球、乒乓球和羽毛球友谊赛；每周组织观看红色电影，撰写观后感；每月绘制手抄报，丰富官兵课余文化生活；坚持开展“日读一报、月读一书”活动，利用“队前演讲、心得展评”等载体展示学习成果。

密切内部关系　2017年，中队开展“真知兵、深爱兵、实帮兵”和“察兵情、访兵难、知兵心”等活动，开展“密切内部关系 构建和谐警营”“强化知兵爱兵观念 建立良好官兵关系”“端正根本态度 杜绝打骂体罚”“军营旅程短 战友情谊长”等专题教育活动，引导干部骨干端正对士兵的根本态度，教育士兵尊重领导、服从管理。狠刹歪风邪气，明令禁止打骂体罚、侵占士兵利益、收受士兵钱物等行为。

【拥政爱民】　2017年，中队参与处置突发事件、武装警戒等任务；把拥政爱民教育作为部队经常性教育内容，利用元旦、春节、“八一”等重大节日，组织官兵学习群众纪律相关规定；与地方媒体联系，宣扬爱民、为民先进人物和典型事迹，持续开展军民共建活动，在特殊时节加强双方交流合作。全年，中队与地方开展共建活动11次。至年底，与中队正式结对挂牌共建单位4个，平常友好往来单位10个。

【执勤与战备训练】　战备制度落实　2017年，中队完善兵力抽组、处突应急、抗洪抢险、扑救山火等预案，落实战备值班制度，抓实兵力抽组和紧急出动训练演练，部队安全稳定。

勤务管理　2017年，中队加大“三员一兵一组一班”协同训练，坚持支部每月议勤、正规组勤、严格抓勤。加大执勤检查力度，每天由值班干部进行检查登记讲评；加大执勤奖惩力度，对形象不佳、履职不认真的哨兵进行严厉批评，军人大会作检讨；出现台风等恶劣气候或自然灾害时，合理安排人员加强哨位。

军事训练　2017年，中队以军事训练坚持勤训结合，以训强勤，通过实案演练、军警联训等方法，活练哨兵、强练技能；落实军事训练每周会操、每月考核，抓好“五小练兵”（小时间、小场地、小情况、小教员、小群体）活动，克服勤训矛盾。

【依法从严治警】　2017年，中队树立安全发展理念，坚持依法从严治警。开展条令法规学习，强化条令意识，重点对内务秩序、礼节礼貌、小节养成等方面出现的问题进行治理；落实请销假制度，建立领班员查铺查哨登记制度，全年无一例私自外出现象；开展“防松治散”系列活动，落实思想骨干日汇报、谈心、个别人排查转化等制度，经常开展法纪教育、法律和心理服务。全年，中队内部安全稳定。

【后勤保障】　2017年，中队争取地方投入，坚持用好、管好经费，开展现代化后勤建设。党支部依法科学理财，经费审批和支出使用符合规定；节约中队经费开支，发展农副业，加大种养，将副业地从山谷搬至饭堂后侧，增加副业地面积，修建水泥地垄、蓄水池和灌水带，全年养猪10头，鸡鸭鹅80多只；开展“伙食精细管理年”活动，严格实行自助餐；培养官兵良好卫生习惯，坚持每日卫生巡诊，每半月对营区消毒，每月组织一次卫生常识教育课，每月定期对哨位药品进行更换；在登革热流感迅速蔓延时，立即对营区沟渠部位进行消杀处理、铺设防蚊网，做好疾病防控工作。

（孙庆锋　叶小春）

经济管理

发展计划

【概况】 2017年，揭西县发展和改革局（简称县发改局）研究全县国民经济和社会发展战略，综合协调推进全县经济体制改革、招商引资及重大项目建设管理、价格监管等，分析经济社会发展热点、难点问题；加强宏观规划调控、预警、监督、检查，在重大项目引进和申报、争取补助资金、规划研究和深化体制改革等方面履行发改部门职责。是年，揭西县实现生产总值250.57亿元，比2016年（下同）增长4.7%；完成规模以上工业增加值60.61亿元，增长3.9%；完成农林牧渔业总产值59.93亿元，增长6.2%；完成社会消费品零售总额138.53亿元，增长10.2%；完成固定资产投资127.49亿元，增长14.4%。

【计划规划编制】 2017年，县发改局对全县经济运行情况进行监测、调研、预测和分析，科学编制年度经济和社会发展计划。3月，完成《揭西县国民经济和社会发展计划》编制，组织监督检查，开展经济调研，科学分解各项经济社会发展指标；4月，完成《揭西县人民政府关于下达2017年经济社会发展任务的通知》编制。

【固定资产投资】 2017年，县发改局根据揭阳市人民政府预下达固定资产投资计划，分析揭西县当年经济形势和投资动向，针对各乡镇（街道）实际情况，制订揭西县固定资产投资计划并提交县政府。是年，市人民政府下达揭西县固定资产投资计划136亿元，比2016年（下同）增长13.3%。全年全县完成固定资产投资127.49亿元，完成年度计划92.4%，增长14.4%。

【投资项目审批与管理】 2017年，县发改局贯彻执行投资管理规定和国家产业政策，推进简政放权，实现项目审批快速高效，提供优质服务。全年审批核准项目234项，其中审批项目116项、核准项目1项，备案项目28项、核准工程建设招标方式项目89项，批准总投资19.59亿元。

【重点项目建设】 2017年，揭西县重点建设项目27个，计划总投资278.09亿元，年度计划总投资26.54亿元，年度完成投资27.97亿元。其中，交通基础设施项目5个，计划总投资3.19亿元，年度完成投资2.79亿元；产业园区及产业发展项目1个，计划总投资100亿元，年度完成投资4.09亿元；城镇建设项目2个，计划总投资6.13亿元，年度完成投资3.91亿元；社会事业项目5

个，计划总投资5.13亿元，年度完成投资2.27亿元；水利、供电及通讯设施项目3个，计划总投资2.35亿元，年度完成投资1.29亿元；旅游产业项目7个，计划总投资157.27亿元，年度完成投资12.03亿元；生态环保项目4个，计划总投资4.02亿元，年度完成投资1.60亿元。

2017年揭西县列入市级27个重点项目一览表

表7

项目名称	计划总投资（亿元）	2017年完成投资（亿元）	完成情况
揭阳产业转移园揭西县金塔产业发展集聚区	100	4.09	6家企业进园投建；绿化等配套设施已完工，揭西雅都投资有限公司生态产业园综合服务办公楼完工；污水处理厂前期各项准备工作完成
揭西县京明养老服务中心	2.5	1.1	进入装修装饰阶段，超额完成年度投资计划
揭西县沿海防护林工程（2016年度）	0.1	0.1	12月6日通过质量监理验收，12月17～22日通过省林业厅核查验收
揭西县城污水处理厂及配套管网二期工程	0.79	0.35	揭西县城污水处理厂二期工程自5月中旬进入施工，厂区中分项工程共12项，主体工程土建部分全部完成；新堤路和西堤路完成埋设管道并恢复路面1.9千米
揭西县城道路升级改造工程（含绿化道路改造）	1.85	1.85	基本完成大庙路、特美思大道、金凤路、河江大道、温泉大道、新安路、河山路、农化路、新东路、河山横路、霖都大道改造工程的主体工作
移动网络工程	1.25	0.75	该项目超额完成投资任务
良田旅游风情小镇	18	0.81	完成三奶娘娘宫和龙母神泉宫的规划及三奶娘娘宫的建筑基础，停车场扩建500平方米。投入种植枫树66.67公顷、鹰嘴桃10万株、李树3万株、蜜柚5000株。南方人民银行纪念馆开馆。完成茅坳纪念馆主体，九厅十八井配套设施建设基本完工
大洋国际生态度假区升级改造工程	20	2.09	超额完成升级改造工程
广东新农金山云谷农业旅游生态园	15	1.12	项目进展顺利，超额完成年度建设投资计划，其中：生态羊场养殖废弃物综合利用和无害化处理设施改造工程及高糖柿、油茶种植基地滴灌工程建设完工；生态羊场物联网化试点工程、芋香金瓜种植基地喷灌工程及智慧种植示范园建设完工；土特良种苗木保育及扩繁基地建设、园区干道硬底化工程、环境综合整治与美化工程完工
广东揭阳大北山生态旅游产业园	82.77	4.11	超额完成投资计划，推进京明温泉度假村装修工程及客房布置，京明温泉度假村、黄满寨瀑布旅游区一批旅游厕所开工建设，哈雷摩托车基地等工程前期工作准备。盘古文化园接待区与朝圣区施工基本完成
揭西县京明生态城	20	3	一期商业步行街装修工程及在建高层建筑等的基础施工、土建施工及装修基本完成，生态城主入口基本完工，其他设施建设正在进行中
黄满寨景区换乘中心	1	0.6	基本完成场地平整，场地外墙建设及下水道铺设施工基本完成，配套设施基本完工
揭西县人民医院住院综合楼	1.25	0.56	正在进行边坡、基坑支护、主体基础桩建设、人防地下室、地下室混凝土桩承台及底板工程建设

续表7

项目名称	计划总投资（亿元）	2017年完成投资（亿元）	完成情况
基层医院升级改造工程	1.05	0.27	10个基层医院升级改造建设完成项目前期工作，工程正在加紧施工建设
揭西县凤江莪萃桥新建工程	0.15	0.15	完成水底桩基工程的100%，完成立柱100%、盖梁100%，铺设箱梁33片，桥面基础工程基本完成
凤江镇凉果行业污水处理系统	0.33	0.2	该项目完工
揭西县霖田中学新建学生宿舍楼	0.19	0.19	该项目完工
河婆中学瑞安大礼堂重建工程	0.14	0.14	该项目完工
揭西县城新水源输水管和城区供水管道改造工程	0.76	0.35	完成主干管道铺设4.9千米；配水支管10.8千米
黄龙寺景区配套工程	0.5	0.3	完成项目建设
南乌灌区续建工程	0.34	0.19	累计完成改造渠道27.84千米，渠系建筑物26座，超额完成投资
X096新大线路面大修工程	0.33	0.2	完成京溪园镇新洪村至金和镇与普宁市里湖镇交界处全线19.194千米水泥砼路面重新浇灌铺设。现正抓紧完成路肩铺设，沿途种植乔灌木绿化，增设交通标线及完善线路安全防护设施等
灰大线道路改造工程	0.3	0.29	完成新图、后联、金星、柑坑、马路村，大溪镇新楼、后洋、坎头、鸭堀、新园、大光全线9.5千米水泥砼路面铺设。现正抓紧完成路肩铺设，沿途种植乔灌木绿化，增设交通标线及完善线路安全防护设施等
X094五黄线改建工程	0.57	0.3	工程正在紧张的施工中
曙光君和园二期工程	1.53	1.6	该项目超额完成投资任务
棉湖新城三期	4.6	2.31	该项目超额完成投资任务
农村生活污水处理系统	2.8	0.95	根据《项目实施方案》的工作要求，项目列入财政部门的PPP项目系统，按PPP项目投资模式实施

（张优欣　陈淑华）

物　价

【概况】　2017年，揭西县发展和改革局（简称县发改局）加强对市场价格监测调控，防范应对价格异动，掌握市场价格走势，重点调整污水处理收费标准、公办幼儿园保教费标准和供电电价标准；全年开展价格认定业务419宗，价格认定标的约600万元。

【价格调控】　税控系统产品　2017年，县发改局优化企业生产经营环境，减轻企业负担。8月1日起，将增值税防伪税控系统专用设备中的USB

金税盘零售价格由每个490元降为200元，报税盘零售价格由每个230元降为100元；货物运输业增值税专用发票、机动车销售统一发票和公路、内河货物运输业发票税控系统专用设备中的TCG-01税控盘零售价格由每个490元降为200元，TCG-02报税盘零售价格由每个230元降为100元；增值税税控系统技术维护服务有关单位向使用者提供技术维护服务费用，由每户每年每套330元降为280元，两套及以上者，从第二套起减半收取技术维护服务费用。

低价药品 2017年，县发改局完善低价药政策，规范和促进广东省低价药品生产流通，管理低价药品价格，以药品实际交易价格为基准，12月1日起，凡符合低价药品日均费用标准者（西药不超过3元、中成药不超过5元），均可执行国家关于低价药品价格管理相关政策。

农副产品 2017年，县发改局组织全县农副产品价格调控项目单位落实保供稳价措施，动员项目单位参与价格调控，诚信经营，落实明码标价，共有10个项目单位响应。

【价格改革】 *污水处理费* 2017年，揭西县调整污水处理收费标准。污水处理费根据实际用水量按月计征，居民用水（含按规定执行居民用水价格的用水户）：由现行实际用水量（或取水量）每吨0.72元提高到每吨0.85元；非居民用水（除居民用水以外的其他各分类用水）：由现行实际用水量（或取水量）每吨0.72元提高到每吨1.2元。

教育收费 2017年，揭西县调整公办幼儿园保教费标准。市一级公办幼儿园保教费收费标准由每生每学期800元调整为每生每学期1280元；县一级公办幼儿园保教费收费标准由每生每学期530元调整为每生每学期850元；各乡镇（街道办）中心幼儿园保教费收费标准由每生每学期430元调整为每生每学期650元；未评级幼儿园保教费收费标准由每生每学期380元调整为每生每学期550元；小学附设幼儿班保教费收费标准由每生每学期300元调整为每生每学期500元。

供电电价 2017年，揭西县供电电价征收标准降低。1月1日起，揭西县大工业电度电价和一般工商业电度电价每千瓦时统一降低2.33分；6月1日起，取消电网企业对铁路运输企业收取的电气化铁路配套供电工程还贷电价；10月1日起，高可靠性供电费用及临时接电费用征收标准不再区分自建和非自建本级电压外部工程情况，统一按照较低标准降低30%征收；12月1日起，取消临时用电电力用户临时接电费。

【价格监管】 *市场价格监测* 2017年，县发改局在全县建立价格监测点4个，配备专兼职监测员4人，重点做好粮油、肉禽蛋、鲜菜、食盐等副食品价格动态监测与监管，及时跟踪、采集、分析、预测；节日期间增加监测频次，关注生活必需品市场价格变化情况。

收费监管 2017年，县发改局规范收费行为，实施收费清单动态调整机制，及时在揭西县人民政府网站向社会公布，进行动态调整，接受社会监督；完善收费单位年度报告制度，加强事中事后监管，督促涉及收费项目、标准、范围有变动的执收单位按时报告收费情况，及时更新收费项目；组织有关单位按时完成2016年度行政事业性收费情况报告工作；做好重点收费单位巡查工作，深入重点涉企收费单位，查看涉企收费优惠政策是否执行到位；加大收费公示制度落实督查，要求所有收费单位在收费场所醒目位置粘贴收费公示，便于社会监督。

市场巡查 2017年，县发改局重点对大型商场、超市、集贸市场等开展不定期巡查，及时掌握市场供求变化和价格动态情况，对餐饮、旅游景区价格、客运票价等加强监管。春节、五一及国庆期间，县发改局出动48人次，检查6个市场，18个商场、门店，4个旅游景点和2家运输企业、20个售票窗口。粮、油、肉、蛋、菜、奶等居民生活必需品价格稳定，各大商场物资供应充足，节假日期间价格提升在合理范围内。

【价格服务】 2017年，县发改局加强价格认定工作，全年开展价格认定业务419宗，价格认定标的约600万元，为司法机关办案提供依据。及时受理群众价格举报，解答群众咨询，化解价格矛盾；全年“12358”价格举报电话受理价格举报、投诉18件，电话咨询23件。

（张优欣　陈淑华）

审　计

【概况】　2017年，揭西县审计局（简称县审计局）组织开展财政审计、民生审计、重大政策落实跟踪审计等各项审计监督，突出对政策措施落实、公共资金、国有资产、领导干部任期经济责任等审计，推进审计全覆盖。全年审计和审计调查单位（项目）17个，完成年度审计项目计划100%；查出管理不规范金额3.44亿元，损益不实8719万元，整改金额5万元，归还原渠道6万元，调账处理金额1891万元；出具审计报告和专项审计调查报告26篇，提出审计建议10条。

【重大政策落实跟踪审计】　2017年，县审计局采取数字化审计和现场核查相结合方式，组织对揭西县县直相关单位、各乡镇（街道）人民政府2017年1月至10月新时期精准扶贫、精准脱贫三年攻坚计划落实情况进行就地审计，重点关注2017年1月至10月脱贫计划进度情况、产业扶贫项目资金筹集及拨付使用情况、产业扶贫项目开展推进情况、“三保障”（保障其义务教育、基本医疗和住房）惠民政策落实情况，抽查河婆街道、龙潭镇、上砂镇、良田乡、大溪镇、棉湖镇6个乡镇（街道）产业扶贫项目资金使用情况。审计结果：2017年，揭西县委、县政府重视精准扶贫、精准脱贫工作，贯彻落实中央和省委、省政府脱贫攻坚决策部署，制订出台一系列政策文件，落实23个部门出台实施方案，打造“1+N”（行业部门扶贫配套政策）政策配套体系；加强组织领导，签订责任书，落实工作责任；2017年1—10月，全县扶贫工作有序开展，“三保障”政策基本得到落实。存在产业帮扶项目落地少进展慢，产业帮扶脱贫实施不理想的情况。

【预算执行审计】　本级预算执行和决算草案审计　2017年，县审计局组织开展县财政局2016年度预算执行和其他财政收支及决算草案审计。财政运行过程中，存在问题：财政收入总量小，增长压力大，存在不确定性，税源少且结构不合理，非税收入占县级预算收入的比重较高，预算支出的资金来源74%靠上级补助收入。

部门预算执行和决算草案审计　2017年，县审计局对京溪园镇、县水务局、县畜牧局、县经信局2016年度预算执行和决算草案进行审计。审计中发现上述3个单位决算报表信息失真，公务接待费及公务用车运行费开支超预算，会计核算不够规范，工程建设项目方面存在问题等。

【经济责任审计】　2017年，县审计局加强经济责任审计，重点审计任期履职情况、检查经济指标完成情况、财政收支情况和效益性、重大决策情况等，强化对权力运行的监督制约。是年，完成经济责任审计项目9个：县人大办、县政府办、县公安局（上级授权增加项目）、县经信局、县交通局、县水务局、县畜牧局、五云中学、京溪园镇。查出管理不规范金额1.39亿元，归还原渠道5万元；提交审计报告和审计结果报告18篇，提出并被采纳审计建议4条。

【内部审计】　2017年，揭西县内部审计机构25

个，专、兼职内部审计人员86人。其中：乡镇农村集体经济审计站17个，审计人员69人，全部取得“广东省农村集体经济审计证”，实现全员持证上岗；专职机构3个，内审人员17人（专职8人，兼职9人）。是年，全县内审机构完成审计项目6个，审计金额5092.02万元。其中，财务收支审计5个，经济责任审计1个，提出被采纳意见和建议20条。

【社会保障审计】 2017年，县审计局组织对揭西县社会保险基金管理局2016年度社会保险基金的预算执行和决算（草案）情况进行就地审计。审计结果表明：揭西县社会保险基金预、决算能根据有关规定按险种分别编制，完善社会保险基金预算编制和财务管理工作，能认真贯彻执行相关管理制度，提高社会保险待遇水平；6项社会保险基金年度决算报表能真实反映预算执行结果情况。存在问题有：部分项目预算编制不够科学规范、基本养老保险基金统筹账户挤占个人账户、城镇职工基本医疗保险费、生育保险费未按规定由县地方税务机关全责征收、城乡居民医保门诊统筹推进速度慢、县社保局“财政专户存款”科目调账依据不充分。

【社会审计】 2017年，揭西群信会计师事务所承办《中华人民共和国注册会计师法》规定的法定业务，包括审查企业会计报表，验证企业资本，办理企业合并、分立、清算事宜中的审计业务，税务代理，担任会计、审计顾问、提供会计、财务和经济管理咨询，办理法律、行政法规规定的其他审计业务。是年，承办业务108项，会计从业人员后续教育培训936人。

（温贵明　陈燕鹏）

统　计

【概况】 2017年，揭西县统计局（简称县统计局）深化统计管理体制改革，加强统计法制建设，完善统计信息服务，推进第三次全国农业普查工作，做好各专业及调查项目统计工作。至年底，开展调查项目25个；编印《揭西信息快报》11期；编写经济运行情况11篇。

【第三次全国农业普查】 2017年，县统计局按照国务院及省市工作部署和普查方案要求，开展农业普查工作，严抓入户登记、PDA录入上传、数据改错等各个环节。至年底，全县上报农户表15.72万份，单位表476份，行政村普查表281份（含村委会和涉农居委会等村级单位），乡镇普查表18份（含乡、镇和涉农街道及一个农林场单位）。

【专项调查】 2017年，县统计局重点做好城乡一体化住户调查样本轮换工作，开展经常性检查和业务指导，完成全县13个调查点，130个调查

2017年9月6日，国家统计局揭阳调查队在县统计局会议室举行新一轮城乡一体化住户调查业务培训

（县统计局　供稿）

户调查工作。严格执行2016年年报及2017年定报制度，落实各统计专业调查要求，严把数据质量关。全年开展调查项目25个。

【统计法制建设】 2017年，县统计局加强统计法制建设，开展统计法律法规宣传教育，通过电视、LED显示屏、横联标语、发放宣传资料等形式，广泛宣传《中华人民共和国统计法》《统计法实施条例》；开展第八届“中国统计开放日之广东”活动，结合第三次全国农业普查工作，组织开展统计执法检查；组织开展“12·4”全国法治宣传日和“12·8”《统计法》颁布实施纪念日活动；全年电视播放80次，LED显示屏滚屏播放1200次，张贴宣传标语350张，悬挂横联36幅，发放宣传资料2万多份。

【统计服务】 2017年，县统计局做好年度计划相关指标数据测算、统计数据收集上报，为全县GDP核算提供基础数据；开展数据统计和经济运行监测工作，及时、准确报送统计数据，为相关部门提供统计相关咨询服务。全年编印《揭西信息快报》11期，全年编印690份；编写经济运行情况11篇；完成2016年《统计年鉴》编写印发工作。

（陈统将　陈乔川）

国土资源

【概况】 2017年，揭西县国土资源局（简称县国土局）保障发展用地需求，推进节约集约用地，加强耕地保护工作，惩治土地矿产违法违规用地，调整完善土地利用总体规划，推进法治国土建设。完成各项工作任务，国土资源管理秩序好转。

【土地管理】 2017年，县国土局为规范土地管理秩序，遏制土地违法违规行为，起草《关于进一步加强和规范土地管理的若干意见》，由县人民政府印发实施。根据国家产业政策和建设项目用地控制指标要求，加强土地调控，做好用地保障工作，统筹安排土地利用计划，管好用好有限的计划指标，做到优先保障重点项目、民生项目、拉动内需项目。

【土地市场管理】 2017年，县国土局落实年度供地计划和供地工作，做好土地市场动态监测与监管系统上报工作，履行合同上报制度，保证数据上报及时性和真实性。做好用地报批工作，重点组织兴汕高速公路建设项目用地、2016年度第一批次城镇用地、2017年度第三批次用地，面积合计169.18公顷；推进“三旧”改造工作，完成“三旧”改造项目1宗，面积0.27公顷。正在实施“三旧”改造项目1宗，面积0.68公顷，投入资金7000万元。

【土地利用总体规划】 2017年，县国土局做好揭西县土地利用总体规划调整完善工作，《揭西县土地利用总体规划（2010—2020年）调整完善方案》于2017年9月20日经省人民政府同意批复。做好县“十三五”土地整治规划编制工作，通过公开采购确定承编单位，至年底，完成基础材料收集和实地调研摸底等前期工作。

【耕地资源保护】 2017年，县国土局推进高标准基本农田建设。2014年度高标准基本农田建设项目通过市级验收；2015年度高标准基本农田建设工程全面竣工，完成单项工程验收、工程复核等工作；2016年度高标准基本农田建设任务1533.33公顷，完成项目可行性研究报告编制、外业测量、立项、规划设计、投资预算等前期工作。做好永久基本农田划定工作，划定任务1.48万公顷，实际划定面积1.51万公顷，超额完成335公顷；落实永久基本农田整备区划定工作，将尚未划入永久基本农田保护任务范围但符合划定条件的优质耕地划入永久基本农田整备区。至年底，全县永久基本农田整备区划定面积366.83公顷，确定布局并形成独立数据库报市级汇总。划定成果参照永久基本农田划定要求完成划定初验，市国土资源局、农业局于2017年11月对划定成果开展市级验收。开展垦造水田潜力调查工作，利用卫星影像图、规划数据库、土地利用现状数据库进行内业判读和外业实地核查，至年底，初步确定全县符合垦造水田条件的地块面积约2200公顷；对坪上镇上仓村等12个项目进行立项，面积226.67公顷，资金预算1.3亿元。调查公路边基本农田情况并结合实际，在公路两边设立永久基本农田标志牌75个。

【不动产登记】 2017年，县国土局做好土地使用权确认，履行不动产登记申请、受理、审核、登簿、发证等职责，做到落图、落宗、落号，不动产依法依规统一登记发证。推进房屋登记档案资料移交。遵循《揭西县房屋登记资料移交方案》，房屋登记电子数据档案资料由县信息中心监交，全部移交到县不动产登记中心；房屋登记纸质档案采取整体“逐批移交”、部分“先办理先移交”两种方式并行移交。至2017年年底，移交房屋登记纸质档案资料1164宗。不动产登记存量数据整合工作技术方案由省测绘院协助编制拟定。推进业务流程再造，制订不动产登记的流程和办事操作指南，登记簿册用登记系统打印、增量数据库在登记系统存储，办事指南列明申请材料清单，明晰接件标准。推进不动产登记信息平台建设，部署正式版登记系统并接入省级平台，实现数据系统自动上报。全年全县办理颁发不动产权利证书4376本，面积（含登记建筑面积）246.13公顷，其中：国有土地使用权登记15宗，土地面积138.89公顷；集体土地使用权登记15宗，面积1.21公顷；集体土地所有权登记6宗，土地面积39.78公顷；房产登记4340宗，面积66.25公顷。办理不动产抵押登记颁发不动产权利证861本，抵押面积共263.16公顷，颁发查询证明3395宗。

【土地信访和土地权属纠纷】 2017年，县国土局成立预防化解社会矛盾领导小组，制订《2017年揭西县国土资源局预防化解社会矛盾工作方案》，开展国土资源领导干部大接访活动，主动化解土地信访和土地权属纠纷。是年，受理群众来信来访18件（其中重复来信8件），办结率100%。

【矿产资源管理与开发】 2017年，县国土局抓好辖区内3个矿产勘查项目、9个持有采矿许可证矿业权人的监督管理工作。加强矿产资源开发利用巡查，每季度由县国土局牵头，组织县林业、水务、公安、环保、安监等单位开展矿产资源联合巡查。做好新矿区划定工作，坪上镇大坪采石场经揭阳市土地和矿业权交易中心挂牌出让，网上挂牌交易成功并根据相关程序申办采矿许可证。

【地质灾害防治】 2017年，县国土局根据揭西县地质灾害防治工作实际情况，编制《揭西县2017年度地质灾害防治方案》，经县政府批准后组织实施。做好地质灾害隐患点防治工作，强化地质灾害预警，加强与气象、水利部门合作，建立监测预报信息共享和预警联动机制，制订《揭西县地质灾害气象预报预警工作实施方案》，与县气象局签订《预防汛期地质灾害综合气象信息服务协议》，全年联合发布《地质灾害气象预报预警》7期，体系预警短信4条，预报信息短信1662条。严抓地质灾害隐患点，明确各个隐患点防治责任人、监测人，及时调整有变化或调整的

2017年5月8日，揭阳市国土资源局联合县国土局、棉湖镇政府在揭西县棉湖镇鲤鱼沟村开展地质灾害防灾减灾宣传活动 （县国土局 供稿）

监测人、责任人。是年，增加预警监测人、责任人4人，更新登记发放防灾明白卡123份，编制地质灾害隐患点防灾预案51份。开展地质隐患点防灾避险治理，筹措资金351万元，确定南山镇道南小学等5个地质灾害隐患点为2017年度治理工程，作为县民生实事工程。开展防灾减灾宣传活动。加强地质灾害防灾减灾宣传，开展各种防灾减灾培训。5月，揭阳市国土资源局联合县国土局、棉湖镇政府在揭西县棉湖镇鲤鱼沟村开展地质灾害防灾减灾宣传活动；5月，联合揭西县安全生产监督管理局在上砂镇市集开展地质灾害防灾安全咨询活动；6月，对全县国土所负责人和51个地质灾害隐患点责任人、监测人进行隐患点巡查和排查知识培训。

【土地执法监察】 2017年，县国土局加强执法队伍网络建设，建立动态巡查责任制，落实“定区域、定人员、定责任、定时间”的巡查制度，做到职责明确、职责到人，一级抓一级、层层抓落实，每周巡查范围覆盖所管辖区域一次。加大执法力度，惩治违法违规行为，结合2016年度卫片执法检查和2017年度各季度卫片执法检查工作，重点做好违法违规用地查处整治、卫片执法检查等专项工作，把违法违规用地制止在萌芽状态。按照河长制的要求，落实工作任务，结合土地执法工作，加大对环境违法行为惩治力度，重点加强水资源管理、耕地土壤环境监测、采石场生产监督，落实环境保护工作。是年，全县通过动态巡查发现并制止违法用地474宗，面积25.28公顷；查处违法用地案件336宗，面积51公顷，拆除建构筑物6966平方米，没收建构筑物1.05万平方米，复耕复绿10.39公顷，追究党纪政纪处分1人；移送公安机关立案侦查1宗。

（黄谊文　彭志怀）

工商行政

【概况】 2017年，揭西县市场监督管理局（加挂揭西县工商行政管理局、揭西县质量技术监督局牌子。简称县市监局）贯彻执行工商行政管理的法律法规、规章政策和标准规范，根据有关法律法规开展行政执法工作，负责辖区相关市场主体的登记注册和监督管理、市场监管、商标管理、广告管理、合同管理、消费者权益保护等工商行政管理工作，维护消费者的合法权益，规范市场经济秩序，服务地方经济发展。是年，全县各类市场主体2.04万户，比2016年增长20.3%，新登记各类市场主体4490户；全县新增注册商标1424件，累计8706件，累计有效广东著名商标3件；全年查处各类案件93宗，其中：假商标仿名牌案件1宗，假冒伪劣案件10宗，无照经营案件70宗，其他案件12宗。

【企业登记】 2017年，县市监局推行“多证合一”、企业简易注销登记制度改革，推进全程电子化商事登记和电子营业执照应用，优化营商环境，激发大众创新、创业活力。全年核准企业开业登记566户，其中农民专业合作社设立登记36户、认缴注册资本金12.02亿元；变更、换照、备案、名称预核等1197户，注销登记113户。受理核准个体工商户5063户，其中开业登记3924户、资金数额2.21亿元，变更、注销、换照、备案等1139户。全县累计内资企业、私营企业、集团2744户，农民专业合作社254户，个体工商户1.74万户。全年办理个体工商户升格私营企业65户，全县累计334户。全年核发“一照一码”营业执照5689户次、全程电子化营业执照1户。

【市场管理】 市场主体年报工作推进　2017年，县市监局加强宣传引导、提升业务水平、强化服务意识，推进辖区内各类企业、农民专业合作社、个体工商户报送年报工作。2016年度，应年报企业2273户，完成报送1978户，年报率87.0%；应年报个体户1.40万户，完成报送1.18万户，年报率84.4%；应年报农专社223户，完成报送200户，年报率89.7%。全年未按时年报被列入经营异常名录企业295户、农专社23户；未按规定期限年报被标记为经营异常状态个体户2174户。

“双随机　一公开”监管工作落实　2017年，县市监局完善市场监管惩罚机制，构建失信市场主体信用监管制度。是年，根据《企业信息公示暂行条例》《企业公示信息抽查暂行办法》和《企业经营异常名录管理暂行办法》的相关规定，开展随机抽查4批次，其中省局下发抽查企业60户，市局委托抽查企业7户，县局不定向随机抽查个体户600户、农专社10户。在抽查中发现异常企业23户，将其列入经营异常名录。

2017年9月26日，县市监局会同相关职能部门在河婆街道中心市场开展联合执法检查行动

（县市监局　供稿）

重点领域执法　2017年，县市监局以辖区监管责任制为核心、惩治各类经济违法行为为重点，开展清理整治无照经营、惩治传销规范直销、流通环节商品质量监管、反不正当竞争、扫黄打非、禁走私贩私、禁毒、专项治理涉众型金融不稳定等专项行动。是年，全县清理无照经营3019户，引导办照2955户。全系统出动执法人数2985人次，车辆752车次，检查各类场所3210户次，查处各类案件93宗，罚款34.66万元。其中：假商标仿名牌案件1宗，假冒伪劣案件10宗，无照经营案件70宗，其他案件12宗。

【商标管理】 2017年，县市监局加大商标发展宣传、帮扶和指导力度，引导县企业商标注册并争创驰、著名商标；参与地方特色美食商标打造、保护工作，履行地方特色美食商标注册牵头工作；加大商标专用权保护力度，开展“双打”行动，强化商标侵权案件查处。是年，全县新增注册商标1424件，累计8706件，有效广东著名商标3件；引导扶持农户、农专社注册农产品及特色美食商标81件，申报地理标志证明商标1件（钱坑木雕），培育引导揭西县特色美食协会向国家工商总局商标局申报“揭西擂茶”为地理标志证明商标1件；查处商标各类违法案件1件，案值0.57万元，罚没0.3万元。

【广告管理】 2017年，县市监局围绕广告监管工作要求，结合工作实际，加强广告监管工作。根据《广东省工商行政管理系统广告监测工作规定》，对县属广播电视台、广播、网站等媒体实施跟踪监测，对涉嫌违法广告发出广告警示、广告监督管理意见书，责令相关媒体进行整改；以县城范围不出现任何形式烟草广告为硬指标，加大执法力度，监测、巡查县城烟草广告市场，组织执法力量在县城开展全面清查整治烟草广告市场专项行动，清理户外违法广告，指导广告经营单位依法经营，禁止制作和发布烟草广告；以新《中华人民共和国广告法》和《互联网广告管理暂行办法》为依据，加强对互联网、房地产、教育培训、医药、保健食品等领域虚假违法广告执法力度，严厉打击虚假违法广告行为；开展广告行业统计分析工作，全县广告行业统计工作填报率100%；全年通过国家广告数据中心平台监测广告105条次，受理广告业务咨询47宗。

【合同管理】 2017年，县市监局加强合同市场监管工作。组织开展2016年度“守合同重信用”公示活动，公示“广东省守合同重信用”企业56户。做好动产抵押登记，全年全县办理动产抵押3宗，抵押价值2632.33万元，抵押数额1391.36万元。落实商品交易市场信用分类监管工作，按“及时、准确、规范、完整”要求，开展市场日常监管、专项整治等行动，检查执法信息和市场信用信息录入和动态更新工作。在2017年第一、二、三季度广东省商品交易市场信用分类监管系统应用工作考核中，揭西局考核评分100分。

2016年度“守合同重信用企业”一览表

表8

企业名称	行业类别	法定代表人
揭阳市揭西建筑集团公司	建筑业	蔡　东
广东省福利永兴彩印有限公司	制造业	林两发
揭西县电线杆厂	制造业	韩伟如
广东新兴电缆实业有限公司	制造业	杨贤生
广东志诚食品有限公司	制造业	陈志林
揭西县京溪园罐头厂	制造业	陈新运
揭西县美科电子电器厂	制造业	张远青
揭阳市揭西建筑安装工程总公司	建筑业	蔡勇达
白云山威灵药业有限公司	制造业	陈　矛
揭西县新兴装璜印刷厂有限公司	制造业	洪鸿斌
揭西县复兴五金塑料制品有限公司	制造业	曾庆南
广东汇华包装有限公司	制造业	王少敏
广东金辉科技印务实业有限公司	制造业	王卓辉
揭西县兴达包装印刷有限公司	制造业	林卓乔
广东雅都包装印刷有限公司	制造业	李东亮
广东飞鹅包装彩印有限公司	制造业	吴少伟
揭西特美思度假村有限公司	住宿和餐饮业	黄伟松
揭西县同心食品有限公司	制造业	吴贤才
广东荣华企业集团有限公司	批发和零售业	林　波
广东蓝天果蔬农业科技开发有限公司	制造业	林奕群
广东德煌电力设备有限公司	制造业	黄思玉
广东雄发食品工业有限公司	制造业	杨少雄
广东茂林食品有限公司	制造业	杨树喜

续表8

企业名称	行业类别	法定代表人
广东星期八食品工业有限公司	制造业	王卓伟
广东农夫山庄食品工业有限公司	制造业	王少林
广东凉果世家农副产品有限公司	制造业	林汉文
广东金凤凰食品有限公司	制造业	林少周
广东亿心食品工业有限公司	制造业	王奕波
广东雅林食品有限公司	制造业	林贤胜
广东港洲食品实业有限公司	制造业	王惠雄
广东茂源医药有限公司	批发和零售业	王乐亮
揭西县棉湖益达线材厂	制造业	沈映青
揭西县三星美印包装有限公司	制造业	吴伟波
广东广信食品机械有限公司	制造业	韩伟如
广东京明茶叶综合发展有限公司	制造业	高　颂
揭西润迅通信营业部	批发和零售业	庄文华
广东创贤房地产开发有限公司	房地产业	黄贤芬
广东建兴电线电缆有限公司	制造业	宋婉华
揭西县新世纪旅行社有限公司	租赁和商务服务业	沈彦娜
广东元亨食品有限公司	制造业	王泽帆
广东天高食品厂有限公司	制造业	高志华
揭西县礼兴达纺织有限公司	制造业	李振方
广东万瑞通电缆实业有限公司	制造业	杨永佳
揭西县棉湖镇雅斯电线电缆厂	制造业	林庭锋
广东大洋云雾山矿泉水有限公司	制造业	蔡志光
广东蓝天塑料制品有限公司	制造业	杨怡雄
揭西县好胜泰电线电缆厂	制造业	杨丹耿
揭西县湖坡建设开发有限公司	房地产业	陈树昆
广东钢精不锈钢有限公司	制造业	陈汉杰
揭西县河婆镇安娜洋参行	批发和零售业	张安娜
揭西县昆联电线电缆厂	制造业	杨贤林
广东鸿盛利五金制品有限公司	制造业	洪克南
广东威潜电缆实业有限公司	制造业	王加创
广东南方电缆实业有限公司	制造业	方涌东
广东胜达通电缆实业有限公司	制造业	黄剑飞
揭阳市顺强汽车贸易有限公司	汽车销售	吴伟强

2017年揭西县“广东省著名商标”一览表

表9

商标名称	产品	公司名称	到期期限
京明	茶叶	广东京明茶叶综合发展有限公司	2018.01.29
梦尔丝	毛巾	揭西县礼兴达纺织有限公司	2019.05.05
粤揭同心	地瓜干、水果蜜饯	揭西县同心食品有限公司	2018.01.29

（巫培钦　庄雪婷）

质量技术监督

【概况】 2017年，揭西县市场监督管理局（简称县市监局）负责辖区内产品质量安全监督、食品相关产品生产加工、计量、标准化监管、特种设备安全监察、商品条码和监管认证等质量技术监管工作，履行产品质量安全监管、特种设备安全监察、计量监管等行政执法职能，维护市场经济秩序。是年，全县机动车检验检测机构3家，加油站27家，特种设备使用单位124家、特种设备总数285台。全年全县立案查处违法案件5宗。

【产品质量监管】 2017年，县市监局制定《电线电缆生产企业专项监督检查工作实施方案》《揭西县市场监督管理局进一步深入开展电线电缆生产企业专项监督检查工作方案》，开展揭西县电线电缆生产企业专项监督检查工作；配合国家质检总局、省和市质监局督查组对揭西县电线电缆企业专项检查，并完成辖区内电线电缆清查建档工作。是年，检查生产电线电缆产品的3C认证企业106家，发出整改通知书3份，收回整改报告3份。配合上级主管部门做好产品质量监督抽查工作。是年，市级产品质量监督抽查产品70批次，其中合格产品60批次，根据有关法律规定，责令不合格产品企业进行整改。

【标准化管理】 2017年，县市监局宣传广东省企业产品和服务标准自我声明公开政策，推广“企业标准信息公共服务平台”，指导和帮助县2家企业（广东蓝天塑料制品有限公司、广东胜宇电缆实业有限公司）做好标准自我声明公开；做好农业标准化示范区申报，协助市质监局做好广东新农生物科技有限公司农业标准化示范区验收工作；加大县主导产业采标力度，推进采标进程。广东省揭西县质量技术监督检测所（简称县检测所）服务企业开展条码工作，全年办理商品条码新注册系统成员20家，续展系统成员123家；复认商品条码印刷资格3家；条码送样检验33家68种商品。

【计量监管】 2017年，县市监局加强计量基础、推进民生计量工作、强化能源计量、规范计量行为、完善计量服务体系。开展“计量惠民生、诚信促和谐”双十工程，引导企业诚信计量自我承诺，全年全县19家相关单位签订《诚信计量承诺书》；加强计量宣传工作，围绕“计量与交通”主题，开展“5·20”世界计量日宣传活动，张贴大型宣传画6张，小型宣传画60张，小卡片1080张；开展“计量服务进企业”活动，组织企业计量管理和技术人员进行《计量发展规划

（2013—2020年）》、计量基础知识等培训；强化能源计量工作，对县20家耗能企业开展能源计量服务工作。

【特种设备安全监察】 2017年，县市监局以全县安全生产大检查、大整治行动，重大节日及重大活动为契机，开展特种设备安全隐患排查和治理工作，全年出动监察人员360人次，检查使用、安装、检测单位124家次，检查特种设备285台次，排查消除隐患31处，发出安全监察指令书4份；开展涉及燃气压力容器使用安全专项检查，与县内各气瓶充装站、检测站负责人签订《特种设备使用管理安全责任承诺书》，落实气瓶充装站、检测站主体责任；利用“安全生产日”“安全生产月”等活动，宣传《中华人民共和国特种设备安全法》等相关政策法规，向群众普及特种设备安全知识，发放宣传资料3000多份。

【质量执法检查】 2017年，县市监局以儿童用品（含玩具）、电线电缆、插头插座、服装、家电、汽车零配件、特种设备等为重点，开展惩治制售假冒伪劣商品、气瓶充装、电线电缆等专项行动，依法查处违反标准化、计量、质量、特种设备安全、食品相关产品等法律法规行为，切实维护市场经济秩序，营造良好消费投资环境。全年出动执法人员211人次，检查各类企业63家。

【技术检测】 2017年，县市监局开展“惠民工程”，做好各项检定工作。由县检测所对全县24个农贸市场和21家医疗卫生单位进行强制免费检定，检测电子秤2241台、台案秤82台、弹簧秤和其他类型秤427台次，合格率99.6%（不合格10台）；人体秤105台，合格率99.0%（不合格1台）；血压计1005台，合格率96.5%（不合格35台）；压力表58个，合格率100%。对检定不合格计量器具使用单位发出责令整改通知。全年检测全县生产企业分析天平122台、架盘天平154台、加油机489台（枪）、台案称91台、电子称891台、砝码1087个、压力表469个、地称10台、干燥箱166台、培养箱140台，合格率100%。

2017年揭西县3C认证获证企业名单统计表

表10

企业名称	认证项目	认证机构名称	获证日期
飞雕电线电缆有限公司	额定电压450/750伏及以下聚氯乙烯绝缘电线电缆	中国质量认证中心	2017.03.22
广东联胜电缆实业有限公司	额定电压450/750伏及以下聚氯乙烯绝缘电线电缆	中国质量认证中心	2017.09.07
揭西县达祥电线电缆厂	额定电压450/750 伏及以下聚氯乙烯绝缘电线电缆	中国质量认证中心	2017.12.07
揭西县凤江广润兴电线厂	额定电压450/750 伏及以下聚氯乙烯绝缘电线电缆	中国质量认证中心	2017.01.23
揭西县凤江利兴电线厂	额定电压450/750 伏及以下聚氯乙烯绝缘电线电缆	中国质量认证中心	2017.04.19
揭西县凤江镇兴城塑料电线厂	额定电压450/750 伏及以下聚氯乙烯绝缘电线电缆	广东质检中诚认证有限公司	2017.12.22
揭西县格泰力电线电缆厂	额定电压450/750 伏及以下聚氯乙烯绝缘电线电缆	中国质量认证中心	2017.03.20

续表 10

企业名称	认证项目	认证机构名称	获证日期
揭西县河婆世通电器厂	音视频设备配套的电源适配器（含充/放电器）	中国质量认证中心	2017.11.27
揭西县河婆镇益兴电子厂	音视频设备配套的电源适配器（含充/放电器）	中国质量认证中心	2017.12.14
揭西县灰寨亿宝润玩具厂	塑胶玩具类产品	中国质量认证中心	2017.09.28
揭西县灰寨镇春源电器厂	音视频设备配套的电源适配器（含充/放电器）	中国质量认证中心	2017.10.18
揭西县灰寨镇亿娃乐玩具厂	金属玩具类产品	中国质量认证中心	2017.07.17
揭西县九隆电线电缆厂	额定电压 450/750 伏及以下聚氯乙烯绝缘电线电缆	中国质量认证中心	2017.07.19
揭西县美乐斯电子电器厂实业有限公司	电子琴	中国质量认证中心	2017.10.20
揭西县棉湖电皇电器厂	插头插座（家用和类似用途）	广州威凯认证检测有限公司	2017.10.18
揭西县棉湖富佳达电线厂	额定电压450/750伏及以下聚氯乙烯绝缘电线电缆	中国质量认证中心	2017.08.03
揭西县棉湖广榕电器厂	插头插座（家用和类似用途）	广州威凯认证检测有限公司	2017.10.18
揭西县棉湖广注电器厂	插头插座（家用和类似用途）	广州威凯认证检测有限公司	2017.10.20
揭西县棉湖航舟电器厂	插头插座（家用和类似用途）	广州威凯认证检测有限公司	2017.12.12
揭西县棉湖加佳家用电器厂	插头插座（家用和类似用途）	广州威凯认证检测有限公司	2017.08.24
揭西县棉湖嘉泰电器电线厂	插头插座（家用和类似用途）	广州威凯认证检测有限公司	2017.10.18
揭西县棉湖金威迅电线厂	额定电压450/750 伏及以下聚氯乙烯绝缘电线电缆	中国质量认证中心	2017.06.02
揭西县棉湖锦生塑料加工厂	电线组件	中国质量认证中心	2017.08.25
揭西县棉湖巨力电线电缆厂	插头插座（家用和类似用途）	广州威凯认证检测有限公司	2017.10.18
揭西县棉湖科锋宇电线电缆厂	额定电压450/750 伏及以下聚氯乙烯绝缘电线电缆	中国质量认证中心	2017.12.21
揭西县棉湖龙运达电线电缆厂	额定电压450/750伏及以下聚氯乙烯绝缘电线电缆	中国质量认证中心	2017.12.21
揭西县棉湖天虹电线厂	额定电压450/750伏及以下聚氯乙烯绝缘电线电缆	中国质量认证中心	2017.12.14
揭西县棉湖张家港电器厂	插头插座（家用和类似用途）	广州威凯认证检测有限公司	2017.10.18
揭西县棉湖镇鸿富达电线电缆厂	额定电压450/750伏及以下聚氯乙烯绝缘电线电缆	中国质量认证中心	2017.11.22
揭西县棉湖镇鹏程五金胶塑电器厂	插头插座（家用和类似用途）	广州威凯认证检测有限公司	2017.10.19
揭西县棉湖镇奇兴胶木塑料配件厂	插头插座（家用和类似用途）	中国质量认证中心	2017.03.20
揭西县欧安能源有限公司	音视频设备配套的电源适配器（含充/放电器）	中国质量认证中心	2017.06.21
揭西县盛光达电线电缆厂	额定电压450/750伏及以下聚氯乙烯绝缘电线电缆	中国质量认证中心	2017.07.18

（巫培钦　庄雪婷）

食品药品监管

【概况】 2017年，揭西县食品药品监督管理局（简称县食药监局）构建食品药品监管网络，加强食品药品安全监管，惩治食品药品安全违法行为，全年没有发生食品药品安全事故。至年底，全县抽检食品、药品、保健食品、化妆品1205批次，快速检测1.26万批次；受理和处理食品药品投诉和举报案件845宗，查处食品药品违法案件115宗，罚没126.65万元，通过GSP认证药品经营单位8家；出动执法人员1.42万人次，检查食品药品生产经营单位5357家次，发出责令改正通知书259份。

【食品药品经营审批】 2017年，县食药监局做好行政许可审批工作，从源头上规范食品药品生产经营秩序，按照审查标准和许可程序严把准入关。全年政务中心服务窗口受理审批事项1745件，新发放食品经营许可证1650张（包含餐饮服务单位、食品销售单位、保健食品经营单位），所有审批事项均在承诺期限内办结，未出现红牌警告，群众满意度较高，投诉率为零，受理窗口多次被评为“文明窗口”。

【特殊药品监管】 2017年，县食药监局开展特殊药品复方制剂专项检查，重点检查零售药店是否按要求进行销售和登记，是否存在超量、多次购买等情况；结合药品经营安全监管日常巡查，针对企业存在问题进行指导，要求药品经营企业加强自律和自查，规范特殊药品经营行为。检查过程中未发现违法违规行为。

【食品药品执法检查】 2017年，县食药监局启动“广东省食品安全示范县”创建工作；开展惩治食品药品安全违法行为“利剑”行动、惩治利用互联网实施食品药品违法犯罪“清网”行动、“打窝点　清隐患　保安全　促稳定”食品药品违法犯罪打击整治专项行动、食品标签说明书“非法声称”问题专项整治。全年查处食品药品案件115宗，罚没125.65万元。

食品安全综合监管　2017年，县食药监局加强食品安全监管，严厉惩治食品安全违法行为。全年出动执法人员1.33万人次，检查食品生产单位、食品销售经营单位、餐饮服务经营单位、保健食品经营单位5016家次，发出责令改正通知书295份；各环节抽检食品1521批次，快速检测食用农产品1.16万批次；受理和处理食品投诉和举报834宗，查处食品违法案件107宗，罚没124.73万元。全年全县食品安全零事故。

药品安全综合监管　2017年，县食药监局开展药品流通领域违法经营行为专项整治、特殊药品复方制剂专项检查，加强中药饮片生产经营监管、冷链管理药品监管，开展城乡结合部和农村地区药店、诊所药品安全集中整治，规范药品市场秩序。全年抽检药品128批次，抽检药品生产单位3家次，药品经营单位24家次；受理和处理药品投诉和举报11宗，查处药品违法案件7宗，罚没0.86万元。

【食品药品宣传】 2017年，县食药监局引导食品药品监管正面舆论，宣传食品药品科普知识和法律法规，公开食品药品抽检信息以及假劣信息等。开展以“食药安全 创新梦圆”为主题的食品药品监管宣传活动、安全用药科普知识进基层活动、食品安全宣传周活动；利用县信息公开系统、报刊、宣传专栏、揭西县电视台等渠道开展

2017年6月15日至7月7日，揭西县食安办联合食安委各成员单位在县文化广场举办以“尚德守法 共治共享食品安全”为主题的食品安全宣传周活动（黄希平 摄）

食品药品宣传工作，全年宣传报道38篇次；在移动短信息平台发送信息32次、宣传覆盖3.2万人次；2017年度创文创卫期间，发放主题宣传资料5000多份、宣传海报4000多张、大型餐馆摆放宣传展板120个、餐饮服务单位公示栏1200个、文明餐桌牌7200个；在县信息公开系统主动公开机构职能、规范性文件、工作动态、业务工作、办事指南、质量信息、专项整治、信用信息、注销撤销、召回信息、安全消费、查处信息等14大类政府信息50多条。

【食品生产安全监管】 2017年，县食药监局对揭西县食品生产企业实行风险等级分级分类管理，加强日常监管巡查，重点检查短斤缺两、超范围使用食品添加剂、食品中非法添加非食用物质等违法违规行为。推进县域内小作坊登记发证，至年底，77家小作坊取得食品生产加工小作坊登记证。开展食品生产加工小作坊和桶装饮用水生产行业重大风险隐患排查及专项整治、“石花菜”生产加工及其制品使用情况专项排查、惩治“两超一非”百日专项整治、调味面制品专项整治、食品标签说明书“非法声称”问题专项整治；配合省、市食药监局开展茶叶生产企业专项交叉检查及飞行检查。纠正和制止在监管巡查过程中发现的违法违规行为，全年发出责令改正通知书7份，暂扣生产许可证4张，约谈食品生产企业22家次。

【食品市场安全监管】 2017年，县食药监局开展婴幼儿配方乳粉专项治理，要求经营单位登录广东省智慧食药监云平台录入相关婴幼儿配方乳粉产品进销信息，实现婴幼儿配方乳粉全程溯源管理。制订《全县4家农贸市场开展食用农产品快速检测工作实施方案》，成立工作专责小组组织开展揭西县河婆大同市场、金和农贸市场、金和镇农产品中心市场和棉湖农贸市场食用农产品快检，快检工作覆盖全县17个乡镇（街道）。开展畜禽水产品质量安全违法行为专项行动，检查畜禽水产品违规使用抗生素、禁用化合物及兽药残留超标等问题。推进农村食品安全综合治理，严厉查处农村食品违法案件。对快检中查处的不合格产品作无害化处理，对监管中发现的无证经营行为予以取缔，对未落实索证索票和进货查验制度的责令改正。全年发出责令整改通知书52份，已落实整改家数52家。

【食品餐饮安全监管】 2017年，县食药监局开展餐饮服务单位专项整治，对辖区内无证小餐饮进行拉网式清理，全年发放餐饮环节食品经营许可证746张，持证亮证率100%、餐饮量化分级管理率100%、健康证明持有率100%、卫生达标率

2017年5—6月，揭西县食药监局开展高考期间食品安全保障工作，图为执法人员依法开展食品原料快速检测（张伟林 摄）

90%以上。联合揭西县教育局开展全县春秋季学校食堂食品安全专项检查，重点检查学校食堂总体环境、索证索票、进货查验制度落实情况、食品加工制作、餐饮器具清洗消毒、食品留样登记情况；加强校园周边食品经营单位监管，消除学校及校园周边食品安全隐患。推进餐饮单位量化分级、“明厨亮灶”建设和学校食堂“灭C行动”。全县持证餐饮服务单位1029家，量化分级评定1029家，其中A级6家，B级205家，C级801家，实现“明厨亮灶”餐饮单位915家，应量化分级率100%。开展“平安餐饮”创建活动，全县市级“平安餐饮”单位3家，县级“平安餐饮”单位132家，镇级“平安餐饮”单位894家，创建覆盖率100%。开展“两会”、高考等重大活动期间食品安全保障工作15次，派2名以上食品安全监督员进行全过程监督，督促接待方做好食品留样工作。开展中秋、国庆“两节”食品安全专项检查行动，餐饮单位食用油检查专项行动，单位食堂专项整治，养老机构食堂专项整治，网络订餐、文明餐桌、寄餐园整治等工作。全年没有发生食品安全事故。

（蔡远辉　蔡　瑾）

安全生产监督

【概况】　2017年，揭西县安全生产委员会办公室（简称县安委办）开展安全生产大检查、安全生产专项整治和安全生产宣传教育培训等活动，强化安全生产基础工作，促进安全监管各项工作顺利开展。是年，全县发生各类事故217起，死亡28人，受伤163人，直接经济损失445.93万元。其中工矿商贸事故3起，死亡4人，直接经济损失343万元；道路交通事故132起，死亡24人，受伤163人（其中生产经营性道路交通事故14起，死亡12人，受伤10人），直接经济损失9.47万元；火灾事故82起，直接经济损失92.46万元。

【重点行业整治】　2017年，县安委办组织各乡镇（街道）和县安监、公安、消防、交通、市监、住建等部门开展联合执法行动，排查整治安全生产事故隐患，惩治安全生产非法违法行为。是年，全县检查重点行业企业2018家次，发现安全隐患2716处，现场整改2560处，限期落实整改156处。至年底，全部落实整改。

【安全生产检查】　2017年，县安委办排查整治安全隐患，各乡镇（街道）、各部门对该辖区、该行业领域内所有生产经营单位进行全面检查。是年，全县出动安全生产大检查9500人次，检查企业1049家次，发现安全隐患2733处，现场落实整改2577处，限期落实整改156处。至年底，全部落实整改。全年实施行政处罚69.66万元。

2017年12月26日，代县长周伟（中）在县城污水处理厂检查安全生产工作　　（县安监局　供稿）

【安全生产应急救援】　2017年，揭西县推进全县安全生产监管工作，县安委办督促、指导各地各部门建立健全应急救援机制，加强安全、消防设施建设，组织全县危险化学品企业、非煤矿山企业和各乡镇（街道）、县有关部门开展系列安全生产应急救援演练，提高企业员工对突发事故的应急反应能力和处置能力。全年全县开展应急演练387场次。

【标准化建设】 2017年，县安全监管部门落实国家、省、市关于企业安全生产标准化建设工作要求，从加强监管入手，督促指导企业推进安全生产标准化建设工作创建及升级，提升企业安全水平。至年底，全县实现安全生产标准化三级达标企业45家。

【宣传教育】 2017年，县安委办落实《中华人民共和国安全生产法》《广东省安全生产条例》等法律法规，组织开展安全生产宣传教育活动。组织“安全生产忠诚卫士”主题演讲比赛，传播安全知识；开展“安全生产月”各项活动，发动各乡镇（街道）、各部门利用电视、广播、天气预报等平台每天发出安全知识警示语，利用悬挂横联、张贴标语等形式，宣传安全生产知识和应急救援常识；开展“安全生产执法警示”“安全生产执法年”“安全生产应急救援演练”等活动，提高企业应急救援水平。是年，全县制作安全生产宣传栏94个、宣传横幅102条，播出公益广告7804则、新闻报道68条，发送手机短信42.6万条，发放宣传资料15.47万份。

【安全生产预防体系】 2017年，揭西县将各企业预防体系建设工作纳入网格化管理，层层压实责任，强化监督管理，完善双重预防体系建设。各乡镇（街道）强化预防体系建设工作督导检查，发挥安委会办公室督导协调作用，把预防体系建设和安全生产精细化管理等工作结合起来，将双重预防体系建设作为监管执法重点内容，持续开展针对性执法检查，及时掌握辖区内企业预防体系建设进度。

【职业病危害防控】 2017年，县安全监管部门加强安全生产执法监察，依法推进企业职业病危害防控工作，落实国家劳动安全卫生保护标准，实行职业安全健康分类管理，实施重点、高危企业职业卫生监督监测，依法开展职业健康监护和职业病危害因素检测及现状评价工作。全年全县开展职业病危害因素检测56家，职业健康体检956人。

【安全生产领域“打非治违”专项行动】 2017年，县安监局、公安局、市监局等单位开展联合执法行动，对安全生产非法违法行为进行专项整治，重点整治危险化学品和易燃易爆物品等领域，推进安全事故隐患整治和“打非治违”行动。全年全县取缔违法经营危险化学品窝点17个，捣毁非法生产烟花爆竹窝点2个，收缴并公开销毁非法生产烟花爆竹设备、原料1批，依法刑事拘留1人，治安拘留24人。

（刘桂山　杨佩贤）

财政　税务

财　政

【概况】　2017年，揭西县财政局（简称县财政局）做好财税收入，优化支出结构，强化公共财政职能作用，完成各项财政工作任务。全年县内一般公共预算收入完成4.6亿元，比2016年（下同）增长7.0%。其中：税收收入3.16亿元，增长7.1%；非税收入1.44亿元，增长6.6%。全县一般公共预算支出40.37亿元，增长4.3%。

【国库集中支付】　2017年，县财政局推进和深化财政国库管理制度改革，完善财政财务监管体系，对县级财务核算信息集中监管工作延伸和发展，将国库支付环节的改革延伸到单位的预算执行环节。全年县国库支付中心集中支付资金36.72亿元，其中：财政直接支付32.45亿元，财政授权支付4.27亿元。

【财政收入征管】　2017年，揭西县财政总收入47.26亿元，与2016年（下同）基本持平。其中：上级补助收入32.87亿元，地方一般公共预算收入4.6亿元，年终滚存结转收入3.62亿元，调入资金2.51亿元，动用预算稳定调节基金1.56亿元，地方政府债券转贷收入2.1亿元。全年县内一般公共预算收入完成4.6亿元，为年初预算100.4%，超收202万元，比2016年（下同）收入4.3亿元增收3000万元，增长7.0%，其中：税收收入3.16亿元，为年初预算99.2%，短收258万元，增收2100万元，增长7.1%；非税收入1.45亿元，为年初预算103.3%，超收460万元，增收900万元，增长6.6%。

【“三公”经费支出】　2017年，揭西县会议费支出454.58万元，比2016年（下同）减少31.7%；因公出国经费支出22.83万元，减少30.9%；全年无公务用车购置费支出，公务用车运行维护费支出488.48万元，减少48.4%；公务接待费支出553.61万元，减少12.3%。

【民生支出保障】　2017年，揭西县财政支出重点向民生社会事业发展重点领域倾斜，各项重点民生事项和底线民生保障事项全部落实到位。全县投入民生资金35.81亿元，占一般公共预算支出88.7%，比2016年增加1.68亿元，增长4.9%。

【非税收入管理】　2017年缴入县财政专户，实行收支两条线管理非税收入3.42亿元，其中：行政事业性收费收入1.26亿元、罚没收入1.50亿元、教育收费收入0.62亿元、其他非税收入0.04亿元。是年，非税收入纳入县公共预算收入1.45亿元，占县一般公共预算收入31.4%。

【政府集中采购管理】 2017年，揭西县申报政府采购单位涉及项目127宗，申报采购总金额2.97亿元（预算内资金2.19亿元，自筹资金0.78亿元），其中公开招标金额2.43亿元，其他非公开招标形式采购金额0.54亿元。（实际完成采购项目90宗，申报采购金额2亿元，采购金额1.94亿元，节约0.06亿元，节约率3.1%。）

【投资评审管理】 2017年，揭西县工程审核结算项目392个，其中工程结算定案项目20个，工程结算意见项目373个，送审金额2.21亿元，核减0.17亿元，核定造价2.04亿元，核减率7%；工程审核预算项目187个，送审预算造价4.92亿元，核减0.60亿元，核定预算造价4.32亿元，核减率12%。

【专项资金管理】 2017年，揭西县财政收到上级专项资金补助收入32.87亿元，主要用于重点建设项目和底线民生保障、新农村建设、教育创强和均等化发展、精准扶贫、精准脱贫、道路交通设施建设、环保生态、农村生产生活、完善社会保障、医疗卫生服务、劳动就业、市政基础设施建设及十件民生实事等重点民生工作。

【会计管理和监督】 2017年，揭西县财政部门做好会计管理和监督工作，采取网上报名、网上缴费、考试合格后验证方式，受理初级职称报名385人，考试合格22人，中级职称报名45人。

【揭西县原国有资产经营公司更名】 2017年，根据《关于印发〈揭西县国有资产管理办公室机构编制方案〉的通知》，揭西县国有资产经营公司更名为揭西县国有资产管理办公室，加挂揭西县国有企业改革领导小组办公室牌子，为公益一类副科级事业单位，由县政府直接管理，挂靠县财政局。县国有资产管理办公室（县国有企业改革领导小组办公室）核定人员事业编制12人，其中：主任1人、副主任2人、股长（副股级）3人。

【基层公共服务平台】 2017年，揭西县基层公共服务平台重点对全县318个村（社区）公共服务站进行升级建设，对各部门在村（社区）设置的各类机构、牌子、平台等进行整合，把村（社区）公共服务站建设为党和政府在村（社区）基层的执政阵地。是年，全县投入资金2088.82万元，其中：建设经费641.05万元，运维费367.77万元，人员经费1080万元。

【财政审计】 2017年6月，揭西县审计局对揭西县2016年预算收支执行情况进行审计。2016年，县财政保障财政收入统筹安排，弥补支出缺口，申报债券转贷资金，化解债务风险，强化公共财政职能作用，重视民生，保障重点，较好完成县九届人大六次会议审议通过并经调整的年度收支任务，基本实现预算收支平衡。

【财政预算支出】 2017年，财政总支出43.69亿元，为年初预算的112.4%，为调整预算数43.09亿元的101.4%，比2016年（下同）增长3.8%。其中：一般公共预算支出40.37亿元，增长4.3%；上解支出2.97亿元，地方政府债券转贷还本支出0.35亿元。

【部门预算和“三公”经费控制】 2017年，县财政围绕供给侧结构改革主线，发挥财政职能，对县级一级预算单位公开财政预决算、部门预算及“三公”经费预决算把关，编制部门预算。对县委、县政府确定发展项目，重点列入预算。部门预算通过人大常委会审核后，严格执行预算计划，对一次性增支项目，对照“八项规定”严格把关。

【财政风险防控】 2017年，由广东省人民政府核准并经揭西县人大常委会审议批准，县地方政府债务限额13.54亿元，其中：一般债务限额

11.11亿元，专项债务限额2.43亿元。至年底，县地方政府债务余额10.56亿元，其中：政府债券10.01亿元，存量债务0.55亿元，整体债务水平在债务限额以内。

【内部控制基础性评价】 2017年，县财政局全面推进行政事业单位加强内部控制建设，向全县各行政事业单位布置开展行政事业单位内部控制报告编制工作，完成纸质版和单机版上报单位90个，完成率100%。

【财政法规宣传】 2017年，县财政局加强法律宣传和法律知识竞赛工作。根据《财政部关于认真做好宣传贯彻新〈会计法〉有关工作的通知》，县财政局做好宣传、贯彻落实，及时回应社会关切，把取消会计从业资格认定与转变会计监管职能结合起来，树立服务理念，主动为会计人员继续教育提供信息服务。根据财政部《关于组织参加第十一届全国百家网站微信公众号法律知识竞赛活动的通知》要求，组织财政系统人员参加法律知识竞赛活动。

揭西县2017年财政收支执行情况表

表11　　单位：万元

预算科目	年初预算数	累计数		预算科目	年初预算数	累计数	
		本期	2016年同期			本期	2016年同期
一、税收收入小计	31827	31569	29469	一、一般公共服务	25700	24722	25430
（一）工商税收	29477	29702	26780	二、国防支出	255	285	472
1.增值税	13465	14967	12468	三、公共安全支出	12913	11692	12871
2.共享税留成	6788	1436	6124	四、教育支出	89765	80233	80473
3.其他税收	9224	13299	8188	五、科学技术支出	1050	478	494
（二）耕地占用税	700		1161	六、文化体育与传媒支出	8539	6137	2663
（三）契税	1650	1867	1528	七、社会保障和就业支出	78426	73685	85878
二、非税收入小计	14019	14479	13579	八、医疗卫生与计划生育支出	64214	75777	65068
1.专项收入	2932	2923	2840	九、节能环保支出	7750	5796	8166
2.行政性收费收入	7269	7369	7041	十、城乡社区支出	10143	29615	22302
3.罚没收入	2746	2913	2660	十一、农林水支出	39196	67510	36855
4.国有资本经营收入	321	0	311	十二、交通运输支出	5681	13525	35529
5.国有资源（资产）有偿使用收入	550	818	533	十三、资源勘探信息等支出	909	635	3097
6.其他收入	180	428	174	十四、商业服务业等支出	1129	1197	967
7.政府住房基金收入	21	28	20	十五、国土海洋气象等支出	2824	4799	1538
				十六、住房保障支出	3848	4323	2802
				十七、粮油物资储备支出	1498	1486	1512
				十八、其他支出	3580	107	407
				十九.债务付息支出	1717	1717	409
				二十、债务发行费用支出		22	55
一般公共预算收入合计	45846	46048	43048	一般公共预算支出合计	359137	403741	386988

（高锐华　李俊强　刘政章）

国家税务

【概况】 2017年，揭西县国家税务局（简称县国税局）规范税收管理，提升纳税人满意度，推动各项工作开展。全县国税系统组织工商各税收入6.87亿元，比2016年增长23.2%，增收1.29亿元。至年底，全县辖区纳税户1.8万户，其中：国有企业181户、集体企业197户、涉外企业117户、私营有限责任公司1421户、私营独资企业356户、个体工商户1.39万户、其他类型纳税人1933户。

【国税管理】 *征管基础建设* 2017年，县国税局加强税源调查研究，掌握揭西税源结构及发展趋势，组织税收收入；组织开展纳税评估，及时发现征收管理过程中的不足，帮助纳税人发现和纠正在履行纳税义务过程中出现的错漏；加强对小规模纳税人管理，辅导纳税人建立健全账务，做好“双定户”（实行定期定额征收方式业户）定额调整工作。

增值税管理 2017年，县国税局做好“营业税改征增值税”纳税人的后续管理服务工作，加强增值税一般纳税人认定和监控管理，全年办理增值税一般纳税人资格认定284户，至年底，全县增值税一般纳税人1212户。

企业所得税管理 2017年，县国税局落实企业所得税日常规范管理，与县地税局联合举办企业所得税汇算清缴培训，参加培训企业150多户；派出工作组指导企业做好2016年度企业所得税汇算清缴工作。2016年度企业所得税汇算清缴应参加企业1053户，实际参加企业1053户，汇算清缴面100%。

车辆购置税管理 2017年，县国税局做好车辆购置税受理和征收工作，完整归集纳税资料，执行税款入库制度，全年实现车辆购置税收入3023万元。

出口退税管理 2017年，县国税局加强出口型企业税收征管，依规对企业申报免、抵、退税资料进行严格审核，防范税收风险。加快退税进度，及时准确办理退税业务，鼓励企业实施“走出去”战略，扶持揭西外向型经济发展。全年办理出口退（免）税额累计1.99亿元，其中办理免抵税额调库0.56亿元，办理退税1.43亿元。

发票管理 2017年，县国税局完善普通发票管理制度，把好日常受理、审批、发售关，及时跟进后续管理，重点对用票大户的发票使用情况进行抽查，强化“以票控税”，堵塞管理漏洞；强化增值税专用发票管理，全面监控增值税专用发票领用审核和开具情况；严格落实门前代开发票审批手续。全年，增值税专用发票累计销售14.46万份，增值税普通发票（包括增值税电子普通发票）累计销售66.78万份。

【国税征收】 2017年，县国税局组织工商各税收入6.87亿元，比2016年（下同）同期增收1.29亿元，增长23.2%，其中，中央级收入3.64亿元，增长14.1%；省级库收入1.61亿元，增长54.9%；县级库收入1.61亿元，增长20.3%。其中：增值税收入5.97亿元，同期增收1.04亿元，增长21%，企业所得税收入0.59亿元，同期增收0.13亿元，增长28.2%。

【依法治税】 2017年，县国税局推进“三险共治”（税收风险、执法风险、廉政风险），组织开展全面排查执法风险点，进行清理和整治；完善纳税评估体系，通过金税三期管理系统组织纳税评估303次；加大稽查工作力度，重拳打击重点地区、重点领域的偷税漏税行为，稽查部门全年实现税款1167.93万元，其中，查办涉税案件4宗，查补金额345.01万元；开展各类税收检查，辅导企业自查22户，实现自查入户金额657.56万元。

【税收政策落实】 2017年，县国税局全面落实支持小微企业发展、高新技术产业发展、鼓励残疾人就业、大学生创业等税收优惠政策，减轻企业税收负担，鼓励市场主体放心发展。全年有548户盈利企业享受企业所得税小微企业税收优惠，受惠面100%，合计减免税款877.73万元，户均减免1.6万元。

【税收宣传】 2017年，县国税局开展“便民办税春风行动”，面向纳税人，开展税收宣传活动。与地税联合开展“服务大走访”活动，辅导纳税人规范建账，为企业送去最新的税收优惠政策；在金和镇淘宝村开展联合税收宣传，为1000多名纳税人普及税收政策；在全县范围内开展党员“一对一”对点服务，接受纳税人咨询，帮助100多户纳税人解决实际困难。

2017年3月19日，县国税局、县地税局在金和镇淘宝村开展联合税收宣传活动 （县国税局 供稿）

【纳税服务】 2017年，县国税局简化办税流程，提升服务效率；落实“二维码”一次性告知制度，完成地方适用事项梳理，多渠道进行全国统一事项和地方适用事项宣传，实现纳税人基础办税流程、报送资料、报送时限等一次性电子化告知；落实首问责任、限时办结、预约办理、延时服务等便民制度。

【征管体制改革】 2017年，县国税局落实《国家税务局 地方税务局合作工作规范（3.0版）》要求，推进国地税联合服务升级。2017年11月16日，正式启用国地税联合办税大厅，开通8个“一窗式”窗口，统一服务标准，共同办理242项综合业务，解决纳税人办税“两头跑”问题；与地税联合开展多项税收宣传，联合开展纳税信用等级评定，全年评定A类纳税人64户，评定D类纳税人58户。

2017年揭西县国税征收收入情况表

表12

税种	税款（亿元）
一、工商税收合计	6.87
其中：中央	3.64
省级	1.61
县级	1.61
1.国内增值税	5.97
2.国内消费税	0.0012
3.企业所得税	0.59
4.车辆购置税	0.3

（张贤辉 张云青）

地方税务

【概况】 2017年，揭西县地方税务局（简称县地税局）组织税费收入8.55亿元，剔除营改增影响比2016年（下同）增长31.4%，按实际入库额计算增长20.6%。县级收入1.55亿元，增长8.6%；组织社保费等费金收入4.98亿元，增长39.9%。至年底，全县辖区登记状态为正常的纳税户1.08万户，其中企业2385户，个体户8457户。

【税务登记管理】 2017年，县地税局加强对辖区内纳税人管理，强化税源监控，规范税务登记管理；开展经济户口专项清理，分区域、分行业进行清理整顿；实施“三证合一”（将企业依次申请的工商营业执照、组织机构代码证和税务登记证三证合为一证）和“五证合一”（营业执照、组织机构代码证、税务登记证、社会保险登记证和统计登记证五证合为一证）登记制度，全面服务好“一照一码”（通过“一口受理、并联审批、信息共享、结果互认”将三个部门即工商、质检、税务分别核发不同证照，改为由一个部门核发加载法人和其他组织统一社会信用代码的营业执照）新办企业，至年底，全县办理“三证合一、一照一码”和“五证合一”业务5215户，办理税务登记1.95万户。

【税费收入】 2017年，县地税局组织税费收入8.55亿元，比2016年（下同）增长31.4%（剔除营改增影响，下同）。税收收入3.16亿元，增长28.0%，其中：中央级收入1.05万元，增长49.1%；省级收入5574万元，增长65.6%；县级收入1.55亿元，增长8.6%。社保费收入4.98亿元，增收1.42亿元，增长39.9%，其中：企业养老保险费收入4.31亿元，增收1.16亿元，增长36.8%。其他费（金）收入4167万元。

【税费管理】 2017年，揭西县加强对企业所得税、个人所得税的管理，检查一户、入库一户、规范一户。全县抽调业务骨干组成3个工作组，汇算清缴296户纳税人，入库税款1557.6万元。所得税辅导检查，对全县电力、医药等行业105户企业开展纳税辅导检查，查补各税费1273万元。2016年，年所得12万元以上个人所得税自行申报管理，全县自行申报765人，增加377人。组织人力做好2017年全县日常工作执法检查及“一税两费”（城市维护建设税、教育费附加和地方教育附加）清理工作，查补地方税费1530万元。

【税务稽查】 2017年，县地税局开展全国税收专项检查工作，重点对相关行业和区域进行整治。以“双随机”（建立随机抽取被检查对象、随机选派检查人员）工作为突破口，开展行业自查辅导，加大税务风险排查，推进税务稽查随机工作，以征管数据比对情况为基础，加强税警密切合作，重拳惩治在国税开票但未缴纳相关地方税费的企业。全年稽查立案5户。

【税收政策落实】 2017年，县地税局以落实扶持小微企业发展、鼓励企业科技创新等方面的优惠政策为重点，加强税企互动，及时帮助企业解决涉税难题，动员纳税人申报办理税收优惠，助推企业转型升级，全力落实国务院6项减税政策，加大对小微企业、高新技术企业、困难企业房土减免和残疾人个人所得税减免等优惠力度，推进办税便利化改革，降低企业税费负担和办税成本。至年底，办理各类税收优惠1885.81万元。

【税收宣传】　2017年，县地税局围绕“深化税收改革，助力企业发展”宣传主题，与县国税部门、科技局联合开展“三方协作联动，线上线下齐行”活动；联合县国税局开展“税宣走进农村淘宝”“税法宣传走进‘妇女之家’”“税法宣传进企业”等税宣活动，在县内主要道路悬挂税宣横幅标语10余条，在人流集聚区摆放X型架宣传海报。

2017年4月，县地税局联合县国税局开展“税法宣传走进‘妇女之家’”税宣活动　（县地税局　供稿）

【纳税服务】　2017年，县地税局做好全县纳税信用评价补评、复评工作，加强对纳税信用级别的动态管理，联合评定A级纳税人63户。设立揭西县国税地税联合办税服务厅，2017年11月16日，正式进驻揭西县公共服务中心，全面推行“一窗式”综合业务办理。是年，实现通过一个窗口即可办理133项基本业务、107项升级业务和2项其他业务。

2017年揭西地方各税费收入完成情况表

表13　　单位：万元

项目	金额	增长（%）
收入总计	85549	20.6
一、税收收入合计	31579	3.4
其中：中央级	10544	53.7
共享省级	5574	−26.6
市县级	15461	−3.8
1.营业税	1	−99.9
教育行业	1	−99.9
2.企业所得税	12127	73.1
（1）国有企业所得税	2446	419.4
（2）集体企业所得税	4815	37.1
（3）股份制企业所得税	1279	−40.3
（4）私营企业所得税	3577	313.5
（5）其他企业所得税	10	−44.4
3.个人所得税	5297	12.4
4.资源税	329	9.7
5.土地使用税	829	−55.7
6.城建税	3109	25.6
7.印花税	1436	9.3
8.房产和城市房地产税	1161	−12.6
9.车船使用牌照税	1157	28.7
10.土地增值税	4089	107.1
11.契税	1867	22.2
13.代征国内增值税	177	67.0
一、教育费附加费	1782	20.2
二、社会保险费	49803	39.3
三、堤围防护费	263	−82.3
四、地方教育附加	1188	20.1
五、残保金	330	28.4
六、工会经费	600	7.5

（洪彦哲　陈　琳）

农 业

综 述

【概况】 2017年，揭西县农林牧渔业总产值59.93亿元，比2016年增长1.9%。耕地面积1.8万公顷，粮食播种面积3万公顷，粮食总产量17.84万吨，蔬菜种植面积0.86万公顷；落实各项强农惠农政策，全县下拨各项惠农资金3561万元。全县有大溪镇淮山、坪上镇供港蔬菜、塔头镇冬瓜、五经富镇大洋茶叶、金和镇高糖柿5个市农业“一镇一品”工程。是年，揭西县获批“全国农产品质量安全县试点”。

【农业产业化经营】 2017年，揭西县推进农业产业化经营，加大力度培育农业龙头企业。至年底，全县市级以上农业龙头企业12家（其中省级农业龙头企业2家，市级农业龙头企业10家），带动农户4.2万户；全县累计农民专业合作社254家，其中2017年度新增农民专业合作社34家。全县累计获得广东省绿色认证企业（农民专业合作社）7个，产品14个；有机认证企业3个，产品3个；广东省农业名牌27个。是年，揭西县水流香有机茶农场水流香绿茶获得有机认证。

【农村经济改革深化】 2017年，揭西县推进农村“三资”（资金、资产、资源）管理，至年底，全县进入镇级“三资”交易平台进行交易项目225宗，累计成交额5706.36万元。抓好村级公益事业“一事一议”工程建设监督管理，年度评审核定符合“一事一议”奖补项目62个，下拨“一事一议”财政奖补建设资金785万元。

【农产品质量安全检测】 2017年，揭西县加强农产品质量安全监督监管，开展农资打假专项行动。全年，出动157人次，打假宣传车5辆次，发放各类宣传材料4600份，检查店档282间次，立案4宗，结案4宗；蔬菜农药残留定性检测样品2695个，合格率99.9%，未发生农产品质量安全事故。

【农机管理】 2017年，揭西县加大对农机安全监督管理力度。开展农机安全宣传工作，开展下乡便民服务，为机手及农机用户办理年度检验及其他业务，全年出动监理人员170人次，印发宣传材料2860份。是年，全县补贴各类农机具145台，拨付农机购置补贴资金18.31万元。

【农村土地承包经营权确权】 2017年，揭西县开展农村土地承包经营权确权登记颁证工作，全县开展农村土地确权乡镇（街道）17个，行政村280个，农户14.37万户，总耕地面积1.8万公顷。至年底，全县累计完成实测面积2万公顷，实测率111.6%。

（林运标 温荣浩）

种植业

【概况】 2017年，揭西县种植业调整优化农业结构，构建现代农业产业体系，加强农作物病虫害监测，指导全县农民科学防治。全年，全县种植水稻1.89万公顷，产量10.74万吨；种植经济作物0.15万公顷，产量2.1万吨。印发《农作物病虫情报》13期5000份。

【粮食生产】 2017年，揭西县粮食播种面积3万公顷，粮食总产量17.84万吨，其中水稻种植面积1.89万公顷，总产量10.74万吨；玉米种植面积0.11万公顷，总产量0.85万吨；红薯种植面积0.82万公顷，总产量5.20万吨；大豆种植面积185公顷，总产量660吨。

【强农惠农】 2017年，揭西县开展农业支持保护补贴工作，全年发放农业支持保护补贴资金2639.47万元，补贴面积1.88万公顷。与中保财产揭西分公司合作，落实早稻、晚稻参保面积0.49万公顷，按规定落实各级保费118.22万元，其中农户负担20%（4元/亩/造），各级财政补助80%（16元/亩/造）。

【经济作物生产】 2017年，揭西县经济作物种植面积0.15万公顷，其中甘蔗种植面积48.1公顷，产量0.42万吨；花生种植面积840.7公顷，产量0.37万吨；其他经济作物种植面积1.09万公顷，其中蔬菜种植面积0.86万公顷，产量31.97万吨。

【科技推广应用】 2017年，揭西县农业部门实施农民科技培训，针对生产实际，举办优质高山茶技术培训、农药科学使用等培训班；开展科技下乡活动；推广测土配方施肥技术。是年，全县举办短期培训班10期，培训3600人次；组织科技下乡集会2场次，聘请农业专家10人，发送资料4100份。

（林运标 温荣浩）

果蔬业

【概况】 2017年，揭西县水果种植面积1.30万公顷，产量12.05万吨；蔬菜栽培面积8648.07公顷，产量31.97万吨；茶叶种植总面积2391.67公顷，产量1.27万吨，其中绿茶产量0.58万吨，乌龙茶产量0.45万吨，其他茶产量0.24万吨。

【果蔬茶农产品质量安全】 2017年，揭西县强化农产品质量安全监管能力，构建农产品质量安全全程监管长效机制，成立揭西县果蔬局农产品质量安全监管工作领导小组及办公室；开展生产巡查、监督和技术指导，着重加强水果、蔬菜、茶叶生产企业，合作社及种植大户生产过程监管工作，落实填写农产品生产主体质量安全责任落实情况自查表和签订《揭阳市农产品质量安全承诺书》280户，指导种植户及时做好田间作业管理记录，印发《揭阳市依法规范使用农药告知书》500份。全县实现全年水果、蔬菜、茶叶农产品质量安全生产。

【基层农技推广】 2017年，县果蔬局组织实施揭西县2016年基层农技推广体系改革与建设补助项目，确定水果、蔬菜、茶叶为主导产业，筛选、推广主导品种和主推技术，选聘技术指导员20人，遴选科技示范户200户，在良田乡桐树坪村创建1个农业科技试验示范基地——有机茶生产示范基地。

【“一镇一品”技术指导】 2017年，县果蔬局开展“一镇一品”相关技术工作，6月10日，在坪上镇新榕村举办“无公害蔬菜生产技术培训班”，坪上镇新榕村、四新村和四和村蔬菜专业种植户64人参加培训；开展“专业技术指导下基层 专业服务进万家”活动，印发专业技术资料80份。全年印发“一镇一品”专业技术资料《无公害蔬菜生产技术》《黑皮冬瓜生产技术》《淮山生产技术》和《茶叶标准化生产技术》（资料汇编）610册。至年底，全县有5个镇列入揭阳市“一镇一品”建设乡镇，其中坪上镇开展优质蔬菜生产，五经富镇开展大洋茶标准化生产，塔头镇开展黑皮冬瓜标准化生产，大溪镇开展淮山标准化生产，金和镇开展高糖柿子生产加工。

【政策性农业保险】 2017年，县果蔬局与中华联合财产保险股份有限公司揭阳中心支公司共同履行2016年签订的《广东省揭西县政策性农业保险（岭南特色水果》协议，继续开展政策性岭南特色水果种植保险工作。至年底，全县参保种植户10户，参保面积93.77公顷。其中承保香蕉种植面积（7户）62.44公顷，龙眼种植面积（3户）31.33公顷。

（刘惠强　温瑞强）

精准扶贫

【概况】 2017年，揭西县有贫困户1.05万户、贫困人口2.99万人（其中有劳动能力贫困户5473户，贫困人口2.31万人；无劳动能力贫困户4992户，贫困人口6842人）；全县建成或在建产业帮扶建设项目205个，项目类型包括光伏发电项目、资产收益类项目、投资分红项目、种养项目。预算总投入2.83亿元，受益贫困人口总计3.49万人次，项目竣工并落实资金拨付使用8422.29万元；落实困难群众生活和医疗救助补助658.9万元，落实教育补助资金704.34万元，落实以奖代补资金513.9万元，投入小额贷款风险资金1386万元。

【精准识别】 2017年，揭西县坚持严把程序关，严格遵循“户申请，驻村干部入户核查、评议、公示，镇审核核查，县公告”程序，依法依规做好贫困村贫困户核实工作。全面核实建档立卡贫困户经济信息情况，依据贫困人口的认定标准和程序，对不符合条件的，立即清退，对符合条件的，立即补录，做到不漏一户一人、不虚报一户一人。经过精准识别，核定全县相对贫困人口1.07万户、3.03万人，其中无劳动力贫困人口7183人，有劳动力贫困人口2.31万人。

【扶贫工作】 2017年，揭西县精准识别，严把贫困人口的出入口；加快推进，加速扶贫资金项目落地；夯实扶贫“三保障”（义务教育、基本医疗、住房安全有保障）政策落实。落实2017年度建档立卡贫困户城乡居民医疗保险工作，全面落实完成建档立卡贫困户医疗保险、60周岁以上贫困户领取养老金扶贫政策；全县建档立卡贫困学生6664人，其中，在揭西县城学校就读揭西户籍3957人，均纳入揭西县建档立卡学生补助落实范围；核对县外就读揭西户籍建档立卡贫困学生2707人的信息，确保贫困学生落实教育资助全覆盖；抓好2017年度农村危房改造工作。

【新农村建设】 2017年，揭西县推动新农村示范村建设，推进村庄人居环境综合整治，改善基础设施和公共服务，发展产业促进农民增收，壮大集体经济。完成67个省定贫困村规划方案，并通过市级评审。清理村巷道及生产工具、建筑材料乱堆乱放；清理房前屋后和村道巷道积存垃圾、杂草杂物；清理沟渠池塘溪河淤泥、漂浮物和障碍物；拆除危旧房、废弃猪牛栏及露天厕所茅房；拆除乱搭乱建、违章建筑；拆除非法违规商业广告、招牌等；整治生活垃圾、生活污水、水体污染。雨污分流、巷道硬底化、集中供水等项目加快推进建设。各帮扶单位加大对帮扶贫困村和面上村的投入力度，省直、中直、东莞市、揭阳市直、县直等帮扶单位共自筹投入资金7903万元，帮扶建设各类公益性基础实施项目231个，项目涉及农田水利设施、村内道路、文化广场、便民服务中心、村容村貌美化亮化、路灯、治安监控、桥梁、贫困户危房改造、校舍维修、光伏发电、机耕路、村集体增收等。

（李欣浩 刘 敏）

2017年11月17日，揭阳市市长陈东（左三）到金和镇山湖村检查精准扶贫工作 （县扶贫办 供稿）

林 业

【概况】 2017年，揭西县推进森林碳汇、生态景观林带、森林进城围城、乡村绿化美化4大林业重点生态工程建设。全年完成造林面积3672.8公顷；景观林带建设里程13.3千米，中幼龄林抚育6000公顷，封山育林3366.7公顷，绿化美化村庄23个。揭西县林业用地8.63万公顷，其中林地

7.81万公顷，疏林地295公顷，灌木林地6062.8公顷，未成林地189.7公顷，无林地1634.6公顷，森林覆盖率64.8%，森林蓄积量337.4万立方米。

【林业产业】 2017年，揭西县做好森林旅游安全工作、完成全省林业公路养护管理考核工作。完成国有林场改革中期评估调查。完成林场机构编制，国有揭西县大北山林场、国有揭西县河輋林场、国有揭西县油桐林场、国有揭西县天宝堂林场，机构性质都是公益二类事业单位，经费按财政二类补助拨付。

【资源林政管理】 2017年，揭西县加强巡山护林，强化网上监管，防止森林资源过度消耗。建立健全林木采伐、运输监督管理长效机制，严格执行森林采伐限额制度和凭证采伐、凭证运输制度。全年办理林木采伐证80份，采伐面积220公顷，采伐蓄积1.14万立方米。

【林业执法】 2017年，揭西县组织开展“打击走私象牙等野生动植物及制品专项行动”“迎盛会百日百项大行动”“众剑行动”“打击非法占用林地等涉林违法犯罪”“查处野外违规用火严惩火灾肇事者”“飓风一号”等专项行动，全年出动森林公安民警869人次，出动警车349次，办理案件17宗。其中刑事案件7宗（包含森林火灾案件1宗），行政案件10宗。协助有关部门办理涉林纠纷58宗。全县因行政案件而造成财物损失价值9.1万元，处罚9人。

【森林灾害防治】 *森林防火* 2017年，揭西县组建专职护林员和森林消防专业队，投入配置装备资金633.3万元。组织开展扑火技能培训3次，参加培训人数600多人次；开展野外巡山护林及实战演练5次，参加演练人数1000多人次；宣传《广东省森林防火条例》和《揭西县人民政府关于划定森林防火区的通告》，增强群众防火意识。全年发生森林火灾8起，受害森林面积9.6公顷，森林火灾受害率0.1‰，比2016年下降15.6%，未发生重大森林火灾、无人员伤亡。

森林病虫害防治 2017年，揭西县落实森林病虫害防治目标责任，加强国家级森林病虫害中心测报点工作，巩固林业有害生物防治工作成效，加强对松材线虫、薇甘菊和松突圆蚧等主要病虫害的预测预报工作。全县林业有害生物防治面积59.7公顷（主要是薇甘菊防治面积），无公害防治率100%。

【重点生态工程】 2017年，揭西县重点生态工程有森林碳汇重点生态工程和高速公路生态景观林带。全年完成森林碳汇重点生态工程建设1285.3公顷，造林树种为木荷、枫香、山杜英等优良乡土阔叶树种；完成森林抚育工程建设任务面积1.08万公顷。全年完成高速公路生态景观林带13.3千米，53.5公顷。全县生态公益林面积3.35万公顷，其中生态公益林一、二类林面积2.72万公顷，一、二类林率81.2%。

【城乡生态环境】 2017年，揭西县加强城乡生态环境建设，全年建设义务植树基地3个：大溪镇金星村、南山镇南河村、龙潭镇龙东村，面积共100公顷，参加义务植树32.8万人次，义务植树168万株。完成乡村绿化美化建设23个，其中省级示范点有坪上镇新榕村、龙潭镇陂尾村、京溪园镇大岭下村、钱坑镇钱南村4个村。新增建设龙潭镇祥龙寺镇级森林公园、五经富镇黄龙寺镇级森林公园、金和镇锦林寺镇级森林公园，新增森林公园面积93.2公顷。至年底，全县森林公园13处，总面积4038.42公顷。

【生态公益林】 2017年，揭西县省级生态公益林面积3.35万公顷，下达省级生态公益林效益补偿资金998.6万元。发放县管护管理经费200.8万元，乡镇管理经费15.4万元，村管理经费10.3万元，林场、村集体30%的损失性补偿资金345.7万元，农户70%的损失性补偿资金426.4万元。发放率100%。

2017年揭西县森林公园一览表

表14

森林公园名称	地点	级别	面积（公顷）
广东大北山国家森林公园	揭西县南山镇	国家级	3067.2
揭西广德庵森林公园	揭西县河婆街道	县级	254.1
揭西县上砂开口石镇级森林公园	揭西县上砂镇	镇级	62.7
揭西县河婆街道明山镇级森林公园	揭西县河婆街道	镇级	48.7
揭西县良田独山镇级森林公园	揭西县良田乡	镇级	65.47
揭西县京溪园粗坑村镇级森林公园	揭西县京溪园镇	镇级	126
揭西县五经富石祭墙碎镇级森林公园	揭西县五经富镇	镇级	54.4
揭西石灵寺森林公园	揭西县钱坑镇	县级	170.8
揭西县大溪镇清元洞镇级森林公园	揭西县大溪镇	镇级	51.7
揭西县南山镇南华洞镇级森林公园	揭西县南山镇	镇级	44.4
揭西县龙潭镇祥龙寺镇级森林公园	揭西县龙潭镇	镇级	30.93
揭西县金和镇锦林寺镇级森林公园	揭西县金和镇	镇级	30.13
揭西县五经富镇黄龙寺镇级森林公园	揭西县五经富	镇级	32.13

（杨和快　冯　谨）

畜牧业

【概况】 2017年，揭西县畜牧局（简称县畜牧局）做好畜牧养殖与经营、疫病防控、畜产品质量安全监管等工作，全年畜牧业总产值13.45亿元，比2016年下降7.4%。至年底，全县生猪存栏26.67万头，年出栏42.57万头；牛存栏0.95万头，年出栏0.67万头；羊存栏0.19万头，年出栏0.66万头；家禽存栏177.07万羽，年出栏934.27万羽；珍禽存栏124万羽，其中种鸟存栏34.5万羽，年出栏商品肉鸟453万羽，出售种苗1201万羽。

【畜牧养殖与经营】 2017年，揭西县养殖动物有猪、牛、羊、鸡、鸭、鹅、珍禽。经营模式有规模养殖场养殖模式；养殖公司养殖模式；农民合作社经营模式，农户联合起来成立养殖合作社；家庭农场养殖模式，主要以家庭劳动力为主的经营养殖；公司+农户养殖模式，如温氏公司与农户的合作经营模式；专业户经营小型养殖场的养殖模式等。至年底，全县各类畜禽规模养殖场137个，其中生猪规模场121个，鸡规模场8个，珍禽规模场6个，牛规模场1个，羊规模场1个。注册养殖公司10个；畜禽养殖合作社19个；公司+农户模式5个；各类专业户746个。

【畜产品质量安全监管】 2017年，县畜牧局加强畜产品质量安全监管工作，全年对各生猪养殖场，定点屠宰场随机采集1800多头份尿液进行“瘦肉精”定性检测，未发现有添加“瘦肉精”

违法行为。对辖区内的兽药经营店，养殖场（户）、畜产品经营店，饲料厂、生猪定点屠宰场等定期或不定期进行检查，并发放宣传资料，强化行业监管。全年出动执法人员700多人次，检查各类经营企业（个体）1270多个次，发放各类宣传资料5000多份。

【防疫检疫】 2017年，县畜牧局主要落实好高致病性禽流感、牲畜口蹄疫等强制性免疫工作，要求县域内各养殖场根据实际做好其他疫病的免疫工作；各乡镇（街道）生猪定点屠宰场由县动物防疫监督所委托各乡镇（街道）畜牧兽医站做好屠宰检疫工作，并对各养殖场定期巡查，做好病死动物无害化处理。全年免疫注射高致病性禽流感疫苗245万毫升，免疫密度100%；免疫注射牲畜口蹄疫疫苗80万毫升，免疫密度100%；免疫注射猪瘟疫苗23万头份；免疫注射猪高致病性蓝耳疫苗13万头份。至年底，全县检测H5N1样品885份，H7N9样品1040份，新城疫样品440份，口蹄疫样品430份，布鲁氏菌样品154份、猪瘟样品320份，年监测平均抗体水平93%。

【畜禽屠宰管理】 2017年，县畜牧局加强畜禽屠宰管理，指导、协助各乡镇（街道）做好生猪定点屠宰管理工作。联合各成员单位惩治私宰违法行为，落实生猪定点屠宰资格审核清理工作。至年底，出动执法人员613人次，出动车辆70台次，检查生猪屠宰97次，定点屠宰生猪22.1万头，未发现违法违规行为。

【畜禽养殖污染治理】 2017年，县畜牧局加强畜禽养殖污染治理工作，出台《揭西县畜禽养殖禁养区划定方案》《揭西县水污染防治计划实施方案》《揭西县生猪养殖完善治污设施奖励实施方案》《揭西县生猪养殖场（户）污染防治配套设施建设规范》等文件，联合县环保局对畜禽养殖污染立案30多宗，推进畜禽养殖污染治理工作。至年底，全县生猪规模养殖场121个，落实污染治理设施的生猪养殖场110个。

【畜牧业政策扶持】 2017年，县畜牧局完成中央畜禽标准化养殖2016年扶持项目揭西县生旺生猪饲养场的实施工作，并通过揭阳市农业局、财政局专家组的验收；完成申报2017年草食动物示范基地建设项目揭西县新农生态牧业有限公司草食动物示范基地建设项目，并获揭阳市农业局、财政局的批复；协助中国人民财产保险股份有限公司揭阳市分公司做好畜禽养殖保险工作，全年参保的能繁母猪养殖场58个，参保能繁母猪7635头；参保的生猪饲养场32个，参保生猪6.48万头。

2017年揭西县畜牧业产值、产品及数量情况表

表15

畜牧业产值（亿元）	肉类总量（万吨）	奶类总量（吨）	蛋类总量（吨）	生猪		牛		羊		家禽		珍禽	
				存栏（万头）	出栏（万头）	存栏（万头）	出栏（万头）	存栏（万头）	出栏（万头）	存栏（万羽）	出栏（万羽）	存栏（万羽）	出栏（万羽）
13.45	5.09	762	8877	26.67	42.57	0.95	0.67	0.19	0.66	177.07	934.27	124	453

（杨贤广 许福文）

水产业

【概况】　2017年，揭西县水产局（简称县水产局）坚持生态优先，推广山坑塘微流水生态养殖模式，抓好水产品质量安全监管工作，加强渔船安全生产管理，部署开展国务院第一次全国海洋经济调查工作。全县水产养殖面积1860公顷，水产品总产量2.04万吨，比2016年（下同）增长3.2%，其中养殖产量2万吨，江河捕捞产量0.04万吨。渔业总产值2.86亿元，增长4.7%。渔民年人均纯收入8525元，增长5%。

【水产养殖】　2017年，县水产局推广山坑塘微流水生态养殖模式，全县山坑低产田、低洼地养鱼面积800公顷，山塘水库大水面生态养殖面积574公顷。以养鱼为主，立体生态种养模式135宗，养殖面积415公顷；加快老鱼塘整治改造，推进标准化鱼塘建设，整治改造老鱼塘15公顷；抓好标准化养殖示范区配套建设，开展无公害水产品标准规范的宣传、示范和推广，推动全县无公害生态养殖发展；实施良种亲本更新工程，做好良种孵化推广放养，发展名特优品种养殖。全县罗非鱼养殖面积1000公顷（含套养），年产量7369吨。五经富、京溪园等镇养殖甲鱼，南山镇养殖特种大鲵（娃娃鱼），龙潭镇养殖淡水龙虾，坪上镇养殖鸭嘴鱼和淡水银鳕鱼。

【技术推广】　2017年，县水产技术部门组织技术人员进村入户200人次，向养殖示范户推广技术，解决实际难题；开展技术培训，推广无公害养殖、鱼病防治、规范用药等实用技术，全年举办水产养殖技术培训班2期，示范推广现场会1期，培训养殖户150人次，发放各类技术书籍、资料2000份；开展鱼病防治、疫病监控工作，做好水产养殖生产用药指导和服务，开展水霉病、小瓜虫、出血病及链球菌等水产养殖病害的监控监测，购买一批价值10万元的渔用消毒剂，分发给全县重点养殖户，防止发生鱼病疫情。

【质量安全监管】　2017年，县水产局落实县政府开展榕江污染整治工作部署，开展榕江沿岸水产养殖场污染源排查监管工作，检查水产养殖场35家，未发现污染情况；做好国家食品安全示范县创建工作，抓好水产品质量安全监管，从产地环境整治、用药规范、生产记录关键环节入手，检查各类养殖场、种苗场54家，全年抽检水产品共152批（次），抽检合格率100%。其中省海洋渔业厅抽检14批（次），市海洋渔业局抽检18批（次），县快速检测20批（次），开展全县食品检验量“每年每千人不少于2.5批（次）”工作，监督抽检100批（次）。针对养殖户没有建立生产记录情况，下发整改通知书26份，未发现使用违禁药物情况；开展质量安全宣传。参与2017年全县食品安全宣传周活动，在县城文化广场举办现场咨询宣传活动。与县农业、畜牧、果蔬等多家单位联合在坪上镇新榕村举办农产品质量安全现场咨询宣传活动，宣传水产食品安全相关法规和技术规范，接受群众咨询200人次，发放各种宣传资料1000份。

【渔业资源保护】　榕江流域禁渔　2017年，农业部把榕江流域纳入禁渔期范围，禁渔时间为每年3月1日至6月30日。县水产局成立禁渔工作领导小组，制订工作方案，开展禁渔宣传；县渔政大队设立举报电话，加大日常巡查，对于初次违反禁渔规定的群众给予教育警告。禁渔期间，全县广大渔民群众自觉遵守禁渔规定，支持和配合禁渔管理。

执法检查　2017年，县渔政部门开展“护渔2017-1”执法行动，重点惩治辖区内江河“三无”渔船（无船名船号、无船舶证书、无船籍港）非法捕捞行为，强化源头治理，深入渔村、渔船、摸查电鱼网具存储情况，引导渔民主动销毁电鱼网具。全年组织开展专项执法检查4场次，检查渔船52艘次，查处“三无”渔船非法捕捞5宗，渔船未配置船牌标识2起。

【渔政管理】　2017年，县渔政部门加强渔船安全生产管理，开展渔船安全生产隐患排查及专项检查行动，及时消除安全隐患；抓好渔业安全宣传教育，组织开展“安全生产月”和“安全生产万里行”活动，召开渔民安全生产会议；落实渔民安全生产保障措施，为在册渔民购买意外团体保险，落实渔船100%配备安全救生衣及灭火器；落实国家渔业油价补助政策调整工作，2015年度补助渔船67艘，发放资金26.9万元；2016年度补助渔船68艘，发放资金27.3万元。

【第一次全国海洋经济调查】　2017年，揭西县部署开展国务院第一次全国海洋经济调查工作，成立揭西县第一次全国海洋经济调查领导小组，由分管农口副县长任组长，县政府办、水产局、发改委、财政局、统计局、国土局、教育局、环保局、农业局、工商局及旅游局等相关单位为成员，领导小组办公室设在县水产局，负责全县第一次全国海洋经济调查实施工作；编制《揭西县第一次全国海洋经济调查实施方案》，选聘县海洋经济调查指导员5人，乡镇海洋经济调查员23人。至年底，完成全县185家非涉海单位、企业的入户筛查工作。

2017年揭西县渔业生产情况表

表16

	合计	其中			
		池塘	水库	河涌	淡水捕捞
面积（公顷）	1860	1498	341	21	
产量（吨）	20048	19256	589	203	364
亩产（吨）		12.85	1.73	9.67	
产值（万元）	28555	25194	948	265	1833

（蔡明力　黄少波）

水务

【概况】　2017年，揭西县水务局（简称县水务局）加快在建水利工程建设进度，全年投入水利建设资金3237.3万元，其中中央补助10万元，省级投资1650.8万元，县级投入1576.5万元；强化取水许可管理和水资源费征收，加强水资源保护和水土保持工作；加强依法治水、依法管水力度，惩治涉水违法行为；开展水库移民后期扶持工作，改善移民居住环境，完善移民村基础设施；强化工程管理，全年工程建设运行安全无事故；抓好三防工作，防灾减灾，全年安全度汛。

【重点水利工程建设】 2017年，县水务局继续推进揭西县横江河左岸景观配套工程、棉湖贡山泵站工程、揭西县南乌灌区整治等重点水利工程建设。至年底，揭西县横江河左岸景观配套工程完成坝体土方填筑、堤身灌浆、石栏杆安装、堤顶道路基础和部分景观亭主体的建设，累计完成工程投资2259万元；棉湖贡山泵站工程（Ⅰ标段）累计完成投资2000万元，占Ⅰ标段形象进度71%，累计完成工程量土石方开挖6万立方米，土石方回填3.13万立方米，混凝土浇筑0.76万立方米，加固外堤防洪堤达到30年一遇防汛标准；揭西县南乌灌区整治工程整治渠道27.84千米，重建改造渠系建筑物26座（渡槽4座、控制闸1座、排水闸10座、反虹涵3座，各类涵洞8座），完成灌区整治主体建设任务。

【三防工作】 2017年，揭西县加强三防工作，认真落实以行政首长制为核心的各项防汛责任制，印发《关于调整县三防指挥部领导成员和重点防洪工程责任人的通知》，明确各级行政首长的防洪责任和水利防洪工程责任人，签订防汛责任书17份，通过揭西电视台公布，接受社会监督。完成1个县级、16个乡镇（街道）、85个行政村的山洪灾害防治预案修编工作。汛期前，县水务局、县三防指挥部组织人员到各乡镇（街道）和各水利工程实地开展汛前安全大检查；举办山洪灾害防治知识专题培训班，各乡镇（街道）分管三防工作领导、水利所所长和有关行政村相关人员198人参加；汛期，县水务局加强预报预测和防汛值班，及时上传下达水库防洪、山洪灾害、中小河流和局部强降水的防范措施，把各项防御措施落到实处。全年启动防汛防风应急响应10次，转移安置人员609人，启动庇护场所321处，通过广东三防责任人系统向全县三防责任人发送预警短信4598条，有效防御台风暴雨，全县没有发生灾情，未出现人员伤亡。

【农田水利设施建设】 2017年，全县兴修各种农田水利工程设施，调节和改良农田用水分布状况和地区水利条件。至年底，全县开工建设各类农田水利工程22处，新建防渗衬砌渠道14条12.8千米、田间渠道16条2.5千米，建设基本农田146.5公顷。全年投入农田水利设施建设资金521万元。

【河长制管理体制】 2017年，揭西县建立区域与流域相结合的县、镇（乡、街道）、村（居）三级河长体系，县、镇（乡、街道）设立总河长、副总河长，由同级党委、政府主要负责人担任。流经各区域的主要河湖，分别由县、镇（乡、街道）党委或政府负责人和村（居）负责人担任本级河长。县、镇（乡、街道）、村（居）落实河长370人，其中县级河长10人［总（副）河长2人］，镇级河长55人［总（副）河长34人］，村级河长305人，实现全县全覆盖。制定完善河长制配套制度，县河长办制定河长会议、河长巡查、工作督察、信息共享、信息报送、考核办法和工作验收等7项制度；编制《揭西县河长制办公室工作制度》及《揭西县河长制职责分工方案》，明确河长制办公室、各镇（乡、街道）和各成员单位职责，制定具体工作流程和工作规则，河长办与各单位协同推进各项工作。

【水资源管理】 2017年，县水务局加强水资源管理工作，强化取水许可管理和水资源费征收，全年新办取水许可证1套，续办取水许可证36套，征收水资源费27.6万元；加强榕江南河流域及各乡镇（街道）水域水浮莲及漂浮物清理整治工作，全年投入资金1384万元，平均每天出动打捞人员110多人次，钩机5辆，汽车6辆，打捞船15艘，打捞水浮莲及漂浮物总重约25万吨，循环打捞、清理河段、沟渠等总长约160多千米；加强水资源保护宣传，全年张贴标语850多条，悬挂横幅标语12条，制作固定宣传栏7个，发放宣传画册360多份，发送短信8700多条次，利用电视台播出宣传标语10条。

2017年3月24日，县水务局在坪上镇绵基中学开展水资源保护宣传活动 （县水务局 供稿）

【水政监察】 2017年，县水务局强化对水事违法行为打击力度，清理取缔1个河道非法采砂、堆砂点，捣毁采（运）船舶19艘。立案查处1宗，行政处罚2万元；5月3日，落实市、县榕江河环境整治工作会议部署精神，清理查扣涉嫌违法船舶107艘，按照“属地管理，分级负责”原则，将查封船舶移交金和镇、凤江镇、棉湖镇、东园镇管理。

【水库移民】 2017年，县水务局完成水库移民后期扶持直补到人、移民村基础设施和经济发展等规划的编制上报工作；投入大中型水库、小型水库移民后期扶持资金合计1371.6万元（大中型水库移民后期扶持投资1341.2万元、小型水库移民后期扶持投资30.4万元），其中：直补到人资金发放145.56万元，项目建设扶持资金1226.04万元，完成移民村基础设施项目13处，生产开发项目1处，生态及环境项目1处，农田水利项目1处。

【小型水利工程管理体制改革】 2017年，揭西县完成全县小型水利工程管理体制改革工作，明确工程所有权，明确管理责任、管护模式及工程运行机制。发放揭西县小型水利工程权证317本，明晰产权或使用管理权的小型水利工程691宗，落实工程管护责任；2017年7月30日，通过小型水利工程管理体制改革示范县市级初步验收。

【水库管理】 2017年，揭西县共有水库92宗，其中国管水库2宗，其余为乡镇及村集体所有。县水务局做好水库日常运行管理工作，结合三防汛期安全运行检查工作，对全县各中小型水库工程安全运行情况进行检查，对检查中发现的水库工程安全隐患问题及时作出处理意见，加强指导和跟踪落实。全年投入资金25万元，分别对龙潭镇平塘水库和河婆街道办南新水库进行抢险加固。

【信访工作】 2017年，县水务局受理信访案件11宗，办结11宗。其中涉及水事违法上访案件1宗，经县水利水政监察股会同相关部门联合执法予以办结；水库移民村村民上访事项3宗，县水库移民办公室协调处理，村民诉求上访问题得到解决；涉及退伍军人安置工作1宗，按相关政策妥善解决退伍军人工作问题；涉及供水问题6宗，经县水务局与有关部门协调处理，全部解决。

（李庆裕 李巧波）

【小水电管理】 揭西县小水电公司（简称县小水电公司）是以水库调节径流式水力发电为主的梯级电站，2017年，管理中、小型水库各1座，分别为河鳌水库和下坊埔水库，结合防洪灌溉综合利用。公司内设三部两室5个部门，下辖4个电站。是年，计划发电量6001万千瓦时，实际发电量7536万千瓦时，完成年度计划125.6%；实际发电量比2016年（下同）减少854万千瓦时，减少10.2%；按计划增发1535万千瓦时，增发25.6%。全年河鳌水库降雨量1666毫米，减少1519毫米，减少47.7%；下坊埔水库降雨量1600毫米，减少1325毫米，减少45.3%。

设备改造 2017年，县小水电公司投入资金12万元，分别对下坊埔电站、河鳌水库坝后电站进行升级改造。是年，完成下坊埔电站3.5千伏线路保护屏改造，河峯水库坝后电站调速器、自动励磁系统、折向器、电气二次设备的更新。

安全生产　2017年，县小水电公司强化安全生产管理，加强学习安全生产规范操作知识，坚持日常维护，制订安全隐患台账按计划。对1至4级电站全部机组进行检修、保养；对35千伏线路进行维护检修；对各电站升压站、线路防雷设施、地网进行检修、加固工作；对水库大坝设备设施、引水渠道、房屋进行多次检查、维护和检修，完成渠道全面清淤补漏和维修加固工作。

（贝仁君　张国杰）

水　库

【横江水库】　2017年，横江水库年度总进库1.59亿立方米，总出库1.82亿立方米。最高水位70.72米（汛限水位76米），相应库容4801.44万立方米，年末库存水量2517.2万立方米。“横江”坝后电站全年总发电量886.80万千瓦时，近区用电量780万千瓦时。完成上网623.07万千瓦时。汛期形式较为平稳，累计降雨量1695.5毫米。其中，7月为全年降雨量最多月份，降雨量767.4毫米。是年，累计投入防汛物资资金9.3万元。

2013—2017年横江水库数据表

表17　　水量单位：万立方米，电量单位：万千瓦时

年份	进库水量	出库水量	年末库存水量	发电量	完成上网电量
2013	32091.8	30964.3	5225.9	1250.24	1216.11
2014	17110.3	17730.2	4495.2	995.92	969.36
2015	12807.1	13475.9	3856.0	636.36	624.96
2016	24241.4	23266.8	4811.5	1342.48	1300.32
2017	15850.7	18161.3	2517.2	886.80	623.07

（张伟坚　吕旭波）

【北山水库】　北山水库是以发电为主的中型水库，于1966年5月兴建，坝型为均土质坝，集雨面积28.8平方千米，设计正常水位598米，相应库容4380万立方米。2017年，受台风“苗柏”“玛娃”的影响，降水不多，雨量偏少，但比较均匀，全年平均降雨量2100.9毫米。6月18日，降雨量143.3毫米，进库332.1万立方米，是全年最大的日进水量；6月为全年降水最多月份，降雨量累计591.1毫米。是年，北山水库总进库水量5723.3万立方米，总出库水量8847.5万立方米，年末存水量253.4万立方米，全年总发电量1.27亿千瓦时。

北山水库　（北山水库　供稿）

2013—2017年北山水库数据表

表18　　水量单位：万立方米，电量单位：万千瓦时

年份	进库水量	出库水量	年末库存水量	发电量	完成上网电量
2013	9808.7	10421	2369.2	12767.58	9495.28
2014	5047.2	7347.4	69	9852.58	6774.37
2015	6011.85	4363.25	1717.6	7139.77	5065.03
2016	10805.1	9144.9	3377.6	14420.7	11807.33
2017	5723.3	8847.5	253.4	12656.46	8463.38

（李远群　刘远辉）

【龙颈水库】 龙颈水库分为上下两座水库，相距9千米。龙颈上库为大（Ⅱ）型水库，汛期防洪水位98米；龙颈下库为中型水库，汛期4月至10月防洪限制水位54米。2017年，龙颈上库总进库水量3.35亿立方米，总出库水量3.54亿立方米，最高水位95.56米（防限水位98.00米），相应库容9139.3万立方米，年末库存水量4887.9万立方米。全年平均总降雨量1744.6毫米。其中，6月为全年降雨量最多月份，降雨量405.5毫米。全年总发电量5239.71万千瓦时。完成上网5697.28万千瓦时。至2017年12月31日，龙颈水库与安远公司终止承包经营合同，自2018年1月1日起，由揭阳市国有企业揭阳市水务集团有限公司经营。

2013—2017年龙颈水库数据表

表19　　水量单位：万立方米，电量单位：万千瓦时

年份	进库水量	出库水量	年末库存水量	发电量	完成上网电量
2013	67952.3	68591.9	7329.7	8603.01	9358.65
2014	34053.9	34468.7	6905.7	5003.28	5384.36
2015	26446.5	27760.9	5605.1	3954.51	4147.74
2016	67970.3	66863.4	6735.1	9258.48	10021.32
2017	33538.4	35382.6	4887.9	5239.71	5697.28

（蔡文雄　高　军　邓淑君）

工 业

综 述

【概况】 2017年，揭西县推进企业转型升级，优化产业结构，发展新兴产业。是年，全县完成规模以上工业总产值259.99亿元，其中民营企业规模以上工业总产值251.98亿元；全县规模以上工业增加值60.61亿元，比2016年增长3.9%，其中民营企业工业增加值58.18亿元。

【传统产业转型升级】 2017年，揭西县加大产业培育和帮扶力度，落实优惠政策措施，推动全县电线电缆、五金电器、纺织服装、医药制药、食品加工等传统产业发展。全面实施县党政领导“一对一”挂钩帮扶制度，对口帮扶白云山制药厂等10家示范企业，为企业解决困难，提供服务。8月，召开各乡镇（街道）促进落实为民营企业提供优质服务工作会议，加大“小升规”企业培育力度：落实各项政策措施，支持鼓励传统产业创新、技改升级。协助广东胜宇电缆实业有限公司向市评审机构申报市级技术中心，提高企业资质水平。是年，全县完成工业投资68.56亿元，比2016年（下同）增长23%；其中，工业技改投资29.33亿元，增长103.7%。

【新兴产业】 2017年，揭西县推进经济结构优化升级，统筹发展生物制药、电子商务等新兴产业。加强培育电子商务发展，支持企业自建电商平台，展示和销售本地产品。是年，完成覆盖党政机关、企业、电商专项人才、村民等各个层次共4300多人次培训。金和镇“互联网+农业扶贫”创业园开始运营，首批26家企业正式入园。

【经贸工业】 2017年，揭西县经贸工业主要以电线电缆、生物制药为主，龙头企业有广东威潜电缆实业有限公司、广东胜宇电缆实业有限公司、白云山威灵药业有限公司、广东粤威制药有限公司等。年内，组织企业参加省、市举办各种商品展销会、经贸洽谈会，推介揭西产品，扩大经贸合作。组织棉湖镇企业参加中博会、印尼电线电缆专业展。

【民营企业】 2017年，揭西县制定出台《揭西县进一步促进民营经济发展的若干意见》《开展2017年企业情况综合数据采集工作方案》；推进企业综合数据采集工作；3月，组织开设揭西县中小微企业服务推广日暨经营管理培训班；引导和帮助重点企业申报扶持企业技术改造和技术创新贷款贴息等专项资金补助；完善企业信用担保体系建设，加快推进企业融资综合服务平台建设，为企业解决在扩建厂房、设备更新改造、科技创新等资金问题。

（林俊槐　温海涛　黄伟旋）

工业园区

【概况】　2017年，揭西县工业园区加快产业引进，推进金塔产业园区以电线电缆，大北山生态园区以旅游开发为重点的产业引进和产业转型升级，加强与发达城市合作，以“绿色环保”为主题，推动各项产业可持续发展。至年底，揭西电线电缆生态产业园新增固定投资4亿元。

（朱镇藩　蔡庆德　张　华）

【招商引资】　2017年，揭西县实施产业引进计划，推进生态工业发展，组织部分乡镇（街道）部门负责人组成考察团，分赴广东珠三角地区、浙江省、河北省、山东省、江苏省等地进行行业产业考察、举办各类座谈会，加强与投资集团和企业交流互动，展示和推介揭西发展优势。是年，全县完成招商引资项目40项，计划投资38.6亿元，实际投资10亿元。

（朱镇藩　蔡庆德　张　华）

【创新体制机制】　2017年，揭西县完善招商引资优惠政策，制订重大招商引资项目建设管理工作制度，落实招商引资工作目标及责任，加强对重大招商项目前期签约、落地开工、履约评估、政策兑现、项目实施等各个环节的跟踪、服务。实施重大招商项目领导联系制度，协调解决项目实施过程重大问题；落实招商引资工作定期督办机制，政府主要领导或分管领导定期主持召开招商引资督办会议，推进招商引资各项工作有序开展；落实招商引资“一把手”工程，加强对招商引资工作领导，各乡镇街道建立健全领导机构和工作机制。创新招商方式，采取重大招商项目主要领导亲自挂帅、一个重大招商项目一套专门班子的招商工作机制，推进重大项目招商。

（朱镇藩　蔡庆德　张　华）

【揭西县电线电缆生态产业园】　揭西电线电缆生态产业园地处揭西县东南部，规划总面积约739公顷，被省认定为产业聚集地，是揭阳市重点建设的10个产业园区之一。2017年，推进道路建设等基础配套设施建设；制订《关于理顺揭西县电线电缆工业园管理体制机制的工作方案》，理顺揭西电线电缆产业园历史遗留问题，完善管理体制和运营机制。至年底，雅都彩色印务、蓝宇塑料厂、中泰复合肥、揭西电线杆厂、北海电线电缆厂、同林食品有限公司6家企业进入该园区投建。

（林俊槐　温海涛　黄伟旋）

轻工业

【概况】 2017年，揭西县加强保障措施，完善产业链，做强电线电缆、电子电器、五金塑料、食品加工、生物制药五大支柱产业。全年五大支柱产业规模以上总产值159.49亿元。其中电线电缆产业规模以上总产值20.92亿元、电子电器产业规模以上总产值41.62亿元、五金塑料产业规模以上总产值46.59亿元、食品加工产业规模以上总产值40.1亿元、生物制药产业规模以上总产值10.26亿元。

【电线电缆产业】 2017年，揭西县电线电缆企业206家，个体经营户471家，其中冠省名企业41家，产品远销国内外。电线电缆产业代表性企业有广东威潜电线电缆厂、广东胜宇电线电缆厂，从业人员约4万人。至年底，规模以上电线电缆企业总产值20.92亿元。全县电线电缆有自营出口权企业17家，年出口额6669万美元，占全县出口40.7%。

【电子电器产业】 2017年，揭西县加快电子电器产业技术创新，促进电子电器产品持续改造升级。全县电子电器产业代表性民营企业有美乐斯电子电器有限公司、揭西县美科电子电器厂等13家，其中美乐斯电子电器有限公司是一家集设计、开发、制造、销售于一体的省级民营科技企业，专业生产电子琴、数码钢琴，年产值7.63亿元，产品主要销往全国各地和美洲、欧洲、非洲、东南亚等地区。至年底，全县规模以上电子电器企业年产值40.04亿元。

【五金塑料产业】 2017年，揭西县规模以上五金塑料企业有揭西县复兴五金塑料制品有限公司、广东钢精不锈钢有限公司等15家，企业主要分布在棉湖镇、凤江镇。龙头企业为揭西县复兴五金塑料制品有限公司，该公司是一家专业生产加工扫把、拖把、刷具、胶棉、布套等家具产品的公司，年产值6.25亿元。至年底，全县规模以上五金塑料企业总产值38.56亿元。

【食品加工产业】 2017年，揭西县食品加工产业以水果加工、蔬菜加工为主，发展无公害、绿色食品、有机食品。龙头企业为广东志诚食品有限公司、广东亿心、星期八、农夫山庄等休闲食品企业，分布在河婆街道、凤江镇、棉湖镇、金和镇，主要产品有罐头食品、凉果、坚果炒货等。至年底，全县规模以上食品加工企业20家，年总产值40.1亿元。

【生物制药产业】 2017年，揭西县加强培育生物制药产业发展，帮扶白云山威灵药业有限公司申报市级企业技术中心、申报广东省高新技术企业入库培育对象。生物制药产业代表民营企业有白云山威灵药业有限公司、广东粤威制药有限公司。至年底，规模以上生物制药产业总产值10.26亿元。是年，白云山威灵药业有限公司完成基于物联网技术的医药产业链协同示范平台建设。

（林俊槐　温海涛　黄伟旋）

电力工业

【概况】 2017年，广东电网揭阳揭西供电局有限责任公司（简称揭西供电局）为揭西县14个乡镇（除京溪园镇、南山镇、良田乡以外）、街道提供用电服务，供电辖区覆盖范围约1021平方千米，供电用户22.19万户。完成供电量13.03亿千瓦时，比2016年（下同）减少8.9%；售电量12.38亿千瓦时，减少8.9%；线损率5.0%；电费回收率100%；用户年平均停电时间25.25小时/户；用户年平均停电次数5.58次/户；供电可靠率99.7%；综合电压合格率99.9%。全年未发生电力人身、设备事故事件，实现连续安全生产2192天。

【电网规划】 2017年，揭西供电局收集揭西县经济社会发展需求，结合配网运行及区域负荷发展情况，构建揭西县配电网目标网架，解决农村电网网架结构薄弱问题。多维度分析配网运行数据，挖掘配网规划建设、运行管理等方面存在问题，按照“十三五”配电网规划方案，抓好“一镇一册”数据修编工作，统筹中压网架、自动化及通讯同步建设，优化配网网架结构；加快小水电自供自管区域接管工作，对龙潭南福田、五云赤告梅江、良田乡等乡镇的配电网设备开展全面摸查及前期勘察工作。

【电网建设】 2017年，揭西供电局加强电网建设质量管理，推动项目建设标准化，落实“安全、可靠、绿色、高效”电网发展要求，推进农网改造升级。是年，揭西电网（揭西供电局管辖电力区域）投资3709万元，新建及改造10千伏线路64.37千米、新增及改造配变容量1.32万千伏安；全年投产项目75个。

【电力供应】 2017年，揭西供电局促进设备管理水平提升。深化安全生产基础管理，抓好供电所运维班规范化建设，推进“三基工程”（基础管理、基本技能、基层人员）和“两书”（作业指导书、业务指导书）应用；推广旋翼无人机在输配电线路巡视作业中的应用，利用无人机对所有线路杆塔经纬度进行重新测量；加大力度开展配网故障分析，加强运维责任问责，实现中压线路故障率下降45.4%；开展配网现场作业风险“可视化”管控，促进配网作业现场风险管控。加强综合停电管理，全年带电作业161次，比2016年增长12.6%；加强配网设备预试定检工作，重点加强电缆线路故障排查试验，提升线路复电时间；加大故障停电管控力度，减少重复性故障停电时间。全年完成供电量13.03亿千瓦时。

【电力收费】 2017年，揭西供电局创新服务渠道，通过网络平台、营业厅、小区物业、村委会等渠道做好非现金缴费宣传工作，引导客户通过办理银行代扣、微信、支付宝、POS机等方式缴费，启用电子普通发票，解决客户现金缴费排队等候等问题。全年电费回收金额82.36亿元，电费回收率100%。其中非现金缴费率91.7%。

【节能降耗】 2017年，揭西供电局优化电网调度，提高电网发展能力，规范营销管理，加强大修技改工作，推进节能降耗；倡导“科学用电、节约用电”，严抓电量增长。编制揭西供电局2017年节能环保工作计划表，将节能环保目标任务分解下达，逐月跟踪完成情况；通过发放宣传小册子，推广微信、支付宝等非现金缴费方式，倡导节能、低碳生活理念；组织节能宣传活动深入社区和农村，普及合理用能、提高能效、减少浪费常识；开展节约用电、安全用电展示，倡导公众科学消费、绿色消费、低碳生活，把节能理念转化为全民行动。是年，完成年度节约电量497.6万千瓦时。

【应急体系】 2017年，揭西供电局各专项预案管理部门组织开展“人身事故应急演练”“调度大楼突发停电应急演练”和各供电所现场处置演练38项，参与661人次。把保障电网安全供电作为第一要务，及时发布防风防汛应急响应，针对电网薄弱环节迅速落实各项应急措施。是年，揭西供电局共出动应急抢修队伍人员361人，成功应对“纳沙”“天鸽”“洛克”3起台风抗灾抢险工作，第一时间恢复电网正常运行；在抗击“天鸽”支援珠海供电局抢修复电工作中，揭西供电局抢修复电队伍获得“南方电网2017年抗击台风抢修复电先进集体”荣誉称号。

2017年8月，台风“天鸽”到来前，揭西供电局工作人员对线路进行巡视维护，清理线行附近的树竹

（林纯忠　摄）

【客户服务】 2017年，揭西供电局推进小水电自供区接收工作，对龙潭镇龙潭电站自供区、五云镇黄沙坪电站自供区、五云镇赤告电站自供区、五云镇宝石电站自供区进行农网改造，着力解决小水电自供区电网薄弱、线路残旧、供电可靠性低、电压质量差、客户服务不足等问题；以客户为中心，推进客户全方位服务体系建设，落实上下联动、左右协同解决客户问题机制，对客户投诉问题进行现场勘查核实，落实快速反馈和跟踪闭环机制；提升业扩管理水平，缩短业扩办理时间；推行报装“一口受理”，提升业扩透明、规范办理；实施业扩工程投资界面延伸至客户红线，减轻客户用电投资压力；强化供用电秩序管治，规范近区用电，严抓违章用电、窃电及高损台区整治工作。开展计量装置轮换及低压集抄项目，提升营销技术装备水平，提高电子化结算率，促进管理线损水平总体提升。全年综合线损率5.0%，比2016年（下同）下降0.02%，完成上级下达5%的考核指标。是年，揭西供电局第三方客户满意度83分，提升4分，在揭阳市五个县区供电局中排名第二；揭西供电局作为揭阳局首个智能电表与低压集抄全覆盖县区局，完成智能电表覆盖率和低压集抄覆盖率100%的年度目标。

2017年揭西县电网建设情况表

表20

项目名称	主要任务内容（包括投资规模/万元）	牵头单位	完成时间
揭西县2017年新建配网工程	2017年完成电网投资3709万元，新建及改造10千伏线路64.37千米、新增配变容量1.32万千伏安	揭西供电局	2017.12.30

2017年揭西县不同消费群体、行业用电消费情况表

表21

项目	用电量（万千瓦时）		增长	占全社会用电量的比重（%）
	2017年	2016年同期		
全社会用电量	123788	135852	-8.9%	
一、农、林、牧、渔业合计	3900	3747	4.1%	3.2%
二、工业用电	79343	92268	-14.0%	64.1%
其中：轻工业	58125	50981	14.0%	47.0%
重工业	21218	41286	-48.6%	17.1%
其中：线路损失电量				
三、建筑业	640	510	25.5%	0.5%
四、交通运输、仓储及邮政业	458	481	-4.8%	0.4%
五、信息传输、计算机服务和软件业	1900	1737	9.4%	1.5%
六、商业、住宿和餐饮业	3405	3199	6.4%	2.8%
七、金融、房地产、商务及居民服务业	1371	1276	7.4%	1.1%
八、公共事业及管理组织	3799	3034	25.2%	3.1%
九、城乡居民生活用电合计	29605	28402	4.2%	23.9%
其中：城镇	16184	15828	2.2%	13.1%
乡村	13421	12574	6.7%	10.8%

（邓瑜纯　李伟杰）

2017年7月，揭西供电局工作人员在上砂站10千伏新岭线XDC进行导线更换工作　（周聪禄　摄）

交通运输 邮政业

交通管理

【概况】 2017年，揭西县交通运输局（简称县交通局）开展道路运输市场综合整治，推进“百日百项大行动”交通基础建设，助推文明卫生创建行动，打造人民满意交通。全年累计投入交通基础设施建设计划资金1.61亿元，新建、改造城乡公路119.69千米，查处违章违规营运车辆381宗，卸载货物4005.35吨。

【交通建设】 2017年，县交通局推进“百日百项大行动”项目进度，新建、改造城乡公路119.69千米，累计投入交通基础设施建设计划资金1.61亿元，比2016年增长23.5%。是年，基本完成灰大线道路改造工程9.5千米，投入资金3325万元；县道X096新大线混凝土路面改造工程19.19千米，投入资金3263万元。完成2017年67个帮扶村扶贫项目共96.38千米，投入资金5812万元；棉湖四新路改建3.5千米总投资850万元。全县农村旅游路、资源路和产业路建设30千米，总投资1.25亿元。

【道路管养】 2017年，县交通局加强全面养护，由修复性养护转变为预防性养护，保证专养公路舒适畅通。县地方公路站下设11个养护道班，拥有农村公路通车总里程1298.58千米（其中县道133.07千米、乡道967.51千米、村道198千米）。在全面创建广东省文明城市、卫生县城活动过程中，各道班加强巡查监管，确保道路安全畅通。是年，修复县道X100坪石线、县道X099径上线和乡道甲粗线等路面龟裂、下沉共8处1315平方米；清理五黄线水沟淤泥2处1000立方米，长1100米；清理湖河线塌方3600立方米；刷新防撞墩280多个；清除县道路肩可视土渣1370立方米，割除路肩杂草6700平方米；施划县道X099径上线K14+500—K16+500路面标线2000米；增补各类公路安全标志124块，盲区凸镜23套，投入资金14.2万元；在11个道班管养路段，出动3516人次清扫路面，全年洒水降尘1852次。

【交通安全管理】 2017年，县交通局根据安全生产“党政同责、一岗双责、失职追责”的制度要求，对安全生产与应急管理进行分解。全年召开大小安全生产工作会议51次，督促、指导各企业、站、点开展安全管理工作41次，调整工作重点和方向19次；利用手机转发警示信息1.23万条，悬挂横幅54条，张贴标语2990余幅，设立咨询服务台5处，设置宣传展板及警示标志122块，向进站候车旅客及司乘人员发放宣传材料1.59万份；签订安全生产目标责任书23份；出动检查人员1842人次，检查督查48次，检查企业76家，321个作业点，消除隐患35处，其中限期整改10处，当场整改25处。

【运输市场整治】 2017年，县交通局做好交通综合行政执法工作，与公安交警部门、公路路政部门联合执法，以定点检查和流动巡查相结合的方式，主动突击巡查、检查，以扫黑险恶众剑行动为契机，全面排查整治客运车辆挂靠经营、惩治货运车辆超限超载和"黑票点""黑车"等扰乱客货运市场正常运营秩序的违法违规经营行为。全年出动执法人员6558人次，查处违章违规营运车辆381宗，其中超限、超载货运车辆153辆，卸载车辆153辆次，卸货4005.35吨，扬撒93辆；其他违规违章货车193辆；查处违规客车91辆次，其中违反凌晨2时至5时停车休息制度客车29辆次；整治非法售票点31家，拆除、没收用于非法招揽乘客的广告牌569块，清理辖区内主干线非法广告牌604块，处理路政类案件3宗，清除侵占公路旁违规搭建23宗，清除路碍179处，拆除占用公路用地建筑物25平方米。

（廖文伟　陈耿晋　周　桐）

汽车运输管理

【概况】 揭西县汽车运输总公司（简称县汽运总公司）是经省交通厅汽车运输公司汕头分公司批准设立的河婆分站，成立于1959年。1992年4月1日成立揭西县汽车运输总公司，注册资金232万元，具有三级客运企业资质。公司有省际班线牌11块，市际班线牌111块，市内班线牌7块，营运客车129台。客运班车通达广西壮族自治区、江西省、湖北省、海南省。2017年上半年，投入营运车辆129部，在22条客运班线上为广大旅客服务，完成客运量122万人/次，客运周转量1.74亿人/千米，上缴国家税费56万元。全年上缴社保金61万元。7月6日，揭阳市汽车运输总公司揭西分公司车辆粤VV1351大客车发生重大道路交通事故，直接经济损失3152万元。根据上级政府、上级交通主管部门的意见，县汽运总公司和揭西分公司全面停业整改。

2017年12月28日，县汽运总公司安全部，河婆客运站、棉湖客运站和公司所属各部门人员参加消防演练　（蔡明珠　摄）

【站场整改】 2017年，县汽运总公司完善河婆汽车客运站、棉湖汽车客运站配套工程建设。投资70万元，设置监控平台，购置电脑4台，对公司所有车辆安装实时可视监控视频；改造候车室配套设施，安装电风扇4台、饮水机4台、电视机2台，设置哺乳室2个、隔离吸烟区2处，购买卫生间设备4套。投资25万元，做好创文创卫工作，清理停车场发车位通道2条，设置宣传栏2幅。

【车辆整改】 2017年7月15日起，揭阳市汽车运输总公司揭西分公司进行全面停业整改，收回全部客运标志牌。主要整改客运车辆安全技术性能和安全设施、设备配置使用；完善车辆证件、手续，理顺管理经营体制等。根据揭阳市人民政府发文，9月4日起，揭阳市汽车运输总公司揭西分公司登记户籍车辆、客运标志牌及业务移交县汽运总公司，县汽运总公司实际拥有揭阳市汽车运输总公司揭西分公司全部车辆产权和经营权。至年底，原揭阳市汽车运输总公司揭西分公司128部车辆全部安装车辆可视监控终端视频，经上级有关部门检查验收合格。

【企业管理】 2017年，县汽运总公司落实岗位责任制，重新制定各项规章制度62张、419条，做到定人、定岗、定责任、定制度；全司驾驶人员安全学习培训2次、345人参加；组织19名员工到揭阳市参加安全生产管理上岗培训。投入资金5万元，为车辆复产做好准备。

（林桂和　蔡明珠）

2017揭西县年农村客运班车运营线路情况表

表22

运营线路	途经主要地	发班数量	发班时间	收班时间
河婆—棉湖湖西	龙潭、南山、灰寨、金和、凤江、棉湖	90	5:35	20:15
河婆—五经富陈江	龙潭、南山、灰寨、京明、京溪园、五经富	78	5:50	20:25
河婆—五经富七村	龙潭、南山、灰寨、京明、京溪园、五经富	16	6:50	19:30
河婆—棉湖（塔头）厚埔	龙潭、南山、灰寨、京明、塔头、东园、棉湖	18	5:40	19:20
河婆—棉湖（京溪园）厚埔	龙潭、南山、灰寨、京明、京溪园、东园、棉湖	18	6:20	20:00
河婆—钱坑钱东	坪上、连城、大溪、钱坑	12	6:00	18:30
河婆—良田西田	乡肚、乡新、新四、金坑、良田	36	7:00	18:10
河婆—坪上石内	南新、宫墩、南联、坪上、潭角	24	7:00	18:50
河婆—上砂三水	五云、径下、下砂、上砂、活动	48	6:00	19:30
河婆—五云赤告	五云、罗落、平岭、梅江	48	7:30	17:30
河婆—龙潭关山	河东、东星、菜籽园、团结、井田	18	7:00	18:40
河婆—龙潭汤坝	尖田、新榕、成前、坡尾、龙跃	60	7:20	17:40
五经富—五经富大洋	五村、四村、新和、新仓、中联	24	6:30	18:50
钱坑钱东—棉湖厚埔	大茶石、金和、凤江、棉湖	16	7:00	19:00
上砂—美丰	活动、三水、北湖	16	7:10	18:50
上砂—新岭	活动、活西	16	7:00	18:40
上砂—上林	下联、上联、龙门	16	7:30	19:10
上砂—上山	下联、上联、汤峯	16	7:20	19:00

（曾　晓）

省养公路建设

【概况】　2017年，揭西县公路局（简称县公路局）积极推进县境内国道、省道的建设、养护和管理；全力提升公路安全生产能力，确保路段安全畅通。是年，全县省养公路建设在建重点项目2个，计划总投资2477万元，建设里程3.1千米。全年完成投资2477万元，累计完成投资2477万元（不含境内高速公路建设）。

【公路建设】　2017年，县公路局续建省道S238线揭西猫塘坳（五华交界处）至五云段路面改造工程，年度投入资金177万元，完成五云中学至大平岭村路段收尾工程。项目于10月26日通过验收，并投入使用；续建潮惠高速揭西河婆互通至县城主干道工程（含榕江大桥），年度计划投资2300万元，全年完成投资2300万元，完成量100%。至2017年年底，榕江大桥、路面、路基、边沟及防护工程、绿化路灯完成建设任务。

【公路养护】　2017年，县公路局按照《广东省公路小修保养工作制度》和公路养护“畅、洁、绿、美”要求推进路段日常管养，注重抓路面、路基以及构造物，确保县境内管养路段水沟排水畅通、路面整洁、平整。协助广东省交通厅完成国、省道升级有关数据录入；完成文明示范道路以及“网格化”路段有关路容路貌整理工作。是年，投入资金16万元完成县境内沥青修补桥面板及路面板坑槽1500平方米，沥青灌缝35千米；投入26万元修复县境内排水沟坍塌的挡土墙、设置排水纵涵，疏通排水沟。

【公路绿化】　2017年，县公路局按照“绿”“美”“畅”标准抓好道路绿化。是年，投入39万元补植2条示范道路（国道G235线灰寨圆盘至水亭桥2.14千米、国道G238线坪上连城路口至甘石径4.49千米）以及省道S238线河婆韩屋楼至坪上油库路段（K90+600—K95+000长4.4千米）、省道S335线南山至河婆猪坑径（K103+300—K120+130长16.83千米）、省道S237线灰寨新铺至金和和南路段（K2+500—K7+000长4.5千米）的绿化；投入128万元完成县境内高速公路连接线6.12千米绿化工作（潮惠高速出入口4个；汕湛高速公路出入口2个）。推进“路边工程”实施，以建设“绿色崛起示范县和潮客文化融合发展传承区”为精准定位，加快“美丽工程”建设。是年，投资148万元完成国道G235线K97+150—K100+488（新洪村至灰寨河伍村），长3.34千米、省道S237线K3+000—K5+200（灰寨潭唇村至小陂洋村），长2.2千米等“路边工程”建设。

【路政管理】　2017年，揭西县路政管理狠抓基础工作，强化队伍建设；建立内部管理机制，强化内部监督；着重维护路产路权，为境内公路建设提供法律保证；做好公路巡查，及时清理路肩堆积物，与公路沿线有关乡镇开展路域环境整治，做到及时沟通，信息共享；侧重整治公路沿线摆摊设点、占路为市、乱堆乱放等违法违章行为。是年，清理道路堆积物203处、违章建筑2起共25平方米；拆除非公路标志、非法广告招牌横幅等816块（条）；处理路政赔偿案件5宗，收取路损赔偿1.48万元；完成公路安全标线、标志设置8423平方米；加强与交通综合执法局的联合协作机制，联合执法26次，移交违法案件5宗。

【高速公路建设】　2017年，揭西县完善境内高速公路建设网络，主要做好汕湛高速公路东段、兴汕高速公路（华陆高速）的工程建设。

汕湛高速公路东段　起于揭西县与普宁市交界的金坑村委，经揭西县金和、钱坑和大溪三镇，路线长13.7千米，工程造价10.09亿元。是年，征用土地109.13万公顷，迁移坟墓2187穴，青苗补偿895万元；计划拆迁房屋1.19万平方米，实际拆迁9012平方米，完成年度计划76.0%。工程于2月份动工。

兴汕高速公路（华陆高速）　经揭西县上砂、五云两镇，境内全长19.28千米（K63+272—K82+300），设计时速100千米/小时，路基宽26米，双向4车道。境内桥梁15座（其中特大桥1座，大桥13座，中桥1座）；隧道2条（分别为观音坳和大坪隧道）；互通立交2处，收费管理所2处，连接线1条；服务区1处。计划投资约20亿元。是年，计划征用土地157.4万公顷，实际征用144.73万公顷，完成年度计划91.9%；计划迁移坟墓1671穴，实际迁移1180穴，完成年度计划70.6%；计划青苗补偿2361万元，实际补偿1230万元，完成年度计划52.1%。县境内工程于9月9日动工。

（陈国富　刘　杰）

邮　政

【概况】　2017年，中国邮政集团公司广东省揭西县分公司（简称揭西邮政）着力推进企业改革创新和转型发展，增强管控力度，提升服务能力。7月，完成全县邮政内设机构及人员编制优化设置，优化整合专业机构、职能部门和营销资源。全年完成业务总收入5021.49万元，比2016年增长7.4%。是年，揭西邮政被揭阳市消费者委员会评为“承诺诚信单位”；五经富支局被揭阳市邮政系统评为“巾帼文明岗”；霖都支局被揭阳市邮政系统评为“先进集体”；揭西邮政工会被揭阳市邮政工会评为“先进工会小组”。蔡楚勋在揭阳市总工会举办的“全市职工书法大赛”中获得优秀奖；彭惠珠被揭西县委县政府评为“双创”先进个人。

【网点建设】　2017年，揭西邮政升级网点服务形象和服务功能，通过标准化改造及整治，网点实现功能分区、服务分层、客户分流的功能。全面升级便民服务功能，建设缴纳电费、通讯费、汇款等功能便民服务站32家；边远山区邮政代办点改造成村邮站14个；新增建设直投到户信报箱5000户；累计投放ATM（自动取款机）、CRS（自动存取款机）、存折一体机、高速存款机等自助设备44台，点均3.14台；完成新一代寄递业务信息平台上线，全县投递段道PDA（掌上电脑）配备率100%。至年底，完成县13个乡镇（街道）全功能网点集团标准化改造工作，大溪支局完成网点整治、龙潭支局完成推楼重建、京溪园支局完成乔迁新址工作。

【代理金融业务】　2017年，揭西邮政实施“爱贫牵富”“惠民助农”农商相结合发展政策，服务揭西实体经济，发挥邮政金融网点多、覆盖面广的优势，为揭西中小企业和个体工商户提供金融结算服务，主动承担代发社保金、低保金、新农保等金融服务工作，全年代发放社保资金3.28亿元。组织投单汇款兑付工作，提供理财、保险、基金、国债等大理财产品服务，适应金融市场发展，升级金融综合服务平台，全年理财销售额9.14亿元，保有量2.34亿元，保险销售量

6137.93万元，国债销售量241.54万元，基金销售量3914.62万元；推广“手机银行异地、跨行转账免费”活动，便捷服务流程。

【邮政类业务】　函件服务　2017年，揭西邮政为政府和企业提供个性化宣传服务，融入地方经济，创新商函产品，推广函件新媒体，帮助中小企业实现精准营销。是年，开发制作揭西首届港深擂茶擂台赛明信片5000套，助力推广揭西县旅游文化产业。

报刊集邮　2017年，揭西邮政在河婆街道东风广场开展为期一周的优秀图书展销活动；配合当地政府发行党报党刊，及时将党的声音传播给广大党员和人民群众；依托手机网络开办“广东邮政微邮局”“微邮筒”公众订阅号，推广线上线下相结合订报新渠道；开发集邮品服务政府宣传，增加承载揭西传统文化的载体，提升揭西县对外文化新形象。是年，发行书刊1.1万种。

电子商务　2017年，揭西邮政通过“一站式”电子商务平台，为群众提供代办机票、代缴费、代理车险、简易保险等便捷服务；发展邮政农村电商，推出邮乐网购物网站服务，助推农产品返城，助力精准扶贫，全年拓建农村电商站点290家；开办电商小包揽收寄递服务，为天猫网、淘宝网、微商等注册客户提供多渠道快递服务，做好电商小包投递工作。

机要通信　2017年，揭西邮政落实邮政机要通信保密管理规定的各项工作要求，加强内部检查，清除安全隐患，全年县邮政机要通信安全畅通。

【客户服务】　2017年，揭西邮政注重建设网点形象工程，提升邮政对外形象，为客户提供专业化、差异化服务，让客户体验利民举措。开展“普惠金融·幸福加邮”百村行主题活动，进百村，访千户，为村民提供金融服务，加强与村民沟通交流，服务新客户，维护老客户；在全县邮政系统开展揭西邮政“心服务·新奉献”和“营业窗口志愿服务”等主题服务活动，强化窗口服务工作，规范服务程序，优化服务环境，提升服务质量；开展“鹰眼行动”服务质量检查活动，落实新《邮政普遍服务标准》，深化服务内涵，落实各项服务承诺，提升营业窗口服务水平；履行邮政服务“三农”职责，利用邮政金融、寄递、邮乐网的平台优势，帮助揭西县良田乡西乡村农户解决红薯销售受限问题；与县检察院联合开展“预防职务犯罪邮路”活动。

【企业管理】　2017年，揭西邮政提升企业管理效能，逐步形成规范化、精细化、科学化内部管理体系。完善企业管控机制，制定经营绩效考核（KPI）管理办法、业务发展挂点帮扶支撑工作方案，推行营销积分制，促进职工合法权益和企业效益双兼顾。落实金融从业人员轮岗和行为排查制度，全年邮政金融资金安全。强化教育培训，组织员工参加技能、学历等各类培训，全年开展教育培训15场次，参培590人次；新增持证人数9人，持证率81.7%；通过函授本科学历答辩10人。加强安全管理，开展安全教育及应急预案演练，维护网点安防设备，调整运钞时间。“十九大”会议期间，强化寄递、外防内控等检查，全县邮政寄递渠道安全无事故。开展各项专项整治活动，强化内部管控，规范经营行为。加大网点检查与自查频次，防范和遏制资金案件发生。

2017年揭西县邮政主要业务经营情况表

表23

种类	储蓄规模（亿元）	函件（万张）	汇票（万件）	包件（万件）	快递包裹（万份）	报纸期发数（万份）	杂志期发数（万份）
数量	24.06	4.36	1.55	0.51	30.61	177.51	7.39

（蔡　晃　李婉秋）

信息业

电信通信

【概况】 2017年，中国电信揭西分公司（简称揭西电信）加速光宽和4G规模突破，夯实核心业务基本面；推进网络重构及运维队伍转型提升，加大渠道投入；深化划小承包，强化倒三角支撑，推进企业转型发展。全年实现全业务收入1.1亿元。是年，揭西电信荣获广东省电信公司年度先进绩效单位三等奖、中国电信揭阳分公司年度先进绩效单位一等奖；被揭阳市消费者委员会评为“承诺诚信单位”。

【设施建设】 2017年，揭西电信加快从传统基础网络运营商向现代综合智能信息服务提供商方向转型，加大800M频段LTE网络建设和光网建设，将光纤尽可能向用户端延伸。全年通过补点建设443个片区，新建OBD（光纤配电箱）端口2.04万个，新建光缆632皮长千米，纤芯3606千米；开通32个4G基站，完善4G无线网络覆盖和无线网络结构的优化；新建中继主干光缆72皮长千米，纤芯4673千米；光缆建设投资合计699万元。完成揭西县人民政府76条财政支付电路和医院、三防办、质监局等多条MSTP（多业务传送平台）电路开通；配合公安局完成新广信宾馆、荣华足浴等旅业网专线调测开通；配合五经富税务分局、荣华大酒店、京明度假村、大北山森林公园等政企客户工程建设和客户搬迁；完成揭西农商行监控机房、大溪邮政局、检察院机房设备搬迁和电路割接；做好党建、ITV（交互式网络电视）技术支撑。全年完成各种电视电话会议通信保障、高考电路保障等工作75次。做好揭西平安视频监控故障管控工作，平安视频监控故障率为全市最低。

【电信业务】 2017年，揭西电信完成揭西供电局智能抄表物联网卡开卡工作；揭西县荣华大酒店、揭西县兰庭酒店、金凯苑酒店光改升级工作；县综治网格及广东政法信息网（二期）工程三、四级网络项目建设；县信息中心新增76条MSTP（多业务传送平台）电路建设和30多条电路改造；揭西县林业局林火监控项目和217条专职护林员手机开户工作；满足揭西县鸿运大酒店、揭西县金和银河沐足店、棉湖金色会所、阳光客栈等酒店的通信需求。推进“互联网+”行动，落实集团转型3.0部署，推动“互联网+教育”新模式的发展。

【品牌宣传】 2017年，揭西电信推动4G融合、宽带融合、政企专线融合、物联网融合和IDC融合，推广移动流量不限量、翼支付、天翼高清、智慧家庭、企业上云、行业应用、智慧城市、智能家居、云网融合等业务，实施网络升级提速，扩大4G网络和光纤宽带网络覆盖，建设云计算、大数据、物联网等新型通信设施，推进网络智能化。

【宽带业务】 2017年，揭西电信以整村全光推进为核心抓手，快速上量抢份额，稳固宽带主导地位，全年入网净增8172户，完成年度任务133.6%。电信电视随光而上快速增长，全年入网净增1.21万户，完成年度任务102.4%。完成“智慧坪上”业务开通。推进有线宽带网络光纤化改造，优化4G移动信号覆盖深度和广度，建设下一代互联网基础设施，下调有线宽带、手机流量和国际漫游资费。

【天翼手机】 2017年，揭西电信打造天翼移动业务，推出不限流量套餐惠民政策，全年净增9554户。加强基础设施建设，开通800M－LTE（4G基站）站点147个，常规4G站点48个，C网站点7个；增加室分信号覆盖基站21个，完善、优化CDMA（码分多址）网络基站布局，提高通信质量，满足市场需求，全县4G覆盖率94.7%，基本达到C网水平。NB-IoT（物联网）网络基本实现全覆盖，实现有移动信号的地方都能提供物联网服务。

【客户服务】 2017年，揭西电信开展服务质量基础工作检查，全年检查实体渠道50次，对检查发现的问题及时整改；做好季度服务标兵和明星窗口评比工作，开展星级用户价值提升活动，提升移动VIP客户价值，体现VIP客户差异化服务，全年开展积分兑换专项活动2次，完成市公司下达的任务；做好10000号工单的管控，全县累计工单3069张，完成省、市公司考核指标97%以上，全年没有三强投诉。改善服务，推行装维服务4小时响应制，行业首推当日装、当日修、慢必赔承诺。

【企业管理】 2017年，揭西电信优化人员结构，制定月度考核绩效指标，开展党员教育活动，推进“两学一做”常态化、制度化。制订2017年度廉洁谈话方案，对关键岗位人员进行谈话，全年谈话37人次。组织相关人员在节前开展“四风八规”监督检查，开展采购合同监督检查全覆盖。加强员工安全教育，组织消防知识培训，举办灭火实战演练。加大教育培训力度，提高全员整体素质和营销能力，全年举办各类业务培训班65期，参加人员956人次。举办或参加文体活动，组织员工参加揭阳电信员工第十九届乒乓球比赛，获混合团体第二名；参加揭西县总工会举办的“庆国庆 迎中秋”基层职工乒乓球团体友谊赛，获第一名。

（温永松 郭璐丹）

移动通信

【概况】 2017年，中国移动揭西分公司（简称揭西移动）依托品牌、客户优势，利用大数据分析工具，强化基础市场管理、全业务运营，市场持续稳健增长。贯彻省、市、县新时期扶贫开发决策部署，助推文化建设、农村信息化建设。全年主通客户44万户，运营收入3亿元，创税248.9万元。是年，新建2G基站15个，4G基站79个。

【设施建设】 2017年，揭西移动紧抓重点项目建设。是年，重点项目建设年度投资6797万元，完成投资计划148%。建设2G无线基站15个；推进网络信息化进程，加快全县4G网络覆盖，建设4G站点79个；加大农村信息化发展力度，推进光纤入户，建设光纤宽带信息点2.3万个；加强基础管线覆盖深度和密度，建设光缆119皮长千米；投资350万元优化光缆管道建设。强化网络安全保障能力，全面构建应急通信保障体系，配合政府完成“两会”以及台风“玛娃”“天鸽”期间应急通信保障工作。

【移动业务】 2017年，揭西移动分农村、校园、厂区、社区客户群体开展相关营销活动。利用当地集群网、家庭宽带、流量包等黏性产品做好滚动营销。发挥企业优势，以村村通数据专线、精准扶贫大数据平台、同乡网等信息化产品配合各级政府推动农村信息化建设，丰富农村信息应用产品体系。贯彻省、市新时期扶贫开发决策部署，联合县扶贫办开展“岭南生活”营销促销扶贫活动。

【品牌宣传】 2017年，揭西移动以“和”为宣传主题，表达中国移动与社会公众、广大客户建立友好、亲密、互信、和谐关系的愿望。通过大数据、云计算等综合信息化服务方案助力当地政务信息化建设，提升政府管理水平及工作效能；搭建揭西县旅游大数据展示平台，以信息化助推揭西全域旅游发展，打造揭西生态旅游文化品牌；通过营业厅、社会渠道、户外广告、电子广告、海报单张等形式，宣传中国移动4G套餐及极光宽带业务。

【客户服务】 2017年，揭西移动提升客户价值，开展流量等感知短板分析研究，梳理客户感知的方法和提升点；完善满意度责任分解机制，深入乡镇开展驻点服务；加强外呼、短信群发等

2017年5月16～18日，揭西移动联合金和镇农特协会在金和镇农村淘宝3.0体验馆门前开展“岭南优品·精准扶贫”金和农特产品促销活动 （揭西移动 供稿）

营销资源精细化管理，做好重点业务、高效益业务拓展，与客户满意度、投诉情况挂钩；强化信息安全管理制度和手段，健全信息安全评价指标体系，完善全网信息安全运营管理；倡导健康通信，组建专门机构、配备专职人员，净化网络环境；制定统一策略、完善技术手段，推进手机淫秽色情信息治理工作。

【企业管理】 2017年，揭西移动强化企业内部管理，做好党建工作，加强党工团联动，开展劳动竞赛、文体活动、系列员工关怀工会等活动；加强企业文化建设，开展流程梳理、“一班一课题”（各班组自主选择并完成一个质量管理课题）系列活动；开展班组结对交流，推广“微管理”理念，多渠道分享班组优秀管理经验和班组工作亮点；开展“精英俱乐部”培训活动，提升员工学习理念、专业技能和综合素养。

2017年中国移动揭西分公司主要业务经营情况表

表24

运营收入（亿元）	客户规模（万户）	市场份额	宽带规模（万户）	宽带电视（万户）
3	44	75.2%	4.1	1.3

（林奕森 李小婧）

联通通信

【概况】 2017年，中国联通揭西分公司（简称揭西联通）加大光缆与无线信息设备建设投入，拓展精准营销新方法；加大对4G网络开通、腾讯大王卡等品牌宣传；践行“客户为本”核心价值观，落实“三个一切”经营管理理念，以客户为中心，用服务促发展。全年完成业务总收入3298万元，完成率102%。至年底，全县4G站点累计196个，4G网络覆盖率50%。

【设施建设】 2017年，揭西联通加大光缆与无线信息设备建设投入，全年光缆建设投资90万元，无线信息设备建设投资180.21万元；新建凤江镇赤新西、河婆镇溪西、河婆镇坎下楼西等基站。是年，累计铺设管道0.9千米；新增4G站点30个。至年底，全县4G站点累计196个，4G网络覆盖率50%。

【联通业务】 2017年，揭西联通拓展精准营销新方法，推出冰激凌流量无限量套餐、腾讯大王卡等产品，依托品牌，细分社渠、厂区、校园等群体开展相关营销活动。通过高新技术与传统行业改造升级，推出政务、教育、医疗、金融、环保等行业云服务。11月，与揭西县金和镇人民政府签署《推进揭西县金和互联网+农业扶贫创业园》合作框架协议，共同推进地方互联网信息建设。

2017年11月10日，揭西县金和镇人民政府与揭西联通在金和镇人民政府签署《推进揭西县金和互联网+农业扶贫创业园》合作框架协议 （揭西联通 供稿）

【品牌宣传】 2017年，揭西联通加大对4G网络开通、腾讯大王卡等品牌宣传，借助村委、厂商、电视台等资源，开展联通服务进村、进厂、进校园活动。全年拓展目标25个，开展专项促销活动35场，服务进村、进厂宣传推广活动100多场。

【客户服务】 2017年，揭西联通为客户提供咨询解答，办理手机、宽带、固话开户、补卡、换机等业务；开通出国漫游即用即开、紧急开机快速响应、专属绿色通道服务。开展节假日重保及U900服务保障，组织热点问题专项整治。不定期对营销服务人员进行业务培训，提高服务质量，服务水平得到上级单位及用户好评。

2017年中国联通揭西分公司经营情况表

表25

项目	目标	完成	完成率
业务收入（万元）	3212	3298	102%
公共基站建设（个）	30	30	100%

（黄奕标　蔡淑霞）

城乡建设　环境保护

城乡规划

【概况】　2017年，揭西县城乡规划局（简称县城规局）开展创建省级文明县城、精准扶贫工作，推进重点项目建设。全年核发建设项目选址意见书2宗，用地面积4.36公顷。办理规划报建手续55宗，办理规划报建面积26.74万平方米，办理规划选址项目2宗。

（温瑞全　王玉柳）

【城乡规划编制】　2017年，县城规局加快城乡规划编制。全年完成规划编制5个，分别为揭西县67个省定贫困村整治创建规划编制、修编揭西县城市总体规划（2015—2030年）、揭西新城（北部新城+温泉小镇）控制性详细规划及城市设计、揭西县东部商贸城客潭洋综合开发项目修建性详细规划、揭西县县城东部商贸城溪西片区控制详细规划。

（温瑞全　王玉柳）

【村镇规划与管理】　2017年1月1日至4月13日，揭西县住房和城乡建设局（简称县住建局）负责管理全县16个乡镇（除河婆街道外）规划建设管理工作，做好"一书三证"（建设项目选址意见书、建设工程规划许可证、建设用地规划许可证、乡村建设规划许可证）核发、村镇规划业务指导和管理工作。按照县长办公会议纪要〔2016〕10号决定精神，县住建局负责揭西县棉湖曙光新城君和园、星湖城住宅小区、棉湖新城、钱坑金山住宅小区、五经富富安苑小区、五经富龙江御景湾不动产登记存在问题处理工作。通过委托具有测绘资质单位进行测绘核实，测绘的坐标、高程必须和县国土资源局的不动产登记一致，规划核实依据土地出让合同及相关规划许可文件，并配合县国土资源局完成相关工作，6月，完成揭西县棉湖曙光新城君和园、棉湖云湖汇景高级住宅小区、棉湖新城、钱坑金山住宅小区、五经富富安苑小区、五经富龙江御景湾6个小区规划核实工作，并出具相关规划核实情况和处理决定报告、规划核实处理决定、规划设计条件变更通知书，对存在违规的房地产开发企业作出相应处罚。4月14日起，全县城乡规划管理职能统一调整至揭西县城乡规划局。

（林远智　李炳雄）

【特色小镇、传统村落建设】　2017年，县住建局完善村落建设规划，加强特色小镇、传统村落建设。是年，揭西县金和镇通过特色小镇专项规划专家评审，获得广东省首批“互联网+”小镇（金和“互联网+农业”小镇）称号；东园镇月湄村传统村落规划完成审批、设计，进入投标阶段。

（林远智　王智敏）

【违法用地和违法建设行为】　2017年，县住建局加大违法用地和违法建设（简称“两违”）行为监管力度，联合城规、水务、供电等部门对各乡镇（除县城和河婆街道外）“两违”情况进行巡查整治，对巡查中发现的违章建筑及时下发责令停止违法行为通知书，并告知供电供水部门采取相应措施共同制止违法行为，按属地管理由乡镇人民政府进行日常巡查监督。至年底，协助乡镇处理“小产权房”和违法违规建设5宗。

（黄　南　韩志泉）

城乡建设

【概况】　2017年，揭西县城乡规划局（简称县城规局）加大县城建设和市政公用基础设施建设力度，升级改造县城多处市政基础设施，加强县城绿化建设；为推动创文创卫工作，加大县城综合治理行动力度，狠抓城乡规划建设管理的文明创建工作。全年，在建市政工程3宗，市政基础设施总投资2亿元；查处违章建筑400多宗，面积6.22万平方米；完成“12345”市民服务热线169件，电话受理35起，信访工作回复率100%，信访案件办结率98%。

（温瑞全　王玉柳）

【市政基础设施】　2017年，县城规局做好滨江公园、县城北环一路、环城东路、城东入口、沿江路等路段绿化，维修公园、绿地破损人行道，升级改造滨江公园内公厕，维修老县委宿舍，修复河婆街道东风居委东风巷塌方，安装霖都大道、温泉路隔离护栏，拆除霖都大道两边路缘石砼坡道，维修及更换城区主次干道中国结装饰等。推进重点项目建设，对县城北环一路进行升级改造，至年底，完成规划设计、预算、立项等相关工作；榕江南河两岸整治工程建设进入设计阶段。

（温瑞全　王玉柳）

【行政执法】　2017年，县城规局城监大队文明执法，实现县城综合整治行动零上访任务目标。全年累计出动1350人次，车辆125车次，拆除违章建筑2.50万平方米，罚款64.43万元。落实市委市政府清理“两违”（违法用地、违法建设）建设工作要求，严厉惩治“两违”建设，全年累计出动1.85万人次，拆除“两违”建设400多宗，面积6.22万平方米。

（温瑞全　王玉柳）

【市容市貌整治】　2017年，县城规局狠抓城乡规划建设管理的文明创建工作，以精细化管理为切入口，采取分片包干、现场遵守、跟踪督促、全城联动等方式，按照“主干道严抓、次干道严控、背街小巷井然有序”的管理原则，全面落实和细化市容市貌管理。是年，拆除吊挂雨篷1788个、乱拉乱挂横幅720处，没收并销毁遮阳伞、水泥墩2026个，查处占道经营1824宗，扣留占道经营水果摊的三轮车226辆次、小货车106辆次，收缴水果12车等。

（温瑞全　王玉柳）

【城乡生活垃圾处理】　2017年，县住建局完善“户收集、村集中、镇运转、县处理”的城乡生活垃圾集中处理运作机制，推进各乡镇（街道）购买社会服务，引进第三方转运机制，形成市场化运作。至年底，全县原有垃圾处理转运站17个，垃圾处理压缩运输车23辆，大小垃圾箱3617个。是年，新增8吨洗扫车1辆，5吨洗扫车10辆，3吨洗扫车4辆，12吨洒水车1辆，12吨压缩车2辆。

（林远智　王智敏）

【污水处理】 2017年，揭西县加强水污染治理工作，推进生活污水处理设施建设，加快污水处理厂建设，启动生活污水设施整县打包PPP项目建设，实现县城污水处理率85%以上，乡镇一级污水处理设施全覆盖，80%以上农村生活污水得到有效处理。是年，县城污水处理厂扩建日处理规模2.67万吨，总规模4万吨，新增污水管网2.82千米；启动棉湖污水厂二期工程，扩建日处理规模2万吨，总规模4万吨，新增污水管网26.33千米；2月，重新启动五经富污水处理厂管网建设，实现通水运行；10月，凤江污水厂动工建设，日处理规模1万吨，新增污水管网9.1千米；建成坪上镇湖光村、金和镇山湖村、东园镇月湄村生活污水处理站，日处理规模共800吨；启动揭西县生活污水整县打包PPP项目，建设镇级污水处理厂15座，日处理规模2.29万吨；农村污水处理站303个，日处理规模2.12万吨。

（黄　南　李炳雄）

【农村困难群众住房改造】 2017年，揭西县农村危房改造补助对象坚持公开、公平、公正原则，执行村民会议或村民代表会议民主评议、乡（镇、街）审核、县级审批程序，联合县审计、扶贫、民政、残联、社保、工商、税务、车管、房产信息登记等部门，对拟纳入2017年度农村危房改造任务的改造对象进行逐户核查，剔除不符合农村危房改造条件农户，全年剔除不符合农村危房改造条件农户1户。定期召开农村危房改造工作会议，部署安排危房改造工作。联合县有关职能部门对全县2017年农村危房改造户408户进行实地核查验收；改造补助资金实行专项管理、专账核算、专款专用，对验收合格的直接将补助资金支付到危房改造农户“一卡（折）通”账户。至年底，全县农村危房改造开工408户，竣工408户。

（林远智　张　欣）

城市供水

【概况】 2017年，揭西县自来水公司（简称县自来水公司）保障供水，改善供水环境，提升服务水平。公司担负县城、河婆街道近20万人口生活饮用水及少数工业用水。是年，新装水表260个，延伸铺设管道500多米，修供水设施1300多次，维修更换水表185次，应急抢修130次。

【供水经营】 2017年，县自来水公司监控水源，检测水质安全，维修供水设施，保证县城用水安全稳定。全年供水收入855万元，其中水费收入746万元，比2016年（下同）增加37万元；安装收入109万元，增加19万元；全年抽水量615.3万立方米，增加27.3万立方米；全年售水量492.2万立方米，增加22万立方米。

【水质检测】 2017年，县自来水公司化验室配备浊度仪，721型分光光度计、电子天平秤等设备，主要检测项目17项：色度、浑浊度、臭和味、肉眼可见物、pH值、铁、錳、氯化物、硫酸盐、氟化物、总硬度、耗氧量、硝酸盐、余氯、氨氮、总大肠菌群，菌落总数。新国标规定检测项目多，技术含量高，检测难度大，公司在设备和技术手段滞后现实情况下，每日主要进行水源水的浑浊度、色度、臭和味、肉眼可见物、耗氧量、氨氮6项，出厂水浑浊度、色度、臭和味、肉眼可见物、耗氧量、细菌总数、总大肠菌群、氨氮、余氯9项检测。管网水浑浊度、色度、臭和味、余氯、细菌总数、总大肠菌群、耗氧量每月2次检测。保证水质安全。

（张国旭　朱雪芳）

燃气管理

【概况】 2017年，揭西县液化石油气企业有揭西县五经富石油气储配站、揭西县灰寨金辉燃化有限公司、揭西县棉湖联达石油液化气有限公司、揭西县金和安乐石油气有限公司、揭西县三和石油气有限公司、揭西县商业石油液化气有限公司、揭西县河婆燃辉石油气站7家企业。至年底，燃气普及率94%，全县液化石油气企业液化石油气库存量800吨；城乡居民液化石油气消费量2.16万吨。

【燃气安全生产监管】 2017年，揭西县加强燃气安全生产管理，规范燃气生产标准，落实企业主体责任，加强宣传安全知识，强化企业与群众安全意识。至年底，对全县燃气企业进行56次安全检查，排除安全隐患187处，全年实现燃气行业零事故。

2017年揭西县城镇燃气经营企业情况统计表（液化石油气、人工煤气）

表26

企业名称	气种	储气设计能力（吨）	存气总容量（吨）	存气量可供天数（日）	季度总购气量（吨）				进货价（元/吨）	季度总销售量（吨）	销售价（瓶装气）（元/15千克）	企业所有制性质	企业气站等级
					合计	外省气	进口气	炼厂气					
揭西县五经富石油气储配站	液化石油气	50	50	15	560		460	100	4700	560	70	有限责任公司	3
棉湖联达石油液化气有限公司		100	50	6	630		630		4180	630	65		3
揭西县商业石油液化气有限公司		200	100	30	320		320		5500	320	82		3
揭西县安乐石油气有限公司		50	45	4	950		950		4100	950	75		3
揭西县金辉燃化有限公司		100	100	10	450		450		4200	450	76		3
揭西县燃辉石油气站		50	45	5	410		230	180	5000	410	80		3
揭西县三和石油气有限公司		50	50	7	220		220		4900	220	82		3

（黄　南　韩志泉）

建筑业

【概况】　2017年，揭西县住房和城乡建设局（简称县住建局）加强建筑业管理，强化建设工程质量安全监督管理，规范招投标行为，推进市场诚信管理，推动建筑业健康有序发展。全年全县施工项目20个，施工面积24.47万平方米，总造价6.22亿元；房建市政工程招标28项，标底价4.47亿元；验收房屋和市政工程共计10个，面积139平方米，总造价3.4亿元；全县新增委托21项，竣工验收10项，一次性验收合格率100%。全年未出现较大的质量安全事故。

【建筑行业管理】　2017年，县住建局加强建筑行业管理，扶持企业发展；推进市场诚信管理，全县各建筑企业及时注册并纳入全市诚信管理体系。至年底，新增资质以上建筑企业1家——揭西县恒宇混凝土有限公司；全县在库资质以内建筑业企业共12家，其中一级资质建筑企业1家，二级资质建筑企业2家，三级资质建筑企业3家，专业承包不分等级资质6家。全县12家企业诚信状况良好，无出现不良行为。全县建筑业实现增加值3.2亿元，比2016年增长6.6%。

2017年揭西县在库资质以内建筑企业情况表

表27

企业名称	等级	所在地
揭阳市揭西建筑安装工程总公司	二级	揭西县河婆街道
揭阳市宏通路桥建设有限公司	三级	揭西县京溪园镇
揭西县东日工程建设有限公司	三级	揭西县灰寨镇
揭西长安建设实业有限公司	二级	揭西县河婆街道
揭阳市揭西建筑集团公司	一级	揭西县河婆街道
揭西县安华电力工程有限公司	三级	揭西县河婆街道
揭西县恒宇混凝土有限公司	搅拌站无分资质等级	揭西县河婆街道
揭西县新塔混凝土有限公司		揭西县龙潭镇
揭西县巨塔混凝土有限公司		揭西县东园镇
揭阳市凯盛混凝土有限公司		揭西县河婆街道
揭阳市宏通路桥建设有限公司		揭西县京溪园镇
揭阳市揭西建筑安装工程总公司		揭西县河婆街道

【建筑工程招投标】　2017年，县住建局规范招投标行为，严格监督招投标工作。全县建筑项目应招投标的，严格按照《中华人民共和国招投标法》执行，通过事先招标文件备案、事中到场监督、事后招标完成情况备案等方法，各类招投标均符合相关法律规定，无出现徇私舞弊、“暗箱”操作行为。全年房建市政工程招标28项，标底价4.47亿元。

【建筑工程报建】　2017年，县住建局严格执行

《建筑工程施工许可管理办法》，规范建筑工程报建程序。全年全县施工项目20个，施工面积24.47万平方米，总造价6.22亿元，包括商住楼、公共建筑、市政工程。其中1月至3月：2项，建筑总面积3.24万平方米，总造价1.2亿元；4月至6月：3项，建筑总面积2.66万平方米，总造价1.35亿元；7月至9月：12项，建筑总面积2.61万平方米，总造价5376.11万元；10月至12月：3项，建筑总面积15.96万平方米，总造价3.13亿元。

【建设工程验收】 2017年，县住建局加强工程竣工验收工作，完善房建、市政工程竣工验收程序管理，全县建设单位在法律规定工程竣工验收合格之日起15个工作日内将竣工验收报告和规划、公安消防、环保等部门出具的认可文件或准许使用文件上报到县住建局进行备案。全年验收房屋和市政工程共计10个，面积139平方米，总造价3.4亿元。

【建设工程质量安全监督管理】 2017年，县住建局加强全县建设工程质量和安全生产情况监管，对工程实体和建设相关单位、工程实施过程及工程竣工验收实施监督，以抽查和抽测为主，发现问题坚决要求整改；对单位工程安全生产管理的责任单位、责任人进行动态管理，对违反安全管理的进行动态扣分。是年，全县新增委托21项，竣工验收10项，一次性验收合格率100%。全年未出现较大的质量安全事故。

（黄　南　曾庆敏）

2017年揭阳市揭西建筑集团公司
承建主要工程一览表

表28

工程名称	建设规模	总造价
安宏基天曜广场工程	建筑面积：15.80万平方米	8.5亿元

（刘仁群）

房地产业

【概况】 2017年，揭西县加强房地产市场监管，实施不动产登记，规范房产交易市场秩序，强化物业管理，推进保障性住房建设。全县房地产开发企业17家。是年，一手房交易办理不动产权证900宗，商品房销售面积12.76万平方米，销售金额5.35亿元；二手房交易30宗。全年商品房销售均价4190元/平方米。

【房地产市场管理】 2017年，揭西县加强房地产市场监管，开展涉房地产领域不稳定问题专项治理，配合不动产登记部门开展对各楼盘登记工作，做好房地产开发资质核发等业务。全县三级资质房地产企业有揭西县城市建设综合发展公司、揭西县创贤房地产开发公司、揭阳市凯瑞投资有限公司。是年，比较大的项目有河婆新城三期，希桥商贸城。

【房屋交易】 2017年，揭西县加强房屋交易管理，规范房产交易市场秩序。因实行不动产登记，1至3季度全县商品房销售量下降，累计销售商品房3.02万平方米，第4季度商品房销售9.74万平方米。全县房地产开发企业17家。全年一手房交易办理不动产权证900宗，商品房销售面积12.76万平方米，销售金额5.35亿元，二手房交易30宗。全年商品房销售均价4190元/平方米。

【物业管理】　2017年，揭西县住建部门加强各物业服务企业做好所管理小区安全生产工作，主要是做好服务区域内消防安全工作，开展社会治安综合治理“众剑行动”宣传工作，加强业主与物业服务企业沟通，收集舆情，回应诉求，将小区物业管理问题解决在小区内。全年解决物业管理问题13宗。

【保障性住房】　2017年，揭西县推进保障性住房建设工作。2014年，揭西县开工建设公租房80套，原则上2017年年底前85%要完成分配，应分配数不少于68套。至年底，2014开工建设的公租房80套，2015年开工建设的公租房84套全部进行实物配租。保障性住房工作重心转为保障性住房后期管理。

（刘向东　曾振星）

环境保护

综　述

【概况】　2017年，揭西县环境保护局（简称县环保局）以改善环境质量为核心，以重点流域、重污染行业整治为重点，优化环保调控，深化治污减排，严抓环境监管，县环境质量保持全市前列。是年，县城全年空气质量优良（API＜50），饮用水源水质100%达标，城镇地表水功能区水质100%达标，交界水域水质100%达标。

【环境保护规划】　2017年，县环保局严格落实《揭阳市环境保护规划（2007—2020年）》《揭西县环境污染整治三年行动计划（2016—2018年）》《揭西县畜禽禁养区划定方案》等环境保护规划，对选址、选线与城市总体规划不符、布局不合理的项目不予审批，对饮用水源保护区、禁养区等环境敏感地区产生重大不利影响、群众反映强烈的项目不予审批。

【环境保护执法】　2017年，县环保局组织开展汛期环境安全检查、电镀酸洗行业企业专项排查整治、灰寨镇印染行业企业专项排查整治、揭西县畜禽养殖行业企业专项排查整治、揭西县凉果行业企业专项排查整治、中高考期间噪声污染防治等执法行动。至年底，全县出动环境执法人员4070人次，检查企业2428家次，发出责令通知书340份，实施环境违法行政处罚案件125宗，罚款人民币320.8万元，实施违法排污查封（扣押）案件9宗，移送涉嫌环境污染犯罪案件10宗，刑拘38人。

【环保责任考核】　2017年，县环保局围绕环保责任考核目标和任务，印发《关于开展2016年度环境保护责任考核的通知》，组织开展对各乡镇（街道）、县直有关单位2016年度环境保护工作责任考核，按时完成各项环保考核指标任务，根据揭阳市环境保护局通报，揭西县2016年度环保责任考核结果为良好等次。

环境管理

【概况】　2017年，县环保局加强环境监测，加大风险排查管控力度，做好环境应急管理工作，强化环境法治，严格执行环境影响评价制度和排污许可制度，开展生态环保进社区服务宣传公益活动。是年，全县完成审批建设项目26个（其中报告书6个、报告表19个、登记表1个），完成竣工环境保护验收项目44个。

【环境监测】 2017年，县环保局做好揭西县环境质量监测、技术人员培训工作；重点开展饮用水源、地表水、跨界断面水质、空气、噪声常规监测，及时发布水质、空气、声环境信息。是年，全县污染源监督性监测45家次、水样65个，建设项目竣工环保验收监测15家、环境投诉监测47个。

【环境应急管理】 2017年，县环保局开展危险化学品安全专项整治和汛期环境安全大检查，加强风险排查管控；强化固体废物环境监管；以信访、举报投诉调处为主渠道，加强涉民生环境热点问题的研判和处理。全年受理环境投诉案件186宗，办结案件186宗，办结率100%；未发生环境安全事故和因环境污染引发的群体性事件。

【排污申报核定】 2017年，县环保局严格执行排污申报制度，做好排污费征收管理，完成年度排污申报和排污费征收工作。全年对县50家达标排放企业核发或换发排污许可证；严格执行“收支两条线”制度，征收排污费91.12万元，足额上缴财政金库。根据《中华人民共和国环境保护税法》，向企业征收排污费截止至12月31日，此后该项费用停止征收。

【建设项目环评审批】 2017年，县环保局贯彻落实《中华人民共和国环境影响评价法》和《建设项目环境保护管理条例》，按照国家产业政策和环境保护相关法律法规严把审批关。推进《揭西县环境保护“十三五”规划》编制，加强环保对规划的引导调控作用。是年，全县完成审批建设项目26个（其中报告书6个、报告表19个、登记表1个），完成竣工环境保护验收项目44个。

【环保宣传】 2017年，县环保局加强环境保护宣传。6月5日，联合凤江镇人民政府在阳夏华侨中学开展以“绿水青山就是金山银山”为主题的系列宣传教育活动；6月14日，邀请广东省环保学校教师到揭西县第一中学开展环保科普进校园活动；6月30日至7月20日，县环保局环境保护志愿服务队在河婆街道河山、东风等社区开展生态环保进社区服务宣传公益活动，活动期间向社区发放环保读本1200份、绿色公民手册600份、环保便民服务口袋书500份。

环境污染整治

【概况】 2017年，揭西县全面推进城乡环境综合整治，县环保局强化重点污染源监管和治理，加大污染减排、水环境综合整治、大气污染防治、污染源排查、企业工程减排等方面投入，重点对电镀酸洗行业、凉果企业，印染、印花等重点行业加强监管。改善全县水、空气环境质量。

【污染减排】 2017年，县环保局做好工程减排、结构减排和监管减排等各项工作，经市环保局考核，揭西县2016年主要污染物总量减排工作获得合格等次。是年，督促揭西县宝晶毛巾厂、揭西县京溪园罐头厂、揭西县京溪园华顺养殖场完成年度工程减排工作，实现化学需氧量减排75.84吨，氨氮减排4.16吨；推进凤江镇河道疏浚工程，实现化学需氧量减排22.66吨，氨氮减排90.62吨；深化坪上垃圾填埋场污水处理设施工程建设，实现化学需氧量减排175吨，氨氮减排3.4吨。

【污染源整治】 2017年，县环保局坚持问题导向，推进环境问题清理整治。针对中央环保督察和省环保督察中发现的问题，梳理环保短板问题，制定责任清单，落实措施着力“补短”，做好督察组交办案件和边督边改工作。每月不定期检查国控重点污染源防治设施运行情况，采取在线监测、24小时视频监控等措施，全方位、全天候实时监管，杜绝企业违法排污。

【水环境保护】 2017年，县环保局编制印发

《揭西县环境污染整治三年行动计划（2016—2018年）2017年度环境保护工作计划》，明确全县水污染防治工作总体要求和总体目标。强化饮用水源保护，开展集中式饮用水源环境状况调查评估，落实饮用水源保护区巡查制度，保障饮用水源环境安全。开展“河长制”考核断面环境监测，通过每月通报“河长制”监测情况倒逼整治行动。加强常态化日常巡查，围绕工业污染整治、畜禽养殖污染整治、生活污染整治开展交叉执法行动，“零容忍”查处流域内环境违法行为。

电镀酸洗行业整治　2017年，县环保局加强巡查监管，落实《揭西县电镀行业环境污染专项整治方案》，惩治非法电镀（酸洗）行为。联合公安、工商等业务部门和各乡镇人民政府，与群众联动、配合，采取“地毯式”排查和“拉网式”检查的方式严厉惩治电镀酸洗行业。是年，出动人员1000多人次，检查企业100多家次，移送公安部门刑事拘留1宗，刑事拘留2人。

凉果企业监管　2017年，县环保局联合凤江镇人民政府，引导凉果企业加快完善污染治理设施建设和转型升级。对凤江镇凉果加工行业进行集中整治，采取不定时突击检查等多种形式，加大凉果企业日常监管频次，严厉惩治环境违法行为。是年，出动人员4000多人次，巡查企业（作坊）600多家次，立案查处凉果企业（作坊）16宗，移送公安部门行政拘留案件4宗，行拘4人，实施查封扣押25宗。

印染、印花等重点行业监管　2017年，揭西县下发《关于严防周边地区重污染企业转移落户我县的通知》，落实属地管理原则，要求各地加强日常巡查监管。是年，共立案查处印染（印花）企业6宗，移送公安部门行政拘留案件2宗，行政拘留3人。

生态环境保护

【概况】　2017年，揭西县结合全市“五城同创”活动，启动国家森林城市和国家生态文明示范县创建工作。加大农村环保设施建设投入，完善揭西县生态环境保护。推进生态镇村创建和农村环境连片整治工程建设，加大畜禽养殖污染防治力度，确保农村饮用水安全。

【农村环境连片整治工程】　2017年，揭西县全面开展农村环境综合整治，解决危害农村群众健康和影响农村经济社会发展的突出环境问题，改善农村环境质量。是年，9个农村环境连片综合整治工程均如期完成。其中包括涉及龙潭镇汤坝村、老寨下村、田心村、河南斜村、长江岭村、坑尾村、北联村的揭西县农村环境连片整治示范县（龙潭示范区）首期项目；坪上镇湖光村、金和镇山湖村、东园镇月湄村生活污水微型处理站建设项目等。

2017年10月，揭阳市部分政协委员到揭西县东园镇月湄村污水处理站调研农村环境整治工作情况　（县环保局　供稿）

【农村饮用水安全】　2017年，揭西县全面加强饮用水源保护，科学划定饮用水源保护区域。建立健全饮用水源地监管机制，组织人员对农村饮用水源进行彻底清查，全面取缔水源地保护区内的污染企业。建立健全水源水质监测常态化管理机制，每月对河江大桥断面、横江水库、龙颈水库等饮用水源地水质进行24项指标监测，均达地表水Ⅱ类标准。

【畜禽养殖污染防治】　2017年，揭西县印发《揭西县畜禽养殖禁养区划定方案（2017）》《关于进一步做好我县水环境综合整治工作的紧急通知》。县委、县政府从县委办、县政府办、县环保局、县公安局、县畜牧局等单位抽调人员，组成3个督查组和2个执法组，对各乡镇（街道）开展督查、督办和专项执法行动，全面推进榕江南河水环境整治工作。是年，立案查处畜禽养殖场（养殖户）41家，移送公安部门行政拘留案件3宗，行政拘留3人。

（陈舜明　温小林　林灿豪）

环卫工作

【概况】　2017年，揭西县环境卫生管理局（简称县环卫局）落实环卫体制改革，于9月份将县城环卫保洁工作推向市场，通过政府购买服务，由福建龙马环卫装备股份有限公司承包经营，全面负责清扫保洁、垃圾清运、中转站压缩及运输管理、公厕管理。至年底，福建龙马环卫装备股份有限公司负责县城（含城中村）188.68平方千米范围的清扫保洁及垃圾收运，配备专职环卫保洁人员280人、电动三轮清运车40台、电动三轮保洁车40台、路面养护车2台、大钩臂车2辆、高压清洗车1台、小勾臂车2台、1.1吨小勾臂箱15个、12立方整体压缩箱2个、8吨调桶压缩车3台、吊箱压缩车1台、摆臂吊箱车2台、8吨洗扫车1台、8吨扫路车1台、5吨洗扫车1台等。全年，揭西县老虎坷垃圾填埋场无害化处理城乡生活垃圾13.5万吨。

【县城环卫管理】　2017年，县环卫局加强县城环境卫生管理及对服务外包公司监管。县城主要街道和公共场所实行凌晨、中午一大扫，全天候定时、定人、定岗巡回保洁制度；生活垃圾定时定点收运，做到日产日清；落实“门前三包”制度；加强社会管理力度，遏制乱丢、乱倒垃圾行为；全面推进“创文创卫”工作，积极参与环境卫生综合整治活动。在创建广东省县级文明城市和卫生县城的工作中被评为先进单位。

2017年12月，县环卫局在创建广东省县级文明城市和卫生县城工作中被中共揭西县委、县人民政府评为先进单位　（林丹琪　摄）

【环卫基础设施建设】　2017年，揭西县将县城3座多功能垃圾转运站改造成多功能垃圾压缩转运站。揭西县老虎坷垃圾填埋场于2016年5月按照省二级无害化垃圾填埋场标准进行应急改造和商业化运营，2017年4月通过省二级无害化垃圾填埋场等级评价，全年无害化处理城乡生活垃圾13.5万吨。

（张壮厅　林丹琪）

商品流通　对外贸易

商品购销

【概况】　2017年，揭西县供销合作联社（简称县供销社）服务“三农”和城乡居民，以新供销天润粮油连锁店、专业合作社为载体，夯实基层供销社基础，推进供销合作社综合改革。全年实现商品总购进9121万元，比2016年（下同）增长3%；商品总销售1.05亿元，增长1%；利润亏损26万元，同期减亏10%；所有者权益746.05万元，社会贡献总额146.94万元。

【供销企业管理】　2017年，县供销社修订《揭西县供销合作联社企业管理规定》，对企业人事管理、财务管理、资金管理、社有资产管理、综合业务管理、社保管理、合作经济管理、监察审计管理八方面四十三条制度进行完善。

【网店经营】　2017年，县供销社推进新供销天润粮油连锁店和农产品展销平台建设，新建成雾湖山茶叶・土特产销售部1家、镇级新供销天润粮油连锁店2家，主要销售和展销粮油、大米、面等。全年销售放心粮油168万元。至年底，全县有新供销天润粮油连锁店16家。

【农业生产资料购销】　2017年，县供销社强化为农服务功能，开展农技服务业务，重点开展测土配方施肥和农资技术咨询服务。县农资总公司发挥配送中心作用，依托覆盖县域10家直营店、211家加盟店组成的农资供应配送网络。全年实现农资销售7498万元；化肥供应3227吨。其中：尿素821吨、复合肥831吨、磷肥353吨、碳铵329吨、钾肥305吨，其他品种化肥588吨。

2017年揭西县主要农资购销情况表

表29　　单位：万元

月份	2016年购进	2017年购进	同期对比+、-%	2016年销售	2017年销售	同期对比+、-%
1	334.57	390.76	16.8%	309.08	341.16	10.4%
2	398.14	412.04	3.5%	352.91	392.36	11.2%
3	446.89	487.11	9.0%	453.72	523.10	15.3%
4	489.07	559.64	14.4%	420.46	498.29	18.5%
5	363.98	360.14	-1.1%	317.61	319.87	0.7%
6	246.78	231.98	-6.0%	249.91	268.61	7.5%
7	245.98	248.42	0.9%	249.93	246.04	-1.6%
8	417.38	429.12	2.8%	330.68	382.65	15.7%
9	422.38	488.02	15.5%	407.52	482.89	18.5%

续表29

月份	2016年购进	2017年购进	同期对比+、-%	2016年销售	2017年销售	同期对比+、-%
10	551.34	600.18	8.9%	570.53	610.51	7%
11	230.05	228.13	-0.8%	256.11	258.02	0.8%
12	460.04	471.87	2.6%	492.09	473.45	-3.8%
合计	4606.60	4907.41	6.5%	4410.58	4796.95	8.8%

（张巧欧 侯晓云）

粮食流通

【概况】 2017年，揭西县粮食管理部门（简称县粮食部门）落实粮食安全责任考核制度，做好粮食储备、粮食应急和粮食仓储体系建设工作，抓好粮食部门自身建设，加强军粮供应管理及市场调节服务，全县粮食供求平衡，粮食供应和价格基本稳定。是年，全县轮换储备粮稻谷3118.67吨、大米300吨、食用植物油180吨。

【粮食管理】 2017年，县粮食部门全面推行“双随机一公开”（即随机抽取检查对象，随机选派执法检查人员，并及时公开抽查情况和查处结果）监管机制，建立粮食企业信用管理体系，健全完善事中事后监管机制；完善粮油仓储企业备案管理制度，实行登记证管理，做到粮油仓储物流设施设备、检验仪器、仓储信息备案全覆盖；适应国防和军队建设改革新形势，与揭西驻军部队建立“军粮供应军民融合发展联席”工作机制；落实政府信息公开方案要求，定期制订《揭西县粮油市场主要品种价格双周报表》信息，在揭西县人民政府网站定期公开。

【粮食储备】 2017年，县粮食部门严抓县级储备粮防火、防盗、防洪等安全管理，确保储备粮调动方便、数量真实、质量良好。是年，全县轮换储备粮稻谷3118.67吨、大米300吨、食用植物油180吨。

【仓储建设】 2017年，县粮食部门加强基层储粮点危仓老库修缮加固工作，严格按照工程建设相关手续和程序，严把质量和安全关，完成储备粮简易仓库及仓储配套设施建设任务。

【粮食购销】 2017年，县粮食部门执行国家粮食收购政策，抓好粮食收购，搞活粮食流通，有效保障粮食供应。严格执行有关规定，对达到轮换条件粮食及时进行轮换。是年，全县落实购进稻谷1.03万吨、大米300吨、食用植物油180吨；销售稻谷3118.67吨、大米300吨、食用植物油180吨，全面完成年度粮油轮换（购销）任务。

【粮食安全】 2017年，县粮食部门全面落实政府粮食安全主体责任，实施国有粮油仓储物流设施保护制度，落实各项粮食安全保障措施，粮食质量安全得到保障。至年底，揭西县粮食安全责任考核连续3年被揭阳市人民政府评为优秀等次。

【粮食应急演练】 2017年，县粮食部门根据《揭西县粮食应急预案》部门职责，组织粮食企业开展粮食供应保障和质量安全桌面应急演练，通过演练场景、讨论和推演应急时信息报送、应急响应、应急处置和应急终止的决策及现场处置过程，提高揭西县粮食应急处置水平。全年开展粮食应急演练1次，参与人数24人。

（陈镇汉 林煜然）

食盐专卖管理

【概况】 2017年，揭阳市盐务局揭西分局（简称县盐务局）完善食盐批发环节专营制度、食盐专业化监管体制、食盐国家储备工作。加强对食盐管理，保障食盐科学加碘工作有效实施，确保食盐质量安全和供应安全，保护公民的身体健康。在坚持食盐专营制度基础上推进供给侧结构性改革。全县设立食盐直供点40个，实现直接配送销售门店170多家；完成各类食用盐产品调运3131.55吨。其中：食品加工用盐1830.12吨，小包装加碘盐1301.43吨。全县食盐供应稳定。

【盐类销售】 2017年，县盐务局严格执行购进、销售计划，全年购进食盐4880.1吨，销售食盐3131.5吨。丰富盐产品种类，全年购销品种14个：50千克大包装食品加工用盐、50千克大包装精制盐、50千克大包装工业用盐、“粤盐”牌1千克食品加工用盐、250克加碘自然食用盐、250克加碘低钠盐、250克加碘雪晶盐、250克加碘精选海盐、250克加碘雪花海盐、300克加碘低钠海盐、400克加碘自然晶盐、500克加碘精制盐、500克非碘精制盐、2500克加碘精制盐等。

【食盐市场秩序】 2017年，县盐务局加强食盐营销渠道管理，掌控销售终端；采取集中宣传、日常稽查与宣传同步进行方式，参与“3·15”消费者权益日、“5·15”防治碘缺乏病日、食品安全宣传周等大型宣传活动；开展“粤盐 粤安全 粤盐68年陪伴3000万户广东家庭”主题宣传活动，引导群众理性消费、参与监督；增强用盐生产经营者守法经营、诚信自律意识，至年底，签订食盐安全责任书420份、食盐购进协议书420份、发放食盐零售许可证179份。

【盐政执法】 2017年，县盐务局实施网格化管理，造册登记主副食品加工企业、零售商店、公共食堂等，签订食盐安全责任书、食盐供应协议，加强食盐市场重点区域布控。重点整治县城河婆街道、棉湖镇、五经富镇、灰寨镇等中心集贸市场，对人员集中宾馆饭店、学校食堂及餐饮熟食等加强突击巡查，实现检查全覆盖；以凤江镇、金和镇、钱坑镇等凉果加工厂家较集中乡镇为重点，对厂家进销存台账进行实时监控，严防使用非法盐产品加工食品。全年出动执勤人员1478人次，检查市场218个次，商户9607个次，餐饮4514个次，厂家1263个次；查处盐业违法案件4宗，查获粗盐0.15吨，上缴财政罚没款2000元。全年实现零行政复议、零行政诉讼。

（贝斯俊 彭 瞻）

烟草专卖管理

【概况】 2017年，揭西县烟草局专卖局（简称县烟草专卖局）全年卷烟销售总额（不含税）7.7亿元，比2016年（下同）增长3.1%；实现税利总额2.32亿元，增长2.9%；利润总额9010万元，增长6.7%。打假打私高压不减，全年办理涉烟违法案件322宗，查获各类非法卷烟318.45万支，烟丝12.37吨，烟叶6.35吨，缴获烟草专用机械13台。

【卷烟经营】　2017年，揭西县卷烟营销管理工作以品牌培育为重点，重视省产品牌的培育发展，围绕重点规格，巩固老品规，强化新品培育；严把现代终端建设工作质量关，通过加强对终端店面形象、扫码销售、卷烟陈列等方面的管理，巩固提升终端质量。做好市场信息监控，密切关注价格走势、社会库存和市场反应，采取及时有效的营销策略，优化送货线路，提高送货服务质量。全年实现卷烟销量13.99亿支，卷烟销售总额（不含税）7.7亿元，税利总额2.32亿元，利润总额9010万元。

【营销服务】　2017年，县烟草专卖局完善网上订货、配送服务，为全县合法卷烟零售户提供卷烟商品和优质服务。全年电子结算成功率99%，终端扫码上传率97.1%，网上订货率、入网销售率、网点送货率均100%；卷烟消费者总体满意度96.5%，实现服务零投诉。

【企业管理】　2017年，县烟草专卖局抓好岗位考核、业务达标和安全评估等工作。实行监督考核机制，完善质量监督体系；落实年度培训计划，组织消防器材演练，开展交通安全行驶、车辆安全驾驶等培训，加强专业技术、技能人才队伍建设；加强企业物资、财务、预算等关键环节的监管，严格抓好费用审批、采购核算、月末结账等工作；规范公务车辆调度使用，严禁公车私用；强化安全基础、安全监管及隐患排查，实现安全生产零事故；倡导社会责任感，参加社会公益事业，全年社会公益事业、帮扶事业以及员工个人捐款等资金8.62万元。

【烟草专卖整顿】　2017年，县烟草专卖局坚持打假长效机制，推动落实打假属地责任制，依法整顿和规范卷烟市场秩序。通过“分片区治理、全链条打击”实施治理，协调公安、工商等职能部门，依法严管违法违规卖烟大户；严格把关，做好烟草专卖零售许可证审核发放和年审工作。全年办理涉烟违法案件322宗，查获各类非法卷烟318.45万支，烟丝12.37吨，烟叶6.35吨，缴获烟草专用机械13台。是年，全县有效持证（照）入网零售户2277户。

（陈英俊　吴长穆）

物资供应

【概况】　揭西县物资总公司在1984年6月机构改革前是揭西县物资局，1984年6月更名为揭西县物资总公司（简称县物资总公司），设人秘股、财会股和业务股。2017年，县物资总公司有下属企业法人机构（股级）7个，分别是揭西县燃料公司（关停企业）、揭西县民用爆破器材物资供应公司、揭西县机电设备公司、揭西县汽车贸易公司、揭西县物资贸易公司、揭西县化工建材公司、揭西县金属材料公司，均属特困企业。至年底，县物资总公司机关工作人员9人，离退休14人，全系统在册干部职工216人，下岗职工185人，退休职工142人。是年，县物资总公司协调、管理下属公司，抓好企业内部管理和基层党建工作，促进企业发展。全年全县物资系统实现商品总购进4278万元，商品总销售4738万元，比2016年增长5%。

【企业管理】　2017年，县物资总公司加强党支部基层建设，加强党员教育，严肃组织纪律，加强财务管理，协调下属各公司管好用好国有资产，防范资产流失，保障资产保值增值。落实安全生产责任制，实现全年安全生产无事故。对关停和特困企业，县物资总公司成立资产清查工作领导小组，配合县国有资产办公室，开展资产清查工作，逐个摸清家底，设立台账，建立数据库，核实企业资产负债，拖欠职工工资、社保费、医疗费等情况，为企业改革、职工安置做好前期调查工作。

（贝小雄　刘立强）

市场物业管理

【概况】 2017年，揭西县市场物业管理局（简称县物业局）加强市场升级改造，优化市场经营环境，提升市场服务质量；强化市场安全工作管理，落实消防安全管理制度。12月，在全县创文、创卫工作先进单位和个人评选活动中，县物业局被县委、县政府评为“创建广东省县级文明城市　卫生县城工作先进单位”。

【市场物业管理服务】 2017年，县物业局以农贸市场为重点，加大市场食品安全、卫生保洁和经营秩序等集中整治力度，全面推进文明市场创建工作；加强制度建设，完善市场食品安全和卫生保洁等管理制度，在市场内张贴食品管理、卫生管理等制度牌，强化监督管理；加强健康教育，设置市场健康教育宣传专栏，定期更换健康教育宣传内容，定期组织市场从业人员进行健康知识学习、培训；加强市场租户法纪宣传教育，引导市场租户守法诚信经营，规范经营行为；加强市场摊位出租管理，加大招商力度，适当提高市场摊位租金，全年市场摊位费总收入204.75万元，完成全年总任务128.0%，比2016年增加38.24万元。

【市场物业建设与维护】 2017年，县物业局投入158.87万元，加强市场物业建设与维护，其中对河婆街道河山市场进行升级改造，投入资金71.11万元，至4月底完工。落实消防安全管理制度，强化市场安全管理责任，提高干部职工市场安全防患意识、应急技能，及时排除市场安全隐患；定期对市场安全工作进行检查和督导，及时全面掌握市场安全动态，建立市场安全生产管理台账，坚持检查登记制度和安全隐患整改追踪制度；各市场物业管理所严格落实市场值班制度。全年市场无安全事故。

2017年揭西县主要市场情况一览表

表30

市场名称	市场面积（平方米）	主要经营范围	年营业额（万元）
河婆中心市场	2710	工业品、成衣、鞋类、百货、家私	907
棉湖南门市场	1200	工业品、成衣、鞋类、百货	605
五经富新市场	920	家私、用具、成衣、鞋类	498
金和市场	1862	成衣、鞋类、副食品等	446
河婆大同市场	1003	肉类、鱼类、蔬菜及其他副食品	712
河婆河山市场	731	肉类、鲜鱼、蔬菜及其他农副产品	653

（陈会堂　刘佑兴）

商业集团

【概况】 揭西县商业企业集团公司（简称县商业集团），1996年机构改革前原为揭西县商业局，揭西县人民政府2007年发文定性为行政性公司，县直属正科级单位。内设人秘部、财务计划部、经营管理部、办公室等四个职能部门。下辖14个股级公司。其中，食品总公司下辖17个基层站，商业贸易总公司下辖6个专业分公司。至2017年底，全系统干部职工692人（在岗106人，下岗586人），离退休1462人（离休12人，退休1450人）。2017年，县商业集团负责下属14个股级公司协调、管理工作，抓好企业内部管理和基层党建工作，做好生猪定点屠宰，规范肉品市场秩序，保障肉品卫生安全。

【企业管理】 2017年，县商业集团加强企业基层党组织建设，强化党员监督管理，严肃组织纪律，严格履行干部选拔任用工作程序，规范财务管理，完善各项报销审批制度，协调下属各公司管好用好资金和国有资产，落实安全生产责任制，实现全年安全生产无事故。

【食品经营】 2017年，县商业集团下辖食品总公司配合职能部门做好生猪屠宰业务，全县生猪定点屠宰厂17个，按照县商业集团的工作部署，定期召开各基层站长会议，加强生猪定点屠宰工作，规范生猪定点屠宰秩序。全年生猪总屠宰量13.98万头。

（李志明　张丽娇）

电子商务

【概况】 2017年，揭西县促进电子商务发展领导小组办公室（简称县电商办）加强组织领导，明确责任，推进电商工作。3月，组织县领导和企业家参加东莞虎门国际电线电缆展览会，棉湖镇、东莞市虎门镇签友好镇战略合作协议书；4月，企业入驻揭西县金和“互联网+农业扶贫”创业园揭牌仪式在金和镇举行，首批26家企业正式入园；5月，完善县级电商创业园建设和功能，入驻电商企业8家，有信息传媒、茶叶和当地苗圃销售等；12月底，揭西县入选“2017年广东大众电商创业十佳县”。

【电商扶贫】 2017年，县电商办整合农特产品与乡村旅游资源，采取“公司+合作社+农户”机制，因地制宜，发展农家乐、民宿、乡村旅游、休闲观光农业，运用网络营销、“互联网+”线上线下融合发展。引进广东省交通集团、深圳宏浩园林、广东苗迅科技公司等企业到揭西县投资、发展。广东省交通集团属下广东长大养护公司投资170万元，在金和镇山湖村兴建山湖村苗圃场，占地5.33万平方米，采取“公司+基地+贫困户”经营模式，产生利润全部用于山湖村贫困户脱贫和增加村集体收入；广东苗迅科技公司利用揭西县优越的种植条件，培育花木苗圃，壮大当地产业规模。

【电商效益】 2017年，揭西县农村淘宝营业额3000万元，快递业务42万单。“双十一”期间，全县农村淘宝成交额300万元，比2016年翻3倍。其中，金和镇杜塘村淘宝服务站业绩73万元，农产品上行28万元，位居全市农村淘宝合伙人第1位。至2017年年底，全县网站、网店4600个。是年，全县新增网店600个。

【金和“互联网+农业扶贫”创业园】 2017年，揭西县首个“互联网+农业扶贫”创业园开始运营，总投资1300万元，建筑面积4000多平方米。主要模块包含电商创业一条街、农特产品O2O展示馆、电商众创空间、电商人力资源发展中心等。至2017年年底，有26家电商企业和农村电商经营户入驻，主要销售蓝天果蔬、芋香南瓜、山泉辣椒、土鸡蛋、山湖竹笋、大洋番薯、大洋茶叶、西田蜂蜜等农特产品，以及跨境产品(海龟淘店)、电子产品等。入驻企业享有头3年场地免租金、免费宽带、免费招牌，享受快递补贴和贷款优惠等优惠措施。

（林俊槐　杨晓璇）

对外贸易

【概况】 2017年，揭西县优化利用外资结构，加快加工贸易转型升级，做好对外贸易各项工作。是年，全县申报外贸出口经营权企业12家，外贸进口0.23亿元，比2016年（下同）增长43.7%；外贸出口完成11.52亿元，下降7.7%；委托设计和自主品牌混合生产占出口62%。

【商品展销】 2017年，揭西县发动企业参加展览会，鼓励企业自身参展，参展展品主要有紧固件、电线电缆等。是年，揭西县大华紧固件有限公司自主参加印度孟买国际紧固件展览会、斯图加特国际紧固件展览会；落实外经贸发展开拓市场培育项目专项资金，为揭西县大华紧固件有限公司、揭西县易联电线电缆有限公司申请资金合计7.53万元。

【外贸企业】 2017年，揭西县外贸经济主要以电线电缆、农副产品（茶叶）为主。是年，全县有外贸企业76家，其中纺织企业16家、木制品企业14家、塑料企业8家、电子企业5家、电线电缆企业17家、食品企业7家，其他行业9家；电线电缆出口6669万美元，占全县出口40.7%。

【外贸扶持政策】 2017年，揭西县加强外贸扶持政策力度，促进企业开展出口业务，鼓励企业扩大自身出口，落实外贸创新发展奖励资金，对2015年度有出口，2016年度出口在300万美元以上的企业或者2016年度刚开展出口业务，出口额超过300万美元的企业进行奖励。是年，揭阳市裕亨源纺织有限公司等17家企业符合奖励条件，发放奖励金99万元。

【外贸经营环境优化】 2017年，揭西县优化外贸经营环境，对外商投资企业非准入特别管理项目部分完全实现备案制，加快外商在县内投资进程，逐步放开投资市场，吸引更多外资进入揭西县。加强外贸服务队伍建设，提升服务水平。是年，全县新增外商投资企业34家。

（林俊槐　温海涛　黄伟旋）

金融业

综 述

【概况】 2017年，揭西县银行业金融机构6家，证券公司1家，保险公司5家，小额贷款公司1家。

银行业 2017年，揭西县银行业金融机构6家，分别是中国银行股份有限公司揭阳揭西支行、中国农业银行股份有限公司揭西县支行、中国工商银行股份有限公司揭西支行、中国建设银行股份有限公司揭西支行、中国邮政储蓄银行股份有限公司揭西县支行和广东揭西农村商业银行股份有限公司。是年，揭西县银行业金融机构本外币各项存款余额246.99亿元，比年初减少13.57亿元，比2016年减少5.2%；本外币各项贷款余额105.66亿元，比年初减少6.61亿元，比2016年减少5.9%。

证券业 2017年，揭西县有证券机构营业部1家，为广发证券股份有限公司揭阳揭西证券营业部。至年底，累计客户2.2万户，新开户0.2万户，累计交易量397亿元；融资融券整体维持担保比例287.7%。

保险业 2017年，揭西县有保险机构5家，分别是中国人民财产保险公司揭西支公司、中国人寿保险公司揭西支公司、中国平安财产保险股份有限公司揭阳市揭西支公司、中国平安人寿保险股份有限公司揭阳中心支公司揭西网点、中华联合财产保险股份有限公司揭阳中心支公司揭西营销服务部。全年累计实现保费收入2.70亿元，比2016年增加2650.15万元，增长10.9%。

（黄梓洪 张 斌）

金融业监管

中国人民银行揭西县支行（国家外汇管理局揭西县支局）

【概况】　2017年，中国人民银行揭西县支行（简称人行县支行）履行基层央行职责，加强金融风险监测，维护金融稳定，优化金融服务，贯彻落实国家稳健中性货币政策，加强外汇管理，支持辖区经济持续健康发展。至年底，全县银行业金融机构6家，各银行机构各项存款余额246.99亿元（其中：储蓄存款余额177亿元），各项贷款余额105.66亿元。

【货币政策】　2017年，人行县支行做好信贷调控工作，加强货币政策效应监测，保持稳健中性货币政策环境，支持和引导金融机构加大对重点领域和薄弱环节支持力度；及时向上级行反馈辖区信贷资金执行情况，加强预期引导，全面做好稳增长、促改革、调结构、惠民生、防风险各项工作；加强利率管理，做好利率监测分析工作；加强对辖区利率政策效应监测分析，要求辖区金融机构按月向支行报送《贷款利率监测分析统计表》，完善民间借贷利率监测分析工作，按月向中支报送《民间借贷利率监测分析统计报表》；加强存款准备金管理，贯彻执行存款准备金政策；执行法定存款准备金各项政策和规定，维护存款准备金的严肃性，及时掌握金融机构流动性变化状况，做好法定存款准备金缴存情况监测考核。

【金融精准扶贫管理】　2017年，人行县支行推进银企对接，组织辖区金融机构探索开展金融精准扶贫工作；加强与县扶贫办、金融办沟通协调，畅通渠道，设立揭西县综合征信中心，运行广东省农户信息系统，及时导入农户信息；调研并督促金融机构按照上级金融精准扶贫工作部署，落实金融精准扶贫相关工作；促进合作，主导县精准扶贫贷款风险基金成立，推进银企对接，指导金融机构深入了解企业和贫困户金融服务需求信息，开发信贷创新产品，按“一户一档”要求建立精准扶贫档案。至年底，揭西县财政拨款300万元，成立精准扶贫贷款风险基金；揭西农商行通过“互联网+电商金融”产品，向精准扶持户发放贷款12万元；通过农户小额信用贷款、小额担保贷款等方式，精准扶持贫困户6户，金额52万元；中国邮政储蓄银行揭西县支行和揭西县人民政府相关部门合作，向精准扶贫户提供小额信用贷款支持，精准扶持贫困户11户，金额160万元。

【农村金融改革】　2017年，人行县支行督促农村商业银行完善法人治理结构，强化约束机制，加强内部管理，提高经营水平，增强辖区农商行支持“三农”能力；配合地方政府三年脱贫攻坚计划，发挥金融助推脱贫攻坚作用，鼓励和引导各类金融机构适当增加基层网点和下放业务权限，创新扶贫金融产品和服务方式；加强金融机构和有关部门协调合作和信息共享，掌握农村贫困人口金融服务需求，引导金融资源重点投向能带动农村贫困人口创业、就业特色产业发展等扶贫重点项目。

【现金管理】　2017年，人行县支行抓好现金管理，强化反假币工作。配合人行揭阳中支加强对金融机构门前收缴假币检查和监督，督促其加强钱捆质量管理。各银行业金融机构在营业网点开展“3·15”金融消费者权益日宣传活动，宣传反假币金融知识。

【征信管理】 2017年，人行县支行加强征信宣传，部署开展2017年“信用记录关爱日”活动。6月14日，辖内各银行业金融机构在各自银行门口开展“信用记录关爱日”户外征信宣传活动，参与征信知识宣传活动100多人，现场接待群众咨询解答征信知识500多人次。加强征信系统建设，开展诚信进企业、旅游景区、学校活动，全年共开展各类宣传活动6场次，支行相关部门对辖区金融宣传进行现场督查；依规做好受理企业、个人征信查询业务，全年辖区受理企业征信查询24次、受理个人征信查询1651人次。

【账户管理】 2017年，人行县支行加强辖区银行结算账户专项检查，落实个人人民币银行结算账户实名制，规范银行业金融机构同业结算账户管理。抓好账户管理，规范账户开户、销户行为，开、销账户按照《中国人民银行行政许可实施办法》等规定执行。加强人民币银行结算账户知识宣传，全年开展宣传6场次。至年底，全辖区银行办理开户921户、销户330户、变更人民币账户540户。

【经理国库】 2017年，国家金库揭西县支库做好政府预算收支科目系统维护和分成比例的设置工作，夯实国库会计核算基础，做好国家预算收入收纳、划分、留解和库款支拨、退付工作；做好财政国库集中支付工作，全县78个预算单位，17个乡镇全部纳入国库单一账户核算，财政国库集中支付工作全覆盖；做好国债兑付相关工作，及时召开有关会议，布置落实兑付工作，辖区国债兑付工作顺利开展；做好国库核算系统（TCBS）、国库信息管理系统（TIPS）、国库统计分析系统（TMIS）正常运行工作，推进国库事后监督系统（TSIS）上线和正常运行；做好各项对账、国库监管工作，依据法律、法规和规章加强国库内部控制和管理，对国库经收和集中支付业务代理银行实施执法检查；全年揭西县国库收入14.58亿元、比2016年（下同）增长12.9%；国库支出38亿元，增长6.5%。其中，全县公共预算收入4.6亿元，增长6.6%；公共预算支出34.79亿元，增长14.3%；出口货物退增值税1.99亿元，增长58.2%；国库库存余额4.64亿元，下降46.6%。

【支付清算】 *规范化管理* 2017年，人行县支行抓好会计规范化管理，配合上级行主管部门做好对辖区支付结算银行卡业务执法检查，做好支票影像系统和会计集中核算系统、国库核算系统、国库统计分析系统的升级换版；做好会计对账系统业务、支付清算系统整合的各项工作，参加会计核算ACS系统培训；全年，会计核算ACS系统发出普通转账91笔，金额10.51亿元，支付往来83笔，金额15.27亿元，财政性存款108笔，金额6.93亿元；考核揭西农商行存款准备金36笔，金额4038.25亿元；季度计息33笔，金额2554.75万元。

农村支付环境改善 2017年，人行县支行加强辖区助农取款宣传和设立助农取款服务点，组织辖区商业银行开展“银行卡”宣传使用和防止电信网络诈骗的宣传工作，及时督办辖区商业银行执行央行支付结算新规定。全年组织举行助农取款宣传6场次，防范电信网络诈骗的宣传6场次，累计设立助农取款服务点320个。至年底，辖区累计发生助农取款3.57万笔，金额802.03万元；查询业务1.9万笔，转账16.3万笔，金额1.36亿元。

【外汇监管】 2017年，人行县支行强化外汇监管，规范外汇资金流动。加强贸易外汇资金流动监管，加强数据监测分析，加大对银行售汇及资金流出情况监测力度，防范外汇资金异常流出。做好货物贸易统计分析工作，掌握辖区外汇收支形势，要求外汇指定银行严格按规定办理业务，加强柜台风险提示，停办异地企业购汇业务，实行企业大额结汇报告制度，执行展业三原则开展跨境人民币结算业务，加强内控制度建设。加强核查，提高国际收支申报数据质量，宣传《国际收支统计申报办法》，到外贸企业开展外汇管理政策法规宣传工作2场次；做好国际收支监测，及时做情况反馈；加强事中事后监管，提高外汇现场核查力度，惩治异常外汇资金流动和各类违法违规行为，开展现场核查3场次，优化外汇服务。对各家外汇指定银行、企业的跨境人民币结算业务提供“绿色通道”，实行全方位服务；简化业务操作流程。至年底，辖内银行结汇3773.74万美元，比2016年（下同）增长2.2%；售汇金额607万美元，减少25.5%。

【金融稳定监测】 2017年，人行县支行健全完善金融稳定应急预案，加强对金融机构运行尤其是对辖区农商行经营状况监测；加强与政府及有关部门协调，互通金融信息，提高对金融机构监督管理水平；实施重大事项报告制度。各金融机构严格按照金融管理要求，及时向人民银行、外汇管理部门报送机构变动、高管人员变化、业务经营发展报告、突发金融风险或案件等重要金融信息。各金融机构建立重大事项报告台帐登记制度，全年收到信息10份。落实《存款保险制度》，定期对法人银行机构交纳保费数额实行核对，投保机构应交保费数额与实际交纳保费一致。

2017年揭西县金融机构存贷款情况表

表31 单位：亿元

类别	各项存款			各项贷款		
	年底余额	比年初		年底余额	比年初	
		增减额	增幅%		增减额	增幅%
全县金融机构合计	246.99	−13.57	−5.2	105.66	−6.61	−5.9
国有独资商业银行小计	91.65	3.27	3.7	18.11	2.4	15.3
农村商业银行	109.55	−17.36	−13.7	84.67	−8.89	−9.5
邮政储蓄银行	41.13	4.58	12.5	2.88	−0.12	−3.9

（张新虹 侯汉林）

银行业

中国工商银行股份有限公司揭西支行

【概况】 2017年，中国工商银行股份有限公司揭西支行（简称县工行）做好存款和服务工作，扼制存款出现负增长；加强拓户工作，扩展资产业务；做好理财产品营销，优化金融服务。至年底，各项存款余额17.12亿元，各项贷款余额1.81亿元，国际业务结算量497.5万元，汽车分期付款业务4997万元，中间业务收入505万元。是年，县工行有揭西支行营业部和棉湖支行2个营业机构，自助银行3个。在揭阳分行评比中荣获“对公账户‘拓户工程’突出贡献奖”。

2017年9月11日，县工行在县城文化广场开展“金融知识普及月”活动 （县工行　供稿）

【存储业务】　2017年，县工行主要开办活期存款、定期存款、定活两便、通知存款、协定存款、结构性存款等存款业务；外汇存款包括活期和定期存款。至年底，各项存款余额17.12亿元，比年初减少1.61亿元。其中：储蓄存款余额14.96亿元，比年初减少1.12亿元；公司存款余额2.16亿元，比年初减少0.56亿元。

【信贷业务】　2017年，县工行主要开办小企业法人抵押贷款、网贷通、住房按揭贷款、个人消费贷款、汽车分期付款、信用小额贷款等信贷业务。重点做好小企业贷和个人住房贷款业务等资产业务。至年底，各项贷款余额1.81亿元，比年初减少0.37亿元。其中：小企业贷款余额0.55亿元，比年初减少0.05亿元；个人消费贷款余额0.85亿元，比年初减少0.31亿元；个人住房贷款余额0.41亿元，比年初减少103万元。

【中间业务】　2017年，县工行主要开办汇兑、银行汇票、托收承付、委托收款等支付结算业务。做好网银、融e平台、手机银行推动工作。全年融e联拓户3838户，融e购拓户1726户，融e行拓户777户，e支付拓户4242户，一键支付1756户；手机银行拓户5678户，手机银行动户8308户；至年底，中间业务收入505万元。

【国际业务】　2017年，县工行主要开办外币储蓄、跨境汇款、结售汇、代理退税、信用证、进口代付、出口信保融资、出口发票融资等国际业务。至年底，国际业务结算量497.5万元。其中：国际结算236.5万美元，结售汇261万美元。

【理财业务】　2017年，县工行主要开办保险、基金、人民币理财、国债等理财业务。全年理财销售总额7.98亿元，比2016（下同）年增加2.16亿元，增长37.2%。其中：基金2.29亿元，保险1413万元，理财产品4.85亿元，私银6695万元，国债271万元。

【内控管理】　2017年，县工行落实总行服务提升六大工程，推进网点转型、标杆网点建设、长效机制建设和多渠道宣传4项工作，深化服务工作，防范舆情风险，改善客户服务体验。推行党风廉政建设责任制和案件防范工作责任制，落实从严治党主体责任，抓好“两学一做”教育学习活动，组织员工订阅融e联号“明粤清风”，组织党员参观“大北山革命历史纪念馆”“南方银行”；实施对“十大重点领域和关键环节”“市场乱象”专项风险治理；加强员工日常行为管理，通过家访和向客户了解员工行为动态，防控案件发生。

2017年中国工商银行揭西支行主要业务经营情况表

表32　　单位：万元

项目	余额	比年初+－	备注
存储业务	171200	−16100	
各项贷款	18105	−3178	
中间业务	505		其中：个人结算21 灵通卡63 代理基金81 代理保险56 代收代付3 代理国债1 理财业务165 个人账户管理费7 外汇及其他3 电子银行服务45 私银理财60

续表32

项目	余额	比年初+ -	备注
国际业务（万美元）	497.5		结算236.5万美元 结售汇261万美元
理财业务	79800		其中：基金22915 保险1413 理财产品48506 私银6695 国债271

（蔡海文　彭伟城　李绪杨）

中国农业银行股份有限公司揭西县支行

【概况】　2017年，中国农业银行揭西县支行（简称农行揭西支行）坚持创新求变、实干兴行工作总基调，夯实存款基础，加大信贷投放，服务“三农”。全年辖属营业网点8个、离行式自助网点3个、ATM自助设备60台，惠农通服务点286个，覆盖全县行政村。至年底，各项存款余额37.44亿元，各项贷款余额11.30亿元。是年，揭西支行营业部、棉湖支行被揭阳分行评为“揭阳分行2017年度先进网点”。

2017年9月14日，农行揭西支行在霖田高级中学开展金融知识宣传活动　（农行揭西支行　供稿）

【存储业务】　2017年，农行揭西支行主要开办人民币存款和外汇存款等存款业务。人民币存款业务包括活期、整存整取、零存整取、整存零取、存本取息、定活两便、协定存款和通知存款等。外汇存款业务包括活期、7天通知存款和定期存款等。是年，本外币各项存款余额37.44亿元，比2016年（下同）增加2.95亿元，增长8.6%。其中：储蓄存款33.47亿元，增长5.2%；对公存款3.97亿元，增长47.8%。

【信贷业务】　2017年，农行揭西支行主要开办中小企业贷款、住房按揭贷款、农村个人经营贷款、农户小额贷款、汽车分期贷款、家装分期贷款等信贷业务。年末本外币各项贷款余额11.30亿元，比2016年（下同）增加1.38亿元，增长13.9%。其中：个人贷款余额5.69亿元，增加8208万元，增长16.9%；公司类贷款5.62亿元，增加5570万元，增长11.0%。抓好县内住房按揭贷款支持，全年发放个人住房按揭贷款4992万元。5月，新开办家装分期业务，全年拓展家装分期业务154笔，累计金额2400万元。

【中间业务】　2017年，农行揭西支行主要开办代收代付、代发工资等支付结算业务；推出QQ信用卡、公务卡等系列信用卡；开通网上银行、手机银行、电话银行、手机信使等电子银行业务；办理代理保险、第三方存管、基金、贵金属、理财、债券等业务。全年中间业务收入1711.38万元，与2016年基本持平。

【国际业务】　2017年，农行揭西支行主要开办国际结算、跨境人民币结算、结售汇等国际业务。全年，国际业务收入45.85万元，比2016年增加3.23万元，增长7.6%。其中，对公国际结算收入1.66万元，国际贸易融资业务收入13.02万元，对公结售汇业务收入31.17万元。

【理财业务】　2017年，农行揭西支行主要开办保险、基金、人民币理财、国债等理财业务。全年，销售保险产品7701万元，比2016年（下同）减少7902万元；销售开放式基金2752万元，增加734万元，增长36.4%；销售人民币理财产品30.81亿元，减少3.73亿元，减少10.8%。

【内控管理】 2017年，农行揭西支行加强对客户经理及风险监管人员培训，落实前端核查、后端贷后管理，加强客户分类管理，强化信贷风险管控。年末不良贷款比年初下降33万元，实现不良贷款零余额。推进网格案防常态化、职能化运作，开展风险排查和电力设施、金库、系统运营、IT运维等重点领域专项治理，推进合规文化建设，连续多年未发生案件人员风险；落实安全生产责任制，抓好安全生产工作，筑牢安全生产屏障；执行重大事项报告制度，完善应急处置机制，加强员工教育，及时处理客户投诉、信访及其他突发事件，防范声誉风险。

【发展支农业务】 2017年，农行揭西支行发展支农业务，强化惠农通取款服务点渠道建设，为农户提供方便快捷的小额取现、转账结算、代收代扣等基础金融服务。全面推进互联网服务三农“一号工程”，利用互联网和大数据等新技术，推广具有线上化、批量化、便捷化、普惠化特点的惠农e贷；推广具备“电商+金融”功能，能为农村各产业链客户提供包括财务、销售、采购等一站式电商金融服务的惠农e商，打通“工业品下乡”和“农产品进城”通道；推广适应农村用户特性和移动互联网发展趋势的惠农e付，为三农客户提供网络支付服务。至年底，农户贷款余额1.29亿元。

2017年中国农业银行揭西县支行主要业务完成情况表

表33 单位：亿元

项目	余额	比2016年增长%
存款余额	37.44	8.6
其中：储蓄存款余额	33.47	5.2
对公存款余额	3.97	47.8
贷款余额	11.30	13.9
其中：个人贷款余额	5.69	16.9
法人贷款余额	5.62	11.0

（蔡建强 林浩彬）

中国银行股份有限公司揭阳揭西支行

【概况】 2017年，中国银行股份有限公司揭阳揭西支行（简称县中行）重点抓好“两增一控”（增利润、增非息收入、控拨备）、一把手工程（ETC、代发薪、手机银行）、内控合规、反洗钱等经营管理工作，加大信贷投放力度，加快智能柜台建设。梳理岗位职责和自助设备功能，推进网点服务新模式，优化人员结构，改进业务流程，加强厅堂营销，深挖客户需求，增加客户新体验，提升市场竞争力。至年底，各项存款余额（含表内理财）11.62亿元，其中存款10.42亿元，理财1.2亿元；各项贷款3.96亿元，存贷比34.1%。全年县中行实现营业净收入2493万元，比2016年（下同）下降20.9%，其中非息收入376万元，下降40.6%，完成国际结算量2300万美元。

【存储业务】 2017年，县中行主要开办人民币存款和外汇存款等存款业务。人民币存款有活期、整存整取、零存整取、整存零取、存本取息、定活两便、协定存款和通知存款、“大额存单”、“养老宝”和“中银易商”。外汇存款有活期、7天通知存款、定期存款。是年，汇总人民币各项存款余额10.42亿元，比2016年（下同）减少0.17亿元。其中：人民币“两项”存款余额10.22亿元（人民币储蓄存款余额9.66亿元，人民币企业存款余额0.56亿元），减少0.17万元，下降1.6%。外币储蓄存款余额306万美元，折人民币0.2亿元。年末各项存款日均余额10.3亿元，减少0.22亿元，下降2.1%。

【信贷业务】 2017年，县中行主要开办公司贷款、中小企业贷款、住房按揭贷款、个人投资经营贷款、抵（质）押循环贷款和信用循环贷款、“税款通宝”、“教育通宝”、“惠农通宝”和“茶企通宝”等中小企业贷款业务，新增中银e贷业务业务。年末各项人民币贷款余额3.96亿元，比

2016年（下同）增加3600万元，增长10%。其中：个人贷款余额2.43亿元，增加1300万元，增长5.7%；中小企业授信支持贷款1.53亿元，增加2338万元，增长18.0%。全年累计投放贷款1.14亿万元，中小企业授信支持5890万元，住房按揭贷款153万元。年末日均贷款余额3.81亿元，减少800万元，下降2.1%。

【中间业务】 2017年，县中行主要开办转账结算、国际国内汇兑、POS、网上支付等结算业务；推出长城系列信用卡；开通网银手机银行业务；办理第三方存管业务、理财业务、代理保险业务和代理基金业务。新开办手机银行业务。是年，中间业务收入376万元，比2016年减少256.5万元，下降40.6%。

【国际结算业务】 2017年，县中行主要开办资本金结汇和结售汇等国际结算业务。全年国际结算、贸易结汇2300万美元。其中：贸易结汇2300万美元，比2016年减少800万美元。是年，县中行开立外汇账户12户，累计开立外汇账户39户。

【理财业务】 2017年，县中行主要开办代理保险、代理基金、人民币理财等理财业务。是年，销售代理保险产品407.69万元，比2016年（下同）减少1896.31万元，下降82.3%；销售代理基金6578.37万元，增加5942.27万元，增长934.2%；累计销售人民币理财产品1.2亿元，下降58.8%。

【内控管理】 2017年，县中行开展整治银行市场乱象系列银监会专项整治活动，对经营业务进行全面自查，查漏补缺，防范风险。做好员工异常行为风险排查，防范道德风险。通过“内控日”“纪检监察日”等学习活动，加强对员工案例警示教育。组织员工签订《案件防控暨廉洁从业承诺书》，筑牢员工案防意识。强化员工业务学习，提高员工业务素质。通过“晨会”由员工分享拒绝案例、个别员工重点辅导等方式，开展“压降集中授权拒绝率”专项活动，拒绝率从超40%压降至30%以下。利用“内控日”“纪检监察日”“晨会”等集中学习，对“屡查屡犯”问题库、反洗钱、系统升级等业务规定及操作流程进行学习培训，提升员工业务素质。

2017年中国银行股份有限公司揭阳揭西支行主要业务经营情况表

表34　　单位：万元、万美元

项目	2017年末		
	余额	比2016年同期增减额	增减幅度%
营业收入	2493	−657	−20.9
中间业务收入	376	−256.5	−40.6
各项存款	104200	−1700	−1.6
贷款	39600	3600	10
国际结算	2300	−800	−25.8
保险销售	407.69	−1896.31	−82.3
基金销售	6578.37	5942.27	934.2
人民币理财	12000	−17100	−58.8

（蔡锡飞　贝建锋）

中国建设银行股份有限公司揭西支行

【概况】 2017年，中国建设银行股份有限公司揭西支行（简称县建行）严抓业务发展和风险防范工作，优化网点劳动组合，加大自助渠道和电子渠道分流，以“民生金融”推动居民消费升级，规范操作严控风险。全县设置营业机构2个，24小时自助银行5个，ATM机14台，智慧机8台。至年底，县建行一般性存款余额27.41亿元，贷款余额3.03亿元，中间业务收入713万元。是年，中国建设银行揭西支行被揭阳市建行评为党风廉政建设先进单位。

【存储业务】 2017年，县建行主要开办活期、整存整取、零存整取、整存零取、存本取息、定活两便、协定存款、通知存款、定期存款等人民币存储业务；开办外币存储业务。至年底，县建行一般性存款余额27.41亿元，比2016年（下同）增加2.24亿元。其中个人存款余额11.29亿元，增加4428万元；企业存款16.12亿元，增加1.8亿元。

【信贷业务】　2017年，县建行统筹安排信贷资源，主要开办公司贷款、中小企业贷款、住房按揭贷款、个人投资经营贷款、善融商务贷款、税易贷、小微快贷、云税贷等信贷业务。以“民生金融”为导向，推动居民消费升级，为人民群众办理楼宇按揭、公积金贷款、汽车分期、装修分期等业务。至年底，各项贷款余额3.03亿元，比2016年增加7633万元；发放商业贷款1.67亿元，其中：中小企业贷款6611万元，个人贷款1.01亿元。

【中间业务】　2017年，县建行主要开办人民币存款、贷款、结算、票据贴现等支付结算业务；推出代理政府债券、保险兼业代理、结售汇、贵金属、信用卡、电子银行业务；办理第三方存管业务、理财业务、代理业务。是年，实现中间业务收入713万元。

【理财业务】　2017年，县建行主要开办保险业务、黄金业务、基金业务、人民币理财业务、国债业务等理财业务。是年，销售保险产品收入3510万元，比2016年增加832万元；销售开放式基金收入1536万元；销售人民币理财产品收入2.88亿元；销售国债收入85万元。

【内控管理】　2017年，县建行加强内控管理，推进“三综合”（综合性功能、综合柜员、综合营销团队）建设，加大合规管理力度、优化劳动组合，加大自助银行、智慧柜员机投放，开展“满意在建行”优质服务活动，提升客户满意度，全年业务运营安全无事故。

2017年中国建设银行揭西支行主要业务经营情况表

表35　　　　单位：亿元

项目	余额
存款余额	27.41
其中：个人存款余额	11.29
企业存款余额	16.12
贷款余额	3.03
中间业务收入（万元）	713

（蔡海滨　刘建河）

中国邮政储蓄银行股份有限公司揭西县支行

【概况】　2017年，中国邮政储蓄银行股份有限公司揭西县支行（简称县邮储银行）持续开展服务“三农”工作，支持地方经济建设，创新农村金融产品和服务模式。至年底，全县储蓄网点18个、电子汇兑网点2个，覆盖全县17个乡镇（街道），覆盖率100%；在17个乡镇（街道）布放ATM及CRS机52台，布放率100%；在17个乡镇（街道）布放商易通设备324台，布放率100%；全县建设助农取款服务点67个，覆盖率100%。是年，县邮储银行被广东省分行授予2017年度发展优胜奖、被揭阳市分行评为2017年度先进集体；“精准扶贫项目”获评中央金融团工委“银团合作优秀项目”。

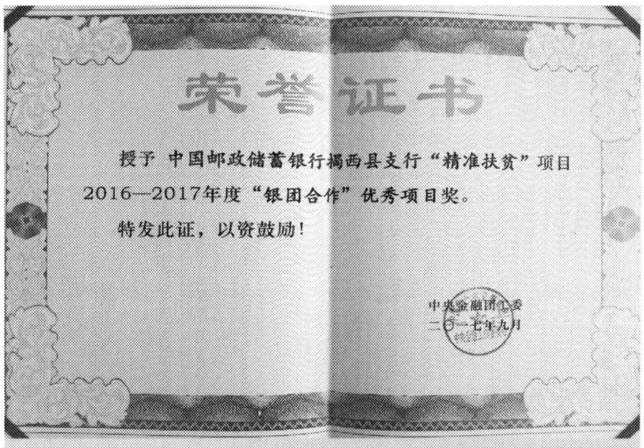

2017年9月，中国邮政储蓄银行揭西县支行提交的“精准扶贫”项目参加2016—2017年度中央金融团工委“银团合作”项目评选，荣获优秀项目奖（曾艳芬　摄）

【存储业务】 2017年，县邮储银行主要开办人民币存款和外币存款等存储业务。人民币存款有活期、整存整取、零存整取、整存零取、存本取息、定活两便、协定存款和通知存款；外币存款包括外币活期存款和外币定期存款。至年底，县邮储银行人民币各项存款余额41.13亿元，比2016年（下同）增加4.58亿元，增长12.5%。其中个人存款余额32.68亿元，增加1.58亿元；单位存款余额8.45亿元，增加3亿元。

【信贷业务】 2017年，县邮储银行主要开办小额贷款、创业担保贷款、扶贫小额贷款、家庭农场（专业大户）贷款、消费信用贷款、住房按揭贷款、汽车按揭贷款、个人商务抵押贷款、小企业法人抵押贷款、增信贷、快捷贷、E捷贷、邮薪贷、邮享贷等信贷业务。至年底，县邮储银行全年累计发放各项贷款1.89亿元，各项贷款余额3.27亿元（包括小企业贷款），比2016年（下同）增加402万元；总不良贷款金额23.48万元，减少80.78万元，总贷款不良率0.07%，下降0.3%。

【中间业务】 2017年，县邮储银行主要开办转账结算、国内汇兑、商易通、网上支付结算、代收代付等支付结算业务；推出中国邮政储蓄银行信用卡普卡、金卡、生肖卡、EMS联名卡、全币种卡等系列信用卡，全年发卡量3540张；开通网上银行、手机银行、微信银行等电子银行业务，全年开通手机银行2.2万户、网上银行2.28万户；办理第三方存管业务、理财业务、代理保险业务等。全年中间业务收入477万元，比2016年增长55.4%。

【国际业务】 2017年，县邮储银行主要开办外币储蓄、跨境汇款、结售汇、代理退税、信用证、进口代付、出口信保融资、出口发票融资、外币流动资金贷款等国际业务。是年，公司外汇结汇11.7万美元，比2016年（下同）增加0.66万美元；个人结售汇业务全年累计结售汇245笔，金额27.17万美元，增长67.8%。

【理财业务】 2017年，县邮储银行主要开办人民币理财业务、保险业务、基金业务、国债业务、贵金属业务等理财业务。是年，销售保险产品7736万元，比2016年（下同）减少1033万元；销售开放式基金5941万元，增加3656万元；销售人民币理财产品19.66亿元，增加4.69亿元；销售国债311万元，增加94万元；销售贵金属77.8万元，减少189.3万元。

【内控管理】 2017年，县邮储银行严控资产质量，严防风险，增强制度执行力。定期开展员工行为排查，对关键岗位人员进行重点排查；加强内控建设，强化业务检查监督，开展对公重点业务风险专项排查活动、信贷业务合规大检查、三套利、四不当、十乱象等多个专项检查活动；完善管理约束机制，严格执行员工轻度违规行为积分和违规行为问责等制度，全行员工养成按制度管控行为良好工作习惯。

【普惠金融】 *金融扶贫* 2017年，县邮储银行共投放各项贷款1.89亿元，其中1.45亿元投放于农户、商户及小微企业经营性贷款，支持实体经济；累计发放创业担保贷款3444万元，精准解决全县233户初创小微企业创业发展融资需求；2017年7月开始开办精准扶贫贷款，至年底，发放扶贫小额贷款71万元，为15户建档立卡贫困户提供金融扶贫。

便民惠民服务 2017年，县邮储银行开展助农取款服务，设立助农取款服务点67个，覆盖全县所有乡镇（街道）；利用邮储银行网点和网络资源，做好经办及资金代收缴服务，承担全县城乡居民养老保险全流程服务，至年底，县邮储银行城乡居保服务人数33.3万人，全年累计代缴城乡居保费1943.7万元；累计为全县11.71万人代发城乡居保养老金1.68亿元；为全县3.1万企业退休人员提供养老金发放服务。

金融知识宣传 2017年，县邮储银行加强金

融知识宣传，增强社会大众支付风险防范意识。开展“普惠金融”现场宣传16场、预防电信诈骗现场宣传4场、反假货币现场宣传3场和征信现场宣传活动1场；利用网点阵地宣传，开展支付结算、反假货币、征信、反集资诈骗等内容的公众教育活动；在武帮中学设立“校园爱护人民币和反假货币宣传教育基地”，开展金融知识进校园活动。

2017年中国邮政储蓄银行股份有限公司
揭西县支行主要业务经营情况表

表36 单位：亿元

项目	余额	比2016年增长%
存款余额	41.13	12.5%
其中：储蓄存款余额	32.68	5.1%
对公存款余额	8.45	55.1%
各类理财产品余额	5.98	74.5%
贷款余额	3.27	1.2%
其中：个人贷款余额	2.88	-3.9%
法人贷款余额	0.39	62.8%

（田育斌　许煜奇）

广东揭西农村商业银行股份有限公司

【概况】 2017年，广东揭西农村商业银行股份有限公司（简称县农商行）内设部门13个，另设小微企业专营中心1个、三农贷款专营中心1个；全县储蓄网点54个、电子汇兑网点54个，覆盖全县17个乡镇（街道），网点覆盖率100%；在16个乡镇街道（除东园镇外）布放ATM（自动取款机）及CRS（自动存取款机）48台，布放率94 %；在17个乡镇（街道）布放POS机623台，布放率100%。全年开通手机银行、网上银行6.48万户，分布在全县17个乡镇（街道），覆盖率100%；在17个乡镇（街道）覆盖银行助农取款服务点101个，覆盖率100%。在全县发放社保IC卡51.78万张，激活社保IC卡26.49万张。

2017年9月2日，县农商行在县城文化广场开展2017年“金融知识进万家”宣传服务月现场宣传活动

（李永威　摄）

【存储业务】 2017年，县农商行主要开办活期、整存整取、零存整取、整存零取、存本取息、定活两便、协定存款和通知存款等人民币存款业务。至年底，各项存款余额109.55亿元，比2016年（下同）减少17.36亿元；本地存款余额109.55亿元，增加11.64亿元，增长11.9%；协议存款零余额；个人存款余额92.55亿元，增加7.78亿元；单位存款余额17亿元。

【信贷业务】 2017年，县农商行主要开办公职人员贷款、电商贷、妇女创业贷、个人小额担保贷款、楼宇按揭贷款、农户小额贷款、农户联保贷款、个人经营性贷款、个人消费贷款、固定资产贷款、流动资金贷款等信贷业务。重点投放涉农贷款资金，主要扶持农、林、牧、渔等地方特色行业，服务农村经济建设。至年底，各项贷款余额84.67亿元，比2016年减少8.89亿元。发放贷款302笔32.19亿元，其中经营类贷款发放148笔31.93亿元，结余143笔31.87亿元；消费类贷款发放154笔2575.7万元，结余133笔2216.76万元。全年新发放贷款不良率零。

【中间业务】 2017年，县农商行主要开办转账结算、国内汇兑、POS、网上支付等支付结算业务；推出银行借记卡普卡；开通网上银行、手机银行等电子银行业务；办理第三方存管业务、代理业务。是年，中间业务收入2521.77万元，比

2016年减少1843.01万元。

【公司治理】 2017年，县农商行严抓违规违纪行为，完善和再造制度流程，全年新增制度18个，修订制度35个；集中采购和招标工作专业化、规范化，公开竞聘内审中心人员和委派高级会计主管；举办征文、法律知识竞赛，开展各类培训，提升队伍素养；科学规划第1批、10个网点异地值守改造工程；推进内控案防、反洗钱和社会综合治理暨创建平安金融工作，实现全年各项工作安全无事故。

2017年11月15日，"妇女创业贷款"放贷签约仪式在揭西农商银行总行举行 （李永威 摄）

【金融创新】 2017年，县农商行落实信贷投放与支农支小定位相契合，加大产品创新力度，创新信贷产品——"妇女创业贷"。11月15日，联合县金融办、县妇联等单位举办"妇女创业贷"签约仪式。加大电子银行、手机银行、广东农信"鲜特汇"平台和粤信通POS、悦享商圈等电子金融推广运用。

2017年广东揭西农村商业银行股份有限公司主要业务经营情况表

表37 单位：亿元

项目	余额	比2016年增长%
存款余额	109.55	-13.7
其中：储蓄存款余额	92.55	9.2
对公存款余额	17.00	-54.7
各类理财产品余额	0	0
贷款余额	84.67	-9.5
其中：个人贷款余额	1.28	-32.5
法人贷款余额	83.39	-9.0

（梁锦焕 林坤伟 曾晓珍）

保险业

【中国人寿保险股份有限公司揭西县支公司】 2017年，中国人寿保险股份有限公司揭西县支公司（简称中国人寿揭西支公司）在揭西县设6个营销服务部。全年实现总保费收入1.12亿元，其中新单保费收入4163万元，续期保费收入6988万元。赔款支出648万元，退保金1350万元，满期给付4502万元。

是年，中国人寿揭西支公司主推"驾乘无忧险"保险，承保610件，保费收入22.9万元。全年为合同指定的私家车发生意外身故、伤残、烧伤提供保障6.34亿元；为合同指定的驾驶、搭乘的人员提供意外伤害医疗保障6344万元，住院津贴1098万元。

团险业务主推"银龄安康"保险，承保65周岁以上人数9.48万人，提供意外死亡保障2.8亿元，提供意外医疗保障1895.92万元。

（李德祥 蔡晓红）

【中国人民财产保险股份有限公司揭西支公司】 2017年，中国人民财产保险股份有限公司揭西支公司（简称中国人民财产揭西支公司）内设1个综合部，4个业务部；外设棉湖营业部和灰寨营销服务部2个营销服务部。主要经营机动车辆保险、财产保险、责任保险、信用保险、船舶保险、意外伤害保险、短期健康保险、工程保险、产品责任保险、雇主责任保险、公众责任保险、校园方责任险、信用保证保险、能繁母猪保险、生猪保险、水稻保险、政策性农村住房保险、补充医疗保险等险种。是年，总保费收入5636万元，比2016年增长14%，其中机动车辆保险保费4665万元，财产保险保费639万元，农业保险保费332万元。赔款支出3688万元。

（黄戈红　张韶辉）

【中国平安人寿保险股份有限公司揭阳中心支公司揭西营业部】 2017年，中国平安人寿保险股份有限公司揭阳中心支公司在揭西县设有经营网点2个：揭西营业部和棉湖营销服务部。在中国银行、工商银行、中国建设银行、中国农业银行设代理保险网点。至年底，揭西网点保险营销员325人。全年向个人和团体提供人寿、意外、健康保险产品，涵盖生存、养老、疾病、医疗、身故等多种保障范围。是年，实现总保费收入5663.15万元，其中：首年投保保费收入2320.59万元，续期保费收入3342.56万元；寿险总保费收入3963.33万元，其中：首年投保保费收入1409.34万元，续期保费收入2553.99万元；赔款总支出476.97万元，其中：理赔支出399.58万元，生存给付77.39万元。

（林斯超　陈春明）

【中国平安财产保险股份有限公司揭阳市揭西支公司】 2017年，中国平安财产保险股份有限公司揭阳市揭西支公司（简称中国平安财产揭西支公司）完成从营销部到支公司转型。前线渠道有综拓渠道、代理渠道、新渠道、车商渠道、创展服务部、客服岗位和理赔岗位；后线岗位有市场岗、综合岗。主要经营险种包括企业财产损失保险、家庭财产损失保险、短期健康保险、意外伤害保险、建筑工程保险、安装工程保险、货物运输保险、机动车辆保险、船舶保险、能源保险、法定责任保险、一般责任保险、保证保险、信用保险。代理国内外保险机构检验、理赔、追偿及其委托的其他有关事宜。公司抓管理，健全各项制度，加强业务管理，完善考核机制，全面提高规范经营水平；抓销售，加大市场拓展力度，面对竞争，狠抓理赔管理；抓队伍，引进人才和加强人员培训，关心员工生活，提高员工素质。全年总保费收入3300万元，其中首年投保保费收入640万元，续期保费收入2660万元。赔款支出1500万元，退保金40万元，满期给付80万元。

2017年中国平安财产保险股份有限公司揭阳市揭西支公司保费收入与承保理赔情况表

表38　　单位：万元

保费收入	赔付支出	简单赔付率
3300	1500	45%

（何君武　李树芬）

【中华联合财产保险股份有限公司揭阳中心支公司揭西营销服务部】 2017年，中华联合财产保险股份有限公司揭阳中心支公司揭西营销服务部（简称中华联合财产揭西营销服务部）在揭西县设揭西营销服务部和棉湖营销服务部，从业人员10人。主要经营险种包括企业财产保险、家庭财产保险、建筑工程保险、安装工程保险、货物运输保险、机动车辆保险、船舶保险、飞机保险、航天保险、核电站保险、能源保险、法定责任保险、一般责任保险、保证保险、信用保险、种植业保险、养殖业保险，上述保险业务的再保险业务；个人意外伤害保险、团体意外伤害保险、个人短期健康保险、团体短期健康保险等险种。全年实现总保费收入1200万元，比2016年增长16.9%。

（黄俊荣　蔡友君）

证券业

【广发证券股份有限公司揭阳揭西证券营业部】 2017年，广发证券股份有限公司揭阳揭西证券营业部（简称广发证券揭西营业部）落实证券风险管控措施，制作“畅通维权渠道，保护金融消费者合法权益”和“倡导理性投资，关注价值成长”等宣传标语，设置咨询台和宣传资料摆放台，公示投资者投诉电话、消费者投诉举报专线电话，提升投资者风险意识，帮助投资者树立理性投资理念，保护投资者权益。相关风险管理工作由广发证券揭阳地区管理部负责牵头，营业部设有B岗配合各项工作推动。全年提供A股B股买卖、期货IB、融资融券、融易通、简约通、沪港通、深港通、港股，以及个股期权等经纪业务；IPO、新三板、城投债、中小企业私募债等企业金融业务；金快线、现金增利、多添利、国债回购、信托等各式理财产品；股权融资、股权质押业务、约定式购回等类货款业务。至年底，营业部累计客户2.2万户，新开户0.2万户，累计交易量397亿元；融资融券整体维持担保比例287.7%。是年，营销总监廖智强获粤东广发证券“服务之星”称号。

2017年7月30日，广发证券揭西营业部营销总监廖智强参加广发证券粤东分公司证券服务专业知识与技能总决赛现场　（广发证券揭西营业部　供稿）

2013—2017年广发证券揭西营业部客户数量一览表

表39

年份	2013年	2014年	2015年	2016年	2017年
客户数（户数）	6658	7379	17923	20018	22626

（苏子士　邓秀丽）

旅游业

综 述

【概况】 2017年，揭西县旅游工作围绕绿色崛起示范县、潮客文化融合发展传承区发展战略定位，加强宣传推介，加快旅游服务平台建设，推进国家全域旅游示范区创建工作。至年底，旅游接待人数1068万人次，比2016年（下同）增长12%，旅游收入60.15亿元，增长15%。是年，大洋国际生态旅游度假区成功创建国家AAA级旅游景区。

【旅游产业规模】 2017年，揭西县旅行社5家，分别是霖都旅行社、揭之旅国际旅行社、新世纪旅行社、星程国旅、视界旅游。国家AAAA级景区2家，国家AAA级旅游景区1家；各类旅游接待酒店48家，客房2226间，床位3594个；导游28人，其中初级导游28人。

2017年揭西县主要旅行社一览表

表40

旅行社名称	成立时间	联系电话	地址
揭西县新世纪国际旅行社有限公司	2007.08.30	0663-5252618/5264111	揭西县棉湖镇湖西大道南湖41-42号新世纪国际旅行社
揭西县霖都旅行社有限公司	2008.01	0663-5591116/5591166	揭西县城霖都大道183号
揭西县揭之旅国际旅行社有限公司	2011.06.13	0663-5535869	广东省揭西县滨江公园侧彩虹桥转圆边
揭西星程国旅	2015.05.09	0663-5282128	揭西县棉湖镇湖西大道59-60号
揭阳市视界旅游有限公司揭西县棉湖分公司	2017.04	0663-5228228	揭西县棉湖镇湖西大道中段

【旅游接待收入】 2017年，揭西县旅游接待人数1068万人次，比2016年（下同）增长12%。其中过夜人数302.81万人次，增长12.6%；一日游人数765.67万人次，增长11.7%；全年旅游收入60.15亿元，增长15%。

【宣传与节庆活动】 *旅游宣传* 2017年，揭西县聘请旅游规划专业团队制订揭西县全域旅游宣传营销策划方案，做强做优揭西旅游官方微信，整合旅游信息发布平台，及时发布揭西旅游信息；在揭阳电视台、潮州广播电视台、厦深高铁、潮汕机场等平台投放旅游宣传广告；组织重点旅游企业组团参加海峡旅游博览会、2017年广东国际旅游产业博览会等活动，培育壮大旅游客源市场，促成区域旅游及专项旅游产品组合。

旅游节庆活动 2017年，揭西县举办"中国旅游日"暨文明旅游宣传活动，宣传和推介揭西生态旅游资源，弘扬"旅游让生活更幸福"健康生活理念，营造良好的旅游大环境；12月28日，举办广东揭西首届深港杯擂茶擂台赛，展示揭西擂茶文化及独特魅力、揭西秀美风景和潮客民俗风情、美食文化等旅游资源。

（蔡喜生　陈　燕　陈冰冰）

旅游市场开拓

【旅游资源】 揭西县山清水秀，自然、人文、农业生态、民俗风情旅游资源丰富，独特的自然景观和潮客文化形成"山、水、潮、客、侨、史、庙"为特色的旅游资源，全县大小旅游资源100多处，地下温泉12处。基本形成以绿色生态为主题，以山地度假、生态探险、农业观光、民间信仰、民俗风情等为特色的生态旅游品牌。

自然旅游资源 2017年，揭西县自然旅游资源有以大北山国家森林公园、京明温泉度假村、大洋、广德洞天、石灵古刹为代表的山地生态旅游资源；有以黄满寨瀑布群、龙潭瀑布、石内河冰川遗迹为代表的溪流瀑布旅游资源；有以东星埔温泉、五经富温泉为代表的温泉旅游资源。

人文旅游资源 2017年，揭西县人文旅游资源有以三山国王祖庙、石灵寺、天竺岩为代表的民间信仰胜地旅游资源；有棉湖古镇（打铁街、永昌古庙、兴道书院、郭氏大楼）等为代表的历史古迹旅游资源，有以棉湖兴道书院、河婆象山革命烈士纪念碑、大北山革命历史纪念馆、大北山知青楼等为代表的红色旅游资源。

民俗风情旅游资源 2017年，揭西县民俗风情游资源有被广东省评为第二批非物质文化遗产的三山国王祖庙祭典、棉湖锣鼓标旗巡游、大溪李氏宗祠祭典；以郭氏大楼、灰寨新宫林苏州式古民居、九厅十八井等为代表的潮客风情古建筑。

乡村旅游资源 2017年，揭西县乡村旅游资源有最美乡村粗坑村、坪上西坑梅花、钱坑石灵寺、大夫祖祠、灰寨新宫林、上砂开口石风景区、京溪园樱山花谷、良田旅游小镇、坪上石内特色小镇、龙源农业生态示范区等示范点。

【规划及开发建设】 *旅游规划* 2017年，揭西县编制以打造全域旅游示范区为目标，以乡村旅游为主要节点的《广东省揭西县全域旅游发展规划》，对全县旅游产业的定位、空间布局和发展路径，做出新的科学谋划，提供精准的发展指引。围绕创建国家AAAAA级旅游景区目标，对照国家AAAAA级旅游景区标准，以大北山生态旅游产业园主要景区景点为载体，委托北京江山多娇规划院科学制定国家AAAAA级旅游景区提升规划。指导乡村旅游示范点编制乡村旅游规划，编制《良田旅游小镇总体规划》《广东揭西樱山花谷景区旅游总体规划》《揭西县坪上石内特色小城镇》和《金和潮汕民间美食小镇》等特色小镇和乡村旅游项目规划。

旅游项目 2017年，揭西县按照创AAAAA景区提升规划要求，加快推进黄满寨瀑布旅游区、京明温泉度假村、大北山国家森林公园等主题景区升级提质，优化结构、改善环境，争创国家AAAAA级旅游景区，重点抓好京明生态城、黄满寨换乘中心等项目建设，黄满寨换乘中心于

2017年5月正式投入使用；指导大洋国际生态旅游度假区完善基础设施，提升服务质量，成功创建国家AAA级旅游景区；加快推进大北山生态旅游产业园重点项目建设，成功创建省级旅游度假区；按照市下达的2017年建设任务计划，对各乡镇（街道）26座旅游厕所建设项目实施动态管理，争取2017年旅游发展专项资金100万元，支持省旅游扶贫村和重点乡村旅游项目。新建、改扩建旅游厕所8座，完成2015—2017年旅游厕所建设管理三年行动计划。

【旅游线路】 2017年，揭西县旅游线路根据旅游景点地理位置情况分为一日游、二日游、三日游。

2017年揭西县旅游路线行程安排表

表41

项目		行程安排
一日游	A	京明温泉度假村（AAAA级）、黄满寨瀑布旅游区（AAAA级）、大洋国际生态旅游度假区（AAA级）
	B	黄满寨瀑布旅游区（AAAA级）、大北山国家森林公园、三山祖庙
	C	三山祖庙、广德庵风景区、天竺岩风景区、独山风景区
	D	京明温泉度假村（AAAA级）、三山祖庙、石内河风景区
	E	棉湖古镇（永昌古庙、郭氏大楼、兴道书院）、京明温泉度假村（AAAA级）、钱坑石灵寺
	F	大洋国际生态旅游度假区（AAA级）、樱山花谷景区
二日游	A	第一天：三山祖庙、广德洞天风景区、天竺岩风景区、大北山国家森林公园 第二天：黄满寨瀑布旅游区（AAAA级）、大洋国际生态旅游度假区（AAA级）、京明温泉度假村（AAAA级）
	B	第一天：棉湖古镇（永昌古庙、郭氏大楼、兴道书院）、钱坑石灵寺、樱山花谷景区、京明温泉度假村（AAAA级） 第二天：黄满寨瀑布旅游区（AAAA级）、大北山国家森林公园、大洋国际生态旅游度假区（AAA级）
三日游	A	第一天：广德洞天风景区、石内河风景区、独山风景区、三山祖庙 第二天：京明温泉度假村（AAAA级）、黄满寨瀑布旅游区（AAAA级）、大洋国际生态旅游度假区（AAA级） 第三天：樱山花谷景区、棉湖古镇（永昌古庙、郭氏大楼、兴道书院）、钱坑石灵寺
	B	第一天：京明温泉度假村（AAAA级）、黄满寨瀑布旅游区（AAAA级）、大洋国际生态旅游度假区（AAA级） 第二天：大北山国家森林公园、广德洞天风景区、三山祖庙 第三天：天竺岩风景区、石内河风景区、独山风景区

【旅游交流与合作】 2017年，揭西县旅游部门加强与发达地区及周边县区旅游合作，在客源互送、信息互通、宣传互换、线路互连等方面达成共识，组织重点旅游企业组团参加第十三届“海峡旅游博览会”、2017年广东国际旅游产业博览会，构筑对外开放合作新格局，培育壮大旅游客源市场；组织部分县直单位及乡镇主要领导赴江西省景德镇、婺源、玉山等地进行学习考察，学习借鉴江西省AAAAA级旅游景区创建、全域旅游创建、发展乡村旅游等方面先进经验，宣传推介揭西县旅游产业特色和精品线路。

（蔡喜生　陈　燕　陈冰冰）

旅游行业管理

【市场监管】 2017年，揭西县旅游部门严格按照有关法律、法规规定，对旅行社经营行为、旅游服务合同、旅游从业人员服务行为实施监督管理，规范旅游市场秩序；按照《揭西县人民政府办公室关于印发揭西县未开发景区景点安全管理办法的通知》要求，严格规范未开发景区经营行为；推进文明旅游行动，培养、引导公民文明旅游意识，规范文明出游行为。全年无发生重大旅游质量投诉案件。

【旅游安全】 2017年，揭西县旅游局贯彻落实《中华人民共和国旅游法》，加大旅游执法力度，开展旅游市场秩序专项整治，执行旅游安全用车制度，创建旅游安全大环境。启动安全检查联动机制，联合县消防、林业、交通、公安等部门，推进旅游景区社会治安综合治理工作。全年开展旅游安全检查48场次，出动205人次，排除安全隐患7处，完成整改7处。是年，全县实现旅游安全无事故。

（蔡喜生　陈　燕　陈冰冰）

旅游服务

【酒店宾馆】 揭西希桥酒店　揭西希桥酒店位于县城东部入口处，是一家按照国家五星级标准设计建造商务型酒店。酒店占地面积约8万平方米，酒店主楼16层，建筑面积4万平方米，附楼4层，建筑面积3万平方米。内设客房219间，床位217个；配套有酒店大堂、大堂吧、商务中心、商场、西餐厅、自助餐厅、中餐大厅、茶艺大厅、茶艺包房、棋牌室、健身房、桌球室、乒乓球室、足浴大厅、桑拿包房28间、KTV包房6间、会议室7间，粤东地区规格最高，场地最大、可容纳80席960位的宴会厅。

京明温泉度假村　京明温泉度假村位于广东省揭西县京溪园镇，占地总面积744.67万平方米，其中湖水面积80万平方米，茶园146.67万平方米，橡胶林53.34万平方米，果林33.33万平方米。度假村有各式客房337间、别墅8栋、大小会议室8个、大型宴会厅2个。度假村内设按四星级装修的京都酒楼和潮客食苑等餐饮食肆，按中国古典风格装修的湖心茶馆和茶艺馆等休闲场所，KTV娱乐城、温泉休闲中心、桑拿中心、电玩室、水上世界、游泳池、网球场、健身房、垂钓区和乒乓球室等娱乐设施。是以茶文化为主题，融自然生态、旅游观光、休闲度假、会议、培训及商务洽谈于一体的综合性高档旅游度假区。

大北山森林公园京明度假村　大北山森林公园京明度假村位于揭西县南山镇境内，主楼高5层，附楼高7层，有豪华客房286间，设有国际会议中心、中西餐厅、茶艺馆以及大北山革命历史纪念馆、知青楼、绿茶生产制作中心等设施，中餐厅可同时容纳800多人用餐。国际会议中心有大、小会议室10间，拥有同声传输系统、自动摄像系统等先进服务设施，度假村座拥天然大氧吧，尽收湖光山色，可为观光休闲旅游、会议培训之首选。

大洋云雾山庄　揭西大洋云雾山庄位于揭西县五经富镇大洋云景湖度假村旁，项目计划总投资1.5亿元，占地面积2.93万平方米，完成投资1亿元，建筑总面积1.1万平方米。内设客房86间，床位136个，餐厅大厅可坐26围，座位数260人，大、中、小会议室3间，茶艺馆总包厢2间和KTV总包厢4间。

2017年揭西县主要旅游景点一览表

表42

名称	电话	地址
京明温泉度假村（AAAA级）	5855888	京溪园镇
黄满寨瀑布旅游区（AAAA级）	5851345	京溪园镇
大洋国际生态旅游度假区（AAA级）	5331323	五经富镇
大北山国家森林公园京明温泉度假村	5799888	南山镇
大洋云雾山庄	8558888	五经富镇
三山国王祖庙	5511374	河婆街道
樱山花谷	5383999	京溪园镇

2017年揭西县主要酒店名录

表43

酒店	电话	地址
揭西特美思度假村	5588688	广东省揭阳市揭西县河山北路14号
揭西县京明温泉度假村	5851888	广东省揭阳市揭西县京溪园镇新洪村1号
揭西大北山森林公园京明度假村	5799888	揭西县南山镇大北山森林公园京明度假村
揭西希桥酒店	8155888	揭西县河婆街道
大洋云雾山庄	8558888	揭西县五经富镇
大洋国际生态旅游度假区	5331238	揭西县五经富镇

（蔡喜生　陈　燕　陈冰冰）

旅游景区点建设

【旅游景点简介】　京明温泉度假村　京明温泉度假村位于有“生态瑰宝”美誉的揭阳市揭西县京溪园镇，是国家AAAA级旅游景区、全国农业旅游示范点、广东省首批养生旅游示范区、广东省中医药文化养生旅游示范基地。146.67公顷生态优质茶园整齐地点缀在山峦之间，度假村有12个湖，湖水面积约80公顷；种植橡胶林和各种果树林53.33公顷，有客房330多间，有可容纳400

多人的多功能会议厅，7个中小会议厅及可容纳2000多人的京明文化广场；四星级标准设计装修的京都酒楼有可同时容纳400多人就餐的大厅和19个豪华厅房，是大型宴会、喜庆婚宴的最佳场所。

2017年京明温泉度假村联合黄满寨瀑布景区联创国家AAAAA级旅游景区。

京明温泉度假村景色秀丽，景点丰富，景观迷人。主要景点有动物观赏园、小鸟天堂、京明宝塔、京明长城、十八罗汉、盘国仙师庙、玉湖、明湖、圣泉、茶圣陆羽像、唐僧师徒像、龙龟像、茶山画廊、果林园、茶园、情侣廊等。休闲场所有按中国古典风格装修的湖心茶馆和茶艺馆。娱乐方面有KTV娱乐城、温泉休闲中心、水上世界、游泳池等。是以茶文化为主题，融自然生态、旅游观光、休闲度假、会议、培训及商务洽谈于一体的综合性高档旅游度假区。

京明温泉度假村　　（县旅游局　供稿）

黄满寨瀑布群旅游区　黄满寨瀑布群旅游区位于广东最美丽乡村揭西县京溪园镇粗坑村，被誉为“岭南第一瀑”，是国家AAAA级旅游景区、省级地质公园创建单位、广东省国民休闲旅游示范单位、揭阳美丽10佳景区之一，是揭西县最亮丽的生态旅游名片。

黄满寨瀑布群旅游景区创建国家级旅游度假区、国家级生态旅游示范区，是纳入国家级、省级旅游投资项目库动态管理项目，是2016年全国优选旅游投资项目。

黄满寨瀑布自上而下分五级，落差300多米：一级是飞虹瀑布，宽82米、落差56米，被誉为“岭南第一瀑”；二级是银河崆瀑布；三级是落九天瀑布，落差120多米；四级是三叠泉瀑布；五级是似万颗珍珠倒在斗里的斗方崆瀑布。

黄满寨瀑布群旅游区是集旅游休闲、爬山观瀑、度假养生的景区，于2006年开业。景区分三期建成，总占地面积466.67万平方米，投入资金5亿元。规划建设药材基地、家禽表演区、农家文化区、农家度假区、茶园观赏区、农家餐厅区、农家乐综合服务区、旅游接待区、亲水活动区、毛竹种植区、公共设施和养蜂基地等十二个功能区，邀请省旅游专家对景区提升改造，配套游客服务中心，完善景区导视牌等基础设施，2014年年底顺利通过国家AAAA级旅游景区的评定。

黄满寨瀑布换乘中心是景区提倡绿色环保理念、为游客提供安全无忧前往景区游览的快捷换乘通道，换乘中心于2017年5月28日正式运行，解决游客驾车安全隐患，同时让游客沿途观赏到原生态自然风光。引入新能源观光巴士，为游客提供交通便利。

2017年，县旅游局以黄满寨瀑布群旅游区为核心，对景区进行升级改造，申报“国家生态旅游示范区”，争创国家AAAAA级旅游景区。

黄满寨瀑布旅游区　　（李维照　摄）

大北山森林公园京明度假村　大北山森林公园京明度假村位于揭西县南山镇，是由深圳安远控股集团有限公司于2007年斥资3亿元投资兴建，是一个集餐饮、住宿、娱乐、观光旅游、休闲探险、科普教育及革命传统教育于一体的森林公园旅游度假村。

度假村于2007年12月开业，主楼高5层，附楼高7层，拥有豪华客房280间，设有国际会议中心、中西餐厅、茶艺馆以及大北山革命历史纪念馆、知青楼、绿茶生产制作中心等设施，中餐厅可同时容纳600多人用餐。国际会议中心有大、小会议室8间，拥有同声传输系统、自动摄像系统等先进服务设施，度假村坐拥天然大氧吧，尽收湖光山色，可为观光休闲旅游、会议培训之首选。

大北山森林公园地质古老，属莲花山余脉，度假村坐落于海拔700多米的国家森林公园之中，森林公园总面积3466.67公顷，园区位置优越，气候宜人，资源丰富，风景优美，园内植物有148科700多种，主要景观有十八湾瀑布、龙潭崆瀑布、九县崠、天子壁和贼营石壁凿诗、北山日出、北山枫林以及毛竹园、茶园风光等。现存的革命旧址红军寮、潮汕人民抗征队后方医院、司令部及红军纪念馆等为大北山森林公园添上红色旅游的色彩。园区负氧离子浓度每立方厘米2万个，被誉为“天然大氧吧”。

大洋云雾山庄　揭西大洋云雾山庄位于揭西县五经富镇大洋云景湖度假村旁，占地面积3公顷，建筑总面积1.1公顷。内设有客房数86间，床位136个，餐厅大厅可坐26围，座位数260人，有大、中、小3间会议室，2间茶艺馆总包厢和4间KTV总包厢。

大洋云雾山庄位于平均海拔800米的高山上，冬暖夏凉，是南国得天独厚的避暑胜地。青山间云海苍茫，高山流水，茶园如画，仿似仙境。是一处融自然生态、休闲养生、餐饮娱乐、商务洽谈于一体的综合性旅游观光度假区。

大洋国际生态旅游度假区　大洋国际生态旅游度假区位于揭西县五经富镇大洋，1996年由知名华侨邹顺达创建，项目占地800公顷，平均海拔800多米，最高峰乌崠峰海拔1000米，年平均气温19°，负氧离子浓度极高，青山云海犹如人间仙境，是一处以“健康长寿、和谐自然、采茶品茗、休闲健身”得天独厚的避暑度假胜地。大洋国际生态旅游度假区建成云景湖度假村、国际标准18洞高山高尔夫球场以及火焰山、情人湖、万寿山、乌崠峰、卡丁车场、兰花科普园等旅游景区景点。建设高山亲子乐园、华南地区首个野生萤火虫保育主题区、漫山花海主题区、茶园养生区及露营基地等；建设大型停车场、游客服务中心、游客集散广场等配套设施；配套100多套马来西亚风格的度假别墅、会议中心和中西餐厅等设施，定期举办露营篝火等活动。2017年12月被评为国家AAA级旅游景区。

揭西县樱山花谷　揭西樱山花谷位于揭西县京溪园镇滽池村，由市“三八红旗手”、曾大寮村妇委会主任刘鹏珠创办。樱山花谷是粤东地区首个以樱花为主题的特色乡村休闲旅游项目。基地园区规划面积20公顷，计划投资1000万元。首期投资500万元，种植面积4公顷。种植中国红、富贵樱、小乔等5个品种樱花1200余株，国家保护珍稀木兰50余株，以及月季、玫瑰等20余种太空花卉，配套乡愁体验、儿童乐园、休闲垂钓等功能区。2017年春节期间，樱花陆续绽放，接待周边游客约1万人。

京溪园樱山花谷　（县旅游局　供稿）

广东最美丽乡村—粗坑村　粗坑村位于揭西县京溪园镇黄满寨瀑布旅游区入口处，始建于1804年。粗坑村建筑风格既呈现庄重严肃的宫殿式格局，又融进潮汕“四点金”“下山虎”建筑特色，并传承客家围龙屋的传统，同时巧妙地运用苏州园林优雅格调。特色建筑物有“一串七门楼”“三壁联珠”“乐善处”。粗坑村是大革命时期古大存、曾广等老一辈革命家及潮汕人民抗征队开展革命活动的地方，也是革命刊物《团结报》（《汕头日报》前身）的创刊地。2006年，粗坑村被省旅游局评为“广东最美丽乡村”；2015年，被国家旅游局誉为“中国乡村旅游模范村”。

粗坑村 （李维照　摄）

三山祖庙　三山国王祖庙又称霖田祖庙，位于揭西县城河婆街道庙角村，距县城1.5千米，占地面积6040平方米。祖庙始建于隋、显于唐、封于宋，至今有1400多年历史。传说三山国王多次护国庇民受景仰，故宋太宗下圣旨敕封为王。三山祖庙是中国大陆1万多座、台湾500多座、东南亚180多座三山国王庙的鼻祖，为海峡两岸寻根问祖和文化交流平台。台湾信众对三山国王十分敬仰，从1988年起便前往揭西县寻根，每年大小进香团有10多个。

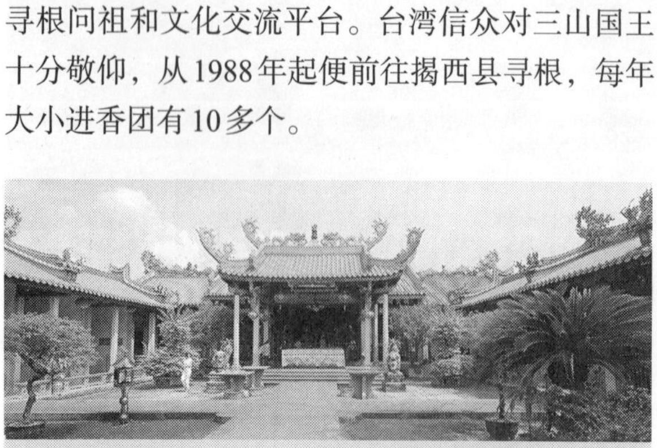

三山祖庙 （李维照　摄）

红旗香雪—西坑梅花　揭西坪上镇石内河沿河两岸，1000多公顷梅树掩映于青山绿水之间，漫山遍野绵延十数里。每至隆冬，梅花凌寒盛开，犹如香雪，香远益清，美景如画自天成。其中最美的当数红旗西坑梅花，在这个原生态的古老小山村，在丽日蓝天下，一株株梅花宛如一幅幅写意翰墨图。

西坑梅花 （李维照　摄）

上砂开口石风景区　开口石生态旅游风景区位于风景秀丽的“广东绿色名镇”——上砂镇活动村，是广东第二大深水河榕江的发源地。

开口石风景区因山巅二巨石巍然矗立、朝天开口而得名。景区内林木葱郁茂盛，野花四季芳香；森林植被丰富，禽鸟种类众多，山林之中每逢晨昏阴雨，云雾穿行于中，如玉带缭绕，薄纱悬天，原生态的景色靓丽天然。

上砂开口石景区 （李维照　摄）

钱坑石灵寺　钱坑石灵寺位于揭西县钱坑镇政府北面2.5千米处的仙径山南麓望天狮山腰上，石灵寺坐东北向西南，左、右、后三面环山。寺庙建于明朝，占地面积3.33公顷，在清雍正九年（1731年）、1930年重修。文物主要有：古凉亭、古银杏树、红椿树、石碑、碑文、和尚坟，以及新建的大雄宝殿、藏经阁、观音阁、天王殿、钟鼓楼、方丈楼、僧舍、牌坊等。

钱坑石灵寺　（李维照　摄）

金和山湖村　山湖村位于金和、塔头、凤江三镇交界处，面积3平方千米，耕地面积187公顷。自古有“水上小莲花”之称，33公顷天然湖环绕山村，33公顷竹笋错落有致，33公顷花果木四季飘香，山湖北面还有133多公顷的山园地顺势托起，可谓“一水抱村流，山湖若碧玉”。有连理古榕、古寨门、湖景山色、青竹庵、五百年芒果树、仙福湖、飞鹅山、飞鹅水库等景致。有东征棉湖战役纪遗址、古典祖祠、传统贝灰三合土潮式民居、潮瓷装饰屋顶的青竹庵等历史文物资源。特色美食有竹笋宴、鱼汤菜、山湖特产淡水鱼、优质鲜笋、笋干。

山湖村所处地理位置优越，有较好的交通条件，出入相对便捷：省道S237线傍村而过；到甬莞高速凤江收费口10.7千米，到潮惠高速赤岗收费口12.1千米；村内主要道路全部实现硬底化。

金和山湖村　（李维照　摄）

良田旅游特色小镇　良田乡位于揭西县境西北部，东连五经富镇，南连河婆街道，东南与南山、龙潭镇为邻，西与五华县棉洋镇接壤，北与丰顺县八乡毗邻，面积136.23平方千米，距县城20千米。良田旅游小镇的范围包括全乡1个社区与10个行政村，涉及农业人口2万人左右。

良田乡山青水秀，平均海拔500米，旅游资源丰富，主要旅游景点有：全县最高山峰李望嶂在乡境内，海拔1222米。榕江南河支流良田河贯穿全境，长30千米，自然形成“横石穿缺”“铁扇关门”等自然景观。独山风景区分布着王爷洞、滴水洞、鹰嘴石、如意石墙路等天然景观，建设三奶娘娘宫及其他配套项目设施。南方券造币厂旧址是南方券发行印制所在地，南方银行纪念馆基本建设完成。湖头生态农业风景区种植枫树66.67公顷，鹰嘴桃1万株，李树3万株，蜜柚5000株；管理处5栋，接待酒店主体5层，景区道路路基16千米。独山风景区景点开放供乡客游览。良田乡年接待游客量30万人左右，主要以独山祭拜三山国王香客为主体，包括少量茶叶商客、自驾游客、徒步驴友等。

坪上石内特色小镇　坪上石内特色小镇项目位于揭西县石内河谷，揭西县南部，距离揭西县城约8千米。坪上石内特色小镇建设项目所在地由红旗村、潭角村、樟树下村、五星村、石硖村5个行政村组成，5个行政村共有耕地面积206.93公顷，林地面积3185.6公顷，总人口7982人。项目区内山地峡谷相间，有梅林、橄榄林、竹林、石内河漂流等生态旅游资源和西坑村、上岗坑等传统村落资源，以及红色旅游资源，旅游资源丰富，类型多样。石内河谷四周山林翠绿，冬季梅花盛开，一片雪白，传统村落隐藏在梅园深处，景色优美。

龙源农业生态示范区　揭西龙源农业科技发展有限公司位于揭西县龙潭镇龙跃村平塘，成立于2001年9月，是由揭西县人民政府组织，揭西龙源农业科技发展有限公司投资为主，华南农业大学提供技术支持服务的现代农业科技示范园区。是一个融生产、科技示范、培训、科普教育、生态农业观光于一体的现代化新技术综合开发区，并被列入2002年省“星火计划”项目，建设无公害新品种蔬菜种植示范区、优质水果种植示范区、水产养殖区等9个功能区。园区发展成为集种、养、园林绿化于一体的高标准农业科技示范园。

2006年5月，公司获得广东省科技厅颁发的省级“民营科技企业”资格证书。2006年6月，公司实施的“名优四季龙眼技术开发”项目荣获揭西县委县政府2005年度科技进步二等奖，“四季龙眼新品种示范种植与推广”项目，于2009年获得揭阳市人民政府和揭阳市科技局颁发的“科技进步奖”和“科技成果”证书。2009年12月，公司被揭阳市农业局授予“揭阳市农业龙头企业”称号。2012年4月，公司被广东省扶贫开发办公室确认为“广东省扶贫农业龙头企业”。

龙源农业生态示范区蔬菜种植区　（蔡忠东　摄）

（蔡喜生　陈　燕　陈冰冰）

揭阳大北山生态旅游产业园区管理委员会

【概况】　2017年，揭阳大北山生态旅游产业园区管理委员会（简称大北山产业园区管委会）加快推进园区重点项目建设，全力创建旅游品牌，做好各项旅游规划，修订《揭西黄满寨瀑布旅游区创建国家AAAAA级旅游景区提升方案》规划编制。是年，重点项目建设完成年度投资7.6亿元；12月，广东大北山旅游度假区成功申报广东省级旅游度假区。

【重点项目】　2017年，大北山生态旅游产业园重点建设项目有广东揭阳大北山生态旅游产业园、揭西县京明生态城、黄满寨景区换乘中心3个建设项目，计划投资7.6亿元，至年底，完成投资7.6亿元。其中广东揭阳大北山生态旅游产业园2017年计划投资4亿元，完成投资4亿元；揭西县京明生态城2017年计划投资3亿元，完成投资3亿元；黄满寨景区换乘中心2017年计划投资0.6亿元，完成投资0.6亿元。

【旅游品牌创建】　2017年，大北山产业园区管委会加强对大北山旅游度假区的整合和推介，扩大园区度假旅游品牌影响力，申报揭阳大北山旅游度假区创建省级旅游品牌。是年，广东大北山旅游度假区被省旅游资源开发质量评定委员会评为广东省级旅游度假区。

【旅游规划编制】　2017年，大北山产业园区管委会做好创建国家级全域旅游示范区及黄满寨瀑布群景区、京明温泉度假村景区联创国家级AAAAA级旅游景区各项工作，围绕“传承盘古文化”为主题组织专家研讨会，修订《揭西黄满寨瀑布旅游区创建国家AAAAA级旅游景区提升方案》。配合揭西县创建国家级全域旅游示范区及黄满寨瀑布群景区、京明温泉度假村景区联创国家级AAAAA级旅游景区各项工作开展。

（陈　康　张晓强）

教育　科技

教　育

综　述

【概况】　2017年，揭西县有各类学校358所，其中义务教育阶段学校255所、幼儿园90所（含69所民办园）、特殊教育学校1所，中职学校2所、完全中学7所、普通高中学校3所。学生及幼儿13.92万人，其中小学生5.39万人、初中生2.53万人、高中生1.71万人、中职教育在校生9207人、在园幼儿3.32万人、特殊教育学生465人。全年新招聘教师187人，其中赴华南师范大学、江西师范大学招聘师范院校本科毕业生25人，到南京师范学院现场招聘特教专业毕业生6人。全县在职专任教师7732人。是年，全县高考本科上线1870人，其中上一批238人。至年底，全县教学仪器设备总价值2.02亿元。

【教育创强】　2017年，揭西县开展教育现代化工作，创建广东省教育现代化先进县。3月，召开全县动员大会，制订印发《揭西县创建广东省教育现代化先进县实施方案》，全面启动创建教育现代化工作。12月11～15日，河婆街道、棉湖镇和金和镇通过教育强镇复评验收；上砂镇、南山镇、灰寨镇和东园镇完成强镇复评督前检查。

【德育督导】　2017年，揭西县21所中小学校完成国家义务教育质量监测工作，5月，县教育局被教育部基础教育质量监测中心评为优秀组织奖。是年，龙潭中学被省教育厅评为“广东省依法治校示范校”，良田中学、揭西县第一职业技术学校、灰寨中学、北山中学、钱坑中学、东园中学、凤江中学、揭西县棉湖第二中学共8所学校被广东省禁毒委员会办公室、广东省教育厅、广东省人力资源和社会保障厅认定为“省级毒品预防教育示范学校”，揭西县职业技术学校、揭西县塔头第二中学、揭西县南山第二中学被教育部认定为“国防教育特色学校”。

【教研工作】　*教研制度管理*　2017年，县教研室制定并印发《揭西县中小学教师教学常规要求》《揭西县中小学教师教研常规要求》《揭西县中小学听课评课制度》，全县中小学对照制度抓好教学教研常规管理。邀请广东省教育研究院教研室9个学科专家开设教学专题讲座，开展备考专项调研，组织全县各学科骨干教师参加省和市的高考、中考备考培训。

各类教研活动 2017年，县教育局组织初中、小学教师开展语文、道德与法治、历史3科统编教材培训，举行初中语文统编教材教学设计与优秀课例评比，高中数学、小学数学教师现场说课比赛；举行中学物理优秀课例评比，高中英语、生物教学设计评比，初中英语教师微课比赛；开展小学语文、英语梯队骨干教师课堂教学展示活动，完成小学第四梯队骨干教师评审工作，评出骨干教师52人。

教研成果 2017年，县教育局组织教师参加各级教学课例、教学论文、教学设计评比，获广东省三等奖1人，获揭阳市一等奖8人、二等奖6人、三等奖8人；组织学生参加全国中学生数学、物理、生物竞赛或联赛，获国家级三等奖2人，获广东赛区选拔赛二等奖1人、三等奖2人，获揭阳市初赛一等奖1人、二等奖4人、三等奖5人，教师被评为“优秀辅导员”4人；组织学生参加揭阳市“小作家杯”写作大赛，获一等奖5人，二等奖17人，三等奖20人；组织教师、学生参加揭阳市第九届中小学规范汉字书写比赛，获一等奖3人、二等奖5人、三等奖23人。

【德育工作】 2017年，揭西县加强班主任队伍建设，5月，揭西县“揭阳市名班主任扶祥发工作室”“揭阳市名班主任林泽兵工作室”2个工作室通过市教育局期满考核并于8月被揭阳市教育局评为“揭阳市名班主任工作室优秀工作室”。是年，全县3位同学被广东省教育厅评为“广东省优秀学生”；197位同学被揭阳市教育局评为揭阳市“三好学生”或“优秀学生干部”，60个班级被评为“先进班集体”；802位同学被揭西县教育局评为揭西县“三好学生”“优秀学生干部”，95个班级评为“先进班集体”。

【信息化建设】 2017年，揭西县推进数字化校园建设，全部学校接通互联网，所有中小学及教学点实现数字教育资源全覆盖，100名学生以下的非完全小学、教学点按最大班额配备学习终端；投入1061万元，增加配备“班班通”一体机设备470套；利用教育资源公共服务平台进行教学、教研，促进优质教育资源及教育信息公开。至年底，全县中小学校网络多媒体教室2676间，占总普通教室83%；有计算机2.15万台，平均每百名学生拥有计算机22台。

【教育扶贫】 2017年，揭西县教育扶贫主要包括学前教育资助、义务教育家庭经济困难学生资助、高中助学金和中职助学金。全年发放各级各类教育扶贫资金总额1573.5万元，资助贫困学生2.90万人。发放建档卡困难家庭学生补助资金1378.03万元，惠及学生4255人。全年受理大学生信用助学贷款214宗，发放助学贷款166.6万元。

【教研教改】 2017年，揭西县教研室通过开展课题研究、组织教学论文评比等活动，全力推进“科研促教”工作。是年，做好张武帮中学物理科省级课题和棉湖二中、纪达中学语文科市级课题结题工作；组织学校申报揭阳市“十三五”规划课题，有13个课题组获市级立项，立项率93%；开展县级中学教研课题申报，立项62项；组织2016至2017学年度全县中小学教学论文评比，评出一等奖13篇、二等奖48篇、三等奖91篇。

【体育艺术教育】 2017年，揭西县加强体育艺术教育工作，推进校园足球申报、认定，组织学生参加各种体育运动比赛。县教育局组织学生参加揭阳市第七届运动会暨第四届学生运动会，取得金牌5枚、银牌9枚、铜牌13枚。是年，教育部认定揭西县霖田高级中学、揭西县南山镇第二中学、揭西县龙潭镇龙文学校、凤江镇凤湖小学4所学校为全国校园足球特色校，广东省教育厅体卫艺处认定揭西县龙潭中学、金坑中学、上砂镇第一中学、金和镇仙坡小学、河婆街道南光小学、塔头镇潭新小学、京溪园镇日新小学、钱坑镇钱西小学8所学校为广东省校园足球推广校。

【教育均衡发展】 教学资源整合 2017年，揭西县统筹布局县域内各学校，通过撤并、调整办学类型，整合乡镇学校的硬件和师资。是年，撤并兴道中学和坪上镇书芳小学2所学校，其中，兴道中学师生分流在棉湖镇内学校任教就读，坪上镇书芳小学学生分流到坪上镇尖田小学就读。

硬件设施建设 2017年，揭西县加大教育硬件设施建设，实现全县各类学校宽带网络“校校通”，优质资源“班班通”覆盖率82.9%，网络学习空间“人人通”比例逐步提高，每百名学生拥有计算机22台，保障“资源下乡”渠道通畅。是年，投资3331万元，新建霖田中小学学生宿舍楼和重建河婆中学瑞安大礼堂。

法治校园 2017年，县教育局构建“法治校园”，强化学校依法治校水平和教育法治化水平，全县各中小学校均实现“一校一章程”“一校一法律顾问”和法制副校长均聘全覆盖。

【平安校园】 2017年，揭西县推进安全教育进课堂，把安全教育课纳入常规教学计划。定期组织师生参加预防地震、预防火灾等安全演练活动；举办全县中小学（幼儿园）安全管理培训班；抓好教育装备和学校实验室安全管理。学校通过发送《致学生家长一封信》等形式，加强学校与家长、社区沟通，做到安全教育“三位一体”（学校、家长、社区），防范学生发生群体群伤事故。是年，组织河婆中学、上砂一中申报广东省第六批“安全文明校园”；南山第二中学、上砂镇荷营小学、坪上镇坪上小学、大溪镇渔梁小学、京溪园镇日新学校、棉湖中学实验学校、凤江镇凤西小学、东园镇赤岩小学获“揭阳市平安校园”称号。

各类教育

【幼儿教育】 2017年，揭西县有幼儿园90所（公办幼儿园21所，民办园69所），在园幼儿3.32万人。全县幼儿毛入园率93%，学前一年入园（班）率98%。全县有市一级幼儿园1所，县一级幼儿园13所。至年底，全县17个乡镇（街道）均建成中心幼儿园1所以上，完成揭西县学前教育三年行动计划第三期制订目标任务。组织各幼儿园学习贯彻《3—6周岁儿童学习与发展指南》《幼儿园工作规程》，于11月分别在河婆街道、灰寨镇、棉湖镇分片区举行县内幼儿园优秀教学初评，县中心幼儿园举行两场优质课观摩课，12月上旬在县中心幼儿园举行2017年揭西县幼儿园优秀教学活动决赛，以赛促训，提高幼儿园教师专业技能水平。

【义务教育】 2017年，揭西县继续普及九年义务教育，全县有小学222所，初中33所，小学在校生5.39万人，初中在校生2.53万人，适龄儿童入学率100%，初中毛入学率100%，初中辍学率1.1%，初中毕业生升学率96%，小学五年巩固率98.3%，义务教育九年巩固率93.4%，“三残”适龄儿童、少年入学率97%。全县中小学生体质健康学校上报率100%，学生合格率99.1%，优良率85.8%。制订《揭西县义务教育防流控辍工作整改方案》，义务教育阶段实行免试就近入学，全面消除大班额。

【高中教育】 2017年，揭西县有高中10所，其中国家级示范性高中2所（分别是河婆中学和棉湖中学），市一级高中3所（分别是棉湖二中、南侨中学和霖田中学）；高中在校生1.71万人。全县普通高考录取率81.5%，其中本科录取1441人。县内2所国家级示范性高中本科录取率持续保持57%以上。组织上砂中学、五云中学、灰寨中学、北山中学和钱坑中学申报市一级学校。鼓励支持县城重点高中教师到乡村中学支教，送教下乡。

【中职教育】 2017年，揭西县有中职学校2所，分别是揭西县第一职业技术学校和揭西县职业技术学校，均开设有计算机应用与维修、电子商务、物流、学前教育等专业。是年，全县中职教育招生1794人。

【成人教育】 2017年，揭西县有县广播电视大学、县教师进修学校2所成人教育学校。

县广播电视大学 2017年，揭西县广播电视大学有教职工31人，其中本科学历28人，高级职称6人、中级职称21人。开设学历教育本科班6个，开设专业有行政管理、法学、小学教育、学前管理、公共事业管理（教育管理）等20多个专业，在校生734人，毕业130人。开设专科班10个，开设专业有行政管理、法学，在校生990人，毕业266人。

县教师进修学校 2017年，揭西县教师进修学校开设学历教育行政管理、教育管理等专业，负责全县教师培训工作，全年开设培训班次3次，培训1158人，其中中小学三科（语文、道德与法制、历史）教师培训689人，2017年，新教师培训169人，现代教育技术培训300人。

【民办教育】 2017年，县教育局按照有关民办教育法律、法规，维护民办学校投资者、举办者和民校师生合法权益；规范管理，推进民办教育界团结合作、协调服务、推介经验、指导办学实践。规范民办幼儿园办园行为，进行揭西县第二批普惠性民办幼儿园认定，全县有普惠性幼儿园58家。至年底，全县各类民办学校71所，其中义务教育阶段学校2所、幼儿园69所。

【特殊教育】 2017年，揭西县加大特殊教育投入，壮大县特殊教育办学规模，县特殊学校在职教师36人，在校学生69人。在上砂镇、五云镇、河婆街道、灰寨镇、京溪园镇、五经富镇、坪上镇、钱坑镇、金和镇、凤江镇、塔头镇、棉湖镇等12个人口在4万人以上的乡镇（街道）设立特殊教育随班就读资源教室，全县随班就读学生309人，送教上门学生87人，三残学生入学率97%，残疾儿童少年随班就读支持保障体系基本健全。

教师队伍

【教师培训】 2017年，县教育局依托县教师进修学校开展各类培训，至年底，小学教师多媒体信息技术培训班培训教师300人，小学“三科”（语文、数学、英语）教师新教材培训班培训教师1624人，新任教师岗前培训班培训新教师169人，举办教师师德修养提升培训班。组织参加揭阳市中小学教师信息技术“提升工程”培训，其中参加骨干教师培训22人、普通教师培训3671人。出台《揭西县教师参加研究生以上学历培训费用补助办法》，对经审核通过，参加教育专业研究生以上学历或硕士学位以上培训的县域内在编在岗普通高中和中职学校专任教师，县政府给予5万元补助。

【教师待遇】 2017年，县教育局联合县人社局、财政局等部门印发《揭西县山区和农村边远地区学校教师生活补助分配方案》，对符合条件的对象，在原发放标准基础上，从2017年1月起，每人每月增加100元。全县教师月人均工资6102元，高于县公务员平均工资水平。

【师德师风建设】 2017年，县教育局开展师德建设主题教育、师德征文及微视频征集活动。制订印发《揭西县严禁中小学校和在职中小学教师有偿补课专项治理工作方案》，集中开展严禁中小学校和在职中小学教师有偿补课专项治理工作。做好“最美教师”“最美揭西人”等先进评比推荐工作，选树一批师德先进典型。

重点学校选介

【钱坑中学】 揭西县钱坑中学创建于1942年，位于揭西县钱坑镇老圩榕江岸边，是一所完全中学。

在抗日战争和解放战争时期，大批热血师生勇赴国难，弃笔从戎，投身中华民族解放事业，从而赢得“地下兵站”的美称。中华人民共和国成立后，学校发扬革命传统，严谨治校，精心育才。

钱坑中学校园占地面积4.3万平方米，校舍建筑面积1.95万平方米。教学楼、综合楼、图书馆、运动场、教师宿舍配套设施完善；多媒体教室、英语人机对话室、电脑室、生理化实验室、音乐教室、美术教室、体育活动室、科技活动室等设施一应俱全。

学校确立“立志、好学、和谐、发展”的校训，形成“廉洁、务实、高效、创新”政风，树立“严谨、求实、创新、育人”教风，养成“尊师、守纪、勤奋、进取”学风。全校教职员工151人。在校初中学生1651人，教学班34个。学校形成“团结、好学、文明、活泼”的良好校风，多次被评为市、县“文明单位”“平安校园”“无毒社区”“揭阳市防震减灾科普示范学校”“揭阳市冠军摇篮”。学校的教育教学质量稳步提升，有7名学生获“潮汕星河奖”。2017年，有108名学生考上揭西县重点中学，有5名同学上本科线，134名学生上省线，上线率84.8%。

钱坑中学地理园　　（县教育局　供稿）

【南山第二中学】　揭西县南山第二中学位于河棉公路一侧，在高楼村与永南村之间，属公办学校。前身是位于道南圩“南山镇联合中学”，1992年为县直属中学，改称为“揭西县南山第二中学”，于1994年秋季迁到该址并开始招生。

南山第二中学占地面积2.67万平方米，有10个教学班，488名学生，教职工63人。南山二中功能齐全，设备较先进，微机室、音乐室、劳技室、乒乓球室、形体室、图书阅览室、实验室、多媒体教室等功能教室一应俱全。

2017年，南山第二中学先后被教育部认定为“全国青少年校园足球特色学校”“国防教育特色学校”。是年，4名同学考入揭阳一中，66名同学考入揭西县重点中学，重点高中录取率50%。

南山第二中学　　（县教育局　供稿）

【凤湖小学】　揭西县凤江镇凤湖小学创建于1927年，位于揭西县凤江镇凤南村，是一所农村完全小学。有91年办学历史。

凤湖小学　　（县教育局　供稿）

凤湖小学占地面积2.86万平方米，学校服务半径3.5千米，覆盖凤南、凤北2个行政村。在校学生823人，教学班22个，教师45人。校舍建筑总面积6872平方米，生均建筑面积8.6平方米。音乐室、美术室、科学实验室、多媒体教室、卫生室、体育室、心理咨询室、广播室、计算机教室等功能室齐全。运动场地1.3万平方米，设篮球场、排球场、羽毛球场、小型足球场等。

2017年，凤湖小学市级教研课题“小学识字教学巩固识字的研究”通过立项；被确认为首批“全国足球特色学校”。学校多次被有关部门授予“文明单位”“书香校园”“平安校园”等荣誉称号。

2017年揭西县公办学校新增教师员工数统计表

表44　　单位：人

项 目	人数	合计	招聘单位	人数
招聘	187	190	中学（含中职、高中、初中）	67
			小学	74
县外调入	1		幼儿园	40
进疆退伍兵	2		特教学校	6

2017—2018学年揭西县幼儿园一览表

表45

学校	地址	学校等级	在园幼儿数（人）	教职工数（人）
上砂镇中心幼儿园	上砂镇	县一级幼儿园	334	33
良田乡中心幼儿园	良田镇	无	64	7
五云镇中心幼儿园	五云镇	县一级幼儿园	143	12
五云镇五云幼儿园	五云镇	无	595	48
五云镇鹏岭星光幼儿园	五云镇	无	404	32
坪上镇中心幼儿园	坪上镇	无	108	9
河婆街道宝塔幼儿园	河婆街道	无	188	14
中心幼儿园	河婆街道	市一级幼儿园	684	56
教育局幼儿园	河婆街道	县一级幼儿园	458	39
河婆街道新东幼儿园	河婆街道	无	205	12
河婆街道宝童幼儿园	河婆街道	无	161	10
河婆街道河山居委幼儿园	河婆街道	无	92	7
河婆街道河山幼儿园	河婆街道	无	176	11
河婆街道童星幼儿园	河婆街道	无	169	9
河婆街道中英文实验幼稚园	河婆街道	无	443	44
河婆街道龙腾幼儿园	河婆街道	无	356	15
河婆街道童心幼儿园	河婆街道	无	132	10
河婆街道小天使幼儿园	河婆街道	无	160	9
河婆街道河西幼儿园	河婆街道	无	277	19
河婆街道商业城幼儿园	河婆街道	无	168	10
河婆街道中英艺术幼儿园	河婆街道	无	159	9
河婆街道大华幼儿园	河婆街道	无	145	8
河婆街道霖田幼儿园	河婆街道	无	90	5
河婆街道蓝精灵幼儿园	河婆街道	无	120	9

续表45

学校	地址	学校等级	在园幼儿数（人）	教职工数（人）
河婆街道新小博士幼儿园	河婆街道	无	142	9
揭西县阳光幼儿园	河婆街道	无	485	26
河婆街道河洪幼儿园	河婆街道	无	168	12
河婆街道中心幼儿园	河婆街道	无	105	10
河婆街道蓝天幼儿园	河婆街道	无	564	32
龙潭镇中心幼儿园	龙潭镇	无	100	9
龙潭镇蓝天使幼儿园	龙潭镇	无	165	11
龙潭镇汤坝村幼儿园	龙潭镇	无	102	9
南山镇丽友幼儿园	南山镇	无	229	17
南山镇中心幼儿园	南山镇	无	182	15
南山镇新新幼儿园	南山镇	无	208	16
灰寨镇中心幼儿园	灰寨镇	无	255	21
灰寨镇童新幼儿园	灰寨镇	无	100	9
京溪园镇长滩中心幼儿园	京溪园	无	364	22
京溪园美德星星幼儿园	京溪园	无	353	25
京溪园镇中心幼儿园	京溪园	无	130	3
五经富镇中心幼儿园	五经富	县一级幼儿园	205	18
五经富镇艺术幼儿园	五经富	无	265	19
五经富镇朝阳幼儿园	五经富	无	105	8
五经富镇陈江幼儿园	五经富	县一级幼儿园	118	12
五经富镇大洋幼儿园	五经富	无	92	9
大溪镇中心幼儿园	大溪镇	无	172	15
大溪镇金蕾幼儿园	大溪镇	无	242	21
钱坑镇中心幼儿园	钱坑镇	无	278	24
金和镇金苗幼儿园	金和镇	无	297	19
金和镇中心幼儿园	金和镇	县一级幼儿园	145	11
凤江镇旅社幼儿园	凤江镇	无	479	24
凤江镇小博士幼儿园	凤江镇	无	214	14
凤江镇贝贝岛幼儿园	凤江镇	无	459	22
凤江镇星星文武幼儿园	凤江镇	无	426	24
凤江镇蓝精灵中英文幼儿园	凤江镇	无	423	20
凤江镇中心幼儿园	凤江镇	县一级幼儿园	299	27
塔头镇中心街幼儿园	塔头镇	无	268	18
塔头镇中心幼儿园	塔头镇	无	325	27
东园镇芳菲幼儿园	东园镇	无	70	6

续表45

学校	地址	学校等级	在园幼儿数（人）	教职工数（人）
东园镇中心幼儿园	东园镇	无	115	12
棉湖镇中心幼儿园	棉湖镇	县一级幼儿园	208	18
棉湖镇植槐幼儿园	棉湖镇	无	285	29
棉湖镇道江幼儿园	棉湖镇	无	244	26
棉湖镇泰安幼儿园	棉湖镇	无	146	17
棉湖镇迎宾幼儿园	棉湖镇	无	209	23
棉湖镇旺旺幼儿园	棉湖镇	无	247	23
棉湖镇小博士幼儿园	棉湖镇	无	134	17
棉湖镇贸易中心幼儿园	棉湖镇	无	187	20
棉湖镇培蕾幼儿园	棉湖镇	无	112	14
棉湖镇金轩幼儿园	棉湖镇	无	173	14
棉湖镇新星幼儿园	棉湖镇	无	147	17
棉湖镇湖西幼儿园	棉湖镇	无	126	14
棉湖镇方围幼儿园	棉湖镇	无	161	20
棉湖镇小天使幼儿园	棉湖镇	无	221	23
棉湖镇精英幼儿园	棉湖镇	无	136	17
棉湖镇糖厂中英文幼儿园	棉湖镇	无	161	17
棉湖镇新湖幼儿园	棉湖镇	县一级幼儿园	208	21
棉湖镇曙光幼儿园	棉湖镇	无	113	14
棉湖镇诺贝中英幼儿园	棉湖镇	无	307	32
棉湖镇英贝特幼儿园	棉湖镇	无	191	20
棉湖镇哈美幼儿园	棉湖镇	无	686	62
合计			18882	1491

2017—2018学年揭西县小学一览表

表46

学校	地址	在校幼儿数（人）	在校小学生数（人）	教职工数（人）
上砂镇华南小学	上砂镇	148	574	34
上砂镇径心小学	上砂镇	73	153	11
上砂镇维新小学	上砂镇	73	188	12
上砂镇联东小学	上砂镇	73	211	14
上砂镇新东小学	上砂镇	244	415	33
上砂镇下联小学	上砂镇	73	143	10
上砂镇荷营小学	上砂镇	73	178	12
上砂镇一洲小学	上砂镇	73	274	17
上砂镇光华小学	上砂镇	37	47	7

续表46

学校	地址	在校幼儿数（人）	在校小学生数（人）	教职工数（人）
上砂镇香山小学	上砂镇	37	105	8
上砂镇上林小学	上砂镇	37	85	8
上砂镇龙山小学	上砂镇	37	132	9
上砂镇新岭小学	上砂镇	37	125	8
上砂镇活动小学	上砂镇	134	282	22
上砂镇活动小学活西教学点	上砂镇	4	8	2
上砂镇三水小学湖光教学点	上砂镇		4	2
上砂镇美丰小学	上砂镇	37	30	7
上砂镇双丰小学	上砂镇	37	72	8
上砂镇三水小学	上砂镇	91	159	13
上砂镇三水小学竹苏教学点	上砂镇		2	1
良田乡中心小学嶂上教学点	良田镇		2	2
良田乡金坑小学	良田镇		3	2
良田乡坪上小学	良田镇	35	52	15
良田乡中心小学	良田镇	33	80	17
良田乡龙江小学	良田镇		3	2
良田乡双水小学	良田镇		7	4
良田乡崇德小学	良田镇	17	2	2
良田乡中心村小学	良田镇		9	5
良田乡桐树坪小学	良田镇		29	6
良田乡岸洋小学	良田镇		27	5
五云镇赤告小学	五云镇	56	196	14
五云镇梅江小学	五云镇	142	241	20
五云镇育英小学	五云镇	28	105	9
五云镇石陂小学	五云镇	12	42	7
五云镇鹏岭小学	五云镇	82	233	18
五云镇鸿翔小学	五云镇	21	92	8
五云镇龙江小学	五云镇	34	125	9
五云镇培正小学	五云镇	32	142	9
五云镇荣正小学	五云镇	20	39	6
五云镇下洞小学	五云镇	55	308	20
五云镇京埔小学	五云镇	40	161	10
五云镇下硿小学	五云镇	69	232	16
五云镇硿下小学	五云镇	14	97	8
五云镇岭新小学	五云镇	16	76	8

续表46

学校	地址	在校幼儿数（人）	在校小学生数（人）	教职工数（人）
五云镇保新小学	五云镇	94	211	16
五云镇崇坑小学	五云镇	15	58	7
五云镇坡苏小学	五云镇	27	126	9
五云镇宝石小学	五云镇		10	4
坪上镇红旗小学	坪上镇	37	49	9
坪上镇坪上小学	坪上镇		259	17
坪上镇连城小学	坪上镇	100	137	14
坪上镇四新小学	坪上镇	28	46	10
坪上镇四和小学	坪上镇	30	58	9
坪上镇湖光学校	坪上镇	42	72	10
坪上镇员东小学	坪上镇	37	40	9
坪上镇员西小学	坪上镇	41	49	10
坪上镇五联小学	坪上镇	23	22	5
坪上镇南联小学	坪上镇	95	137	14
坪上镇尖田小学	坪上镇	104	147	12
坪上镇成全小学	坪上镇	34	50	8
坪上镇东村小学	坪上镇	24	12	4
坪上镇同昌学校	坪上镇	23	27	6
河婆街道东风小学	河婆街道		1825	99
河婆街道建新小学	河婆街道	178	625	38
河婆街道河山小学	河婆街道		1518	79
河婆街道河婆小学	河婆街道		1348	68
河婆街道大同小学	河婆街道	216	1037	59
河婆街道南光小学横江教学点	河婆街道	8	26	8
河婆街道溪西小学	河婆街道	80	242	15
河婆街道大华小学	河婆街道	170	329	24
河婆街道东风小学客潭教学点	河婆街道	18	57	6
河婆街道乡肚小学新四教学点	河婆街道	10	39	9
河婆街道乡肚小学	河婆街道	24	154	12
河婆街道北新小学	河婆街道	26	126	9
河婆街道后埔小学	河婆街道	51	216	17
河婆街道下滩小学	河婆街道	46	164	15
河婆街道岭丰小学	河婆街道	173	689	42
河婆街道马跃小学	河婆街道	46	180	16
河婆街道南光小学欣堂教学点	河婆街道	7	43	11

续表46

学校	地址	在校幼儿数（人）	在校小学生数（人）	教职工数（人）
河婆街道南光小学南新教学点	河婆街道	10	33	7
河婆街道南光小学	河婆街道	60	259	17
河婆街道昌黎小学	河婆街道	25	194	13
河婆街道文昌小学	河婆街道	15	130	10
河婆街道河山小学三星教学点	河婆街道	28	49	6
河婆街道东星小学	河婆街道	30	134	13
龙潭镇龙园小学	龙潭镇	63	155	12
龙潭镇道安学校	龙潭镇	38	93	10
龙潭镇龙文学校	龙潭镇	96	193	15
龙潭镇龙泉小学	龙潭镇	45	119	11
龙潭镇团结学校	龙潭镇	13	37	6
龙潭镇龙田学校	龙潭镇	47	124	11
龙潭镇龙溪学校	龙潭镇	29	85	11
龙潭镇龙东学校	龙潭镇	39	114	10
龙潭镇高田学校	龙潭镇	12	49	9
龙潭镇双龙学校	龙潭镇	21	83	10
龙潭镇富光学校	龙潭镇	11	50	9
龙潭镇育英学校	龙潭镇	23	212	12
龙潭镇汤坝小学	龙潭镇	38	135	10
南山镇西友小学	南山镇	37	101	11
南山镇分水小学	南山镇		66	8
南山镇前锋小学	南山镇	29	117	11
南山镇北溪小学	南山镇	63	146	12
南山镇北河小学	南山镇	12	24	7
南山镇龙跃小学	南山镇	11	31	8
南山镇五联小学	南山镇		53	6
南山镇道南小学	南山镇		417	22
南山镇南山小学	南山镇	161	491	34
灰寨镇河五小学	灰寨镇		30	5
灰寨镇上角小学	灰寨镇	35	31	8
灰寨镇向阳中心小学	灰寨镇	105	184	16
灰寨镇秀文小学	灰寨镇	40	80	9
灰寨镇新图小学	灰寨镇	40	101	8
灰寨镇灰寨小学	灰寨镇	190	680	42
灰寨镇灰龙小学	灰寨镇	39	90	9

续表46

学校	地址	在校幼儿数（人）	在校小学生数（人）	教职工数（人）
灰寨镇三坝小学	灰寨镇	38	34	7
灰寨镇东联小学	灰寨镇	40	90	9
灰寨镇后洋小学	灰寨镇		21	4
灰寨镇行知小学	灰寨镇	40	163	11
灰寨镇柑坑小学	灰寨镇		37	4
灰寨镇马路小学	灰寨镇	104	199	16
灰寨镇金星小学	灰寨镇		51	5
京溪园镇粗坑小学	京溪园镇		13	4
京溪园镇甲溪小学	京溪园镇	43	182	13
京溪园镇日新学校	京溪园镇	76	303	16
京溪园镇新洪小学	京溪园镇	60	164	16
京溪园镇大岭下小学	京溪园镇	31	82	8
京溪园镇京溪园小学	京溪园镇	30	72	10
京溪园镇员墩小学	京溪园镇	27	118	10
京溪园镇美德华侨学校	京溪园镇		394	20
京溪园镇竹尾沟小学	京溪园镇		59	7
京溪园镇石湖山小学	京溪园镇		38	6
京溪园镇上陇毓哲学校	京溪园镇	60	122	10
京溪园镇上陇毓哲学校崇文教学点	京溪园镇	38	43	5
京溪园镇鹿洋小学	京溪园镇	31	78	9
京溪园镇曾寮小学	京溪园镇	62	174	12
五经富镇中和小学	五经富镇	75	187	13
五经富镇朝阳小学	五经富镇		58	4
五经富镇联和小学	五经富镇	40	108	9
五经富镇恒星小学	五经富镇		30	5
五经富镇联南小学	五经富镇	56	182	10
五经富镇新仓小学	五经富镇	36	108	8
五经富镇新联小学	五经富镇	31	136	9
五经富镇陈江小学	五经富镇	40	201	11
五经富镇文联小学	五经富镇	34	103	9
五经富镇道源小学	五经富镇	86	189	13
五经富镇建一小学	五经富镇	52	204	11
五经富镇镇江小学	五经富镇		56	5
五经富镇岐凤小学	五经富镇		31	5
五经富镇虎峰小学	五经富镇	136	454	25

续表46

学校	地址	在校幼儿数（人）	在校小学生数（人）	教职工数（人）
五经富镇经富小学	五经富镇	116	368	24
五经富镇泮坑小学	五经富镇	37	103	8
五经富镇新和小学	五经富镇	52	106	10
五经富镇营盘小学	五经富镇		67	5
大溪镇金味希望小学	大溪镇	59	152	13
大溪镇大东小学	大溪镇	40	125	11
大溪镇大园小学	大溪镇	35	78	7
大溪镇赤寨小学	大溪镇	29	58	6
大溪镇溪新小学	大溪镇	106	198	17
大溪镇渔梁小学	大溪镇		309	17
大溪镇庆光小学	大溪镇	15	41	6
大溪镇井美小学	大溪镇	29	39	4
大溪镇中心小学	大溪镇	108	302	20
钱坑镇钱坑小学	钱坑镇	115	446	28
钱坑镇钱江学校	钱坑镇		681	34
钱坑镇钱南小学	钱坑镇	80	348	20
钱坑镇钱西小学	钱坑镇	202	323	25
钱坑镇湖侨小学	钱坑镇	103	29	9
钱坑镇纯正学校	钱坑镇	36	136	9
钱坑镇钱园华侨学校	钱坑镇	38	140	9
钱坑镇钱北小学	钱坑镇	104	25	9
钱坑镇长三水小学	钱坑镇	30	50	6
钱坑镇南光小学	钱坑镇	35	70	7
钱坑镇大茶石小学	钱坑镇	31	48	5
钱坑镇白石小学	钱坑镇	32	66	7
金和镇金光小学	金和镇	158	341	20
金和镇金园小学	金和镇	280	432	29
金和镇金新小学	金和镇	80	183	10
金和镇金溪小学	金和镇	180	281	19
金和镇仙坡小学	金和镇	150	236	14
金和镇南联小学	金和镇	280	397	29
金和镇径口小学	金和镇	79	239	16
金和镇和南小学	金和镇	150	321	19
金和镇和光小学	金和镇	80	198	12
金和镇和光小学和联教学点	金和镇	39	60	8

续表46

学校	地址	在校幼儿数（人）	在校小学生数（人）	教职工数（人）
金和镇和西小学	金和镇	120	292	19
金和镇和东小学	金和镇	117	347	18
金和镇和东小学和兴教学点	金和镇	38	108	8
金和镇和新小学	金和镇	80	183	10
金和镇山湖世乔小学	金和镇	229	404	27
金和镇河内小学	金和镇	185	295	20
凤江镇凤湖小学碧潭教学点	凤江镇	40	78	6
凤江镇阳南小学林寮教学点	凤江镇	23	37	4
凤江镇凤湖小学	凤江镇	127	831	46
凤江镇东光小学	凤江镇	85	384	26
凤江镇东锋慈云学校	凤江镇	79	295	24
凤江镇东新小学	凤江镇	40	194	17
凤江镇阳南小学	凤江镇	47	353	22
凤江镇阳西小学	凤江镇	55	268	21
凤江镇凤西小学	凤江镇	40	203	17
凤江镇鸿西小学	凤江镇	329	198	26
凤江镇鸿江小学	凤江镇	160	940	51
凤江镇赤岭小学	凤江镇	40	172	16
凤江镇莪萃小学	凤江镇	37	99	14
塔头镇塔头小学	塔头镇		500	23
塔头镇阔西小学	塔头镇	40	218	12
塔头镇阔园小学	塔头镇	20	117	8
塔头镇潭溪小学	塔头镇	75	140	13
塔头镇潭新小学	塔头镇	55	208	11
塔头镇龙光小学	塔头镇	38	165	10
塔头镇新园小学	塔头镇	34	139	9
塔头镇山寮小学	塔头镇	40	135	9
塔头镇石牌小学	塔头镇	29	93	8
塔头镇顶埔小学	塔头镇	40	158	10
塔头镇新溪小学	塔头镇	22	72	8
塔头镇大丰小学	塔头镇	40	186	10
塔头镇锦龙小学	塔头镇	20	89	8
塔头镇旧住小学	塔头镇	23	62	6
东园镇东园小学	东园镇	242	418	36
东园镇桃围小学	东园镇	65	187	14

续表46

学校	地址	在校幼儿数（人）	在校小学生数（人）	教职工数（人）
东园镇赤岩小学	东园镇	191	346	30
东园镇古福小学	东园镇	67	320	21
东园镇四联小学	东园镇	72	250	18
东园镇三犁小学	东园镇	30	81	10
棉湖镇中心小学	棉湖镇	203	1023	57
棉湖镇林少卿纪念小学	棉湖镇	234	476	35
棉湖镇武德小学	棉湖镇	18	75	10
棉湖镇厚埔小学	棉湖镇	65	466	25
棉湖镇甲埔小学	棉湖镇	68	258	15
棉湖镇境潭小学	棉湖镇	58	320	18
棉湖镇下浦小学	棉湖镇	14	93	10
棉湖镇永光小学	棉湖镇	66	210	13
棉湖镇贡山小学	棉湖镇	105	749	40
棉湖镇湖西小学	棉湖镇	44	225	14
棉湖镇四乡小学	棉湖镇	96	326	21
棉湖镇花园小学	棉湖镇	68	343	19
棉湖镇湖东小学	棉湖镇	261	1424	78
合计		13724	47541	3430

2017—2018学年揭西县初级中学（含九年一贯制学校）一览表

表47

学校	地址	在校幼儿数（人）	在校小学生数（人）	在校初中生数（人）	教职工数（人）
上砂第一中学	上砂镇			834	69
良田中学	良田镇		63	152	34
云岭中学	五云镇			236	40
下砂中学	五云镇			299	35
坪上中学	坪上镇			336	58
坪上振文学校	坪上镇	139	148	85	31
绵基中学	坪上镇			355	56
纪达中学	河婆街道			1840	136
张武帮中学	河婆街道			685	81
宝塔实验学校	河婆街道		1572	887	132
第一中学	河婆街道			1898	181
龙潭中学	龙潭镇			852	116
南山中学	南山镇			318	41
南山二中	南山镇			423	35

续表47

学校	地址	在校幼儿数（人）	在校小学生数（人）	在校初中生数（人）	教职工数（人）
揭西县第一华侨中学	京溪园镇			266	31
京溪园中学	京溪园镇			353	46
五经富中学	五经富镇			614	72
大洋初级中学	五经富镇			84	12
大溪中学	大溪镇			554	49
金坑中学	金和镇			633	50
金和初级中学	金和镇			832	66
凤江中学	凤江镇			696	64
揭西县第三华侨中学	凤江镇			394	42
揭西县第四华侨中学	凤江镇	90	403	403	73
阳夏华侨中学	凤江镇			914	75
塔头中学	塔头镇			562	55
塔头第二中学	塔头镇			833	66
东园中学	东园镇			933	80
揭西县第二华侨中学	棉湖镇			467	44
湖西中学	棉湖镇			682	77
城北中学	棉湖镇			841	67
棉湖中学实验学校	棉湖镇		405	326	48
棉湖镇实验学校	棉湖镇	279	3298	1076	233
合计		508	5889	20663	2295

2017—2018学年揭西县高中阶段（含完中、中职）学校一览表

表48

学校	地址	学校等级	在校初中生数（人）	在校高中生数（人）	在校中职学生数（人）	教职工数（人）
上砂中学	上砂镇		720	748		112
五云中学	五云镇		763	1185		144
灰寨中学	灰寨镇	县一级学校	792	560		103
北山中学	五经富镇	县一级学校	554	928		108
钱坑中学	钱坑镇		1268	580		132
南侨中学	金和镇	市一级学校	811	1369		158
棉湖第二中学	棉湖镇	市一级学校	1120	2166		239
河婆中学	河婆街道	省一级学校、广东省国家级示范性普通高中		4560		351
霖田高级中学	河婆街道			2590		202

续表48

学校	地址	学校等级	在校初中生数（人）	在校高中生数（人）	在校中职学生数（人）	教职工数（人）
棉湖中学	棉湖镇	省一级学校、广东省国家级示范性普通高中		4496		348
揭西县第一职业技术学校	河婆街道				8165	439
揭西县职业技术学校	棉湖镇				5117	263
揭西县教师进修学校	河婆街道					30
合计			6028	19182	13282	2629

2017年揭西县高考各中学上线人数统计表

表49　　单位：人

学校	报考人数	上线人数	第一批本科院校					第二批本科院校					第三批专科院校				
			小计	普通	体育	音乐	美术	小计	普通	体育	音乐	美术	小计	普通	体育	音乐	美术
河婆中学	1613	1591	134	131		3		826	825		1		631	629	1	1	
五云中学	216	157						8	8				149	147			2
灰寨中学	82	43						2	2				41	40			1
北山中学	158	93	1				1	3	3				89	86		1	2
棉湖中学	1453	1417	103	98		1	4	729	727		1	1	585	583			2
南侨中学	281	157						5	5				152	152			
钱坑中学	158	133						5	5				128	127			1
上砂中学	160	93						4	4				89	89			
棉湖二中	662	585						35	32		2	1	550	547	1		2
霖田中学	819	505						15	10	1		4	490	476	4	1	9
全县合计	5602	4774	238	229		4	5	1632	1621	1	4	6	2904	2876	6	3	19

（张美胜　刘荣丰）

科学技术

【概况】 2017年，揭西县科学技术局（简称县科技局）引导企业开展科技创新，加快科技成果转化，加强知识产权保护运用，服务企业申报专利。全年全县建设省级以上创新平台1家、市工程技术研究中心1家，推荐申报中央引导地方科技发展专项资金项目1项，推荐申报2017年省级科技专项资金纵向协同管理省市联动项目1项，推荐申报2017年度揭阳市卫生医疗项目2项，推荐申报2017年揭阳市科技创新发展专项资金项目4项。完成3项市级科技项目结题验收工作和2014年、2015年县级产业开发与技术研究项目结题验收工作。

【民营科技企业】 2017年，县科技局引导企业开展科技创新，增强自身科技创新能力，鼓励、扶持有创新动力、发展潜力企业申报省级民营科技企业；提高企业知识产权法律意识，全县授权专利240项，其中发明专利1项，累计授权专利2056项。至年底，全县省级民营科技企业18家。

【知识产权保护】 2017年，县科技局加强专利宣传培训，提高专利保护意识，组织人员参加业务培训，提升知识产权保护水平。3月29日，举办揭西县知识产权培训班暨百所千企对接服务活动，帮助企业解决知识产权方面问题，增强知识产权保护意识；4—5月，开展“世界知识产权日”“中国知识产权宣传周”“科技进步活动月”等宣传教育活动，活动期间，在县城和乡镇设立宣传点，悬挂宣传条幅。送知识产权知识进社区、到企业，引导群众学习知识产权知识、树立创新理念，加强企业自身知识产权保护意识。至年底，全县申报专利278项，其中PCT申请1项，发明专利10项，累计专利申报量4241项。

【科技活动】 2017年，县科技局联合县委宣传部、县科协等部门，在全县范围开展揭西县科技进步活动月暨助力创建文明县城活动。组织各乡镇分管领导和民营科技企业负责人参加县科技局举办“揭西县高新技术企业申报认定培训班”，组织各乡镇（街道）分管领导和民营科技企业负责人参加培训；5月上旬，县科技局、县教育局、县地震局在五经富中学等学校举办揭西县防震减灾科普教育暨文明创建宣传活动；县科技局、农业局、科协组织专家、科技人员到河婆街道、棉湖镇开展送科技下乡活动；邀请上级科技部门专家到各乡镇（街道）举办知识产权保护专题活动。活动月期间，累计发放各类宣传资料1.37万份（册），开展科技咨询1580多人次，赠送良种苗、科普图书等，公众参与数9400人次。

【科技创新与推广】 2017年，揭西县加快高新技术产业发展，鼓励企业向高新技术企业道路发展。白云山威灵药业有限公司进入广东省2016年高新技术企业培育库（第二批），获得奖补资金113.33万元。组织广东德煌电力设备有限公司、揭西县小天使电子电器有限公司、深科电子有限公司3家企业，申报2017年高新技术企业培育库。加大新型研发机构等创新平台建设力度，白云山威灵药业有限公司成功组建揭阳市工程技术研究中心，广东蓝天果蔬农业科技开发有限公司被评为广东省现代农业科技创新中心。指导企业申报省、市科技项目，推荐金和“互联网+农业扶贫”创业园申报中央引导地方科技发展专项资金；推荐广东省揭西县金和镇山湖村经济联合社《揭西县金和镇山湖村苗圃场（互联网+精准扶贫产业基地）建设项目》申报2017年省级科技专项资金纵向协同管理省市联动项目；推荐申报2017年度揭阳市卫生医疗项目2项。是年，良田乡被认定为揭阳市山地特色水果专业镇。至年底，揭西县省级技术创新专业镇3个：河婆街道、棉湖镇、京溪园镇。市级技术创新专业镇9个：河婆街道、棉湖镇、京溪园镇、大溪镇、灰寨镇、凤江镇、金和镇、塔头镇、良田乡。

【产学研合作】 2017年，县科技局推进企业开展省、部、院产学研合作，引导企业加大技术研发创新，加快科技成果转化，增强企业创新能力和竞争力。落实“一镇一品”战略，推动技术创新专业镇产业集约发展；指导棉湖电线电缆专业镇与东莞市茶山镇的对口合作建设；指导企业开展调研工作，做好资料汇总分析，确定任务分工和项目实施计划；指导河婆电子琴专业镇建立技术创新、质量检测、知识产权对接服务、电子商务对接等平台；指导京溪园旅游专业镇建立公共信息网络平台。至年底，全县民营科技企业累计18家，开展实施科技特派员制度企业5家，民营科技企业与高等院校、科研院所开展“产学研”合作11家。

2017年揭西县技术创新专业镇一览表

表50

级别	乡镇（街道）名称	专业镇名称
省级	河婆街道	电子琴专业镇
省级	棉湖镇	五金电线电缆专业镇
省级	京溪园镇	旅游专业镇

续表50

级别	乡镇（街道）名称	专业镇名称
市级	大溪镇	淮山种植专业镇
市级	灰寨镇	毛巾专业镇
市级	凤江镇	凉果加工专业镇
市级	金和镇	彩印专业镇
市级	塔头镇	冬瓜种植专业镇
市级	良田乡	山地特色水果专业镇

（黄俊琳　韩晓明）

防震减灾

【概况】 2017年，揭西县地震局（简称县地震局）贯彻落实《广东省防震减灾条例》，推动建设工程抗震设防规范化，开展防震减灾知识宣传教育工作；落实国家地震烈度速报与预警工程项目建设，做好地震灾害应急处置工作；指导协调有关乡镇（街道）、学校做好13个一般站（烈度仪观测站）和棉湖中学、县第四华侨中学二所中学信息接收终端初设计相关资料上报工作。是年，完成地震安全性评价项目：揭西县河婆中学瑞安大礼堂重建、揭西县河婆街道乡新村吉庆大桥2项工程建设；一般建设工程的抗震设防要求审核工程2项。

【监测预报】 2017年，县地震局落实国家地震烈度速报与预警工程项目建设。落实珠江三角洲地震预警台网重点项目建设，协助上级地震部门完成五经富镇、凤江镇、坪上镇、河婆街道和良田乡5个地震预警台站各项工程建设并开始测试运行，指导坪上镇湖光小学和揭西县第四华侨中学按要求上报安装地震预警信息接收终端相关资料，协助省地震局工程队完成地震预警信息接收终端设备安装工作。

【应急处置】 2017年，县地震局加强防震减灾助理员管理，建立防震减灾联络员和地震宏观观测员工作制度，要求全县17个乡镇（街道）防震减灾助理员做好地震宏观前兆现象预测观测，推进揭西县地震监测预报工作。

【防灾宣传】 2017年，县地震局开展“防震减灾安全活动月”、“科技进步活动月”、防震减灾应急教育与演练等活动，深入学校、社区进行防震减灾科普宣传。5月，到棉湖镇岭南社区、五经富中学等社区、学校举办防震减灾知识讲座，活动现场发放防震减灾宣传小册子9600多份，接受师生、群众咨询5200多人次；5月8日，在五经富中学举办防震减灾科普教育暨文明创建宣传活动，向师生讲解地震基本知识以及不同场合应急避震知识讲座，指导全体师生进行地震应急避险演练；5月下旬，联合有关单位在县城文化广场举办“揭西县科技进步活动月暨助力创建文明县城”活动，现场讲解地震知识挂图，宣传民居建房、高层建筑抗震设防重要性，发放《防震减灾有备无患》《家庭防震减灾常识》等防震减灾知识小册子2300本（册）。

（黄俊琳　韩晓明）

气象工作

【概况】 2017年，揭西县气象部门做好气象防灾减灾工作，提供气象预报服务，完善气象服务体系，不定期组织防雷安全专项联合检查。2017年全年平均气温22.1℃，较历年平均偏高0.3℃；极端最高气温38.0℃，极端最低气温4.4℃。全年降雨总量2035.4毫米，比历年偏少28.7毫米。全年日照总时数1906.5小时，比历年偏多157.8小时。全年出现大雾天气13次，高温天气24次。

【全年天气状况】 2017年，揭西县总体气候特征是气温偏高，年降水总量偏少。1—5月降水量持续偏少，6—8月降水量持续偏多。7月高温日数（日最高气温≥35.0℃）为12天，主要出现在中旬，其中，7月14～21日出现持续性高温天气。8月23日，受台风“天鸽”外围环流影响，揭西县城24小时出现79.2毫米的降水和大风天气。8月27日，受第14号台风“帕卡”外围环流影响，揭西县城出现80.9毫米的降水和大风天气。

气温　2017年，全县平均气温22.1℃，较历年平均偏高0.3℃，其中1月、6月、8月、9月、10月、11月平均气温分别偏高2.4℃、0.5℃、0.4℃、0.5℃、0.2℃、0.3℃，7月、12月平均气温分别偏低0.8℃、0.3℃；极端最高气温38.0℃，极端最低气温4.4℃。

降水　2017年，全县降雨总量2035.4毫米，比历年偏少28.7毫米，1月至5月降水量持续偏少，6月至8月降水量持续偏多，6月、7月、10月降水量分别较常年偏多49.2%、18%和116%。8月22日20时至23日20时，受台风“天鸽”外围环流影响，揭西县河婆街道出现79.2毫米的降水。8月26日20时至27日20时受第14号台风“帕卡”外围环流影响，揭西县河婆街道出现80.9毫米的降水。

日照　2017年，全年日照总时数1906.5小时，比历年偏多157.8小时。

台风　2017年，对揭西县有影响的台风有2个：台风“天鸽”和台风“帕卡”。8月23日，受台风“天鸽”外围环流影响，揭西县城24小时出现79.2毫米的降水和大风天气。8月27日，受第14号台风“帕卡”外围环流影响，揭西县城24小时出现80.9毫米的降水和大风天气。

【气象预报服务】 决策气象服务　2017年，县气象部门提供《重大气象信息快报》42期，《重要气象信息专报》3期，《天气报告》18期，发布决策气象短信284次，受益63.82万人次。

重大灾害性天气预报服务　2017年，发布暴雨预警信号21次，台风预警信号8次，雷雨大风预警信号10次，高温预警信号12次，寒冷预警信号7次，森林火险预警信号7次。及时发布气象灾害预警信号，为政府部门防灾减灾指挥决策及社会公众防御灾害性天气提供科学依据。县气象部门与国土部门联合发布地质灾害气象风险预警（或提醒）10次。做好台风“天鸽”和台风“帕卡”气象预报服务。

专题气象服务　2017年，县气象部门在“春节期间天气预报”“高考期间天气预报”“中秋、国庆天气预报”等重大节日发布专题预报11次。

【防雷减灾】 2017年，县气象局不定期组织防雷安全专项联合检查，联合县安全监督管理部门及消防部门落实对全县易燃易爆场所防雷安全检查工作，督促企业落实安全生产主体责任，组织或参与防雷专项安全检查22人次。

【气象现代化建设】 2017年，县气象局加强气象要素的监测站网布局和建设工作，投入7.2万元资金在京明度假村景区新建1个地面自动气象站，观测气象要素有气温、雨量、风向、风速。做好国家级地面气象观测场周边环境整治，投入6万元进行草坪绿化。

2017年揭西县气候简要情况表

表51　　单位：摄氏度、毫米、小时

要素 \ 月份	1月	2月	3月	4月	5月	6月	7月	8月	9月	10月	11月	12月	全年
平均气温	16.2	14.9	17.4	21.6	24.8	27.5	27.5	28.5	27.7	24.2	20.0	15.1	22.1
平均最高气温	20.9	20.3	21.5	26.7	28.8	31.6	32.2	33.8	33.2	29.0	24.2	20.5	26.9
平均最低气温	13.1	11.2	14.4	18.1	21.8	25.1	24.7	25.3	24.6	20.7	17.1	11.3	19.0
降水量	9.1	54.5	56.9	184.0	152.9	556.0	408.5	336.4	147.3	96.8	31.5	1.5	2035.4
日照时数	144.8	140.8	89.2	123.2	120.1	156.0	167.8	232.6	212.4	211.8	123.3	184.5	1906.5

（甘桂华　李晓桃）

京溪园镇京明度假村景区自动气象站　（县气象局　供稿）

文 化

综 述

【概况】 2017年，揭西县文化广电新闻出版局（以下简称县文广新局）推进公共文化服务体系建设，申报非物质文化遗产保护项目和项目传承人；开展“中国梦——潮客情”系列群众文艺巡演，举办节庆主题文艺晚会，举办“潮风客韵缘梦揭西”广东揭西首届“深港杯”擂茶擂台赛潮客情文艺汇演。协助县委宣传部举办“最美揭西人”颁奖晚会。至年底，县文广新局开展文艺巡演40场次，各类主题文艺演出8场次，开展戏曲下基层16场次，进校园举办图片展34场次。申报市级非物质文化遗产保护项目6个和市级项目传承人8人，增补县级项目传承人4人。

【文学艺术创作】 2017年，揭西县加强文学艺术创作工作，县文广新局指导创作和报送剧本《天佑善良》获第三届广东省戏剧文学奖和剧本入围奖；选送原生态客家山歌《同妹擂茶样般擂》，获首届广东省民歌民乐大赛民歌类铜奖；报送《山村风波》获揭阳市群众文艺作品评选戏剧类银奖；揭西籍军旅作家蔡常维、张志城作词，作曲家吕远作曲，田毅演唱的歌曲《光荣大北山》于11月24日举行首发式。组织创作三句半作品《大家都来反邪教》，参加揭阳市举办的反邪教文艺晚会，创作的《创建文明大家来》《夸夸揭西新气象》在全县巡演。与县纪委联合选送选手林曼佳、蔡永发参加廉洁读书月主题演讲大赛，获揭阳赛区金奖和粤东四市潮州赛区银奖。

【公共文化】 公共文化设施建设 2017年，县文广新局建成首批18个基层综合性文化服务中心示范点：上砂上山村、河婆下滩村、南山上寮村、棉湖厚埔村、金和金光村、钱坑埔龙尾村、灰寨马路村、良田金坑村、龙潭双龙村、金和山湖村、河内村，大溪星光村、上砂下联村、五云坡苏村、棉湖上浦村、河婆东星村、塔头锦龙村、钱坑钱西村。3个乡镇文体广场示范点：棉湖镇文体广场、钱坑镇文体广场、良田乡文体广场。通过政府采购方式为示范点配套各类文体设备。联合县体育局下发《关于加快推进我县行政村（社区）综合性文化服务中心全覆盖建设的通知》，以省定贫困村为重点，指导和督促基层整合祠堂、行政村政务服务中心和综合文化室等设施资源，做好综合性文化服务中心全覆盖建设工作，全县覆盖率58.2%。

公共文化服务 2017年，县文广新局联合县财政局把免费开放专项补助资金及时足额下拨给县级“三馆”（县公共图书馆、县文化馆、县博物馆）和各乡镇（街道）文化站，保障好免费开放工作；指导县级“三馆”完善免费开放服务内容和服务措施。开展农村电影放映工程，全年放映3360场次；开展文艺巡演40场次，节庆主题文艺晚会8场次，组织潮剧团、山歌剧团开展戏曲进基层活动16场次；县文化馆和县博物馆开展“流动文化馆”“流动博物馆”进校园活动34场次。把阅读送到基层，县图书馆在宝塔实验学校、河婆街道下滩村和县武警中队开展送图书活动，为南山镇关西村送去书架和阅览桌椅一批及图书1000多册。县文化馆在暑假期间联合志愿者和棉湖镇潮乐社、钱坑镇潮乐社开设各类少儿文艺免费培训班26场次，培养青少年文艺人才。

2017年4月24日，县文广新局在县城文化广场组织“世界图书和版权日”暨创建文明县城主题系列图片展览活动 （县文广新局 供稿）

打造特色文化名村 2017年，县文广新局组织专家小组对18个首批特色文化名村进行专题调研，围绕特色文化主题，制作一批特色文化宣传牌（栏）安装到18个特色文化名村。

公共文化体系建设规划 按照《中共揭西县县委 揭西县人民政府办公室印发〈关于加快构建现代公共文化服务体系的实施意见〉的通知》要求，指导基层按标准推进公共文化服务体系建设。

公共文化宣传推广 2017年，县文广新局加强对公共文化宣传推广，提升公众对乡土传统文化和文化遗产的保护意识。制作一批《公共文化服务保障法》宣传栏安装到17个乡镇（街道）综合文化站和全县318个行政村（社区），提升公共知晓率。承办“文化和自然遗产保护——传承发展的生动实践”揭阳市庆祝2017年中国“文化和自然遗产日”系列活动。举行广东省非物质文化遗产生产性示范基地及钱坑木雕博物馆揭牌仪式，宣传县非物质文化遗产。举办“世界图书馆和版权日”暨创建文明县城主题系列图片展览活动。

【文化市场】 安全执法检查 2017年，县文广新局优化行政许可服务，依法依规做好文化广电新闻出版各类许可、审核和检查、处罚工作，加大对网吧、歌舞娱乐等文化市场经营单位监管；加强对印刷复制企业和书报刊销售单位检查监管；做好党的“十九大”期间广播电视安全播出工作，加强对广播电视行业安全播出检查，指导和督促播出传输单位落实安全播出责任。加强“扫黄打非”、文化市场执法检查和文化市场法治宣传，规范文化市场经营秩序，在“6·26”国际禁毒日期间，与县公安局联合举办“揭西县文化市场禁毒宣传活动”，与全县网吧、歌舞娱乐、电影场所经营业主在活动现场签订禁毒承诺书。县文广新局执法队查办的发行违禁书籍案件卷宗被省新闻出版广电局评为全省优秀卷宗。全

2017年6月19日，揭西县文化市场“6·26”禁毒工作会议在揭西县图书馆召开 （县文广新局 供稿）

年出动行政执法人员1300多人（次），检查各类文化经营场所600多家次，立案查处违规经营行为12宗。

【文化遗产保护】 文物保护 2017年，县文广新局开展文物保护单位安全检查。做好第九批省级文物保护单位申报工作，组织和指导钱坑大夫祖祠等4个申报单位做好保护档案完善、申报文本制作等申报工作；做好重点文物保护工作，实施省级文物保护单位郭氏大夫第室外消防工程建设，做好省级文物保护单位乐善处抢修、打铁街危急建筑抢修、植丰园室外消防设施建设等文物保护项目前期准备工作，制作第一次可移动文物普查图片展板，加强文化保护宣传。至年底，全县省级文物保护单位5处，市级文物保护单位11处，县级文物保护单位39处。

非物质文化遗产保护 2017年，县文广新局成功申报市级非物质文化遗产保护项目6个和市级项目传承人8人，增补县级项目传承人4人；开展非遗图片展览，加强文化遗产保护宣传。至年底，全县省级非物质文化遗产保护项目6个，非物质文化遗产保护项目传承人4人；广东省非物质文化遗产生产性示范基地1个；全县市级非物质文化遗产保护项目16个，非物质文化遗产保护项目传承人7人；全县县级非物质文化遗产保护项目15个。

【公共文化基础设施】 博物馆 2017年，揭西县博物馆完成室内气体消防设施安装，提升博物馆消防安全工作水平。县博物馆完成全国第一次可移动文物普查工作，馆内收藏各类文物592件（套），较有特色的文物27件（套）。

公共图书馆 2017年，揭西县公共图书馆设服务总台、流动外借室、图书外借室、少儿阅览室、少儿外借室、报刊阅览室、自修室、多功能报告厅、书库资料室、采编室、多媒体电子阅览室、基层图书管理培训室、揭西籍作家著作专栏室、个人团体捐赠室、功能室等17间，藏书18万多册（其中电子图书4万多册，中文图书13万多册），报刊9000多册。图书馆增设“花园式阅览区”、一个无障碍阅览室。无障碍阅览室免费为视障读者提供盲文图书、有声读物、智能助视阅读机等设备。开展延伸服务，为读者提供连接远程数据库服务，可供读者搜索4万多种电子图书。购置2台电子借阅机分别安装在图书馆大厅和县政府政务服务中心，供读者通过手机轻松下载和借阅各类电子书籍。是年，县图书馆全面做好迎接全国第六次公共图书馆评估定级各项准备工作。

2017年揭西县县级以上文物保护单位情况表

表52

文物保护单位名称	详细地点	年代	一级分类	级别
省级文保单位（5个）				
打铁街作坊群	棉湖镇解放路北侧	清	古建筑	省
郭氏大夫第	棉湖镇永昌古庙后左侧	清	古建筑	省
三山祖庙遗址	河婆镇庙角村	清	其它	省
植丰园	揭西县金和镇	中华民国	近现代重要史迹及代表性建筑	省
乐善处	揭西县灰寨镇	清	古建筑	省
市级文保单位（11个）				
大溪李氏宗祠	大溪镇井美村	清	古建筑	市
南山墓园	钱坑镇钱东	明	古墓葬	市
赤岩村寺庙群	东园镇赤岩村	清	古建筑	市

续表52

文物保护单位名称	详细地点	年代	一级分类	级别
兴道书院	棉湖镇南隅	清同治十一年（1872年）	古建筑	市
大溪李氏墓	普宁石鸟山、南洋山揭西钱坑	明—清	古墓葬	市
五云彭氏宗祠	五云镇京铺村	明	古建筑	市
上砂庄氏宗祠	上砂镇上联村下屋楼	清	古建筑	市
李天生大楼	大溪镇井美村	清	古建筑	市
大夫祖祠	钱坑镇顶联村	清	古建筑	市
凤南舜祖祠	凤江镇凤南村	清	古建筑	市
井新古寨	大溪镇井新村	清	古建筑	市
县级文保单位（39个）				
中华医院	河婆街道排灌站旁	大革命时期	近现代重要史迹及代表性建筑	县
大同医院	河婆街道内	大革命时期	近现代重要史迹及代表性建筑	县
大光学校	河婆街道内	大革命时期	近现代重要史迹及代表性建筑	县
湖西祠堂	棉湖镇	土地革命时期	近现代重要史迹及代表性建筑	县
义享公祠	金和镇	清末	古建筑	县
潮汕人民抗征队诞生地旧址——天宝堂	南山镇	解放战争时期	近现代重要史迹及代表性建筑	县
河婆塔	河婆街道西北1公里处横江河旁	清	古建筑	县
广德庵	河婆街道老虎岽山腰	明	古建筑	县
天竺岩	河婆街道明山山腰	南宋	古建筑	县
潮梅人民行政委员会旧址——道南小学	南山镇	解放战争时期	近现代重要史迹及代表性建筑	县
潮揭丰人民行政委员会旧址——三德堂	南山镇田心村	解放战争时期	近现代重要史迹及代表性建筑	县
过路塘风景区	坪上镇尖田村	明—清	古建筑	县
花果寺	棉湖镇竹园内居委	明	古建筑	县
上山仔教堂	上砂镇上山仔村	清	近现代重要史迹及代表性建筑	县
永昌古庙暨云湖庵	棉湖镇北爷门	明—清	古建筑	县
慈济古庙暨古戏台	棉湖镇米街居委	明—清	古建筑	县
天后圣庙	棉湖镇沙坝尾	明—清	古建筑	县
李氏花园	棉湖镇新寨	清咸丰八年（1858年）	古建筑	县
黄奇遇墓	棉湖镇贡山鸡心岭	清康熙五年	古墓葬	县
字祖古庙	棉湖镇湖东大路口	清	古建筑	县
棉善古庵暨城隍庙	棉湖镇方围居委三角埕	明—清	古建筑	县
帝君古庙	棉湖镇新寨南门埕	清	古建筑	县
三官寺祠庙群	凤江镇鸿江乡	清	古建筑	县

续表52

文物保护单位名称	详细地点	年代	一级分类	级别
小溪陈氏宗祠	五经富镇小溪村	明	古建筑	县
林广业墓	钱坑镇钱南村白石山	明	古墓葬	县
林惠叟墓	钱坑镇钱东村月地岭	明	古墓葬	县
彭如干观察第	五云镇龙江村下江寨	清	古建筑	县
凤湖杨氏祖祠	凤江镇凤南村	清	古建筑	县
阔口园吴氏家庙	塔头镇阔口园村	清	古建筑	县
林先锋墓	灰寨镇金星村峡仔山	明	古墓葬	县
吴氏宏祖祠	东园镇赤岩村	清	古建筑	县
登云轩	五云镇岭仔村	清	古建筑	县
聚祖公祠	凤江镇东丰村仙堀	清	古建筑	县
允庄楼	良田乡龙岭村领下村	清	古建筑	县
二楼吴民居	棉湖镇镇方围社区	清	古建筑	县
阳夏敬义祖祠	凤江镇东光村	明末清初	古建筑	县
林敬义墓	钱坑镇钱西村	明	古墓葬	县
钱西大寨祠堂群	钱坑镇钱西村	清	古建筑	县
钱西古庙	钱坑镇钱西村	清	古建筑	县

2017年揭西县县级以上非物质文化遗产名录

表53

项目名称	级别	项目传承人	公布时间	公布批次
省级非物质文化遗产（6个）				
三山国王祭典	省级	刘高望	2007.06	第二批
大溪宗祠祭典	省级	李江叙	2007.06	第二批
锣鼓标旗巡游	省级		2007.06	第二批
揭西客家红酒酿造技艺	省级	曾小环	2012.02	第四批
木偶戏（提线木偶）	省级	高礼华	2012.02	第四批
灯谜（揭西方言灯谜）	省级	黄哲生	2013.11	第五批
市级非物质文化遗产（16个）				
潮州音乐	市级		2007.04	第一批
烟花火龙	市级		2007.04	第一批
木雕	市级		2007.04	第一批
石雕	市级		2007.04	第一批
揭西擂茶	市级		2007.04	第一批
客家山歌（揭西客家山歌）	市级		2009.03	第二批
潮剧	市级		2007.04	第二批
揭西炒茶制作技艺	市级		2009.03	第二批

续表53

黄麻布织造技艺	市级		2011.06	第三批
揭西炒茶制作	市级		2011.06	第三批
英歌（厚埔英歌）	市级	李木华	2017.02	第五批
狮舞（刘厝寨金狮）	市级	刘茂荣	2017.02	第五批
朱家教拳（鸿江侯氏）	市级	侯少雄	2017.02	第五批
大龙香制作技艺	市级		2017.02	第五批
祭祖习俗（上砂庄氏祭典）	市级	庄倍炎	2017.02	第五批
祭祖习俗（南山墓园祭典）	市级	林良定	2017.02	第五批
县级非物质文化遗产（15个）				
揭西擂茶传说	县级		2009.04	第二批
三山神传说	县级		2009.04	第二批
河婆古塔的由来	县级		2009.04	第二批
缺鼻牛与跳水石的传说	县级		2009.04	第二批
五经富传说	县级		2009.04	第二批
湖光民乐	县级		2009.04	第二批
大溪油漆传统制作技艺	县级		2009.04	第二批
大溪木工传统制作技艺	县级		2009.04	第二批
大溪豆腐豆干制作技艺	县级		2009.04	第二批
联南陈德河接骨秘方	县级		2009.04	第二批
娘妈生	县级		2009.04	第二批
揭西潮汕功夫茶	县级		2009.04	第二批
出花园	县级		2009.04	第二批
揭西过路塘传说	县级		2011.04	第三批
棉湖小吃制作技艺	县级		2011.04	第三批

（巫丽琼　刘树隆）

地方志工作

【概况】 2017年，揭西县史志办公室（简称县史志办）贯彻落实《地方志工作条例》《全国地方志事业发展规划纲要（2015—2020年）》《广东省地方志工作规定》等，加强依法治志，做好综合年鉴编修、地方志资料年报收集、地方志资源开发利用、地方志信息化建设等工作，推进自然村落历史人文普查工作全面开展。至年底，《揭西年鉴》从2009年创刊以来共出版9卷，其中内部出版3卷、公开出版6卷。《全粤村情·揭阳市揭西县卷（一）》通过揭阳市自然村落历史人文普查终审小组终审。

【地方综合年鉴编纂】 2017年，县史志办落实省、市地方综合年鉴编纂规范要求，强化地方综合年鉴编纂质量。组织编辑人员搜集资料，按时按质完成《广东年鉴（2017）》《揭阳年鉴（2017）》揭西部分稿件组稿、报送工作；加强对《揭西年鉴（2017）》各承报单位年鉴编修工作业务指导，县年鉴编辑部对年鉴初稿进行整理分纂、编辑、统稿，12月由广东人民出版社公开出版发行。《揭西年鉴（2017）》突出年度特色和地方特色，内容增设“调研报告”类目；全书设类目27个，分目141个、条目1083个、照片189张，图表97幅，约65万字，全面记述揭西县2016年大事要闻及经济、社会等方面基本面貌及发展概况。

【地方志资料年报】 2017年，县史志办推进地方志资料年报工作，由县委办、县政府办联合发文，部署2017年全县年报工作，明确2017年地方志资料年报工作任务。县史志办加强对各承报单位业务指导，安排编辑人员分工负责联系各单位，对照业务标准组织审查验收。至年底，上交资料年报单位101个。

【地方志信息化建设】 2017年，县史志办提高地方志资政服务水平，加大揭西地情网站建设和运维，及时更新地情网站信息，实现地方志资源信息共享。揭西地情网站有栏目12个，包括揭西概况、方志动态、揭西县志、揭西年鉴、揭西党史、大事记、风土人情、信息公开、出版动态、图说揭西等。至年底，网站更新信息15条，上传志书2部、《揭西年鉴》4卷以及若干地情资料、图片。

【揭西县自然村落历史人文普查】 2017年，县史志办全面推进自然村落历史人文普查工作。3月，揭西县召开自然村落历史人文普查工作会议，推进普查工作；9月13日，揭西县成立《全粤村情·揭西卷》复审验收小组；9月15日，揭西县召开会议部署复审和公示等工作。加强普查业务指导，县普查办组织人员到各乡镇（街道）普查办开展针对性的指导，帮助解决普查中遇到的难题；将审查提前，在各乡镇（街道）将普查资料报送复审前，要求先将稿件提交县普查办审查，普查办组织地情专家进行审核、补充，并及时地将修改意见反馈到各乡镇（街道）普查办。河婆街道、棉湖镇、五经富镇、良田乡、南山镇、钱坑镇6个乡镇（街道）率先完成普查工作，合成《全粤村情·揭阳市揭西县卷（一）》上报市普查办，12月31日，通过揭阳市自然村落历史人文普查验收小组终审，拟出版。《全粤村情·揭阳市揭西县卷（一）》共385个自然村，字数52.56万字，照片1043张。至年底，全县上报列入自然村落普查自然村1203个，《调查表》全部完成，资料填报系统完成数216个，《调查》初稿完成数1109个，《调查》初审完成数908个，《调查》复审完成数525个，《调查》终审完成数481个，《调查》总纂完成数385个。

2017年3月7日，揭西县在县机关大院附楼四楼会议室召开自然村落历史人文普查工作会议

（县史志办 供稿）

（庄淑英 邓 智）

【文史工作】 2017年，县政协开展《香港回归历程》“三亲”（亲闻、亲见、亲历）专题文史资料、知青在海南、揭西县各民主党派发展史等史料征集；全年编辑出版《政协揭西县委员会简史》1期、《乡情》2期和《揭岭诗词》2期，寄送旅外乡亲《乡情》4000多份。

（杨伟强 张俊赢）

档案工作

【概况】 2017年，揭西县档案局（馆）（简称县档案局）加强档案设施建设，督促、指导各单位按照档案接收（整理）标准进行规范化整理和归档。是年，购置档案全文数字化扫描系统1套，新增电脑4台。至年底，馆藏档案全宗59个，档案2.4万卷、970件，馆藏资料4813册。完成数字化档案扫描510幅。全年县档案馆接待档案利用者100人次，提供利用档案、资料300卷（册），复印档案、资料500多页。

【档案资源建设】 2017年，县档案局加大档案收集接收进馆力度，规范机关单位档案立档工作。全年接收档案1269卷；档案目录共录全宗单位45个，卷内目录8.7万条。加快馆藏纸质档案的数字化进度，实现档案全文数字化零的突破。至年底，完成数字化档案扫描510幅。

【档案综合管理】 2017年，县档案局对馆藏档案进行定期安全检查，购置防虫、防霉药，按时放置和喷洒灭虫药剂，常年开启除湿机、空调，做好库内温湿度监测记录、调节，确保档案实体安全。加大资金投入，促进人员素质、设施保障和技术应用协调发展，形成人防、物防、技防“三位一体”档案安全管理体系，抓实抓好档案安全基础工作。

【档案业务督导】 2017年，县档案局强化档案职能，加快档案工作规范化管理。加强对档案基础业务监督指导，组织人员对各立档单位开展针对性监督指导检查，重点从档案工作重视程度、归档文件各类范围、归档文件整理原则等方面进行督导。是年，县档案局重点指导精准扶贫、土地确权档案的归档整理，组织人员多次前往河婆街道房管所和棉湖镇房管所进行不动产档案的鉴交。

【档案公共服务】 2017年，县档案局关注民生，强化社会服务，推动档案工作“保管”和“服务”并重。编制印发档案局公共服务、行政审批事项办事指南，为群众查档提供便捷高效服务。通过利用民生档案，为群众提供婚姻关系存根证明，帮助解决购房社保户口等方面问题。提供揭西县革命史料，为史志部门修史编志提供依据。是年，县档案馆接待档案利用者100人次，提供利用档案、资料300卷（册），复印档案、资料500多页。

【档案资料编研】 2017年，县档案局利用馆藏档案资料，发挥档案资政作用，编写档案资料，向党政领导和有关部门提供资料参考。全年组织编写文件汇编2件，分别是:《揭西县全面创建文明活动2016年度专题材料汇编》《揭西县政府工作报告汇编之一（第4~10届）》。

【依法治档】 2017年，县档案局加强档案业务培训，做好档案保密工作，推动依法治档。组织干部职工学习档案工作法律法规，增强档案人员法制意识，提高档案行政部门依法行政能力；重新修订部门权责清单，规范权责运行；协助揭阳市档案局在揭西县举办“揭阳市2017年档案人员岗位培训班”，全县有64名专（兼）职档案员通过培训取得档案上岗证。

【档案业务宣传】 2017年，县档案局加大档案知识、档案法律法规宣传力度，利用“国际档案日”活动，在档案局开展“档案——我们共同的记忆”主题日宣传活动，制作宣传栏，张贴宣传挂图，普及家庭建档知识。在揭西电视台循环播放有关档案法规，普及档案法律法规知识，扩大《中华人民共和国档案法》宣传面，向各机关单位宣传档案存史资政育人职能。

（邓进仕　刘　梅）

传播媒体

新闻出版

【概况】　2017年，县文广新局加强新闻出版市场监管，重点惩治新闻敲诈和假新闻专项行动，查处侵权盗版案件，查缴非法出版物、非法印刷活动、非法经营行为；抓好广播电视安全播出监管工作，与县广播电视台和各乡镇广播电视站签订《年度广播电视安全播出责任书》和《十九大安全播出责任书》，明确安全播出责任，确保全县广播电视安全播出。

【出版工作】　2017年，县文广新局做好出版物和印刷复制企业管理，以惩治非法政治性出版物为重点，加强对非法出版物查处；督促辖区内的印刷企业落实安全生产责任制、印刷委托书备案制和执行五项管理制度检查；开展“世界图书与版权日”宣传活动，引导社会增强版权意识；完善机关使用正版软件长效管理制度，推进机关使用正版软件工作。

（巫丽琼　刘树隆）

揭西县广播电视台

【概况】　2017年，揭西县广播电视台全面完成地方新闻宣传，转播中央、省、市广播电视节目，广电设备设施安全防护，广播电视节目覆盖，有线电视网络建设等工作。全年向中央台和省、市台上送新闻、专题节目624条，其中：广播类98条、电视类526条，其中省台播出4条、市台播出159条。全年播出广播新闻1249条、电视新闻1773条、开设专栏72个、电视专题120条、公益广告1.83万条、电视剧35部1218集，广播电视覆盖率98.9%。

【宣传报道】　2017年，揭西县广播电视台宣传报道工作配合县委、县政府中心工作，开展关注民生、做好社会新闻和社会热点难点问题的相关报道。开设《喜迎十九大》《贯彻落实党的十九大精神》专栏，阐释党的十九大精神的重大意义、精神实质和深刻内涵，深入基层宣传全县各地各部门组织学习中共十九大精神的新举措、新成效，在电视台《远教专栏》栏目播出党的十九大相关宣传视频，持续推进相关宣传贯彻工作；开设《学习贯彻习近平总书记重要批示精神》专栏，宣传报道揭西县开展学习贯彻习近平总书记重要批示精神情况，推介典型，宣传经验，展现成效；开设《“两学一做”学习教育》专栏，宣传报道揭西县开展“两学一做”学习教育情况，播报“两学一做”宣传标语，营造舆论宣传氛围；开设《“摆问题、促规范、提水平”主题教育活动访谈》《“摆问题、促规范、提水平”主题教育活动评论》3个栏目，结合活动主题，加强策划，通过新闻、专题等形式、配合县委部署，开展“摆问题、促规范、提水平”主题教育活动宣传，形成良好氛围；开设《创文让揭西更美丽》《加温鼓劲谈创文　加快推进人居环境工作》《街头巷议话创文》《争创文明县城　共建美好家园》《聚焦创文》《农村人居环境整治专栏》《全力推进创文暨人居环境整治工作》等专栏，宣传创建省文明县城的重要意义，及时报道推进创建省文明县城目标、任务和举措，宣传在创建省文明县城中的经验做法与成效，推介先进典型，曝光各种不文明现象；开设《践行社会主义核心价值观》专栏，派出采访人员到基层采访，宣传社会主义核心价值观的意义和影响，推介一批先进典型，使社会主义核心价值观家喻户晓；开设《平安揭西　人人参与》新闻专栏和公益广告专栏，做好法治揭西宣传报道工作，推动揭西县法治社会建设营造舆论氛围；开设《推进新时期精准扶贫工作》等专栏，做好新时期精准扶贫和问题村整治工作宣传，宣传揭西县开展相关工作具体举措，宣传精准扶贫和问题村整治工作重要意义、目标、任务，及时播报宣传标语；开设《文化惠民心》新闻栏目，及时、全程报道全县开展的文化活动。

【栏目建设】　2017年，揭西县广播电视台办好电视节目《民间故事》(原《故事讲坛》)，聘请专业人士以说书形式，用客家方言讲述本土民间故事、风俗文化等，播出《民间故事》124期次；开设广播栏目《最美揭西》，主要推介揭西旅游景点、介绍揭西特色美食；办好广播栏目《倾情榕树下》，播出节目69期；办好电视剧栏目，播出35部1218集。

【节目创新创优】　2017年，揭西县广播电视台定期对节目进行台内评比、讲评，促进提升节目质量。筛选主题突出，题材新颖，竞争力强的广播电视节目参加上级举办的广播电视节目评选活动，取得优异成绩，获奖作品4件。其中：《精准扶贫 电力先行》获2016年度揭阳市广播电视节目奖广播新闻类一等奖，《最可爱的南网人——记揭西供电局配网技能竞赛团队》获2016年度揭阳市广播电视节目奖广播社交文艺专题类三等奖，《揭西：山清水秀空气佳　百岁老人精神好》获2016年度揭阳市广播电视节目奖电视新闻类三等奖，《揭西农商行“电商贷”助力电商发展》获2016年度揭阳市广播电视节目奖电视新闻类三等奖，《我的中国心——古稀老人单骑万里爱国情》获2016年度揭阳市广播电视节目奖电视播音主持类三等奖。

【数字有线电视建设】　2017年，揭西县广播电视台完善网络基础设施，改善和完善服务功能，加快数字有线广播电视建设。推进县台与乡镇站有线电视实行联网、整合，基本实现县有线台信号覆盖全县；做好规划设计，加大各方面投入，集中力量建设县城新建小区有线电视网络，做好温馨二苑、溪角路西商品房、细山下雅苑、幸福花园H栋、凤凰新城二期32~51栋、御龙湾花园等小区的规划、布线、装机等工作。

【安全播出管理】　2017年，揭西县广播电视台把安全防范工作当作重要的政治任务。完善应急预案，坚持重要岗位双岗值班制度，做好播控前端、有线传输网络、无线发射、采编设备管理等环节的技术维护和保障工作；明确各部门岗位责任，完善维护检修制度，严格执行目标管理制度，保障机器设备日常运行指标正常，完成各项重大宣传任务和其他大型活动技术保障任务，全年安全播出无事故。

(邹亿水　黄钰栋　张　波)

卫生　体育

卫生事业

综　述

【概况】　2017年，揭西县医疗卫生事业继续深化医药卫生体制改革，推进疾病预防控制、妇幼保健、卫生监督、卫生应急、爱国卫生和医疗机构管理等工作。至年底，全县医疗卫生机构25个，其中局直属单位8个、乡镇卫生院16个、社区卫生服务中心1个。全年医疗卫生机构编制床位数1695张，年末实有床位数1691张；人员编制3050人，年末在职人数2218人；全县门诊、急诊共103.56万人次，比2016年（下同）增长7.4%；收治住院病人6.33万人次，增长11.8%；全县医疗卫生机构业务收入5.3亿元，增长21.7%。全县无偿献血3026人次；"120"指挥中心接到求救电话1.13万次，指派救护车有效出车1062次，救治病人1078人。

【基础建设】　2017年，揭西县医疗卫生事业稳步发展，以项目建设为重点，推进卫生强县创建工作，落实《关于卫生强县建设的实施意见》和《医疗卫生强基创优三年行动计划》。制定揭西县医疗卫生事业发展十三五规划、区域卫生规划、医疗机构设置规划。推进基础设施建设。县人民医院住院综合楼项目，投入资金2455万元，占总投资19.6%；棉湖华侨医院住院综合大楼项目，投入资金3500万元，占总投资34.6%；县妇幼保健计划生育服务中心住院综合楼项目，投入资金402万元，占总投资2.7%。上砂镇、五云镇、坪上镇、南山镇、京溪园镇、塔头镇、五经富镇、金和镇、灰寨镇、钱坑镇、良田乡共11个基层卫生院标准化建设和升级改造工程开工建设，其中，五云镇卫生院、南山镇卫生院、塔头镇卫生院、良田卫生院主体工程封顶。82家村卫生站公建民营规范化建设项目开工建设。支持社会办医，揭西县贝斯达医院项目投入1780万元，完成前期征地等工作。

【基本公共卫生服务】　2017年，揭西县推进居民健康档案、健康教育、预防接种、传染病防治、儿童保健、孕产妇保健、老年人保健服务、中医药管理、慢性病管理、严重精神障碍管理、卫生监督协管、结核病12项基本公共卫生工作。5月中旬，启动全省基层医疗卫生机构管理信息新系统。全县建立电子居民健康档案67.23万人份，建档率78.8%。举办健康讲座和咨询活动分别166次、209次，发放宣传材料18种45.2万份；基础免疫6苗（卡介苗、脊髓灰质炎、百白破三联制剂、麻疹、乙肝疫苗、乙脑疫苗）接种率均为97%以上；传染病报告乙类传染病例2089例，丙类传染病例2667例；0～6岁儿童健康管理数5.85万人；孕产妇管理数8505人；65岁及以上老年人管理数7.48万人；中医药健康管理0～36个月儿童数1.84万人、老年人数3.37万人；高血压规范管理数2.13万人；糖尿病规范管理数7888人；严重精神障碍患者规范管理数3889人；卫生监督协管巡查次数1625次，发现事件或线索8宗；肺结核患者管理数311人。（注：以上数据因启用全省基层医疗卫生机构管理信息新系统，与2016年度比较部分项目的数据出现增减）

【爱国卫生运动】　2017年，揭西县做好“清洁卫生齐动手，预防疾病保健康”春季爱国卫生清洁整治专项活动，和登革热等疫情防控工作。投入150多万元，在县城区域全面开展病媒生物防治，全县统一行动，清除病媒生物孳生地1.6万处，清除卫生死角6850处，清理垃圾2460吨。全年创建省级卫生村12个，市级卫生镇3个，市级卫生村1个。2017年11月，揭西县被广东省爱国卫生运动委员会授予“广东省卫生县城”荣誉称号。

2017年4月14日（第29个爱国卫生月），县疾控中心工作人员在滨江公园内进行“四害”消杀工作

（县卫计局　供稿）

卫生体制改革

【医疗服务价格改革】　2017年，揭西县公立医院调整医疗服务价格，7月1日，全县公立医院全部取消药品加成，实行政府补助机制，控制公立医院医疗费用增长幅度。县级公立医院业务收入4.54亿元，医疗服务性收入1.50亿元，占业务收入33.1%，比2016年增长1%；县域内住院率73.2%。县财政部门拨付县级公立医院取消药品加成财政补偿资金67.8万元，其中：县慢病站1.5万元，县人民医院33.9万元，县棉湖华侨医院22.3万元，县中医院6.1万元，县妇幼保健院4万元。

【控制医疗费用】　2017年，揭西县有效控制公立医院医疗费用不合理增长，减轻群众医药费用负担。县卫计局联合县发改局、县财政局、县人社局下发《关于印发控制公立医院医疗费用不合理增长的实施方案的通知》，指导公立医院严格控制医疗费用增长，市下达指标要求增长率控制在13%以内。是年，县级公立医院医疗费用增长率24.1%，超过控制目标11.1%。其中，门诊人均费用120元，住院人均费用6853元，比2016年（下同）分别增长0.8%和23.8%；门诊量79.81万人次，住院5.16万人次，分别增长6.6%和4.6%。县级公立医院医疗费用总量增幅和门诊病

2017年11月4日，全县推进家庭医生签约服务工作及业务培训会在县卫计局六楼会议室召开

（县卫计局　供稿）

人次均医药费用、住院病人人均医药费用增幅有所下降。

【家庭医生签约服务】 2017年，揭西县提高基本公共卫生服务和重大公共卫生服务项目绩效，推进家庭医生签约服务。全年组建家庭医生团队70个，常住人口签约率32.1%；老年人、孕产妇、儿童、残疾人，以及高血压、糖尿病、结核病等慢性疾病和严重精神障碍患者等重点人群签约率60.1%。

疾病预防与控制

【传染病管理】 2017年，县卫计部门加强疫病预防与控制，加强对重点传染病的监测。全县没有发生感染甲类传染病；乙类传染病病例数2089例，发病率208.90例/10万人，比2016年（下同）增长25.8%，其中病毒性肝炎1304例、肺结核467例、梅毒277例、HIV 8例、艾滋病2例等；丙类传染病病例数2667例，发病率266.70例/10万人，增长26.6%，其中其他感染性腹泻903例、手足口病1519例、流感79例等。全年犬伤暴露人群1241例，其中有伤口处理1241例、接种狂犬疫苗1048例、接种狂犬免疫球蛋白337例。

【艾滋病防控】 2017年，揭西县报告HIV（艾滋病病毒，下同）感染者15例、艾滋病病人6例（其中县域内报告HIV感染者8例、艾滋病病人3例，外地报至该地HIV感染者7例、艾滋病病人3例）。全县管理HIV感染者/艾滋病病人91人。全年为84名暗娼提供艾滋病防治干预服务，及时对HIV感染者和艾滋病病人进行病例随访。完成自愿咨询检测328例，发放艾滋病宣传资料5000份，安全套2000多个。县卫计部门配合揭西县看守所、强制戒毒所对被监管人员进行HIV初筛363人份。

【死因登记管理】 2017年，县卫计部门重视做好死因登记管理工作，及时、准确收集全县居民死亡登记信息。全县有22家医疗卫生机构（县级及以上医疗卫生机构6家，镇级医疗卫生机构16家）通过中国疾病预防控制信息系统平台上的《人口死亡信息登记管理系统》进行网络报告死亡信息。全县报告户籍居民死亡5129例，粗死亡率602.85例/10万人（省指标死亡率≥5‰）。是年，全县发放医学死亡证明书5129份。

【慢性病防治】 *结核病控制* 2017年，县卫计部门开展宣传义诊活动，3月24日组织人员在塔头镇开展“世界结核病防治日”宣传义诊活动，现场提供咨询，体检、X线胸部透视排查疑似肺结核病人、查血糖、派发宣传折页、摆放宣传展板等，咨询人数约100人，接诊人数24人，当日发放宣传资料200多份。至年底，全县接诊疑似病人971人，列入管治355人；2017年省下达揭西县活动性肺结核病人数413例，全年完成355例，完成率86.0%；完成初治涂阳病人数80例，复治涂阳病人27例，初治涂阴病人248例。

麻风病防治 2017年，揭西县累计登记麻风病例816例（含复发和2例现症病人），治愈814例。经调查全县治愈存活人数67人，死亡人数716人，失访人数31人。治愈存活67人其中5人留医在揭东西坑医院（全是愈后致残病人，其生活和治疗费用由县财政按规定标准给予救济）。全县筛查麻风可疑症状病例89例，无新发病例。

精神障碍 2017年，揭西县重性精神疾病以院内、外排查核实管治累计病人数5613例，造册管理4833例，病例中精神分裂症3533例、偏执性精神病23例、分裂情感性精神障碍88例、双相（情感）障碍164例、癫痫所致精神障碍344例、精神发育迟滞681例，实行全面管理，定期一年四次随访。是年，全县基本排查新发严重精神障碍病人660人，确诊304人，具有危险性3至5级严重精神障碍病人20人。

【健康教育与健康促进】 2017年，县疾病预防控制中心指导全县各乡镇卫生院开展预防接种宣传日、疟疾防治宣传日、计生会员日、爱牙日、高血压、碘缺乏病防治宣传日、世界无烟日等主题日宣传活动，设置咨询台、悬挂宣传条幅、发放健康教育处方，请媒体报道，在微信公众号“揭西疾控”、信息网论坛等平台上开展宣传。是年，全县组织宣传活动5次，发放宣传材料2万多份。

【规划免疫】 基础免疫接种情况 2017年，县疾病预防控制中心卡介苗基础免疫接种率97.3%，脊髓灰质炎糖丸基础免疫服食率98.5%，百白破三联制剂基础免疫接种率98.4%，麻疹基础免疫接种率98.0%，乙肝疫苗接种率98.5%，乙脑疫苗接种率98.6%。是年，全县未接到严重副反应报告，没有免疫接种事故发生。

AFP病例监测 2017年，县疾病预防控制中心加强急性弛缓性麻痹（AFP）病例监测工作，做到及时采集粪便、及时送检、及时随访，全县发现急性弛缓性麻痹（AFP）病例5例。

【地方病防治】 2017年，县疾病预防控制中心完成碘缺乏病防治和地氟监测工作。全县抽取河婆街道、龙潭镇、上砂镇、金和镇、五经富镇5个镇（街道）采集学生食用碘盐200份，孕妇家用盐100份和学生尿200份、孕妇尿100份进行监测，其中合格碘盐285份，不合格碘盐15份，碘盐合格率95.0%。学生尿碘监测中位数138.5微克/升；孕妇尿碘中位数94.5微克/升；是年，组织卫技人员对氟病区村原地（河婆街道东埔村、塔头镇月潭村、良田乡下村）氟监测水样15份均未超标。

【饮用水检测】 2017年，县疾病预防控制中心按照国家《生活饮用水卫生标准》要求，按时、按质完成城市饮用水、农村饮用水安全工程水质监测（枯水期、丰水期）。国家饮用水水质监测点在全县设61个点，在枯水期、丰水期检测出厂水和末梢水各1份，全年检测130份，合格101份，合格率77.7%。揭西县农村饮用水安全工程水质监测点在全县设321个点，全年检测321份，合格182份，合格率56.7%；分散式供水检测76份，合格31份，合格率40.8%。全县3间自来水厂（揭西县自来水公司、揭西县第二自来水公司、揭西县第三自来水公司）每月供水监测出厂末梢87份，合格87份，合格率100%。全年检测不合格项目主要是色度、浑浊度、pH值和氟化物超标。

【卫生应急】 2017年，县卫计部门围绕突发公共卫生事件应急处置和医疗救援工作，建立完善卫生应急体系，强化卫生应急装备，加强基层卫生应急核心能力建设，全面提升突发公共卫生事件预知、预警、预防和处置水平。是年，县卫计部门落实做好各项防护用品、消毒药品、快速检测试剂物资清点及储备采购工作。储备应急物资有医用防护用品500多套、消毒液200公斤、漂白粉1吨、氯氰菊酯790箱；电动喷雾器1台、背负式喷雾器4台、背负式电动喷雾器1台、烟雾喷雾器2台。全年未发生突发公共卫生事件。

妇幼卫生保健

【基本数据及生命指标】 2017年，揭西县活产数9873例，其中地区活产数7574例；产妇数9846例，其中地区产妇数7559例。发生孕产妇死亡1例，新生儿死亡率1.0‰，婴儿死亡率1.8‰，5岁以下儿童死亡率2.5‰，均有效控制在省的指标范围内。

【儿童、孕产妇系统管理】 儿童保健管理 2017年，揭西县0～6岁儿童健康数6.81万人，0～6岁儿童系统管理数5.85万人，儿童健康管理率85.9%；0～3岁管理人数2.24万人，0～3岁儿童管理率89.5%，新生儿访视率85.7%。

孕产妇保健管理 2017年，全县年度管理孕产妇数8836人，早孕建册率92.8%，产后访视率86.8%，各项指标均达到省基本公共卫生考评指标。

【新生儿疾病筛选】 2017年，揭西县做好新生儿疾病筛查。其中地中海贫血筛查9454例、先天性甲状腺功能减低症筛查7936例、葡萄糖—6—磷酸脱氢酶缺乏症筛查7936例，苯丙酮尿症筛查7936例；0~6岁儿童听力筛查1.29万例，0~6岁儿童视力筛查1.04万例。

【重大公共卫生妇幼项目】 预防三病母婴传播 2017年，揭西县艾滋病、梅毒和乙肝（三病）检测人数1.36万人次。住院分娩产妇数9542人，其中艾梅乙三病检测人数9368人，检测率98.2%，孕期检测率93.2%。乙肝阳性产妇所生婴儿乙肝免疫球蛋白注射率98.3%。

农村妇女两癌检查 2017年，揭西县农村妇女“两癌”检查：宫颈癌检查2.12万人，完成率100.3%，其中TCT检查项目检查1.00万人，HPV检测项目检查1.12万人；乳腺癌检查1.61万人。

增补叶酸预防神经管缺陷 2017年，揭西县新增叶酸服用人数任务数7000人，新增叶酸服用人数8084人，完成率115.5%。

农村孕产妇住院分娩补助 2017年，揭西县农村孕产妇住院分娩补助人数2388人。根据《广东省卫生计生委办公室关于印发2017年广东省妇幼健康行动计划实施方案的通知》文件要求，从2017年7月1日起，不再下发农村孕产妇住院分娩补助。

地贫干预 2017年，全县全年完成血常规筛查1.36万对，血红蛋白电泳检测1046对，基因诊断234对，双方同型地贫37对，行产前诊断16人，终止妊娠例数8人。

出生缺陷综合防控 2017年，唐氏筛查5033例，筛查阳性380人，确诊18—三体综合征1人，终止妊娠1人。胎儿超声筛查2796人，其中筛查阳性15人，严重结构畸形1人，终止妊娠1人。

卫生监督执法

【非法行医专项整治】 2017年，县卫生监督所加强医疗卫生行业监管和执法力度，对非法行医犯罪行为进行有效查处，从源头上净化医疗环境。全年非法行医整治出动卫生监督执法人员308人次，车辆64辆次，监督检查乡镇卫生院66家次，村卫生站397家次，个体诊所43家次，责令落实整改11家，依法立案查处无证非法行医诊所、牙科11家，罚款金额3.15万元。

【公共场所专项整治】 2017年，县卫生监督所依法查处全县辖区内无证经营公共场所及供水单位，出动卫生监督执法人员462人次，车辆114辆次，对辖区内无证无照的公共场所进行全面清查，登记造册。对持有效证件单位进行相关卫生标准监督监测工作。是年，新办理卫生许可证单位146家，复核卫生许可证4家，延续卫生许可证16家，变更卫生许可证2家，注销卫生许可证6家。

【医疗废物监管】 2017年，县卫生监督所加强医疗机构医疗废物管理和安全处置，开展专项监督检查，全年出动卫生监督执法人员278人次，车辆52辆次，监督检查乡镇卫生院53家次，村卫生站143家次，个体诊所38家次，下达监督意见书90多份。限期整改不按相关要求处置废弃物单位36家，责令停止执业活动63家。对不规范执业，违反相关法律法规的单位和个人实施依法立案及行政处罚。

医疗卫生管理

【医师资格考试及注册】 2017年，县卫计部门动员、组织医师、护士参加资格考试，全县通过资格审核考生297人，取得执业资格证97人（包括助理医师、执业医师、乡镇助理医师）。全面实行医疗机构、医师、护士电子化注册管理工作。医疗机构电子化注册377家，其中，医疗卫生单位23家、村卫生站354家；医师电子化注册852人；护士电子化注册982人。

【医疗纠纷】 2017年，县卫计部门严格按照《医疗事故处理条例》要求，依法公平、公正处理好每一起医疗纠纷和医疗事故，耐心做好群众的解释和解答工作，维护医患双方合法权益。全年受理医疗纠纷投诉14宗，通过协商、协调解决14宗。

【医技队伍建设】 2017年，县卫计部门做好人才引进、全科医生培训等工作。公开招聘医疗卫生工作人员218人。助理全科医生规范化培训取得证书12人。住院医师规范化培训取得证书31人，其中西医类别20人，中医类别11人。组织1557名专业技术人员参加公需培训。

【科研立项】 2017年，县卫计部门加大科研立项投入，县人民医院、县中医医院、棉湖华侨医院分别申报小儿内科、护理学、普通内科、骨外科、麻醉学、神经外科、中医内科、中医妇科、胸心外科等医学领域市级科研立项课题，发表科研论文22篇，投入科研资金50多万元（县政府对每年晋升高级职称的卫生专业技术人才拨给卫生科研经费每人2万元）。通过揭阳市卫计局专家组评审科研项目17项，其中县人民医院11项，棉湖华侨医院5项，妇幼保健院1项。是年，通过广东省卫计委高级职称评审10人（副高职称10人）。

【农村卫生】 2017年，县卫计部门加大农村卫生服务体系建设，加强县、乡镇、村三级医疗卫生服务网络建设；加强农村医疗卫生队伍建设，针对卫生人才缺乏问题，鼓励新进人员进入乡村医生队伍，组织村医到乡镇医院或县人民医院进修学习；加强村卫生站监督管理，依法强化卫生行业管理，严格农村卫生机构、从业人员准入审批和监管。是年，根据《广东省卫生计生委广东省财政厅关于〈广东省村卫生站医生补贴工作实施方案〉的通知》要求，对行政村卫生站医生每年补助1万元提高至2万元，符合享受农村卫生站省财政补贴对象249人，拨付金额498万元。至年底，全县村卫生站354家，乡村医生354人。

2017年10月28日，揭西县人民医院承办第一届“乡村医生培训暨科协学术活动周活动” （刘敬鹏 摄）

【中医工作】 2017年，揭西县扩展中医药服务范围，加强医疗机构内涵建设，组织医务人员接受中医药相关知识进修，采取巡回医疗、定期义诊、技术培训等多种形式，对乡镇医疗卫生机构开展中医药业务指导。加强中医馆建设，省累计拨付揭西县基层医疗卫生机构项目资金170万元，用于全县17个乡镇（街道）卫生院、社区卫生服务中心中医诊疗区（中医馆）服务能力建设，其中完成中医馆建设并投入使用7家，投入资金70万元。县卫计部门根据传统医学确有专长人员医师资格考核考试工作要求，组织各乡镇符合传统医学确有专长人员参加传统医学确有专长人员医师资格考核考试，申请合格60人，通过考试，取得广东省中医药局传统医学医术确有专长证书17人。组织实施中医药知识技能培训与适宜技术推广项目，主要通过视频网络和讲座培训，参加培训404人次。

乡镇卫生院选介

【五经富中心卫生院】 揭西县五经富中心卫生院位于五经富镇新市场边，又称揭西县骨伤科医院，是一间政府举办的集医疗与预防保健服务为一体的非营利性综合性一级甲等乡镇中心卫生院。五经富中心卫生院始建于20世纪50年代，住院综合楼于1993年建成使用，医院占地面积6850平方米，建筑面积8062平方米。卫生院担负五经富镇24个村（居委）近6万人以及周边乡镇群众的医疗卫生保健与基本公共卫生服务工作，以及管理督导辖下29间卫生站工作。

2017年，五经富中心卫生院在编在岗职工122人，聘用25人，临时工人19人，在岗人员合计166人，卫技人员占84%。在岗人员中：副主任医师1人，主治医师9人，执业医师15人，执业助理医师19人，主管护师7人，执业护师6人，执业护士22人，其中获全科医师岗位培训3人。检验师1人，检验士3人，药师2人，药士6人，医学影像技士2人。医院开放病床数100张，设置科室有中医内科门诊、中医骨伤科门诊、计划免疫门诊、五官科门诊、口腔科门诊、住院内科、住院外科、住院骨伤科、妇产科、公共卫生科、检验科、放射科、B超室、心电图室、手术室、中药房、西药房、供应室等。医疗设备有16排螺旋CT、DR、彩超、全自动生化分析仪、尿液十项分析仪、麻醉呼吸机、心电图机、胎儿/孕产妇监护仪、电子阴道镜、婴儿培养箱、高频电刀、电解质分析仪等。全年业务收入2140万元，比2016年增长19.7%；门诊量2.11万人次，住院1979人次。

揭西县骨伤科医院　　（县卫计局　供稿）

【东园镇卫生院】 揭西县东园镇卫生院位于东园镇东桥园村委新寨村，始建于20世纪60年代，门诊大楼于1995年建成使用，综合大楼于2008年建成使用，建筑用地面积3480平方米。卫生院担负东园镇11个村（居委）4万人以及周边乡镇群众的医疗卫生保健与基本公共卫生服务工作。

2017年，东园卫生院干部职工55人，其中专业技术人员49人（主治医师2人，主管护师1人，执业医师7人，护师1人，执业助理医师9人，护士10人，检验师1人，检验士2人，药师4人，药士3人，医学影像技士1人，其他卫生技术人员8人）。医院开放病床数24张，设置科室有门诊、计划免疫门诊、妇产科、住院部、内儿科、外科、中西药房、公共卫生科、检验科、B超室、心电图室、X光室、手术室等。有医疗设备全自动生化分析仪、尿液分析仪、心电图机、彩超机、胎儿/孕产妇监护仪、医用诊断X射线机、高频电刀、电解质分析仪等。全年业务收入251万元，比2016年（下同）下降4.5％；门诊量1.85万 人次，下降12%；住院人数688人，增长13%。

东园镇卫生院　　（县卫计局　供稿）

2017年揭西县卫生事业基本情况表

表54

项目	单位	总计	医院	基层医疗卫生机构	卫生非医疗机构
1.机构数	个	25	3	17	5
2.编制人数	人	3050	962	1954	134
3.年末在职职工人数	人	2219	785	1324	110
其中：卫技人员	人	1895	718	1177	0
4.临时工人数	人	781	457	313	11
5.实际床位数	张	1691	892	793	6

2017年揭西县医疗机构一览表

表55

单位名称	地　址	联系电话	备注
揭西县人民医院	揭阳市揭西县河婆街道党校路7号	5592804	
揭西县中医医院	揭阳市揭西县京溪园镇长滩村、新洪村老虎径地段	5333622	南方医科大学第二附属医院——珠江医院托管
揭西县妇幼保健院	揭阳市揭西县河婆镇霖都大道47号	5530396	
揭西县卫生监督所	揭阳市揭西县河婆街道党校路9号	5592118	
揭西县慢性病防治站	揭阳市揭西县河婆街道新安路2号	5591923	
揭西县疾病预防控制中心	揭阳市揭西县河婆街道河东好日子广场左侧	5598058	
揭西县采血站	揭阳市揭西县河婆街道党校路9号	5592837	
揭西县医疗急救120指挥中心	揭阳市揭西县河婆街道党校路9号	5596918	
河婆街道社区卫生服务中心	揭阳市揭西县河婆街道宝塔区岭峰路段	5514393	
棉湖华侨医院	揭阳市棉湖镇洪棉路旁135号	5266600	
大溪镇卫生院	揭阳市揭西县大溪镇华阳道	5811670	
上砂镇中心卫生院	揭阳市揭西县上砂镇	5681642	
坪上镇卫生院	揭阳市揭西县坪上镇坪新路42号	5631531	
京溪园镇卫生院	揭阳市揭西县京溪园镇	5853933	
良田乡卫生院	揭阳市揭西县良田乡龙岭圩	5661163	
东园镇卫生院	揭阳市揭西县东园镇	5382405	
塔头镇卫生院	揭阳市揭西县塔头镇塔头市场	5822208	
凤江镇卫生院	揭阳市揭西县凤江镇鸿江管区上田村前	5351542	
龙潭镇卫生院	揭阳市揭西县龙潭镇	5323122	
五云镇卫生院	揭阳市揭西县五云镇鸡麻湖开发区旁	5669633	
南山镇卫生院	揭阳市揭西县南山镇	5793469	
钱坑镇卫生院	揭阳市揭西县钱坑镇	5891967	
五经富镇中心卫生院	揭阳市揭西县五经富镇	5869822	
灰寨镇中心卫生院	揭阳市揭西县灰寨镇	5762839	
金和镇中心卫生院	揭阳市揭西县金和镇石牛埔河棉公路旁	5722523	

（李文涛　张锻炼　张丰良　刘俊达）

体育事业

【概况】 2017年，揭西县体育工作完善符合县情、覆盖城乡、可持续的全民健身公共服务体系，实施全民健身计划，普及群众体育、竞技体育，加快体育设施建设，促进体育交流。是年，完成6个村级全民健身广场示范点建设工作；全县投入体育基础设施建设资金29.53万元。全县有体育协会9个，分别是：揭西县篮球协会、揭西县武术协会、揭西县老年人体育协会、揭西县乒乓球协会、揭西县自行车协会、揭西县车友协会、揭西县龙狮协会、揭西县信鸽协会、揭西县李家教拳研究中心，健身气功站1个。

2017年揭西县体育协会一览表

表56

协会名称	成立时间	项目	规模	是否营利部门
揭西县篮球协会	2006.12	篮球	约30人	否
揭西县武术协会	2013.03	武术	约120人	否
揭西县老年人体育协会	2008.10	运动健身	约1100人	否
揭西县乒乓球协会	1991	乒乓球	约130人	否
揭西县自行车协会	2016.06	自行车文化活动	约50人	否
揭西县车友协会	2015.12	汽车文化活动	约150人	否
揭西县龙狮协会	2017.03	传统文化	约200人	否
揭西县信鸽协会	2016.02	信鸽文化活动	约250人	否
揭西县李家教拳研究中心	2013.03	武术	约40人	否

【群众体育】 2017年，揭西县体育部门开展各种群众性体育活动。1月28～31日，在揭西县文化广场举办迎新春“乡乡乐”篮球友谊赛，下滩村委、后埔村委、溪角村委、新楼村委、庙垅村委、客潭村委6支队伍参加；在县城乒乓球馆举办揭西县县城春节乒乓球比赛，参加人数100多人；在揭西县棉湖镇乒乓球馆举办揭西县棉湖镇春节乒乓球比赛，参加人数100多人；8月7日，在棉湖公园开展2017年全民健身日暨广东省第十八届体育节揭西县全民健身系列展示活动，参加人数约700人次。

【竞技体育】 2017年，揭西县组织群众参与各种竞技体育活动。5月22～26日，揭西代表队参加广东省第二届百县（区）足球赛，获揭阳市第三名。8月8日，揭西代表队参加揭阳市第七届市运会，获团体总分第五名。

2017年1月28日，揭西县体育局在县文化广场举行篮球友谊赛（县体育局　供稿）

设施；新增健身气功站1个。2月4日，在揭西县文化广场举办“健身项目展示进社区”活动，表演瑜伽、搏击、肚皮舞、爵士舞、体育舞蹈等项目。6月26日，在河婆街道举办国际禁毒日百人骑行禁毒宣传活动。8月8日，“全民健身日”暨广东省第十八届“体育节”揭西县启动仪式在棉湖云湖公园举行，县老年人体育协会各分会组织节目和舞蹈代表队参加活动，表演节目有太极剑、太极拳、大地飞歌、健身舞蹈等。12月28日，在国家AAAA级旅游景区京明温泉度假村举办广东揭西首届深港杯擂茶赛—山地车骑游活动，路线为京明温泉度假村（起点）→黄满寨瀑布群旅游区→大北山国家森林公园→南山镇→灰寨镇→京明温泉度假村（终点），全程60千米，约500名山地自行车骑游爱好者参与骑行。

【体育彩票】　2017年，县体育局抓好体育彩票销售工作，拓展新销售网点，完善体彩网点销售培训工作，通过宣传广告栏和横联标语多种宣传形式、网站发布、广播电视台宣传广告等多种载体，加强宣传体育彩票。在县文化广场开展体育彩票宣传促销活动，促进体彩健康发展。至年底，体育彩票销售总额517万元。

【全民健身运动】　2017年，揭西县完善乡镇街道农民健身和体育场馆建设，实施全民健身计划，开展全民健身运动。完成6个村级全民健身广场示范点建设工作，包括钱坑镇钱东村、金和镇和东村、塔头镇山寮村、塔头镇顶埔村、大溪镇后洋村、龙潭镇双龙村等，共建设1000平方米以上水泥地板，配设乒乓球场、健身路径等配套

【国民体质测试】　2017年，揭西县体育部门分别到滨江公园体测站、揭西县中心幼儿园、钱坑乡村及揭西武警支队等地组织开展国民体质测试和体质测定与运动健身指导站测试，现场解答群众关于体育健身咨询事项，科学指导群众合理体育锻炼，参与测试人数400多人，获取数据400多份。

（李建航　江　涛）

社会生活

人口与计划生育

【概况】　2017年，揭西县户籍人口99.32万人，其中常住人口85.79万人，已婚育龄妇女16.67万人。人口出生率14.8‰，政策生育率95.3%，人口自然增长率8.9‰，出生人口性别比106.06。全面贯彻实施“全面两孩”政策，全县未出现大的生育波动，全年新增出生人口1.52万人，比2016年增长18.0%。

【人口问题统筹解决】　2017年，揭西县卫计部门坚持执行“一票否决”制度，优先保障人口计生事业经费投入，全年财政投入资金3724.27万元。县卫计部门联合县人社、教育、民政、交通等部门，构建部门联动，实现信息资源共享。加强出生人口性别比综合治理。制订整治“两非”（非法鉴定胎儿性别、非法人工终止妊娠）专项行动方案，协同公安、市场监督管理、食品药品监督管理等部门开展打击“两非”专项行动。至年底，组织开展整治行动85人次。

【优生健康惠民工程】　2017年，揭西县卫计部门继续推进免费孕前优生健康检查工作。全年为4545对夫妇提供检查服务；强化落实地中海贫血防控工作。加强孕产前地贫筛查，血常规初筛率97%；建立完善电子健康档案，省地贫防控项目管理系统的所有检测阳性夫妇个案的录入率100%；做好高风险家庭的心理咨询和优生优育跟踪指导服务。全年为76个高风险家庭提供心理咨询服务，为4545个家庭提供优生优育跟踪指导服务。

【流动人口管理】　2017年，揭西县流出人口23.55万人，其中育龄妇女8.46万人；全县流入人口7089人，其中育龄妇女2054人；县卫计部门做好流动人口信息区域协作，做到信息反馈、接收和通报及时准确，协查信息反馈率和及时率100%，通报信息接收率和及时率88.2%，省内业务通报处理及时率100%。

【计划生育政策落实】　2017年，揭西县落实农村部分计生家庭奖励1432人、203.86万元，特别扶助奖励11人、10.56万元，城镇独生子女父母计生奖励379人、36.3万元；落实“幸福工程”节育奖271人、16.21万元。累计投入136.7万元，为2.29万个计生对象家庭购买“安康险”。

【新家庭人口文化示范基地创建】　2017年，揭西县卫计部门开展家庭发展能力建设项目工作，以“健康家庭、幸福家庭”为宣传主题，围绕“促进家庭文明、帮扶家庭发展、引领家庭奉献”等内容，使惠民措施和优质服务落实到更多家庭。5月27日，在金和镇山湖村开展家庭发展促进月活动启动仪式。开展科学育儿养老、家庭文化等专题活动；开展医养结合试点工作，试点设在京明养老中心。

（张锻炼　张丰良）

劳动就业

【概况】 2017年，揭西县人力资源和社会保障局（简称县人社局）维护劳动者合法权益，推进就业再就业工作，加强对用人单位监管力度，妥善化解劳动纠纷问题。是年，全县城镇新增就业4280人，城镇登记失业率控制在2.4%以内，解决劳资纠纷6宗，涉及金额15万元。

【高校毕业生就业促进】 2017年，县人社局组织开展“春风行动”“就业援助月活动”“南粤春暖”等公共就业服务活动，搭建供需对接服务平台，落实就业困难资助。是年，全县开展劳动和社会保障法律法规咨询10场次，发放政策宣传资料8610份；为毕业生办理求职登记9人，办理失业登记8人，推荐就业12人；举办招聘会25场次，进场设摊招聘企业668家，提供工作岗位1.01万个，进场求职1.33万人，达成就业意向2348人；为促进创业和带动就业，落实小额担保贷款41笔共791万元。

【农村劳动力培训转移就业】 2017年，揭西县城镇新增就业4280人，城镇下岗失业人员再就业1668人，就业困难人员再就业350人；劳动力技能晋升培训2527人，促进创业人数266人；全面技能提升储备培训人数1.8万人；免费办理就业失业登记证202本，城镇登记失业率控制在2.4%以内。

【职业技能培训】 2017年，县人社局开展培训需求分析，掌握全县技能人才需求状况，增强就业培训针对性和有效性。与县荣华职业培训学校、县新思路职业培训学校、县索达职业培训学校、县凤凰职业培训学校等培训机构通力合作，针对性地开展紧缺技能人才培训。开展网商运营职业技能培训，全年培训833人次。是年，参加网商运营专项职业能力鉴定833人，通过鉴定取得专项职业能力证书492人。

【劳动年审与劳动合同鉴证】 2017年，县人社局贯彻实施《中华人民共和国劳动合同法》，规范企业用工管理，维护劳动者合法权益。开展“春风行动”“南粤春暖”等公共就业服务活动，推动用人单位与劳动者签订合同，全县劳动合同签订率95%；推行以劳动合同管理为基础的劳动用工备案制度，依法规范用工行为，推进工资协商和集体合同签订，集体合同签订率82.1%。

【劳动仲裁】 2017年，揭西县劳动人事争议仲裁院开展劳动、人事争议预防工作，指导、监督劳动人事争议调解、仲裁工作，严格按照《中华人民共和国劳动争议调解仲裁法》及其他相关文件要求开展仲裁工作，坚持依法办案、依程序办案，秉持“以程序的公正保证实体裁决的公正”原则，妥善化解劳资纠纷。全年受理仲裁调解6宗，涉及补偿金额70.6万元，结案率100%。

【执法监察】 2017年，县人社局劳动保障监察综合执法大队加大执法力度，除日常巡查和举报专查外，不定期开展外来务工工资支付、建筑施工企业劳动用工专项大检查，预防和解决建筑类企业拖欠农民工工资问题。全年检查全县各类用人单位120户次，日常巡视检查用人单位265户次；调解工伤9宗，涉及赔偿金额203.6万元；解决劳资纠纷6宗，涉及金额15万元；受理各类投诉及咨询58人次，群众信访6宗，解决6宗；受理“12345”市民服务热线分发处理单16件，解决16件；依法受理工伤认定4宗，不予受理1宗，接待群众来访38宗。

（蔡迎春　蔡秋娜）

社会保险

【概况】 2017年，揭西县社会保险基金管理局（简称县社保局）加强社会保险基金管理，推进城镇职工养老保险省级统筹、扩面征缴和灵活就业人员参加企业养老保险工作，抓好养老保险、医疗保险、失业保险、工伤保险、生育保险等险种参保及基金征缴工作。至年底，全县社会保险各险种累计参保130.81万人次，基金总收入18.03亿元，基金总支出17.67亿元，基金收支相抵累计结余0.36亿元。

【社会保险参保缴费与基金收付】 养老保险 2017年，揭西县机关事业单位养老保险参保1.36万人，个人缴费收入2760万元，支出598万元；企业养老保险参保5.28万人，基金收入10.76亿元（其中征收收入4.31亿元），支出10.73亿元（包括丧葬费、抚恤金、退个人账户及转移支出）。做好灵活就业人员参加企业养老保险工作，全年全县办理灵活就业人员一次性补缴养老保险费2208人。

失业保险 2017年，揭西县失业保险参保3.7万人，基金收入394.14万元，支出392.35万元。县社保局严格审批申报对象资格和申报条件，推动稳岗补贴政策落实。是年，中国邮政储蓄银行股份有限公司揭西县支行、广东电网揭阳揭西供电局、中国邮政集团公司广东省揭西县分公司享受稳岗补贴政策，共支出稳岗补贴18.26万元。

工伤保险 2017年，揭西县工伤保险参保2.9万人，完成目标任务100%。

生育保险 2017年，揭西县生育保险参保2.73万人，基金收入237万元，支出220.27万元。

【医疗保险】 2017年，揭西县城乡居民基本医疗保险参保缴费80.49万人，基金收入5亿元，支出4.59亿元；揭西县城镇职工基本医疗保险参保3.95万人，基金收入4669.25万元，支出5344.19万元。2017年度城乡居民基本医疗保险和城镇职工基本医疗保险每人每年基金支付限额均为30万元。至年底，城乡居民基本医疗保险享受待遇8.58万人次，城镇职工基本医疗保险享受待遇6159人次。开通基层普通门诊统筹定点医院17家，与广州市、深圳市、珠海市、汕头市、惠州市、东莞市等市医院联网结算379家，申请即时结算报销7.06万人次。举办全县移交征收业务培训班，参加培训250多人次；清理核对全县参保人员信息数据2万多条。7月，县社保局完成城镇职工基本医疗保险、生育保险费移交地税征收工作。

【基金管理】 2017年，县社保局核查领取企业养老保险待遇退休人员3.03万人，按有关规定对经核实后属已故、失踪以及至12月31日未前来验证738人停发养老金。通过与上级社保部门、县民政部门进行数据校验，查出疑似死亡冒领和重复领取待遇人员3622人，及时停发该类人员待遇，追回重复领取养老金30.3万元。执行住院申报制度和住院即时结算制度，开展常规性稽核检查。全年稽核立案91宗，稽核医疗机构90家，现场稽核人数1305人次，发函协查27人次，审核出自费费用不能报销金额1.8亿元。

【退休人员管理】 2017年1月，县社保局对2016年12月31日前领取基本养老金的企业退休人员调整基本养老金，涉及调整人数3.03万人，人均增加117.42元，调整后月人平均养老金1705.53元；对2016年12月31日前领取基本养老金的机关事业单位退休人员调整基本养老金，涉及调整人数6339人，人均增加172.98元。至年底，全县享受企业养老待遇3.11万人，享受城乡居保养老待遇11.72万人，养老金按时足额100%实行社会化发放。

【机关事业单位养老保险制度改革】 2017年，县社保局召开全县机关事业单位养老保险制度改革暨参保登记工作会议，部署、落实机关事业单位养老保险制度改革有关工作。至年底，全县应参保登记单位475个，完成参保登记单位472个，完成目标任务99%；应参保登记2.16万人，完成参保登记2.14万人，完成目标任务99%。

【城乡居民基本养老保险】 2017年，揭西县城乡居民基本养老保险参保人数33.30万人，基金收入1.47亿元（其中征收收入0.17亿元），支出1.70亿元。自2017年1月1日起，城乡居民基础养老金标准从110元/月提高到120元/月。是年，县社保局采用生物特征采集认证方式，组织全县318个村（居）委开展2017年度城乡居民基本养老保险待遇领取资格认证工作，生物特征采集完成后可通过广东人社APP“城乡居保领取待遇资格认证”模块进行自行认证。至年底，完成采集及认证7万多人。

【社保信息公开】 2017年，县社保局落实社保信息公开暂行办法和社保信息公开工作，一次性公开社会养老保险、医疗保险、失业保险、工伤保险、生育保险等险种的政策规定及办事指南；拓宽社保信息公开渠道，将社保政策法规、经办流程、社保新闻、信息披露、经办表格等信息通过揭西县政府信息公开目录系统发布。

【大病医疗保险制度】 2017年，揭西县大幅度提高大病医疗保险待遇，其中城乡居民基本医疗保险、城镇职工基本医疗保险每人每年限额分别为20万元和40万元。全年发放大病医疗保险待遇6307人次。其中，城乡居民基本医疗保险参保人享受大病医疗保险待遇6193人次；城镇职工基本医疗保险参保人享受大病医疗保险待遇114人次。

（李晓丰　蔡秋娜）

社会工作

【概况】 2017年，揭西县民政局（简称县民政局）推进社会组织、社区、社工“三社联动”工作，加大基层社会治理创新力度，培养本土化社会工作人才，组织全县150多名考生参加2017年社工师考试。至年底，全县依法登记社会组织217个，其中社会团体129个，民办非企业单位

78个；持证社工84人。

【志愿服务】 2017年，县民政局建立健全敬老爱幼志愿服务机制，组织志愿服务队开展各项志愿服务活动。全年全县4个志愿服务社会组织和17支敬老爱幼志愿服务队以“奉献、友爱、互助、进步”精神，开展各项志愿活动230多场。引导社会组织申请办理社工志愿服务组织，至年底，登记在册志愿服务组织4个。组织全县考生150人参加2017年社工师考试，取得证书7人，通过率4.7%。

【社会组织培育】 2017年，县民政局扶持、培育发展公益慈善、社区工作、产业协会等方面重点社会组织，团结、联系、吸纳更多社会组织和社会群体承接政府职能，参与社会建设。至年底，全县依法登记社会组织217个，新登记成立的社会组织19个，其中社会团体4个，民办非企业单位15个。

【社会管理创新项目】 2017年，县民政局完善农村社会治理创新机制，发挥村（居）党组织领导核心作用，细化明确村（居）党组织和村（居）委会职责任务，完善村（居）党组织议事规则和决策程序。健全村（居）“两委”联席会议制度、村（居）委会集体决策和村民议事等制度，开展基层民主协商，发挥乡贤咨询委员会作用。

（贝平波　陈达文）

民　政

【概况】 2017年，揭西县民政局（简称县民政局）以保障和改善民生、加强和创新社会管理为重点，加强基层政权和社区建设，落实好重点优抚对象、低保对象、五保供养对象、孤儿、残疾人补助资金社会化发放和提高补助标准工作，推进社会服务能力建设。全面提升婚姻登记、收养登记、社会组织登记、区划地名等各项民政公共事务工作水平。

【“两委”换届选举】 2017年，县民政局做好村（社区）“两委”换届选举工作，完成280个村民委员会，38个社区居民委员会换届选举工作，平均年龄42周岁，两委干部交叉任职110人，交叉任职比例96.5%。全县依法登记选民69.60万人，参加投票选举选民67.11万人，参选率96.4%。依法产生村民代表1.31万人，村民小组长1620人，监督委员会280个，监委会成员922人；依法产生居民代表1634人，居民小组长161人，监督委员会38个，监委会成员114人。

村委会换届选举 2017年，揭西县依法选举产生村委会成员1232人，其中村委会主任280人，副主任29人，委员923人。在新当选村委会成员中，大专以上文凭131人，高中以上文凭976人，初中以下文凭125人，平均年龄45周岁；两委干部交叉任职796人，交叉任职比例80.1%；村书记与主任交叉任职215人，占76.8%；妇女干部294人，占23.9%。

居委会换届选举 2017年，揭西县依法选举居委会成员206人，其中居委会主任38人，委员168人；在新当选居委会成员中，大专以上文凭17人，高中以上文凭170人，初中以下文凭19人；居委书记与主任交叉任职37人，占97.4%；妇女干部105人，占40.4%。

【村务和民主管理】 2017年，县民政局开展以民主管理，民主监督，村务公开的村（居）民自治活动。全县280个村民委员会和38个社区居民委员会全面实行村务公开，通过村务和财务公开，促进廉政建设，维护社会稳定，使村务公开走上规范化。把村老人福利会和村公益理事会管理工作导入当地政府管理，研究制定村老人福利会、村公益理事会募集资金等管理制度。

【优待抚恤】 2017年，县民政局推进优待抚恤工作，执行国家抚恤补助标准，落实抚恤补助政策，对重点优抚对象抚恤补助实行社会化发放。全年为5500多名抚恤补助对象发放抚恤补助金；对优抚对象数据进行核查，建立义务兵家属和其他重点优抚对象优待金财政保障机制，2017年度揭西县城乡义务兵家庭优待发放标准6200元/每人，为460户优待义务兵家庭发放优待金285.2万元。

【退役士兵安置】 2017年，县民政局做好农村退伍军人安置工作，推进军地两用人才开发使用，完善退役士兵职业教育和技能培训制度。是年，参加职业技能培训退役士兵54人；接收2016年冬季退役士兵239人，办理城乡退役士兵自主就业手续239人，发放城乡退役士兵自主就业一次性补助金641.33万元，自主就业率100%；重点安置对象8人（安排工作）。2017年全县军地两用人才开发使用率95%以上。

【双拥工作】 2017年，揭西县开展军政军民团结宣传教育和全民国防教育。在八一建军节期间，利用广播电视、宣传栏、召开各种座谈会、播放爱国主义教育影片等形式开展宣传教育活动，设专栏280多处，各媒体播放刊登信息稿件103篇，印发宣传资料9650多份，为部队官兵、军队离退休干部和复员军人发慰问信1.3万份，组织在校学生军训7200多人次。在八一建军节和春节开展慰问活动，由县党政主要领导带队，到部队和优抚对象家中走访慰问；各乡镇（街道）和有关单位组织慰问组走访慰问优抚对象；慰问部队慰问金（含慰问品）80多万元，慰问优抚对象资金30多万元。

【最低生活保障】 2017年，揭西县做好低保对象核查工作，县民政部门和财政部门组织人员深入各乡镇，进村入户进行核实对象，全面检查，对违规操作予以整改、取消。至年底，全县评定享受最低生活保障对象1.02万户、2.95万人，其中城镇享受最低生活保障对象1560户、3084人，农村享受最低生活保障对象8688户、2.64万人，全县年支付保障资金9091万元。是年，全面提高城乡低保标准和补差水平。城镇低保标准提高到613元，农村低保标准提高到446元；城镇低保补差水平人均提高到462元，农村低保补差水平人均提高到227元。

【医疗救助】 2017年，县民政局做好重点优抚对象、低保对象、五保供养对象等特困群众医疗难问题。全年为515名重点优抚对象实施住院医疗补助26.55万元（其中，在定点医院住院抚恤定补优抚对象实行医疗费“一站式”结算，年支出医疗救助金10.72万元，非一站式158人支出医疗补助金15.82万元）。及时拨付医疗救助款1147万元，作为城乡特困群众医疗救助金，为2867人次实行医疗救助；下拨952.05万元医疗救助金用于农村低保对象、五保对象参加城乡居民基本医疗保险。

【救灾救济】 2017年，揭西县民政部门做好各项常规救灾救济工作，落实各项防御自然灾害措施。在低温冷冻灾害的救灾工作中，及时发放防寒保暖物资，其中棉被336床、棉衣256件；完善救灾储备仓库的物资储备工作，建立健全全县救灾物资储备网络平台及管理制度；培育和发展救灾应急志愿者队伍，完善应对突发事件社会动员机制；研究制订《揭西县应急避灾场所建设指导意见》，开展防灾减灾宣传，开展镇、村应急避灾场所建设。至年底，揭西县县级应急避灾场所6个，救灾应急志愿者310人。

2017年揭西县避灾场所设立情况统计表

表57

名　称	地址	设立时间	可容纳避灾人数（人）	负责人
县级避难场所	县福利院	2010.01	200	张晓辉
县城避难场所	县河婆中学	2010.01	100000	张新喜
县城避难场所	县第一中学	2010.01	40000	韩展良
县城避难场所	县城文化广场	2010.01	15000	蔡明醒
河婆街道避难场所	县滨江公园	2010.01	50000	刘吉青
县城避难场所	县霖田高级中学	2013.01	30000	黄建发

【五保供养】 2017年，县民政部门对全县五保人员进行重新核查登记审批，落实五保人员供养政策，提高五保人员供养标准。至年底，全县五保供养对象3530人，每人每月集中供养和分散供养的标准均为756元，全县年发放五保人员供养经费3089万元。全县敬老院17所，其中金和敬老院、五云敬老院被评为省二级敬老院；全县敬老院有集中供养五保人员67人。

【留守老人和儿童】 2017年，揭西县做好关爱农村留守老人儿童工作，组织党员干部深入村民家中，对留守老人和儿童进行摸排调查，建立村（居）委干部、党员和管护服务人员联系农村散居五保对象和农村留守老人及儿童制度，完善农村留守老人和儿童服务台账；建立完善农村留守老人儿童应急避险机制，建立农村留守儿童寄宿学校，农村留守老人关爱中心，为农村留守老人和儿童购买简易社会服务活动。

【流浪乞讨救助】 2017年，揭西县加强救助站内部管理，对救助人员进行严格审核，符合救助条件及时予以救助；不符合条件则耐心向求助人员说明理由。完善救助环境，加强救助管理站设施设备建设和改造，规范和提高救助管理工作水平。至年底，全县救助流浪乞讨人员1498人次，投入资金29万元。

【孤儿救助】 2017年，县民政部门建立孤儿基本生活保障制度和孤儿基本信息数据库，落实孤儿最低养育标准，全县有社会散居孤儿441人，每人每月发给基本生活费880元，比2016年度人月提高60元，年发放散居孤儿生活费386万元。实施“儿童福利机构建设蓝天计划”，抓好儿童福利院各项建设工作，县儿童福利院自2013年创建以来，依法依规接收公安机关送来并证实查找不到生父母的弃婴14人。

【残疾人“两项补贴”】 2017年7月起，县民政局负责发放残疾人“两项补贴”（困难残疾人生活补贴、重度残疾人护理补贴），困难残疾人生活补贴每人每月150元，重度残疾人护理补贴每人每月200元，实行逐月直接发放到个人存折账户。至年底，全县享受困难残疾人生活补贴7330人、重度残疾人护理补贴3632人，其中2681人享受残疾人“两项补贴”。

【老龄工作】 2017年，揭西县加大资金投入，完善老年人高龄津贴。在春节和“重阳节”期间，全县组织开展敬老爱老送温暖活动，召开各种座谈会170多场次，参加人数6500多人，慰问高龄、特困老人及离退休人员6500多人，发放慰问金60多万元。实施80周岁以上及100岁以上高龄老人生活津贴制度，全县80周岁以上特殊困难群众（特困、低保及重点优抚对象）3140人，每人月津贴60元，县财政年支付生活津贴226万元，其他高龄老人每月津贴15元，全县高龄老人2.32万人，全年支付津贴超417.5万元；100周岁以上高龄老人92人，每人月津贴500元，县财政年需支付生活津贴55.2万元；为全县65周岁以上老年人投保人身意外保险9.48万人，投入资金97.80万元。

【慈善事业】　2017年，揭西县各级慈善机构发动社会力量参与扶贫济困，结合“精准扶贫，精准脱贫”工作，帮扶城乡困难群众。2017年“广东扶贫济困日”，县慈善总会募集扶贫济困资金204.32万元，捐赠资金全部用于精准扶贫和精准脱贫工作，其中支持兴建公益事业65.9万元。至年底，揭西县登记成立的公益慈善类社会组织31个。

【婚姻登记】　2017年，揭西县各级民政部门做好婚姻登记管理工作，按照《婚姻登记条例》，规范婚姻登记管理。开展婚姻登记机构等级评定工作，完善婚姻登记历史数据补录。至年底，全县有婚姻登记机关18个，全年办理结婚登记6562对，其中国内结婚登记6549对，涉外结婚登记13对；办理离婚1139对，无涉外离婚登记。

【殡葬管理】　2017年，揭西县健全殡葬管理责任制，采取措施，强化管理，巩固殡改成果。保护土地资源，引导群众不占或少占土地的方式处理骨灰，组织督查组定期或不定期对各地殡改工作情况进行检查、督促，责令限期整改，坚决查处违法违规丧葬现象。至年底，全县火化遗体5543具，火化率100%；查处违规土葬15宗。

【社会福利彩票发行】　2017年，县民政部门加大福利彩票宣传力度，推进福彩规范化建设和精细化管理，完成全县福利彩票销售系统全热线升级改造。至年底，全县社会福利彩票点17个，其中县城9个，乡镇8个。全年全县销售福利彩票1000.8万元。

【社会福利设施建设】　2017年，揭西县加大资金投入力度，完善敬老院基础设施建设和配套设施建设，推进农村“幸福计划”建设。依托行政村，利用农村闲置村办学校、厂房等，建设老年人活动中心，为老年人休闲娱乐提供服务场所。

【第二次全国地名普查】　2017年，县民政局委托第三方深圳中铭勘测股份有限公司全面开展揭西县第二次全国地名普查工作，完整收集第一次全国地名普查形成的《揭西县地名目录》、地名类资料多项，包括建筑物、道路等地名文件、地图影像资料；编制地名普查任务表，编写地名调查基础目录；完善地名目录、预填地名登记表；多形式开展调查，对照核实和采集地名信息；将预填的地名登记表和地名标志登记表分发到各乡镇（街道）合县直（成员）单位，对填写内容进行对照、核实、采集和整理，并到现场踏勘、测绘、以确定位置、完善信息，整理地名登记表，完成地名信息和地名标志信息录入工作。

【民间组织管理】　2017年，揭西县加强对社会组织行政执法，强化社团组织行业协会自律，推进社会组织评估工作。开展社会组织创先争优活动，全面推进社会组织党建和群团工作，完成社会团体小金库治理工作；完善年检、评估等监督管理制度，研究制定规范行业协会预防腐败制度，依法规范各类学会、协会准入制度。研究制定社区社会组织的备案管理办法和培育发展措施。是年，依法登记社团23个、民办非企业16个。至年底，全县依法登记社团136个，民办非企业登记92个。

【政府综合责任保险】　2017年，揭西县统一为全县居民购买政府综合责任保险。县政府指定揭西县民政局作为投保人向中国人民财产保险股份有限公司揭阳市分公司进行投保，并于4月由县民政局与中国人民财产保险股份有限公司揭阳市分公司签订投保合同。投保按全县人口99.65万人计算，每人年保险金额1.18元，全县年投入保险金额117.59万元。

【双百镇街社工服务站】　2017年，揭西县按照广东省民政厅“双百计划”工作部署，增强基层民政服务力量、推动社会工作区域发展平衡、提升社会工作服务专业性，将镇街社会工作服务站建设列为县民政部门一把手工程，纳入揭西县“十三五”期间民政重点工作任务，加强镇街社会工作服务站建设。至年底，全县设立“社工工作站”2个，分别设在京溪园镇和良田乡，其中京溪园镇社工工作站5人，良田乡社工工作站3人。

（贝平波　陈达文）

民族宗教事务

【概况】　2017年，揭西县民族宗教事务局（简称县民宗局）贯彻落实党的十九大会议精神暨新修订《宗教事务条例》；依法管理宗教事务，打击非法宗教活动，处置民族宗教领域热点难点问题，维护全县民族宗教领域和谐稳定。至年底，揭西县宗教团体4个，分别是揭西县天主教爱国会、揭西县佛教协会、揭西县基督教三自爱国会、揭西县基督教协会；登记在册宗教活动场所57处，筹备设立宗教活动场所1处；全县宗教教职人员37人，宗教信众4.23万人；全县有少数民族（散居）26个，人口1651人。

【民族工作】　2017年，县民宗局做好辖区内散居少数民族流动人口服务和管理工作，针对少数民族流动人口在子女上学，证件办理，法律援助，就业咨询等方面的需求，为少数民族流动人口排忧解难；加强与信访、综治、安全等有关部门的协调沟通，交流信息，及时掌握涉及民族方面的矛盾纠纷和苗头隐患。至年底，全县主要有壮族、苗族、土家族、瑶族、黎族、侗族、彝族、满族、仡佬族、哈尼族、傈僳族、藏族、维吾尔族、畲族、俄罗斯族、白族、回族、独龙族、水族、傣族、朝鲜族、佤族、拉祜族、土族、蒙古族、仫佬族26个少数民族，少数民族人口1651人，主要来源于婚嫁。

【宗教工作】　2017年，县民宗局依法强化宗教事务管理和抵制境外宗教渗透工作。开展佛教活动场所管理情况调研，开展“宗教政策法规学习月”活动和揭阳市“平安宗教活动场所”创建工作，做好清理整治违规建设使用寺庙、石碑路牌工作；组织全县宗教界学习新修订的《宗教事务条例》，全面掌握全县宗教活动场所各项制度建设、安全工作和财会管理情况，加强对宗教教职人员和信教群众的思想教育和法规意识引导。

【宗教领域维稳】　2017年，县民宗局开展防范境外宗教渗透和打击非法宗教活动工作，深入宗教活动场所和信教群众，了解掌握全县宗教活动场所情况；在中共十九大期间和全年重大节日期间，妥善处置涉及民族宗教稳定有关问题，全县宗教界稳定。

【宗教事务管理】　2017年，县民宗局深入各宗教团体开展学习交流，研究宗教团体建设，完善管理制度；推动宗教活动场所开立单位银行结算帐户，强化宗教事务依法管理；做好宗教活动场所信息采集工作，规范宗教活动场所管理。强化宗教活动场所安全管理工作，7月15日，县民宗局印发《揭西县民族宗教事务局关于开展宗教活动场所安全大排查大整治的行动方案》，在全县宗教活动场所开展安全大检查大整治行动；县民宗局与各宗教团体经常性开展安全专项检查巡查，在重大节日，全国、省、市、县“两会”等敏感时段和重大宗教节日期间，深入开展安全检查，对检查巡查出来的安全隐患，要求各宗教活动场所进行整改，落实安全措施，消除安全隐患。县佛教协会、棉湖花果寺、东园碧岩寺、龙潭祥龙寺等增加配置消防器材。

【宗教团体和宗教活动场所建设】 2017年，县民宗局加强宗教团体、宗教活动场所管理组织建设。11月，县基督教两会推选牧师曾永新、教友杨友彬等15位代表出席揭阳市基督教第六次代表会议；11月29日，广东省天主教第九次代表大会召开，揭西县修女王惠君、教友李世坚2位代表到广州参加大会。基督教金坑堂进行换届选举，基督教五经富堂、棉湖堂和部分天主教堂点调整负责人并充实堂委会人员。是年，佛教金和镇锦林寺、坪上镇莲池庵，天主教上砂镇上山仔天主堂、京溪园镇江仔天主教活动点4处宗教活动场所被评为揭阳市“平安宗教活动场所”；锦林寺通过省、市达标验收，被评为广东省“创建和谐寺观教堂”达标场所。

【宗教教育】 2017年，县民宗局开展政治引导，要求各宗教团体、各宗教活动场所结合实际，利用宗教活动前后时间向信教群众开展党的十九大政策宣传和宗教政策。1月，县民宗局与县基督教三自爱国会举办学习贯彻全国、全省宗教工作会议精神培训班，全县基督教堂点负责人、教职人员60人参加学习培训；同月，县民宗局召开全县佛教界学习贯彻全国、全省宗教工作会议精神暨传达贯彻中共揭西县委第十一届二次全会精神大会；3月初，县民宗局组织县各宗教团体负责人学习全市宗教工作会议精神；5月，县民宗局与市民宗局联合举办佛教活动场所财务人员培训班，县各佛教活动场所主要负责人、财会人员、县佛协副秘书长50多人参加培训学习；9月，对新分配揭西县基督教教职人员4人进行党的宗教政策法规学习培训；10月18日，各宗教团体、宗教活动场所组织收听收看党的十九大大会实况，各宗教团体班子成员组织传达学习十九大会议精神。

【宗教公益活动】 2017年，揭西县各宗教活动场所为社会公益福利事业支出150多万元。其中，县佛教协会将20多位精神病患者送往揭阳太和医院医治；9月27日，县佛教协会联合棉湖永福慈善会成功举办“庆国庆、迎中秋、共建文明棉湖”活动，慰问棉湖镇200多位环卫工人和部分困难群众，共捐赠现金2万元、大米4.6吨、食用油460罐、面饼460箱；东园碧岩寺开展救灾济困、施医施药、修桥筑路、扶贫助学，对周边乡镇敬老院、孤儿、困难学生进行帮扶求助，全年支出善款70多万元；金和镇锦林寺全年施医济困支出约20多万元；五经富镇黄龙寺、棉湖镇花果古寺、龙潭镇祥龙寺在春节前后筹集资金，购买大米、食用油和棉被等物资，对当地贫困群众进行慰问救济。

（许越成　蔡少鹏）

乡镇（街道）建设

上砂镇

【概况】 上砂镇位于揭西县境西北端，地处揭阳市、梅州市、汕尾市三市交界点。西南与陆河县螺溪镇毗邻，东南与五云镇相连，西北与五华县桥江镇、梅林镇、肖芳镇接壤。镇区距县城27千米。2017年，土地面积126.89平方千米。下辖社区居民委员会1个，村民委员会22个，自然村143个。新出生人数1042人，人口出生率93.2‰，人口自然增长率11.7‰。至年底，总户数1.24万户，户籍人口5.89万人，常住人口3.79万人。海外华侨1600人。港澳台同胞776人。土特产主要有油茶、上山茶。主要旅游景点有峰子岩佛门世界、开口石生态旅游风景区。地方方言为客家方言。

【基层党建】 2017年，上砂镇贯彻落实中共十九大精神，开展领导干部驻点直接联系群众工作，整顿软弱涣散村组织，完善村级组织活动场所设施建设，落实“三会一课”制度，推进“两学一做”学习教育常态化、制度化。全年排查整顿软弱涣散村1个；开展集中学习培训37场次；走访群众2890人次，受理群众诉求5件，现场办结4件。至年底，全镇基层党组织39个，其中党委1个、党支部38个；党员1255人，其中农村党员801人、镇直机关及各单位在职党员259人、退休党员195人。是年，新吸收预备党员26人；发展入党积极分子24人。

【村（社区）“两委”换届选举】 2017年，上砂镇23个村（社区）完成“两委”换届工作，完成比例100%，依法选举产生各村（社区）书记主任27人，其中书记、主任“一肩挑”19人，村（社区）党组织班子成员71人，村（居）委会班子成员109人，其中“两委”交叉任职人数53人。“两委”成员中大专以上学历2人，高中及中专学历34人，平均年龄49.5岁。

【村（居）务监督】 2017年，上砂镇落实村（居）务公开和民主管理制度，加强农村集体“三资”（资产、资金、资源）监管，强化监督委员会、村民理财小组监督工作，定期召开村（居）民代表会议，完善村（居）务村务公开栏规范化建设。各村项目建设实行民主决策、民主管理、公开栏公示；规范党务、村务、财务公开内容；农村集体交易5万元以上的，必须经过“三资”平台交易；对村（居）民关心的问题及村（居）务工作进行释疑，接受村民代表监督。

至年底，全镇成立村（社区）乡贤咨询委员会23个；有村（居）务监督委员会23个，监督委员会委员69人；“三资”平台交易17宗。

【经济发展】 2017年，上砂镇工农业总产值4.05亿元，比2016年（下同）增长6%，其中工业总产值1.49亿元，农业总产值2.56亿元。地方公共财政预算收入2063.44万元，增长24.2%；地方公共财政预算支出2063.44万元，增长24.2%。全年固定资产投资2.17亿元，社会消费品零售总额7.23亿元。各项税收收入总额959.17万元，增长36.5%，其中国税收入571.38万元，增长26.8%；地税收入387.79万元，增长54%。镇内有农村商业银行1家，邮政储蓄银行1家，年末各项存款余额5.23亿元，各项贷款1600万元。

农业 2017年，上砂镇农业总产值2.56亿元，增长7%，其中种植业产值1.87亿元，林业产值1614万元，牧业产值5232万元，渔业产值116万元。全镇耕地面积802公顷，粮食播种面积1202公顷，粮食总产量5843吨。农作物主要种植水稻、番薯、花生等。水稻播种面积1168.9公顷，总产量5607吨；番薯种植面积734.5公顷，总产量4147吨；蔬菜种植面积335.4公顷，总产量1.38万吨。水果种植面积2123.9公顷，总产量1.31万吨，其中沙糖桔种植面积28.3公顷，产量460吨，贡柑种植面积61.5公顷，产量519吨。茶叶种植面积350公顷，产量602吨。完成造林面积647公顷，植树2.97万株，未成林抚育633.9公顷，木材采伐1630立方米。全年生猪出栏1.72万头，家禽（鸡、鸭、鹅）出栏25.24万只，水产养殖总产量139吨。

工业 2017年，上砂镇工业生产以副食品加工、石材加工为主，有工业企业122家，从业人员735人。主要民营企业有北湖酒厂、忠旺石材等。是年，实现工业总产值1.49亿元，增长12%。有小型水力发电站8座，年发电量7258.84万千瓦时。

商业 2017年，上砂镇有农贸市场1个，面积800平方米，主要经营农副产品。镇内大小商铺400多间，主要经营五金家电、服装鞋帽、日用百货等商品。全年社会消费品零售总额7.23亿元，增长10.2%。

【重点项目建设】 2017年，上砂镇固定资产投资2.17亿元，比2016年增长12%。华陆高速公路上砂段开工建设，华陆高速公路上砂段境内总长11.7千米，需征地面积90.96公顷，迁坟1087座。至年底，可清表面积87.05公顷，完成95.7%；迁坟1071座，完成98%；筹资600多万元建设、修缮红星村、上联村、美丰村等自然村村道；筹资200多万元建设新东村文化活动中心，改造联东村、三水村、联中村等村文化公园；筹资500多万元建设活动村坑背至沙塘一河两岸工程、改建“活动村大桥”、重建活动村牌坊大门。

【特色农业】 2017年，上砂镇特色农业以种植茶叶、蜜柚和沙糖桔为主。有上山绿茶生产基地、美丰村三红蜜柚种植基地、三水沙糖桔种植基地，上联村、活西村油茶种植基地，联东村、美丰村沉香、松树等经济林种植基地。是年，种植绿茶133.3公顷，年产量30万吨，年产值1200万元；种植三红蜜柚0.85公顷，年产量25吨，年产值20万元；种植沙糖桔28.3公顷，年产量460吨；种植油茶73.3公顷，年产量80吨。

【生态环境建设】 2017年，上砂镇加强生活垃圾、生活污水、畜禽污染、乱搭乱建整治工作，履行“河长制”工作职责，强化河道水环境整治工作，推进村庄人居环境综合整治。是年，关停不达标垃圾填埋场1个，清理清除牛皮癣500多处；违建户自行拆除违章建筑物60多处、镇强制拆除3处。

【科教文体卫】 教育 2017年，上砂镇有公办幼儿园1所，在园幼儿286人，幼儿教师26人；中心小学1所、小学教学点19个，全镇学前教育学生912人、小学生3482人，教职工285人（高级教师138人；专科学历教师166人，本科学历教师76人，中专学历教师7人）；中学2所，在校学生2149人，教职工183人（专科以上学历180人；中学高级教师职称3人，中学一级教师职称82人，高级教师7人）。小学适龄儿童入学率100%、小升初率100%，完成普通高中送招463人。是年，上砂镇完善教学设施，投入125万元配备、改善教学设备。

文化体育 2017年，上砂镇有文化站1个，广播站1个，有线电视转播站2个，村级广播站22个，文化活动广场2个，老人文化活动中心2个，农家书屋22间，老人福利院1个。是年，上砂镇举办群众性文艺会演10场次，开展文化体育活动23场次。

卫生 2017年，上砂镇有卫生院1所，医务人员67人，医生21人，病床36张，配备有X光、B超、心电图、脑电图、血球计数仪、生化分析仪、尿液分析仪、全自动生化、全自动血凝等医疗设施。乡村卫生站25个，医务人员25人。是年，全镇各医疗机构门诊量1.09万人次，收治住院病人2268例，医疗卫生单位业务收入805.6万元。

【新农村建设】 2017年，上砂镇完善农村基础设施建设，加强畜禽养殖污染整治工作，设立禁养区、限养区，开展“四拆”（拆旧厕所，旧猪、牛栏，旧柴房，破旧住房）整治工作，抓好活动村社会主义新农村示范村建设工作。是年，在活动村启动乡村振兴战略，投资1000多万元，实施活动河水岸同治工程、村入口牌坊拆旧重建工程、莲牛公路铺设工程；存在限养区、适养区畜禽养殖户总数226户，规模养殖场1个，禁养区实现全面停养、搬迁。限养区、适养区170户完成上沼气池、化粪池、厌氧池设施，未上设施的采用转运排泄物，禁止直排；拆除旧厕所636个、旧牛（猪）栏552间、旧柴房515间、破旧住房1107间，面积共4.74万平方米。

【社会民生】 扶贫 2017年，上砂镇22个行政村，贫困人口701户2134人，其中5个相对贫困村，分别由东莞市石排镇帮扶挂钩活动村、上联村、联中村、新东村4个村，东莞市交通投资集团挂钩帮扶龙门村；17个村存在分散贫困户，其中市直挂钩帮扶2个村，县直挂钩帮扶7个村，镇机构帮扶8个村，实行定户、定人帮扶，22个村贫困户全部落实精准结对帮扶。全年落实“三奖补”（产业扶贫“以奖代补”、技能帮扶“以奖代补”、就业帮扶“以奖代补”）资金120.87万元，资金全部发放到户；4个重点村和17个分散村扶贫资金分别入股深圳市承翰信息咨询公司829万元和798万元，实现年收益10%；新东村扶贫资金入股河源市油富风光水电站发展有限公司216万元，实现年收益10%；投入扶贫资金36.85万元，建设红星村、联东村2个行政村光伏项目。是年，完成脱贫200户、848人；完成农村危房改造34户。

民政 2017年，上砂镇低保对象506户、1708人，年发放低保金399.6万元；五保对象247人，年发放五保金220.5万元；优抚对象169人，年发放优抚金73万元；孤儿34人，年发放孤儿补助金30.84万元；80岁以上老人1196人，年发放生活补助金28.4万元；百岁老人8人，年发放生活补助金4.8万元。办理结婚登记406对，补领婚姻登记证44对，离婚登记73对。

社会保险 2017年，上砂镇参加城乡居民基本养老保险1.7万人，覆盖率29%，领取农村社会养老保险5975人。参加城乡居民医疗保险4.45万人，覆盖率76%，享受领取住院报销补偿4484人次，金额2564.7万元。

【安全生产】 2017年，上砂镇加强安全生产管理，落实安全生产责任制，定期或在重要时间节点组织各类安全生产大检查，对人员较为集中娱乐场所、学校、医院、企业、网吧等进行安全专项排查，加大事故隐患治理力度。是年，出动检查车辆56辆次，出动人员80人次，检查企业11家，检查沿街商户200家次，落实商铺整改32家。全年无发生重大安全生产事故。

【社会治安综合治理】 2017年，上砂镇开展综治维稳和平安创建活动，落实领导干部周末接访制度，加强矛盾纠纷排查调处工作，开展普法教育，打击各种违法犯罪活动，整治社会秩序。全年镇综治信访维稳中心受理信访案件89宗，其中群众来访11宗22人次，市民热线78宗，办结率100%；领导干部周末接访群众15批次105人次；全镇立刑事案件8宗，侦破5宗，查处各类治安案件调解处理矛盾纠纷32宗，查处率100%。

2017年上砂镇主要社会经济指标一览表

表58

项目	单位	指标	项目	单位	指标
土地总面积	公顷	12689	粮食总产量	吨	5843
总人口	人	58874	水产总产量	吨	139
农业人口	人	53060	水果总产量	吨	13103
总户数	户	11936	蔬菜总产量	吨	13779
社区居委会	个	1	生猪出栏量	万头	1.72
村委会	个	22	牛存栏量	万头	0.27
农业总产值	亿元	2.56	家禽出栏量	万只	25.24
工业总产值	亿元	1.49	中学	所	2
工业企业	家	122	小学	所	19
规模以上企业	家		中小学在校学生	人	5631
高新技术企业	家		中小学在职教师	人	468
固定资产投资	亿元	2.17	幼儿园	所	1
本级财政总收入	万元	2063.44	在园幼儿	人	286

2017年上砂镇各村（居）委会情况表

表59

村（居）委会名称	所辖自然村名称
美丰村	凹下村、上坑村、下径村、上径村
联中村	山下村、田饶背村、树塘村
龙门村	撑石炉村、社门前村、龙门村
径上村	大坪村、肖屋村、双沛村、岭背村、大路排村、排子里村、围子里村、田督尾村
上山村	方坑村、水口村、光裕村、矮寨村、甘屋村、百吉楼村
上联村	白石排村、上埔村、龙凤各村、礤子各村、河背村、下屋村
新东村	新屋家村、六保证村、来龙凹村、东洞村、庙背村、东山寨村
联东村	下梅林村、下芒村、崩江村、径背村、灰塘村、塔下村、新楼村、炉下村
红星村	田唇村、垅下村、背坜村、正巷村、蓝田村、下角村、胜江村、龙江村
活动村	开口石村、沙塘村、坑背村、围子里村、径尾村、桐树下村、径子里村、炉子下村、连塘村、龙首村、油根地村、下江门村、大坪里村、荷坡村
下联村	山圳背村、下营村、上营村、河江村、石坡坑村、楼塘村、付坑村

续表59

村（居）委会名称	所辖自然村名称
活西村	丹竹坑村、下段村
新岭村	水尾村、川龙背村、赤岭寨村、赤界塘村、寨头村、樟门村、雷公塘村、上下排村、中心村、青湖村
竹苏村	苏坪村、大窝村、矮方见村、竹围村、上屋仔村、黄宝寨村、大环村
三水村	苏坪寨村、石桥头村、山下铺村、黄沙坑村、苗眉头下村、桃子坪村、湾子里村、将军排村、楼下村、下寮村、九洋江村
古塘村	石垄窝村、简子肚村、社角村、新屋村
北湖村	湖光村、磜下村、北湖村、水入石村
新丰村	峰仔岩村、中巢村、荷树坪村、寮子凸村
双丰村	大輋村、下各窝村、江子排村、楼坪村、河背村、上各村
径心村	塘尾村、塅心村、军田村、合石村、黄泥輋村、枫树榔村、石牙下村、黄布村、桥头埔村、下坡寨村、坜背村、岘头村
汤輋村	荷树肚村、龙颈背村、池潭村、凹背村、上屋村
上林村	新寨村、荷树角村、下排村、黄輋坳村、桐树排村
社前居委	社前社区

（庄森焱　陈屹彬　庄瑞芝）

五云镇

【概况】　五云镇位于揭西县南部，东与河婆街道、坪上镇相连，西北与上砂镇接壤，西南与汕尾市陆河县螺溪镇相接，东南与陆河县水唇镇交界，北与梅州市五华县棉洋镇接壤。距县城8千米。2017年，土地面积144.8平方千米。下辖社区居民委员会1个，村民委员会20个，自然村107个。新出生人数1004人，人口出生率16.6‰，人口自然增长率8.4‰。至年底，总户数1.59万户，户籍人口5.8万人，常住人口4.64万人。海外华侨约1万人。港澳台同胞约1000人。土特产有米呈、蜂蜜、龙眼干。主要矿产资源有水晶石、钾长石、稀土、铁矿等。主要旅游地点有龙江村“九厅十八井”、五云革命烈士纪念碑、新圩五云彭氏宗祠、宝石村猴面石等，以及“鸡峰春色”“虎岩秋风”“水磜飞瀑”“六湖望月”等自然风光。地方方言为客家话。

【基层党建】　2017年，五云镇贯彻落实中共十九大精神，开展干部驻点直接联系群众工作，严格履行党建第一责任人职责，定期召开党委会议，常态化开展“两学一做”学习教育活动，落实“三会一课”等基本制度，抓好党员发展和教育管理工作，开展主题党日活动。全年排查整顿软弱涣散村1个；受理群众诉求35件，现场办结

10件，收集群众意见建议21条。至年底，全镇基层党组织40个，其中党委1个、党总支1个、党支部38个；党员1641人，其中农村党员1200人、镇机关及各单位党员441人。是年，新吸收党员34人；新吸收预备党员34人；发展入党积极分子120人。

【村（社区）“两委”换届选举】 2017年，五云镇21个村（社区）完成“两委”换届工作，完成比例100%，依法选举产生各村（社区）书记主任39人，其中书记、主任“一肩挑”3人，村（社区）党组织班子成员65人，村（居）委会班子成员107人，其中“两委”交叉任职人数33人；“两委”成员大专以上学历5人，高中及中专学历30人，平均年龄48岁。

【村（居）务监督】 2017年，五云镇健全监督管理制度，强化村（居）务监督，规范农村集体“三资”管理。选举产生村（居）务监督委员会，定期和不定期对村（居）日常工作、村务、政务进行监督；主动在村（居）务公开栏公开财务收支情况和重大事项，接受群众监督。至年底，全镇成立村（社区）乡贤咨询委员会21个；有村（居）务监督委员会21个，监督委员会委员67人。

【经济发展】 2017年，五云镇工农业总产值8.13亿元，比2016年（下同）增长6.5%，其中工业总产值4.87亿元，农业总产值3.26亿元，增长9%。地方公共财政预算收入4289.69万元，增长24%；地方公共财政预算支出4289.69万元，增长24%。全年固定资产投资2.25亿元，社会消费品零售总额7.61亿元。各项税收收入总额386.14万元，其中国税收入315.17万元，下降58.7%；地税收入70.97万元，下降50.3%。镇内有农村商业银行1家，邮政储蓄银行1家。

农业 2017年，五云镇农业总产值3.26亿元，增长9%，其中种植业产值1.43亿元，林业产值3317万元，牧业产值1.39亿元，渔业产值545万元，农林牧渔服务业500万元。全镇耕地面积1829.66公顷，粮食播种面积1315.66公顷，粮食总产量7650吨。主要粮食作物有水稻、甘薯、玉米。水稻播种面积1242.46公顷，总产量7136吨；水果种植面积527.13公顷，总产量4962吨；蔬菜种植面积380.6公顷，总产量1.46万吨。完成造林面积440.66公顷，木材采伐250立方米。全年生猪出栏4.3万头，家禽（鸡、鸭、鹅）出栏39.2万只，水产养殖总产量570吨。

工业 2017年，五云镇工业生产以建筑用模板、装修装饰用石板、加工生产不锈钢水塔和各类铝合金门窗为主，有工业企业8家，从业人员805人，其中规模以上工业企业2家。主要民营企业有凌锋胶合板厂、豪威胶合板厂、瑞发石材加工厂、粤威制药厂、雄飞门厂等。是年，实现工业总产值4.87亿元，增长10.5%，其中规模以上工业产值3亿元，增长14%。

商业 2017年，五云镇镇区沿街商铺65家，主要经营陶瓷、五金、家用电器、日用品、粮油副食品等。镇区有日用品批发商店3家、自选商场1家、五金建材店3家、酒店2家，经营客家小吃（细粄、煎堆、红桃粄）店铺5家。有11家农村淘宝店，顺丰、圆通、中通、优速、天天、申通、全峰7家快递公司在镇区设点。全年社会消费品零售总额7.61亿元，增长9%。

【重点项目建设】 2017年，五云镇固定资产投资2.25亿元，比2016年下降4%。开展华陆高速公路五云段征地拆迁工作，土地清表移交、机械进场作业、施工便道建设，至年底基本完成征地任务。五云中学图书馆完成室内外装修，按时交付使用。筹建五云文化公园，完成选址规划、效果图设计等工作。省道S238线揭西猫塘坳至五云段路面改造工程竣工通车。五云镇卫生院附楼扩建工程完成主体建设。下硿村揭阳莲花书院项目建成闭关房。4月，梅江村、赤告村、双岭村电改工作正式启动。累计投资300多万元，完成京埔村校庙路、罗洛村正仔路、宝石村上屋路和湖洋路等水泥路建设。

【特色农业】　2017年，五云镇特色农业以种植茶叶和养殖畜禽为主。五斗径种植专业合作社种植茶叶50公顷，加工茶叶0.2吨；保新村种植沉香茶60公顷；赤告村养殖肉牛800头，年产值960万元；梅江村养殖黑山羊200头，龙江村养殖生猪3000头，年产值450万元；下洞村养殖走地鸡2000只，年产值14万元。至年底，全镇有农民合作社14家。

【生态环境建设】　2017年，五云镇加强生态公益林管护工作，开展植树造林活动；强化河长制日常巡查工作，惩治污染水环境行为；强化畜禽养殖监管，督促各养殖场（户）修建排污设施；组织开展专项排查清查行动，严厉打击涉环境污染犯罪行为；完善垃圾处理模式，督促垃圾清运公司及时收集清运城乡生活垃圾，镇村两级设立专兼职环境卫生管理人员，推行垃圾收费制度；开展文明镇、文明村居创建活动，推进城乡环境和交通秩序综合整治工作。是年，出动人员500人次，清理广告牌98个，拆除乱搭乱建12处。

【科教文体卫】　科技　2017年，五云镇鼓励企业加大研发资金投入，促进企业转型升级。动员农药经营门店人员参加农药经营许可资质培训，规范农药经营行为。组织开展“科技进步活动月”活动。全年开展农机、职业培训会15场次，培训人员750多人次。

教育　2017年，五云镇有幼儿园3所，其中公办幼儿园1所、民办幼儿园2所，在园幼儿1881人，教职工80人；小学18所，在校生2494人，教职工295人（其中小学一级教师90人，大专以上学历295人）；中学3所，在校生1608人，教职工220人（其中专科以上学历220人；中学高级教师职称30人，一级教师职称124人）。是年，适龄儿童入学率100%，小学巩固率100%，学前三年入园（班）率93%，“三残”（智残、体残、肢残）适龄儿童入学率90%。

文化体育　2017年，五云镇有文化站1个、广播站1个、有线电视转播站6个、村级广播站20个、文化活动广场3个、老人文化活动中心3个、农家书屋20间、老人福利院1个。京埔村铺设活动中心水泥门坪、安装健身器材；郑塘村建设文化长廊、安装健身器材、配套桌球台和乒乓球台等设施；流坪村、崇坑村先后配合县文广新局举办“乡乡乐起来”群众文艺活动；梅江村协办2017年广东省文化厅公共文化服务“三百工程”惠民演出晚会。是年，京埔村被县委宣传部、县文广新局评为揭西县特色文化名村。

卫生　2017年，五云镇有卫生院1所，床位20个，医务人员69人，拥有专业技术职称48人，医生13人，护士18人；乡村个体医疗站33个，医务人员33人。是年，五云镇卫生院主动到各村开展义诊活动22次。全年各医疗机构门诊量1.49万人次，收治住院病人1403例，卫生单位医疗业务收入492.36万元。

【新农村建设】　2017年，五云镇加强农村规划编制，推进人居泥砖房改造、基本公共服务提升等工作，开展农村人居环境综合整治行动。9月，郑塘村、京埔村、龙江村3个相对贫困村统一聘请广东省建科建筑设计院有限公司编制村庄规划；11月，3个相对贫困村与汕头市杰信测绘科技有限公司签订协议，委托该公司测绘新农村示范村建设1∶1000地形图；郑塘村、京埔村、龙江村筹集资金安装大型广告宣传牌，组织人员清理卫生死角，清除村前屋后杂草杂物，对工地、空闲地进行围档；京埔村开展村容村貌整治行动，拆除违章搭建建筑物，清理渠道淤泥、清

郑塘村文化长廊　（五云镇　供稿）

扫路面杂物；龙江村铺设多条水泥村道，维修农田水利设施。

【社会民生】 扶贫 2017年，五云镇推进精准扶贫精准脱贫工作，实施项目帮扶、就业帮扶、产业帮扶措施，对符合低保政策贫困户全部纳入低保，按照政策对贫困户危房改造进行补助，对贫困户子女就学免学费和发放生活费补助，动员患大病重病贫困户申请医疗救助，由财政统一出资为贫困户购买医疗保险。全镇扶贫总户数713户、1943人，其中被定为相对贫困村的有龙江村、京埔村、郑塘村，分别由东莞市中医院、东莞市科学技术协会、广东省粤科金融集团有限公司挂钩扶贫，全年共投入400万元实施村道硬化、水利维修、学校装修等基础设施建设；至年底，全镇实现脱贫195户、738人。完成低收入户危房改造40户。全镇产业扶贫项目经镇审核上报1个，通过县审批项目1个，落地实施。

民政 2017年，五云镇低保对象579户、1913人，年发放低保金521.47万元；五保对象315户、315人，年发放五保金285.77万元；优抚对象289人，年发放优抚金163.07万元；孤儿15人，年发放孤儿补助金15.84万元；80岁以上老人1448人，年发放生活补助金35.35万元；百岁老人5人，年发放生活补助金3万元。办理结婚登记417对，补领婚姻登记证67对，离婚登记70对。

社会保险 2017年，五云镇参加城乡居民基本养老保险8200人，覆盖率19%，领取农村社会养老保险7600人。参加城乡居民医疗保险4.66万人，覆盖率85.5%，享受领取住院报销补偿5333人次，报销金额2737.86万元。各村筹资为农户购买政策性农房住房保险7600份。

【安全生产】 2017年，五云镇加强安全生产监督管理，发挥专职安全生产监督检查员作用，常态化开展安全生产监督检查，严厉惩治非法生产销售烟花爆竹行为。清明节期间，组织镇村两级干部守好进山路口，引导人民群众文明扫墓，禁止携带易燃易爆物品上山；通过有线电视、LED电子显示屏等载体，宣传安全生产法律法规和安全生产知识。是年，全镇组织开展安全生产专项检查19次，例行检查行动30次，出动检查450人次。全年未发生安全生产事故。

【社会治安综合治理】 2017年，五云镇加强信访维稳工作，落实领导干部周六接访工作制度；加强对重点区域和路段治安防控工作，加大对各类违法犯罪行为惩治力度；开展“七五”普法教育，推进一村（社区）一法律顾问工作。全年镇维稳中心受理矛盾纠纷32宗，调解31宗，调解成功率96.9%。受理网上信访件55宗，成功调解28宗，办结率50.9%；派出所立刑事案件13宗，侦破9宗，刑事拘留5人，受理行政案件47宗，行政拘留5人；司法所排查民间矛盾纠纷36件，其中由司法所直接介入调解12件；利用各种途径开展法律宣传84次，受教育面300多人次；矫正人员1人，解矫15人；法庭受理案件164宗，结案164宗，结案率100%，其中审判57宗，执行7宗。

2017年五云镇主要社会经济指标一览表

表60

项目	单位	指标	项目	单位	指标
土地总面积	公顷	14480	粮食总产量	吨	7650
总人口	人	57958	水产总产量	吨	570
农业人口	人	54504	水果总产量	吨	4962
总户数	户	14646	蔬菜总产量	吨	14562
社区居委会	个	1	生猪出栏量	万头	4.3
村委会	个	20	牛存栏量	万头	0.15

续表60

项目	单位	指标	项目	单位	指标
农业总产值	亿元	3.26	家禽出栏量	万只	39.2
工业总产值	亿元	4.87	中学	所	3
工业企业	家	8	小学	所	18
规模以上企业	家	2	中小学在校学生	人	4102
高新技术企业	家		中小学在职教师	人	515
固定资产投资	亿元	2.25	幼儿园	所	3
本级财政总收入	万元	4289.69	在园幼儿	人	1881

2017年五云镇主要企业基本情况表

表61

企业名称	企业性质	职工人数（人）	主要特色产品	年产值（万元）	年上缴税收（万元）
粤威制药厂	有限公司	160	风湿膏	3000	160
豪威胶合板厂	民营	35	建筑模板	302	11
雄飞门厂	民营	21	门、窗	332	11

2017年五云镇各村（居）委会基本情况表

表62

村（居）委会名称	所辖自然村名称
赤告村	水口村、中心村、尾村
双岭村	上角村、径肚村、麻岭村、赤告岭村、赤电下村
梅江村	马塘村、下阁村、岭下村、马石牌村、山下村、上巷村、黄泥塘村
石陂村	大斜村、石坡寨村、马岭村、崩岗头村、石坡排村
鹏岭村	塘背楼村、上鹏村、下鹏村
岭仔村	下井沥村、社背头村、塘肚面村
龙江村	上江村、下江村、李坑村、林和村、泥坑角村、下坝村、角田村、石碣头村
罗洛村	洛布村、罗斜村、林西村、长隆村、庄田村、田螺塘村、正仔村、林坑村、伯公凹村
下洞村	九斗村、梳子金村、东山岭村、神前村、天中村、老寨村、信竹村、水利塘村
京埔村	面前埔村、莲塘村、杨梅塘村、庙山下村、车仔村、观音山村、埔尾村
富厚村	富厚村
硁下村	横楼村、径下圩村、军田村、大水坑村、粟子排村、寨子角村
郑塘村	田心村、担水塘村、担干山村、三角塘村
流坪村	长流坪村
下硿村	下埔村、竹园下村、石阶前村、新楼下村、营前寨村、坪门山村
坡苏村	排下埔村、苏子屋村、山子头村、江尾村、前坑村、坡梅村、赤犁村
保新村	新寨村、桐树坪村、旺龙村、圳唇村、祥和村、砱石村、富美村、塘背村、保全村
岭新村	大盆岭村、石头斗村、坪山村、枫树榔村、麻竹角村、新村
宝石村	坜背村、锡勿村、洋塘村、水口村

续表62

村（居）委会名称	所辖自然村名称
峲坑村	樟树下村、线坑村、麻塘村、寨子峲村
新圩社区	新圩村

（胡　磊　彭衍集）

良田乡

【概况】 良田乡位于揭西县境西北部，东连五经富镇，南连河婆街道，东南与南山镇、龙潭镇为邻，西与梅州市五华县棉洋镇接壤，北与梅州市丰顺县八乡毗邻。榕江南河支流良田河贯穿全境，线长30千米。距县城20千米。2017年，土地面积116.67平方千米。下辖社区居民委员会1个，村民委员会10个，自然村63个。新出生人数388人，人口出生率16.8‰，人口自然增长率11.2‰。至年底，总户数4203户，户籍人口2.21万人，常住人口4963人。海外华侨5人。港澳台同胞1人。土特产主要有咸菜、苦笋、茶叶。主要旅游景点有全县最高山峰——李望嶂，海拔1222米；“横石穿缺”“铁扇关门”等自然景观。地方方言为客家方言。

【基层党建】 2017年，良田乡贯彻落实中共十九大精神，健全基层党建工作制度，加强整顿软弱涣散党组织，选优配强村“两委”班子，开展支部主题党日活动，落实“三会一课”制度，推进“两学一做”学习教育常态化、制度化。全面完成远程教育站点光改任务，探路基层治理新模式，完善党员学习教育平台建设。全年召开党委会19次；排查整顿软弱涣散村1个；开展集中学习培训95场次；走访群众65人次，召开座谈会42次，受理群众诉求30件，现场办结5件，收集群众意见建议10个。至年底，全乡基层党组织26个，其中党委1个、党总支3个、党支部22个；党员675人，其中农村党员461人、机关及各单位在职党员139人（含预备党员13人）、退休党员75人。是年，新吸收党员13人；新吸收预备党员13人；发展入党积极分子35人。

【村（社区）“两委”换届选举】 2017年，良田乡11个村（社区）完成“两委”换届工作，完成比例100%，依法选举产生各村（社区）书记主任21人，其中书记、主任“一肩挑”1人，村（社区）党组织班子成员37人，村（居）委会班子成员45人，其中“两委”交叉任职人数15人。“两委”成员大专以上学历5人，高中及中专学历20人，平均年龄45岁。

【村（居）务监督】 2017年，良田乡加强村级民主监督，强化农村“三资”（资产、资金、资源）监督职能，规范村（居）务公开栏建设，定期和不定期检查基层党务、村务、财务；村（社区）公共服务站实现全覆盖，推行“一门式一网式”政务服务系统；全面建立村（社区）乡贤委员会。至年底，全乡成立村（社区）乡贤咨询委员会11个；有村（居）务监督委员会11个，监督委员会委员33人；设置村（居）务公开栏11块。

【经济发展】 2017年，良田乡农业总产值1.75

亿元，比2016年（下同）增长20.7%。地方公共财政预算收入2021.12万元，增长99.4%；地方公共财政预算支出2021.12万元，增长99.4%。全年固定资产投资1.25亿元，社会消费品零售总额2.55亿元。各项税收收入总额967.62万元，增长3.9%，其中国税收入946.25万元，增长3.9%；地税收入21.37万元，增长1.6%。辖区内有农村商业银行1家，各项存款余额1842万元。

农业　2017年，良田乡农业生产总值1.75亿元，其中种植业产值1.41亿元，林业产值852.39万元，牧业产值2433.08万元，渔业产值74.78万元。全乡农田保护区666公顷，山地面积2666.67公顷，耕地面积1.09万公顷，粮食播种面积698公顷，粮食总产量3264吨。水稻播种面积570公顷，总产量2535吨；蔬菜种植面积31公顷，总产量150吨；水果种植面积1510公顷，总产量1.13万吨；茶叶种植面积407公顷，总产量2140吨。林地面积1.15万公顷，森林覆盖率79.4%。全年生猪出栏1万头，家禽（鸡、鸭、鹅）出栏3.9万只，水产养殖总产量96吨。

商业　2017年，良田乡有镇区商铺30多家，主要经营生活日用品、农产品等。全年社会消费品零售总额2.55亿元，增长22%。

【重点项目建设】　2017年，良田乡固定资产投资8000万元，与2016年相同。建设良田乡旅游小镇，主要包括独山风景区、湖头生态旅游区、下村南方人民银行纪念馆、茅坳战役纪念馆、修缮龙岭九厅十八井及配套设施等。九厅十八井配套设施建设，包括村庄拆迁安置，停车坪、道路、绿化等建设，以新农村建设模范样板打造旅游点。至年底，完成九厅十八井配套设施项目建设；南方人民银行纪念馆正式开馆；完成茅坳纪念馆主体工程建设。

【特色农业】　2017年，良田乡特色农业以种植茶果为主，主要农产品有茶叶、青梅、李子、桃子、玉米、咸菜、青榄、大蒜、佛手果等。全乡有下村佛手果种植基地、河水村大蒜种植基地、桐树坪村嵩林种养合作社等种植场所。是年，种植佛手果24公顷，产量42吨；种植大蒜4.3公顷，产量2.55吨；种养嵩林16公顷；金坑村种植青梅、青榄、茶叶和李子等果树，种植面积1144.6公顷，产量92.6吨。

【生态环境建设】　2017年，良田乡加强生态环境建设，强化土壤污染管控，加强污染源防治，全面推行河长制，整治农村生活垃圾“脏乱”现象，实施垃圾统一收运处理，落实农村生活垃圾治理“一事一议”制度。组织人员清理良田河边垃圾、河面漂浮物等，对重点河段进行清淤、疏浚、筑坝；主干道配置垃圾分类桶，各村合理设立垃圾中转站，配齐保洁人员，垃圾日产日清；各行政村成立理事会，制定卫生收费方案，多种渠道筹集农村垃圾管理经费；开展垃圾不落地行动，成立良田乡垃圾不落地示范区工作领导小组，创建垃圾不落地示范区。是年，全乡流域水质达标率均稳定在Ⅱ类以上；先后出动机械清运车、挖土机40台次，人员5000多人次，对各村庄、道路、沟渠、房前屋后积存垃圾进行全面清理；4月，在全市创文考核中，良田乡创建文明乡镇在揭西县内取得第一名，获奖励30万元；11月，下村荣获“广东省文明村镇”称号。

【科教文体卫】　教育　2017年，良田乡有中心幼儿园1所，在园幼儿126人，教职工11人；九年一贯制学校1所、完全小学2所、非完全小学7所、教学点1个，在校小学生263人，教职工77人（其中小学高级教师3人，小学一级教师职称36人，大专以上学历75人）；中学1所，在校初中生108人，中学教职工25人（其中大专以上学历25人，中学高级教师职称1人，中学一级教师职称16人）。是年，良田乡开展安全教育活动，组织学生参加乡党委政府开展“擦亮党旗，清洁良田”活动，开展“小手牵大手，共建美丽旅游小镇”行动，举办“珍爱生命，远离水源”防溺水、预防山地滑坡应急演练和消防应急演练等活动。

文化体育　2017年，良田乡有文化站1个，广播站1个，村级广播站11个，文化活动广场10个，老人文化活动中心5个，农家书屋11间。是年，良田乡做好核心价值观公益广告、文明创建工作全方位宣传，各村在公共活动场所、文化广场等人员密集区域张贴悬挂社会主义核心价值观及创文宣传资料，全乡悬挂横幅32条，电线柱宣传标语86块，政府周边悬挂彩绘喷画13块，发放宣传页1000多份；在良田中学对面悬挂大型喷绘布宣传版面1块。

卫生　2017年，良田乡有卫生院1所，内设儿科、妇科、防疫科、B超室、门诊部和住院部，有医护人员31人，床位8个；乡村个体医疗站8个，医务人员8人。是年，全乡各医疗机构门诊量4550人次，收治住院病人53例，医疗卫生业务收入5.6万元。

【新农村建设】　2017年，良田乡完善农村基础设施建设，开展拆除“四旧”（旧瓦房、残垣断壁、废弃猪牛栏、旧茅房）工作。全年投入111多万元，出动人员5731多人次，出动挖掘机177台次，拆除“四旧”2225间，其中旧厕所562间、旧猪牛栏515间、旧柴房425间、旧瓦房723间；投入2.75万元，在乡主干道安装LED照明路灯、中国结，对原有路灯进行维护修缮。

【社会民生】　扶贫　2017年，良田乡加大对建档立卡动态管理和扶贫统计监测工作力度，抽调专人、落实专责、制定规划开展扶贫工作，落实农村五保、低保政策法规，推进产业扶贫、项目扶贫，推广“以奖代补”政策。完善全乡10个面上贫困村、132户贫困户、222个贫困人口数据更新和信息化系统工作；完成贫困户和贫困人口增减调整和2014至2017年度实施项目录入工作；与广州市金翱实业有限公司签订100万元产业扶贫资金合同。是年，完成贫困户危旧房改造80户；预脱贫5户、14人。

民政　2017年，良田乡低保对象329户、1030人，年发放低保金303.04万元；五保对象89户、89人，年发放五保金64.61万元；优抚对象125人（其中参战老兵22人），年发放优抚金81.46万元；孤儿16人，年发放孤儿补助金1.41万元；80岁以上老人498人，年发放生活补助金8.96万元；百岁老人4人，年发放生活补助金2.4万元。发放救助资金74.2万元。完善残疾人基础数据，落实298名残疾人护理津贴和生活津贴审批上报工作。做好兵役登记和民兵训练工作，招送青年志愿兵2人。办理结婚登记162对（其中初婚287人、再婚37人），补领婚姻登记证30对，离婚登记27对。

社会保险　2017年，良田乡参加城乡居民基本养老保险9005人，覆盖率40.7%，领取农村社会养老保险2525人。参加城乡居民医疗保险1.82万人，覆盖率82.3%，享受领取住院报销补偿373人次，报销金额187万元。

【安全生产】　2017年，良田乡加强安全生产工作管理，落实安全生产责任制，组织开展道路交通安全等综合整治专项行动，定期或不定期组织开展交通、危爆物品、食品药品卫生、地质灾害等安全大检查。是年，落实专职安全生产监督检查员3人；进行拉网式大检查5次，安全专项检查13次，发放安全生产宣传资料600多份。全年全乡无较大安全事故发生。

【社会治安综合治理】　2017年，良田乡落实信访维稳工作，落实信访工作领导包案责任制，开展矛盾纠纷排查调处，加强群体性事件化解工作；加强禁假、禁毒、禁赌工作，严厉惩治各类违法犯罪，开展“众剑行动”专项行动，出动69人次，对边远山区进行常态化巡查，发现情况及时处置；严厉惩治查处农村基层干部违纪违法、涉农领域职务犯罪。全年接访群众45人次，下乡接访65次，解决群众疑难问题16件；成功包案化解重点信访案件2宗，稳控到位4宗；全年查处党员干部违纪违法3人，其中党纪处分2人、政纪处分1人；受理查处治安案件6件6人，行政拘留2人。

2017年良田乡主要社会经济指标一览表

表63

项目	单位	指标	项目	单位	指标
土地总面积	公顷	11667	粮食总产量	吨	3264
总人口	人	22137	水产总产量	吨	96
农业人口	人	20090	水果总产量	吨	11300
总户数	户	4203	蔬菜总产量	吨	9538
社区居委会	个	1	生猪出栏量	万头	1
村委会	个	10	牛存栏量	万头	0.0759
农业总产值	亿元	1.75	家禽出栏量	万只	3.9
工业总产值	亿元		中学	所	1
工业企业	家		小学	所	9
规模以上企业	家		中小学在校学生	人	371
高新技术企业	家		中小学在职教师	人	102
固定资产投资	亿元	0.8	幼儿园	所	1
本级财政总收入	万元	1.2495	在园幼儿	人	126

2017年良田乡各村（居）委会情况表

表64

村（居）委会名称	所辖自然村名称
金坑村	古石村、金坑村、竹坑村、坪上村、长江村、水背村、岭下排村
下村	洋德坑村、思茅坪村、水井头村、横石村、贵山村、田坑村、新建楼村、田心村、石下墩村、供尾村
嶂上村	嶂上村
龙岭村	大坪村、各坵村、黄泥溜村、朴树辇村、老石下村、新石下村、龙江村、高田村、龙新村、桥头村、仓下村、过水坵村、新屋家村、岭下村
双水村	墩下村、段面村、三对门村、碓坑村、寨顶村、寨下村、高岭美村
河水村	下屋村、上屋村、炉下村
河新村	罗地村、罗地下村、上肚村、马宗地村、献花村
中心村	老寨村、保善楼村、湖洋排村、黄枝头村、上新屋村、门前段村、岭背村
桐树坪村	老寨村、溪尾楼村、上禾坪村、下三片村、细溪背村、叶锡坑村
岸洋村	老寨村、寨子排村
居委	下坊埔村

（蔡蕴玉　刘会林　陈　曼）

坪上镇

【概况】 坪上镇位于揭西县南部，地处榕江上游，在榕江南河、石内河、龙潭河交汇之处。东与大溪镇相连，东南与普宁市石牌交界，南与普宁市南阳相接，西和五云镇毗邻，西南与汕尾市陆河县交界，北和龙潭镇、河婆街道接壤，境内地势南高北低，镇区距县城6000米。2017年，土地面积93.33平方千米。下辖社区居民委员会1个，村民委员会19个，自然村44个。新出生人数569人，人口出生率11.9‰，人口自然增长率7.9‰。至年底，全镇总户数1.2万户，户籍人口4.39万人，常住人口2.1万人。海外华侨2.6万人。港澳台同胞6000人。矿产资源主要有铁矿、铜矿等，土特产主要有青梅、青榄、乌榄、茶叶、淮山、萝卜、咸菜、竹笋等。主要旅游景点有石内河漂流、过路塘、石盆庵、玉泉庵、石内溪、莲花山生态林等。地方方言为客家方言。

【基层党建】 2017年，坪上镇贯彻落实中共十九大精神，抓好以党的十九大精神、习近平新时代中国特色社会主义思想为主要内容的党委理论中心组学习，完善基层组织建设，落实发展党员方针，落实党风廉政建设责任制，加大党员干部法纪教育，开展驻点干部直接联系群众工作，推行“互联网+政务服务”。全年排查整顿软弱涣散村2个；开展集中学习培训29场次；驻点团队走访群众1.25万人次，召开座谈会20次，受理群众诉求268件，现场办结256件。至年底，全镇基层党组织69个，其中党委1个、党总支6个、党支部62个；党员1259人，其中农村党员938人、镇直机关及各单位在职党员298人、退休党员23人。是年，新吸收党员18人；新吸收预备党员10人；发展入党积极分子46人。

【村（社区）“两委”换届选举】 2017年，坪上镇19个村、1个居委全面完成第七届村（居）民委员会和村（居）党支部选举工作，产生新一届村党支部和第七届村民委员会。选举依法产生各村（社区）书记主任34人，村（社区）党组织班子成员66人，村（居）委会班子成员93人，其中“两委”交叉任职人数53人。“两委”成员高中及中专学历8人，平均年龄49岁。

【村（居）务监督】 2017年，坪上镇成立乡贤咨询委员会，发挥“一室两会”、村务监督委员会作用，开展民主议事、公益理事、村务监督公开等工作。全镇村委会财务报表统一由财政所打印标准财务报表模式进行公开；村务每月至少公开1次、财务做到每月或每季度公开1次；村委会固定时间专门接待村民来访，做到专本记录；设立意见箱、举报电话，畅通收集意见、监督举报渠道；利用宣传栏、广播、宣传车、“廉洁一线”平台等渠道公布村务信息。至年底，全镇有村（居）务监督委员会20个，监督委员会委员62人；乡贤咨询委员会13个及7个新农村建设咨询委员会。

【经济发展】 2017年，坪上镇工农业总产值9.87亿元，比2016年（下同）增长22.3%，其中工业总产值5.66亿元，农业总产值4.21亿元。地方公共财政预算收入1600.3万元，增长6.2%；地方公共财政预算支出1600.3万元，增长6.2%。全年固定资产投资2.63亿元，社会消费品零售总额5.67亿元。新增“四上”企业1家。各项税收收入总额789.91万元，增长9.4%，其中国税376.63万元，增长7.8%；地税收入413.28万元，增长

11.3%。镇内有农村商业银行1家，邮政储蓄银行1家，各项存款余额3.9亿元，各项贷款400多万元。

农业　2017年，坪上镇农业总产值4.21亿元，增长9.4%，其中种植业产值2.98亿元，林业产值1930万元，畜牧业产值4420万元，渔业产值2150万元，农林牧渔其他产值3800万元。全镇耕地面积1360公顷，粮食播种面积1594公顷，粮食总产量1.03万吨，有湖光洋、员埔洋、南森洋3大粮食生产基地。主要农作物有蔬菜、水稻、花生、淮山、萝卜、玉米等。水稻种植面积1069公顷，总产量8638吨；蔬菜种植面积493.2公顷，总产量1.83万吨；水果种植面积1140公顷，总产量1.07万吨，其中种植青梅666.67公顷、乌榄33公顷。林地面积6800公顷，生态林869.3公顷，种植有松、杉等针叶林和桉树、牛包衣等阔叶林，木材采伐1010立方米。全年生猪出栏2.76万头、家禽（鸡、鸭、鹅）出栏5.2万只，水产养殖总产量1880吨。

工业　2017年，坪上镇工业生产以电站、线业、石料加工、塑胶等为主，有工业企业26家，从业人员187人，规模以上工业企业1家；水电站12座，装机总容量7575千瓦。是年，实现工业总产值5.66亿元，增长34%，其中规模以上工业产值1.22亿元，增长6%。

商业　2017年，坪上镇有农贸市场1个，占地面积6000平方米，市场主要经营农副产品。全镇有商贸企业（含营业单位）6家，个体商户362家，主要经营五金电器、服装鞋类、日常用品等。是年，新增限额以上商业企业2家，累计24家；全年社会消费品零售总额5.67亿元，增长10.3%。

【重点项目建设】　2017年，坪上镇固定资产投资2.63亿元，比2016年增长15.3%。坪红公路扩宽改建工程概算投资1500万元，开工建设申请报县政府审批；配合县高速公路指挥部做好高速公路建设征地拆迁工作，建设河婆连接线工程；投资500万元，做好乡村亮化、绿化和道路硬底化工程，完成镇区人行道铺设、路灯安装和道路绿化工程，完成四新村村道硬底化建设，完成尖田村、新榕村、四和村、潭角村等村“路边行动”植绿建设。

【特色农业】　2017年，坪上镇特色农业以蔬菜、果树种植为主。利用地形和气候优势，加强探索和实践积累高产优质栽培技术经验，推进种植集约化、基地化、规模化发展。全镇有湖光村优质蔬菜生产基地、员埔洋基地、石内青梅种植集中地，其中湖光村优质蔬菜全部免检出口至香港。是年，3个基地种植优质蔬菜133.3公顷，年产量8000吨，年产值5000多万元；种植香蕉1.78公顷，香蕉1700吨，年产值600多万元；种植青梅600多公顷，种植户1221户，年产量4万多吨，年产值7000多万元。

【生态环境建设】　2017年，坪上镇全面推进农村人居环境综合整治，严格落实“河长制”，加强城乡生活垃圾处理，规范畜牧业养殖，加强环保督察。清除村庄积存垃圾和杂物废料，清理村庄排水、排污沟渠和黑臭水体，建立健全农村环境卫生长效管理机制；加大打捞榕江河流域水浮莲力度，改善镇辖区内榕江河南河、龙潭河、石内河等流域河道畅通、水面环境清洁和水质，严厉打击乱采乱挖砂土破坏环境行为；实施“门前卫生三包”制度，签订责任书，推行“户收集、村集中、镇转运、县处理”运作模式和管理机制；全面排查各村畜牧业养殖户，严禁养殖场粪便随地堆积、污水随意排放；严格贯彻落实中央环境保护督察组督察反馈意见整改方案，推进工业源、移动源和面源污染治理，依法严惩污染企业和单位。是年，全镇建专职保洁队伍、落实“门前三包”自然村43个，实行雨污分流自然村9个，建有人工湿地、厌氧池、沼气池等处理生活污水自然村25个；全年清除农村历史积存垃圾、杂草杂物3288.17吨，清理农村沟渠、池塘、溪河553.9千米；整治农村乱搭建、乱堆放、乱拉电线632宗；实行畜禽集中圈养、人畜分离自然村22个；引导业主完成化粪池、沼气综合利用设施建设198处；及时查处尖田村2处非法印染作坊。

【科教文体卫】 教育 2017年，坪上镇有幼儿园1所，在园幼儿66人，幼儿教师11人；小学15所，小学生1207人，教职工182人（其中小学高级教师139人，小学一级教师职称22人，大专以上学历177人）；初级中学2所，九年一贯制学校1所，在校学生692人，教职工146人（其中大专以上学历146人，中学高级教师职称9人，中学一级教师职称106人）。是年，全镇适龄儿童入学率100%，小升初率100%，“三残”（智残、体残、肢残）适龄儿童入学率100%；完成普通高中送招123人。其中坪上中学和绵基中学、振文学校考取揭阳一中、河婆中学等重点学校人数78人。

文化体育 2017年，坪上镇有文化站1个，广播站1个，有线电视转播站1个，村级广播站12个，文化活动广场21个，农家书屋19间，老人福利院1个，老人协会1个。是年，全镇举办各种文艺活动、群众文艺汇演活动7场，参与人数6000多人次。

卫生 2017年，坪上镇有卫生院1所，占地面积1300平方米，建筑面积2050平方米，医务人员36人，病床12张，内设内科、外科、妇科、妇产科、防疫组、检验室、B超室、公共卫生办公室等科室；全镇乡村个体医疗站22个，医务人员23人。是年，各医疗机构门诊量9562人次，收治住院病人61例，医疗卫生业务收入45万元。全年未发生任何传染病，全镇儿童计划免疫率100%。

【新农村建设】 2017年，坪上镇加强新农村建设，完善农村基础设施，开展“四拆”整治行动。推进亮化工程建设，在村道安装路灯，坪上镇覆盖路灯路段有尖田村—成全村1千米，南联九斗村—坪上村3千米，坪上村—连城村2千米，五联村—员东村2千米，共计160条路灯，每天亮灯时间4小时；拆除“四拆”（拆除旧厕所，旧猪、牛栏，旧柴房，破旧住房）1035间，拆后复种蔬果100平方米、做绿化3980平方米、作为公共用地3.14万平方米。

【社会民生】 扶贫 2017年，坪上镇完善贫困村基础设施建设，实施项目帮扶、产业帮扶政策，推进精准扶贫工作。精准识别贫困户自然减少59人，增加2人，贫困户为757户、1804人，全镇产业扶贫项目经镇审核上报22个，计划投资资金1525.89万元，有21个项目通过县审批，落地实施；落实县“以奖代补”文件精神，申请以奖代补项目127个，申请金额21.58万元，其中通过验收并拨款项目70个共9.6万元；上级下拨到镇精准扶贫专户资金共2147.64万元，其中扶贫开发资金1585.03万元，东莞市定点帮扶村引导资金500万元，帮扶单位自筹资金62.61万元。镇精准扶贫专户下拨到各村资金共1598.77万元，其中产业扶贫资金1293.88万元，引导资金投资类82万元，拨付以奖代补资金共9.6万元，基础设施建设资金213.29万元。是年，投入79万元，完成低收入户危房改造29户；完成脱贫166户、589人。

2017年1月22日，东莞市道滘镇干部到坪上镇开展“精准扶贫”座谈会（林 满 摄）

民政 2017年，坪上镇低保对象661户、1963人，年发放低保金560万元；五保对象265户、265人，年发放五保金243万元；优抚对象303人，年发放优抚金168万元；孤儿23人，困境儿童63名，事实无人抚养儿童42人，留守儿童409人，年发放孤儿补助金4.56万元；80岁以上老人1149人，年发放生活补助金20.68万元；百岁老人14人，年发放生活补助金8.4万元。办理结婚登记309对，补领婚姻登记证14对，离婚登记66对。是年，为困难群众申请临时救助156宗，救助金额79.2万元；申请特困群众医疗事后救助72宗，救助金额69.1万元。

社会保险　2017年，坪上镇参加城乡社会养老保险1.68万人，覆盖率38%，领取农村社会养老保险7588人。参加城乡居民医疗保险3.62万人，覆盖率82.4%，享受领取住院报销补偿3887人次，报销金额3333.7万元。

【安全生产】　2017年，坪上镇加强安全管理，落实安全生产责任制，组织人员对重点行业开展专项整治检查，排查人员较为集中的娱乐场所、学校、医院、企业，对排查出隐患要求责任单位立即整改或责令限期整改。至年底，全镇开展专项整治检查130多场，整改隐患142宗。全年坪上镇实现安全生产零事故。

【社会治安综合治理】　2017年，坪上镇加强社会治安综合治理，完善社会治安防控体系建设，加大违法犯罪打击力度，发挥镇村两级综治信访维稳平台职能作用，落实领导周末接访制度和值班、请示报告制度，开展农村矛盾纠纷排查调处，推动综治维稳工作全面发展。全面排查和清理信访积案，多部门联合做好“八一”建军节退伍军人上访稳控工作；开展“众剑行动”“安全大过天，幸福过大年”专项行动，狠抓社会治安综合治理和安全生产、交通安全整治等工作。全年镇维稳中心受理矛盾纠纷16宗，调解纠纷16宗，调解率100%；立刑事案件10宗，侦破10宗，刑事拘留10人；受理行政案件3宗，行政拘留3人；受理治安案件21宗，办结21宗。

2017年坪上镇主要社会经济指标一览表

表65

项目	单位	指标	项目	单位	指标
土地总面积	公顷	9333	粮食总产量	吨	10319
总人口	人	43927	水产总产量	吨	1880
农业人口	人	41805	水果总产量	吨	10660
总户数	户	11989	蔬菜总产量	吨	18314
社区居委会	个	1	生猪出栏量	万头	2.76
村委会	个	19	牛存栏量	万头	0.03
农业总产值	亿元	4.21	家禽出栏量	万只	5.2
工业总产值	亿元	5.6	中学	所	2
工业企业	家	26	小学	所	15
规模以上企业	家	1	中小学在校学生	人	1899
高新技术企业	家		中小学在职教师	人	312
固定资产投资	亿元	2.63	幼儿园	所	1
本级财政总收入	万元	5301.9	在园幼儿	人	66

2017年坪上镇主要企业基本情况表

表66

企业名称	企业性质	职工人数（人）	主要特色产品	年产值（万元）	年上缴税收（万元）
荣盛辉线业	私营	56	各种针织线	968.4	336.1

2017年坪上镇各村（居）委会情况表

表67

村（居）委会名称	所辖自然村名称
红旗村	上咸村、下咸村、上江坑村、下江坑村、杨梅滩村、瓜田村、南坑村、西坑村、际光村
石峡村	石峡村
樟树下村	樟树下村
五星村	新月楼村、斜禾岗村、福兴楼村
潭角村	潭角村
东南村	东南村
连城村	连城村
四新村	四楼村、员山坝村
四和村	新塘埔村、石圳坑村、黄连湖村
坪上村	坪上村、杨梅塘村
员西村	员西村
员东村	员东村
五联村	车墩村、且楼村、塔下村、李埔村、井楼村
南联村	九斗村、龙子村、坑下村、新寮村、下坑村、下马石村
尖田村	尖田村、上岭村
新榕村	新榕村
成全村	成全村
上仓村	上仓村
湖光村	曲湖村、龙西村
坪新社区居委	无

（蔡高端　蔡晓松　张益敏）

河婆街道

【概况】 河婆街道位于揭西县境西南部，东连龙潭镇，西接五云镇，东南邻坪上镇，北毗良田乡和五华县七嶂径，居独山、明山、巾山三山环抱之中，地势由西北向东南逐渐变缓，西北为中低山区，东南为低山丘陵区，中部为丘陵河谷地带，形似小盆地，横江、榕江两水交汇于此。2017年，河婆街道土地面积102平方千米，其中城区面积12平方千米。下辖社区居民委员会9个，村民委员会26个，自然村91个，是揭西县政府驻地，全县政治、经济、文化中心，为广东省中心镇之一。至年底，总户数4.05万户，户籍人口13.65万人，常住人口11.99万人。土特产主要有米程、青榄、茶叶、油甘等。重点文物保护单位有大光学校、大同医院、中华医院等40多个。主要旅游景点有三山国王祖庙、天竺岩、广德庵风景区、河婆古塔等。地方方言为客家方言。

【基层党建】 2017年，河婆街道贯彻落实中共十九大精神，强化基层党组织建设和基层党员管理，加强农村（社区）及“两新”党组织建设，落实驻点直接联系制度，规范完善党员代理服务站、“一室两会”建设，落实“三会一课”制度，推进“两学一做”学习教育常态化制度化；创建庙角村、大同社区、欧安电子厂等党建示范点；完成欣堂村软弱涣散党组织整顿提升工作。全街道举行各类主题教育学习活动415场次，参与学习人数1.1万人次；投入100多万元，完善各村居基层阵地场所建设。至年底，河婆街道基层党组织106个，其中党工委1个，党总支1个，党支部105个；党员3112人，其中农村党员1440人，镇直机关及各单位党员1672人（含预备党员20人），其中退休党员53人。是年，新吸收党员45人；新吸收预备党员46人；发展入党积极分子138人。

【村（社区）“两委”换届选举】 2017年，河婆街道35个村（社区）完成“两委”换届工作，完成比例100%，依法选举产生各村（社区）书记主任57人，其中书记、主任“一肩挑”13人，村（社区）党组织班子成员121人，村（居）委会班子成员167人，其中“两委”交叉任职人数64人；大专以上学历29人，高中及中专学历110人，平均年龄48岁。

【村（居）务监督】 2017年，河婆街道加强村（居）务公开工作监督检查，规范完善村（居）委公开内容和程序，健全村（居）民会议和村（居）民代表会议制度，落实村（居）民自治、民主管理和民主监督。依法推选成立村（居）务公开监督小组和民主理财小组，督促村（居）务监督委员会履行权利和义务；强化农村集体“三资”监督管理，转发《揭西县农村集体资产资源交易管理工作意见》文件，落实驻村工作组、村委干部责任，加强街道农村集体资产资源管理和交易行为，促进农村社会和谐稳定。至年底，成立乡贤咨询委员会30个；有村（居）务监督委员会35个，监督委员会委员109人。

【经济发展】 2017年，河婆街道工农业总产值120.8亿元，比2016年（下同）增长11.9%。其中工业总产值115.27亿元，农业总产值5.53亿元。地方公共财政预算收入6941.8万元，增长77.9%；地方公共财政预算支出6941.8万元，增长77.9%。全年固定资产投资17.84亿元，社会消费品零售总额25.73亿元。各项税收收入总额8124.85万元，增长16%，其中国税收入4159.28万元，增长50.4%；地税收入3965.57万元，下降6.4%。辖区内有农村商业银行、农业银行、工商银行、建设银行、中国银行、邮政储蓄银行等多家金融机构。

农业 2017年，河婆街道农业生产总值5.53亿元，增长9.3%，其中种植业产值3.18亿元，林业产值0.55亿元，牧业产值1.24亿元，渔业产值0.2亿元，农业服务业产值0.36亿元。农业生产以种植水稻、番薯为主，经济作物主要有花生、豆类、蔬菜等。全街道耕地面积1511公顷，粮食播种面积2779.7公顷，粮食总产量1.29万吨。水稻播种面积1260公顷，总产量7369吨；木薯、番薯、马铃薯播种面积681公顷，总产量4350吨；蔬菜种植面积543公顷，总产量2.20万吨；水果种植面积1678.9公顷，总产量1.29万吨；完成造林面积231公顷，更新造林103公顷，成林抚育225公顷，木材采伐425立方米。全年生猪出栏4.49万头、家禽（鸡、鸭、鹅）出栏753.19万只，水产养殖总产量1735吨。加强高致病性禽流感防控工作，严防疫情发生，组织防疫人员下乡注射禽流感疫苗84多万只，猪口蹄疫、猪瘟、猪高制性蓝耳病疫苗7.5多万头。农田水利建设方面，加强三家陂、鸦鹊陂、横北线渠道等水利设施管理，全年完成水利工程7宗，土方506立方米，石方350立方米。

工业　2017年，河婆街道工业生产以制药、电子电器为主，有工业企业1400多家，规模以上工业企业27家。外贸出口主要产品为电子琴，出口企业有小天使电子电器有限公司、美乐斯电子电器实业有限公司、美科电子电器厂、新韵电子电器有限公司等。全年实现工业总产值115.27亿元，增长12%，其中规模以上工业产值73.91亿元，增长8.2%。

商业　2017年，河婆街道有农贸市场4个，建筑面积6000平方米，大小商铺6000多间，主要经营五金电器、服装鞋类、日常用品、农副产品等。主要商业企业有：广东富达企业集团客车有限公司、广信商务宾馆、特美思度假村有限公司等；规模以上服务业累计3家。是年，新增限额以上商业企业1家，累计41家；社会消费品零售总额25.73亿元，增长12.6%。

【重点项目建设】　2017年，河婆街道固定资产投资17.84亿元，比2016年增长10.7%。以县城重点项目建设为依托，推进县城扩容提质和县城东部新区规划建设，继续配合县职能部门做好揭西贝斯达医院、县城新自来水厂、县城区道路升级改造、县城东部新城、县城东部商贸城客潭洋地段综合开发利用等重点项目征地拆迁和项目建设相关协调工作，其中县城道路升级改造工程项目主要改造县城12条道路（金凤路、特美思大道、河山路、霖都大道、河江大道、大庙路、河堤路、新安路、河山横路、农化路、温泉大道、新东路），总里程12.4千米，总投资1.2亿元；加强三山国王祖庙、广德庵、天竺岩等景区管理和配套设施建设。

【特色农业】　2017年，河婆街道特色农业主要有种植砂糖桔、生产甜玉米罐头、养殖鹧鸪等。砂糖桔种植面积8.7公顷，平均年产量约75吨，年产值48多万元；甜玉米罐头是由广东志诚食品公司生产，主要样品有“超甜玉米粒”“玉米羹”“玉米笋”等，平均年产量1万多吨，年产值750多万元；引导、扶持农户发展鹧鸪等珍禽养殖，全年养殖量110多万只。

【生态环境建设】　2017年，河婆街道加强城乡生活垃圾收集清理整治工作，落实网格化管理责任，完善垃圾集中处理、环卫保洁村规民约、户收费制度长效机制，健全环境卫生保洁运作模式和管理机制；加强辖区范围内环保问题综合整治，建立健全环保工作责任制，组织开展农村环境综合整治、畜禽养殖、水产养殖污染和农业面源污染防治行动，强化养殖场和涉水企业监督管理，在饮用水源保护区设立明显标志牌和隔离防护设施，重点针对榕江和横江水质污染、农村环境污染、大气环境污染等污染行为进行监管巡查；全面落实河长制，建立健全河道管理保护机制，构建以党政领导负责制为核心的责任体系和河道管理保护监督考核、责任追究制度，对榕江南河和横江河堤围分段并竖立公示牌；加大林业资源管护力度，建立层级护林网络，做好生态公益林扩面、森林资源保护和防火工作；强化村镇规划和国土资源管理，加强土地管理与开发利用，做好国土动态巡查工作，依法整治违法用地行为83宗；加强登革热防控工作，做好重点地区防蚊、灭蚊和重点人群防控工作，降低蚊媒密度。是年，开展监管巡查行动112次，出动人次450人；26个行政村聘请保洁员92人。

2017年3月31日，河婆街道在庙角村组织召开城乡人居环境综合整治工作现场会　（河婆街道办　供稿）

【科教文体卫】　科技　2017年，河婆街道以电子琴技术专业镇为基础，发展好电子电器、食品加工、制药等支柱产业，支持企业开展产品研发、技术改造和申报品牌专利，引导企业走科技创新道路。是年，河婆街道申请专利160个。

教育　2017年，河婆街道有幼儿园26所，在园幼儿7631人，幼儿教师368人；有小学17所，小学教学点6个，在校学生1.14万人，教职工662人（其中小学高级教师2人，小学一级教师职称490人，大专以上学历562人）；有初级中学3所，九年制学校1所，在校学生5134人，教职工470人（其中大专以上学历369人，中学高级教师职称78人，中学一级教师职称212人）；有高中学校2所，在校学生6593人，教职工519人（其中高级教工94人，一级教师职称248人）。是年，小学适龄儿童入学率100.2%，小升初率100.2%；完成广东省教育强镇（街）复评验收；东风小学、揭西一中、武帮中学被评为规范汉字书写特色学校，揭西县宝塔实验学校、张武帮中学被评为全国足球特色学校，大同小学、揭西县宝塔实验学校、纪达中学被评为语言文字规范化学校。

文化体育　2017年，河婆街道有文化站1个，广播站1个，村级广播站26个，文化活动广场26个，老人文化活动中心26个，农家书屋26间，老人福利院1所。开展“创文为我　我为创文”“百局齐行动　助创文明城”等创文主题活动，发放创文满意率问卷调查表4.2万份、未成年人思想道德建设工作测评调查问卷统计表3000余份，满意率98%以上；春节和重大地方性庆典活动开展文艺会演、舞狮、篮球及乒乓球比赛等群众性文化体育活动。

卫生　2017年，河婆街道有社区卫生院1所，在编人员76人，其中卫生技术人员50人、中级职称4人、初级职称46人、执业医师8人、执业助理医师19人；卫生站35个，村医生35人。社区卫生院内设公共卫生科、预防保健科、妇保科、儿保科、急诊科、检验科、医学影像科、中医科、药房等，现有固定资产总值约1001万元，其中专业设备有手术床、麻醉机、心电监护仪、新生儿监护仪、信息化健康体检一体机、全自动生化分析仪、全自动血液细胞分析仪、血球计数仪、尿液分析仪、神经损伤治疗仪、颈腰椎治疗多功能牵引床、颈腰椎综合治疗仪、救护车等。全年卫生院门诊量3.99万人次，医疗卫生业务收入39.17万元。

【新农村建设】　2017年，河婆街道完善农村基础设施建设，抓好惠民项目建设；建立健全卫生长效管理机制，开展健康教育活动，做好病媒生物防制工作，加强基层医疗卫生服务能力，推进行政村卫生站公建规范化建设。是年，新安社区、军田社区、建新社区、东风社区4个社区被广东省爱国卫生运动委员会授予“广东省卫生村”称号。乡新村、六一村、下滩村、西坑村、后埔村、新楼村、马头村、岭丰村8个行政村各投入约20万元建设村卫生站，建筑面积约80平方米，设置诊断室、治疗室、家庭医生签约服务室和药房，配置必要基本设备38种。全街道投入1800多万元建设农村基础设施，其中新村社区筹资450多万元，重建新村文化活动中心综合楼，完善各项配套设施；乡新村、乡肚村筹资550万元，启动吉庆大桥重建工程；南和村筹资200多万元，重修昌黎小学；三星村、河东村、溪西埔尾村3个村筹资80万元，重修埔尾洋路段；三星村筹资60万元，完成村道建设、路灯安装；湖洋村筹资40万元完善村民道路建设；新建村、新楼村、下滩村、庙角村、溪西村等村（社区）筹资建设和完善村道路、水利设施、公共活动场所等项目。至年底，成立新农村建设咨询委员会5个。

【社会民生】　扶贫　2017年，河婆街道建立健全扶贫工作机制，做好进村入户、精准识别、制定规划、数据录入、建档立卡等工作；实施产业帮扶、就业服务等帮扶项目和落实五保、低保等兜底政策，推进省定贫困村新农村建设，增强扶贫对象自我发展能力、贫困村内生发展动力。是年，完成脱贫93户、332人，占贫困户27%；对

335户、446人无法依靠产业扶持和就业帮助脱贫的家庭实行政策性保障兜底；帮助545户、1242人参加城乡居民基本医疗保险和建档立卡；全街道完成危房改造对象10户。

民政　2017年，河婆街道低保对象1616户、3478人，年发放低保金1300多万元；五保对象223人，年发放五保金161.89万元；优抚对象662人；孤儿66人，年发放孤儿补助金68.11万元；事实无人抚养儿童41人，年发放生活补助金24.6万元；困境儿童116人，年发放生活补助金13.92万元；80岁以上老人2364人，年发放生活补助金42.55万元；百岁老人11人，年发放生活补助金5.28万元；办理结婚登记1000对，补领婚姻登记证132对，离婚登记235对。

社会保险　2017年，河婆街道参加城乡居民基本养老保险2.78万人，覆盖率23.9%，领取农村社会养老保险1.27万人。参加城乡居民医疗保险9.93万人，覆盖率72.7%，享受领取住院报销补偿2353人次，报销金额1471.6万元。

【安全生产】　2017年，河婆街道与35个村（居）委及相关企事业单位签订《安全生产责任书》《消防安全责任书》，形成街道、社区、企业三级安全生产目标管理体系；组织开展消防宣传教育活动3次，社区专职消防员消防技能演练1次；组织开展安全生产及消防安全大检查9次，排查发现各类安全或消防隐患150余处；对辖区内非法生产经营烟花爆竹、超量库存成品油、危险品存储等涉及安全生产场所不定期检查，避免重大安全事故发生；设立专人专职安全巡查员，建立健全安全生产工作台账，加强对辖区内“三小场所”（小档口、小作坊、小娱乐场所）、消防、道路交通、建筑施工等领域安全生产管理，排查发现各类安全或消防隐患2100多处。

【社会治安综合治理】　2017年，河婆街道建设完善综治信访维稳中心和村（居）工作站，抓好治保会、治安巡逻队、村级调解会建设，发挥街道综治信访维稳中心和村居维稳工作站平台作用；严厉惩治“两抢一盗”、电信诈骗、涉赌、涉毒、制假售假等各类违法犯罪活动；完成村（社区）综治网格划分和网格管理员队伍组建，全面构建“中心+网格化+信息化”工作体系；成立社区戒毒社区康复工作领导小组，推进社区戒毒社区康复工作；加强校园安全保卫工作；推进一村（社区）一法律顾问工作。全年街道综治维稳中心受理群众来信来访、网上信访、领导批示共56宗，调处56宗，其中现场调处43宗，立案9宗，结案9宗；全街道建立治保会、调解会各35个，治保人员230多人；分级分类管控吸毒人员155人；划分综治网格135个；开展社会治安综合治理“众剑行动”，联合河婆、河西派出所共破获刑事案件12宗，抓获犯罪嫌疑人35人，刑事拘留12人，查处治安案件19件、35人；实行领导周末接访制度，受理群众矛盾纠纷案件17宗，化解14宗。全年接收矫正对象135人，解矫106人，在矫社区矫正对象29人；开展平安建设创建和反邪教警示教育宣传活动，全年邪教组织案件发案为零。

2017年7月19日，县委常委、政法委书记、河婆街道党工委书记张永庆（前左三）带队到县城壳牌加油站开展安全生产大检查　（河婆街道办　供稿）

2017年河婆街道主要社会经济指标一览表

表68

项目	单位	指标	项目	单位	指标
土地总面积	公顷	10200	粮食总产量	吨	12943
总人口	人	136542	水产总产量	吨	1735
农业人口	人	66207	水果总产量	吨	12924
总户数	户	40473	蔬菜总产量	吨	21989
社区居委会	个	9	生猪出栏量	万头	4.49
村委会	个	26	牛存栏量	万头	0.08
农业总产值	亿元	5.53	家禽出栏量	万只	753.19
工业总产值	亿元	115.27	中学	所	3
工业企业	家	1400	小学	所	17
规模以上企业	家	27	中小学在校学生	人	16545
高新技术企业	家	1	中小学在职教师	人	1132
固定资产投资	亿元	17.84	幼儿园	所	26
本级财政总收入	万元	8124.85	在园幼儿	人	7631

2017年河婆街道主要企业基本情况表

表69

企业名称	企业性质	职工人数（人）	主要特色产品	年产值（万元）	年上缴税收（万元）
广东省揭西县白云山威灵药业有限公司	国企	469	医药制造业	22852	401
揭西县美科电子电器厂	私企	124	电子琴	3469	98
揭西县小天使电子电器有限公司	私企	251	电子琴	37046	528
揭西县美乐斯电子电器厂实业有限公司	私企	632	电子琴	46311	818
揭西县志城食品有限公司	私企	215	食品罐头	33612	641
揭西县美声电子电器厂	私企	102	电子琴	2357	66
揭西县新韵电子电器有限公司	私企	263	电子琴	27559	430
广东广信食品机械有限公司	私企	171	食品包装	4750	142

2017年河婆街道各村（居）委会情况表

表70

村（居）委会名称	所辖自然村名称
六一村	六一村
南新村	南新村
后埔村	后埔村
湖洋村	湖洋村
马头村	马头村
欣堂村	欣堂村

续表70

村（居）委会名称	所辖自然村名称
溪角村	溪角村
河东村	河东村
三星村	三星村
客潭村	客潭村
庙垅村	庙垅村
南和村	起凤楼、明山楼
西坑村	西坑村、古竹排村
宫墩村	宫墩村、龙尾村
新建村	白地村、朱盆岭村、高湖村
乡新村	上新村、学新村、营新村
庙角村	庙角村、凤尾村、下角村
新楼村	文山楼、坎下楼、高士楼
下滩村	桥头村、寨肚村、群丰村、五联村、广田村
东星村	军田村、上楼村、西门村、东门村、汤埔村
溪东村	枫东村、枫西村、和坑村、和福村、公平市
新四村	水班头村、木石坑村、富屋寨村、长秋坑村、新建寨村、风门凹村
北坑村	对门岭村、永岭村、老寨村、居之安村、上楼村、坑尾村、新兴楼村
溪西村	埔尾村、苏屋楼村、洪屋楼村、张家围村、细山下村、新寨村、大山下村、樟树坑村
岭丰村	上楼村、中楼村、下楼村、忍炉村、曲江弟村、翻身楼村、八斗种村、新祠堂村、浮岗山村
乡肚村	剃下村、坑背楼村、上春村、中春村、下春村、祠堂坝村、上径背村、下径背村、吉庆楼村、农光村、小坑村、营背村、东升村、交古潭村、坝尾楼村、金星楼村、南美山村
新村居委	
河西居委	
宝塔居委	
建新居委	
东风居委	
军田居委	
大同居委	
河山居委	
新安居委	

（韩学光　刘汉涛）

龙潭镇

【概况】 龙潭镇地处揭西县境中部，东接南山镇，西邻河婆街道，南与坪上镇接壤，北倚大北山。距县城5千米。2017年，土地面积78.77平方千米。下辖社区居民委员会1个，村民委员会14个，协管一个县农业局下辖良种场的高田村委会，自然村79个（含高田村）。新出生人数601人，人口出生率15‰，人口自然增长率8.4‰。至年底，总户数9742户，户籍人口3.92万人，常住人口2.74万人。海外华侨3万多人。港澳台同胞8000多人。土特产有沙塘橘、焦柑、糯米酒、青橄榄、乌榄。主要旅游景点有祥龙寺。地方方言为客家方言。

【基层党建】 2017年，龙潭镇贯彻落实中共十九大精神，加大基层治理力度，整顿软弱涣散党组织，开展领导干部驻点直接联系群众工作；开展"两学一做"学习教育，落实"三会一课"制度。全年受理群众诉求78件，现场办结50件，限时办结27件；接访群众585人次，走访群众8319户，召开各类座谈会938次；整顿双龙村软弱涣散党组织，查找突出问题3宗，制定解决问题措施3条；召开党员群众座谈会3次，走访党员群众98户，建立健全各项规章制度11项。至年底，全镇基层党组织38个，其中党委1个、党总支2个、党支部35个；党员1169人，其中农村党员918人、镇直机关及各单位在职党员206人、退休党员45人。是年，新吸收党员18人；新吸收预备党员22人；发展入党积极分子30人。

【村（社区）"两委"换届选举】 2017年，龙潭镇16个村（包括高田村）（社区）完成"两委"换届工作，完成比例100%，依法选举产生各村（社区）书记主任28人，其中书记、主任"一肩挑"4人，村（社区）党组织班子成员48人，村（居）委会班子成员56人，其中"两委"交叉任职人数18人，"两委"成员大专以上学历6人，平均年龄50岁。

【村（居）务监督】 2017年，龙潭镇完善村级党组织运行机制，强化村（居）务监督，规范村务监督委员会工作，加强"三资"交易平台管理。至年底，全镇纳入平台交易项目74宗；全镇有村（居）务监督委员会16个，监督委员会委员48人。

【经济发展】 2017年，龙潭镇工农业总产值9.43亿元，比2016年（下同）增长6.2%，其中工业总产值6.08亿元，农业总产值3.35亿元。地方公共财政预算收入4519.51万元，增长88.8%；地方公共财政预算支出4519.51万元，增长88.8%。全年固定资产投资2.23亿元，社会消费品零售总额4.81亿元。各项税收收入总额730.4万元，增长8.7%，其中国税收入571.55万元，增长17.9%；地税收入158.85万元，下降15%。镇内有农村商业银行1家，各项存款余额3.13亿元，各项贷款679.8万元。

农业 2017年，龙潭镇农业总产值3.35亿元，增长9.1%，其中种植业产值1.6亿元，林业产值3500万元，牧业产值1.2亿元，渔业产值2028万元。全镇耕地面积1038公顷，粮食播种面积1356公顷，粮食总产量7803吨。种植业以种植稻谷、甘薯、蔬菜为主。水稻播种面积1294公顷，总产量7361吨；薯类种植播种面积474公顷，总产量3000吨；蔬菜种植面积465公顷，总产量1.6万吨；水果种植面积648公顷，总产量5835吨。完成造林面积333公顷，木材采伐550立方米。全年生猪出栏4.23万头，家禽（鸡、鸭、鹅）出栏45.28万只，水产养殖总产量2228吨。

工业　2017年，龙潭镇工业生产以电子加工为主，有工业企业11家，从业人员150人，其中规模以上工业企业1家。主要民营企业有新塔有限公司、德煌电器变压器厂、井下石雕厂、鸿讯电子厂等。是年，实现工业总产值6.08亿元，增长4.6%，其中规模以上工业产值3.5亿元，增长16.3%。

商业　2017年，龙潭镇有大小商铺217多间，镇区沿街商铺105家，主要经营五金电器、日用百货、餐饮、服装鞋类、农副产品等。是年，限额以上商业企业2家；社会消费品零售总额4.81亿元，增长9.1%。

【重点项目建设】　2017年，龙潭镇固定资产投资2.23亿元，比2016年增长34.3%。龙潭镇农村环境连片综合整治项目一期工程共9个点，至年底，完成双龙田心村、双龙小布阁村、井田村、团结村、汤坝村、富光村、龙东村、双龙坑尾村8个点主体工程建设，并通水；完善汤坝管网，汤坝管网变更后总长度600米，至年底，完成铺设管道；完成北联主体池大池回填；完善北联管网，管网总长1020米，铺设管道沟道970米，占总长度95%。龙潭镇农村环境连片综合整治项目二期工程共5个点，至年底，完成井田村、泉水塘村主体工程建设；井下村主体工程开挖；完成龙东村、田心村清淤，基本完成2017年度环境连片整治综合整治示范县二期工程建设任务。

【特色农业】　2017年，龙潭镇特色农业以种植柑橘、养殖良种猪为主，龙潭镇是揭西县最大沙糖桔生产基地。是年，全镇种植沙糖桔10万多株，面积120多公顷，年产量2500吨，年产值1750万元。其中龙源生态园种植沙糖桔6万多株，面积66.67公顷，年产量1500吨，年产值1050万元；养殖良种猪700多头，年产值110万元。

【生态环境建设】　2017年，龙潭镇强化生态环境建设监管，实施网格化管理制度，完善生活垃圾集中处理，加强畜禽养殖管理，推行河长制，开展龙潭河流域水资源治理工作，推进龙潭河污水截留工程。全面关停禁养区畜禽养殖户，引导养殖场（户）减少存栏量，鼓励养殖户在远离居民区统一建设猪栏，对登记造册养殖户，要求增设、完善排污设施；对辖区内河道乱搭乱建、乱种植、乱倒、乱采（挖）等违法现象进行调查摸底，登记造册，并加强对河道采（洗）砂巡查力度；在各村流入龙潭河污水口，建设大面积三级污水停留池，对流入龙潭河污水进行处理，将污水流入三级鱼塘，一级爆氧、二级植物吸附、三级生物消化后再排出；定期开展河道两岸垃圾、河面生活垃圾（漂浮物）、水浮莲清理整治；按照“户分类、村收集、镇运送、县处置”生活垃圾集中处理方式，生活垃圾实行日产日清；各村在公共场所设立垃圾收集桶，并配备垃圾运输车。至年底，开展生态环境监管巡查行动45次，出动162人次；实现各村（居）每500人配备1名垃圾保洁员。

【科教文体卫】　教育　2017年，龙潭镇有幼儿园5所，其中公办幼儿园1所、附设幼儿园2所、民办幼儿园2所，在园幼儿719人，幼儿教师30人；小学13所，在校学生1454人，教职工138人（其中小学一级教师116名，本科及以上学历44人）；中学1所，在校学生769人，教职工66人（其中中学高级教师5名，中学一级教师58名，本科及以上学历55人）。是年，全镇适龄儿童入学率100%，小学巩固率100%，初中毛入学率100%，残疾儿童入学率100%，学前三年入园（班）率98%；龙潭镇教育组和龙潭中学在2017年全县教育教学质量综合评价中荣获一等奖；龙潭镇教育组和龙潭中学被揭西县教育局评为“教育先进单位”；龙文学校被教育部确认为“全国青少年校园足球特色学校”，被广东省文明办确认为“乡村学校少年宫”项目学校，被揭阳市教育局评为“平安校园”；龙潭中学被广东省教育厅确认为“足球特色学校”，被揭阳市教育局评为“平安校园”；育英学校被揭西县教育局评为“德育示范学校”。

文化体育　2017年，龙潭镇有镇级文化站1个，广播站1个，文化活动广场1个，村文化活动中心21个，敬老院1个。联合上级文化部门组织陂尾村、井下村、龙跃村、富光村等村开展“我们的节日”活动和以舞蹈、对歌、广场舞相结合的文艺晚会；春节期间，汤坝村、龙跃村组织群众进行灯迷、乐社等民间传统竞技活动，组织周边群众打篮球联谊赛；协助县博物馆开展助力创文图片巡回展览，并在各村开展党的十九大图片巡回展览。全年开展群众文艺活动20场次。

卫生　2017年，龙潭镇有卫生院1所，占地3544平方米，建筑面积3064平方米，医务人员44人，病床20张，内设内科、外科、儿科、妇科、妇产科、防疫组、检验室、B超室、公共卫生办公室等科室；乡村个体医疗站20个，医务人员18人。全年各医疗机构门诊量4.15万人次，收治住院病人58例，医疗卫生单位业务收入42万元。全年全镇未发生任何传染疾病，儿童计划免疫率100%。

【新农村建设】　2017年，龙潭镇完善基础设施建设，加强雨污分流和人畜分离项目建设，开展“三清、四拆、三整治”（“三清”即清理村巷道及生产工具、建筑材料乱堆乱放，清理房前屋后和村巷道杂草杂物、积存垃圾，清理沟渠池塘溪河淤泥、漂浮物和障碍物；“四拆”即拆除旧厕所、拆除旧猪牛栏、拆除旧柴房、拆除破旧住房；“三整治”即整治生活垃圾、整治生活污水、整治水体污染）工作，推进新农村建设。是年，基本完成龙东村、龙跃村等村道路绿化、路沿石铺设工作；完成石溜头村、田心村等8个自然村雨污分流项目；拆除旧厕所92处，旧猪牛栏39处，旧柴房24处，破旧住房620处，面积1.98万平方米。

【社会民生】　扶贫　2017年，龙潭镇根据致贫原因实施产业帮扶、项目帮扶、就业帮扶，落实县“以奖代补”文件精神，加强项目申报，调动外出乡贤等社会力量参与扶贫开发，整合财政资金和各类涉农资金，开展“社会组织+扶贫”“生态农业+扶贫”等模式。是年，完成农村危房改造34户；井下村、南福田村、泉水塘村、团结村、陂尾村5个贫困村通过光伏发电项目；莱仔园村、龙跃村、北联村、井田村、井下村、龙东村、双龙村、富光村、关山村、高田村10个贫困村入股企业；引进小龙虾和黄粉虫养殖合作社；核实38户符合以奖代补政策贫困户。至年底，龙潭镇相对贫困人口538户、1305人，其中7个相对贫困村有贫困户385户、1013人，8个分散贫困村贫困户153户、292人。全年完成脱贫116户、440人。

2017年12月31日，揭阳市副市长曾瑞如（中）到龙潭镇陂尾村和莱仔园村调研精准扶贫精准脱贫和社会主义新农村建设工作（李秋胜　摄）

民政　2017年，龙潭镇低保对象586户、1487人，年发放低保金359.67万元；五保对象229人，年发放五保金210.22万元；优抚对象281人，年发放优抚金123.18万元；农村退役士兵4人，年发放优抚金11.8万元；孤儿18人，年发放孤儿补助金17.95万元；80岁以上老人1011人，年发放生活补助金18.2万元；百岁老人7人，年发放生活补助金4万元。实施医疗救助217人次，发放大病救助款91.03万元；临时救助27人次，发放临时救助金10.75万元；为462名一二级重度残疾人办理重度残疾人护理补贴，为229名符合条件困难残疾人办理残疾人生活津贴。办理结婚登记269对，补领婚姻登记证48对，离婚登记64对。

社会保险　2017年，龙潭镇参加城乡居民基本养老保险1.44万人，覆盖率36.8%，领取农村社会养老保险6754人。参加城乡居民医疗保险3.35万人，覆盖率85.4%，享受领取住院报销补偿3965人次，报销金额2499.9万元。

【安全生产】　2017年，龙潭镇落实安全生产责任制度，建立安全生产长效机制，加强安全生产宣传教育和培训，强化安全生产责任意识，开展非煤矿山、危险化学品及油气输送管道、商贸流通、食品安全、烟花爆竹、电线电缆等各重点领域安全生产大检查。镇政府与16个村（居）委及相关企事业单位签订安全生产责任书和消防安全责任书；开展“安全生产月”“职业病防治法宣传周”等安全生产活动。是年，组织开展安全生产检查26次，参加人员112人次，检查企业、商铺157家，发现事故隐患51项，全部落实整改。全年无重大安全事故，无严重伤亡事件发生。

【社会治安综合治理】　2017年，龙潭镇加强基层平安建设，落实维稳信访工作，强化信访维稳网格化责任制，完善社会治安防控体系，严厉打击各类违法犯罪活动，开展无“三害”（黄、赌、毒）、无“三非”（非法入境、非法居留、非法就业外国人）、无传销、无邪教、无黑恶等平安细胞创建工作。深化禁毒工作，开展宣传活动；开展社会治安综合治理“众剑行动”，打击违法犯罪、化解社会矛盾、清除安全隐患；推动各行政村公共安全视频监控系统建设，完成9个村公共安全视频监控连接到镇派出所。全年镇综治信访维稳中心受理信访件55宗，成功调解54宗，办结率98%；受理网上信访件4宗，成功调解4宗，办结率100%；派出所破获刑事案件10宗，抓获各类违法犯罪人员26人，其中在逃3人，行政案件13宗，抓获吸毒人员5人，强制戒毒人员4人，调处因土地纠纷案件20宗，破获一宗盗窃摩托车系列案，抓获团伙犯罪嫌疑人7人，破获镇辖区盗窃案5宗，牵出该团伙在河婆镇、坪上镇、棉湖镇的盗窃案、抢夺案10宗。

2017年龙潭镇主要社会经济指标一览表

表71

项目	单位	指标	项目	单位	指标
土地总面积	公顷	7877	粮食总产量	吨	7803
总人口	人	39157	水产总产量	吨	2228
农业人口	人	30346	水果总产量	吨	5835
总户数	户	9742	蔬菜总产量	吨	15996
社区居委会	个	1	生猪出栏量	万头	4.23
村委会	个	15	牛存栏量	万头	0.03
农业总产值	亿元	3.35	家禽出栏量	万只	45.28
工业总产值	亿元	6.08	中学	所	1
工业企业	家	11	小学	所	13
规模以上企业	家	1	中小学在校学生	人	2223
高新技术企业	家	1	中小学在职教师	人	204
固定资产投资	亿元	2.23	幼儿园	所	5
本级财政总收入	万元	730.4	在园幼儿	人	719

2017年龙潭镇主要企业基本情况表

表72

企业名称	企业性质	职工人数（人）	主要特色产品	年产值（万元）	年上缴税收（万元）
广东德煌电力设备有限公司	私企	179	电力变压器、电力节能器、高压电力计量箱及相关配套产品	35023.9	2101.4

2017年龙潭镇村（居）委会情况表

表73

村（居）委会名称	所辖自然村名称
菜籽园村	老寨村、上新村、下楼村、黄枝塘村、曲仓村、坪山村、老屋家村、塘背坜村、大埔村
南福田村	上寨村、下寨村、联塘村、上横塘村（曾用名上新村）、龙墩村、大埔村、田背园村
龙跃村	玉竹园村、大埔头村、李园下村、天昌楼村、新寨村、华萼楼村、龙田楼村、福安楼村、高墩村
泉水塘村	泉水塘村
北联村	柑园村、半埔围村、下塘村
团结村	起龙围村、乌石楼村、到背村、山蕉洋村、硿仔肚村、留晋纯村、浮岗山村、鸭麻寮村
井田村	井田村、新寨村、石溜头村
关山村	新屋村、溪背村、小黄岭村、龙岗村、邓公坪村
汤坝村	汤坝村、打石坪村、陂角楼村、埔下楼村、江屋寨村、岭下村
井下村	井下楼村、李公坡村、下角坝村、坡洋村、东坑村
陂尾村	陂尾楼村、白云湖村、刘广屋村
富光村	富美楼村、长江楼村、螺丝角村、河南東村
双龙村	田心村、石头山村、小布角村、埔仔村、老寨下村、坑尾村、永居楼村
龙东村	深溪围村、长江岭村、杨屋楼村、墩仔村、灰寨村、仓下村、坡子坪村、砂隆村
高田村	高田村
新圩居委	无

（韩建庭　张俊鹏）

南山镇

【概况】　南山镇地处揭西县境中部丘陵区，东与京溪园镇、灰寨镇接壤，西和龙潭镇、良田乡相连，南与大溪镇交界，东北与五经富镇大洋毗邻，距县城16千米。北山林场和天宝堂林场位于南山境内。2017年，土地面积134.5平方千米。下辖社区居民委员会1个，村民委员会18个，自然村50个。新出生人数628人，人口出生率15.6‰，人口自然增长率8.8‰。至年底，总户数9301户，户籍人口3.85万人，常住人口2.54万人。土特产主要有苦笋、茶叶等。主要旅游景点有大北山森林公园京明度假村。地方方言为客家方言。

【基层党建】 2017年，南山镇贯彻落实中共十九大精神，加强基层组织建设，开展干部驻点直接联系群众工作，结合“两学一做”学习教育，完善党委理论学习中心组学习制度和党员经常性学习教育制度。全年排查整顿软弱涣散村1个；开展集中学习培训12场次；驻点团队走访群众9379人次，召开座谈会14次，受理群众诉求3件，现场办结42件，限时办结1件，收集群众意见建议3个。至年底，全镇基层党组织42个，其中党委1个、党总支1个、党支部40个；党员1193人，其中农村党员744人、镇直机关及各单位在职党员314人、退休党员135人。是年，新吸收党员23人，新吸收预备党员23人，发展入党积极分子35人。

【村（社区）“两委”换届选举】 2017年，南山镇19个村（社区）完成“两委”换届工作，完成比例100%，依法选举产生各村（社区）书记主任28人，其中书记、主任“一肩挑”10人，村（社区）党组织班子成员61人，村（居）委会班子成员79人，其中“两委”交叉任职人数52人。“两委”成员大专学历2人，高中及中专学历42人，初中学历69人，平均年龄46岁。

【村（居）务监督】 2017年，南山镇落实村（居）务监督工作，强化村（居）务监督委员会职能，加强村（居）务监督培训，推进村（居）务监督工作规范化建设。村（居）务监督委员会对村（居）内事务决策、财务收支状况等进行监督；定期召开村（居）民代表会议，对村（居）民关心问题及村（居）务进行集体讨论和评议，组织群众对村（居）委会班子及成员进行测评。至年底，全镇成立村（社区）乡贤咨询委员会19个；有村（居）务监督委员会19个，监督委员会委员57人。

【经济发展】 2017年，南山镇工农业总产值19.19亿元，比2016年（下同）增长8.5%，其中工业总产值16.3亿元，农业总产值2.89亿元。地方公共财政预算收入3715.36万元，增长43.3%；地方公共财政预算支出3715.36万元，增长43.3%。全年固定资产投资2.15亿元，社会消费品零售总额4.75亿元。各项税收收入总额473.10万元，下降1.2%，其中国税收入349.05万元，下降1.3%；地税收入124.05万元，下降1.1%。镇内有农村商业银行1家，邮政储蓄银行1家，各项存款余额4.86亿元，各项贷款200万元。

农业　2017年，南山镇农业总产值2.89亿元，增长9.4%，其中种植业产值1.86亿元，林业产值3000万元，牧业产值5700万元，渔业产值1600万元。全镇耕地面积943.35公顷，粮食播种面积1337公顷，粮食总产量8217吨。农作物主要有稻谷、蔬菜、水果。水稻播种面积755公顷，总产量4770吨；蔬菜种植面积35.3公顷，总产量1457吨；水果种植面积758公顷，总产量6777吨。林地面积1.06万公顷，完成造林面积296.8公顷，木材采伐2016立方米。全年生猪出栏2.15万头，家禽（鸡、鸭、鹅）出栏53.84万只，水产养殖总产量1902吨。

工业　2017年，南山镇工业生产以塑料制品为主，有工业企业251家，从业人员2178人，其中规模以上工业企业3家。主要民营企业有崇禾家庭制品有限公司、瀚鑫制线有限公司、美新塑料厂。是年，实现工业总产值16.3亿元，增长8.5%，其中规模以上工业产值8.39亿元，增长7.7%。

商业　2017年，南山镇有农贸市场2个，建筑面积500多平方米，大小商铺300多间，主要经营五金电器、服装鞋类、日常用品等。是年，全镇有商贸企业（含营业单位）87家，个体商户596家；限额以上商业企业2家；全年社会消费品零售总额4.75亿元，增长9.1%。

【重点项目建设】 2017年，南山镇固定资产投资2.15亿元，比2016年增长28%。加快大北山路网建设，抓好章宝路开工建设工作，至年底，完成章宝路立项和前期图纸设计工作；完成后山体滑坡治理项目设计，进入施工建设阶段；计划投资250多万元，建设新联龙新村项目，至年底，完成路灯工程项目建设，并投入使用；计划投资300万元，建设榕光行政村新村项目，至年底，160平方米老人活动中心和500平方米钢结构活动广场进入建设阶段；投入800多万元，建设罗京水村南罗路三派路段道路、上寮村伯公岭公馆路、关西村村道、火炬村休闲文化活动中心等民生工程。

【特色农业】 2017年，南山镇优化特色农业生产，推进茶叶种植，引进优质茶果种植。发动群众种植优稀茶叶，罗京水村无公害茶叶示范基地推行标准化、规模化生产，做好罗京水凤凰茶深加工和品牌推广。是年，全镇种植罗京水凤凰茶93公顷，产量59吨，年产值900多万元。

【生态环境建设】 2017年，南山镇加强生态环境建设，加大人居环境综合整治力度，抓好“三清”（清理积留垃圾、沟渠污水污泥、房前屋后杂草）工作，成立综合执法队，强化生态环境监管巡查，完善保洁机制。是年，配备63名保洁员，做到垃圾日产日清；处理乱排乱放污染环境行为、违法违规用地行为、滥采河砂等行为案件6宗，依法收缴非法采砂机械5台次；开展环境卫生志愿服务活动18次，参加志愿者1500人次以上。

【科教文体卫】 科技 2017年，南山镇为农户提供茶叶销售、加工、运输、贮藏以及与生产经营有关技术、信息等服务。是年，配合上级进行电商人才培训，分5批培训268人。

教育 2017年，南山镇有幼儿园3所，在园幼儿530人，幼儿教师30人；小学9所，在校小学生1439人，教职工167人（其中小学一级教师120人，大专以上学历155人）；初级中学2所，在校学生846人，教职工104人（其中大学本、专科学历以上96人，中学高级教师职称2人，一级教师职称46人）。是年，全年适龄儿童入学率100%，小升初率100%，“三残”（智残、体残、肢残）适龄儿童入学率100%。

文化体育 2017年，南山镇有文化站1个，广播站1个，有线电视转播站1个，村级广播站18个，文化活动广场14个，农家书屋19间，老人福利院1个。是年，举办群众文艺会演活动8场，总参与人数3200多人次。

卫生 2017年，南山镇有卫生院1所，占地面积3064平方米，建筑面积1665平方米，医务人员48人，病床43张，内设内科、外科、妇产科等科室；乡村个体卫生站19个，乡村医生19个。是年，全镇医疗机构门诊量1.14万人次，收治住院病人17例，各医疗卫生单位业务收入56.4万元。

【新农村建设】 2017，南山镇完善农村基础设施建设，推进新农村建设。筹资554万元，完成新联村路灯安装工程、火炬龙跃村老人活动中心、关西村IPC监控系统工程，火炬村龙莞大道扩建路面硬化工程等；拆除旧厕所485间，旧猪（牛）栏157间，旧柴房159间，破旧住房457间。全镇有省级卫生村10个、市级卫生村3个。

【社会民生】 扶贫 2017年，南山镇结合直联工作组帮扶到户，落实兜底保障政策，实施项目帮扶，做好农村低收入家庭危房改造工作。申报产业扶贫项目18个，以参股分红形式进行产业扶贫工作，分别参股广东粤威制药有限公司、深圳市深榕盛投资发展有限公司、揭阳市恩益电器有限公司和广东鸿盛利五金制品有限公司；关西村、火炬村、榕光村3个省定贫困村完成新农村建设总体规划图并公示审批。是年，完成危房改造13户；贫困户490户、1300人，实现脱贫人口134户、377人。

民政 2017年，南山镇低保对象579户、1593人，年发放低保金424.57万元；五保对象115户、115人，年发放五保金83.49万元；优抚对象241人，年发放优抚金141.38万元；孤儿21人，年发放孤儿补助金20.16万元；80岁以上老人914人，年发放生活补助金16.45万元；百岁老人1人，年发放生活补助金6000元。办理结婚登记232对，补领婚姻登记证38对，离婚登记44对。

社会保险　2017年，南山镇参加城乡居民基本养老保险1.36万人，覆盖率35.2%，领取农村社会养老保险5945人。参加城乡居民医疗保险3.20万人，覆盖率83.6%，享受领取住院报销补偿3410人次，报销金额216.67万元。

【安全生产】　2017年，南山镇健全安全生产工作机制，加强安全生产监督管理，强化企业主体责任，组建专职消防队，开展安全生产专项整治行动，完善安全生产应急处理措施。加强对生猪屠宰规范管理，肉制食品流入流出途径合法化；与19个村（居）和30多家企事业单位签订安全生产和消防安全责任书。是年，配备专业消防车1辆和5名专职消防员；开展农用车辆、森林防火、建筑施工、烟花爆竹等安全生产专项整治98次，查处存安全隐患工厂30家；出动354人次对农贸市场进行巡查。

【社会治安综合治理】　2017年，南山镇发挥综治信访维稳中心作用，排查和化解各类社会矛盾纠纷，落实周末领导班子接访制度；加强社会治安治理，加大各类违法犯罪惩治力度。是年，镇综治信访维稳中心受理各类信访案件18宗，办结18宗，处理上级交办信访件53宗，办结率100%；受理矛盾纠纷10宗，调解纠纷10宗，调解率100%；立刑事案件6宗，破案8宗，行政案件受理22宗，破案20宗；抓获吸毒人员4人，送强制隔离戒毒2人；全年接收矫正对象5人，解矫2人，在矫社区矫正对象9人。

2017年1月23日，副县长、县公安局局长杨建宇（前右二）在南山镇开展城乡环境和交通秩序整治
（南山镇　供稿）

2017年南山镇主要社会经济指标一览表

表74

项目	单位	指标	项目	单位	指标
土地总面积	公顷	13454.02	粮食总产量	吨	8217
总人口	人	38520	水产总产量	吨	1902
农业人口	人	35940	水果总产量	吨	6777
总户数	户	9781	蔬菜总产量	吨	1457
社区居委会	个	1	生猪出栏量	万头	2.15
村委会	个	18	牛存栏量	万头	0.09
农业总产值	亿元	2.89	家禽出栏量	万只	53.84
工业总产值	亿元	16.3	中学	所	2
工业企业	家	251	小学	所	9
规模以上企业	家	3	中小学在校学生	人	2285

续表74

项目	单位	指标	项目	单位	指标
高新技术企业	家		中小学在职教师	人	271
固定资产投资	亿元	2.15	幼儿园	所	3
本级财政总收入	万元	1360.88	在园幼儿	人	530

2017年南山镇主要企业基本情况表

表75

企业名称	企业性质	职工人数（人）	主要特色产品	年产值（万元）	年上缴税收（万元）
瀚鑫制线有限公司	私营企业	102	塑料绳、索、缆制造	25373	197
揭西县南山镇美新塑料厂	私营企业	84	加工塑料	25970.6	209
揭西县南山崇禾家庭用品有限公司	私营企业	150	塑料餐具	32519	220

2017年南山镇各村（居）委会情况表

表76

村（居）委会名称	所辖自然村名称
西友村	谢洞村、大隆村、大成岭村
分水村	分水村
前锋村	石船村、西湖楼村、金营埔村、埝坑村、世昌楼村
榕光村	新村、榕树楼村
北河村	上条河村、下条河村、新联村
北溪村	细溪村、田心村、李屋寨村
上寮村	上坎村、下坎村、关刀丘村、老寨村、长岭排村
关西村	上关西村、下关西村
大新村	公益圩村、新寮村、大埔村
新联村	溪头洋村、塘背岭村、新丰村、径尾头村
火炬村	老寨村、新寨村
南山村	南山村、桐树下村
南河村	永南村、高楼下村、排下村、龙西下寨村、龙西上寨村、龙西新寨村、坝子村、南山圩村
罗京水村	湖坪村、三派村、察子坑村
称沟潭村	称沟潭村
归善村	归善村
洋梅坪村	洋梅坪村
石结到村	石结到村
道南居委	无

（张保才　林俊河　李桂才　林耿波　杨继丹）

灰寨镇

【概况】 灰寨镇位于揭西县中部丘陵地带，东南与京溪园镇和塔头镇相接，西面与大溪镇相邻，南面与金和镇交界，北部与南山镇接壤，灰寨镇人民政府驻地位于灰圩居委，距县城22千米。地理区域东起后洋岭，西到龙湖田心，南达南洋陈太埔，北至向阳章洲坝。2017年，土地面积53.6平方千米。下辖社区居民委员会1个，村民委员会16个，自然村69个。新出生人数604人，人口出生率13‰，人口自然增长率6.5‰。至年底，总户数1.18万户，户籍人口4.39万人，常住人口2.96万人。海外华侨1.89万人。港澳台同胞5000人。全镇姓氏以李、温、杨三姓为主，少部分人姓黄、洪等其他姓氏。主要矿产资源有稀土。土特产主要有三棱橄榄、水粄、糯米酒、寿仙菜等。主要旅游景点有新宫林苏式古建筑群，同福桥、岚川塔风景区等。地方方言为客家方言和潮汕方言。

【基层党建】 2017年，灰寨镇贯彻落实中共十九大精神，加强班子建设，组织常态化、制度化学习，落实村支部书记责任制及驻点联系群众制度，培养、发展新党员，推进基层党建工作。全年排查整顿软弱涣散村1个；走访群众1.01万人次，召开座谈会233次，受理群众诉求82件，现场办结58件，收集群众意见建议36条；开展积极分子培训班2期，参加培训人数88人次。至年底，全镇基层党组织72个，其中党委1个、党总支7个、党支部64个；党员1535人，其中农村党员1031人、镇直机关及各单位党员360人、离退休党员124人、“两新”组织党员20人。是年，新吸收党员14人，其中本科学历2人、中专及高中学历6人、高中以下学历6人；新吸收预备党员14人；发展入党积极分子5人。

【村（社区）“两委”换届选举】 2017年，灰寨镇17个村（社区）完成“两委”换届工作，完成比例100%，依法选举产生各村（社区）书记主任24人，其中书记、主任“一肩挑”10人；村（社区）党组织班子成员55人，村（居）委会班子成员65人，其中“两委”交叉任职人数40人；“两委”成员中，党员67人，大专以上学历4人，高中及中专学历36人，平均年龄51.5岁。

【村（居）务监督】 2017年，灰寨镇强化村（居）务监督工作，及时公开村（居）务，制定相关监督管理办法，严抓“三资”（资金、资产、资源）交易监督管理，全年“三资”平台交易12宗，中标金额共计444.67万元。全镇17个村（居）统一制作村务公开栏，村村公开、定期公开村财使用和惠农资金发放情况，全年涉农惠农资金项目在阳光监督中运作良好。至年底，成立村（社区）乡贤咨询委员会17个；全镇有村（居）务监督委员会17个，监督委员会委员53人。

【经济发展】 2017年，灰寨镇工农业总产值30.51亿元，比2016年（下同）增长5.4%，其中工业总产值26.76亿元，农业总产值3.75亿元。农村居民人均纯收入9775元。地方公共财政预算收入2074万元，增长10.6%；地方公共财政预算支出2069万元，增长10.6%。全年固定资产投资1.85亿元，社会消费品零售总额5.82亿元。各项税收收入总额232.78万元，增长6.4%，其中国税128.74万元，增长49.1%；地税104.04万元，下降21.4%。镇内有中国农业银行、农村商业银行和中国邮政储蓄银行3大行5个网点，各项存款余额9.44亿元，其中居民储蓄存款9.04亿元；各项贷款490万元。

农业　2017年，灰寨镇农业总产值3.75亿元，下降4.8%，其中种植业产值2.16亿元，林业产值3742万元，畜牧业产值8405万元，渔业产值1360万元，农林牧渔服务业及其他产值2383万元。全镇耕地面积1307公顷，粮食播种面积1553公顷，粮食总产量9713吨。主要农作物有水稻、番薯、马铃薯等。水稻种植面积951.39公顷，总产量5567吨；番薯、马铃薯等薯类种植面积561.67公顷，总产量3842吨；蔬菜种植面积581.28公顷，总产量2.33万吨；水果种植面积677.33公顷，总产量8008吨，其中柑橘类种植面积71.86公顷，产量1923吨。林地面积2798公顷，生态林160.3公顷，完成育林面积80.79公顷，林业采伐面积2.99公顷，木材采伐蓄积2723立方米，桉树出材1707立方米。全年生猪出栏1.78万头、家禽（鸡、鸭、鹅）出栏54.3万只，水产养殖总产量1867吨。

工业　2017年，灰寨镇工业生产以毛巾纺织、运动用品为主，有工业企业8家，从业人员1855人，规模以上企业8家。主要民营企业有揭西县国樱运动用品厂、揭西县礼兴达纺织有限公司。是年，实现工业总产值26.76亿元，增长7%，其中规模以上工业产值26.76亿元，增长7%。

商业　2017年，灰寨镇有农贸市场1个，占地面积1公顷，镇区沿街商铺343家，主要经营毛巾纺织、农机、家具、体育用品加工、糖果加工等。全镇外贸出口主要企业有揭西县国樱运动用品厂（来料加工型台资企业）和揭西县礼兴达纺织有限公司等几家规模毛巾生产企业。全年社会消费品零售总额5.82亿元，增长8.9%。

【重点项目建设】　2017年，灰寨镇固定资产投资1.85亿元，比2016年下降7%。灰寨生态工业园建设项目完成征地14.67公顷，完成土地平整、电信线路迁移及排水沟整治工作；灰大公路建设工程完成施工图设计、招投标等前期工作，进入开工建设阶段；完成南乌灌区整治工程，该工程全长约41千米，总投资约2500多万元，工程灌溉面积约840公顷。

【特色农业】　2017年，灰寨镇发展特色农业产业，加快农业转型升级，推动“三棱橄榄”特色农产品品牌发展。镇内特色橄榄种植业龙头企业——马路村天鹅湖果林场三棱橄榄基地，占地面积73.33公顷，种植三棱橄榄面积66.67公顷，年产量11.4吨，年产值1250万元。是年，全镇青榄种植面积333.33公顷，年产量57吨，年产值5714万元。

【生态环境建设】　2017年，灰寨镇做好城乡垃圾处理工作，引进专业保洁公司对全镇垃圾收运工作进行专业化市场化管理，落实镇村垃圾清运收运；强化工业污染治理；落实“河长制”，加大灰寨河巡查力度，推动河道治理工作；加强生态环境建设宣传教育，推进农村人居环境整治。对灰寨镇良兴毛巾厂、揭西县礼兴达纺织有限公司等毛巾纺织厂生产过程中落实生化处理，减少生产污染。是年，投资300万元进行镇村环境清洁整治；建设垃圾集中转运站1个，配套垃圾转运车1辆，村垃圾收集点17个，在镇区主干道及各村配备垃圾桶，配备保洁人员35人；全镇有镇村“河长”20人。

【科教文体卫】　科技　2017年，灰寨镇落实创新驱动战略，引导企业运用科技创新进行产业转型升级，提高技术密集度和产品附加值，推动产业向规模化、科技化、品牌化发展；运用远程教育、有线电视等渠道，开展群众性科学技术知识普及工作。全年全镇开展农机、职业培训会2场次，培训人员60多人次。

教育　2017年，灰寨镇有幼儿园1所，在园幼儿249人，幼儿教师16人；小学14所，在校学生1806人，教职工173人（其中大专以上学历

167人，小学一级教师职称114人，小学二级教师职称30人，小学三级教师职称22人）；完全中学1所，初中在校学生640人，高中在校学生338人，教职工130人（其中大专学历29人，本科学历98人，研究生学历1人，中学高级教师职称1人，中学一级教师职称84人）。是年，灰寨中学投入53万元对校园校舍、教学设备等进行维修维护，投入4.4万元购置课桌等教学设备；成立“李汉枢杨学花奖助学促进会”；灰寨中学考取揭阳一中、河婆中学、棉湖中学等重点学校人数61人；全镇小学适龄儿童入学率100%、小升初率100%。

文化体育　2017年，灰寨镇有文化站1个、广播电视站1个、村级广播站17个、有线电视转播站3个、农家书屋17间、老人福利院1个、灰寨书画院1个。全镇17个村（社区）都设有篮球场，各村利用节假日开展乒乓球赛、篮球赛等群众性体育活动。是年，完善全镇17个行政村村级文化室建设，完善公共电子阅览室设施；开展“乡乡乐起来”等文化活动，开展群众性娱乐活动20场。

2017年12月25日，灰寨镇南洋村举行“乡乡乐”活动　（灰寨镇　供稿）

卫生　2017年，灰寨镇有卫生机构19个。其中中心卫生院1所，内设预防保健科、全科医疗科、内科、外科、妇产科、妇女保健科、儿科、眼科、麻醉科、医学检验科、医学影像科、中医科等科室，有进口眼科手术显微镜、计算机X射线、眼科YAG激光治疗仪、全数字彩超、全自动生化分析仪等设备，有病床50张，全院在编人员82人，其中卫生技术人员75人；卫生站18所，村医生18人。是年，中心卫生院投入134.8万元，完善医疗设备，其中购置专用设备7套133.22万元，购买办公设备4套1.58万元；配合上级实施卫生强县升级改造项目建设工程，项目总投入525万元。至年底，各医疗机构门诊量1.27万人次，住院1637例，全镇医疗卫生单位业务收入893.8万元。

【新农村建设】　2017年，灰寨镇完善农村基础设施建设，推进新农村各项建设工作。柑坑村预计投入63.4万元建设自来水工程、预计投入85.9万元建设柑坑村村民文化活动中心，至年底，两项工程开工建设；河五村委红卫村新农村建设项目完成土地平整工作、电信线路迁移及排水沟整治工程建设；东联村投入27.5万元完成高龙生活污水排水渠工程、投入75.5万元完成高龙村至陈屋寮村道路硬底化升级改造及附属工程；后联村投入10.9万元完成村道亮化升级改造工程、投入13.1万元完成休闲文化广场工程；对灰圩社区侨联文化广场、灰龙村文化公园进行改造升级；新宫林等村完善村中道路亮化设施。

【社会民生】　扶贫　2017年，灰寨镇推进精准扶贫、精准脱贫工作，通过各个阶段精准识别，全镇相对贫困户476户、1262人。对全镇253户、359人无劳动力帮扶对象全面实行兜底帮扶政策，对223户、903人有劳动能力帮扶对象根据致贫原因实行产业帮扶、项目帮扶、就业帮扶等。东莞扶贫工作组分别对接进驻后联村、柑坑村、东联村3个省定贫困村。是年，完成农村危房改造19户；精准识别贫困户自然减少22人，增加7人；预脱贫112户、440人；全镇产业扶贫项目经镇审核上报19个，计划投资资金1226万元，有19个项目通过县审批；落实县“以奖代补”文件精神，申请以奖代补项目73个，申请金额13.3万元。

民政　2017年，灰寨镇低保对象442户、1497人，年发放低保金411.07万元；五保对象

178户、178人，年发放五保金161.48万元；优抚对象291人，年发放优抚金123.12万元；孤儿12人，年发放孤儿补助金12.24万元；80岁以上老人1352人，年发放生活补助金40.1万元；百岁老人9人，年发放生活补助金5.4万元。办理结婚登记285对，补领婚姻登记证35对，离婚登记62对。

社会保险　2017年，灰寨镇参加城乡居民基本养老保险1.72万人，覆盖率39%，领取城乡居民基本养老保险待遇6596人。参加城乡居民医疗保险3.5万人，覆盖率79.7%，享受领取住院报销补偿2988人次，报销金额1492.93万元。

【安全生产】　2017年，灰寨镇加强日常安全生产管理，落实安全生产责任制，强化食品生产经营专项治理，组织人员对重点行业开展安全生产专项整治检查，推进生产安全、消防安全、食品安全工作。全年开展专项整治检查15场次，定期、不定期检查及复查行动15次，对人员较为集中的娱乐场所、学校、医院、企业、网吧进行消防安全排查，查出安全隐患3宗，予以当场整改隐患3宗，限期整改隐患3宗；出动31人次对农贸市场进行巡查，重点加强对生猪屠宰规范管理，确保肉制食品流入流出途径规范化。全年灰寨镇实现安全生产零事故。

【社会治安综合治理】　2017年，灰寨镇打击各项违法犯罪活动，发挥镇村两级综治信访维稳平台和镇社工委职能作用，做好辖区内信访维稳工作，整治社会治安问题，加强社会治安综合治理工作。全年镇维稳中心受理矛盾纠纷28宗，调解25宗，调解成功率89.3%；村级工作站受理矛盾纠纷43宗，调解43宗，调解成功率100%，未发生重大越级上访事件；刑事案件立案17宗、治安案件立案26宗；集中惩治黄赌毒等犯罪活动，抓获犯罪嫌疑人10人，立案处理4人。

2017年灰寨镇主要社会经济指标一览表

表77

项目	单位	指标	项目	单位	指标
土地总面积	公顷	5360	粮食总产量	吨	9713
总人口	人	43944	水产总产量	吨	1867
农业人口	人	35767	水果总产量	吨	8008
总户数	户	11821	蔬菜总产量	吨	23317
社区居委会	个	1	生猪出栏量	万头	1.78
村委会	个	16	牛存栏量	万头	0.02
农业总产值	亿元	3.75	家禽出栏量	万只	54.3
工业总产值	亿元	26.76	中学	所	1
工业企业	家	8	小学	所	14
规模以上企业	家	8	中小学在校学生	人	2784
高新技术企业	家		中小学在职教师	人	303
固定资产投资	亿元	1.85	幼儿园	所	1
本级财政总收入	万元	232.78	在园幼儿	人	249

2017年灰寨镇主要企业基本情况表

表78

企业名称	企业性质	职工人数（人）	主要特色产品	年产值（万元）	年上缴税收（万元）
揭西县国樱运动用品厂	私营企业	455	体育用品	497.8	124.4
揭西县礼兴达纺织有限公司	私营企业	178	毛巾	38322.6	1179.3

续表78

企业名称	企业性质	职工人数（人）	主要特色产品	年产值（万元）	年上缴税收（万元）
揭西县金瑞科兽药有限公司	私营企业	324	兽药	32609.9	897.8
揭西县富江三联有限公司	私营企业	248	纺织品	43289.2	1032.9
揭西县伟凌塑料制品有限公司	私营企业	176	塑料制品	25217.4	696.1
揭西县辉达针锦织有限公司	私营企业	280	纺织品	32404.8	878.8
揭西县灰寨镇宝晶毛巾厂	私营企业	159	纺织品	26659.9	675.3
揭西县龙达纺织有限公司	私营企业	166	纺织品	6821.9	212.7

2017年灰寨镇各村（居）委会情况表

表79

村（居）委会名称	所辖自然村名称
河五村	朱屋楼村、老坎塘村、新坎塘村、河坑村、红卫村
向阳村	章坝村、岭下村、内富村、新寨村、松围村、上点村、岐圩村、中点村、红点村
上角村	墩下村、新丹竹村、老丹竹村、何树下村
后联村	后埔村、畬黄村
新图村	新图村
新宫林村	新宫林村
老宫林村	老宫林村、塘房下村、下畬村
溪背圩村	溪背圩村、车子村
灰龙村	老寨村、五福田村、新埔村、文山楼村、赤那村、潭唇村
三坝村	上坝村、下坝村、高墩村、上岩村、下岩村
东联村	高龙村、乔上村、陈屋寮村
后洋村	后洋村、岭完村
南洋村	后背村、寨内村、新寮埔村、朝阳村、汕头埔村、南门段村、青潭岭村、圆潭村、山下村、溪背上寨村、溪背下寨村、新南村、陈太埔村、新径村
柑坑村	柑坑村
马路村	马路村、下寮园村、红旗村、墩子下村、老坪村、新坪村、深园村
金星居委	龙湖村、乌黎村、田心村
灰圩居委	灰圩村

（温惠祥　张　忠　黄　榕）

京溪园镇

【概况】 京溪园镇位于揭西县东北部，西与灰寨镇、南山镇相邻，东、北与五经富镇、揭阳产业园卅岭接壤，南与塔头镇交界，东南与东园镇相接，距县城30千米。2017年，土地面积73.36平方千米。下辖社区居民委员会1个，村民委员会13个，自然村82个。新出生人数756人，人口出生率14.1‰，人口自然增长率9.1‰。至年底，总户数1.51万户，户籍人口5.15万人，常住人口4.09万人。海外华侨4.04万人。港澳台同胞1.04万人。主要矿产资源有稀土。土特产有有机茶叶、青橄榄等。主要旅游景点有京明度假村、国家AAAA级旅游景区——黄满寨瀑布旅游区，广东最美乡村——粗坑村等。地方方言为客家方言。

【基层党建】 2017年，京溪园镇贯彻落实中共十九大精神，加强基层党建工作，落实领导干部驻点直接联系群众制度，整顿软弱涣散村，成立乡贤咨询委员会和新农村建设咨询委员会，完善村级组织服务场所设施。全年全镇14个村（社区）公共服务站全面升级改造全面完成；排查整顿软弱涣散村1个；走访群众1.28万户，受理群众访求229件，收集群众意见建议319条。至年底，全镇基层党组织66个，其中党委1个、党总支6个、党支部59个；党员1320人，其中农村党员1000人、镇直机关及各单位在职党员210人、退休党员110人。是年，新吸收党员23人；新吸收预备党员23人；发展入党积极分子72人；大岭下村被揭西县委列为基层建设示范点。

【村（社区）“两委”换届选举】 2017年，京溪园镇14个村（社区）完成“两委”换届工作，完成比例100%，依法选举产生各村（社区）书记主任21人，其中书记、主任“一肩挑”7人，村（社区）党组织班子成员58人，村（居）委会班子成员64人，其中“两委”交叉任职人数39人。“两委”成员大专以上学历10人，高中及中专学历38人，平均年龄50岁。

【村（居）务监督】 2017年，京溪园镇落实民主决策、民主管理和民主监督制度，强化村级民主监督机制，不定期检查各村（居）村务公开情况、运行情况和公开内容，实施村务公开工作年度目标管理责任制，推进村（居）务监督工作规范化建设。至年底，全镇成立村（社区）乡贤咨询委员会13个；有村（居）务监督委员会14个，监督委员会委员50人，完善村（居）务公开栏14块。

【经济发展】 2017年，京溪园镇工农业总产值25.07亿元，比2016年（下同）下降1%，其中工业总产值21.36亿元，农业总产值3.71亿元。地方公共财政预算收入2361.78万元，增长6.5%；地方公共财政预算支出2361.78万元，增长50.1%。全年固定资产投资2.19亿元，社会消费品零售总额6.58亿元。各项税收收入总额985.73万元，下降3.9%，其中国税收入640.03万元，下降5%；地税收入345.7万元，下降1.7%。镇内有农村商业银行4家，邮政储蓄银行1家，各项存款余额7.03亿元，贷款余额78.83万元。

农业 2017年，京溪园镇农业总产值3.71亿元，增长9.1%，其中种植业产值2.49亿元，林业产值3236万元，牧业产值7648万元，渔业产值1316万元。全镇耕地面积951.47公顷，粮食播种面积1142公顷，粮食总产量1.2万吨。农作物主要有水稻、玉米、花生。水稻播种面积1124.87公顷，总产量6526吨；蔬菜种植面积464公顷，总产量1.61万吨；水果种植面积1072.8公顷，总产量9683吨；茶叶种植面积64公顷，总产量1188吨。完成造林面积190公顷，木材采伐460立方米。全年生猪出栏1.17万头，家禽（鸡、鸭、鹅）出栏81.37万只，水产养殖总产量1823吨。

工业　2017年，京溪园镇工业生产主要以农副产品加工为主，辅以五金、塑料、建筑建材等行业，有工业企业190家，从业人员4633人，其中规模以上工业企业11家。主要民营企业有京溪园罐头食品有限公司、桂竹园饼业有限公司、新裕发皮业有限公司等。是年，实现工业总产值21.36亿元，下降2.9%，其中规模以上工业产值18.65亿元，增长8.2%。

商业　2017年，京溪园镇有农贸市场1个，占地面积0.15公顷，主要经营农副产品。镇区沿街商铺280家，其中营业面积50平方米以上超市（含综合商店）18个，主要经营五金电器、服装鞋类、日常用品、农副产品等。是年，限额以上商业企业4家；全镇社会消费品零售总额6.58亿元，增长9.3%。

【重点项目建设】　2017年，京溪园镇固定资产投资2.19亿元，比2016年下降16.7%。黄满寨换乘中心建设完工并投入使用；建设长滩河治理工程、沿河景观绿化带等工程；推进“樱山花谷”农庄创建国家AAA级旅游景区工作；配合县委、县政府启动京明温泉度假村、黄满寨瀑布旅游区联创国家AAAAA级旅游景区工作。

【特色农业】　2017年，京溪园镇特色农业以茶叶、甜玉米生产加工为主，龙头企业有京明茶叶发展有限公司、京溪园罐头食品有限公司。京明茶叶发展有限公司主要生产红茶、绿茶和乌龙茶，年产量850吨，年产值2.04亿元；京溪园罐头食品有限公司种植美国甜玉米约900公顷，年加工产品2万多吨，年产值3.8亿元，“龙江”牌甜玉米粒为广东省名牌产品、广东省著名商标。

【生态环境建设】　2017年，京溪园镇加强环境建设规划工作，加大环境保护力度，开展农村“四拆”（旧厕所，旧猪、牛栏，旧柴房，破旧住房）行动，完善垃圾处理机制，全面推进农村人居环境整治。以五经富河京溪园段河岸50米范围内划定禁养区，200米范围内划定为限养区（限养区内无规模养殖户），做好16户规模以上养殖场完善排污设施建设；加大对辖区水源保护，严禁焚烧秸秆；推广使用清洁能源，落实节能减排；建立专职护林员队伍，强化森林资源保护管理；强力推行河长制，设立河段长，组织干部群众对河道漂浮物、岸边垃圾、畜禽散养户养殖污染、农业面污染源进行清理和打捞。是年，建立9人专职护林员队伍，组织集中培训1次；开展集中打捞23次；清除农村旧住房258间、旧猪牛栏99间、旧厕所307间、旧柴房84间，面积共1.62万平方米。

【科教文体卫】　科技　2017年，京溪园镇实施科技兴镇战略，加强知识产权保护，开展群众性科学技术普及工作。全年开展农机、职业培训会2场次，培训人员230多人次。

教育　2017年，京溪园镇有幼儿园5所，在园幼儿549人，幼儿教师28人；小学13所、小学教学点1个，在校学生1908人，教职工150人（其中小学一级教师102人，大专以上学历135人）；初级中学2所，在校学生619人，教职工76人（其中大学本、专科学历以上76人，中学高级教师职称6人，一级教师职称38人）。是年，小学适龄儿童入学率99.8%、小升初率100%；完成普通高中送招115人。

文化体育　2017年，京溪园镇有文化站1个，广播站1个，有线电视转播站3个，村级广播站13个，敬老院1个。13个行政村均有篮球场。每逢春节等重大地方性节日，组织群众开展舞狮、演木偶剧、唱客家山歌、猜灯谜、篮球赛等各类文体活动。全年举办群众性文艺活动38场次，开展文化体育活动15场次。

卫生　2017年，京溪园镇有卫生院1所，执业（助理）医师20人，其中主治医师1人，病床40张；有乡村个体医疗站22个，医务人员60人。是年，京溪园镇加强卫生院医疗实施建设，新增多导联同步动态分析系统、压力蒸汽灭菌器、特定蛋白分析仪、母亲胎儿监护仪、多普勒胎心仪等医疗设备。全年各医疗机构门诊量6202人次，收治住院病人489例，全镇医疗卫生单位业务收入302万元。儿童计划免疫率95%，全年未发生任何传染病。

【新农村建设】　2017年，京溪园镇完善农村基础设施建设，加强农村人居环境整治，推进社会主义新农村建设。开展省定贫困村大鹿村创建社会主义新农村示范村工作，完成新农村建设测绘、规划设计等前期工作，清理沟渠7.2千米，建设4处村前小公园，放置500个垃圾收集桶，完成下鹿自然村柑园路村道硬底化工程、巷口自然村村道硬底化工程和上鹿自然村羊子至书斋学路村道建设工程3个项目前期规划工作。至年底，成立新农村建设咨询委员会1个。

【社会民生】　扶贫　2017年，京溪园镇严格扶贫申报初审程序，落实政府兜底政策，推动产业金融扶贫、就业扶贫、特色项目扶贫。是年，清退扶贫户208户、727人，新进扶贫户20户、63人。无劳力家庭351户、470人全部纳入低保兜底；507户建档立卡贫困户医保由县财政统缴，并纳入大病保险范围。使用产业帮扶资金方面，全镇有劳力贫困户通过参股分红，每人每年增收1000多元；转移劳动力方面，镇内公益类岗位保洁员9人，镇内企业就业7人，向外输出就业34人。是年，完成农村危房改造7户；完成脱贫70户、246人，脱贫率88.9%。

民政　2017年，京溪园镇低保对象590户、1597人，年发放低保金384.85万元；五保对象257户、257人，年发放五保金233.15万元；优抚对象377人，年发放优抚金197.26万元；孤儿13人，年发放孤儿补助金10.56万元；80岁以上老人1603人，年发放生活补助金28.85万元；百岁老人14人，年发放生活补助金8.4万元。办理结婚登记281对，补领婚姻登记证9对，离婚登记63对。

社会保险　2017年，京溪园镇参加城乡居民基本养老保险2.09万人，覆盖率40.6%，领取农村社会养老保险8162人。参加城乡居民医疗保险4.34万人，覆盖率84.2%，享受领取住院报销补偿843人次，报销金额187万元。

【安全生产】　2017年，京溪园镇健全安全生产管理机制，强化依法监管，落实安全生产目标管理责任制，加强安全生产专项整治，开展企业安全生产主体责任行动和安全生产大排查、大整治行动。是年，组织安全生产检查26次，出动500人次，检查企业30家，发现安全隐患10处，现场落实整改3处，限期整改7处。全年没有发生重大安全生产事故。

【社会治安综合治理】　2017年，京溪园镇强化信访维稳工作，落实领导周末公开接访制度，加强社会治安综合治理，推进“一村（社区）一法律顾问”工作，开展“平安村”创建活动和“飓风2017”专项行动，全面排查制毒、贩毒、制假等违法犯罪行为，依法严厉惩治各类违法犯罪活动。至年底，全镇14个村（居）实行一村（居）一律师制度；全镇有治安联防队15支，专职和兼职治安人员130人；周末受理信访案件8宗，办理完毕8宗；镇维稳中心受理矛盾纠纷46宗，调解46宗，调解成功率100%；村级工作站受理矛盾纠纷24宗，调解24宗，调解成功率100%；开展严打整治专项行动1次；立刑事案件13宗，治安案件23宗，集中惩治犯罪活动5次，抓获犯罪嫌疑人15人，立案处理12人；社区矫正11人。

2017年京溪园镇主要社会经济指标一览表

表80

项目	单位	指标	项目	单位	指标
土地总面积	公顷	7336	粮食总产量	吨	11970
总人口	人	51531	水产总产量	吨	1823
农业人口	人	7620	水果总产量	吨	9683
总户数	户	15065	蔬菜总产量	吨	16104
社区居委会	个	1	生猪出栏量	万头	1.17
村委会	个	13	牛存栏量	万头	0.03
农业总产值	亿元	3.71	家禽出栏量	万只	81.36
工业总产值	亿元	22.03	中学	所	2
工业企业	家	190	小学	所	13
规模以上企业	家	11	中小学在校学生	人	2527
高新技术企业	家		中小学在职教师	人	226
固定资产投资	亿元	2.19	幼儿园	所	5
本级财政总收入	万元	2971.14	在园幼儿	人	549

2017年京溪园镇主要企业基本情况表

表81

企业名称	企业性质	职工人数（人）	主要特色产品	年产值（万元）	年上缴税收（万元）
京明温泉度假村	私企	816	旅游休闲	188516	1885

2017年京溪园镇各村（居）委会情况表

表82

村（居）委会名称	所辖自然村名称
粗坑村	坪坑村、粗坑村、孔下村
九礤村	楼下村、九礤村、水头洋村、东南村
甲溪村	甲溪村、湖宏塘村、塘尾村、大片田村、翁溪村、光头洋村
新洪村	隆衣村、背头埔村、黄竹坡村、新寮村、且村、新书斋村、义金围村、洪角村、老寨村、新寨村、双付洋村、塘卜村、更子村、细科村、大隆村、石一种村
长滩村	长滩一村、长滩二村、长滩三村、江坝村、祠堂下村、含水堀村
大岭下村	大岭下村、沙坝巷村
岭溪村	陈牙石村、京溪园村、蛇头村
员墩村	员墩村、丰田岭村、大坪埔村、塘仔唇村、新塘湖村、
上陇村	大溪湖村、石头塘村、洋仔沙村、燕角村、新楼村、四村、五村、六村、七村、八村、九村
新联村	石湖山村、中央村、溪唇寨村、桥头寨村、狮龙围村
美德村	三村、四村、五村、六村、七村、八村、九村、大坷湖村
大鹿村	上鹿村、巷口村、下鹿村
曾大寮村	新寨村、老寨村、寨后村、新苑村、滴池村、池美村、龙苑村、沟围村、竹围村、蓝苑村
京溪园居委	无

（邱加坤　蓝庆满）

五经富镇

【概况】 五经富镇位于揭西县东北部，是两市（揭阳市、梅州市）三县（区）（揭阳产业园、揭西县、丰顺县）交界点，东与产业园龙尾镇、丰顺县埔寨镇接壤，北与丰顺县八乡毗邻，西与南山镇、良田乡交界，南连京溪园镇，距县城32千米。2017年，土地面积182.8平方千米。下辖社区居民委员会2个，村民委员会26个，自然村92个，为广东省中心镇之一。新出生人数722人，人口出生率12.3‰，人口自然增长率6.2‰。至年底，总户数1.52万户，户籍人口5.88万人，常住人口4.23万人。海外华侨2386人。港澳台同胞475人。主要矿产资源有稀土。土特产主要有腊肠、蜂蜜、苦笋、茶叶、番薯、咸菜。主要旅游景点有大洋风景区、龙山自然风景区、黄龙寺、龙颈水库等。地方方言为客家方言。

【基层党建】 2017年，五经富镇贯彻落实中共十九大精神，完善村级组织建设，加强下村调研，整顿软弱涣散党组织，落实周六接访制度，加强基层党建工作，推进基层治理。全年排查整顿软弱涣散村1个；开展集中学习培训7场次；走访党员群众32户，解决突出问题2宗，按期完成后进党组织转化升级。至年底，全镇基层党组织56个，其中党委1个、党总支1个、党支部28个、事业单位党支部18个，集体企业党支部3个，“两新”党总支5个；党员2281人，其中农村党员1312人、镇直机关及各单位党员969人。是年，新吸收党员30人；新吸收预备党员28人。

【村（社区）“两委”换届选举】 2017年，五经富镇28个村（社区）完成“两委”换届工作，完成比例100%，依法选举产生各村（社区）书记主任50人，其中书记、主任“一肩挑”6人，村（社区）党组织班子成员67人，村（居）委会班子成员94人，其中“两委”交叉任职人数75人。“两委”成员大专以上学历4人，高中及中专学历34人，女性成员36人，平均年龄51岁。

【村（居）务监督】 2017年，五经富镇完善村（居）务公开监督工作，规范村（居）务公开内容，对村务决策和公开、村级财产管理、村工程项目建设等情况进行监督，受理和收集村民有关意见建议。至年底，全镇成立村（社区）乡贤咨询委员会28个；有村（居）务监督委员会28个，监督委员会委员84人。

【经济发展】 2017年，五经富镇工农业总产值14.46亿元，比2016年（下同）增长6.8%，其中工业总产值11.25亿元，农业总产值3.21亿元。地方公共财政预算收入4974万元，增长11.9%；地方公共财政预算支出4974万元，增长11.9%。全年固定资产投资3.69亿元。社会消费品零售总额7.52亿元。各项税收收入总额982.5万元，下降32%，其中国税收入659万元，下降28%；地税收入323.5万元，下降38%。镇内有农村商业银行1家，农业银行1家，邮政储蓄银行1家，各项存款余额1.6亿元。

农业 2017年，五经富镇农业总产值3.21亿元，增长9%，其中种植业产值2亿元，林业产值3817万元，牧业产值6443万元，渔业产值1457万元，其他养殖产业383万元。全镇耕地面积1224公顷，粮食播种面积1264公顷，粮食总产量1.35万吨，主要农作物有稻谷、玉米、番薯、大豆等。水稻种植面积183.64公顷，总产量7037

吨；蔬菜种植面积66.58公顷，总产量1.68万吨；水果种植面积102.2公顷，总产量6477吨。林地面积5800公顷，生态林5519公顷。全年生猪出栏1万头、家禽（鸡、鸭、鹅）出栏139万余只，水产养殖总产量1697吨。

工业　2017年，五经富镇工业生产主要以服装纺织、食品加工为主，有工业企业15家，从业人员3000人，其中规模以上工业企业2家。主要民营企业有力威纺织服装有限公司、天高食品有限公司等。全年实现工业总产值10.46亿元，增长3%，其中规模以上工业产值2.94亿元，增长13.9%。

商业　2017年，五经富镇有农贸市场3个，主要经营服装鞋类、日常用品、五金电器、农副产品。镇区沿街商铺180余家，主要经营服装鞋类、五金电器、餐饮等。是年，限额以上商业企业4家；社会消费品零售总额7.52亿元，增长22.9%。

【重点项目建设】　2017，五经富镇固定资产投资3.69亿元，比2016年增长2%。继续推进黄龙寺文化旅游景区整体配套、大洋国际旅游度假区创AAAA升级改造和大北山中药园建设。是年，投资2亿元，升级改造大洋国际生态度假区，至年底完成总投资额98%。其中：投资500万元建设高尔夫球场道路，投资2000万元配套度假区娱乐设施，投资6500万元规划设计国际公寓、旅游特色小镇，投资1.1亿元推进国际公寓、旅游特色小镇征地工作；投资2740万元完成黄龙寺景区配套工程，对整体天坛外观进行粉刷；投资2166.81万元，完成五经富污水处理厂截污干管（三期）2千米管网铺设，8月底实现污水通水处理。

【特色农业】　2017年，五经富镇推进农业绿色发展，重点扶持大洋片区村庄，发展、壮大大洋高山农产品产业，基本形成大洋茶叶、苦笋、番薯、蜂蜜等特色农业产业带。是年，茶园种植面积613公顷，年产茶叶约1839吨，年产值6567.6万元。

【生态环境建设】　2017年，五经富镇建立长效整治考评机制，落实城乡垃圾治理责任制，完善“户收集，村集中，镇转运，县处理”垃圾处理模式，构建农村环卫队伍，由各村利用一事一议筹集卫生费聘请专门保洁员定时定点收集垃圾，实现垃圾日产日清。是年，投资40多万元新建成农村垃圾收集点50个，配置垃圾装运车1辆、三轮车10辆；投入10万元，连片综合整治镇榕江流域河库和加强一级水源保护区（龙颈水库）保护。

2017年8月26日，揭西县五经富污水处理厂举行进水仪式　（五经富镇　供稿）

【科教文体卫】　科技　2017年，五经富镇加强知识产权专利申报和宣传工作，利用科普宣传栏、科普画廊、科普活动室等媒介，宣传科普信息。开展农机、职业培训会5场次，培训人员390人次。是年，全镇申报专利补助3项。

教育 2017年，五经富镇有幼儿园6所（公办幼儿园3所，民办幼儿园3所），在园幼儿320人，幼儿教师30人；小学18所，在校学生2691人，教职工211人（其中高级教师153人，大专以上学历187人）；初级中学2所，在校学生685人，教职工84人（其中中学高级教师职称2人，中学一级教师职称43人）；高级中学1所，在校学生1054人，教职工107人（其中中学高级教师职称3人，中学一级教师职称65人）。是年，小学适龄儿童入学率100%、小升初率100%；完成普通高中送招150人。

文化体育 2017年，五经富镇有文化站1个，广播站1个，有线电视转播站2个，村级广播站26个，镇级文化活动广场1个，村文化活动中心20个，敬老院1个，篮球场27个，乒乓球台32台。是年，全镇加强村级文化阵地建设，建成村文化室（农家书屋）26个；开展、举办群众文艺活动5场。

卫生 五经富镇有揭西县骨伤科医院1所，医务人员185人，病床130张，配备X光机、B超机、生化分析仪、CT等医疗设备；内设门诊科、急诊科、妇产科、医技检查科、住院内科、住院外科、住院伤科、骨伤康复科。全镇有乡村个体医疗站57个，乡村医生57人。是年，各医疗机构门诊量2.15万人次，收治住院病人1983例，各医疗卫生单位业务收入2000多万元。全年儿童计划免疫率100%，未发生任何传染病。

【新农村建设】 2017年，五经富镇完善农村基础设施建设，加强新农村建设。投资50多万元，完成刘屋大桥码头续建和安全检测，于2017年1月1日实现通车；投资300多万元，完成五经富交通导流岛、泮坑路黄龙寺路段路面扩宽改造工程；投资500多万元，完成泮坑村、陈江村、新和村等村道硬底化和河堤修建项目工程。

【社会民生】 扶贫 2017年，五经富镇做好相对贫困户建档立卡和基本信息核实工作，落实扶贫“规划到户，责任到人”工作责任制，实施项目帮扶、产业帮扶，增加扶贫户收入和改善贫困村发展环境，推进精准扶贫工作。是年，全镇贫困人口467户、1109人，实现脱贫330人；通过实施产业扶贫和以奖代补，使用扶贫财政资金1029.4万元；3个相对贫困村投入引导资金867.56万元，实施扶贫项目32个，并投入600多万元，用于新建村公共服务站，修缮旧村委楼、学校和村道硬底化等民生项目；完成农村危房改造2户。

民政 2017年，五经富镇低保对象216户、175人，年发放低保金348万元；五保对象175人，年发放五保金231万元；优抚对象395人，年发放优抚金19万元；孤儿18人，年发放孤儿补助金1.5万元；80岁以上老人1677人，年发放生活补助金362.2万元；百岁老人9人，年发放生活补助金5.4万元。办理结婚登记308对，补领婚姻登记证2对，离婚登记68对。

社会保险 2017年，五经富镇参加城乡居民基本养老保险2.11万人，覆盖率36%，领取农村社会养老保险1.03万人。参加城乡居民医疗保险4.6万人，覆盖率95%。

【安全生产】 2017年，五经富镇加强安全生产宣传工作，强化安全生产检查和专项治理，加大对重点行业、重点企业安全生产监管力度，组织开展安全生产演练活动。是年，组织开展“应急救援演练”活动、“安全生产月”宣传活动；检查监管对象50家，出动检查组60次，出动检查人员300人次，出动车辆50台次；悬挂宣传横幅10条，张贴宣传标语1050份；发现安全隐患23处，现场整改20处，3处限期整改均整改到位。全年未发现重大安全隐患。

【社会治安综合治理】 2017年，五经富镇建立基层治理四大机制（责任落实机制、信访维稳机制、应急处突机制、信访问题协商机制），加强矛盾纠纷调处力度，及时解决群众反映突出问题，排查不稳定因素；加强社会治安治理，加大违法犯罪打击力度。全年镇综治信访维稳中心受理群众来信来访108宗，办结103宗，办结率95%；镇领导接访34次，排查矛盾纠纷23宗，化解纠纷23宗，受理调处23宗，预防群体性事件2宗；派出所立刑事案件27宗，侦破18宗，刑事拘留32人，受理行政案件29宗，行政拘留5人；司法所排查民间矛盾纠纷24件，其中由司法所直接介入调解10件；利用各种途径开展法律宣传14次，受教育面6000多人次；矫正人员45人，解矫37人，在册人员8人；法庭受理案件210宗，结案198宗，结案率94.3%，其中审判90宗，执行11宗。

2017年五经富镇主要社会经济指标一览表

表83

项目	单位	指标	项目	单位	指标
土地总面积	公顷	18280	粮食总产量	吨	13500
总人口	人	58804	水产总产量	吨	1697
农业人口	人	46731	水果总产量	吨	6477
总户数	户	16801	蔬菜总产量	吨	16750
社区居委会	个	2	生猪出栏量	万头	1
村委会	个	26	牛存栏量	万头	0.04
农业总产值	亿元	4	家禽出栏量	万只	139
工业总产值	亿元	10.46	中学	所	3
工业企业	家	15	小学	所	18
规模以上企业	家	2	中小学在校学生	人	4562
高新技术企业	家		中小学在职教师	人	48
固定资产投资	亿元	3.69	幼儿园	所	6
本级财政总收入	万元	4974	在园幼儿	人	320

2017年五经富镇主要企业基本情况表

表84

企业名称	企业性质	职工人数（人）	主要特色产品	年产值（万元）	年上缴税收（万元）
揭西县力威纺织服装有限公司	私企	95	针织服装加工、纺织品加工	16453	912
揭西县天高食品厂有限公司	私企	100	蜜饯制作	12980	132

2017年五经富镇村（居）委情况表

表85

村（居）委会名称	所辖自然村名称
长潭居委	无
陂头居委	无
龙山村	龙德村、海南村、观音村、张何孔村、桃仔坪村、坑背村、剑门村、茶园坑村、下寮村、鱼条村、园山村
文联村	径背村、排子村、丰山尾村、茅园村、丰山新村

续表85

村（居）委会名称	所辖自然村名称
陈江村	陈江村
建二村	大寮村、富斗寨村、汤边村、迎上围村、埔子围村
建一村	上陂头村、下陂头村、建中圩村、新寨村、禾坪头村、水磨村、龙湖村
第八村	八村
第七村	石印村、坑尾头村
第六村	六村
第五村	五村
第四村	四村
第三村	三村
第二村	二村
第一村	一村
新和村	珍子围村、上车村、大江村、见龙围村
营盘村	营盘村、红围村、下田村
中和村	庵背村、中和新村、新寨村、青塘角村、山子下
朝阳村	约所村、中和圩村、低坪村、友德村、新塘村
联和村	高村、罗屋村
联南村	鸭母湖村、小溪村、塘背村、井潭村
恒星村	下坝村、青溪村、圆潭村、耀地村、曲潭村、西山下村、良滩村、龙新村
泮坑村	泮坑老寨村、洋寮段村、蛇地龙村、见背村、南门村、龙仔村
五新村	老屋下村、光裕楼村、官屋埔村、陈屋墩村、新开田村、新岭村
新安村	新铺村、何树窟村、山下塅村
中联村	赖屋岭村、田心村、梅花村
新仓村	新仓老寨村、新仓新寨村
新其村	新其老寨村、新其新寨村、移民新村

（林武忠　刘佳俊　刘遂生）

大溪镇

【概况】　大溪镇位于县境东南部，东与灰寨镇接壤，西毗邻龙潭镇、坪上镇，南连钱坑镇，北与南山镇交界，距县城15千米。2017年，土地面积35.5平方千米。下辖社区居民委员会1个，村民委员会16个，自然村32个。新出生人数451人，人口出生率15.7‰，人口自然增长率9.4‰。至年底，总户数6594户，户籍人口2.82万人，常住人口1.97万人。华人华侨1.37万人。港澳台同胞约800人。主要农产品有淮山、青橄榄、乌橄榄、荔枝、龙眼、茶叶、元宵柚等，尤以大溪淮山、青橄榄最为出名。有省、市、县非物质文化遗产——“李氏宗祠祭典”仪式。主要旅游景点有大溪李氏宗祠、李氏祖墓群等市级文物保护单位，广东省古村落、广东省历史文化名村井美（新寨、老寨）村，李天生故居、大兴市旧址、凤栖楼等古建筑群，涂晋庵、金山清元洞、金山大仙脚印石等历史景点，林美烈士墓等爱国主义教育基地。地方方言为潮汕方言。

2017年4月19日，第二届广东省祠堂文化研讨会召开期间，“大溪宗祠祭典”仪式演示活动在大溪李氏宗祠举行 （李佳杰 摄）

【基层党建】 2017年，大溪镇贯彻落实中共十九大精神，加强政治理论学习，完善基层党建制度，规范基层党建工作，开展领导干部驻点直接联系群众工作，培养发展新党员，推进“两学一做”学习教育活动常态化制度化，推动全镇党员干部主动适应新常态下各项工作。全年排查整顿软弱涣散村1个；开展集中学习培训4场次；走访群众3500人次，召开座谈会39次，受理群众诉求12件，现场办结12件，收集群众意见建议96个。至年底，全镇基层党组织29个，其中党委1个、党支部28个；党员839人，其中农村党员600人、镇直机关及各单位在职党员134人、退休党员69人、其他党员36人。是年，新吸收党员14人；新吸收预备党员14人；发展入党积极分子42人。

【村（社区）“两委”换届选举】 2017年，大溪镇17个村完成村（社区）“两委”换届工作，完成比例100%，依法选举产生村（社区）书记主任29人，其中书记、主任“一肩挑”5人，村（社区）党组织班子成员52人，村（居）委会班子成员72人，其中“两委”交叉任职人数47人。各村、社区均配备1名以上妇女干部，全镇女性村委会主任3人，其中有1名女支部书记兼任村委会主任；“两委”干部平均年龄42岁。

【村（居）务监督】 2017年，大溪镇强化村（居）务监督，加强村（居）务监督工作培训，规范运行村（居）公共权力。对村（居）委会召开的村（居）民会议、贯彻执行党的政策方针情况及村级重大事项情况、“三资”等方面进行监督。是年，组织村（居）务监督员进行财务管理、农村资产交易管理等相关培训2场次；至年底，全镇成立村（社区）乡贤咨询委员会13个；有村（居）务监督委员会17个，监督委员会委员51人；设置村（居）务公开栏17个。

【经济发展】 2017年，大溪镇工农业总产值3.8亿元，比2016年（下同）下降14%，其中工业总产值2.21亿元，农业总产值1.59亿元。地方公共财政预算收入3973.92万元，增长87.5%；地方公共财政预算支出3973.92万元，增长87.5%。全年固定资产投资2.04亿元。社会消费品零售总额3.51亿元。各项税收收入总额595.72万元，增长28.5%，其中国税收入527.67万元，增长38.4%；地税收入68.05万元，下降17.5%。镇内有邮政储蓄银行、农村商业银行2家，各项存款余额2.19亿元，各项贷款800万元。

农业 2017年，大溪镇农业总产值1.59亿元，增长8.9%，其中种植业产值7157.36万元，林业产值2450.15万元，牧业产值4720.26万元，渔业产值1084.33万元，农林牧渔其他产业487.9万元。全镇耕地面积642.98公顷，粮食播种面积761.67公顷，粮食总产量4425吨。主要农作物有水稻、小麦、玉米、甘薯、淮山等。水稻种植面积724.67公顷，总产量4166吨；玉米种植面积37公顷，总产量259吨；蔬菜种植面积252公顷，总产量6862吨；水果种植面积309.4公顷，总产量3032吨，其中荔枝种植面积33.47公顷，产量407吨，龙眼面积20公顷，产量200吨；山林面积1883.5公顷，森林覆盖率60%以上。全年生猪出栏1.79万头、家禽（鸡、鸭、鹅）出栏3.76万只，水产养殖总产量1139吨。是年，发放农业支持保护补贴（耕地地力保护补贴）102万元。

工业　2017年，大溪镇工业生产以食品加工、纺织服装、建筑建材为主。全年实现工业总产值2.21亿元，下降25.3%。

商业　2017年，大溪镇镇区商铺100多家，主要经营服装鞋类、日常用品、五金电器、农副产品、餐饮等。全年社会消费品零售总额3.51亿元，增长9.3%。

【特色农业】　2017年，大溪镇发展绿色生态农业，完善“一镇一品”工程建设，做大“大溪淮山”品牌效益。大溪镇特色农业产品主要有“大溪淮山”，全镇有大东村、大园村、井美村、井新村、大光村、后洋村、赤寨村淮山种植专业村7个，种植户2050多户，农产品主要销往珠三角地区。是年，全镇淮山种植面积220公顷，年产值3960万元。

【生态环境建设】　2017年，大溪镇加强生态环境建设，建立环保工作长效机制，落实“河长制”，开展“水岸同治”和人居环境综合整治、畜禽养殖清理整治等专项行动，按照“户分类、村收集、镇转运、县处理”模式做好农村生活垃圾处理工作，全镇清运垃圾6245吨；组织“水岸同治”志愿服务行动6场次，保护榕江南河水环境，引导广大干部群众参与水资源综合利用工作；开展专项行动36次，出动人数150多人次。

【科教文体卫】　科技　2017年，大溪镇结合扶贫开发和淮山基地建设，利用有线电视、村级广播、远程教育等平台，开展群众性科学技术普及工作，全年开展农机、职业技术培训会4场次，培训人员250人次。

教育　2017年，大溪镇有幼儿园3所，其中公办幼儿园1所、民办幼儿园2所；在园幼儿521人，教职工33人。小学9所，在校学生1228人，教职工116人（其中小学一级教师职称86人）。中学1所，在校学生560人，教职工49人（其中大学本、专科学历以上49人，中学高级教师职称7人，中学一级教师职称28人）。全镇适龄儿童入学率100%，小学巩固率99.8%，初中毛入学率97%，初中年辍学率1.5%，“三残”（智残、体残、肢残）适龄儿童少年入学率95%，学前三年入园（班）率99%。是年，大溪中学荣获2017年度揭西县教育先进单位，在全县教育教学质量综合测评中荣获一等奖。

文化体育　2017年，大溪镇有综合文化站1个，文化室17个，广播站1个，有线电视转播站1个，村级广播站17个，文化活动广场17个，老人文化活动中心2个，农家书屋17间，敬老院1个。开展各种文体活动，利用三八妇女节、六一儿童节、元旦等节日举办文艺演出、篮球赛等文体活动16场次。12月28日晚，在井美村举办“宣传贯彻党的十九大精神暨‘揭西美·文明风’群众文艺晚会”，丰富群众文化生活。

卫生　2017年，大溪镇有卫生院1个，医务人员24人，医生8人，病床5张，配备B超、血液常规分析仪、尿分析仪、心电图机、多普勒胎心仪等医疗设施；新型农村合作医疗定点补偿站12个，医务人员13人。全年门诊量1816人次，收治住院病人3例，全镇医疗卫生单位业务收入18.6万元。是年，完成星光村、井美村、大岭埔村、大园村4个村公建民营卫生站规范化建设；开展卫生村创建活动，金星村、金光村2个村顺利通过省验收，获得省级“卫生村”称号。全年儿童计划免疫率97%。

【新农村建设】　2017年，大溪镇加强农村人居环境整治工作，完善基础设施建设，开展“四拆”（拆除旧厕所、旧猪牛栏、旧柴房、破旧住房）整治工作，推进新农村建设。井美村完成农网改造工程，完成村内两个寨前埕环境改造项目，推进一批村道、巷道等人居环境整治项目；大东村新建村文化休闲小公园和寨前池人行道及安全护拦等；井新村和新楼村完成一批村道、巷道等人居环境整治项目；完成镇区华阳街人行道铺设及完善相关排污管网。投资200多万元，完成溪新金凤路和渔梁乡贤路水泥路面硬底化建设，总长近4000米。完成井美村、井新村古寨场文化广场和大园村文化活动中心建设。完成一批农村农田水利灌溉沟渠三面光标准化建设，其中投资48万元，完成径口莲池除险加固等工程建设。至年底，成立新农村建设咨询委员会4个。

【社会民生】 扶贫 2017年，大溪镇开展新时期精准扶贫开发各项工作。井美村建成分布式光伏发电站和参股南方电网下属方夏集团投资项目；大东村打造3.33公顷中药材基地和改良淮山种植品种；新楼村、井新村等相对贫困村及分散贫困村以合作建房形式，通过收取租金增加贫困户收入产业帮扶项目；星光村、井美村、大岭埔村、大园村等村成立专业合作社。是年，完成预脱贫149户、573人；完成农村危房改造48户。

民政 2017年，大溪镇低保对象615户、1315人，年发放低保金291.54万元；五保对象143户、143人，年发放五保金103.82万元；优抚对象81人，年发放优抚金58.89万元；孤儿10人，年发放孤儿补助金10.56万元；80岁以上老人159人，年发放生活补助金11.45万元；百岁老人4人，年发放生活补助金2.4万元。全年办理结婚登记188对，补领婚姻登记证28对，离婚登记30对。

社会保险 2017年，大溪镇参加城乡居民基本养老保险1.12万人，覆盖率39.8%，领取农村社会养老保险4066人。参加城乡居民医疗保险2.23万人，覆盖率78.9%，享受领取住院报销补偿329人次，报销金额189.27万元。

【安全生产】 2017年，大溪镇推动重点领域专项整治行动，开展烟花爆竹、液化石油气、道路交通安全和建筑施工等行业领域安全生产大检查大整治及“三小”（小档口、小作坊、小娱乐场所）场所、公共聚集场所安全检查等工作。全年开展安全生产专项行动45次，重点加强对辖区内“三小”场所、公共聚集场所、建筑施工场地安全生产专项整治行动，出动382多人次，检查“三小”、公共聚集场所、建筑施工场地132家，发现隐患82家，现场发出整改通知书82份，落实整改82家，依法查处非法制衣加工厂2家。

【社会治安综合治理】 2017年，大溪镇做好信访维稳工作，及时开展突出问题排查，深入开展“众剑行动”和矛盾纠纷排查化解工作，加大打击各类违法犯罪力度，深化社会治安综合治理。全年镇综治信访维稳中心受理群众来信来访17宗，成功调解15宗，办结率88.2%；受理网上信访件7宗，成功调解7宗，办结率100%；派出所开展各专项行动32场次，其中开展禁毒扫黄排查整治专项行动9次。办理刑事案件6宗，刑事拘留2人，破案4宗；治安案件3宗，实施行政拘留5人；开展排查25场次，其中春节、“两会”、换届选举及十九大维稳安保等关键时段专项排查12场次。全镇没有发生重大治安和刑事案件。

2017年大溪镇主要社会经济指标一览表

表86

项目	单位	指标	项目	单位	指标
土地总面积	公顷	3550	粮食总产量	吨	4425
总人口	人	28233	水产总产量	吨	1139
农业人口	人	26944	水果总产量	吨	3032
总户数	户	6594	蔬菜总产量	吨	6862
社区居委会	个	1	生猪出栏量	万头	1.79
村委会	个	16	牛存栏量	万头	0.03
农业总产值	亿元	1.59	家禽出栏量	万只	3.76
工业总产值	亿元	2.21	中学	所	1
工业企业	家		小学	所	9
规模以上企业	家		中小学在校学生	人	1784
高新技术企业	家		中小学在职教师	人	153
固定资产投资	亿元	2.04	幼儿园	所	1
本级财政总收入	万元	4569	在园幼儿	人	115

2017年大溪镇村（居）委会情况表

表87

村（居）委会名称	所辖自然村名称
金星村	大寮村、汕头村、小埔村、大路顶村、新圩村
星光村	棉篮村、老寨场村
金光村	大堀头村、下埔村
庆光村	庆光村、柑园村
井美村	井美村、金凤村、
井新村	井新大寨、新莲村
大岭埔村	大岭埔村
大东村	大东村
大园村	新光村、顶光村、深光村
新楼村	新楼村、新凤村
赤寨村	赤寨村、为埔村
后洋村	后洋村
新园村	新园村、顶园村
坎头村	蟹地村、埔仔村
大光村	大丘母村、大堀寨
杨林村	杨林村
溪圩居委	溪圩居委

（李勉鸿　林晓旋　钟嘉斌　蔡蕴莹）

钱坑镇

【概况】　钱坑镇位于揭西县东南部，潮汕平原西北部，榕江南河中上游，东接金和镇，北与大溪镇、灰寨镇分界，南与普宁市里湖镇、大池农场、普侨区交界。榕江南河穿越辖区长9千米，东岸为新架山脉，西岸为金山山脉，两山夹江对峙，山地广阔，地貌以山地和丘陵为主，镇区距县城27千米。2017年，土地面积46.68平方千米。下辖社区居民委员会1个，村民委员会13个，自然村60个。新出生人数752人，人口出生率15.6‰，人口自然增长率9.8‰。至年底，总户数1.12万户，户籍人口4.6万人，常住人口3.89万人。土特产主要有淮山、三棱橄榄。主要旅游景点有揭西县钱坑仙径山风景区、揭阳市钱坑木雕博物馆、钱西古村落、顶联大夫祖祠等。地方方言为潮汕方言。

【基层党建】　2017年，钱坑镇贯彻落实中共十九大精神，强化基层组织建设。落实“三会一课”制度，推进“两学一做”学习教育常态化制度化；落实党建问责，整顿软弱涣散村组织；开展领导干部驻点直接联系群众工作，抓好基层党建和基层治理工作。全年排查整顿软弱涣散村1个；走访群众4.28万人次，受理群众诉求88件，现场办结88件，收集群众意见建议84个，全年为群众办好事实事88件；利用电子显示屏、公众平台等载体宣传2000余次，利用微信等媒体推送“微党课”等500多条；建立村级公共服务站14个，成立乡贤咨询委员会14个。至年底，全镇基层党组织62个，其中党委1个、党总支7个、党支部54个；党员1405人，其中农村党员959人、镇直机关及各单位在职党员303人、离退休党员143人。是年，新吸收党员16人；预备党员转正19人；发展入党积极分子45人。

【村（社区）“两委”换届选举】　2017年，钱坑镇14个村（社区）完成“两委”换届工作，完成比例100%，依法选举产生各村（社区）书记主任15人，其中书记、主任“一肩挑”13人，村（社区）党组织班子成员58人，村（居）委会班子成员74人，其中“两委”交叉任职人数54人，“两委”成员大专以上学历8人，高中及中专学历31人，平均年龄53岁。

【村（居）务监督】　2017年，钱坑镇健全村（居）务监督工作制度，落实责任制，加强队伍建设、业务培训，强化村（居）务监督委员会规范化建设，规范政、村务公开栏设置，拓宽监督举报渠道，设置意见箱、举报电话和网络微信平台，参与式、动态式、全程式监督村（居）民主决策、民主理财、“三资”（资金、资产、资源）管理、基层干部廉洁履职和村务公开等。是年，全镇有村（居）务监督委员会14个，监督委员会委员48人。

【经济发展】　2017年，钱坑镇工农业总产值6.14亿元，比2016年（下同）增长11.4%，其中工业总产值3.21亿元，农业总产值2.93亿元。地方公共财政预算收入1684.35万元，下降14.6%；地方公共财政预算支出1684.35万元，下降14.6%。全年固定资产投资2.48亿元，社会消费品零售总额6.08亿元。各项税收收入总额587.83万元，增长23.1%，其中国税收入381.77万元，增长30.9%；地税收入206.06万元，增长10.9%。镇内有农村商业银行2家，邮政储蓄银行

1家，各项存款余额6.8亿元，其中居民储蓄存款6.7亿元；各项贷款2000万元。

农业 2017年，钱坑镇农业总产值2.93亿元，增长8.9%，其中种植业产值1.44亿元，林业产值674.7万元，牧业产值1.33亿元，渔业产值985.56万元。全镇耕地面积831公顷，粮食播种面积1024公顷，粮食总产量5875吨。基本农田保护区面积1000公顷，其中水田面积971公顷。农作物主要有水稻、淮山等。水稻播种面积984.47公顷，总产量5614吨；蔬菜种植面积273公顷，总产量1.1万吨；水果种植面积476公顷，总产量5833吨。林地面积442公顷，完成造林面积151.13公顷，木材采伐46立方米。全年生猪出栏4.53万头、家禽（鸡、鸭、鹅）出栏41万只，水产养殖总产量1076吨。是年，投资70多万元完成“大禹杯”项目建设，建设三面光水利沟渠1015米，机耕路465米；完善高标准农田基础设施建设，新建“三面光”排灌渠道一批。

工业 2017年，钱坑镇工业生产以木雕工艺、服装加工、家具制作、石材加工为主，有工业企业30家，从业人员1426人，其中规模以上工业企业1家。主要民营企业有揭西县立雅信有限公司、揭西县生旺生猪饲养场等。是年，实现工业总产值3.21亿元，增长13.8%，其中规模以上工业产值1.12亿元，增长16.7%。

商业 2017年，钱坑镇有农贸市场2个，面积3000平方米；小型自选商场4家，镇区沿街商铺400多家；从事个体服务网点1000多个，经营人数4000多人。主要经营金漆木雕、五金电器、服装鞋类、日常用品、农副产品等。是年，限额以上商业企业2家；全镇社会消费品零售额6.08亿元，增长13%。

【重点项目建设】 2017年，钱坑镇完成固定资产投资2.48亿元，比2016年增长15.4%。全面完成汕湛高速公路钱坑段5.15千米涉及66.67公顷征地补偿工作，配合施工方开工建设；推进普侨连接线钱坑段2.5千米33.33公顷土地征地补偿工作；投资200多万元，完成钱东村、钱西村、钱南村、月翁村、大茶石村等有关村道水泥硬底化建设；投资50多万元，对过境公路实施绿化升级，种植多彩绿篱1.1万平方米；推进榕江江畔植绿覆绿和路灯亮化工作；投资1000万元，完成大雄宝殿佛像更换、会客厅和14间客房配套建设、放生池“滴水观音”设计、湖边绿化、各佛殿内部装修和后山步阶建设。

【特色农业】 2017年，钱坑镇通过“种养合作社+基地产业化”建设，引导农民发展淮山、三棱榄、火龙果、金山柑、茶叶等特色农业。是年，全镇种植淮山78.5公顷，年产量约4250吨，经济产值约3000万元；全镇火龙果种植面积约15公顷，年产量168.75吨，经济产值约160万元。位于海拔627米的金山三棱橄榄基地，三棱榄种植面积34公顷，年产量约10吨，经济产值约100万元。

【生态环境建设】 2017年，钱坑镇加强生态环境保护，强化环保监督执法，惩治各种生态环境违法行为。抓好农村生活垃圾处理，实现垃圾收集全覆盖；加大水环境整治力度，开展饮用水源地保护专项执法，全面推行河长制，压实环保责任，加大对榕江水系水浮莲及漂浮物全面清理；推进畜禽养殖污染整治，推动辖区养殖户配套环保设施；强化对凉果加工作坊和印染重点行业监管，加强环保宣传教育；组织广大干部群众对道路两旁、榕江江畔、村庄空地开展义务植树活动。是年，全镇召开环保专题会议16场次，环保日常巡查出动400多人次；打捞水浮莲及漂浮物约50吨；举办环保志愿活动4次；树立警示牌6块，设立一级水源保护区围网1000多米。

【科教文体卫】 科技 2017年，钱坑镇科技工作坚持面向企业和农村，结合精准扶贫、木雕村产业和特色农业种养科技，运用远程教育、有线电视、村级广播等渠道，开展群众性科学技术普及工作，全年开展农机、职业培训会4场次，培训人员450多人次。

教育　2017年，钱坑镇有幼儿园4所，其中公办幼儿园1所、小学附设幼儿园3所，在园幼儿680人，教职工50人；小学12所，在校生2319人，教职工225人（其中小学一级教师155人，大专以上学历189人）；中学1所，在校生1651人，教职工151人（其中大学本、专科学历以上148人，中学高级教师职称20人，一级教师职称61人）。是年，小学适龄儿童入学率100%、小升初率100%；完成普通高中送招259人；钱坑中学高考上本科线5人，上省线134人，上线率84.8%；钱坑中学荣获“揭阳市毒品预防教育创建示范学校”称号。

文化体育　2017年，钱坑镇有文化站1个、广播站1个、有线电视转播站1个、村级广播站13个、文化活动广场112个、文化活动中心13个、农家书屋13间、老人福利院1个。全镇13个村委会均有篮球场、乒乓球场、羽毛球场，并配套部分健身器材。是年中旬，以“文化和自然遗产保护——传承和发展的生产实践”为主题的揭阳市非物质文化遗产系列活动在钱坑镇举办，揭阳钱坑木雕博物馆和广东省非物质文化遗产《潮州木雕》生产性保护示范基地正式揭牌；举办“燃放激情　唱响文明——揭阳市庆祝2017年国家文化和自然遗产日”“揭西美　文明风”等群众公益性文艺晚会。镇朝阳大锣鼓队代表钱坑镇参加“潮风客韵　缘梦揭西”——广东揭西县首届深港杯擂茶擂台赛，潮乐合奏《普天同庆》。全年举办群众性文艺会演12场次，开展文化体育活动20场次。

卫生　2017年，钱坑镇有医院1所，床位18个，医务人员44人；拥有专业技术职称30人，其中中级职称3人；医生10人；乡村个体医疗站18个，医务人员18人；全镇医疗机构门诊量6509人次，收治住院病人186例，各医疗卫生单位业务收入64万元。是年，钱坑镇开展公共卫生服务，推进钱东村、钱西村、钱南村、月翁村4个行政村公办民营卫生站标准化建设；儿童计划免疫率95%。

【新农村建设】　2017年，钱坑镇完善农村基础设施建设，加强农村环境综合整治工作。全年投入资金180.82万元，完成四期环境综合整治工作，拆除商铺、住户主体建筑滴水外擅自设置的构筑物、护栏、摊档、遮阳雨棚、广告牌等设施1200宗，约2.4万平方米，拆违总长度7500米；拆除旧厕所、旧猪牛栏、旧柴房、旧住房1419间，拆除面积2.03万平方米，拆除后土地大多用于村庄绿化、道路和公共设施建设；新建下水道3800多米，拓宽水泥路面8600平方米；推动大茶石村省级新农村示范片规划工作和钱池路钱南段一期镇级示范路规划；对钱坑中心大桥进行全面亮化；投资160万元完成钱江小学礼堂修缮工作；投入200多万元，建设大茶石村、月翁村、钱北村、钱西村等一批文化广场，建设休闲绿地、生态小公园4处。

【社会民生】　扶贫　2017年，钱坑镇扶贫总户数680户、1657人，其中被定为相对贫困村的有月翁村、大茶石村、钱北村3个行政村，分别由华南师范大学和东莞洪梅镇挂钩扶贫，揭阳市纪委和市审计局分别派驻第一书记；10个面上村分别由市纪委、市审计局、县武装部、县公路局、县妇联、县残联、县食品药品监督管理局和镇机关进行结对帮扶。是年，投入1303多万元实施产业帮扶项目，人均增收约1000元；完成困难户危房改造25户，发放补助金额59.4万元。至年底，全镇所有自然村均保障饮用水、生活用电、广播电视、网络覆盖；全镇实现脱贫150户、521人。

民政　2017年，钱坑镇低保对象403户、1235人，年发放低保金366.6万元；五保对象276人，年发放五保金250.4万元；优抚对象294人（含60岁以上农村退伍兵），年发放优抚金147万元；孤儿15人，年发放孤儿补助金15.84万元；事实无人抚养儿童23人，年发放基本生活保障金13.8万元；困境儿童26人，年发放基本生活补贴3.6万元；80周岁以上老人1006人，年发放生活补助金18.108万元；百岁老人8人，年发放生活补助金4.8万元；残疾人533人，年发放残疾人生活护理补贴92.95万元、重大疾病医疗补助金38万元；发放临时救助金16万元。办理结婚登记350对，补领婚姻登记证26对，离婚登记45对。

社会保险　2017年，钱坑镇参加城乡居民基本养老保险1.72万人，覆盖率37%，领取农村社会养老保险6429人。参加城乡居民基本医疗保险3.77万人，覆盖率84%，享受领取住院报销补偿3665人次，报销金额2032万元。

【安全生产】　2017年，钱坑镇落实安全生产责任制，加强安全生产监督检查，强化食品生产经营专项治理，规范生猪屠宰管理。是年，出动安全生产检查280人次，检查商铺及家庭作坊120家次，开展专项整治检查及复查行动54次，发现安全隐患60处，发出整改通知书16份，完成隐患整改60处，至年底全部落实整改；出动42人次对农贸市场进行巡查；组织青年志愿者服务队开展道路交通安全宣传12次，劝导教育不文明交通行为80余宗，发放宣传资料1000份。全年没有发生重、特大安全事故，全镇安全生产形势保持稳定。

【社会治安综合治理】　2017年，钱坑镇坚持领导干部周六接访工作制度，实施目标管理和网格化管理工作，推进“平安镇、村（居）”创建进程，开展社区戒毒社区康复，加强整治毒品各项工作，打击各类违法犯罪行为，深化社会治安综合治理。深入创建无邪教“三个一”示范工程活动，重点培育埔龙尾村作为全镇示范点；开展全民禁毒、众剑行动等工作，实施全民禁毒工程。是年，镇综治信访维稳中心受理群众来信来访19宗，成功调解19宗，办结率100%；派出所刑事立案32宗，破案7宗；查处行政案件29宗，调解民事纠纷8宗；抓获各类违法犯罪人员23人，抓获网上在逃人员1人；刑事拘留7人，逮捕5人；行政拘留6人；查处吸毒人员10人，强制戒毒4人，行政处罚13人；全镇设定一级网格1个，二级网格14个，三级网格64个，配备网格员64人。

【揭阳钱坑木雕博物馆】　揭阳钱坑木雕博物馆，座落于钱坑镇埔龙尾村，2017年5月建成，6月10日揭牌对外开放，面积约250平方米，该馆集培训、设计、展示、营销四大中心于一体。该馆藏有人物、山水、花卉、鱼虫、飞禽、走兽、历史故事、神话传说等各类题材木雕展品共260多件。代表性展品有获得第十三届、十四届中国（深圳）国际产业博览交易会银奖作品《水淹金山》《龙凤呈祥》《七鸟围梅》，2017年潮汕博览会金奖作品《龙凤呈祥》《麻雀戏梅》《如意》《白蛇传》，及明清时期祠堂木雕部件等。至年底，博物馆接待社会各界人士约1万人（次）。

2017年6月10日，揭阳市副市长姚丽旋（左二）到钱坑镇参观揭阳钱坑木雕博物馆
（钱坑镇　供稿）

2017年钱坑镇主要社会经济指标一览表

表88

项目	单位	指标	项目	单位	指标
土地总面积	公顷	4631	粮食总产量	吨	5875
总人口	人	46522	水产总产量	吨	1076
农业人口	人	37683	水果总产量	吨	5833
总户数	户	11919	蔬菜总产量	吨	10971
社区居委会	个	1	生猪出栏量	万头	4.53
村委会	个	13	牛存栏量	万头	0.01
农业总产值	亿元	2.93	家禽出栏量	万只	41
工业总产值	亿元	3.21	中学	所	1
工业企业	家	30	小学	所	12
规模以上企业	家		中小学在校学生	人	3970
高新技术企业	家		中小学在职教师	人	376
固定资产投资	亿元	2.48	幼儿园	所	4
本级财政总收入	万元	5066.71	在园幼儿	人	680

2017年钱坑镇村（居）委会情况表

表89

村（居）委会名称	所辖自然村名称
长三水村	中寨村、三角园村、塔新村、塔尾埔村、三美村
钱北村	好巷头村、莲角湖村、新寨村
顶联村	顶园村、寨后山村、叶下桃村、四房村、油寮村、后寮村、土楼村、龟头村、池尾村
红光村	湖墘村、老圩村
钱西村	大寨村、新埔仔村、西畔园村、新园村、新厝村、南河村、西岩村
钱东村	夏葛园村、口围村、仁福村、大寨村、茨巷村、河沟村、山东兴村、象山村
大茶石村	石亭村、大幅旗村、茶山村
月翁村	新翁村、老翁村、月眉村
钱南村	九座村、南群村、钱兰里村、老寨村、南丰村、全合村
埔龙尾村	老寨村、山顶村、大埔村
竹园内村	老寨村、新寨村
南光村	豪江宅老寨村、豪江宅新寨村、怡合村、大弼村、乌鸦落洋村
白石村	下白石村、顶白石村、龙村、山顶村
老圩居委	无

（林国胜　林俊华　陈建喜　柯思燕）

金和镇

【概况】 金和镇位于揭西县境东南部，东邻凤江镇，西连钱坑镇，北与塔头镇、灰寨镇接壤，南与普宁市里湖镇隔榕江南河相望。距县城27千米。2017年，土地面积48.46平方千米。下辖社区居民委员会1个，村民委员会13个，自然村96个。新出生人数440人，人口出生率5.3‰，人口自然增长率2.6‰。至年底，总户数1.76万户，户籍人口7.81万人，常住人口6.47万人。土特产主要有蓝天无公害蔬菜、甜玉米、山湖竹笋等。主要旅游景点有蜈蚣岭、山湖飞鹅湖、南侨爱国主义教育基地、锦林寺等。地方方言为潮汕方言。

【基层党建】 2017年，金和镇贯彻落实中共十九大精神，加强政治理论学习，落实领导干部驻点直接联系群众制度，推进基层党建和基层治理各项工作。全年排查整顿软弱涣散村1个；驻点团队走访群众6468人次，召开座谈会336次，受理群众诉求16件，现场办结16件，收集群众意见建议1个。至年底，全镇基层党组织107个，其中党委1个、党总支12个、党支部94个。党员1931人，其中农村党员1386人、镇直机关及各单位在职党员362人、退休党员183人。是年，新吸收党员19人；发展入党积极分子57人。

【村（社区）“两委”换届选举】 2017年，金和镇14个村（社区）完成“两委”换届工作，完成比例100%，依法选举产生各村（社区）书记主任14人，其中书记、主任“一肩挑”14人，村（社区）党组织班子成员73人，村（居）委会班子成员89人，其中“两委”交叉任职人数65人；“两委”成员大专以上学历4人，高中及中专学历55人。

【村（居）务监督】 2017年，金和镇加强村级民主监督，健全村级管理制度，完善村（居）务公开栏规范化建设，规范村级项目运行，村村公开、定期公开村财政使用资金和惠农资金发放；健全农村集体“三资”管理监督制度，发展壮大农村集体经济，保障农民集体资产的分配权；建立健全农村集体经济组织，加强制度学习，规范农村集体经济组织运作。是年，全镇完成101个经联社换届工作，成立村（社区）乡贤咨询委员会14个。至年底，全镇有村（居）务监督委员会14个，监督委员会委员58人；设置村（居）务公开栏14块。

【经济发展】 2017年，金和镇工农业总产值24.30亿元，比2016年（下同）增长7.8%。其中工业总产值18.35亿元，农业总产值5.95亿元。地方公共预算收入1.27亿元，下降43.4%；地方公共预算支出1.27亿元，下降43.4%。全年固定资产投资3.47亿元，社会消费品零售总额10.77亿元。各项税收收入总额908.17万元，下降1.4%，其中国税收入596.78万元，下降2%；地税收入311.39万元，增长0.6%。镇内有农村商业银行2家，邮政储蓄银行1家，农业银行1家，各项存款余额10.43亿元，各项贷款700万元。

农业 2017年，金和镇农业总产值5.95亿元，增长8.7%，其中种植业产值2.46亿元，林业产值5150万元，牧业产值1.61亿元，渔业产值2403万元，农林牧渔其他产业产值1.12亿元。全镇耕地面积1691公顷，粮食播种面积2956公顷，粮食总产量1.77万吨。主要农作物有水稻、甜玉米等。水稻种植面积1875公顷，总产量1.1万吨；蔬菜种植面积9879公顷，总产量2.26万吨；水果种植面积435公顷，总产量7364吨。全年生猪出栏2.56万头、家禽（鸡、鸭、鹅）出栏112万只，水产养殖总产量2968吨。全年发放耕地地力补贴及农机购置补贴资金共232.2万元，受惠农户1.1万户。

工业　2017年，金和镇工业生产以印刷包装、食品加工为主，有金桥、金栅、飞鹅3个工业小区，小区有企业70多家，从业人员701人，其中规模以上企业12家。主要民营企业有广东飞鹅包装彩印有限公司、广东汇华包装有限公司、广东金辉科技印务实业有限公司、广东雅都包装印刷有限公司。是年，实现工业总产值18.35亿元，增长7.6%，其中规模以上工业总产值10.21亿元，增长19.4%。

商业　2017年，金和镇有农贸市场2个，建筑面积6500平方米，主要经营农副食品、服装等。实施“乡贤回归工程”，加强与乡贤企业家沟通联系，全年引进500万元以上投资项目11个，总投资2.78亿元，年底完成投产。限额以上商业企业7家；社会消费品零售总额10.77亿元，增长13.8%。

【重点项目建设】　2017年，金和镇固定资产投资3.47亿元，比2016年增长26%。启动金和“互联网+扶贫”特色小镇项目，项目建设累计投入资金3400万元，至年底，完成电商创业一条街配

2017年6月15日，广东省委农村工作办公室副主任、扶贫办主任梁健（左二）带领省“互联网＋扶贫”特色小镇调研组到金和镇进行调研，图为调研组参观“互联网＋扶贫”创业园　（金和镇　供稿）

套环境整治工程（延伸到截洪桥），并于4月20日开放入驻，入驻企业26家。完成电商物流产业园的电商创客空间、O2O展示馆、电商人力资源发展中心等单元建筑装饰装修工程；启动云创空间软件系统建设。投入560万元，完成山湖路桥改造项目。完成广东新农金山云谷农业旅游生态园、金和镇山湖村乡村旅游示范点、新龙公路改建工程等项目建设。

【特色农业】　2017年，金和镇培育壮大特色农业发展，扶持龙头企业，提升农产品质量。特色农业主要以生产加工优质蔬菜、种植甜竹笋、养殖努比亚黑山羊为主，龙头企业有广东蓝天果蔬农业科技开发有限公司、广东仙福湖生态农业旅游有限公司、揭西县新农生态牧业有限公司。其中广东蓝天果蔬农业科技开发有限公司生产加工“蓝天果蔬”，年产值1200万元；广东仙福湖生态农业旅游有限公司种植甜竹笋33公顷，年产量约440吨，年产值350万元；揭西县新农生态牧业有限公司养殖努比亚黑山羊，羊舍建设面积1.67万平方米，放牧草地及牧草种植共333公顷，是年，母羊存栏1200只，种母羊年产量5040只，商品羊存栏1300只，总产值49.7万元。

【生态环境建设】　2017年，金和镇加强环境保护工作，落实河长制度，惩治非法河道采砂行为，开展河流污染整治，清理打捞河面漂浮物，落实重点河段和工业污染整治工作；推进涉水凉果企业环境污染治理设施建设，加大企业环保设施资金投入；加强农村生活污水整治工作，继续推行生活垃圾到户收集，对农户生活垃圾实行统一收集、定时清理、集中运输。是年，投资约420万元，建成山湖村村级生活污水处理站；投资52万元，完成杜塘村自来水供水工程建设，该工程于12月竣工通水。

【科教文体卫】　教育　2017年，金和镇有幼儿园9所，在园幼儿1397人，教职工65人；小学16所，在校生4290人，教师288人（其中小学一级

教师职称210人，大专以上学历282人）；中学3所，在校生2836人，教职工258人（其中大学本、专科学历以上248人，中学高级教师职称17人，中学一级教师职称125人）。2015年以来，金和镇共投入3016万元，用于中小学、幼儿园校舍修缮和设备设施建设。

文化体育　2017年，金和镇有综合文化站1个，广播电视台1个，有线电视转播站4个，村级文化活动中心16个，老人福利院1个。是年，14个村（社区）“农家书屋”投入使用；9个村级综合性服务中心完成验收；开展文化活动4场。

卫生　2017年，金和镇有卫生院1所（金和卫生院），医务人员109人，医生40人，病床70张，配备有X光机、B超机、半自动生化仪、血液分析仪等医疗设施；乡村卫生站26个，医务人员26人。是年，各医疗机构门诊量3.39万人次，收治住院病人2803例，全镇医疗卫生单位业务收入1879万元。

【新农村建设】　2017年，金和镇坚持规划先行、拆建并举，加强农村人居环境综合整治，实施网格化管理，开展“四拆”工作，推进社会主义新农村建设。启动农村规划编制工作，山湖村、杜塘村、河内村、和东村作为第四批省级新农村建设示范片主体村，3月开始聘请浙江卓创乡建规划设计公司进行规划设计，至年底，完成总体规划；贫困村仙坡村、金溪村聘请华师大规划设计团队进行村庄整治规划编制，初稿基本完成。是年，完善保洁员队伍，每500人配备1名保洁员，实现垃圾日产日清；各村拆除破旧住房、柴房267处，旧厕所2358间，旧猪牛栏146间，违建110多处，拆后作为公共用地2.28万平方米。

【社会民生】　扶贫　2017年，金和镇加大精准扶贫力度，实施就业帮扶、项目帮扶，对丧失劳动能力、无法通过产业扶持和就业帮助实现脱贫的，强化政策性保障兜底，继续实施医疗保险和医疗救助扶贫，优先安排条件差贫困户进行危房改造。是年，完成贫困户危房改造28户；精准识别贫困户1018户、3237人；完成脱贫288户、1233人；转移贫困人口30人到高速公路收费站及农村保洁员岗位就业；全镇产业扶贫项目经镇审核上报17个，计划投资资金3282万元，有15个项目通过县审批，落地实施；申请“以奖代补”项目263个，申请金额75.43万元。

民政　2017年，金和镇低保对象552户、1654人，年发放低保金397.86万元；五保对象251人，年发放五保金227.71万元；优抚对象475人，年发放优抚金215.95万元；孤儿29人，年发放孤儿补助金30.62万元；80岁以上老人1825人，年发放生活补助金36.22万元；百岁老人4人，年发放生活补助金2.4万元。办理结婚登记597对，补领婚姻登记证60对，离婚登记57对。

社会保险　2017年，金和镇参加城乡居民基本养老保险3.79万人，覆盖率48.5%，新领取农村社会保险795人。参加城乡居民医疗保险6.23万人，覆盖率79.8%，新农保续费率100%，享受领取住院报销补偿878人次，报销金额300万元。

【安全生产】　2017年，金和镇加强安全生产各项工作监督管理，严格落实岗位责任，开展安全生产大排查大整治，加强宣传消防、安全生产有关法律法规知识。是年，组织消防和安全生产大检查24次；“地毯式”清理清查4次；口头通知整改企业5家，发出整改通知书7份，整改企业7家，整改率100%。全年无发生重大安全事故。

【社会治安综合治理】　2017年，金和镇惩治各类违法犯罪活动，加强和改进信访工作，建立健全领导接访日、领导下访制度，落实领导包案责任，多渠道宣传法制知识，开展矛盾纠纷排查，推进社会治安综合治理工作。全年镇综治信访维稳中心受理群众来信来访22宗，成功调解21宗，办结率95.5%；受理网上信访件23宗，成功调解18宗，办结率78.3%；派出所立刑事案件23宗，侦破8宗，刑事拘留18人，受理行政案件20宗，行政拘留11人；司法所排查民间矛盾纠纷38件，其中由司法所直接介入调解12件；利用各种途径开展法律宣传14次，受教育面2400多人次；矫正人员18人，解矫8人，转迁3人，在册人员9人；法庭受理案件152宗，结案144宗，结案率94.7%，其中审判149宗，执行3宗。

2017年金和镇主要社会经济指标一览表

表90

项目	单位	指标	项目	单位	指标
土地总面积	公顷	4846.2	粮食总产量	吨	17730
总人口	人	78094	水产总产量	吨	2968
农业人口	人	74673	水果总产量	吨	7364
总户数	户	17559	蔬菜总产量	吨	22561
社区居委会	个	1	生猪出栏量	万头	25591
村委会	个	13	牛存栏量	万头	0.09
农业总产值	亿元	5.95	家禽出栏量	万只	112
工业总产值	亿元	18.35	中学	所	3
工业企业	家	74	小学	所	16
规模以上企业	家	12	中小学在校学生	人	7126
高新技术企业	家		中小学在职教师	人	546
固定资产投资	亿元	3.47	幼儿园	所	9
本级财政总收入	万元	12690.07	在园幼儿	人	2733

2017年金和镇主要企业基本情况表

表91

企业名称	企业性质	职工人数（人）	主要特色产品	年产值（万元）	年上缴税收（万元）
广东汇华包装有限公司	有限责任公司	33	包装装潢及其他印刷	1580	110
广东金辉科技印务实业有限公司	有限责任公司	20	包装装潢及其他印刷	2005	120
广东飞鹅包装彩印有限公司	有限责任公司	70	包装装潢及其他印刷	2361	120
广东雅都包装印刷有限公司	有限责任公司	60	包装装潢及其他印刷	3230	180

2017年金和镇各村（居）委会情况表

表92

村（居）委会名称	所辖自然村名称
金光村	四十亩村、庵场村、仁安里村、高西村、新芋村、老芋村、城光村、塔脚村、红光村、金普村、土普村、洋心村、洋埔村、湳洋村
金园村	庵园村、坑美园村、前宅园村、桥头园村、龙马村、面前园村、高田村、刘厝园村、柑园村
金新村	油寮村、涂寨村、新园村、后埔村、玉堂村、莲湖村、三福村、竹宅村、竹和里村、竹安里村
金溪村	高园村、新高园村、溪园村、安境村、径湖村、陈厝林村、客堂村
仙坡村	埔上村、角山村、枝山村、宫头山村、崎沟村、桶山村、山前园村、山仔村、岭头山村、大寨村、后畔园村、青园村

续表92

村（居）委会名称	所辖自然村名称
南山头村	南山头村
南山尾村	南山尾村
和南村	上栅村、郭厝园村、莲池村、径口村、深坑仔村、后溪村、石牛埔村、圩内村、田心围村
和西村	新寨村、官池山村、老寨村、下林村、面前洋村、古塘村、新寨仔村、枫山园村、枫山顶村、枫山后村
和东村	池畔村、裕安村、章厝寨村、下林村、新厝村、庵湖村、上埔村
杜塘村	杜塘村
山湖村	北门村、西门村、虎光村、南门村、北星村、内寮村、新寨村
河内村	大功山村、宫头寨村、油车村、墙基顶村、大寨村、口寨村、新堂村、荖藤村
金埔居委	无

（林沐洪　黄煜雅　吴妍苹）

凤江镇

【概况】 凤江镇位于揭西县东南部，东临榕江南河，与棉湖镇隔河相望，西接金和镇，北连塔头镇，南与普宁市梅塘镇毗邻，距县城40千米。2017年，土地面积34.66平方千米。下辖社区居民委员会1个，村民委员会15个，自然村87个。新出生人数1338人，人口出生率14.8‰，人口自然增长率8.7‰。至年底，总户数1.78万户，户籍人口8.77万人，常住人口7.94万人。土特产主要有橄榄、凉果、芥菜、冬瓜等。主要文物资源有东丰村聚祖公祠，凤南村凤南舜祖祠、凤湖杨氏祖祠，鸿江乡三官寺祠庙群，阳夏敬义祖祠，东光村后厝围屋等古建筑。地方方言为潮汕方言。

【基层党建】 2017年，凤江镇贯彻落实中共十九大精神，落实干部驻点直接联系群众工作，健全直联台账，整治软弱涣散基层党组织，开展"两学一做"学习教育活动，推进基层治理工作。全年排查整顿软弱涣散村1个；受理群众诉求23件，现场办结22件，限时办结1件。至年底，全镇基层党组织124个，其中党委1个、党总支15个、党支部108个；党员1985人，其中农村党员1417人、镇直机关及各单位在职党员328人、退休党员176人、其他党员（包括大学生村官、自由职业人员、其他无业人员等）64人。是年，预备党员转正24人；新吸收预备党员20人；发展入党积极分子34人。

【村（社区）"两委"换届选举】 2017年，凤江镇16个村（社区）完成"两委"换届工作，完成比例100%，依法选举产生各村（社区）书记主任20人，其中书记、主任"一肩挑"12人，村（社区）党组织班子成员89人，村（居）委会班子成员90人，其中"两委"交叉任职人数59人；"两委"成员大专以上学历13人，高中及中专学历60人，平均年龄48岁。

【村（居）务监督】 2017年，凤江镇完善基层群众自治制度，强化村级民主监督机制，推进村务监督委员会换届选举工作。优化村务监督委员会成员结构，将具备财会、管理知识的人员和村党组织中负责纪检工作的委员充实到村务监督委员会中；强化对村（居）内事务决策、财务收支状况监督，各村（居）委定期召开村（居）民代表会议，组织群众对村（居）委会班子及成员进行测评，对村（居）民关心问题及村（居）务工作进行评议等。加强农村"三资"管理工作，推进"三资"交易平台建设，全年通过"三资"交易平台交易57宗。至年底，全镇成立村（社区）乡贤咨询委员会16个；有村（居）务监督委员会16个，监督委员会委员68人。

【经济发展】 2017年，凤江镇工农业总产值38.7亿元，比2016年下降3.5%，其中工业总产值34.46亿元，农业总产值4.24亿元。地方公共财政预算收入5660.49万元，增长29.8%；地方公共财政预算支出5660.49万元，增长29.8%。全年固定资产投资3.5亿元，社会消费品零售总额10.33亿元。各项税收收入总额1039.29万元，增长57.2%，其中国税收入638.44万元，增长68.8%；地税收入400.85万元，增长41.6%。镇内有农村商业银行4家，邮政储蓄银行2家，各项存款余额10.4亿元，其中居民储蓄存款8.8亿元。

农业 2017年，凤江镇农业总产值4.24亿元，增长10.1%，其中种植业产值2.43亿元，林业产值4202万元，牧业产值9437万元，渔业产值1528万元，副业产值2910万元。全镇耕地面积1530.16公顷，粮食播种面积2513公顷，粮食总产量1.52万吨。种植业以种植水稻为主。水稻播种面积1723.7公顷，总产量1.02万吨；木薯、番薯、马铃薯播种面积共716.4公顷，总产量4600吨；蔬菜种植面积828公顷，总产量2.96万吨；水果种植面积108.7公顷，总产量1878吨，主要有贡柑、沙糖桔、荔枝、龙眼、香蕉、芒果等。完成造林面积13.9公顷，木材采伐314立方米。全年生猪出栏1.17万头、家禽（鸡、鸭、鹅）出栏73.01万只；水产养殖面积55公顷，总产量1482吨。

工业 2017年，凤江镇工业生产以凉果、电线电缆、塑料、针织加工为主，有工业企业130家，从业人员1.53万人，其中规模以上工业企业12家。各行业布局主要是阳东片凉果加工、鸿江片电线塑料、凤湖片针织加工。全年实现工业总产值34.46亿元，下降4.8%，其中规模以上工业产值26.32亿元，增长11.2%。

商业 2017年，凤江镇有综合市场2个，分别为凤江综合市场和阳夏综合市场，其中凤江综合市场占地面积3000平方米，阳夏综合市场占地面积5000平方米，主要经营服装、五金、家电、日常用品、农副产品、餐饮等。镇内有个体工商户600余家。是年，限额以上商业企业3家；社会消费品零售总额10.7亿元，增长13%。

【重点项目建设】 2017年，凤江镇固定资产投资3.5亿元，比2016年增长18.2%。全年列入县重点项目（含省市重点项目）4个，分别是凤江镇莪萃桥新建工程、凤江堤路合一工程（莪萃桥连接线）、揭西县凤江污水处理厂、凤江镇凉果行业污水处理系统工程。凤江镇莪萃桥新建工程（位于揭西县凤江镇莪萃村东北侧，距莪萃渡口东侧约200米处，跨越榕江南河上游支流，是凤江镇北部各村与东园镇仙宝村联系的主要通道）总投资1460万元，全年投入660万元，至年底，完成路面工程（除配套设施外工程）。凤江镇堤路合一工程（莪萃桥连接线）起于赤料桥，经莪萃桥头，终点为凤江大桥，沿堤建设，全长9.5千米，预算总投资1500万元，至年底，完成立项、测量、设计等前期准备工作；揭西县凤江污水处理厂（位于镇区北部，洪湖路北侧，莪南排洪渠东岸，紧邻变电站）建设工程主要包括：污水处理厂和进厂主干管及截污次干管，管径d600～d1200毫米，管道长度共6.1千米，投资总金额7048.9万元，采用PPP模式招选项目投资建设主体，中标单位为北京首创股份有限公司联合体，10月下旬开工建设，至年底，完成管桩、土方开挖、垫层浇注；凤江镇凉果行业污水处理系统涉及污水处理站84个，服务凉果厂家130家，由4家公司承建，总投资3300万元，至4月底，完成建设并投入使用。凤江镇阳夏片区环境污染整治项目2016年开工建设，至年底全面完成。

2017年8月17日，凤江镇人民政府与北京首创股份有限公司举行凤江污水处理厂及配套污水管网工程签约仪式（谢 鑫 摄）

【特色农业】 2017年，凤江镇规划农业生产布局，加强特色农业产品扶持力度，全镇农业生产基地呈区域化布局。阳东片（东光村、东新村、东丰村）主产蔬菜；阳西村主要种植水果、反季节蔬菜（大芥菜）；鸿江片（鸿江村、鸿新村、莪萃村）是粮食丰产区；赤新片（赤新村、洪湖村）主营淡水养殖。东新村种植大棚反季节空心菜21公顷，每年产量1260吨，主要销往广州市、深圳市、汕头市等地。

【生态环境建设】 2017年，凤江镇强化环境违法监管，加强生态环境建设宣传引导，加大污染整治力度，完善污水处理系统，强化畜禽养殖管理，落实环境污染整治包干责任制，开展“四拆”工作，推进人居环境整治工作。镇包干干部对凉果生产厂家开展经常性巡查；加快污水处理设施调试和运营；清理不符合要求生猪养殖场，减少生猪量；建立台账，排查全镇范围内工厂、生猪以及生活排污情况，联合县环保部门，严打偷排漏排；是年，完成沟渠整治约22千米；查处环境违法厂家22家，其中移送公安机关13家；开展生态环境监管巡查行动27次，出动人数400多人次。

【科教文体卫】 教育 2017年，凤江镇有幼儿园8所，其中公办幼儿园2所、民办幼儿园6所，在园幼儿3542人，幼儿教师191人；小学11所，九年一贯制学校1所，在校学生4435人，教职工259人（其中小学高级教师197人，小学一级教师职称36人；大专以上学历259人）；初级中学3所，九年一贯制学校1所，在校学生2130人，教职工202人（其中大专以上学历202人；中学高级教师职称8人，中学一级教师职称104人）。是年，适龄儿童入学率100%，小学巩固率100%，初中年辍学率0.2%，“三残”（智残、体残、肢残）适龄儿童少年入学率100%，学前三年入园（班）率93%；全镇有网络多媒体教室186间，计算机室20多间，其他功能室、实验室等近100间。是年，凤湖小学被教育部评定为“国家青少年校园足球特色学校”。

文化体育 2017年，凤江镇有文化站1个，广播站1个，有线电视转播站4个，村级广播站15个，文化活动广场1个，老人文化活动中心6个，农家书屋15间，老人福利院1个。是年，全镇举办各种文艺活动、群众文艺汇演活动5场次，参与人数546人次。

卫生 2017年，凤江镇有医院1所，占地面积2137平方米，总建筑面积2367平方米，医务人员56人，其中专业技术职称50人（中级职称4人），医生22人，病床23张，配备全自动生化仪、血液分析仪、尿液分析仪、彩色B超、500毫安X光机、心电图等医疗设施；乡村卫生站16个，医务人员21人。全镇各医疗机构门诊量1.1万人次，收治住院病人234例，医疗卫生单位业务收入206万元。

【新农村建设】 2017年，凤江镇加强新农村建设规划设计，完善新农村基础设施建设，成立新农村建设咨询委员会，推进新农村建设。阳西村、东丰村、凤南村、赤新村4个省定贫困村分别制定社会主义新农村示范村创建方案，明确村组织保障和帮扶单位责任等；聘请湘潭设计公司为阳西村、东丰村、凤南村3个贫困村完成村庄建设规划和自然村整治规划编制工作；聘请有资质宜居设计公司为赤新村做好编制工作；多渠道筹措资金投入新农村建设。是年，聘请15位乡贤参与新农村建设咨询委员会；拆除旧厕所1429间、旧猪（牛）栏683间、旧柴房44间、破旧住房320间，残垣断壁49处，共拆除面积4.06万平方米。

凤江镇凤南村寨前池　（揭西记者站　供稿）

【社会民生】　扶贫　2017年，凤江镇加强扶贫工作组织领导，实施项目帮扶、就业帮扶、产业帮扶政策，转移贫困村劳动力就业，推进扶贫工作。是年，安排资金2701.69万元，落实帮扶项目23个，其中光伏发电项目8个，投入资金465.76万元；投资1778.03万元，购买商铺14间；实施入股分红项目，计划投资500万元入股揭西县伟业建材贸易部，至年底，投入370万元；解决231户、1109人有劳动能力贫困户就业问题。全年完成农村危房改造6户；预脱贫户282户、1207人。

民政　2017年，凤江镇低保对象414户、1322人，年发放低保金315.72万元；五保对象185户、185人，年发放五保金169.83万元；优抚对象475人，年发放优抚金18.99万元；孤儿23人，年发放孤儿补助金26.22万元；80岁以上老人1807人，年发放生活补助金41.09万元；百岁老人2人，年发放生活补助金1.2万元。办理结婚登记538对，补领婚姻登记证16对，离婚登记66对，补领离婚证1对。

社会保险　2017年，凤江镇参加城乡居民基本养老保险3.36万人，上缴保费224.24万元，覆盖率98.3%，领取农村社会养老保险1.07万人；全年发放社会养老保险金1546.68万元。参加城乡居民医疗保险7.2万人，上缴保费1079.78万元，覆盖率99%；享受领取住院报销补偿5865人次，报销金额4376.9万元。

【安全生产】　2017年，凤江镇加强安全生产监管，加大安全生产违法惩治力度，开展食品药品监督专项行动。组建专职消防队伍，开展大排查、大整治行动，整治期间共出动人员2100多人次，排查各类场所540多家，其中整治生产性场所350多家（包括小作坊50多家，既有建筑300多家），消除存在安全隐患场所500多家，整改合格场所约540家；全年出动执法人数550人次，检查企业320家次，发现安全隐患65处，现场落实整改56处，限期落实整改9处。

【社会治安综合治理】　2017年，凤江镇强化信访维稳工作，落实镇街领导干部周末接访制度，加强社会治安管理，加大各项违法犯罪活动打击力度，推进一村（社区）一法律顾问工作，深化社会治安平安建设工作。全年镇综治信访维稳中心立案信访案件16宗，结案16宗，结案率100%；凤江派出所立案133宗，其中刑事拘留56宗，行政案件77宗，结案69宗；工商所立案3宗，结案3宗，经济户口清理清查工作中，采集1400多家经营户信息数，其中办理营业执照1200多户，未办理200多户；司法所成功调处各类民事纠纷86宗，其中人民调解78宗；社区矫正服刑人员40人，其中在矫23人，解矫17人。

2017年凤江镇主要社会经济指标一览表

表93

项目	单位	指标	项目	单位	指标
土地总面积	公顷	3465.78	粮食总产量	吨	15224
总人口	人	87676	水产总产量	吨	1482
农业人口	人	84835	水果总产量	吨	1878
总户数	户	17793	蔬菜总产量	吨	29619
社区居委会	个	1	生猪出栏量	万头	1.17
村委会	个	15	牛存栏量	万头	0.01
农业总产值	亿元	4.24	家禽出栏量	万只	73.01
工业总产值	亿元	34.46	中学	所	4
工业企业	家	130	小学	所	12
规模以上企业	家	12	中小学在校学生	人	6565
高新技术企业	家		中小学在职教师	人	461
固定资产投资	亿元	3.5	幼儿园	所	8
本级财政总收入	万元	5660.49	在园幼儿	人	3542

2017年凤江镇村（居）委会情况表

表94

村（居）委会名称	所辖自然村名称
东光村	新祠堂村、金湖村、埔双村、宫里村、仁里围村、埔美村、后厝村、里厝园村、夏美园村、丰西村、丰东村
东丰村	新湖村、新厝村、仙堀村、仙大村、口园村、口新村
东新村	柚园村、新园村、五乡村、竹头园村、湖墘村、溪下村、溪顶村
阳南村	林厝寮村、芋园埔村、巷口埔村、下丕埕村、胶水飞村、赤坎村、双红村、瓜园村
阳西村	双山村、南山洋村、胶走山村、把水村、葫芦村、浮山村
凤西村	客林埔村、赤竹坑村、胜洪村、陈厝地村、古竹林村
凤南村	后西村、后南村、后北村、青龙村、凤开村
凤北村	双凤村、城内园村、新坵田村、凤德村、新围村、草湖村、碧潭村
赤新村	赤料村、彭厝园村、王厝寨村、老坛头村、新坛头村、何厝园村
花寨村	花寨村
鸿西村	山头村、田心围村、竹置城村
洪湖村	洪湖村、茨内村、茨外村、潭口村、高美园村
鸿江村	旧南村、旧北村、埔上围村、塔下村、祠堂头村、上田村、柑园村、口园村
鸿新村	下厝村、城内村、新置寨村、塗库村
莪萃村	莪萃村、槐园村、青老村、青新村、金沟围村
桥头居委	无

（林松武　黄增波　黄树杰　陈　蝶　谢　鑫）

棉湖镇

【概况】 棉湖镇位于揭西县东部、榕江南河中游东岸，东面、南面与普宁市赤岗镇、大坝镇邻接，西面、北面与凤江镇、东园镇隔榕江南河相望，距县城42千米。镇区处于榕江南河中游平原，西北为榕江南河环绕，南北有云湖水贯通。2017年，土地面积29.87平方千米，其中镇区面积14平方千米。下辖社区居民委员会13个，村民委员会14个，自然村29个。新出生人数1635人，人口出生率14.3‰，人口自然增长率8.7‰。至年底，总户数2.46万户，户籍人口10.63万人，常住人口10多万人。华人华侨4万多人。土特产主要有棉湖瓜丁、春饼、鸡蛋饼、糯米饭、乌膜豆仁、小米粉粿、姜薯汤、卷章、红脚芥兰、六角糕等。地方方言为潮汕方言。

棉湖镇为广东省历史文化名镇、揭西县中心镇之一，旅游资源丰富，素有“土田肥美，民物殷饶，衣冠之族，弦诵之家，甲於通邑”美誉。古建筑有郭氏大楼、李氏花园、龙头城王氏大宗祠、曾习经进士第、亭脚杨氏府第等；古寺庙类有永昌古庙暨云湖庵、慈济古庙暨古戏台、天后圣庙、花果寺、字祖古庙、溪头宫等；近现代重要史迹和代表性建筑有兴道书院、湖西祠堂、洪万兴祠、洪鉴兴楼等；古墓葬类有黄奇遇墓、龚姑娘墓、王敏墓等；石刻类有棉湖书院旧址碑刻、永昌古庙碑刻、杨宅地界碑、吴氏百岁亭碑刻、德智堂碑刻、揭阳县棉湖警察分所布告、潮州府正堂禁棉湖聚行告示碑、同治棉湖寨界碑、修捐马头石路碑记等。

【基层党建】 2017年，棉湖镇贯彻落实中共十九大精神，加强党基层组织建设，落实领导干部驻点直接联系群众制度，整顿软弱涣散村组织，完善村级党组织活动场所设施建设，落实“三会一课”制度，推动“两学一做”学习教育活动常态化制度化。全年排查整顿软弱涣散村1个；驻点团队走访群众1.7万人次，召开座谈会262次，受理群众诉求360件，现场办结319件，限时办结40件，收集群众意见建议268个。至年底，全镇基层党组织131个，其中党委1个、党总支12个、党支部118个；党员3012人，其中农村党员951人。是年，新吸收党员30人；发展入党积极分子172人。

【村（社区）“两委”换届选举】 2017年，棉湖镇27个村（社区）完成“两委”换届工作，完成比例100%，依法选举产生各村（社区）书记主任32人，其中书记、主任“一肩挑”22人，村（社区）党组织班子成员88人，村（居）委会班子成员139人，其中“两委”交叉任职人数61人。“两委”成员大专学历24人，高中学历89人，平均年龄47岁。

【村（居）务监督】 2017年，棉湖镇完善村级民主管理，强化村（居）务监督委员会职能，加强对村（居）务公开内容、公开时间、公开程序等监督，推进村（居）务监督。至年底，全镇成立村（社区）乡贤咨询委员会27个；有村（居）务监督委员会27个，监督委员会委员87人；设置村（居）务公开栏27个。

【经济发展】 2017年，棉湖镇工农业总产值124.39亿元，比2016年（下同）增长14.2%，其中工业总产值121.78亿元，农业总产值2.61亿元。地方公共财政预算收入8733.51万元，增长

14.5%；地方公共财政预算支出8733.51万元，增长14.5%。全年固定资产投资10.58亿元，社会消费品零售总额18.83亿元。各项税收收入总额5682.59万元，增长49.2%，其中国税收入2473.16万元，增长37.9%；地税收入3209.43万元，增长59.5%。镇内金融机构有工商银行、农业银行、建设银行、中国银行、农村商业银行、邮政储蓄银行6家。

农业 2017年，棉湖镇农业总产值2.61亿元，增长8.9%，其中种植业产值1.5亿元，畜牧业产值5820万元，林业产值2592万元，渔业产值942万元，副业产值1795万元。全镇耕地面积2051.6公顷，粮食播种面积1950.06公顷，粮食总产量2.4万吨。种植业以种植水稻、薯类为主，经济作物主要有甘蔗、花生等。水稻播种面积1054.7公顷，总产量6196吨；薯类种植面积472.2公顷，总产量3010吨；蔬菜种植面积373.8公顷，总产量1.4万吨；水果种植面积212公顷，总产量3635吨，其中柑种植面积70.2公顷，产量1239吨。完成造林面积135.3公顷，未成林抚育153.3公顷。全年生猪出栏1.1万头、家禽（鸡、鸭、鹅）出栏50.83万只，水产养殖总产量837吨。

工业 2017年，棉湖镇工业生产主要以生产加工电线、电缆为主，有工业企业466家，总工人数1743人，其中规模以上工业企业33家。是年，实现工业总产值121.78亿元，增长14.3%，其中规模以上工业产值65.73亿元，增长13.2%。

商业 2017年，棉湖镇有市场4个，分别为综合市场（占地3000多平方米）、南门市场（20多间铺面）和中心第一、二市场（占地约1000平方米）、小商品市场（占地700多平方米），主要农贸产品有蔬菜、瓜果、水产品、禽蛋、肉类及其制品、粮油及其制品、豆制品、熟食、调味品、土特产等各类农产品和食品。有超市4个，包括惠丰超市、旭日超市、大润发、家家乐等，主要经营各类日常生活用品。有大小商铺2980户，主要经营日用品、药品、服装、电子数码产品、家居用品等商品。是年，限额以上商业企业2家；社会消费品零售总额18.83亿元，增长12.4%。

【重点项目建设】 2017年，棉湖镇固定资产投资10.58亿元，比2016年增长10.6%。投入2850万元，完成贡山电排更新改造一期工程建设；概算投资800万元，建设揭西县棉湖云湖水系水质保护工程项目（一期），完成清淤工程量约14万立方米，平均清淤深度1.04米，增设截污管网820米。

【生态环境建设】 2017年，棉湖镇加强环境卫生整治，完善生活垃圾收运体系和公共区域保洁，开展“路边行动”“四拆”工作，落实“河长制”，改善河道水环境，全面推进生态环境建设。镇区主要道路、公共区域分段分区承包保洁，配备日常保洁员，以“镇投入，村管理”模式，做到定区域、定保洁员、定监管人员；取缔非法畜禽养殖场；惩治违法采砂行为。是年，投入创文资金1900多万元，出动人员5.6万人次；投入500多万元，整治环境卫生；对辖区内总长20多千米15条主干道、各村社区开展拆除违章搭建专项整治行动；对龙车溪、东南沟、中排涝沟等总长23千米内河进行全面清淤。

【科教文体卫】 科技 2017年，棉湖镇促进科技在生产领域应用和发展，保护知识产权，是年，全镇申请产品外观专利73项。

教育 2017年，棉湖镇有幼儿园23所，在园幼儿6093人，幼儿教师497人；小学13所，在校学生9818人，教职工613人（其中小学一级教师425人，大专以上学历608人）；初级中学3所，在校学生4630人，教职工129人（其中大学本、专科学历以上125人，中学高级教师职称15人，中学一级教师职称73人）；有九年一贯制学校2所。是年，小学适龄儿童入学率100%、小升初率100%，完成普通高中送招1903人。

文化体育 2017年，棉湖镇有文化站1个，广播电视站1个，村级广播站14个，文化活动广场14个，老人文化活动中心15个，农家书屋14间，老人福利院1个。主要地方特色文化活动组织有潮乐社、灯谜协会、书画协会、汉剧社等；主要地方文化活动有棉湖僻语、舞龙、舞狮、英歌、灯会、花卉盆景展、庙会、赛龙舟、说书等；民间传统工艺有木雕、竹编、剪纸、石刻等。是年，总投资12万多元，完善配套村文化室14个；全镇举办“乡乡乐起来”群众文化活动4场次。

卫生　2017年，棉湖镇有医院1所（揭西县第二人民医院棉湖华侨医院），床位230个，医务人员341人，拥有专业技术职称262人，其中高级职称9人、中级职称64人，医生93人；有乡村个体医疗站27个。全年门诊量22.6万人次，收治住院病人1.43万例，医疗卫生业务收入9472万元。3月30日，揭西县棉湖华侨医院住院综合楼举行开工仪式，住院综合楼项目总投资1.01亿元，占地1835平方米，共14层，建筑面积2.66万平方米。

【新农村建设】　2017年，棉湖镇完善农村各项基础设施建设，开展“四拆”（拆除旧厕所、旧猪牛栏、旧柴房、破旧住房）整治工作，加快建设新农村。考溪村投入200多万元铺设连接贡山村村道；解放路居委投入120多万元完成社区文化广场扩建；下浦村投入80多万元完善护栏、路灯建设及部分村道硬底化；境潭村投入70万元完成茇菪池村巷道、寨前埕硬底化；方围居委投入57万元完成道路修建；上浦村投入40多万元建设排污管网；花园村投入40多万元建设老人活动中心；南门居委投入20万元修理水沟、路面；厚埔村投入16多万元完善公园绿化、设施建设；新陂村投入16万元建设村级卫生站；竹园内居委投入7万多元修理路面水沟；拆除旧厕所3887间、旧猪（牛）栏61间、旧柴房5间、破旧住房105间，面积共4.37万平方米。

【社会民生】　扶贫　2017年，棉湖镇落实无劳力贫困户政策性兜底工作、医保财政兜底政策和贫困学生生活费补助领取工作，做好贫困户危房改造工作。因地制宜、因人因户因村施策，完善贫困村基础设施建设；实施项目帮扶、产业帮扶。贡山村完成村道硬底化建设和截洪堤路面硬底化工程；鲤鱼沟村完成进村道路重修及护栏建设工程和村寨前截洪堤、村侧道路硬底化及路段配套工程；考溪村完成入村道路硬底化建设；下浦浦溪村完成村道硬底化项目。实施2个资产收益性扶贫项目，投资1050万元在东莞市茶山镇购买商铺、投资1050万元入股广东威潜电缆实业有限公司。是年，棉湖镇有贫困户568户、2068人；实现脱贫人口172户、753人。

玉石村文化广场　（棉湖镇　供稿）

民政　2017年，棉湖镇低保对象789户、2682人，年发放低保金925万元；五保对象152户、152人，年发放五保金155.8万元；优抚对象406人；孤儿20人，年发放孤儿补助金21万元；80岁以上老人2266人，年发放高龄津贴49.4万元；百岁老人4人，年发放高龄津贴2.4万元。办理结婚登记727

对，补领婚姻登记证70宗，离婚登记81对。

社会保险　2017年，棉湖镇参加城乡居民基本养老保险2.51万人，覆盖率23.6%。参加城乡居民医疗保险8.92万人，覆盖率83.9%，享受领取住院报销补偿1.11万人次，报销金额3619万元。激活发行社会保障卡6.74万张。

【安全生产】　2017年，棉湖镇加强安全生产监督管理，强化安全生产宣传，开展安全生产大排查、大整治，完善公共消防设施建设和消防事业建设。联合消防队、治安队、派出所、工商所等多个部门，并抽调镇安全办、环保办、驻村工作队、村两委组成专项工作组，对辖区内各工业区、公众聚集娱乐场所等，逐家逐户全方位地毯式开展安全生产排查；定期、不定期对辖区内企事业单位、公众聚集地及“三小”（小档口、小作坊、小娱乐场所）场所开展安全生产大排查大整治。全年开展30多次安全生产大检查，出动2800多人次，检查企业1000多家，排查隐患800多处，现场落实整改230处，限期整改330处；投入10多万元，整治各类生产经营场所火灾隐患；投入4多万元，开展安全生产宣传工作；投入20多万元，增设市政消防栓13个；取缔“三合一、多合一”（是指住宿与生产、储存、经营等一种或几种用途混合设置在同一连通空间内的场所）场所20多家。全年没有重大安全事故发生。

【社会治安综合治理】　2017年，棉湖镇落实信访维稳工作，发挥镇综治信访维稳中心作用，开展矛盾纠纷排查化解工作；加强社会治安管理，加大违法犯罪惩治力度，对消防、安全生产、食品安全、环境保护、制假售假、吸毒制毒、赌博及成品油走私等内容在全镇进行地毯式清理清查。全年镇综治信访维稳中心全年受理各类信访案件87宗，办结72宗，没有发生非正常到省、进京上访事件；调解劳动纠纷22宗，为农民工追回拖欠工资28.14万元；组织开展社会治安综合清理清查专项行动10次，出动870人次，依法查处印染作坊2家，假烟窝点2处；棉湖派出所、棉湖镇郊派出所共立刑事案件196宗，破案74宗，行政案件受理155宗，破案74宗，查处吸毒人员27人。

2017年棉湖镇主要社会经济指标一览表

表95

项目	单位	指标	项目	单位	指标
土地总面积	公顷	2987	粮食总产量	吨	24036
总人口	人	106272	水产总产量	吨	837
农业人口	人	54689	水果总产量	吨	3635
总户数	户	24572	蔬菜总产量	吨	14222
社区居委会	个	13	生猪出栏量	万头	1.1
村委会	个	14	牛存栏量	万头	0.8
农业总产值	亿元	2.61	家禽出栏量	万只	50.83
工业总产值	亿元	121.78	中学	所	3
工业企业	家	466	小学	所	13
规模以上企业	家	33	中小学在校学生	人	14448
高新技术企业	家	9	中小学在职教师	人	742
固定资产投资	亿元	10.58	幼儿园	所	21
本级财政总收入	万元	8733.51	在园幼儿	人	6093

2017年棉湖镇主要企业基本情况表

表96

企业名称	企业性质	职工人数（人）	主要特色产品	销售额（万元）	年上缴税收（万元）
广州市广惠通线缆有限公司揭西县分公司	私营企业		电线、电缆	6419.24	520.49
广东威潜电缆实业有限公司	私营企业		电线、线缆	7133.80	319.72
广东胜宇电缆实业有限公司揭西分公司	私营企业		电线、电缆	9966.19	299.43
揭西县威潜电线电缆厂	私营企业		电线、电缆	9204.41	214.78
揭阳市圳通五金电器有限公司	私营企业		电线、电缆、家用电器及配件、五金制品、塑料制品	5117.56	194.04
揭阳市冠图五金电器有限公司	私营企业		电线、电缆、电子产品、家用电器及配件	4631.04	173.30
广东万瑞通电缆实业有限公司	私营企业		电线、电缆	5227.92	171.40
揭阳市西展五金电器有限公司	私营企业		电线、电缆、电子产品、家用电器及配件、五金制品	4575.01	166.43
揭阳市奇轩五金电器有限公司	私营企业		电线、电缆、家用电器及配件、五金制品、塑料制品	4201.06	156.81
揭阳市华冠五金电器有限公司	私营企业		电线、电缆、家用电器及配件、五金制品、塑料制品	4065.17	155.49
揭阳市炫胜电缆有限公司	私营企业		电线、电缆	3809.71	150.31
揭西县楷润电缆有限公司	私营企业		电线、电缆	4226.36	146.22
广东易联电线电缆有限公司	私营企业		电线、电缆	3524.06	142.97
揭西县润诚电缆有限公司	私营企业		电线、电缆	4216.21	142.38
广东程通电线电缆厂有限公司	私营企业		电线、电缆	2996.64	105.64

2017年棉湖镇各村（居）委会情况表

表97

村（居）委会名称	所辖自然村名称
四乡村	刘厝寨村、口寨村、灰陂村、横港村、大港村
湖西村	湖西村
新湖村	新光村、湖坡村、南群村、湖东村、永丰村、鸿光林村
厚埔村	厚埔村
上浦村	上浦村、林厝堀村
甲埔村	甲埔村
境潭村	茭苈池村、境潭村、日路村、沈厝场村
下浦村	下浦村、浦溪村、方栅村
考溪村	考溪村
贡山村	贡山村
里沟村	里沟村
贡东村	贡东村

续上表

村（居）委会名称	所辖自然村名称
新陂村	新陂村
玉石村	玉石村
竹园内居委	无
桥头居委	无
解放路居委	无
米街居委	无
方围居委	无
南门居委	无
云湖居委	无
花园居委	无
道江居委	无
湖滨居委	无
岭南居委	无
兴中居委	无
东新居委	无

（沈汉川　黄子佳）

东园镇

【概况】　东园镇位于揭西县境东部边陲，东与棉湖镇、揭东县白塔镇接壤，西与塔头镇毗邻，南隔榕江南河与凤江镇相望，北与京溪园镇、揭阳市产业园区卅岭交界，距离县城42千米。2017年，土地面积26.35平方千米。下辖社区居民委员会1个，村民委员会10个，自然村38个。新出生人数600人，人口出生率14.2‰，人口自然增长率9.1‰。至年底，总户数9507户，户籍人口4.03万人，常住人口3.19万人。海外华侨1.5万人，港澳台同胞1万人。土特产主要有布仔豆干、古福咸菜等。主要旅游景点有碧岩寺、月湄村（省市历史文化名村、中国传统村落、揭阳市卫生村）。地方方言为潮汕方言。

【基层党建】　2017年，东园镇贯彻落实中共十九大精神，加强基层党建工作，完善村组织活动场所建设，开展干部驻点直接联系群众工作，推进“两学一做”学习教育常态化、制度化。全年排查整顿软弱涣散村1个；开展集中学习培训52场次；全镇党员干部走访群众2896户次，收集群众反映问题33个，为群众办好事实事65宗；完善10个行政村组织活动场所设施配套建设。至年底，全镇基层党组织58个，其中党委1个、党总支7个、党支部50个；党员1085人，其中农村党员736人、镇直机关及各单位在职党员319人、退休党员30人。是年，新吸收党员13人；新吸收预备党员12人；发展入党积极分子31人。

【村（社区）“两委”换届选举】 2017年，东园镇11个村（社区）完成“两委”换届工作，完成比例100%，依法选举产生各村（社区）书记主任14人，其中书记、主任“一肩挑”8人，村（社区）党组织班子成员49人，村（居）委会班子成员44人，其中“两委”交叉任职人数33人。年轻干部5人；妇女干部14人；新进“两委”班子成员16人；大专学历3人，高中及中专学历35人，平均年龄46岁。

【村（居）务监督】 2017年，东园镇加强村级民主组织建设和规范管理，完成全镇38个农村经联社和村民小组换届选举。健全村民议事会、村务监督委员会、村民代表等村级民主组织。发挥村务监督委员会作用，强化对村（居）重大决策、重大事项、重大支出及其他事关村（居）民切身利益的各项活动和工作监督。至年底，全镇成立村（社区）乡贤咨询委员会11个；有村（居）务监督委员会11个，监督委员会委员39人。

【经济发展】 2017年，东园镇工农业总产值5.32亿元，比2016年（下同）增长13.2%。其中工业总产值2.18亿元，农业总产值3.14亿元。地方公共财政预算收入4693.4万元，增长113.1%；地方公共财政预算支出4688.5万元，增长112.9%。全年固定资产投资2.11亿元，社会消费品零售总额5.23亿元。各项税收收入总额321.49万元，增长29.7%，其中国税收入225.63万元，增长41.6%；地税收入95.86万元，增长8.4%。镇内有农村商业银行1家，设东园、古福营业厅2个，各项存款余额4.5亿元，增长9.8%，贷款余额846万元，下降6%。

农业 2017年，东园镇农业总产值3.14亿元，增长9%。其中种植业产值1.82亿元，林业产值3145万元，牧业产值7064万元，渔业产值1143万元，农、林、牧、渔服务业产值1879万元。全镇耕地面积1250公顷，粮食播种面积1542公顷，粮食总产量8738吨。农作物主要有水稻、蔬菜、水果等，水稻播种面积962公顷，总产量5665吨；蔬菜种植面积383公顷，总产量1.88万吨；水果种植面积446公顷，总产量6943吨。完成造林面积35公顷，木材采伐313立方米。全年生猪出栏1.21万头、家禽（鸡、鸭、鹅）出栏49.9万只，水产养殖总产量1288吨。是年，发放种粮直补贴资金117.92万元。

工业 2017年，东园镇工业生产以服装、农副产品加工为主，辅以五金、糖果、建筑建材等行业。有工业企业10家，从业人员286人；个体私营企业359家，从业人员950人。主要民营企业有巨塔混凝土公司、亿家福食品加工厂等。全年实现工业总产值2.18亿元，增长19.8%。

商业 2017年，东园镇有农贸市场2个，分别为东桥园农贸市场（占地面积0.54公顷）、古福农贸市场（占地面积0.17公顷），市场主要经营农副产品。镇内有小型自选商场2家，镇区沿街商铺110多家，商业服务行业50多家，主要商品有五金电器、服装鞋类、日常用品、农副产品等。是年，有阿里村淘服务站10个；限额以上商业企业1家；全年社会消费品零售总额5.23亿元，增长13%。

【重点项目建设】 2017年，东园镇固定资产投资2.11亿元，比2016年增长63.6%。总投资1000多万元，完成榕江南河东桥园村至桃围村堤段除险加固；完成湖下电排站技术改造工程建设；完成东园大道京棉公路至镇政府路段绿化带、排水沟、人行道及路沿石铺设工作；完成玉湖村、赤岩村、古福村、月湄村4个村公共卫生站建设；完成东桥园文体活动中心、古福寨内村和虎埕村文化活动广场、三犁老宅村文化广场、玉湖村小广场建设；完成11条长约7千米乡村道路路面硬化工程建设。

【特色农业】 2017年，东园镇以建设“无公害农产品、有机农产品”示范镇为总目标，以冬瓜、蔬菜、淡水养殖基地为基础，引进农业开发专业公司和现代农业发展模式，实施互联网+

“生态农业”“农户+基地+专业合作社”以及农产品“生产、加工、销售、服务”一体化工程，拓展销售渠道。是年，全镇种植黄瓜20.4公顷，年产量301吨，年产值100多万元。

【生态环境建设】 2017年，东园镇加强环境优化长效管理，加快农村污水处理设施规划建设，健全完善城乡生活垃圾处理机制，开展沿路沿河和环村植树工作，抓好农村环境连片综合整治，推进河塘污染整治，强力整治焚烧塑料、电子垃圾等大气污染行为，加大重点行业环境巡查惩治力度，清理禁养区畜禽养殖，推动城镇环境卫生综合整治。是年，查处、整治环境污染1处；绿化植树3050株；清运垃圾1.06万吨。全年开展监管巡查行动96次，出动人数5000多人次。

【科教文体卫】 科技　2017年，东园镇共申请专利11项，分别为外观设计和实用新型。

教育　2017年，东园镇有幼儿园5所，其中公办幼儿园3所、民办幼儿园2所，在园幼儿836人，教职工74人；小学6所，在校学生1626人，教职工103人（公办幼儿园及小学在职教师共165人，其中：高级教师3人，小学一级教师职称110人，大专以上学历163人）；初级中学1所，在校中学生887人，教职工78人（大学本、专科学历以上78人，中学一级教师职称47人）。是年，东园中学考上揭阳一中2人、揭阳二中13人、棉中重点班99人、棉中普通班22人、棉湖二中88人、南侨中学14人。中考最高分794分，列全县第18名。

文化体育　2017年，东园镇有文化站1个，广播站1个，有线电视转播站1个，村级广播站10个，敬老院1个。10个行政村均有篮球场。是年，开展“乡乡乐起来”、“元旦”文艺会演等群众文艺活动12场次，篮球、乒乓球友谊赛15场次。

卫生　2017年，东园镇有卫生院1所，执业（助理）医师18人，病床24张，内设预防保健科、全科医疗科、内科、外科、妇产科、儿科、眼科、耳鼻咽喉科、口腔科、急诊医学科、麻醉科、医学检验科、医学影像科、中医科等。全镇有乡村个体医疗站11个，乡村医生11人。是年，各医疗机构门诊量1.85万人次，收治住院病人688例，医疗卫生单位业务收入251.29万元。全年儿童计划免疫率99%，未发生任何传染病。

【新农村建设】 2017年，东园镇完善农村基础设施建设，加强新农村示范村建设规划编制工作，建立乡贤咨询委员会，开展“清垃圾、治污水、上设施、建机制”工作。是年，完成5个省定相对贫困村社会主义新农村示范村建设规划编制工作；5个省定贫困村成立新农村建设咨询委员会；拆除旧厕所1916个、旧牛（猪）栏140间、旧柴房23间、破旧住房21间、违章建筑物186宗，拆后作为公共用地，面积共2.92万平方米；总投资700多万元，建设4个村公共卫生站，和东桥园文体活动中心，古福寨内村、虎埕村文化活动广场，三犁老宅村文化广场、玉湖村小广场，以及11条长约7千米乡村道路水泥硬底化工程。

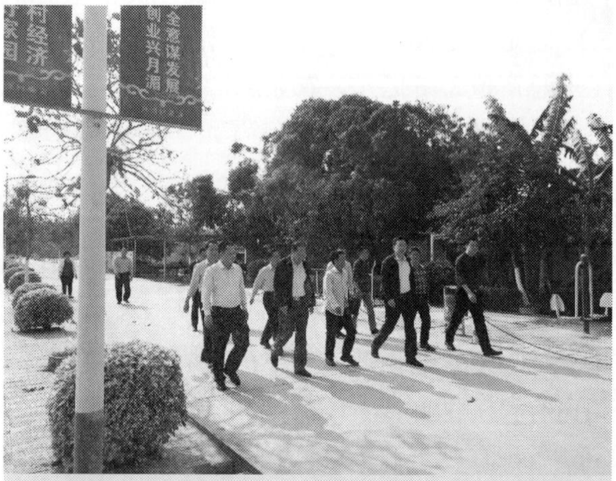

2017年3月21日，揭阳市委副书记、政法委书记刘光明（前右二）考察东园镇月湄村人居环境
（郑钊喜　摄）

【社会民生】 扶贫　2017年，东园镇实施异地购置产业、光伏发电等产业帮扶项目12个，帮扶到位资金2789.66万元，实际投入资金2140.53万

元；领取教育补助金324人、149.56万元；完成贫困户危房改造12户；完成脱贫219户、981人。全镇产业扶贫项目经镇审核上报12个，有8个项目通过县审批，落地实施。

民政　2017年，东园镇低保对象492户、1772人，年发放低保金446.02万元；五保户对象112人，年发放五保金77.54万元；优抚对象229人，年发放优抚金120.46万元；孤儿23人，年发放孤儿补助金24.29万元；80岁以上老人760人，年发放生活补助金13.68万元；百岁老人3人，年发放生活补助金2.25万元；发放社会救济粮5.75吨；发放农村临时救济金12.4万元；全镇设临时应急安置点10个。办理结婚登记211对，补领婚姻登记证20对，离婚登记34对。

社会保险　2017年，东园镇参加城乡居民基本养老保险1.43万人，覆盖率35.8%，领取农村社会养老保险1.6万人。参加城乡居民医疗保险3.28万人，覆盖率82%，享受领取住院报销补偿1450人次。

【安全生产】　2017年，东园镇加强安全生产监督工作，加大安全生产工作执法力度，组织开展安全生产检查工作及危险源排查整治专项行动，加大重点行业领域隐患排查整治力度。全年出动执法人数196人次，检查企业150家次，发现安全隐患98处，现场落实整改54处，限期落实整改44处，整改率100%；开展安生生产、消防安全培训及演练活动1次，参加演练对象有相关企业负责人、中小学校教职工和镇派出所、综治办、安委办等职能部门全体人员及东园中学学生共1000多人。

【社会治安综合治理】　2017年，东园镇落实综治维稳责任制，严厉惩治涉车、涉毒、涉赌、涉假等违法犯罪活动，加强社会治安管理，开展交通秩序大整治，推进综治和平安建设各项工作。全年镇维稳中心二级平台受理各类案件33宗，调处33宗；受理矛盾纠纷32宗，调解纠纷32宗；受理信访总数21件，其中群众来访12批次25人，群众来信6件，网上信访9件；全镇发生刑事案件10宗，破案2宗，抓获犯罪分子3人；发生治安案件16宗，查处16宗；抓获吸毒人员6人，送强制隔离戒毒5人。

2017年东园镇主要社会经济指标一览表

表98

项目	单位	指标	项目	单位	指标
土地总面积	公顷	2635.97	粮食总产量	吨	8738
总人口	人	40316	水产总产量	吨	1288
农业人口	人	31365	水果总产量	吨	6943
总户数	户	9507	蔬菜总产量	吨	18786
社区居委会	个	1	生猪出栏量	万头	12.12
村委会	个	10	牛存栏量	万头	0.01
农业总产值	亿元	3.14	家禽出栏量	万只	49.9
工业总产值	亿元	2.18	中学	所	1
工业企业	家	359	小学	所	6
规模以上企业	家	1	中小学在校学生	人	2513
高新技术企业	家		中小学在职教师	人	243
固定资产投资	亿元	2.11	幼儿园	所	5
本级财政总收入	万元	4693.40	在园幼儿	人	836

2017年东园镇主要企业基本情况表

表99

企业名称	企业性质	职工人数（人）	主要特色产品	年产值（万元）	年上缴税收（万元）
揭西县巨塔混凝土有限公司	个体私营	12	混凝土	3048.8	9.1
亿家福食品加工厂	个体私营	5	糖果加工	18.6	1.32

2017年东园镇村（居）委会情况表

表100

村（居）委会名称	所辖自然村名称
桃围村	桃围村、中洲村、仙宝村、官田村
玉湖村	玉湖村
东桥园村	大寨村、耀东村、新寨村、西兴村、洲兴村、柑园顶村
联丰村	后畔园村、巷墘村、金湖村、西湖村、厝前村、鹊湖村、月眉山村
赤岩村	赤岩村、西山村、新兴乡村、白木城村、柑园村
古福村	寨内村、口寨村、虎埕村、砖埕村、池顶村、下洲村、上洲村、旗坑村
月湄村	月湄村
炉清村	炉清村
后寮村	后寮村、金湖村
三犁村	新宅村、老宅村、宅埔村
东联居委	东联居委

（林卓城　吴少纯　林史创　林国生　李秉江　李桂华）

塔头镇

【概况】　塔头镇位于揭西县东南部，五经富河中下游，东北邻东园镇，南邻凤江镇、金和镇，西连灰寨镇，北接京溪园镇，距县城32千米。2017年，土地面积29.35平方千米。下辖社区居民委员会1个，村民委员会14个，自然村41个。新出生人数778人，人口出生率13.8‰，人口自然增长率8.6‰。至年底，总户数1.27万户，户籍人口5.47万人，常住人口4.16万人。海外华侨7200人。港澳台同胞5800人。塔头镇盛产黑皮冬瓜，为揭阳市“一镇一品”工程示范镇。土特产有黑皮冬瓜、炒花生仁、薯干、甜笋干。地方方言为潮汕话与客家话。

【基层党建】　2017年，塔头镇贯彻落实中共十九大精神，加强党建工作，开展党风廉政建设，落实干部驻点联系群众制度，推进“两学一做”学习教育常态化、制度化，落实“三会一课”制度，规范党组织工作制度和村党组织议事决策程序，培养发展党员。全年全镇排查整顿软弱涣散村1个；开展积极分子培训班2期、44人次，筛选取消入党资格1人；受理群众诉求76件，现场办结71件，收集群众意见建议32个。至年底，全镇基层党组织66个，其中党委1个、党总支8个、党支部55个、两新组织党支部2个（同心食品党支部和耀华党支部）；党员1363人，其中农村党员501人、社区党员36人、镇直机关及各单位在职党员230人、退休党员596人。是年，新吸收党员7人；新吸收预备党员21人；发展入党积极分子31人。

【村（社区）"两委"换届选举】 2017年，塔头镇15个村（社区）完成"两委"换届工作，完成比例100%，依法选举产生各村（社区）书记主任17人，其中书记、主任"一肩挑"13人，村（社区）党组织班子成员55人，村（居）委会班子成员80人，其中"两委"交叉任职人数50人。"两委"成员中，女性成员15人；大专以上学历2人，高中及中专学历42人；平均年龄54岁。

【村（居）务监督】 2017年，塔头镇严格落实党风廉政建设责任制，加强村财使用和惠农资金发放监督管理，规范村务公开。15个村（居）统一制作村务公开栏，统一要求公开内容、公开时间，接受群众监督。纪委全程介入监督管理，全年涉农惠农资金项目在阳光监督中运作良好。至年底，全镇成立村（社区）乡贤咨询委员会15个；有村（居）务监督委员会15个，监督委员会委员51人。

【经济发展】 2017年，塔头镇工农业总产值11.47亿元，比2016年增长4%，其中工业总产值7.96亿元，农业总产值3.51亿元。农民人均年纯收入7985元。地方公共财政预算收入4658.49万元，增长40%；地方公共财政预算支出4658.49万元，增长40%。全年固定资产投资2.31亿元，社会消费品零售总额6.54亿元。各项税收收入总额563.12万元，增长16%，其中国税收入364.89万元，增长32%；地税收入198.23万元，下降5%。镇内有农村商业银行1家，邮政储蓄银行1家，各项存款余额7.61亿元，各项贷款625万元。

农业　2017年，塔头镇农业总产值3.51亿元，增长9.2%。其中种植业产值1.79亿元，林业产值8792万元，牧业产值7296万元，渔业产值1042万元。全镇耕地面积1208.65公顷，粮食播种面积1963.7公顷，粮食总产量1.19万吨。全镇农业生产以种植业为主，主要经济作物有冬瓜、甜玉米、笋竹等。水稻种植面积911公顷，年产量5274吨；蔬菜种植面积737公顷，总产量2.82万吨；水果种植面积206公顷，总产量2333吨；冬瓜种植面积400多公顷，总产量3000吨；甜玉米种植面积88公顷，总产量499吨；笋竹4.33公顷，总产量118吨。林地面积291公顷，完成造林面积30.8公顷，木材采伐292立方米。全年生猪出栏1.5万头，家禽（鸡、鸭、鹅）出栏60.36万只，水产养殖总产量1141吨。是年，发放种粮补贴89.2万元。

工业　2017年，塔头镇工业生产以食品加工、化肥生产加工为主，有工业企业129家，从业人员1345人，其中规模以上工业企业3家。主要企业有中德高塔化肥厂、揭西县同心食品有限公司。是年，实现工业产值7.96亿元，增长2%，其中规模以上工业产值5.6亿元，增长13%。

商业　2017年，塔头镇有农贸市场1个，占地面积3000平方米，小型自选商场3家，镇区沿街商店有260多家，主要经营五金电器、服装鞋类、日常用品、农副产品及提供快递服务等。是年，限额以上商业企业1家；全年社会消费品零售总额6.54亿元，增长9%。

【重点项目建设】 2017年，塔头镇固定资产投资2.31亿元，比2016年增长12%。重点项目为龙潭联围塔头镇塔头村至顶埔村段治理工程（堤围修建），该工程范围为塔头镇塔头村至顶埔村段区域，全长17.24千米，计划投资6000万元，项目处于立项申请阶段。

【特色农业】 2017年，塔头镇冬瓜种植总面积400公顷，占全镇耕地面积2/5，覆盖全镇14个村。年产量1.45万吨，年产值3250万元。塔头镇黑皮冬瓜畅销省内各地及江西、福建、上海和东北三省等地。塔头镇农户种植冬瓜有近30年历史，引进四川省优质黑皮冬瓜品种，黑皮冬瓜每年可种植2造，分别于3月、7月种植，7月、11月收获上市。

【生态环境建设】 2017年，塔头镇完善城乡垃圾处理设施，建立保洁员长效机制，强化人居环境综合整治，加强河长制工作，定时对辖区内河段进行地毯式巡查，推进生态环境建设。至年底，全镇有垃圾收集点20个和垃圾中转站1个；有摇摆式垃圾清运车2辆、保洁三轮车18辆、二轮手拉车24台、垃圾堵放车斗25个。是年，成立一支81人卫生员队伍，按时清理、清扫责任区域；14个行政村和1个居委会雇用保洁人员124人，垃圾日产日清。

【科教文体卫】 科技　2017年，塔头镇利用有线电视、村级广播、远程教育等平台，开展群众性科学技术普及工作，鼓励各生产行业应用科技，促进各行业经济发展。是年，开展农技、职业技术培训会1场次，培训人员50人次。

教育　2017年，塔头镇有幼儿园3所，其中附属幼儿园2所、民办幼儿园1所，在园幼儿920人，幼儿教师35人；小学14所，在校学生2307人，教职工197人（其中小学高级教师132人，小学一级教师职称27人；大专以上学历184人）；初级中学2所，在校学生1322人，教职工124人（其中大专以上学历118人；中学高级教师职称3人，中学一级教师职称57人）。是年，全镇适龄儿童入学率100%，小学巩固率100%，初中毛入学率100%，初中年辍学率1%，“三残”（智残、体残、肢残）适龄儿童少年入学率100%，学前三年入园（班）率95.5%。塔头中学、塔头二中2所中学考上高中学生231人，其中考上河婆中学、棉湖中学重点班178人。

文化体育　2017年，塔头镇有文化站1个，广播站1个，有线电视转播站3个，村级广播站14个，文化活动广场9个，老人文化活动中心1个，农家书屋15间，老人福利院1个。是年，举办群众性文艺活动18场次，开展体育活动5场次。

卫生　2017年，塔头镇有中心卫生院1所，占地面积2100平方米，建筑面积1800平方米，在编人员37人，病床20张，内设妇产科、内儿科、外科、五官科、骨伤科、烧伤科、防疫科、化验、X光、B超等科室；乡村个体医疗站25个，医务人员25人。是年，全镇各医疗机构门诊量8400人次，收治住院病人609例，医疗卫生单位业务收入265万元。全镇儿童计划免疫率99%，未发生任何传染病。

【新农村建设】 2017年，塔头镇加强新农村建设规划工作，完善农村基础设施，开展村庄“三清四拆”和村容村貌整治工作。筹集资金，推进文化广场、雨污分流、村巷道硬底化及其他公共设施项目建设。是年，全镇拆除旧厕所1734间，拆除旧猪（牛）栏103间，拆除破旧住房53间，拆除后绿化面积2.38万平方米，其中作为公共用地面积2.73万平方米；整治后用栅栏圈围规整400平方米。

塔头镇竹林美村文化广场　（塔头镇　供稿）

【社会民生】 扶贫　2017年，塔头镇落实新时期精准扶贫工作，依据一村一策、一户一法及多法帮扶脱贫，落实政府兜底政策，实施扶贫产业脱贫。政府兜底为扶贫户全部购买农村合作医疗保险，教育阶段贫困学生生活补助款全部发放到位，大病救助申报发放及时。全镇相对贫困村6个，分散贫困村8个，贫困户904户，总人数2946人；完成危房改造28户；用扶贫资金2562.62万元，异地购置商铺34间，租金收入作为贫困户创业收入；保西村用帮扶引导资金120多万元建成健美兹冬瓜茶饮料加工厂。全年完成脱贫271户、1079人。

民政　2017年，塔头镇低保对象632户、1842人，年发放低保金472.8万元；五保对象223人，年发放五保金202.8万元；优抚对象319人，年发放优抚金182.6万元；孤儿23人，年发放孤儿补助金24.29万元；80岁以上老人1180人，年发放生活补助金21.24万元；百岁老人6人，年发放生活补助金3.6万元。办理结婚登记351对，补领婚姻登记证32对，离婚登记35对。

社会保险　2017年，塔头镇参加城乡居民基本养老保险1.88万人，覆盖率35%，领取农村社会养老保险8785人。参加城乡居民医疗保险4.34万人，覆盖率80%，享受领取住院报销补偿758人次，报销金额320.25万元。

【安全生产】　2017年，塔头镇强化安全生产监管，加强安全生产宣传，落实企业主体责任，加大惩治企业违法经营，做好安全生产各项工作。是年，组织开展15次安全生产大检查，例行检查行动43次，出动检查375人次，排查132项隐患，整改率98%以上。

【社会治安综合治理】　2017年，塔头镇落实信访维稳措施，完善人民调解组织网络，加强治保会、治安巡逻队、村级调解会建设，集中开展“众剑行动”专项活动，严厉惩治涉赌、涉毒、食药假、制假售假等各类违法犯罪活动，开展“六五”普法及验收工作，推进一村（社区）一法律顾问工作，做好社区矫正、人民调解、安置帮教和基层法律服务等工作。全年镇维稳中心受理矛盾纠纷52宗，调解50宗；村级工作站受理矛盾纠纷34宗，调解34宗；全镇建立治保会、调解会各15个，治保人员45人；镇派出所立刑事案件9宗，行政案件16宗，抓获犯罪嫌疑人17人；全年接收矫正对象5人，解矫7人。开展反邪教警示教育宣传活动，全年“法轮功”“全能神”及其他邪教组织案件发案均为零。

2017年塔头镇主要社会经济指标一览表

表101

项目	单位	指标	项目	单位	指标
土地总面积	公顷	2898	粮食总产量	吨	11900
总人口	人	54674	水产总产量	吨	1141
农业人口	人	51191	水果总产量	吨	2333
总户数	户	12666	蔬菜总产量	吨	28243
社区居委会	个	1	生猪出栏量	万头	1.5
村委会	个	14	牛存栏量	万头	0.01
农业总产值	亿元	3.51	家禽出栏量	万只	60.36
工业总产值	亿元	7.96	中学	所	2
工业企业	家	129	小学	所	14
规模以上企业	家	3	中小学在校学生	人	3629
高新技术企业	家		中小学在职教师	人	321
固定资产投资	亿元	2.31	幼儿园	所	3
本级财政总收入	万元	4658.49	在园幼儿	人	920

2017年塔头镇主要企业基本情况表

表102

企业名称	企业性质	职工人数（人）	主要特色产品	年产值（万元）	年上缴税收（万元）
揭西县同心食品有限公司	责任有限公司	65	番薯干、芒果干	2399	35
揭西县潭溪砂砖制造有限公司	责任有限公司	92	砂砖	592	16
揭西县中泰复合肥厂	私营独资	92	复合肥	1933	25

2017年塔头镇各村（居）委会情况表

表103

村（居）委会名称	所辖自然村名称
塔头村	塔头村、竹林美村、袁厝寮村、大园村
阔西村	岐山坪村、新置寨村、里厝寮村、田墘围村
阔园村	老寨村、新寨村、三角丘村、陈厝寨村、下片园村、苏厝巷村
龙光村	龙角池村、涂港村
新园村	新园村
潭新村	月潭村、月新村、周厝埔村、黄厝寮村
潭溪村	廉溪村、廉兴村、储美村、围内村、桃溪洲村
锦龙村	锦老村、锦新村、龙仔园村
旧住村	旧住村
保西村	石牌村
顶埔村	顶埔村
大丰村	大山脚村、大坪埔村、丰文村
山寮村	山寮村
新溪村	鹅毛溪村、新兴围村、联桐村、新队村、柑园村
塔头居委	塔头居委

（林锡辉　林敏钰）

人物　荣誉

2017年新增揭西县领导简介

【周伟】　男，汉族，1979年1月出生，江西新余人，2000年7月参加工作，1998年5月加入中国共产党，大学学历，现任中共揭西县委副书记，揭西县人民政府代县长。

主要简历：

1996年9月至2000年7月，南昌大学新闻系学习，大学毕业；

2000年7月至2008年4月，新华社江西分社政文部记者；

2008年4月至2010年7，新华社江西分社专题调研部主任；

2010年7月至2011年1，新华社广东分社广州新闻部主任；

2011年1月至2011年12月，新华社广东分社总编辑助理、总编室主任（正处）；

2011年12月至2012年2月，揭阳市人民政府副秘书长（正处）；

2012年2月至2012年4月，中共揭西县委副书记（正处）；

2012年4月至2017年4月，中共揭西县委副书记（正处），揭西县社会工作委员会主任；

2017年4月至2017年9月，中共揭西县委副书记（正处）；

2017年9月起，中共揭西县委副书记，县政府党组书记、副县长、代县长。

【方松青】　男，汉族，1965年5月出生，揭阳市惠来县人，1987年8月参加工作，1992年4月加入中国共产党，省委党校研究生学历，现任中共揭西县委常委、纪委书记。

主要简历：

1985年9月至1987年8月，汕头供销学校财会专业学习，中专毕业；

1987年8月至1988年12月，惠来县东陇镇政府资料员；

1988年12月至1992年4月，惠来县监察局资料员；

1992年4月至1993年4月，揭阳市纪委、市监察局办公室科员；

1993年4月至1993年6月，揭阳市纪委、市监察局监察二科副科长；

1993年6月至2001年10月，揭阳市纪委副科级监察员（其间：1991年9月至1994年7月在广东广播电视大学秘书学专业学习，大专毕业；1995年9月至1997年12月在广东省委党校经济管理专业学习，大学毕业）；

2001年10月至2003年1月，揭阳市纪委、市监察局案件审理室副主任（其间：1999年9月至2002年7月在广东省委党校经济学专业学习，研究生毕业）；

2003年1月至2005年11月，揭阳市纪委、监察局政策法规研究室副主任；

2005年11月至2009年1月，揭阳市纪委、监察局案件审理室主任；

2009年1月至2012年9月，揭阳市纪委、监察局监察综合室主任；

2012年9月至2013年8月，揭阳市纪委、监察局党风廉政建设室主任；

2013年8月至2014年9月，揭阳市预防腐败局副局长；

2014年9月至2017年9月，揭阳大南海石化工业区委委员、纪委书记，区管委会副主任、区廉政监督局局长；

2017年9月起，中共揭西县委常委、纪委书记。

【林春雄】 男，汉族，1973年8月出生，揭阳市揭东区人，1993年8月参加工作，1995年5月加入中国共产党，大学学历，现任中共揭西县委常委、揭西县政府副县长、党组副书记。

主要简历：

1990年9月至1993年7月，西北轻工业学院工商管理专业学习，大专毕业；

1993年8月至1996年11月，揭阳市工商行政管理局榕城分局中山工商所办事员；

1996年11月至1998年4月，揭阳市工商行政管理局办公室办事员；

1998年4月至2001年11月，揭阳市工商行政管理局办公室科员（其间：1997年9月至1999年12月，在中共广东省委党校行政管理专业学习，大学毕业）；

2001年11月至2003年12月，揭阳市工商行政管理局办公室副主任；

2003年12月至2005年1月，揭阳市工商行政管理局办公室主任；

2005年1月至2012年4月，揭阳市工商行政管理局办公室主任兼揭阳市个体劳动者协会（私营企业协会）第二届委员会副秘书长（其间：2005年9月至2007年7月，在华南理工大学网络教育学院法学专业学习，大学毕业，2008年4月至2009年5月，挂任揭东县工商行政管理局副局长）；

2012年4月至2017年9月，揭阳市工商行政管理局副局长、党组成员（其间：2015年3月至2015年7月，在省委党校中青班学习）；

2017年9月起，中共揭西县委常委、揭西县政府副县长、党组副书记。

【钟汉宏】 男，汉族，1970年7月出生，广东省五华县人，1989年7月参加工作，1993年6月加入中国共产党，中央党校研究生学历，现任揭西县政府副县长（挂职），广东省交通集团对口帮扶揭西县金和镇山湖村工作队队长兼村第一书记，广东交通实业投资有限公司副总经理，党委委员。

主要简历：

1989年7月至2003年7月，广东省长大公路工程有限公司五分公司工作（其间：1992年9月至1996年1月，在武汉交通科技大学物资管理专业大专班学习；1998年9月至2000年12月，在中共广东省委党校行政管理专业本科班学习）；

2003年7月至2006年7月，广东梅河高速公路有限公司主管、综合事务部副部长、收费管理部部长、工会副主席；

2006年7月至2008年8月，广东西部沿海高速公路营运有限公司副总经理（其间：2008年1月至2008年6月，借调省交通集团解放思想办公室工作）；

2008年8月至2012年8月，广东西部沿海高速公路营运有限公司总经理、党总支副书记［其间：2007年9月至2010年7月，中共中央党校经济学（经济管理）专业研究生班学习］；

2012年8月至2015年1月，广东交通实业投资有限公司副总经理；

2015年1月至2016年6月，广东交通实业投资有限公司副总经理、党委委员（其间：2014年3月至2016年7月在嘉应大学土木工程专业本科班学习）；

2016年6月至2017年12月，广东交通实业投资有限公司副总经理、党委委员，广东省交通集团对口帮扶揭西县金和镇山湖村工作队队长兼村第一书记；

2017年12月起，揭西县政府副县长（挂职）、广东省交通集团对口帮扶揭西县金和镇山湖村工作队队长兼村第一书记，广东交通实业投资有限公司副总经理，党委委员。

（县组织部）

2017年揭西县委委员名录

【揭西县县委委员（49人）】 陈群峰、周伟、陈河、陈俊强、王群青（女）、邱海宏、尹桂德、张永庆、陈少文、林金晓、巫树林、方松青、林春雄、蔡育明、张远辉、徐战略、张优产、李清闲、刘丽彬（女）、杨建宇、刘景新、黄书香、蔡明专、张剑辉、林新宏、陈少华、林剑如（女）、庄添明、杨文银、蔡建新、林伟哲、温贵明、林运标、林俊伟、杨华、刘永业、张琼华、汪浩源、曾瑞平、彭细展、邹锐豪、李庆裕、陈峰、李志丰、林育群、廖文伟、杨杰生、林东卫、杨保强。

【揭西县委候补委员(8人)】 张美胜、李秀琼(女)、林绪杰、黄万如、林世雄、林培福、林卓城、李锦秀（女）。

（县委办）

2017年揭西县全国、省、市人大代表名录

【全国人大代表（2人）】 丘杏红（女）、王玲娜（女）。

【省人大代表（3人）】 林剑如（女）、林伟雄、陈秀芳（女）。

【市人大代表（49人）】 陈群峰、陈河、周伟、蔡　东、温庆文、方毓新、陈乙松、李文豪、蔡少松、张小燕(女)、庄瑞敦、李玉多(女)、黄俊生、彭康拿、刘文丰、刘寸英（女）、黄明辉、蔡庆丰、张永庆、吕凤清(女)、张茹（女）、蔡传健、刘旭平、蔡裕宁、李晓丹（女）、李粉容（女）、杨政江、温俊香（女）、温文波、刘先文、陈小洁（女）、陈峰、邹晓文、李耀喜、李爱娜（女）、林少华、黄伊娜（女）、杨杰生、王春媚（女）、杨夏生、林春明（女）、林佩荣、吴小斌、陈瑶娟（女）、吴树荣、林育群、王晓童、沈彦娜（女）、李志敏。

（县人大办）

2017年揭西县人大常委会组成人员名录

【揭西县十届人大常委会组成人员（29人）】 陈河、蔡育明、张远辉、徐战略、张优产、李清闲、李文虹（女）、黄志生、林庭广、黄艳芬（女）、彭绍武、蔡琼珍（女）、蔡常伟、叶俊新、温喜胜、邓益些、陈增智、邹亿水、彭伟明、陈纪华、林伟哲、林绪杰、李秀琼（女）、黄劲松、蔡喜生、林少英（女）、曾芝云（女）、刘妮（女）、刘如娟（女）。

（县人大办）

2017年揭西县市政协委员名录

【市政协委员（16人）】 陈俊强、林金晓、庄小夸、王耿辉、李旭梅（女）、李俊锋、张臣、陈韬、郑文城、钟方城、黄文锋、曾翠萍（女）、温会暖（女）、谢旭彬、蔡桂珠（女）、谭智。

（县政协办）

最美揭西人

【吴文狮】 男，1956年6月出生，揭西县塔头镇阔西村人，大专学历，中共党员，揭阳市蓝城区农业局退休干部。吴文狮退而不休，把一腔热忱奉献给家乡公益事业，2012年，协同村委对全村老式厕所100多座进行整治，部分进行改建为公共停车场，种植各种花草树木绿化美化村居，安装村道照明路灯和治安监控设备。2011年，吴文狮为留守儿童创建儿童友好社区，把一个偏僻的小山村打造成为省级“儿童友好示范社区”“广东省十大最美儿童之家”；2013年，他自筹资金10多万元，创办尊老爱幼欢乐园、星光老年之家和幸福院，让老年人安度晚年；吴文狮提议成立阔西村老年人协会，创建一个为老年人提供就餐服务、生活照顾、休闲娱乐等综合性公益活动场所。2015年，吴文狮家庭也被评为广东省百户“最美家庭”、揭阳市十大“最美家庭”。2016年，吴文狮荣获“广东省学雷锋标兵”称号。

【温会暖】 女，1975年1月出生，揭西县灰寨镇南洋村人，大学本科学历，河婆中学教研室副主任，是广东省中小学教学研究“十二五”规划课题主持人之一。参加编写《高中英语听说教程基础编》教程，由中山大学出版社出版；多次在全市、全县性教学交流课上示范课，2008年，《写好基础写作的步骤》获揭阳市高中英语优秀教学论文二等奖；2009年，《技高一筹 事半功倍 —浅谈英语阅读技巧》获揭西县中小学教学论文评比一等奖；2010年11月，承担市英语听说课Listening and speaking practice优质课的评比，获市一等奖；2013年，《概念图在高中英语阅读教学中应用的尝试》获揭阳市高中英语优秀教学论文评比三等奖。2016年，《案例法分析说明文的构思特点》获揭西县高中英语优秀教学论文评比三等奖。

温会暖担任班主任工作累计15年，像爱自己孩子一样关心爱护学生，得到学生的真心敬爱，多次荣获“优秀班主任”称号；教过学生中考上清华大学2人、北京大学1人。

【陈益武】　男，1980年10月出生，揭西县金和镇杜塘村人，先天性残疾，身高57厘米。陈益武通过开设网络淘宝店，把身边的农产品卖到外地，带领乡亲们脱贫致富，2016年销售额超过100万元，成为金和镇电商脱贫典范。脱贫后，陈益武经常慰问贫困户和孤寡老人，用自己的能力回报社会。

2016年，陈益武被评为阿里巴巴农村淘宝“全国最美乡村人”，到广州参加省“众创杯”创新大赛残疾人公益赛并进入12强。2016年9月29日，参加广东省“众创杯”创业创新大赛总决赛并获得金奖。2016年9月6日，陈益武事迹在中央电视台CCTV—2经济半小时播出。

【吴新妹】　女，1939年1月出生，揭西县灰寨镇东联村人。吴新妹家有107岁高龄家婆，在60年的婆媳相处中，对老人一直敬爱有加，婆媳没有红过脸，在平凡的生活中演绎着孝老爱亲的亲情故事。

作为儿媳妇，吴新妹从心里把公公婆婆当做亲生父母一样看待，尽力做好家里家外事务，不让老人操心。老人家身体不适，吴新妹无微不至照顾；平时只要有时间，就陪老人聊天，穿衣、洗刷、按摩、泡脚……任劳任怨。吴新妹婆婆常说：“有这样的好儿媳，是我前世修来的福！”

都说婆媳关系最难处，吴新妹却说：“家是讲爱的地方，真心关爱，就好相处。”吴新妹用爱心构筑和谐家庭，很好诠释传统美德大写的“孝道”。

【庄小夸】　男，1967年11月出生，揭西县上砂镇活动村人，本科学历、中国国民党革命委员会党员）深圳市承翰投资开发集团有限公司董事长。庄小夸白手起家创办深圳市承翰投资开发集团有限公司。热心参与社会公益事业和扶贫济困等活动，为家乡累计捐款1.30亿元，建设开口石旅游风景区，独资捐建上砂一中承翰教学楼、科学楼，捐建揭西文化体育馆等等。作为市、县政协常委，庄小夸提出等有价值提案，为民生事业和家乡经济社会发展出谋献策。

庄小夸先后荣获广东省青联“优秀委员”、“揭阳市荣誉市民”、第二届“鹏城慈善十大个人”、“广东扶贫济困红棉杯”金杯等荣誉。

【钟汉宏】　男，1970年7月出生，广东五华人，在职研究生学历，中共党员，广东省交通集团直属广东交通实业投资有限公司党委委员、副总经理；2016年4月，任省交通集团派驻金和镇山湖村扶贫工作队队长；2018年1月，任揭西县人民政府副县长。两年多来，钟汉宏把揭西当成第二故乡，科学规划驻村扶贫工作，率先做出自筹资金1000万元的规划，并推进规划落地。协助县、镇、村成功引进社会资金，首期投资1.2亿元开发山湖乡村旅游项目，为该村每年增加200万元以上收入。2016年，钟汉宏被广东省选定为揭阳市唯一的“全国脱贫攻坚战贡献奖先进个人”推荐人选。

【黄映龙】　男，1954年11月出生，初中学历，揭西县棉湖镇湖西村人。黄映龙从事环卫工作30多年，作为湖西村区域环卫负责人，天天起早贪黑，带领环卫工人，维护着区域环境的干净整洁；坚持标准，用真心宣传环卫、感化群众。在黄映龙带领下，辖区道路常年保持环境干净整洁。黄映龙用辛劳和汗水，践行着城市美容师的责任与担当，彰显着普通劳动者无私奉献精神。

【黄元香】 女，1959年4月出生，初中学历，坪上镇坪上村人，中共党员，坪上镇坪上村党支部书记。从事支部书记17年，作为一名妇女干部，凭着一股“为群众谋利益”干劲，带领村两委班子和全体村民整顿村务，发展经济，兴建基础设施，整顿村容村貌。

1989年到2008年以来，黄元香连续4届当选为县人大代表；连续3届当选为市党代会代表；先后荣获全国妇女“双学双比”活动女能手、广东省“科技兴农带头人”、广东省“三八红旗手”、揭阳市首届“十佳女村官”等光荣称号，多次被评为优秀共产党员。

【黄凡】 男，1951年9月出生，大学本科学历，棉湖镇米街社区人，棉湖镇文化站退休职工。黄凡几十年如一日，不求名利，研究地方民俗、历史文化。研究出版《周易——商周之交史事录》，从全新角度解释周易，开创周易研究新领域；编辑出版《棉湖古代史引述》《汉语考据学》等书，在各级报刊发表多篇文章；参加全国不可移动文物普查和地方文史资料编写；著录总字数近3000万字，是揭西县人文方面的专家之一。2011年1月，获“广东省第三次全国文物普查实地文物调查阶段先进个人奖”；2012年3月，获“揭阳市第三次全国文物普查工作先进个人”称号。

【刘利坚】 男，1956年4月出生，初中学历，良田乡龙岭村人，深圳市利群实业发展有限公司董事长。刘利坚是深圳龙岗区第一所正规民办学校创办者，至2017年年底，在深圳市龙岗创办3所学校，提供8000多个学位，被推选为深圳市民办教育协会副会长。

刘利坚热心公益事业。2014年，创建揭西县良田慈善会，4年来，募集慈善基金累计1000万元，经营产生慈善资金100多万元；开展各种慈善活动，对良田乡单亲家庭、五保户、贫困户、高龄老人、学生等进行扶持、帮助和奖励。

【李小庆】 男，1966年6月出生，揭西县灰寨镇人，本科学历，揭西县人民医院内三科主任、副主任医师。李小庆忠实履行“生命至上、救死扶伤”神圣职责，兢兢业业服务每个病人。非典、禽流感、重大交通事故……每次都身先士卒；数十年如一日，耐心细致抢救危重病人、会诊疑难患者、问诊普通病号；孜孜不倦规划科室发展、提高科室业务水平、指导年轻医生；一次次从死神手中夺回危重病人的生命，一次次让将熄灭的生命之火重新点燃。

李小庆默默无闻的敬业奉献精神，赢得广大患者信赖及赞誉，成为一个值得患者放心托付人。

【郭常娟】 女，1934年7月出生，初中学历，中共党员，棉湖镇云湖社区人，县老年体育协会主席。郭常娟长期组织和带领群众进行体育健身活动，多次组织参加省、市、县举行的各种群众性体育活动和文化活动，获得良好成绩。郭常娟着力抓好基层网络建设，推动老体协工作发展，先后成立5个镇、村的老年体协分会。2008年，被省、市授予“群众喜爱的社会体育先进指导员”等光荣称号；2011年，郭常娟被国家体育局授予“社会体育优秀指导员”称号。

（林冬花　蔡佑顺）

广东省五一劳动奖章获得者

【彭锦放】 男，1958年7月出生，揭西县五云镇人，1976年参加工作，中共党员，现任揭西县卫生和计划生育局公务员，1979年西沙群岛自卫反击战，荣获部队“嘉奖”2次和多次口头表扬。2013年3月派驻揭西县政务服务中心卫生和计划生育局窗口，2013年至2017年连续5年被县政务中心评为“月服务明星”和“年度服务明星”，连续多年被县卫计局评为优秀共产党员。4月，彭锦放被广东省总工会授予“广东省五一劳动奖章”。

作为“卫计窗口”负责人，彭锦放每天坚持学习，提高自己政治理论和业务知识；严格遵守中心规章制度，每天只有早到，没有迟到、没有早退，只有延时服务，从不串岗；对窗口工作人员严格要求却和蔼可亲，深得大家敬佩。4年来办理1.89万件卫生计生证件，从未有过“吃、拿、卡、要”，从未收过“红包”礼金，对不能办理的，彭锦放耐心解释政策，让群众理解包容，文明行政。一位旅居上海群众到窗口办理独生子女证，因材料缺失而不能马上办理，彭锦放了解情况后，让办证群众以传真形式补齐相关材料，顺利办妥独生子女证。两个月后，该群众为县政务中心送来绣着“优质服务　情暖百姓”锦旗一面。

（县总工会）

2017年4月，彭锦放被广东省总工会授予“广东省五一劳动奖章”，图为证书

（县总工会　供稿）

统计资料

2017年揭西县国民经济和社会发展统计表

2017年揭西县生产总值

表104 单位：万元

项　　目	按当年价格计算			按2015年不变价计算		
	2017年	2016年	%	2017年	2016年	%
生产总值	2360996	2290312	3.1	2368830	2263418	4.7
农、林、牧、渔业	346728	342130	1.3	333343	319775	4.2
农、林、牧、渔服务业	16281	13624	19.5	15677	13319	17.7
工业	1113701	1126350	-1.1	1167562	1122690	4.0
建筑业	146042	133860	9.1	136526	134398	1.6
交通运输、仓储和邮政业	45413	39904	13.8	42599	38925	9.4
批发和零售业	352869	333298	5.9	348850	334738	4.2
住宿和餐饮业	66805	60174	11.0	64848	60495	7.2
金融业	33466	32414	3.2	31323	32265	-2.9
房地产业	69520	61682	12.7	64647	60988	6.0
其他服务业	186452	160500	16.2	179132	159144	12.6
第一产业	330447	328506	0.6	317666	306456	3.7
第二产业	1258485	1259059	-0.1	1302884	1255944	3.7
第三产业	772064	702747	9.9	748280	701018	6.7
人均生产总值（元）	27511	26758	2.8	27602	26443	4.4

2017年揭西县农业生产情况对照表

表105 单位：亩、公斤、吨

项目	2017年 面积	2017年 亩产	2017年 总产	2016年 面积	2016年 亩产	2016年 总产
一、粮食作物合计	438522	387	169836	437469	384	167882
春收	65770	400	26299			
夏收	178254	399	71071			
秋收	194498	373	72466			
1、稻谷	295405	379	111939	293206	375	109858
夏收	142400	397	56533	142532	391	55743
秋收	153005	362	55406	150674	359	54115
2、薯类	125052	397	49672	125771	396	49808
春收	59432	419	24884			
夏收	31315	304	9534			
秋收	34305	445	15254			
3、大豆	2767	225	623	3319	258	857
二、花生	19613	204	3994	18840	203	3825
三、甘蔗	2445	3467	8477	1799	4163	7490
四、蔬菜	118451	2476	293329	117514	2301	270386

项目	2017年 面积	2017年 总产	2016年 面积	2016年 总产
五、水果	111454	75349	111975	70022
其中：菠萝	1686	2481	1667	2260
荔枝	16062	5256	16000	4800
柑桔橙	16855	15113	16766	14107
香蕉	13529	24770	13396	22684
六、茶叶（吨）	12712		13431	
七、生猪存栏（头）	211274		221491	
生猪出栏（头）	358069		361915	
八、牛存栏数（头）	9834		9620	
九、造林（亩）	58500			
十、水产总量（吨）	20412			
十一、全县居民年人均可支配收入（元）	13256.7		12433.9	
十二、农林牧渔业总产值	541799		526749	

2017年揭西县单位从业人员和劳动报酬情况

表106 单位：人、千元

项目 \ 数值	单位从业人员年末数			单位从业人员劳动报酬			平均人数			在岗职工平均工资(元)
	在岗职工	劳务派遣人员	其他从业人员	在岗职工工资总额	劳务派遣人员工资总额	其他从业人员劳动报酬	在岗职工	劳务派遣人员	其他从业人员	
总计	34794	74	540	1510946	2736	18093	34690	77	551	43538
国有经济单位合计	19488	61	499	1020268	2190	16702	19429	64	510	52453
城镇集体单位合计	11433	0	9	344346	0	278	11426	0	9	30137
其他单位合计	3873	13	32	146332	546	1113	3835	13	32	38170

2017年揭西县社会消费品零售总额及销售额（营业额）

表107 单位：万元

项目	2017年	2016年	%
社会消费品零售总额	1385345	1257518.2	10.2
批发业商品销售额	716805	628199	14.1
零售业商品销售额	1138987	1075850.6	5.9
住宿业营业额	89869.8	73828.7	21.7
餐饮业营业额	91707.2	83369.6	10.0

2017年揭西县人口统计表

表108 单位：户、人

项目 / 单位	总户数	总人口	其中：非农业人口
合　计	255627	993211	292525
河婆街道	47273	136542	136542
上砂镇	12416	58874	2750
五云镇	15926	57988	5401
良田乡	4203	22137	2047
坪上镇	11989	43927	5890
龙潭镇	9742	39157	8811
南山镇	9781	38520	7608
灰寨镇	11821	43944	8177
京溪园镇	15065	51531	5539
五经富镇	16801	58804	6914
金和镇	17559	78094	13976
塔头镇	12666	54674	9641
东园镇	9507	40316	8950
凤江镇	17793	87676	8568
棉湖镇	24572	106272	51583
大溪镇	6594	28233	1289
钱坑镇	11919	46522	8839

（县统计局）

文 献

坚定信心 凝聚合力 真抓实干
努力开创全面建成小康社会新局面

——在中共揭西县委十一届二次全会上的报告

（2017年1月13日）

陈群峰

同志们：

今天，县委常委会经过认真研究，决定召开县委十一届二次全会。这次全会的主题是：全面贯彻落实党的十八届六中全会、省委十一届八次全会、市第六次党代会精神，总结去年工作，部署今年及今后一个时期的工作，动员全县党员干部和人民群众进一步振奋精神，坚定信心，凝聚合力，真抓实干，努力开创全面建成小康社会新局面。

现在，我代表县委常委会向全会作工作报告。

一、2016年工作回顾

2016年，是我们积极应对各种困难和挑战，实现稳中求进、稳中有进的一年。主要体现在以下6个方面：

（一）坚决贯彻落实上级决策部署。一年来，县委认真贯彻落实党的十八大和十八届历次全会、省委十一届八次全会、市第六次党代会的精神，深入学习贯彻习近平总书记系列重要讲话精神，协调推进“五位一体”总体布局、“四个全面”战略布局，牢固树立“五大发展”理念，团结带领全县党员干部同心协力、苦干实干，全面贯彻省促进粤东西北地区振兴发展和创新驱动发展“两大战略”以及市委“抓落实、促发展，抓基层、强基础”两项部署，抓好供给侧结构性改革、精准扶贫、绿色发展等重点工作，保证了中央、省委、市委决策部署在揭西得到有效落实，推动各项工作取得新进展。

（二）县域经济稳中有进。2016年，预计实现全县生产总值232.2亿元，比上年同期增长6.7%；规模以上工业增加值58.2亿元，比增6.2%；固定资产投资112.6亿元，比增14.3%；社会消费品零售总额125.9亿元，比增12.2%；外贸进出口总额1.86亿美元，比增41%。完成地方公共预算收入4.3亿元，比减16.4%。加快推进全域旅游示范县创建工作，成功获批创建国家和省全域旅游示范区，全县旅游接待人次和旅游收入，分别比增18.8%和24%。大力实施产业引进和产业登高工程，新增规上工业企业5家和自营进出口权企业24家，广药集团白云山揭西生产基地正式投产。以“互联网+一镇一品”为抓手，成立揭西县电子商务协会，建成县级电商服务中心，实现全县村（居）电商服务站全覆盖；金和镇入选广东省首批“互联网+农业”培育小镇，五经富镇五新村被国家农业部认定为全国“一村一品”示范村。落实强农惠农政策，三农工作取得新进展。

（三）“三大建设”进一步推进。一年来，我们狠抓“三大建设”，兴汕高速揭西段、汕湛高速揭西段前期工作顺利进行，潮惠高速公路河婆连接线、省道238线路面改造工程有序推进，新（改）建城乡公路102公里。两大产业园区建设扎实推进。围绕创建国家5A级景区的目标，以大北山生态旅游产业园为载体，加快推进主题景区升级提质，大洋国际生态旅游度假区顺利开业；揭西电线电缆生态产业园建设完成投资3.57亿元，各项基础设施逐步完善。县城和中心镇扩容提质步伐加快，一批道路升级改造、景观配套、环保工程启动建设，县城东部新区、棉湖电子商务产业园等项目顺利推进。加快重点项目建设，县城新水厂完成初步设计，贡山电排更新改造、南乌灌区改造、供电配网等工程建设扎实推进，一批基础设施建成使用。

（四）民生事业协调发展。加快推进教育现代化建设，完成17个乡镇（街道）强镇复评规划，改（扩）建10所幼儿园和6所学校的基础设施建设。积极开展卫生创强工作，全面推进县级公立医院改革和乡镇卫生院标准化建设，积极引进二级非营利性民营医院，加强卫计人才队伍建设。全面实施“二孩”政策。大力开展文明创建活动，多次召开县委常委会进行研究部署，召开县委工作会议、三级干部大会进行广泛动员，统一思想，集中力量，抓好城乡环境和交通秩序两大整治，文明创建工作全面铺开，城乡“脏乱差”面貌有效改善，文明创建工作取得初步成效。扎实做好底线民生工作，统筹推进就业和社会保障工作，社会保障覆盖面进一步扩大，社会保障水平逐步提高，城镇登记失业率控制在2.39%以内；继续完善和规范最低生活保障工作和农村五保供养政策。落实县镇村三级帮扶主体责任，选派干部进村入户到人定点帮扶，精准识别相对贫困户10775户30620人，扭转了工作被动局面，精准扶贫实现良好开局。深入推进新一轮绿化揭西大行动和美丽乡村“三大工程”，抓好污水处理厂建设、城乡生活垃圾收集转运、农村环境连片整治、治理农村内河水系等工作，铁腕查处环境污染案件，生态文明建设和环境保护工作得到加强。

（五）社会大局保持稳定。深化平安揭西建设，狠抓社会治安综合治理，深入排查化解矛盾纠纷，严厉打击各类违法犯罪，加强安全生产和食品药品监管，社会大局保持和谐稳定。扎实推进解决拖欠征地补偿款、落实历史留用地欠账、农村土地“三乱”、被征地农民养老保障资金分配、农村集体“三资”清理核实和村（社区）公共服务平台等“六项治理”，强化农村基层党员干部违纪违法线索排查、查办涉农领域职务犯罪、打击农村黑恶势力犯罪等三项查处，群众安全感和满意度不断提升。全面建成县、镇、村三级政务服务平台，开通县级网上办事大厅和镇村办事站（点），318个村（社区）配备专职代办员；创新村级“一室两会”建设，全面铺开“一村（社区）一法律顾问”、乡镇（街道）领导干部驻点直接联系群众等工作，农村基层保持稳定。

（六）党的建设得到加强。坚持党要管党、从严治党，层层推动管党治党责任落实，抓好抓实党建主业。深入开展“两学一做”学习教育，推动党内教育从“关键少数”向广大党员拓展，教育引导广大党员干部增强“四个意识”特别是核心意识和看齐意识，自觉遵守党章党规，坚决维护习近平总书记的核心地位，在思想上、政治上、行动上同以习近平同志为核心的党中央保持高度一致。严格执行党政领导干部选拔任用条例，用好的作风选作风好的人，形成好的选人用人导向，圆满完成县镇领导班子换届工作。深入贯彻《中国共产党党内监督条例》和《中国共产党问责条例》，严格执行中央“八项规定”精神，逐步规范党内政治生活，强化监督执纪问责，持续整治“四风”突出问题，坚决纠正损害群众利益的不正之风，坚决查处不作为、乱作为等问题，推动党风政风持续改善。

一年的成绩来之不易，这是上级党委正确领导的结果；是全县各级党组织和广大党员干部奋力拼搏的结果；是各民主党派、人民团体、武警官兵和全县人民团结奋斗的结果。在此，我代表县委常委会，向所有关心、支持揭西发展的同志们、朋友们、乡亲们，表示衷心的感谢！

在看到成绩的同时，我们也清醒认识到，我县工作还存在诸多问题和不足，主要是：一是人均GDP、城乡居民人均可支配收入落后全国平均水平，远低于全省平均水平，经济发展滞后、总量偏小的问题仍较突出；二是产业弱小分散，粗放低端，电线电缆、生物制药产业仍未形成规模；特别是缺乏创新性企业和骨干企业，工业弱县、财政穷县的面貌没有得到根本性改变。三是社会事业和民生事业短板仍较明显，教育、卫生、交通等基本公共服务水平有待提高，城乡环境亟需改善；四是农村发展相对滞后，农村贫困面仍较大，脱贫攻坚任务艰巨；五是少数党员干部和群众的法制观念比较淡薄，社会稳定仍面临许多新矛盾新挑战，依法治理工作需进一步加强；六是一些干部缺乏加快发展的紧迫感和责任感，大局观念不强，工作作风不实，担当意识不足，发生在一些地方和部门的不正之风仍未得到彻底根治；七是一些公务员不作为、慢作为、乱作为、推诿扯皮等问题依然存在；一些基层党组织软弱涣散，少数党员干部宗旨意识淡薄、纪律松弛、作风涣散等等。存在的这些问题，我们必须痛下决心，采取强效措施，坚决予以解决。

二、全力以赴打好全面建成小康社会攻坚战

2017年，我们将迎来党的十九大胜利召开，我省也将召开第十二次党代会，做好今年工作意义重大。当前，揭西发展面临许多有利的机遇和条件。从战略和全局的高度看，我们的政策、生态、区位、人文“四大优势”更加凸现。一是政策优势。我县作为海陆丰革命老区，被列为国家16个革命老区之一，是国家重点扶持的区域之一，加上我县贫困人口多，是省扶贫开发重点县，党中央、国务院和省委、省政府高度重视新时期精准扶贫工作，为我们做好新时期精准扶贫工作带来众多有利条件；省委、省政府深入实施促进粤东西北地区振兴发展战略，出台《关于进一步加快县域经济社会发展的决定》，为我们带来更多发展机遇。二是生态优势。揭西是国家生态保护与建设示范区，生态资源禀赋优越，这是揭西加快发展的一笔巨大财富，也是揭西实现绿色崛起的环境优势与后发优势，青山绿水、蓝天白云、空气清新是我们得天独厚的生态优势，将为我们发展生态旅游产业、招商选资引项目带来更多更大的商机和活力。三是区位优势。随着潮惠高速、揭博高速的全线通车，以及正在兴建的兴汕高速、揭汕高速揭西段，揭西境内高速公路通车总里程将超过100公里、出入口达到9个，位居全市第一，我县将进入珠三角两小时工作圈，成为粤东对接珠三角的桥头堡。我县的交通区位由劣势转为优势，将日益成为投资置业的风水宝地。四是人文优势。我县有60多万海外华侨和港澳台同胞，外出乡贤遍布珠三角和全国各地，他们心怀桑梓、热爱家乡，发展家乡、建设家乡的积极性非常高。这是建设揭西的一支重要力量，将为我们加快发展带来更大的动力。除此之外，目前，全县上下安定团结、风清气正、人心思进，干事创业的愿望与信心正在加快形成。这些都是我们加快发展的内在潜能，我们必须紧紧抓住，进一步坚定信念，凝心聚力，抢抓机遇，开拓进取，开创我县经济社会发展的新格局。

2017年和今后一个时期全县工作的总体要求是：高举中国特色社会主义伟大旗帜，以邓小平理论、“三个代表”重要思想、科学发展观为指导，深入学习贯彻习近平总书记系列重要讲话精神，全面贯彻党的十八大和十八届历次全会精神，按照“五位一体”总体布局和“四个全面”

战略布局，全面落实省委、市委战略部署；牢固树立“创新、协调、绿色、开放、共享”五大发展理念，狠抓“交通基础设施、产业园区和中心镇扩容提质”三大建设，全面实施“绿色发展、创新驱动、生态保护、精准扶贫、乡贤回归、基层治理”六大工程，全力打造“生态旅游”和“生态工业”示范区，争当区域生态文明建设排头兵，切实改善和加强民生，全面推进从严治党，坚定信心，凝聚合力，真抓实干，努力开创全面建成小康社会新局面。

实现以上目标，必须着力抓好以下工作：

（一）坚持绿色发展，壮大县域经济。习近平总书记指出，绿色是永续发展的必要条件和人民对美好生活追求的重要体现；绿色发展就是要解决好人与自然和谐共生问题。我们要深刻领会并贯彻落实好习总书记的指示精神，牢固树立绿色发展的理念，充分发挥生态、旅游、区位、人文等比较优势，牢牢把握发展实体经济这一坚实基础，以供给侧结构性改革作为经济工作的主线，以“生态旅游、生态工业、生态农业”为主攻方向，打造揭西特色产业，做大做强县域经济。

以供给侧结构性改革作为经济工作的主线，推动创新发展。推进供给侧结构性改革，是习近平总书记着眼我国经济发展全局提出的战略部署，是适应经济发展新常态的重大创新。我们必须把供给侧结构性改革作为统领经济工作的主线，扎实抓好“去产能、去库存、去杠杆、降成本、补短板”工作，特别是要在“降”和“补”上下功夫，深入推进简政放权，切实降低企业成本；加快基础设施和公共服务建设，精准发力补齐短板。要坚定不移把创新驱动发展战略作为核心战略和总抓手，加快形成以创新为主要引领和支撑的经济体系和发展模式。大力实施创新合作和产业登高工程，引导企业与科研机构、高等院校开展产学研合作，利用先进技术改造，推动电线电缆、生物制药、食品加工等传统优势产业转型升级，培育一批创新型企业，培育一批产值超10亿元以上的大中型骨干企业。

做强生态旅游。树立全域大旅游理念，以创建国家全域旅游示范区为目标，完善旅游发展总体规划，全域配置经济社会发展资源，全域按景区标准统筹规划建设。以创建国家5A级景区和开发乡村旅游为抓手，积极引进国内知名实力企业进入揭西，对全域旅游资源进行总体规划开发，推动旅游产业转型升级。继续抓好黄满寨瀑布旅游区、京明温泉度假村、大北山国家森林公园、大洋国际生态旅游度假区等主题景区升级提升，做好创A评星工作，打造精品景区。加快推进乡村旅游建设，深入挖掘乡村文化内涵、潮风客韵、山水特色等旅游资源，重点打造良田旅游小镇、金和山湖村、坪上湖光村、钱坑石灵寺以及石内河梅花等一批乡村旅游示范点，推出一批特色鲜明的乡村旅游产品，丰富旅游产品。持续加大品牌包装和宣传营销，强化区域合作，创新“互联网+旅游”发展新模式，不断开拓新的客源市场。

做大生态工业。围绕电线电缆和生物制药两大支柱产业，加快园区基础设施建设，加强项目引进，以商引商，促进企业聚集，形成工业经济的聚集效应、规模效应。大力实施乡贤回归工程，实行重点联系，常态化联络，营造干事创业、公平有序的市场环境，发动乡贤思想回归、行动回归、资本回归、信息回归，重点要引导电线电缆产业绿色回归。全力支持广药集团白云山揭西生产基地做大做强，培育战略性新兴产业。加大招商选资力度，加强与广药集团和珠三角地区的联系对接，承接更多的产业项目转移落户我县。加大民营企业帮扶力度，呵护小微企业，善待守法企业，严管问题企业，落实暖企八大行动，让民营企业茁壮成长。大力培植外贸出口企业，保持外贸出口稳步增长。

做优生态农业。实施农业供给侧改革，把增加绿色优质农产品供给放在突出位置，抓好5个市级“一镇一品”工程，扩大无公害农产品、绿色食品、有机食品生产基地规模，加快农产品质量安全管理体系建设，加强“三品一标”认证和品牌建设，加快创建“全国农产品质量安全县”

步伐，推动特色农业、效益农业、质量农业发展。稳定粮食生产。抓好金和镇“互联网+农业”小镇和电商产业园建设，加快推进农产品的信息化、标准化、品牌化，促进农特产品交易平台和线下交易中心的尽快落地。继续加强电商协会建设，充分借助金融机构的融资平台，大力发展农村电商，加大村居公共服务站和村淘服务站的建设力度，培育一批农产品销售点。

（二）狠抓“三大建设”，夯实发展基础。继续抢抓省促进粤东西北振兴发展的战略机遇，以“交通基础设施、产业园区和中心镇扩容提质”三大建设为抓手，全力加快项目建设，夯实发展基础，优化发展环境。

着力抓好交通基础设施和重点项目建设。积极配合做好兴汕高速揭西段18公里征地拆迁工作，协助做好揭汕高速公路揭西段13公里建设工作，推动两段高速公路尽快开工、尽快开通。继续抓好潮惠高速河婆连接线3.1公里续建工程，确保按时建成通车。积极实施国、省道升级改造工程，做好县、乡道路升级改造工作，进一步完善交通网络，实施互联互通。更加重视向上争取项目投资建设，鼓励各单位上厅进部争资金要项目，为揭西作贡献。继续抓好能源、水利、供电、环保、农业等基础设施建设，加强防灾减灾基础设施建设，推进信息、新能源等现代化设施建设，大力推进农村电网改造，理顺供电管理体制及小水电区域直供直管工作，增强支撑保障能力。

加快推进产业园区建设。按照企业进园、产业集聚的方向，加快建设电线电缆生态产业园，在县域下片规划建设多个500至1000亩生态工业区，形成“一园多区”新格局，严格限制在产业园区外发展工业。以电线电缆产业为平台，与先进国家和国内先进地区开展合作，打造产业集聚区，推动新旧发展动力转换，加快形成引领和支撑揭西经济发展的新动能。切实抓好大北山生态旅游产业园建设，对照国家5A级旅游景区标准，推进重点项目开发建设，不断完善景区基础服务设施，丰富文化内涵，提高服务质量，提升服务水平。

大力推进中心镇扩容提质。规划是建设的前提，要更加注重规划引领，做好县城中心城区总体规划修编和评审工作。投入1亿元以上资金改造提升县城主干道，抓好两河四岸和沿街沿路绿色长廊建设，新（扩、改）建升级一批教育、文化、体育、医疗、环保、水厂等公共服务项目，规划建设一批体现潮客风情、山水风韵、生态风貌、现代气息的重点项目，放大县城特色，彰显县城魅力。要把目光转向市场、转向社会资本、转向县城有形和无形的资产，学会多条腿走路，千方百计拓宽融资渠道，综合运用市场规律、经济杠杆撬动经济发展和项目建设。要依法加强土地管理，严格执行城乡规划，依法管治非法建筑、小产权房，理顺“三旧改造”遗留问题。完善政府部门管理体制，提升管理效能。加快推进棉湖镇、五经富镇两个中心镇建设，增强中心镇辐射力和带动力；加快特色专业小镇的规划建设，促进城乡协调发展。

（三）守住生态底线，保护绿水青山。习近平总书记强调，要把生态环境保护放在更加突出位置，像保护眼睛一样保护生态环境，像对待生命一样对待生态环境。我们必须以解决损害群众健康的突出环境问题为重点，整治存量、遏制增量，还好旧账、不欠新账，推动揭西走上绿色发展、永续发展的道路。

加快环保基础设施建设。加大环保基础设施投入，全面实施环保基础设施建设三年行动计划，实行“一个项目一个责任领导、一个工作期限、一个工作专班”的机制，加快推进凤江污水处理厂及管网工程、县城污水处厂二期工程、棉湖污水处理厂二期工程、县城垃圾填埋场扩建工程、农村环境连片综合整治等重点项目建设，实施农村生活污水处理设施整县推进工程，规划建设县建筑渣土消纳场，为生态环境建设打下坚实基础。

强化环保执法监管。借助中央环保督查组的东风，落实生态环保责任，强化环境执法力量和措施，对环境违法行为“零容忍”，对中央环保督察组交办案件一查到底。扎实推进水、大气、土壤污染防治三大行动，抓好流域整治9项工程和饮用水源一级保护区隔离工程建设，全面推动锅炉污染、挥发性有机物污染、机动车尾气排放污染三项治理，抓紧编制完成土壤污染防治工作方案，确保实现主要河道水质持续改善，大气环境质量全面达标，土壤环境质量总体保持稳定。加大污染企业整治打击力度，抓好金和及凤江凉果行业、灰寨毛巾行业、医疗机构医疗废水、水浮莲及水面垃圾漂浮物清理等6大整治工作，综合运用行政处罚、限期治理、停产整治、关闭等措施，严厉打击偷排、漏排、超标排放等环境违法行为，形成强大震慑力。开展绿色生产大行动，改造企业生产设备，改善生产工艺流程，确保企业绿色排放，实现绿色生产。巩固提升"户收集、村集中、镇转运、县处理"的城乡垃圾收集处理机制，全面加强农业面源治理和畜禽养殖染污治理，促进农村生态环境持续改善。

加强造林绿化。推进新一轮绿化揭西大行动，完善天然林保护制度，实施森林碳汇、生态景观林带、森林进城围城和乡村绿化美化四大工程，进一步提升森林覆盖率。规划建设一批森林公园、湿地公园，抓好沿江沿河沿路绿化，动员全社会种树，创建一批绿色企业、绿色校园、绿色村庄、绿色社区。依法依规加强林地监督管理，严厉打击乱挖、乱采、乱伐等违法行为，构建揭西永续发展的生态优势。

（四）聚焦民生引领，共享发展成果。习近平总书记指出，人民对美好生活的向往，就是我们的奋斗目标。抓住人民群众最关心、最直接、最现实的利益问题，做好保障和改善民生工作，事关社会和谐稳定。我们必须顺应人民群众的新期待和新关切，坚持需求导向、问题导向、满意导向，动员、整合各方力量，创造共建共享新局面，不断提高人民群众的获得感和幸福感，让改革发展的成果惠及更多人民。

推进精准扶贫工作。习近平总书记指出，脱贫攻坚战的冲锋号已经吹响，我们要立下愚公移山志，咬定目标，苦干实干，坚决打赢脱贫攻坚战。揭西还有相对贫困户10775户30620人，脱贫攻坚形势严峻。我们要把三年脱贫攻坚作为头等大事、作为最大的民生工程，坚定信心，勇于担当，把脱贫职责扛在肩上，把脱贫任务抓在手上，把贫困群众放在心上，按照发展生产脱贫一批、易地搬迁脱贫一批、生态补偿脱贫一批、发展教育脱贫一批、社会保障兜底一批的要求，全面深化精准扶贫工作；在精准施策上出实招，在精准推进上下功夫，在精准落地上见实效，确保2017年扶贫攻坚取得决定性阶段成果。要以精准扶贫工作作为新一轮加快农村发展建设的重要契机，着力推进"美丽乡村"规划与建设，大力实施农村基础设施建设、农村卫生环境整治，抓好村村通自来水工程、农村公路硬底化建设等工作，补齐农村人居环境短板，齐心协力打造"宜居、宜业、宜游"的美丽乡村。

深入开展文明创建活动。要坚决落实胡春华同志在粤东调研的指示要求，全面开展文明创建活动，深入持久开展城乡环境和交通秩序两大整治，使全县"脏乱差"现象有明显改善，全面提升全县整体文明程度，确保如期实现"省文明县城"、"文明镇街"、"文明村居"目标。要全面建立健全管理和投入的长效机制，使人民群众长期得益，让创文活动成为永久的活动。

积极发展社会事业。继续推进义务教育均衡发展，全力创建"省教育现代化先进县"。继续抓好卫生创强工作，加快县镇卫生院基础设施建设，创造条件引进高层次医疗卫生人才，加强医德医风建设，优化基层公共卫生服务。全面实施"二孩"政策。着力加强社会保障工作，实施更加积极的就业政策，促进劳动者自主就业。加强社保扩面征缴，完善城乡低保制度，实现应保尽保。建立和完善救灾应急、社会救助系统，稳步推进慈善事业发展。积极做好民兵预备役、国防动员和征兵等工作，促进国防和军队建设。

（五）强化基层治理，确保社会稳定。基础不牢，地动山摇。揭西安定团结、和谐稳定的局面来之不易。新的一年，我们要坚持不懈地落实责任，强化治理，重点做好党的十九大和省第十二次党代会等重大政治活动期间的维稳工作，确保全县社会大局持续稳定。

推进依法治县。必须坚持党对法治建设的领导，健全党领导法治建设的体制和机制，切实把党的领导贯穿于全面推进依法治县的全过程。要加强法治政府建设，健全政府依法决策机制，严格执行重大行政决策法定程序，建立重大决策终身责任追究制度及责任倒查机制，做到科学决策、民主决策、依法决策。行政机关要坚持法定职责必须为、法无授权不可为，勇于负责、敢于担当，坚决纠正不作为、慢作为、乱作为，坚决克服懒政、怠政，坚决惩处失职、渎职。各地各部门要按照“三定方案”，明确职责，认真履职，切实解决体制不理顺、资源不集中、工作不落实的问题。在全社会形成办事依法、遇事找法、解决问题用法、化解矛盾靠法的共识，不断开创依法治县新局面。

深化平安建设。始终保持严打高压态势，铁腕打击整治“黄赌毒”问题，依法严厉打击农村黑恶势力、“两抢一盗”、涉金融领域犯罪等各类违法犯罪行为，营造良好治安环境。要创新完善立体化社会治安防控体系，提高路面见警率，切实提升人民群众的安全感和满意度。要严格落实安全生产责任制，狠抓安全隐患排查整治，加强“三小场所”、消防、道路交通、建筑施工等领域安全生产管理，杜绝重大安全生产事故和公共安全事故发生。加强食品药品安全和打假打私工作，规范市场经济秩序。

加强基层治理。坚持深入排查化解社会矛盾，着力在源头预防、有效化解上下功夫，继续深化10大领域社会矛盾纠纷专项治理，推进专项执法工作，政策性批量化解矛盾工作，努力减少存量、控制增量。坚持依靠法治思维和法治方式，妥善处理农村财务、土地纠纷引发的社会矛盾，切实防范发生群体性事件的风险。持续加大力度推进解决拖欠征地补偿款、落实历史留用地欠账、农村土地“三乱”、被征地农民养老保障资金分配、农村集体“三资”清理核实和村（社区）公共服务平台等“六项治理”，抓好基层信访维稳工作，切实保障群众合法权益。推进农村土地承包确权登记颁证工作，确保2017年底前基本完成全县农村土地确权工作任务。

三、坚定不移推进全面从严治党

习近平总书记强调，全面从严治党，核心是加强党的领导，基础在全面，关键在严，要害在治。必须增强责任感和紧迫感，以高度的政治自觉，坚决贯彻落实中央、省委、市委和县委的决策部署，坚持严字当头，坚持问题导向，坚持重点发力，坚定不移推进全面从严治党，为揭西事业发展提供坚强保障。

（一）持续深化“两学一做”学习教育。坚持专题教育和经常性学习相结合，教育广大党员干部认真学习党章，自觉遵守党章，始终以习近平总书记系列重要讲话精神武装头脑、指导实践、推动工作。切实增强“四个意识”，特别是核心意识和看齐意识，坚决维护习近平总书记的核心地位，在思想上、政治上、行动上同以习近平同志为核心的党中央保持高度一致，始终做到“在思想上充分信赖核心、在政治上坚决维护核心、在组织上自觉服从核心、在感情上深刻认同核心”。坚持“四个服从”，主动向党中央看齐，向党的理论和路线方针政策看齐，向党中央决策部署看齐，坚决维护党中央权威，自觉服从党中央集中统一领导。以贯彻落实中央精神为前提谋划推进揭西工作，做到“党中央提倡的坚决响应、党中央决定的坚决执行、党中央禁止的坚决不做”。

（二）加强和规范党内政治生活。近年来，经过党的群众路线教育实践活动、“三严三实”和“两学一做”等专题教育，全县各级党组织党内政治生活逐步健全，党内生活总体上是积极健康的。但是我们也应当看到，在一些地方和部门，政治生活庸俗化、随意化、平淡化现象还依然存在，一些党员干部不讲政治、不讲原则、不讲规矩，一些地方和部门自由主义、分散主义、好人主义、个人主义盛行，等等。对此必须认真解决，彻底纠正。严肃党内政治生活，必须按照党章要求和习近平总书记系列重要讲话精神，严格按照《关于新形势下党内政治生活的若干准则》要求，认真解决党内政治生活存在的问题，努力形成“又有集中又有民主、又有纪律又有自由、又有统一意志、又有个人心情舒畅、生动活泼”的政治局面。要把加强思想政治建设摆在首位，完善党委理论学习中心组学习制度和党员经常性学习教育制度，把习近平总书记系列重要讲话精神作为学习教育的重中之重，切实解决好世界观、人生观、价值观这个“总开关”问题，坚持中国特色社会主义道路自信、理论自信、制度自信、文化自信。要立规明矩，全县各级党组织和广大党员、干部要严格遵守党的政治纪律和政治规矩，不准散布违背党的理论和路线方针政策的言论，不准公开发表违背党中央决定的言论，不准泄露党和国家秘密，不准参与非法组织和非法活动，不准制造、传播政治谣言及丑化党和国家形象的言论；不准搞封建迷信，不准信仰宗教，不准参与邪教，不准纵容和支持宗教极端势力、民族分裂势力、暴力恐怖势力及其活动。各级党组织要教育引导党员、干部做到“五个必须”，杜绝“七个有之”，坚决同一切违反党的纪律的行为作斗争。要严格党的组织生活制度，批评和自我批评要出于公心，勇于揭露和纠正缺点错误，带头反对和克服好人主义，确保党的组织生活经常、认真、严肃。要坚持民主集中制，实行集体领导和个人分工相结合，严格按程序办事、按规则办事、按集体意志办事。广大党员干部特别是县委领导要通过参加党内政治生活不断增强党的意识、党员意识，认真贯彻执行党章，主动自觉接受教育，在党的生活中加强党性锻炼，提高政治觉悟。领导干部要以上率下，对党绝对忠诚，模范遵守党章，严格按党的制度和规矩办事，任何时候都不搞特权，都不破坏党的制度和规矩。

（三）强化监督，严肃纪律，提升干部队伍的执行力。当前，全县党员干部队伍的主流是好的，大部分干部都有强烈的事业心和责任感。但在少数部门、少数党员干部当中仍然存在着一些突出问题，主要有几个方面：一是信心不足，腰杆不硬，一些干部在推进工作的过程中，碰到困难就低头、绕道走，不敢直面问题，缺乏攻坚克难的勇气，勇于解决问题的信心，工作缺乏责任感和紧迫感。二是全局观念差，一些部门强调自己利益、部门主义，工作推诿扯皮，配合协作不够，没有全县“一盘棋”思想，工作形不成合力。三是担当意识不够，工作上强调困难和问题多，不敢勇敢面对、果断决策，造成决策不及时，既贻误工作，又影响形象，群众意见大，社会反映强烈。四是协调不到位，工作效率低下，该协调的不及时协调，该解决的问题不及时解决，对重点问题发现不及时，解决问题慢节奏，造成一些问题长期得不到解决。五是个别基层组织涣散、纪律松弛，一些党员干部特别是领导干部随意外出，开会缺席不请假、不报告，个别领导干部出现替会现象。六是个别干部不尽职尽责，甚至渎职失职，有的行贿受贿，严重违纪违法，严重影响党和政府的形象。上述问题，虽然只是存在于个别单位和少数人身上，但如果不及时纠正，认真解决，必将严重影响揭西各项事业发展，损害党委、政府形象。对此，我们一定要全面落实党内监督的制度和责任，深入贯彻《中国共产党党内监督条例》，坚持惩前毖后、治病救人，抓早抓小、防微杜渐，强化自上而下的组织监督，改进自下而上的民主监督，发挥同级相互监督作用，确保党章党规党纪有效执行，保证党的组织充分履行职能、发挥核心作用，保证党员发挥先锋模范作用，保证党的领导干部忠诚干净担当。

要重点加强对一把手这一关键少数的监督。上级党组织要多了解下级一把手日常的思想、工作、生活状况，多注意干部群众对下级一把手问题的反映，多听取下级领导班子成员对一把手的意见。上级纪委要把下级一把手纳入监督重点，把平时掌握对下级一把手的反映及时报告同级党委书记，定期将同级领导班子成员特别是一把手落实主体责任、执行民主集中制、廉洁自律等情况向上级纪委报告。要运用好监督执纪“四种形态”，教育引导广大党员、干部树立法治意识、制度意识、纪律意识，严格按照党规党纪办事履职。要坚持正确的执纪导向，坚定不移贯彻省委提出的“三个区分”原则，把因缺乏经验先行先试出现的失误与明知故犯行为区分开来、把国家尚无明确规定时的探索性试验与国家明令禁止后的有规不依行为区分开来、把为推动改革的无意过失与为谋取私利的故意行为区分开来，努力营造鼓励改革、宽容失误、遏制腐败、干净干事的良好环境。

要持续推进机关效能建设，健全抓落实的机制，完善问责追责制度，提升执行力。各级领导干部要带头改进作风，大力倡导雷厉风行、真抓实干的作风，尤其是在真和实上下功夫，强化执行，立说立行，一级做给一级看，一级带着一级干，形成一级抓一级、层层抓落实的良好局面。今后，要严明工作纪律、会议纪律：凡是上级部署的工作都要不折不扣贯彻，快节奏落实，决不允许讨价还价，决不允许搞上有政策下有对策；凡是各自的工作职责都要勇于承担，认真履职，决不允许推诿扯皮，决不能渎职失职；凡是外出都要按照规定向上级报备和批准，开会不能替会、不能缺席。各级纪委要担当起责任，以监督为首要任务，以执纪为主要手段，以问责来推动工作落实，保证干部队伍的执行力和战斗力。

（四）*着力打造忠诚干净担当的干部队伍。*推动揭西实现振兴发展，关键在于建设一支具有“铁一般信仰、铁一般信念、铁一般纪律、铁一般担当”的干部队伍。坚持正确选人用人导向，强化党组织的领导和把关作用，把好干部标准和公道正派贯穿到选人用人全过程。自觉防范和纠正用人上的不正之风，影响风清气正的人一个都不用，让“打招呼”、“找关系”的投机钻营者没有市场。强化干部正面激励，建立容错纠错机制，旗帜鲜明为敢于担当的干部担当、为敢于负责的干部负责，对优秀干部大胆使用，对不适宜担任现职干部果断调整，对不合格干部坚决淘汰。要突出选优配强党政正职和关键岗位领导干部，强化优秀年轻干部的战略培养和合理使用，加强女干部、党外干部的培养选拔，加大从基层一线培养选拔干部力度。要从严管理干部，完善干部考核评价体系，严格执行领导干部个人有关事项报告制度，及时准确掌握领导班子运行情况和领导干部德才表现。加强经常性监督，坚持抓早抓小抓预防，对干部存在的苗头性倾向性问题，及时提醒、函询、诫勉；坚持暗访、查处、追责、曝光“四管齐下”，坚决纠正“四风”问题，防范和查处各种隐性、变异的“四风”问题，探索建立作风建设长效机制，推动中央“八项规定”精神落地生根。

（五）*着力加强基层组织建设。*采取强有力措施，切实解决好突出问题，强化基层党组织整体功能，不断增强基层党组织的凝聚力、战斗力和创造力。统筹推进基层党建和基层治理，继续滚动排查整顿软弱涣散基层党组织，推动整个基层组织全面进步、全面过硬。发挥村民委员会以及“一室两会”等其他各种组织的作用，健全以党组织为核心的基层组织体系。加强镇级领导班子和村级“两委”班子建设，选优配强镇级党委书记和村级党组织书记，深入实施“领头雁”工程，提高基层干部执政水平。认真谋划筹备今年村级换届选举工作，做好村级组织换届的调查摸底和分析研判工作，牢牢掌握主动权，确保选出坚强有力的村级班子。继续落实好乡镇（街道）领导干部驻点直接联系群众制度，全覆盖联系群众、发现问题，分级分类解决问题、为民办事。要强化“主业”意识，推动镇级党委把工作重心放在抓好基层党建、社会稳定、联系群众及惠民服务等工作上来，在基层党建和基层治理中发挥龙头作用。完善公共服务平台建设，有效解决服务群众“最后一公里”问题。大力加强机关党建工作，认真落实机关党建责任制，抓严抓实机关党员干部学习教育，把转变作风、优化服务作为机关党建的重要内容，切实增强机关党员的责任意识和服务意识。各级党委（党组）要把各领域党建工作摆上重要议程，扎实推进学校、企业、“两新”组织等领域党的建设，确保社会组织党的建设各项任务落实到位。

（六）*坚定不移推进党风廉政建设和反腐败*

斗争。当前反腐败斗争形势依然严峻复杂。必须始终保持惩治腐败高压态势，坚持无禁区、全覆盖、零容忍，有案必查、有腐必反、有贪必肃。持续用力抓好农村基层党员干部违纪违法线索排查、查办涉农领域职务犯罪问题、打击农村黑恶势力犯罪“三项查处”。深化标本兼治，用好以案治本、廉政风险防控、制度建设、警示教育和“廉洁示范区”建设等重要抓手，着力构建“不敢腐、不能腐、不想腐”的体制机制。按照上级要求建立党委巡察制度。建立健全领导干部“八小时以外”重大问题、重要事项请示报告制度、重点监督清单制度和社区家庭综合监督制度，规范党员领导干部“八小时以外”的社交、生活、休闲活动。全面落实构建新型政商关系的若干意见，推动构筑“亲”“清”政商关系。各级领导干部要把家风建设摆在重要位置，爱家有度、治家从严、廉洁齐家，带头树立良好家风。

同志们，新的形势赋予了我们新的使命，同时也给揭西的发展带来了新的机遇。我们要清醒地看到，揭西当前正面临着“前有标兵、后无追兵”的严峻局面，如果我们没有危机感、紧迫感与责任感，继续观望，慢步前行，我们将会越来越落后。我们必须以强烈的事业心和责任感，以踏石留印、抓铁有痕的干劲和作风，狠抓各项工作的落实。形势催人奋进，使命神圣光荣，让我们紧密团结在以习近平同志为核心的党中央周围，在省委、市委的坚强领导下，坚定信心，凝聚合力，真抓实干，努力开创全面建成小康社会新局面，以优异的成绩迎接党的十九大和省第十二次党代会的胜利召开！

（县委办）

政府工作报告

——2017年3月9日在揭西县第十届人民代表大会第二次会议上

揭西县县长　杜光亮

各位代表：

我代表县人民政府向大会作工作报告，请予审议，并请政协各位委员和其他列席人员提出意见。

2016年工作回顾

2016年，是我县积极应对各种困难和挑战，各项工作实现稳中有进的一年。一年来，在上级党政和县委的正确领导下，在县人大及其常委会和县政协的监督支持下，县政府坚持以党的十八大和十八届三中、四中、五中、六中全会精神为指导，深入学习贯彻习近平总书记系列重要讲话精神，牢固树立五大发展理念，主动适应经济发展新常态，紧紧咬定全年目标任务奋力冲刺，各项工作取得扎实成效，实现了“十三五”的良好开局。

——经济运行稳中有进。全年实现国内生产总值231.99亿元，比上年（下同）增长6.4%；规模以上工业增加值57.77亿元，比增5.8%；工业用电量9.23亿千瓦时，比增14.9%；农林牧渔业总产值58.81亿元，比增5.7%；社会消费品零售总额125.75亿元，比增12.1%；固定资产投资111.46亿元，比增13.2%；外贸出口总额1.9亿美元，比增48%；地方一般公共预算收入4.3亿元，比减16.4%，其中税收收入2.95亿元，比减20.3%。

——产业发展加快推进。揭西电线电缆生态产业园完成投资4.02亿元，新进6家企业投建。广药集团白云山制药总厂揭西新厂正式投产。成功举办首届泛珠地区（揭阳）电线电缆产业商贸洽谈会。大力实施“乡贤回归”工程，全年共引进项目22个，计划总投资30.93亿元。编制揭西县全域旅游发展规划，启动创建国家AAAAA级景区。京明养老服务中心首期工程基本完成，大洋国际生态度假区完成首期改造工程重新开业。揭西河婆至揭阳潮汕机场客运专线投入运营。京明生态城首条商贸街及展示中心已建成。金和山湖村、良田旅游风情小镇等一批乡村旅游项目加快建设。大北山生态旅游产业园入选2016年全国优选旅游项目。我县入选国家全域旅游示范区创建名单。全年旅游接待954.3万人次，比增18.8%；旅游收入52.4亿元，比增24.1%。农业“一镇一品”建设全面推进，五经富镇五新村被国家农业部认定为全国一村一品示范村。镇级“三资”交易平台、美丽乡村“三大工程”、村级公益事业一事一议等农村建设项目全面铺开。我县入选“2015年广东大众电商创业十佳县”，开办农村淘宝点132个。棉湖镇湖西村被评为“中国淘宝村”，金和镇入选省首批“互联网+农业”培育小镇。

——*发展环境持续优化*。省道238线揭西猫塘坳至五云段路面改造、潮惠高速揭西河婆互通至县城主干道、金塔公路及支线大丰公路等工程建设顺利推进，良棉公路、塔凤公路、塔东公路改建工程建成通车，新（改）建城乡公路102公里。完成4宗小型病险水库除险加固、23宗小型灌区改造工程、15宗农村小水电增效扩容改造和村村通自来水工程建设；启动棉湖贡山泵站更新改造、南乌灌区节水改造和新建电网配网等工程建设。完成棉湖污水处理厂二期配套管网建设和县城垃圾填埋场升级改造，县城东部新城、横江河景观带、县城道路升级改造、希桥商贸城商住小区、农村生活污水微型处理站和凤江镇、龙潭镇农村环境连片综合整治工程加快建设。

——民生福祉不断提升。完成17个乡镇（街道）教育强镇复评规划、10所幼儿园改扩建和6所中小学校的设施建设。完善县图书馆、文化馆、博物馆和乡镇综合文化站等文化设施。强力推进城乡文明创建活动，整治“脏乱差”现象收到初步成效。卫生创强工作全面展开，与国开行贷款合作项目洽谈成功。成功引进民营医院“揭西贝斯达医院”，理顺棉湖华侨医院管理体制。社会保障水平不断提高，共有1.19万户2.97万人享受最低生活保障。大力推进全县精准扶贫精准脱贫工作，首批贫困户脱贫目标基本实现。铁腕整治环境污染，首次迎接中央环保督察。社会治安保持稳定，安全生产和食品药品监管工作得到强化，国土资源管理、森林绿化、人口计生工作不断上新水平。

——*自身建设不断加强*。自觉接受县人大及其常委会和县政协的监督，全年办理人大建议17件、政协提案15件。深入开展“两学一做”学习教育活动，全面履行党风廉政建设责任制。大力推动政务“一门式一网式”服务，全面建成县、镇、村三级政务服务平台，开通县级网上办事大厅和镇村办事站（点）。扎实推进卫生体制改革、农村综合改革等重点领域改革。继续深化行政审批制度改革，完善政府议事、办事制度，行政效能得到有效提升。

各位代表！过去一年，我县经济社会发展取得了一定成效，但也存在不少困难和问题：县域经济发展缺乏支柱，整体发展水平较低；产业转型升级步伐缓慢，后续力量仍显不足；基础设施功能与现代化的要求还有较大差距；教育、卫生、文化等民生事业还不能满足群众需求；环境保护压力较大，社会治理仍需加强；公共服务有待打造提升，政府职能转变亟待深化，等等。所有这些问题，我们将高度重视，采取有效措施，认真加以解决。

2017年工作安排

2017年是实施“十三五”规划的重要一年，也是供给侧结构性改革继续深化之年。今年政府工作的总体要求是：全面贯彻党的十八大、十八届历次全会和中央、省、市经济工作会议精神，深入学习贯彻习近平总书记系列重要讲话精神，按照“五位一体”总体布局和“四个全面”战略布局，牢固树立和积极践行五大发展理念，坚持稳中求进工作总基调，全面实施“绿色发展、创新驱动、生态保护、精准扶贫、乡贤回归、基层治理”六大工程，突出抓好“改革创新、开发建设、关注民生和政府建设”四个重点，全力打造“生态旅游”和“生态工业”示范区，争当区域生态文明建设排头兵，努力开创全面建成小康社会新局面。

今年主要预期目标是：国内生产总值增长6.9%；规模以上工业增加值增长7.0%；固定资产投资增长15.0%；社会消费品零售总额增长13.5%；外贸出口总额增长10.0%；地方一般公共预算收入增长6.5%，税收收入增长8.0%；居民人均可支配收入增长与经济增长基本同步；城镇登记失业率控制在3.5%以内；节能减排约束性指标完成市下达年度计划。为此，重点抓好以下七方面工作：

（一）狠抓“三大建设”，不断增强发展后劲

以“三大建设”为抓手，全面推进重点项目建设，优化提升发展环境。

抓好基础设施建设。配合推进兴汕高速揭西段、汕湛高速揭西段和市区至河婆旅游快速干线揭西段建设，配套建设高速公路延长线和连接线。积极实施国、省道升级改造工程，全面完成潮惠高速河婆互通至县城主干道、莪萃大桥、灰大线建设，加快推进新大线、五黄线路面大修等县乡道路升级改造，完成新农村公路硬底化年度建设任务，不断完善全县现代化交通网络。扎实推进病险水库除险加固，加快南乌灌区节水改造、棉湖贡山泵站更新改造、塔头拦河闸重建、中小河流治理。完成五经富110千伏输变电站、新建电网配网、农网升级改造工程，持续推进水利、电力基础设施建设。

抓好产业园区建设。继续推进揭西电线电缆生态产业园建设，抓紧做好园区土地规划调整，加大力度推进园区道路、供水、供电、通信、污水处理厂、省级电线电缆检测中心等基础设施建设。制订出台扶持政策，招引光纤、网络线、特种电线电缆及关联产业进驻园区，全力打造“互联网+新型电线电缆”产业聚集区。加快大北山生态旅游产业园建设，启动京明生态城二期工程、京明演艺中心、黄满寨游客服务中心建设，开办京明养老服务中心，规划建设大健康产业园。尽快启动建设占地500－600亩的棉湖物流园，建设服务电线电缆的区域物流平台。

抓好城镇规划建设。抓紧完成县城总体规划和系列控制性详细规划。扎实推进县城道路升级改造、县城新自来水厂、希桥商贸城商住小区建设，尽快启动客潭洋片区、环老虎岽山绿道和揭西大道建设。迅速完成占地6平方公里的县城北片规划，抓紧启动区内基础设施建设，逐步把县城北片打造成为一个现代化新城，提升县城整体功能品位。加快推进棉湖镇区主干道升级改造、云湖水系水质保护工程、棉湖新城、曙光新城君和园、泰利贤小区建设，提升中心镇辐射带动能力。继续抓好金和镇、五经富镇、上砂镇、良田乡等特色小镇建设，打造一批宜居、宜业、宜游的新型城镇。

（二）实施创新驱动，着力壮大实体经济

以企业为主体，大力实施引进型创新，不断培育科技型、质量型、效益型企业。

加快科技创新。深化科技体制机制改革，扶持骨干企业设立技术研发中心，建设中小微企业创新服务平台。全力支持广药集团白云山制药揭西生产基地做大做强，带动全县生物制药产业加快发展。着力培育线缆生产个体户转为企业、中小微企业转为规模企业，迅速壮大新型电线电缆产业。引导骨干企业与科研机构、高等院校开展产学研合作，引进高新技术、科技项目和高级科技人才，提升企业科技水平。鼓励企业承接国家、省、市技术改造扶持政策，成立技术研发中心，创办高新技术企业，增强核心竞争力。努力扶持培育上市企业雏形，逐步培植骨干企业和优势产业。

推进产业共建。扎实贯彻落实省委、省政府关于产业共建和创新驱动的重大部署，充分发挥东莞市挂钩帮扶和我县乡贤众多的优势，主动与东莞、深圳、广州等珠三角地区开展产业共建。大力推广已建成发电的大溪镇太阳能光伏发电项目，迅速形成有产值、有收入、有税收、无污染的新能源产业。力争良田风电项目获批上马建设，申报上砂风电项目列入省计划笼子，加大力度申报抽水蓄能大型项目。落实省政府的产业扶持政策，制订出台我县优惠措施，全力打造优良政务环境，主动对接引进珠三角地区计划转移项目，迅速壮大全县产业规模。

发展电子商务。继续完善村（居）公共服务站和村淘服务站的建设，加大电商培训力度，尽快实现村淘服务站全县村村覆盖。依托各村（居）的公共服务站，建立电商服务平台，培育服务群众办事、服务群众生活和服务当地产品上网销售的综合互联网功能。发挥通信、供销、邮政系统优势资源，推进农村互联网设施和物流网络建设，加快培育电商发展平台。发挥全县电商协会功能，引导和扶持电商大户与农业龙头企业、农业合作社、种养大户的深度合作，实现农村电子商务与农业经济的共同发展。加快培育金和“互联网+农业”特色小镇，突出“互联网+生态农业+扶贫产业”建设，主动对接省、市有关部门的扶持，全面推进辐射全市的农产品采购中心、加工包装中心、检验检测中心、仓储物流中心、电子商务营销中心、电商人才培训中心和农产品展示体验中心建设，打造可复制推广的“互联网+扶贫”发展模式。

振兴商贸流通。加快高速公路出入口辐射专区和高田物流基地、电线电缆物流园、金和电商物流产业园等物流园区的规划建设，引进先进物流企业和商贸集团，铺开快递物流设施建设，构建区域性专业物流中心和配送中心，促进商贸流通产业繁荣发展。以农村电商和优质农产品基地化种植、加工销售为龙头，建设县镇商贸流通网络，重点完善县城和棉湖、五经富二个中心镇区商贸网点建设规划，依托当地特色产品和区位优势，打造各具特色的中心商业区和农特产品市场交易中心。组织企业参加国内外展销活动，鼓励社会力量搭建网上交易平台，不断提高揭西特色产品的市场占有率和竞争力。采取措施促进全县外贸出口保持强劲增长势头，扶持培育成长性强的民营企业申办进出口经营权，促进我县商贸流通和对外经济持续快速发展。

（三）挖掘生态资源，做大做强旅游产业

以创建国家AAAAA级景区和开发乡村旅游为抓手，全力加快我县生态旅游发展，创建全域旅游示范县。

深化旅游综合开发。尽快完成揭西县全域旅游发展规划，铺开国家AAAAA级景区建设，推进乡村旅游开发扩面提质。召开全县旅游开发建设大会，落实扶持优惠措施，引进旅游投资合作伙伴，完善京明温泉度假村等主要景区的旅游功能设施配套，大手笔推进大洋国际生态度假区升级改造，打造集避暑、体育、养生、游乐为一体的高端旅游度假区。

加快发展乡村旅游。深度挖掘乡村历史文化、自然风光、生态产品等资源，大力发展乡村旅游。规划优选20个条件优越的村开发乡村旅游，全力打造良田旅游风情小镇、京溪园樱花园、上砂开口石风景区、坪上石内梅花和湖光村、金和山湖村、钱坑石灵寺等一批乡村旅游开发先行点。鼓励镇村创办以旅游观光农业为主的农家乐，推出一批特色鲜明的乡村旅游产品，带动旅游消费。

加大旅游宣传营销。加快“互联网+旅游”融合发展，推广“线上线下”旅游新模式，打造智慧旅游服务体系。发挥我县拥有发达高速公路网的新优势，扩大对外宣传推介，引进旅游新客源。加强与周边热点旅游景区联手协作，实现优势互补，延长旅游线路。筹办海峡两岸三山国王文化论坛，筹办主题鲜明的旅游节庆和大型体育赛事，做好旅游市场营销，打造生态揭西旅游品牌。

（四）深化农业供给侧改革，提升三农发展水平

以深化农业供给侧结构性改革为统揽，推进农村建设，发展生态农业，繁荣农村经济。

做大生态农业。多渠道、多形式拓展特色农产品销售，打响揭西生态农产品品牌，提高全县农业综合效益。调动各方务农兴农积极性，着力培育一批家庭种养大户、连片种植基地和农业龙头企业。大力创新财政投入方式，最大限度激活农村资源，开拓政府与社会资本合作渠道，撬动金融和社会资金更多投入农业生产。推广“农户+基地+专业合作社”经营模式，不断扩大茶叶、蔬菜、冬瓜、淮山、甜玉米、高糖柿等优质农产品种植基地。启动全县农产品质量安全管理体系建设，积极开展“三品一标”申报认证，努力创建全国农产品质量安全县。

加强农村基础建设。落实最严格耕地保护制度，改造和建设一批高标准基本农田。加强中小灌区改造、农村公路硬底化和农田水利基础设施建设，夯实农业发展基础。基本完成农村土地承包经营权确权登记颁证工作，依法推进农村土地承包经营权有序流转，盘活农村土地资源，增加农民收入，发展农村经济。加强农村“三资”管理，规范农村集体资产资源交易。实施省级新农村连片示范建设，改善农村人居环境。

抓好精准扶贫。积极探索新时期精准扶贫工作新途径、新方式，用足用好金融、交通、水利、就业、教育、健康扶贫政策，争取优势资源倾力扶贫。下大力气推进产业扶贫，促进扶贫政策资金安全投入项目开发，拓宽贫困户稳固收入渠道。总结推广精准脱贫示范点和精准扶贫先进典型，不断扩大精准脱贫和精准扶贫规模效应。积极动员外出乡贤、各地商会和社会各方参与精准扶贫工作，加强与上级扶贫部门和各级帮扶单位的沟通联络，调动驻村扶贫工作队员积极性，争取更大的扶贫外力。实行扶贫工作监督问责和扶贫资金使用巡察制度，不断提高扶贫工作整体水平。

（五）突出民生导向，提高社会保障水平

以改善民生为导向，大力发展社会事业，不断增强人民群众的获得感和幸福感。

实施教育创先。巩固提高教育创强和义务教育均衡发展成果，全面启动教育现代化先进县创建工作。实施普通高中质量提升工程，加强学前教育管理，推动职业教育创新，有效推进基本公共教育服务均等化、城乡教育一体化、义务教育学校现代化。大力推进“互联网+教育”体系建设，加快教育信息化、现代化进程。

推进卫生创强。开拓资金筹措渠道，整合国开行贷款和省政府补助资金，确保全县卫生设施建设投入。加快推进县人民医院住院综合楼、县妇幼保健计划生育服务中心住院综合楼、门诊大楼、医技楼、棉湖华侨医院住院综合楼和乡镇卫生院标准化建设，完成全县首批120所公建民营村级卫生站建设。继续深化全县医疗卫生体制改革，完善乡镇卫生院财政供养机制，提升医院管理效益。建立健全医疗人才培训、引进和岗位激励机制，提升全县医疗水平。

提升社会保障。实施城乡一体化就业创业政策，培育创业主体。推进机关事业单位养老保险制度改革，稳步提高城乡低保、五保供养等底线民生保障水平。继续推进保障性安居工程建设，抓好农村危房改造，加强社保扩面征缴，关爱农村留守老人、儿童，切实做好统计、气象、体育、双拥、国防动员、人民防空、民族宗教、史志档案等各项工作。

办好十件民生实事。一是建设防护林工程3万亩。二是改造农村危房856户。三是免费培训电商人员5000名。四是配置一批交通指示牌、电子警察、视频监控设备。五是全面铺开农贸市场食用农产品快速检测工作。六是规划建设体育场地设施示范点6个，推进体育设施进社区、进农村、进企业。七是加快农村电网升级改造，完成线路改造65公里，配变台区58座。八是提高贫困残疾人生活津贴和重度残疾人护理补贴标准。九是新建改造县城供水管道22公里。十是扩建县城大同和河山农贸市场摊档71个。

（六）加大治理力度，增强社会管理能力

创新工作机制，提升治理能力，确保社会大局和谐稳定。

深入开展文明创建。持续开展创建文明县城、文明镇街、文明村居活动，突出交通秩序、市场秩序和环境治理，促进城乡环境净化、绿化、美化、亮化，如期实现创建文明县城和创建一批文明镇街、文明村居规划目标。大力推进农村人居环境建设，创建特色文化名镇名村。继续广泛开展各种群众性文化活动，培育健康向上文明新风，不断提高全县整体文明水平。

加强财税金融管理。落实财税改革政策，促产培财，公平税负，强化征管。继续做好税源集聚区建设，涵养税源，促进税收可持续增长。建立土地收益分配新机制，增加政府基金收入。优化财政支出结构，集中财力保障民生支出、产业建设和公共运行。主动与金融机构对接，推动金融资金和社会资本高度融合，引入PPP投融资模式，确保全县基础设施、生态环境和公共服务项目的建设投入。大力拓展农村普惠金融，着力防范金融风险，促进金融更好地服务地方经济建设。

大力推进生态建设。强化环境执法，彻底整治电镀酸洗、纺织印染、凉果生产、禽畜养殖的环境污染。落实环境保护责任制，建立健全“河长制”，狠抓境内榕江流域污染综合整治和黑臭河涌治理。加强大气工业污染源整治、固体废物、土壤污染防治和节能减排工作。迅速铺开全县环保基础设施建设三年行动计划，加快建设县城污水处理厂及配套管网二期、五经富污水处理厂截污干管三期、凤江污水处理厂、农村生活污水微型处理站和农村环境连片综合整治工程，切实保护良好生态环境。强化国土资源管理，建立土地征管新机制，严厉打击盗采河砂、矿产和抢建乱占土地违法违规行为。深入开展新一轮绿化揭西大行动，高标准完成森林抚育、防护林、碳汇林造林任务，抓好森林防火，不断提高全县森林覆盖率。

强化社会治理。实施“全面二孩”政策，提升计划生育服务水平。持续抓好安全生产、食品药品安全和市场监管，增强防灾减灾救灾能力。着力构建“中心+网络化+信息化”综治平安建设体系，严厉打击“两抢一盗”、“黄赌毒”、网络犯罪等违法犯罪行为，促进社会治安持续向好。抓好村级换届选举，完善“一村（社区）一法律顾问”，开展常态化矛盾纠纷排查化解工作，保持社会和谐稳定。

（七）强化自身建设，提高政府依法行政效能

以建设“法治、务实、廉洁、高效”政府为目标，加强政府自身建设，不断提升政府治理能力和服务水平。

全面加强政府系统党的建设。推进党员干部“两学一做”学习教育常态化、制度化，不断增强政治意识、大局意识、核心意识、看齐意识。充分发挥政府系统各级党组织的核心领导作用和党员的先锋模范作用，严肃纪律，强化监管，突出问责，大力倡导立即办的工作作风，持续推进机关效能建设，着力打造一支忠诚干净担当的公务员队伍。坚定不移推进党风廉政建设和反腐败斗争，充分发挥审计、监察部门的依法监督作用，努力营造一个人人想干事、干成事、不出事的良好政务氛围。

加强法治政府建设。自觉接受县人大及其常委会的法律监督和县政协的民主监督，广泛听取民主党派、工商联和无党派人士意见，健全决策咨询论证制度，提高科学民主依法决策水平。加快转变政府职能，全力营造务实高效、公正依法、亲商爱商的政务环境。加快推广“一门式一网式”政务服务模式，完善网上办事大厅，升级行政审批平台，实现实体办事大厅与网上办事系统无缝对接，切实打通服务群众“最后一公里”。全面履行政府法治建设职责，扎实开展“七五”普法，加快推进依法治县进程。严格落实行政执法责任制，深入开展法治乡镇（街道）创建活动，主动支持法院、检察院涉法涉诉工作，全力维护人民群众合法权益，不断提高政府公信力。

各位代表，新形势，新使命。让我们更加紧密团结在以习近平同志为核心的党中央周围，在市委、市政府和县委的坚强领导下，撸起袖子加油干，奋力开创全面建成小康社会新局面，以优异成绩迎接党的十九大和省第十二次党代会胜利召开！

（县政府办）

附 录

进驻揭西县政务服务中心单位一览表

表109

小一门单位名称	窗口联系电话
税务局	5232601
市场监督管理局	5232600
公安局	5232644
教育局	5232638
食品药品监督管理局	5232649
民政局	5232620
环境保护局	5232613
卫生和计划生育局	5232647
交通运输局	5232623
国土资源局	5232640
揭阳市公共资源交易中心揭西分中心	5232612
大一门单位名称	**单位联系电话**
发改局	5584377
城规局	5512765
气象局	5596002
公安消防大队	5536635
人防办	5584566
科技局	5583277
文广新局	5583614
农业局	5583411
林业局	5582089
经信局	5584511
烟草专卖局	5584737

续表109

民宗局	5584405
县编办	5582099
财政局	5582617
水务局	5529608
安监局	5584366
外事侨务局	5584555
畜牧局	5583875
体育局	5517098
水产局	5583874
环卫局	5512470
公路局	5584317
史志办	5583216
统计局	5583466
档案局	5584655
供电局	5598028
自来水公司	5512219
住建局	5584522
旅游局	5527938

（县政务中心）

揭西县便民服务中心一览表

表110

名称	地点	联系电话
揭西县政务服务中心	县城环城东路原东山中学内	5537999
河婆街道公共服务中心	河婆街道办事处内	5513204
棉湖镇公共服务中心	棉湖镇镇政府内	5255512
坪上镇公共服务中心	坪上镇镇政府内	5631631
塔头镇公共服务中心	塔头镇镇政府内	5821286
东园镇公共服务中心	东园镇镇政府内	5383468
五经富镇公共服务中心	五经富镇镇政府旁	5862249
南山镇公共服务中心	南山镇镇政府内	5793550
良田乡公共服务中心	良田乡乡政府内	5661113
凤江镇公共服务中心	凤江镇镇政府内	5351859
灰寨镇公共服务中心	灰寨镇镇政府内	5761251
京溪园镇公共服务中心	京溪园镇镇政府内	5853026

续表110

名称	地点	联系电话
金和镇公共服务中心	金和镇镇政府内	5723000
大溪镇公共服务中心	大溪镇镇政府内	5811113
上砂镇公共服务中心	上砂镇镇政府旁	5681288
五云镇公共服务中心	五云镇镇政府内	5652863
龙潭镇公共服务中心	龙潭镇镇政府内	5323705
钱坑镇公共服务中心	钱坑镇镇政府内	5891112

（县政务中心）

2017年，揭西县政务服务中心办事大厅　（县政务服务中心　供稿）

主题索引

说　明

一、本索引采用主题分析方法，款目按汉语拼音字母（同音字按声调）顺序排列。

二、文中类目题，分目题用黑体字标明，其余用宋体字排印。表格在其款目注明“表”。

三、索引款目后的数字表示内容所在的页码，数字后拉丁字母（a、b）表示栏别（即版面的1、2栏）。

四、同一主题的内容在文中多处出现的，在其款目后用不同的页码标明。

五、本索引对《图片专辑》等不作内容主题分析。

M

X

Y